# 上海市志

## 国民经济社会发展图表

1978—2010

上海市地方志编纂委员会 编

上海人民出版社

## 上海市生产总值

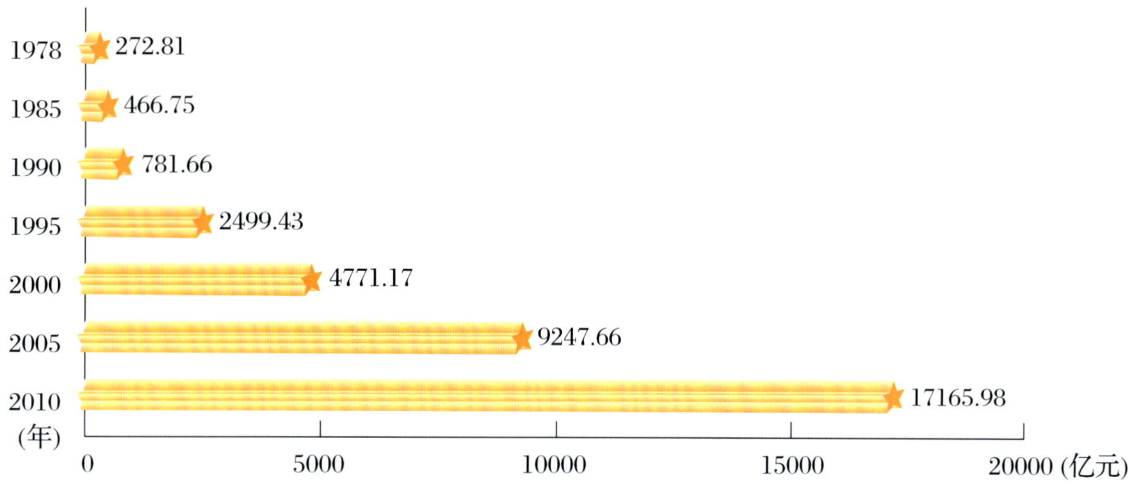


## 上海市生产总值增长率

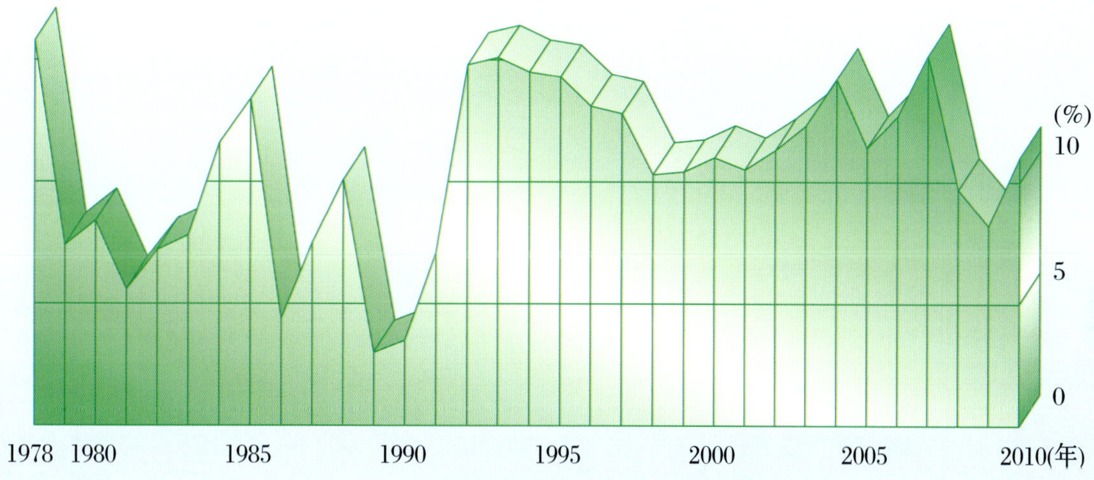


## 人均生产总值

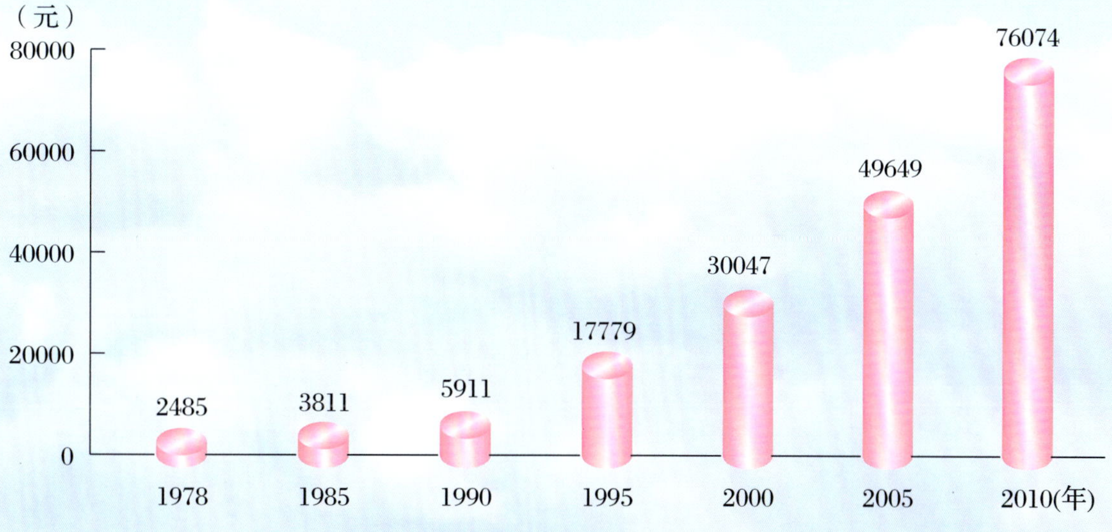

# 统计直观图（1978—2010）

地方财政收入

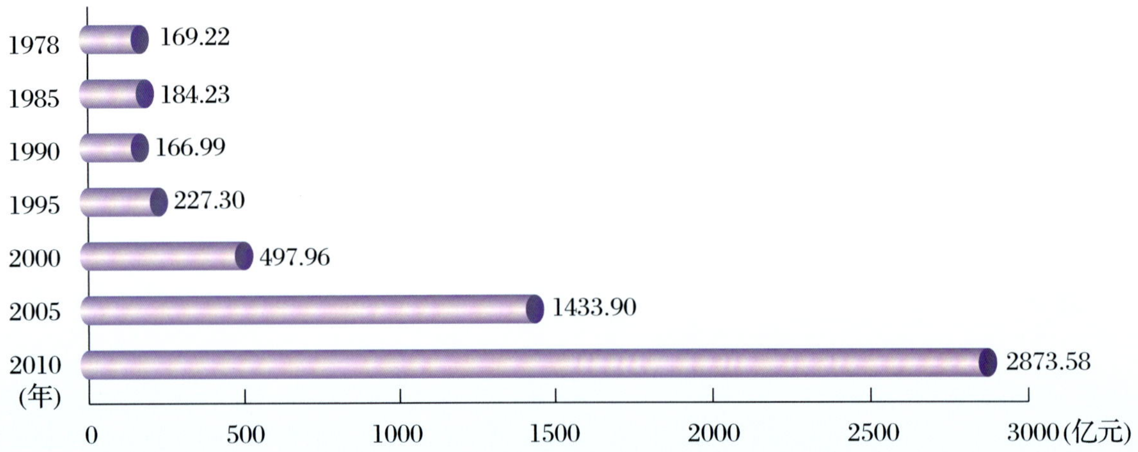


地方财政支出

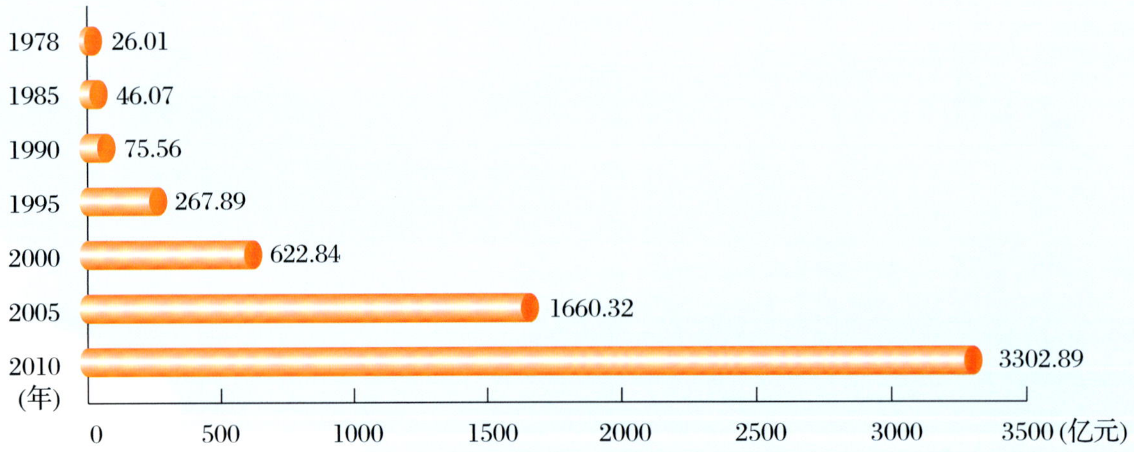


职工平均工资

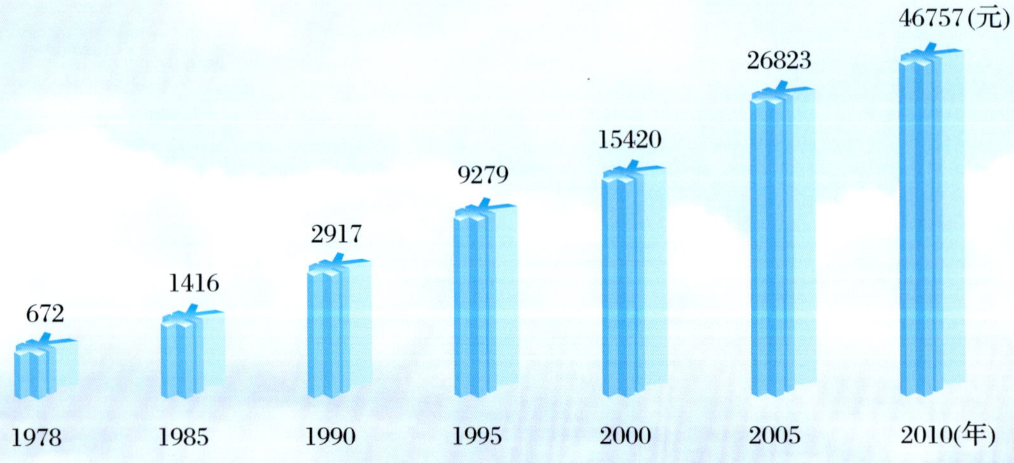

# 统计直观图（1978—2010）

## 上海市生产总值构成（按产业分）

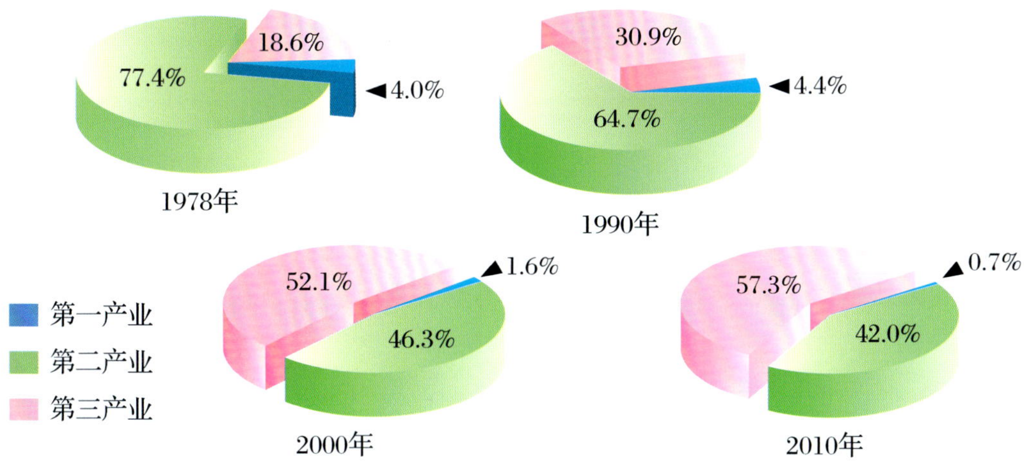


## 上海市生产总值构成（按所有制分）

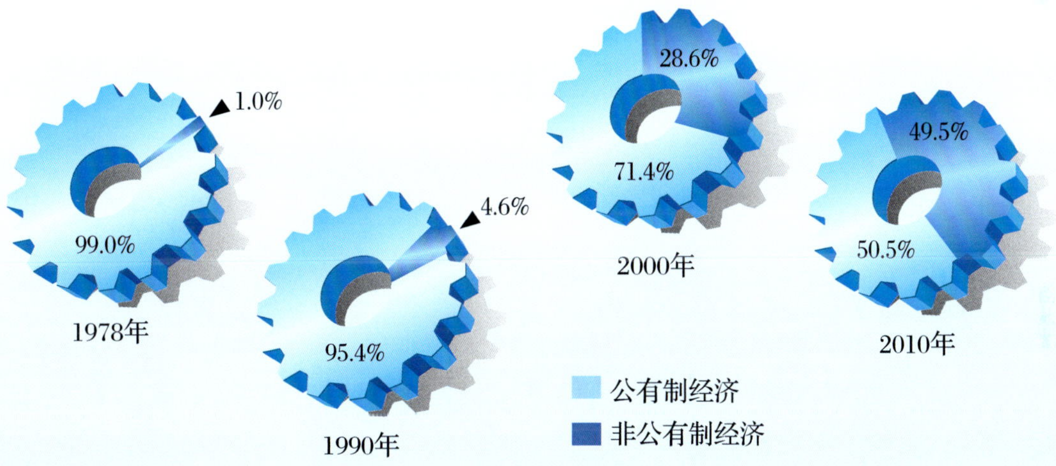


## 上海市生产总值构成（按收入项目分）

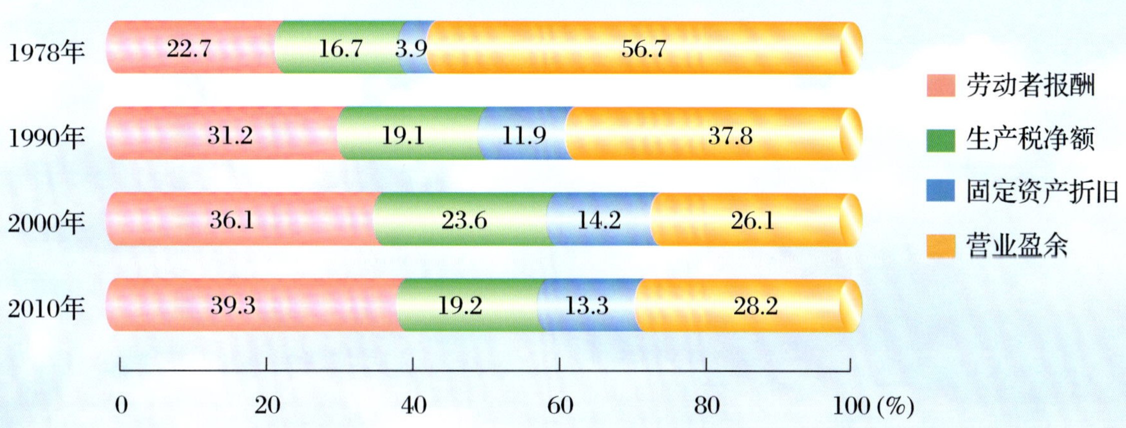

# 统计直观图(1978—2010)

## 三次产业从业人员构成

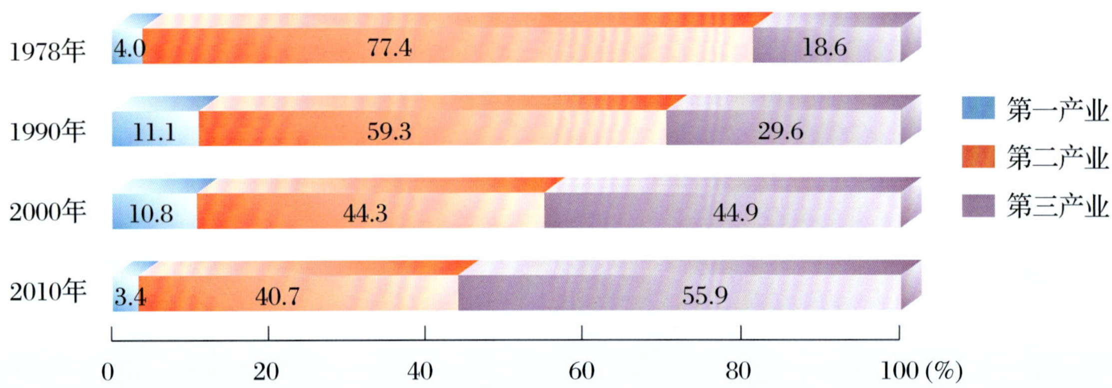


## 六个重点发展工业行业工业总产值构成

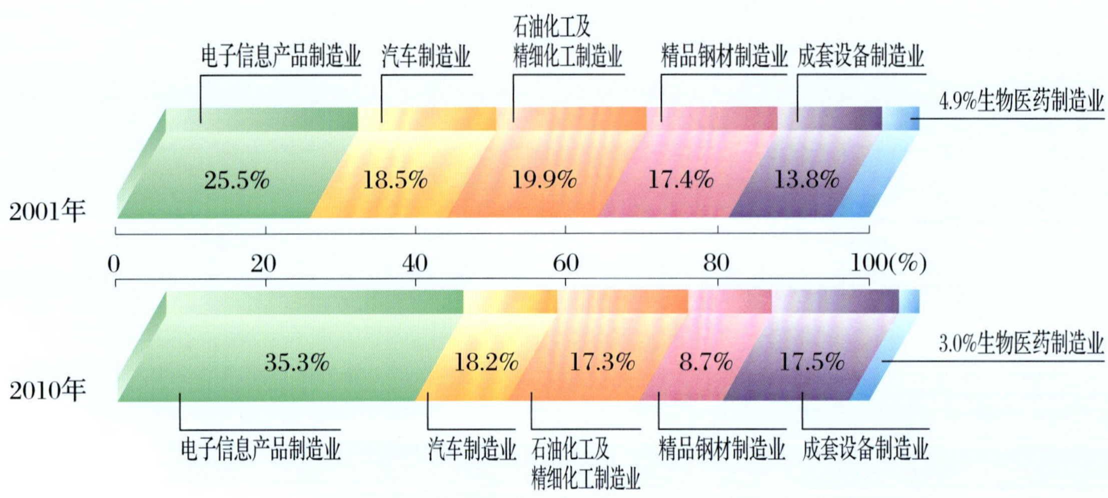


## 旅客发送量构成

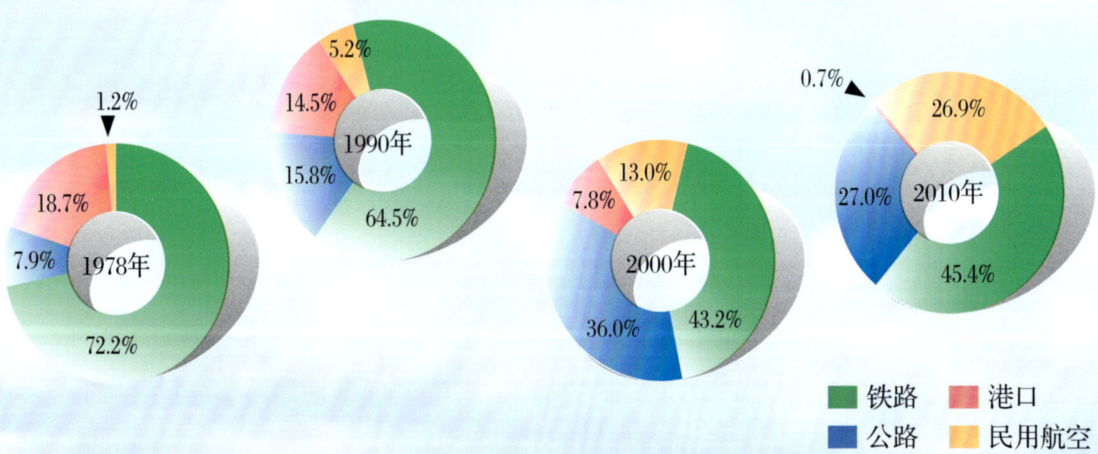

全社会固定资产投资总额构成

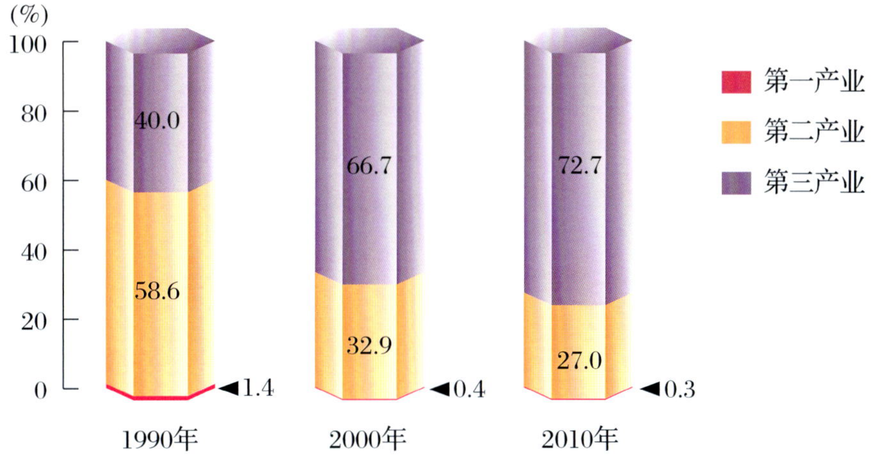


社会消费品零售总额构成（按商品用途分）

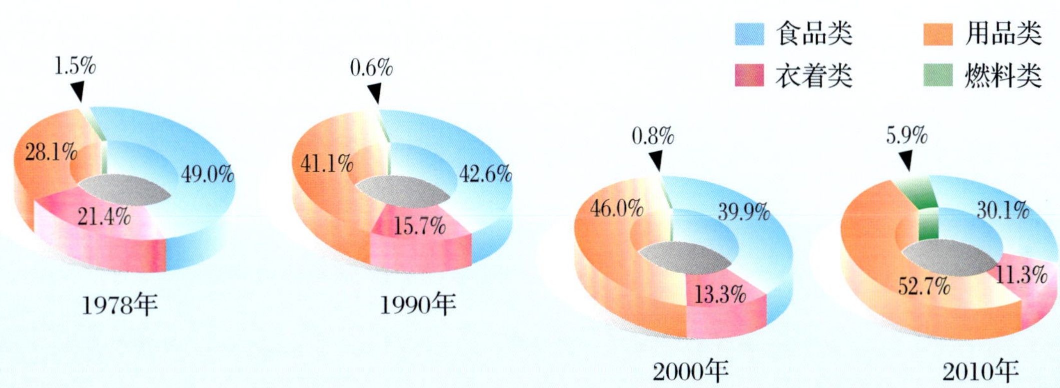


商品销售总额构成

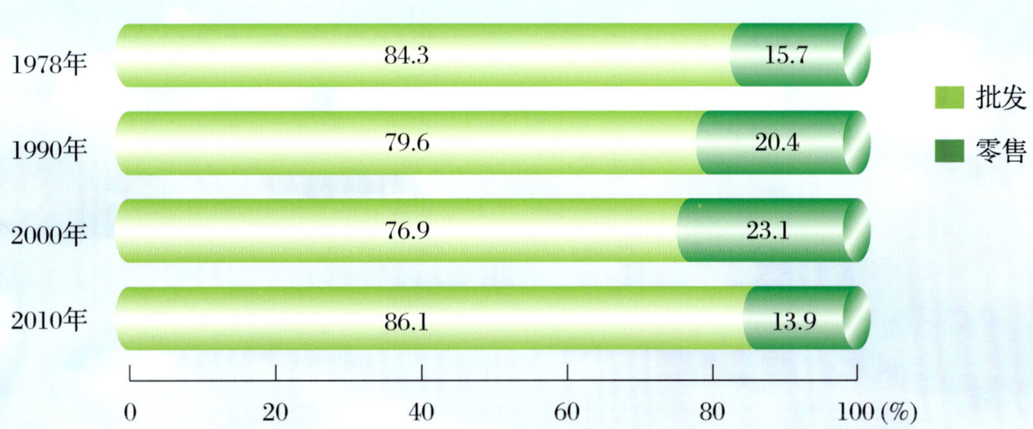

居民储蓄存款余额

城市居民家庭和农村居民家庭人均可支配收入比上年增长

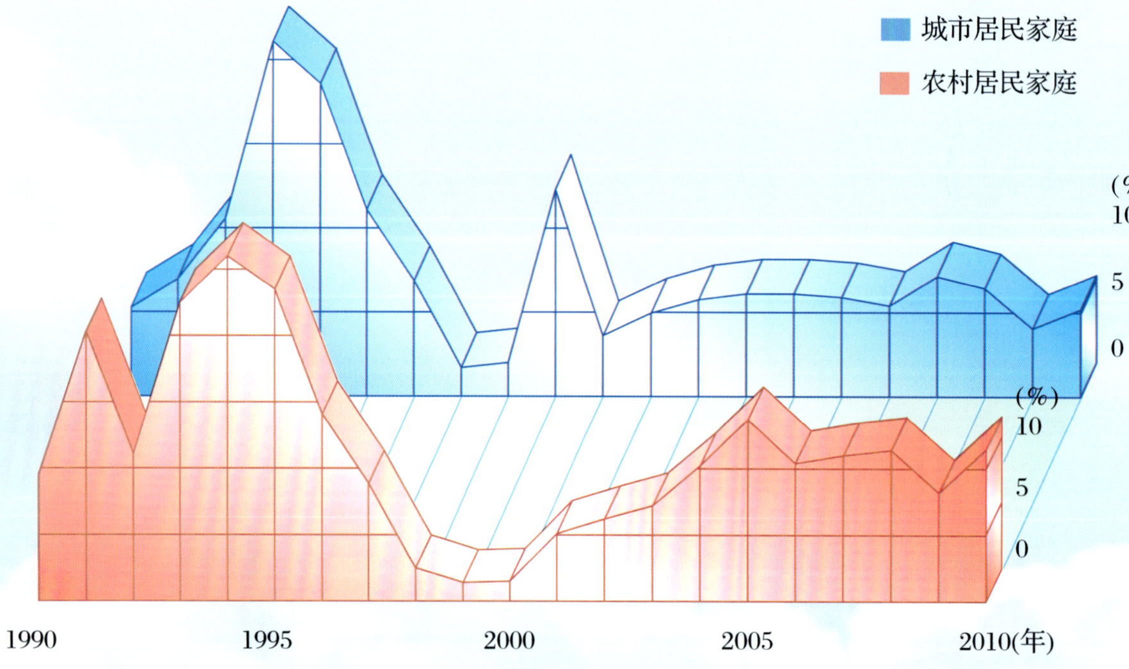

# 统计直观图(1978—2010)

## 城市居民和农村居民家庭人均可支配收入

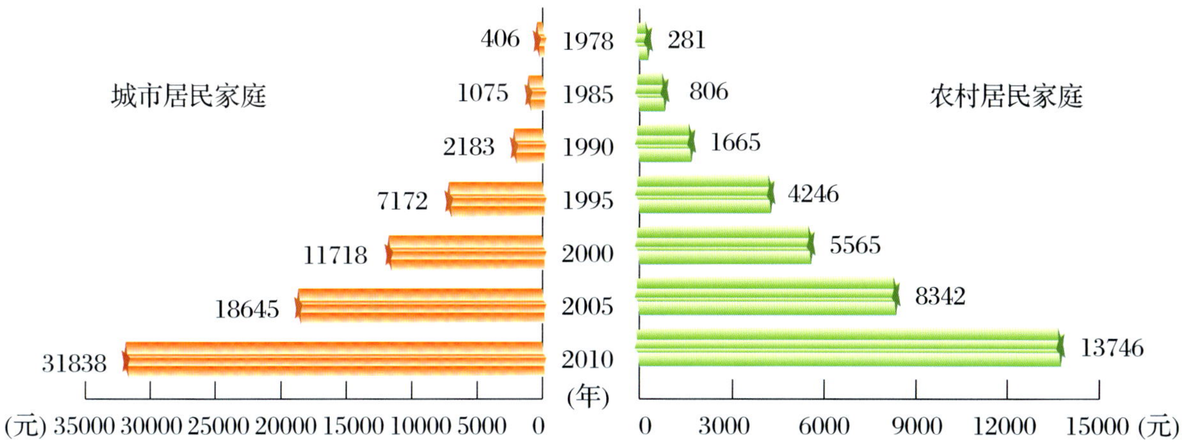


## 城市居民家庭人均可支配收入构成(按收入来源分)

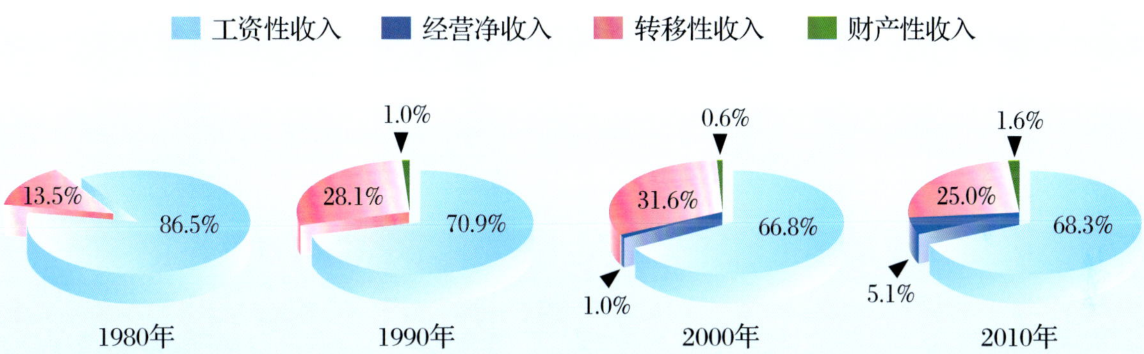


## 农村居民家庭人均可支配收入构成(按收入来源分)

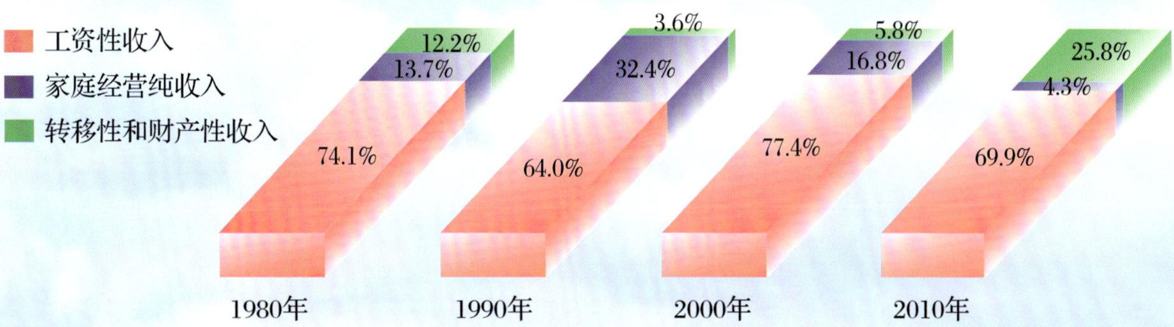

## 统计直观图（1978—2010）

### 城市居民和农村居民家庭人均消费支出

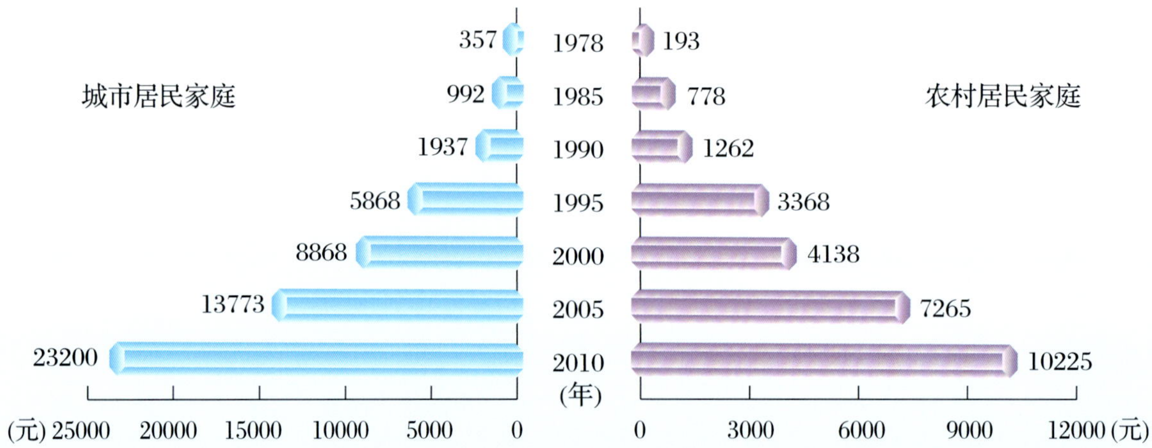


### 城市居民家庭人均消费支出构成

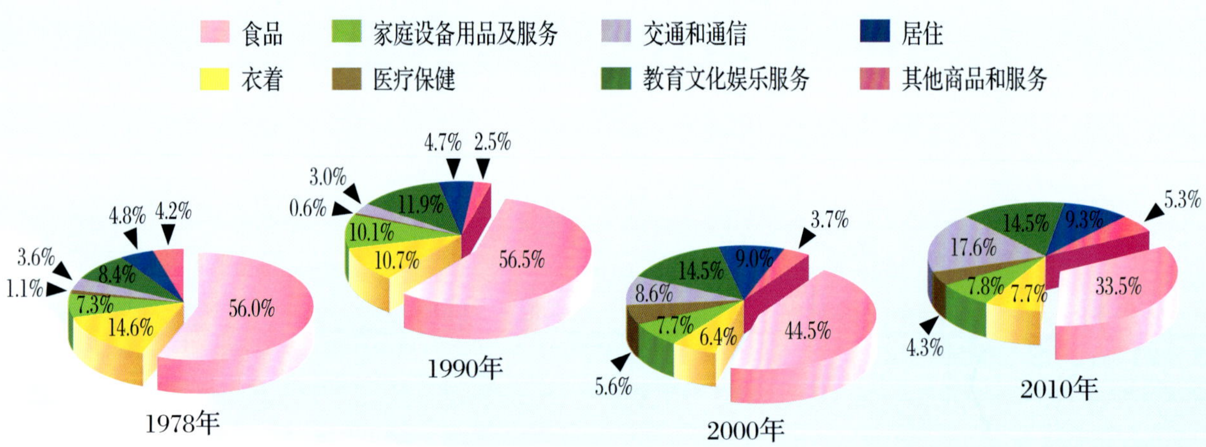


### 农村居民家庭人均消费支出构成

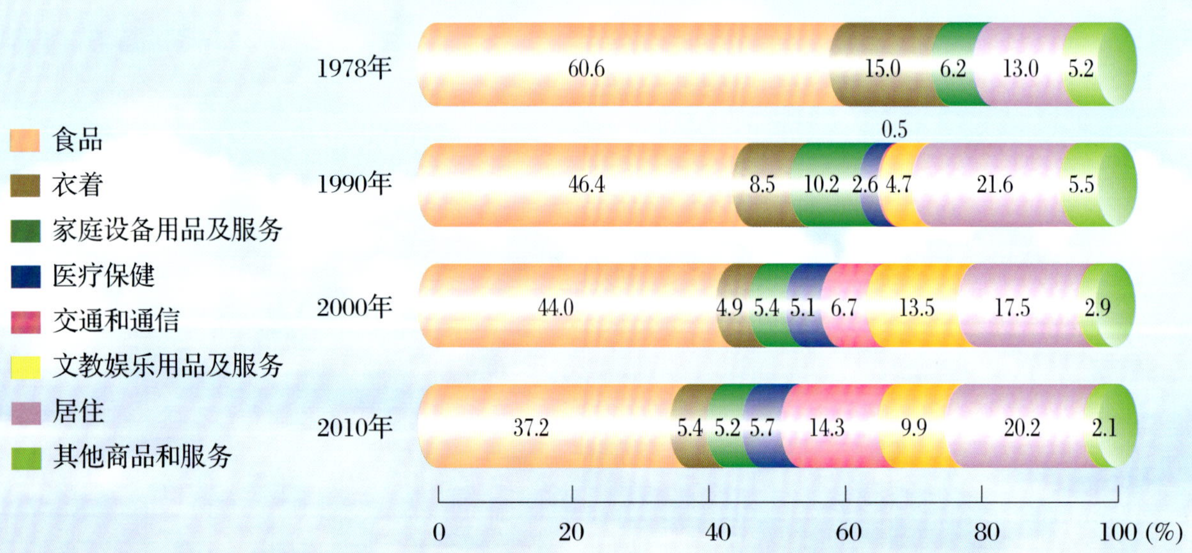

## 卫生技术人员构成

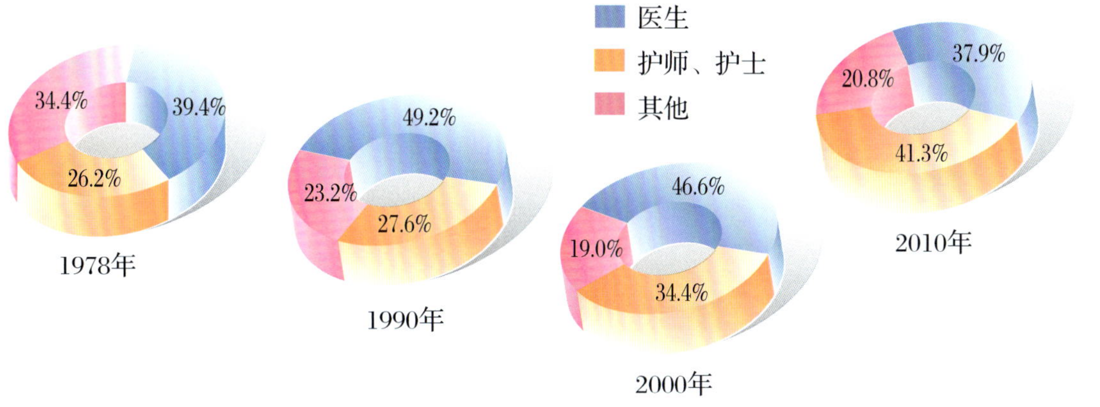


## 医院诊疗人次

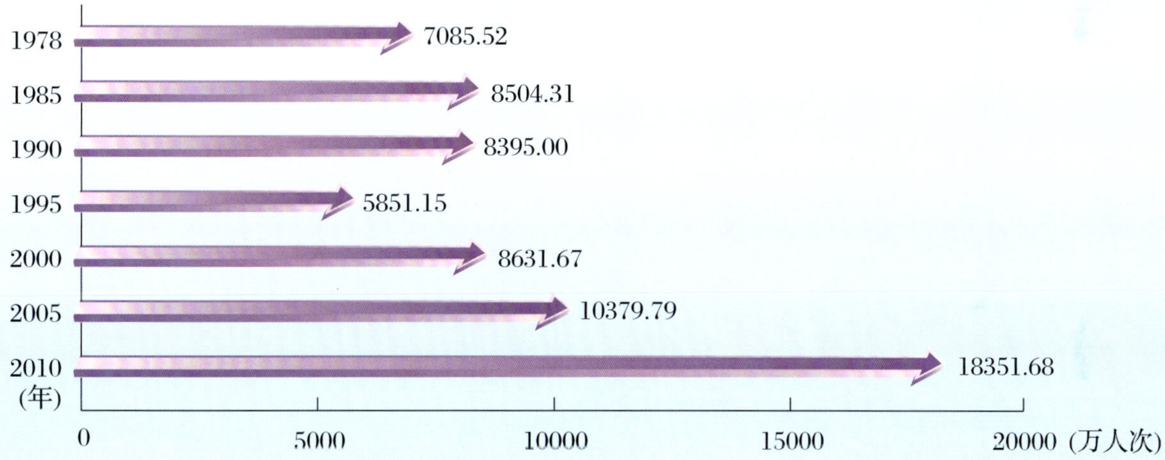


## 高等学校在校学生数

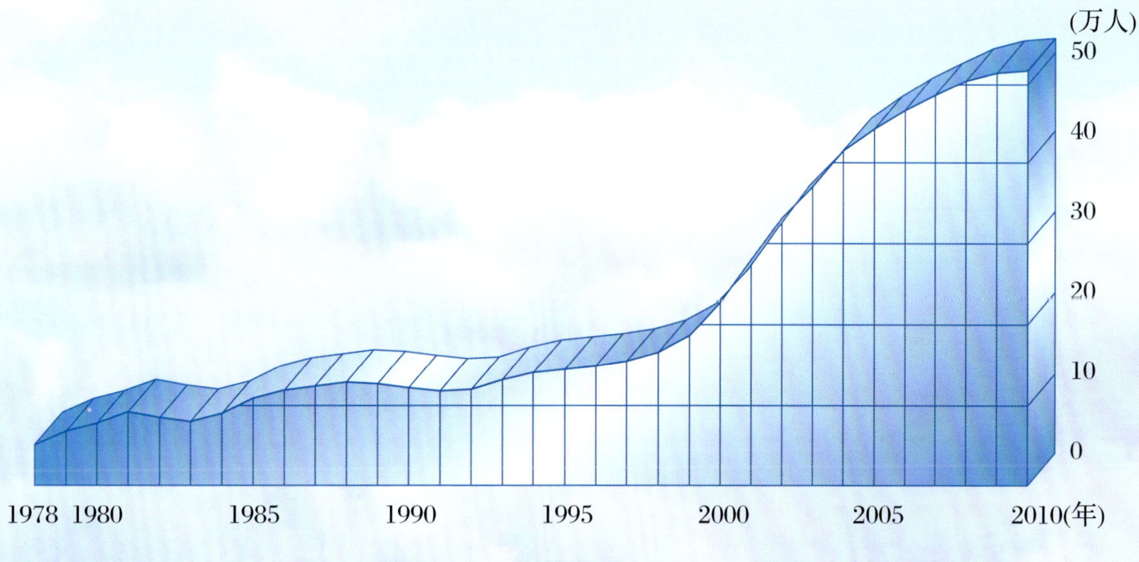

## 统计直观图（1978—2010）

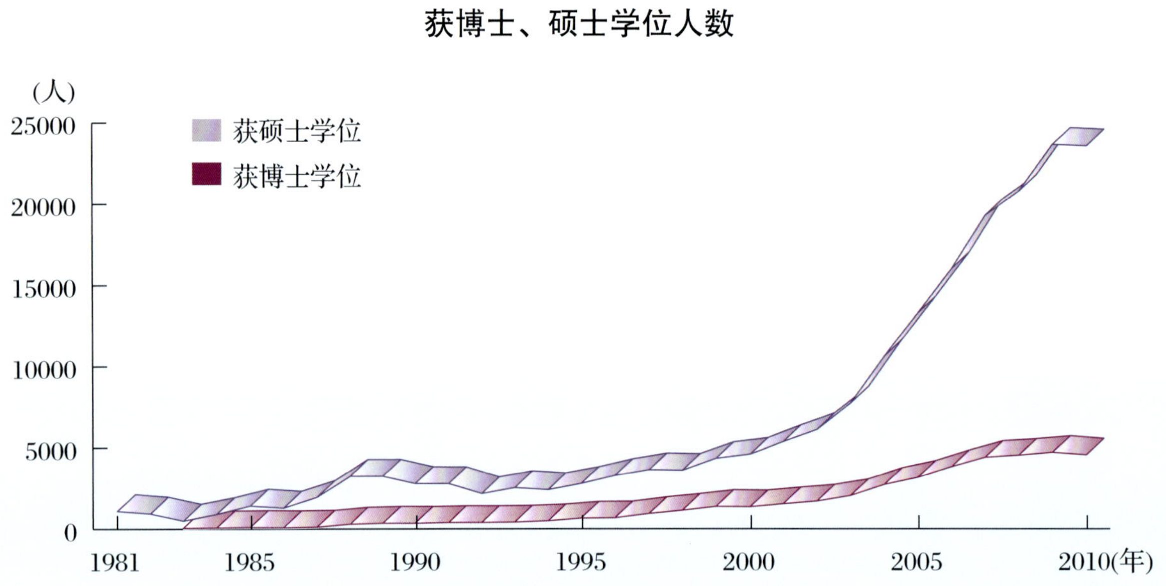


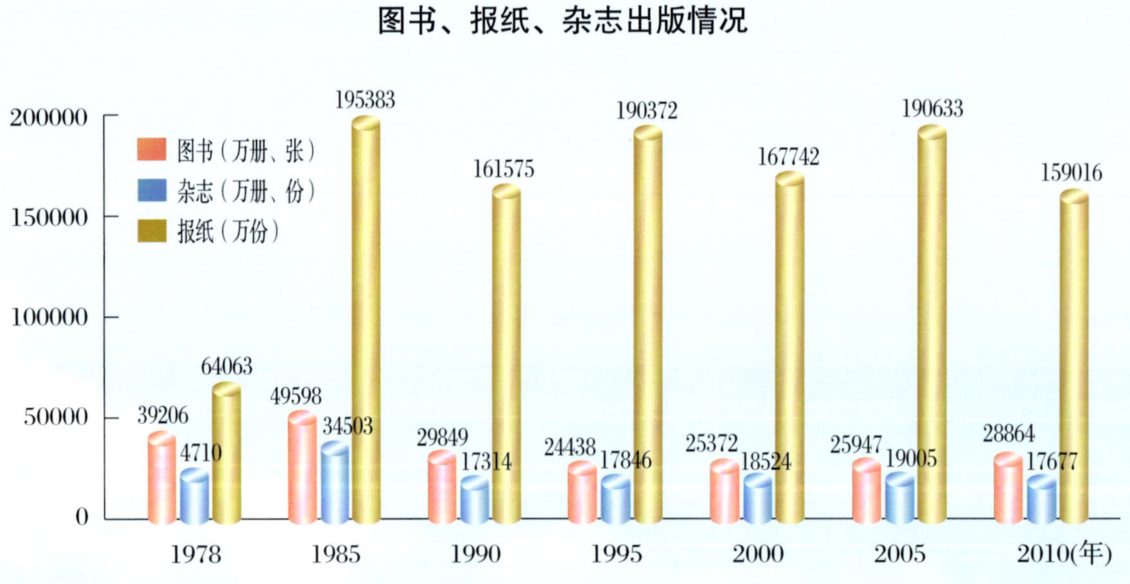


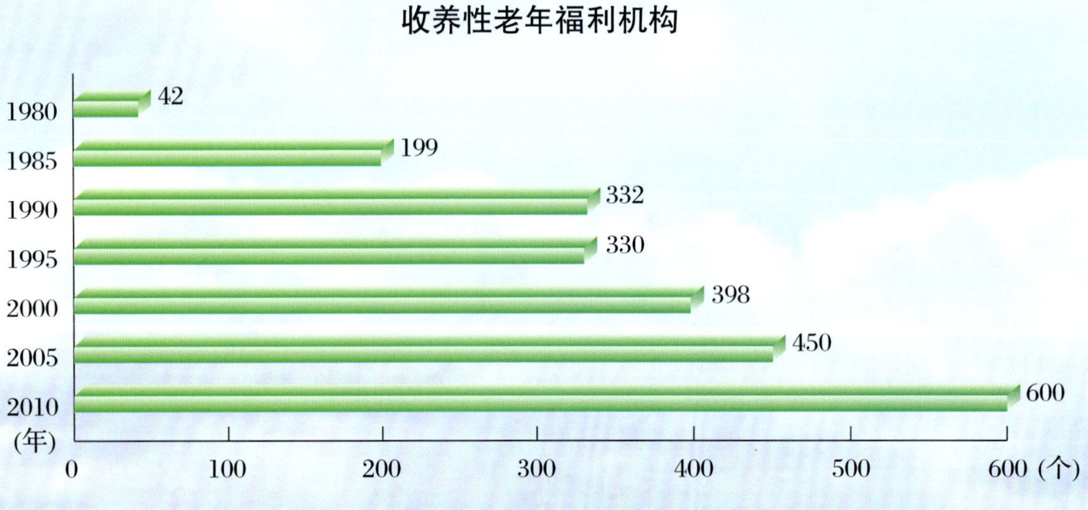

## 在沪外国常住人口构成

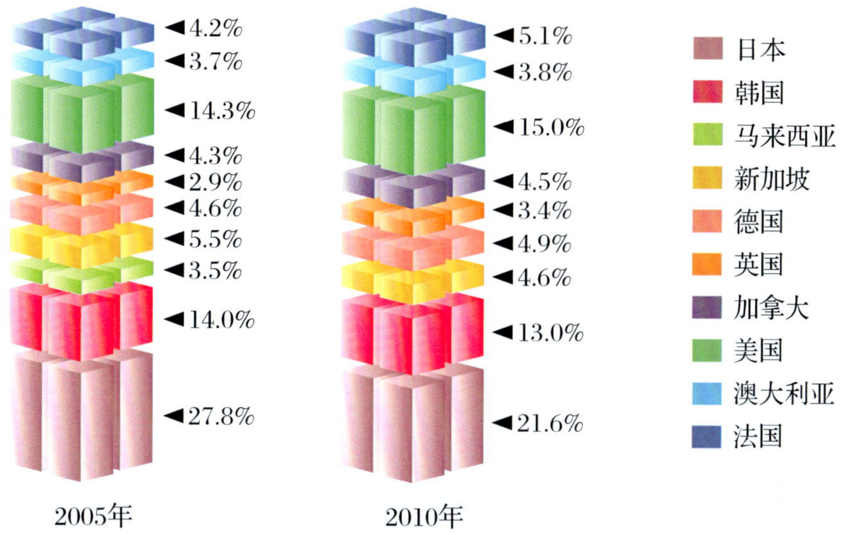


## 上海市进出口总额

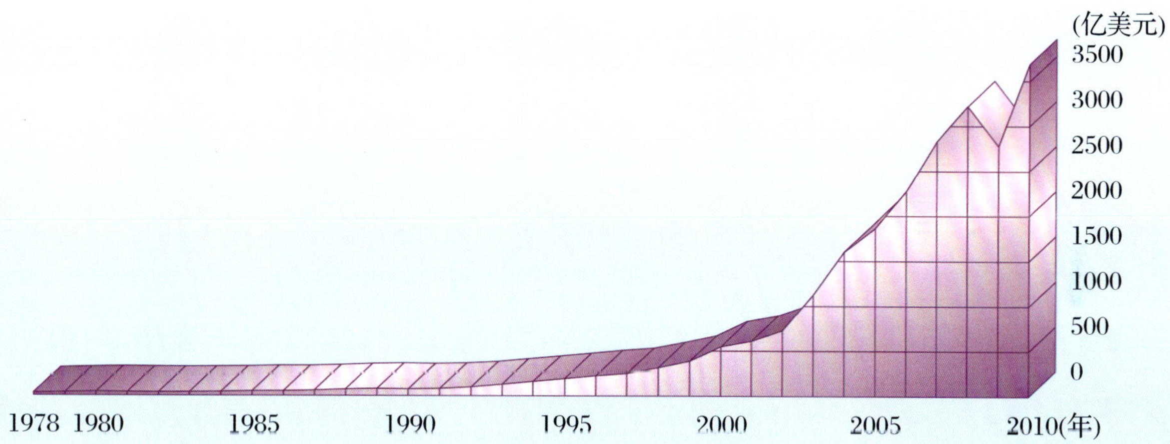


## 各大洲进口比重

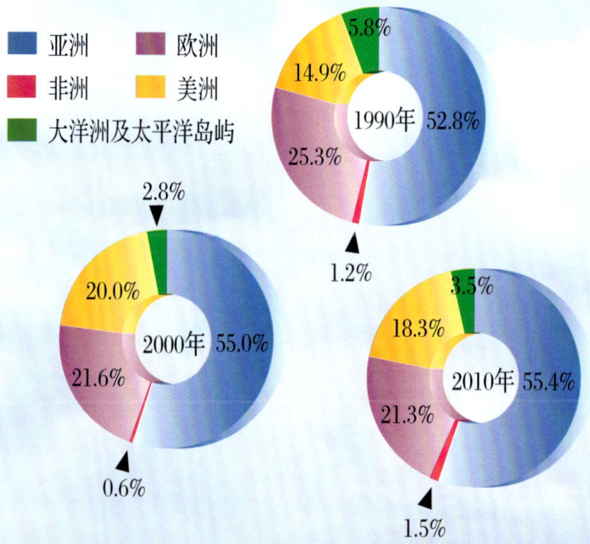


## 各大洲出口比重

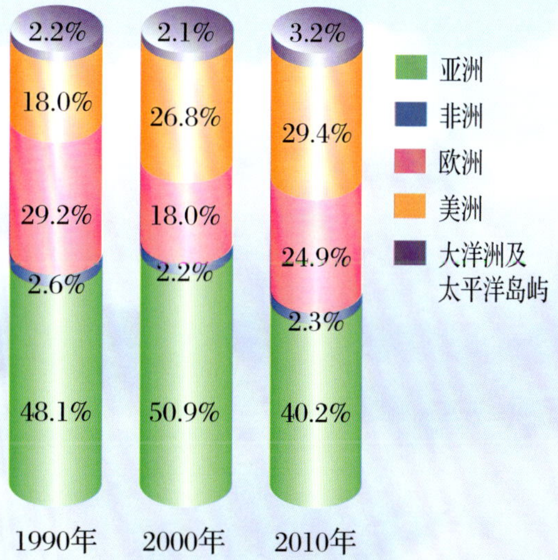

## 统计直观图（1978—2010）

外商直接投资合同项目

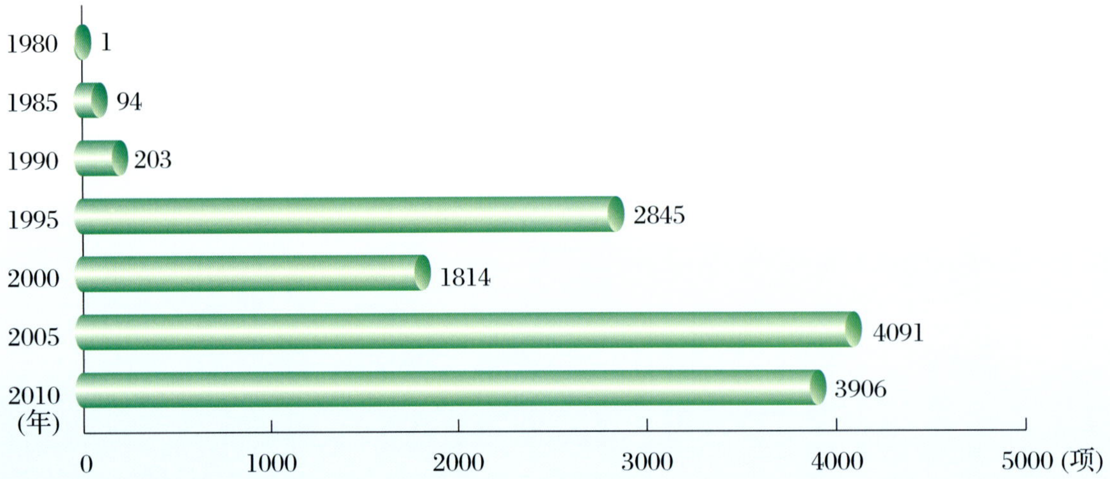


国际标准集装箱吞吐量

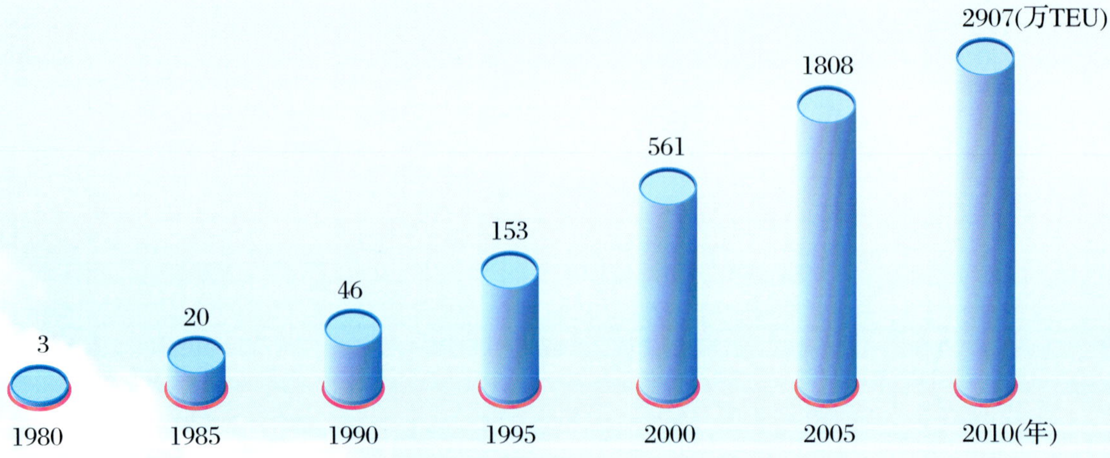


旅游入境人数

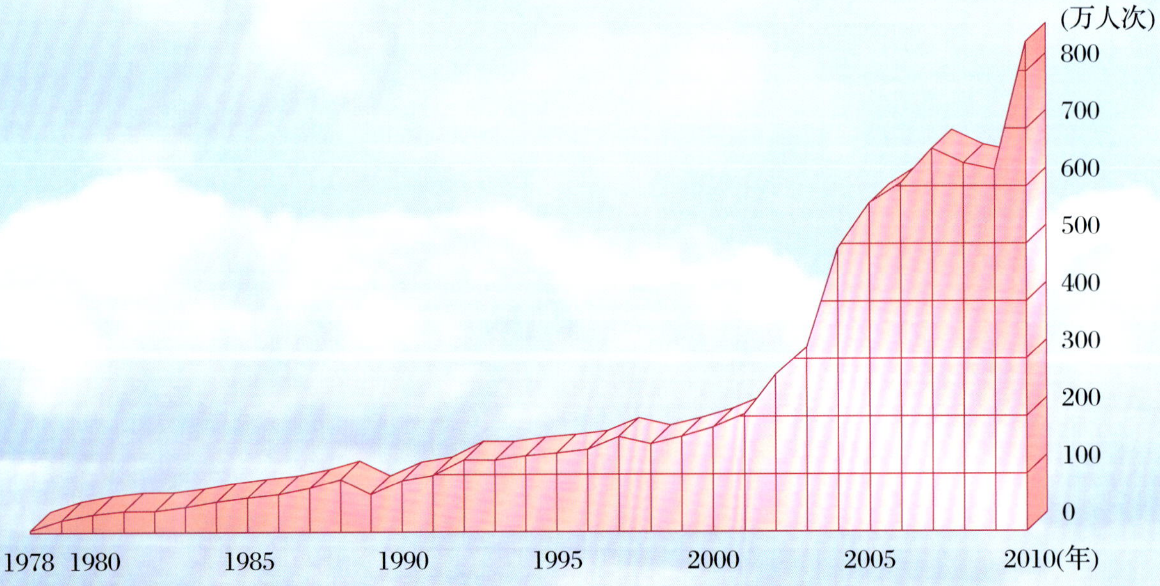

### 科技成果

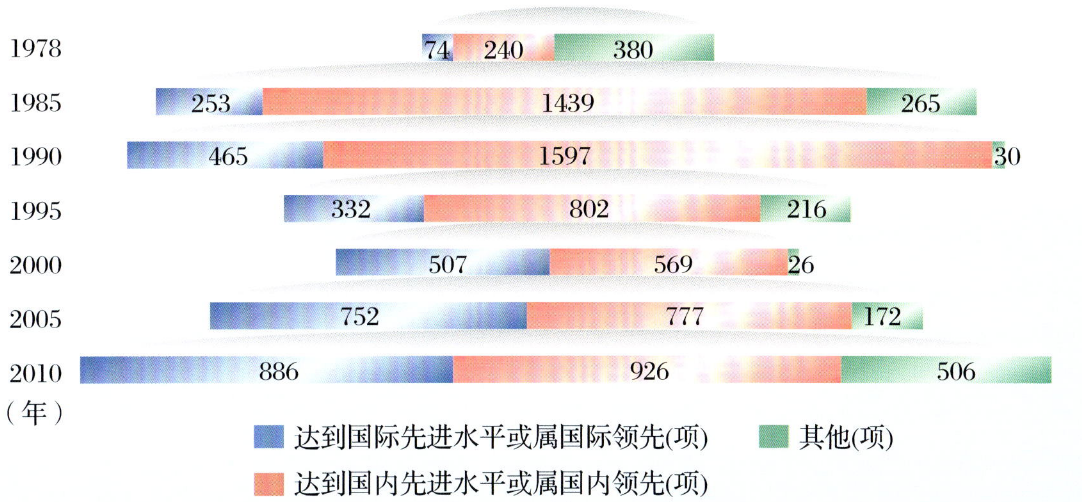


### 研究与试验发展（R&D）经费支出

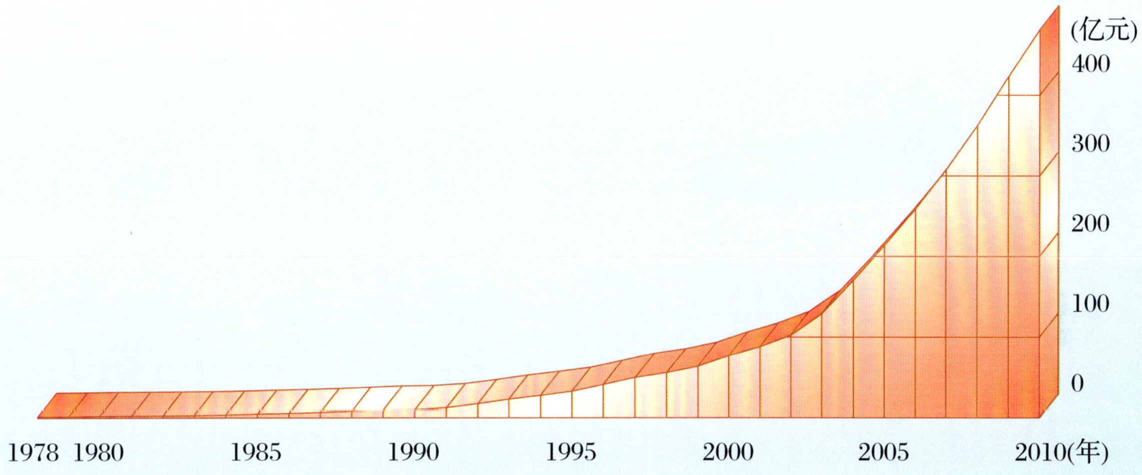


### 技术合同成交金额

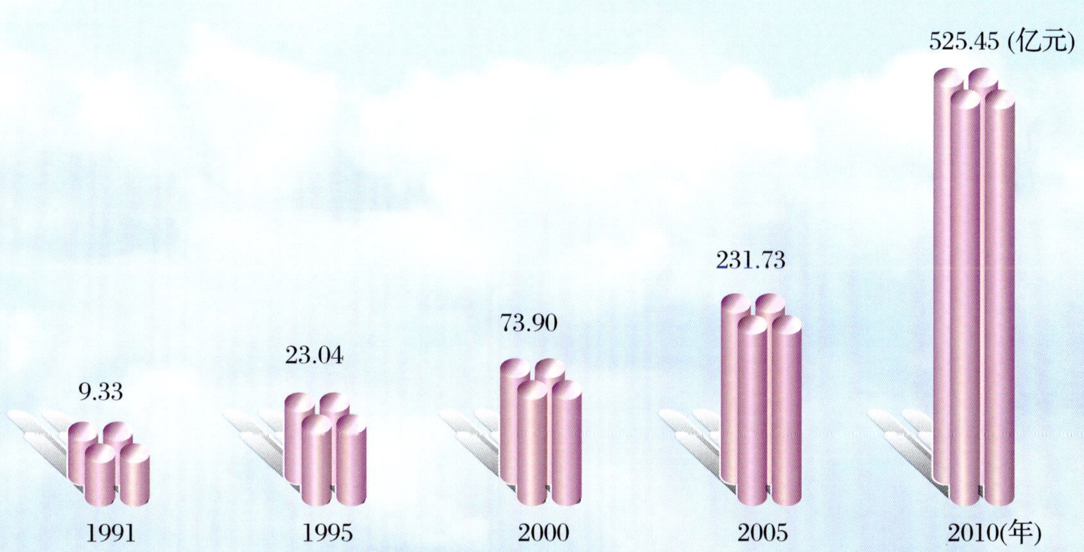

## 统计直观图（1978—2010）

专利申请量

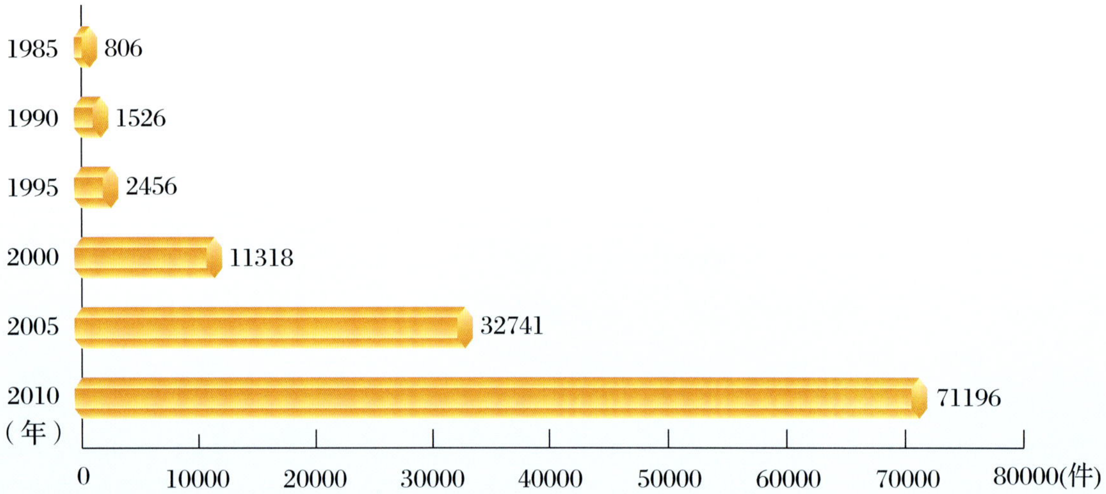


专利授权量构成

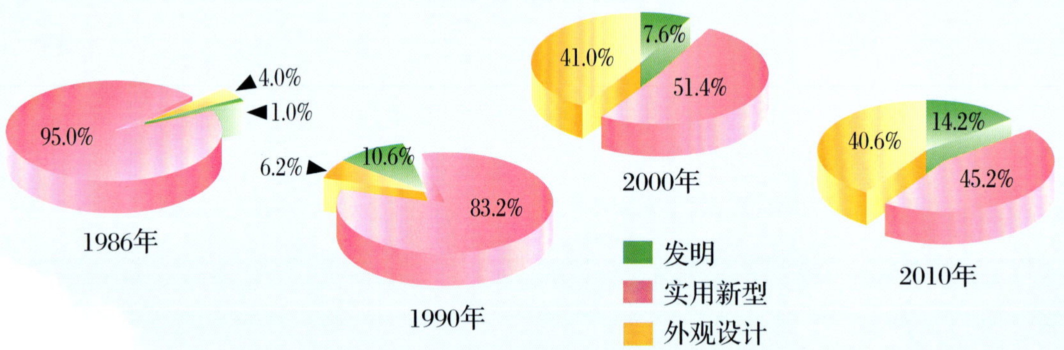


自然科学研究与技术开发机构投入经费

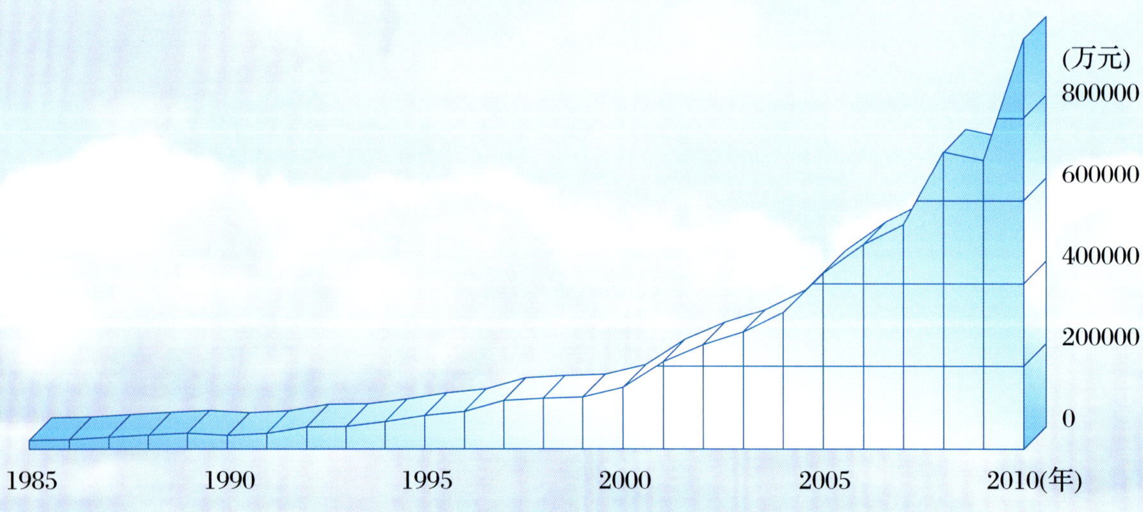

# 统计直观图(1978—2010)

## 城市基础设施投资额

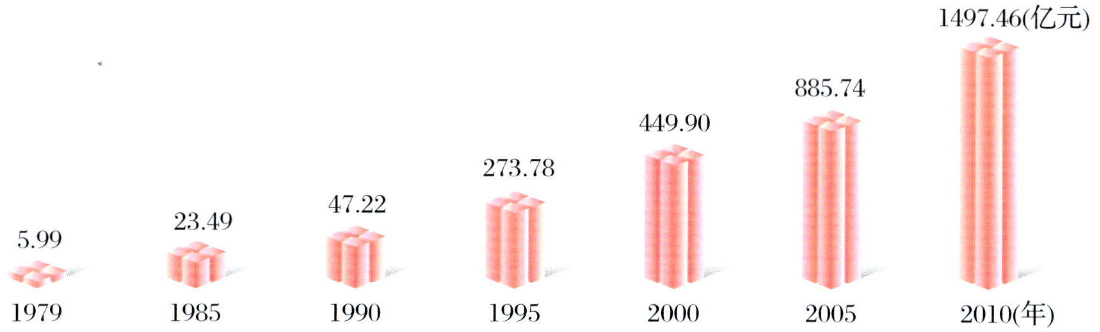


## 城市绿化覆盖率

## 市区人均居住面积

## 城市环境卫生

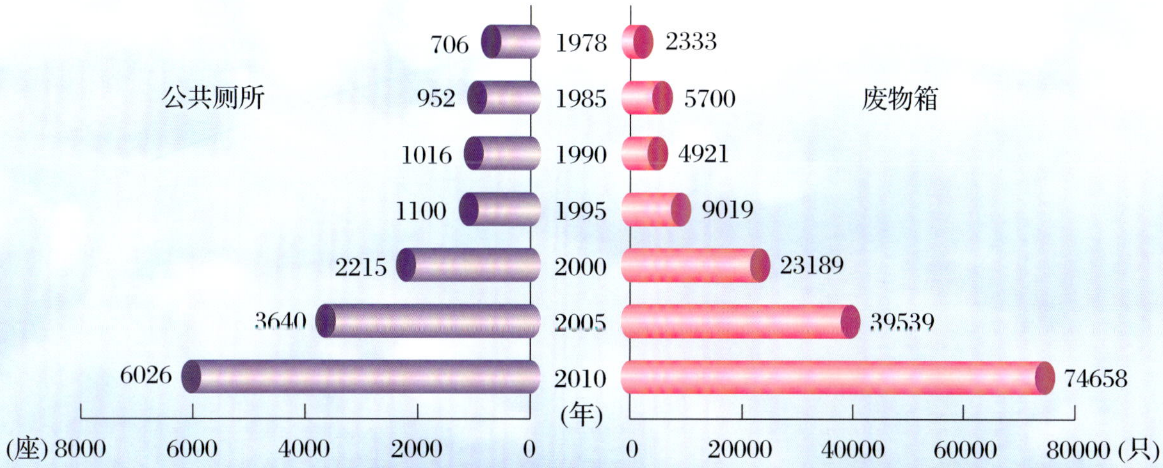

# 统计直观图（1978—2010）

环境保护投资相当于 GDP 比例

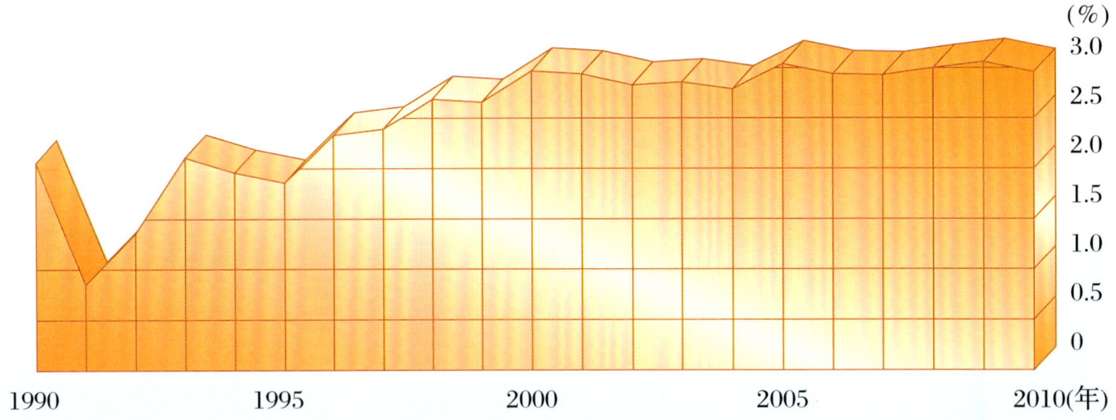


污水厂污水处理能力

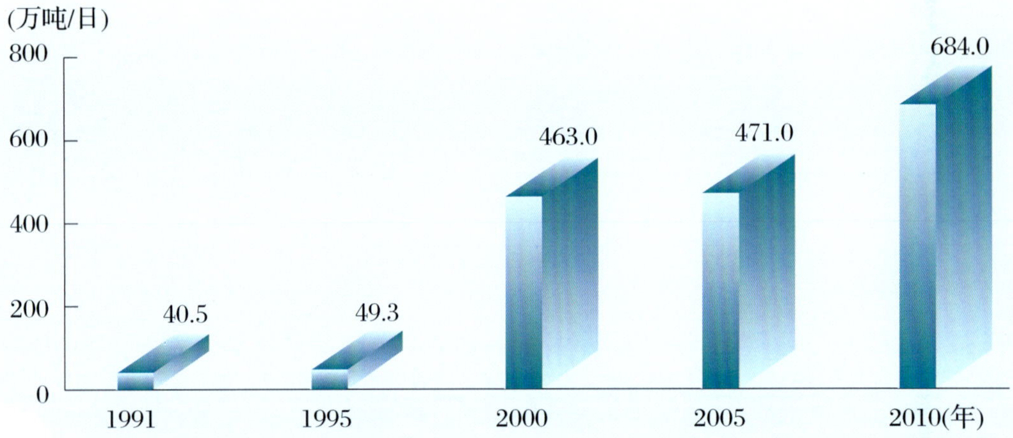


能源终端消费量产业和生活用能结构

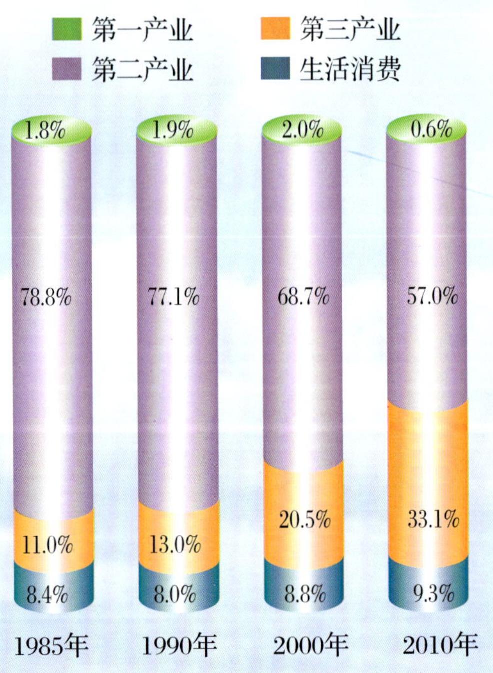


能源品种消费比重结构

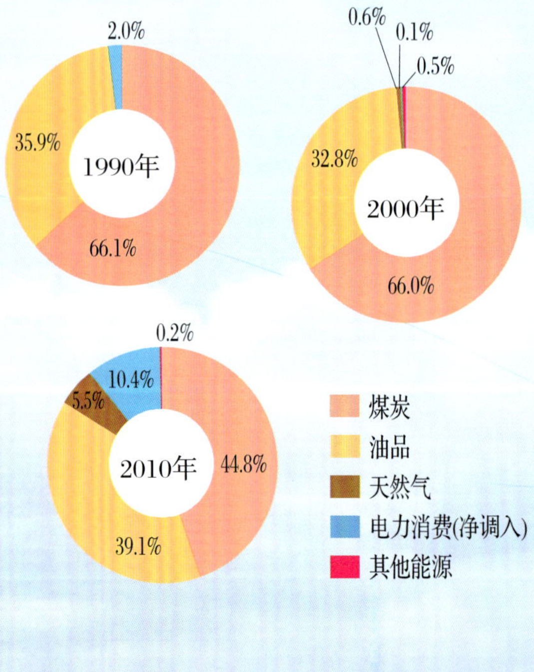

1985 年 12 月 12 日，市人民政府顾问汪道涵（前排左三）出席市统计学会会员大会

1992 年 11 月，国家统计局局长张塞（前排左五）在上海与部分郊县统计局领导合影

1992 年 11 月 3 日，副市长庄晓天（右一）会见国家统计局局长张塞（中）

1995 年 6 月 6 日，副市长蒋以任（左一）主持召开第三次工业普查领导小组第一次会议

1996 年 11 月 19 日，副市长冯国勤（前排中）到市统计局调研

2000 年 3 月 20 日，国家统计局局长刘洪（左二）到市统计局调研

2004 年 12 月 28 日，市委常委、副市长周禹鹏（右一）看望第一次经济普查普查员

2006 年 3 月 31 日，市委常委、常务副市长冯国勤（左二），国家统计局副局长徐一帆（右一）出席国家统计局上海调查总队成立大会暨揭牌仪式

2007 年 1 月 1 日，副市长胡延照（左四）在松江区看望第二次农业普查入户调查对象和调查员

2008 年 8 月 28 日，国家统计局局长朱之鑫（左三）在上海指导检查工作

2008 年 10 月 14 日，常务副市长杨雄（左一）在国际官方统计（IAOS）大会上致辞

2010 年 10 月 20 日，国家统计局局长马建堂（左一）、常务副市长杨雄（左二）在上海世博会联合国馆出席“世界统计日”全球庆典活动

1992 年 1 月 8 日，市统计局召开企业统计基础工作规范化经验交流会

1994 年 3 月 28 日，市统计局召开贯彻实施《上海市统计管理条例》座谈会

1996 年 12 月 24 日，市统计执法检查大队成立大会召开

2004 年 11 月 29 日，国务院经济普查督察组在上海浦东新区检查工作

1999 年 4 月 1 日，上海开展大型统计法制宣传日活动，纪念《上海市统计管理条例》实施 5 周年

2008 年 12 月 26 日，市工商局、市统计局举行合作协议签字仪式

2008—2010 年，国家统计局上海调查总队下属区县调查队陆续成立。上图为国家统计局局长马建堂（左），市委常委、浦东新区区委书记徐麟（右）为国家统计局浦东调查队揭牌

1978 年 3 月，参加全国基本建设普查的部分同志合影

1982 年，上海第三次人口普查江南造船厂现场

1982 年，上海第三次人口普查摇号分组

1994 年 8 月，调查员进入住户家中调查

2000 年 10 月 8 日，市第五次人口普查专场文艺宣传演出

2006 年 12 月 23 日，市第二次农业普查宣传日活动在上海十个区（县）近百个宣传点同时展开

2010 年 1 月 30 日，市统计局局长、市经济普查领导小组副组长王志雄（左七）在第二次全国经济普查总结表彰会上领奖

2010 年 10 月 22 日，市第六次人口普查领导小组办公室举行新闻发布会

2010 年，第六次人口普查调查员宣誓上岗

2010 年，第六次人口普查调查员在外籍人员家中进行登记

1981 年 6 月 21 日，市统计局向社会公布《关于一九八〇年本市国民经济发展情况的公报》。这是中断 20 年以后，上海第一份年度国民经济和社会发展情况的统计公报

1984 年 9 月，市统计局首次公开出版《上海统计年鉴——1983》

1988 年 10 月，联合国统计司司长塞尔泽（左二）访问市统计局

1990 年 11 月，市农村统计工作会议部分代表合影

1995 年 5 月 5 日，上海统计资格考试报名现场

2005 年 8 月 23 日，市统计局与上海财经大学联合举办研究生课程进修班

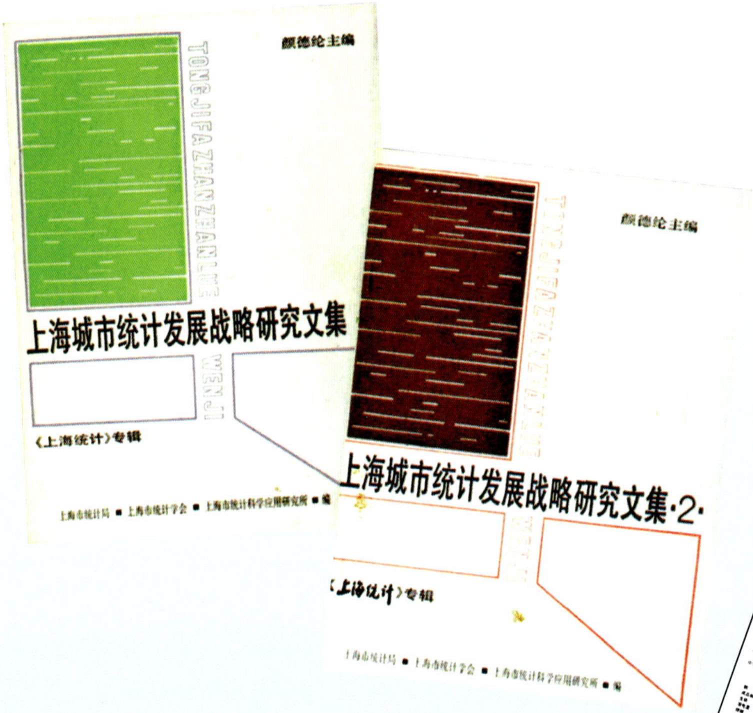


1987 年，市统计局、市统计学会、市统计科学应用研究所联合开展上海城市统计发展战略研究

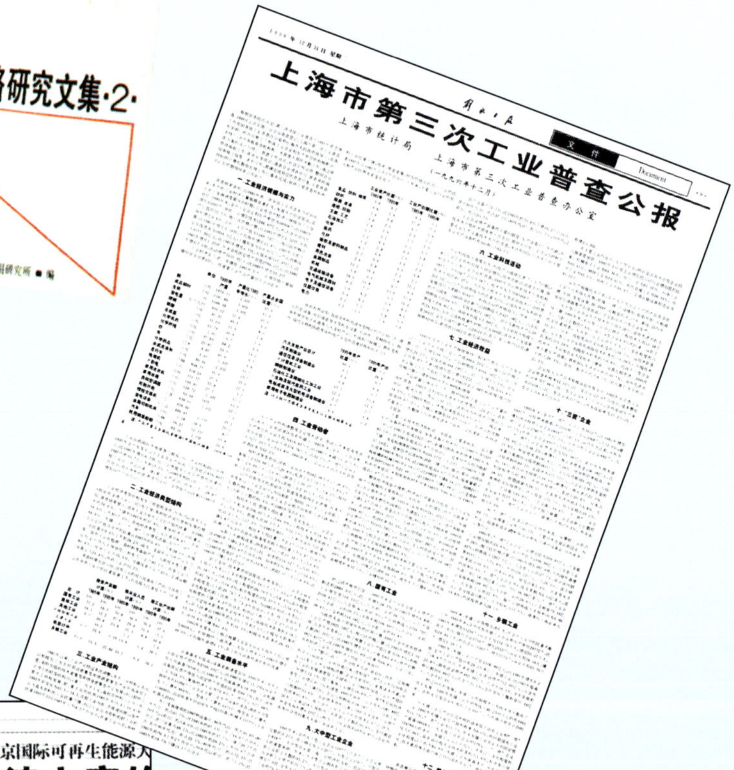


1996 年 12 月 31 日，《解放日报》刊登《上海市第三次工业普查公报》

2005 年 11 月 8 日，《解放日报》报道："本市科教兴市指标体系正式出台　上海有了自己的'硅谷指数'"

2002 年 4 月，上海开始组建委办局新闻发言人队伍；图为市统计局新闻发言人蔡旭初（右一）

2005 年 12 月 27 日，上海召开第一次全国经济普查总结表彰暨统计工作先进表彰会

2006 年 5 月 2 日，市统计局局长潘建新（左一）会见国际货币基金组织统计部主任爱德华兹（右二）

2006 年 7 月 6 日，联合国统计司司长张保罗（右一）参观市统计展示馆

2006 年 12 月 21 日，中国 2010 年上海世博会国内参观者意向调查培训工作会议在沪召开

# 《上海市志·国民经济社会发展图表(1978—2010)》编纂委员会

## 《上海市志·国民经济社会发展图表(1978—2010)》编纂办公室

**办公室主任** 顾国权(2011.8—2013.10)
秦丽萍(2013.11—2014.10)
阮大成(2014.11—2018.1)
陈永奇(2018.1— )

**副 主 任** 刘 慧(2011.8—2013.9)
陈 巍(2013.9—2019.4)
甄明霞(2019.4— )
孙敏炜(2019.4— )

**成 员** (以姓名笔画为序)
周 俊 周 悦 郭晶晶 曹美芳 屠孟樵 蔡旭洲 戴伟慧

**总 纂** 熊礼生

**分 纂** (以姓名笔画为序)
王善贸 李 明 黄葛庆 熊礼生

## 《上海市志·国民经济社会发展图表(1978—2010)》特邀内审人员

刘稚南 蔡旭初 岳 钢 顾国权 金慧莲

# 《上海市志·国民经济社会发展图表(1978—2010)》资料提供和评审人员

**主　　审**　陆　洲　王　静　郁琼华　李嘉平　刘文珮　陈永奇　刘　慧
张玲玲　俞　岚　朱静蕾　陆　昕　王建军　宋丽琛　丁　俊
王震颖　陆立萍　周　杰　高培勤　朱国众　蒋建新　王　亮
姜忠毅　盛　蕾　张申龙　马富海　王　一　甄明霞　何　愉
潘国林　傅鳌琦　沈　俊　杨建忠　熊　玲　陈文晶　周　蓉
李　虹　黄丰秋　严　洁　胡勤英　王东民

**资料提供与审核**　(以姓名笔画为序)

于英霞　卫　冬　马向科　马晓敏　王泽华　王　勇　王　韵
方　静　计重照　叶潇迪　冯晓华　吕辉文　朱　冰　朱羽飞
朱　婷　庄青松　刘北平　刘　纲　刘晓韬　刘　峰　刘润辉
刘　静　刘　慧　许亦楠　孙竹林　孙轶男　孙　亮　孙　峰
孙家强　孙　颖　杜　哲　杜颖燕　李文娟　李　卉　李　刚
李国娟　李　珍　李　琼　李　霓　肖　飞　吴士敏　吴幸懃
吴国庆　吴胜娟　吴艳蓉　邱　晨　何　俊　何　琳　应　君
沈正希　宋　玉　宋　敏　张九虎　张东琴　张永兴　张伟深
张庆华　张志远　张洁瑜　张晓蕾　张　腾　张　源　张　嫣
陆怡琳　陈达成　陈汤斌　陈骁冬　陈　振　陈　源　陈　瑾
陈曦静　茆咏霏　苑立波　杭　敬　罗欣蟾　罗　勋　罗海丹
季正东　金　丹　金圣局　金慧莲　周文秀　周心奕　周莉敏
周群艳　庞颖良　郑尉梅　郑　颖　屈　蓓　孟宪国　赵　军
赵农华　赵竞飞　郝　杰　胡永康　胡宇慧　胡　岐　胡锦瑢
钟　华　夏　静　顾敏雁　顾　鑫　柴　华　钱文瑛　钱国光
钱　萍　倪昌恩　徐节玉　徐　平　徐振辉　徐　瑜　高　清
郭丽莉　唐庆茹　黄德马　曹月勤　龚　骊　韩　君　鲁　轶
谢　延　谢蕾蕾　裘　艺　詹　雪　樊佳佳

## 《上海市志·国民经济社会发展图表(1978—2010)》评议专家名单

**组　　长**　张新生

**成　　员**　(以姓名笔画为序)

王世伟　王思政　刘守刚　刘稚南　李兆杰　杨　莉　宋赤民　宋振宇　周永祥　金亚萍

## 《上海市志·国民经济社会发展图表(1978—2010)》审定专家名单

**组　　长**　张新生

**成　　员**　(以姓名笔画为序)

刘守刚　刘稚南　杨　莉　宋振宇　周永祥　祝兆松　徐　静　黄玉婷

## 《上海市志·国民经济社会发展图表(1978—2010)》验收单位和人员

**验收单位**　上海市地方志办公室

**验收人员**　洪民荣　姜复生　黄晓明　唐长国　杨军益

**业务编辑**　翟　辉

# 序

在上海市地方志办公室、上海市统计局和国家统计局上海调查总队的关心重视下，在各相关部门以及参编人员的大力支持配合下，《上海市志·国民经济社会发展图表(1978—2010)》(以下简称《图表》)在遍搜档案、采集资料、考证史实、制作资料卡片、汇辑资料长编、整理初稿、组织分纂、总纂后，历经多轮内审、外审，通过上海市地方志办公室组织的评议、审定、验收，历时十年，终于编修成书，出版问世。《图表》共14篇43章，资料丰富，内容翔实，真实地记述了1978—2010年上海统计改革的光辉历程、统计事业发展取得的丰硕成果和各个历史阶段的重要事件，展现了上海统计人攻坚克难、奋发有为的精神风貌，以其丰富的内容、翔实的资料、独特的视角、客观的叙述，一定能发挥"存史、资政、育人"的多重作用。

改革开放以来，在中共上海市委、市政府的坚强领导下，在国家统计局的关心和支持下，上海统计系统干部职工解放思想，大胆实践，励精图治，顽强拼搏，积极推进统计改革、统计法治、统计调查，在为上海落实国家战略提供统计支撑和服务等领域取得了一系列成绩，在服务于上海社会经济建设、服务于上海城市功能转型、服务于上海产业升级过程中发挥了重要作用。

1978—2010年，上海统计工作者出色完成了人口、工业、农业、第三产业、基本单位、经济普查等十余次全国性的普查活动；积极完善统计法规建设，坚持以法统计、以法治数；建立健全统计制度，全面落实在地统计改革；完善新的国民经济核算体系，根据经济形势的变化及时调整统计调查项目。全市统计工作的顺利开展，为市领导及相关决策部门提供了真实可信的统计信息，为政府宏观调控和科学决策管理提供重要依据。与此同时，上海统计机构十分重视统计科技建设，发挥统计信息化在统计工作中的重大作用，逐步推进"电子统计"工程，构建"上海统计数据中心"框架，与其他经济管理部门共同建设“上海市宏观经济数据库”,并建立市统计局数据仓库系统,使统计工作在上海国民经济和社会发展过程中努力发挥好信息源和晴雨表作用。

《上海市志·国民经济社会发展图表(1978—2010)》的编纂、评审和出版工作,得到了上海市地方志办公室与业内同行、专家、学者们的支持和帮助,借此机会表示感谢!同时对编纂这本专业志书付出辛勤劳动和智慧的同志们表示感谢!

上海市统计局党组书记、局长 牛民

2021年9月

# 《上海市志(1978—2010)》凡例

一、本志坚持以马克思主义为指导，遵循辩证唯物主义和历史唯物主义原理，实事求是记述上海市自然、政治、经济、文化和社会的历史与现状。

二、本志为上海市首轮社会主义新方志中《上海通志》《上海市专志系列丛刊》之续，续义不续例，体例方面创新调整，并对首轮志书补缺正误。采用小篇平列体，分别编纂，陆续出版，汇为全志。

三、本志记述地域范围，以2010年底上海市行政区划为准。由上海市辐射至全国其他地区及国外事物，兼及记述。

四、本志记述内容的时限，上起1978年，下讫2010年，反映这一时期上海改革开放全貌。首轮《上海市专志系列丛刊》所缺或记述内容不够丰富的分志、分卷，上溯至事物发端。中国共产党分志、人民代表大会分志、人民政府分志、人民政协分志、民主党派分志，为保持同一届次内容记述的完整性，下延至2010年后的首个换届年份。

五、本志按自然、政治、经济、文化和社会为序设置分志、分卷，事以类从，类为一志，并兼顾当代社会分工的原则。全志除总述外，中国共产党分志、农业分志、工业分志、商业分志、服务业分志、城乡建设分志、金融分志、口岸分志设置综述卷，并设经济综述分志，加强全志整体性。各分志、分卷采用篇章节体，卷首设概述、大事记，以专记、附录、索引殿后。

六、本志体裁以述、记、志、传、图、表、录为主，力求内容与形式统一。

七、本志人物传遵循“生不立传”原则。入传人物排列先后以卒年为序，在世人物以人物简介(排列以生年为序)、人物表(人物录)记载。

八、本志采用规范的语体文、记述体，行文按《〈上海市志(1978—2010)〉编纂行文规范》，力求严谨、朴实、简洁、流畅，以第三人称记述。

九、本志纪年，凡1949年5月27日上海市解放以前的用历史纪年，一般标示朝代、年号、年份，括注公元纪年；1949年5月27日上海市解放后，一律采用公元纪年。

十、本志所记述的地名、机构名称、职称及币种、计量单位，一般按当时称谓。

十一、本志所用统计资料，原则上根据统计部门公布的材料；未列入统计部门统计的，根据部门统计的材料。

十二、本志资料来源于国家档案馆、上海市及有关省市档案馆、部门档案馆(室)，以及历史文献、口碑资料、社会调查、部门提供的材料等，均经考证核实，一般不注明出处。

# 编纂说明

一、《上海市志·国民经济社会发展图表(1978—2010)》,是系统反映1978—2010年上海统计事业改革和上海国民经济社会发展历史的志书。本志全面、客观、系统地记述改革开放30多年来上海统计发展、改革、创新等方面的基本情况和前进历程,反映上海统计自觉服务于本地区国民经济社会发展大局,力求科学性、整体性、可读性的有机统一。

二、本志由图表、彩照、序、凡例、编纂说明、概述、大事记、正文、附录、索引、编后记组成。正文主体部分设14篇43章。

三、本志时间段为1978—2010年,即改革开放初至国民经济和社会发展"十一五"规划时期结束,重点时间段为1990—2010年,即上海浦东开发开放至国民经济和社会发展"十一五"规划时期结束。主要以图表、照片和文字形式全面反映改革开放以来上海区域内经济和社会的历史与现状,用文字同步记述统计体制、统计调查、统计制度、统计管理、统计大事记等主要统计工作。

四、第一轮《上海统计志》下限修到1990年。本志为了与第一轮志书有效衔接,直观反映改革开放以来,尤其是浦东开发开放以后上海国民经济社会发展趋势,编纂了1990—2010年统计图表,统计图表的数据仅供参考。如需引用相关的统计数据,请参阅统计表。

五、本志前八篇内容以表格数据为主。为了形象反映这一时期上海地区社会经济发展脉络和数字变化情况,正文选用部分统计趋势图。

六、本志相关统计表中的符号"…"表示数据不足本表最小计量单位数;"空格"表示该项统计数据不详或无该项数据;"#"表示其中的主要项。

七、本志涉及的企事业单位、机构名称中未标明地名的"市"均指上海市。"上海市统计局”简称“市统计局”,“国家统计局上海调查总队”简称“上海调查总队”,必要时使用全称。

八、本志涉及的全市规模以上工业企业,2010年及以前规模标准为年主营业务收入500万元及以上。

九、本志统计数据主要引用2011年及以前年度《上海统计年鉴》,收录了2010年前上海地区经济和社会等各方面的统计数据,指标解释及单位设置均按照政府统计部门规范处理。其他资料主要来自市档案馆,市统计局和上海调查总队档案室,以及征编的统计公报、普查成果等统计资料。

# 目　　录

序 …… 朱　民 1
《上海市志(1978—2010)》凡例 …… 1
编纂说明 …… 1
概述 …… 1
大事记 …… 15

第一篇　综合 …… 49
　第一章　社会经济发展 …… 51
　　1978—2010 年主要年份社会经济主要指标统计表 …… 52
　　1978—2010 年主要年份经济和社会主要指标发展速度统计表 …… 55
　　1978—2010 年主要年份社会经济发展结构指标统计表 …… 57
　　1978—2010 年主要年份经济和社会发展人均指标统计表 …… 59
　　各时期社会经济主要指标统计表 …… 60
　　各时期社会经济主要指标年平均增长率统计表 …… 61
　第二章　国民经济核算 …… 62
　　1978—2010 年上海市生产总值总量统计表 …… 66
　　1978—2010 年上海市生产总值指数(以 1978 年为 100)统计表 …… 67
　　1978—2010 年上海市生产总值指数(以上年为 100)统计表 …… 68
　　1978—2010 年上海市生产总值构成统计表 …… 69
　　1978—2010 年人均生产总值及指数统计表 …… 70
　第三章　财政和金融 …… 71
　　1978—2010 年地方财政收支统计表 …… 74
　　2000—2010 年地方财政收入统计表 …… 75
　　1978—2006 年地方财政支出统计表 …… 76
　　2007—2010 年地方财政支出统计表 …… 76
　　1990—2010 年金融机构存款余额统计表 …… 77
　　1978—2010 年年末储蓄存款余额统计表 …… 78
　　1990—2010 年金融机构贷款余额统计表 …… 79
　　2000—2010 年主要金融市场交易统计表 …… 79
　　1990—2010 年上海证券交易所有价证券成交总额统计表 …… 80

1978—2010 年原保险保费收入和赔付支出统计表 …… 81
第四章 能源 …… 82
1985—2010 年主要年份能源消耗基本情况统计表 …… 85
1978—2010 年能源消费弹性系数统计表 …… 86
1985—2010 年主要年份能源消费总量统计表 …… 87
1980—2010 年主要年份能源终端消费量统计表 …… 87
第五章 人口和劳动力 …… 88
1978—2010 年户数、人口数和人口密度统计表 …… 90
1978—2010 年人口性别比和平均期望寿命统计表 …… 91
1978—2010 年人口迁移统计表 …… 92
2005—2010 年在沪外国常住人口统计表 …… 93
1978—2010 年全社会从业人员统计表 …… 94
1978—2010 年社会就业统计表 …… 95
1978—2010 年从业人员报酬统计表 …… 96
1978—2010 年职工平均工资统计表 …… 97

**第二篇 工业、交通运输、邮政业 …… 99**
第一章 工业 …… 101
1978—2010 年工业总产值及指数统计表 …… 103
1978—1999 年工业总产值(按登记注册类型分)统计表 …… 104
2000—2010 年工业总产值(按登记注册类型分)统计表 …… 104
1978—2010 年主要工业产品产量统计表 …… 105
1997—2010 年工业企业经济效益指标统计表 …… 110
2004—2010 年高技术产业主要指标统计表 …… 111
2001—2010 年六个重点发展工业行业主要指标统计表 …… 114
第二章 交通运输、邮政和信息传输业 …… 116
1978—2010 年货物运输量统计表 …… 118
1978—2010 年货物周转量统计表 …… 119
1978—2010 年旅客周转量统计表 …… 120
1978—2010 年旅客发送量统计表 …… 121
1978—2010 年港口、集装箱吞吐量统计表 …… 122
1978—2010 年邮电通信情况统计表 …… 123
1978—2010 年邮政业务主要指标统计表 …… 124
2004—2010 年信息化基础设施统计表 …… 125
2005—2010 年信息服务业经营情况统计表 …… 125

**第三篇 农业和农村 …… 127**
第一章 农业 …… 129
1978—2010 年农村户数、人口和从业人员统计表 …… 132

1978—2010 年农业总产值统计表 …… 133
1978—2010 年农业总产值指数(以 1952 年为 100)统计表 …… 134
1978—2010 年年末耕地面积统计表 …… 135
1978—2010 年农作物总播种面积及构成统计表 …… 136
1978—2010 年粮食作物播种面积和产量统计表 …… 137
1978—2010 年棉花、油菜籽播种面积和产量统计表 …… 138
1978—2010 年其他农作物播种面积和产量统计表 …… 139
1978—2010 年林业生产统计表 …… 140
1978—2010 年奶牛、羊、生猪、兔的年末存栏统计表 …… 141
1978—2010 年生猪、家禽出栏和鲜蛋、牛奶、生猪肉、水产品产量统计表 …… 142
1978—2010 年农业机械化统计表 …… 143
1978—2010 年农业机械年末拥有量统计表 …… 144
1978—2010 年农村用电量统计表 …… 145
1978—2010 年化肥和农药施用量(实物量)统计表 …… 146
1978—2010 年农田水利工程投资额统计表 …… 147
第二章 农村 …… 148
1978—2010 年农业银行年末存贷款统计表 …… 149
1978—2010 年农村商业银行年末存贷款统计表 …… 150
1991—2010 年郊区(县)工业生产、销售总量统计表 …… 151
1998—2010 年郊区(县)利用外资情况统计表 …… 151
1994—2010 年郊区(县)固定资产投资完成情况统计表 …… 152
1997—2010 年郊区(县)房地产开发投资主要指标统计表 …… 152
1997—2010 年郊区(县)社会消费品零售总额情况统计表 …… 153

**第四篇 商贸旅游** …… 155
第一章 批发和零售业、住宿和餐饮业 …… 157
1978—2010 年社会消费品零售总额(按商品用途分)统计表 …… 159
1978—2010 年社会消费品零售总额(按经济类型分)统计表 …… 160
1978—2010 年社会消费品零售总额(按行业分)统计表 …… 161
1978—2010 年主要消费品零售量统计表 …… 162
1978—2010 年批发零售贸易业商品购销存总额统计表 …… 166
1998—2002 年限额以上餐饮业主要财务指标统计表 …… 168
2003—2010 年限额以上餐饮业主要财务指标统计表 …… 168
第二章 对外经济 …… 170
1978—2010 年进出口商品总额统计表 …… 173
2001—2010 年外贸进口商品总额统计表 …… 174
1990—2010 年外贸出口商品总额统计表 …… 174
1980—2010 年外商直接投资合同项目统计表 …… 175
1980—2010 年外商直接投资合同金额统计表 …… 176

1981—2010 年外商直接投资实际到位金额统计表 …… 177
1983—2010 年对外承包工程和劳务合作统计表 …… 178
第三章 旅游 …… 179
1978—2010 年旅游入境人数统计表 …… 180
1980—2010 年国际旅游外汇收入统计表 …… 181
2001—2010 年国内来沪旅游人数及人均消费支出统计表 …… 182

**第五篇 投资和城市建设** …… 183
第一章 固定资产投资 …… 185
1978—2010 年全社会固定资产投资总额统计表 …… 187
1991—2010 年全社会固定资产投资总额(按行业分)统计表 …… 188
1990—2010 年全社会固定资产投资总额(按三次产业分)统计表 …… 190
1990—2010 年全社会固定资产投资资金来源统计表 …… 191
第二章 房地产 …… 192
1995—2010 年房地产开发投资统计表 …… 194
1995—2010 年房地产开发投资(按用途分)统计表 …… 194
1978—2010 年住宅投资和竣工建筑面积统计表 …… 195
1995—2010 年房地产开发企业房屋建筑面积统计表 …… 196
1995—2010 年房地产开发企业商品房销售和出租情况统计表 …… 197
1988—2010 年存量房交易情况统计表 …… 199
第三章 城市建设 …… 200
1979—2010 年城市基础设施投资额统计表 …… 202
1979—2010 年用于公用事业和市政建设的投资额统计表 …… 203
1978—2010 年自来水情况统计表 …… 204
1978—2010 年用电量统计表 …… 205
1978—2010 年煤气情况统计表 …… 206
1978—2010 年液化石油气和天然气情况统计表 …… 207
1996—2010 年轨道交通、高架道路、黄浦江大桥和隧道情况统计表 …… 208
1978—2010 年市政工程设施情况 …… 209
第四章 环境保护 …… 210
1990—2010 年环保投入和“三废”综合利用统计表 …… 212
1991—2010 年水环境保护统计表 …… 212
1991—2010 年大气环境保护统计表 …… 213
1978—2010 年城市环境卫生统计表 …… 214
1978—2010 年城市园林绿化统计表 …… 215

**第六篇 价格** …… 217
第一章 居民消费价格 …… 219
1978—2010 年居民消费价格指数(以上年为 100)统计表 …… 221

1978—1993 年居民消费价格定基指数(以 1978 年为 100)统计表 …… 222
1994—2000 年居民消费价格定基指数(以 1993 年为 100)统计表 …… 222
2001—2010 年居民消费价格定基指数(以 2000 年为 100)统计表 …… 222
第二章 生产者价格 …… 223
1992—2010 年工业品出厂价格指数(以上年为 100)统计表 …… 225
1992—2010 年工业品出厂价格定基指数(以 1991 年为 100)统计表 …… 226
1992—2010 年原材料、燃料、动力购进价格指数(以上年为 100)统计表 …… 228
1992—2010 年原材料、燃料、动力购进价格定基指数(以 1991 年为 100)统计表 …… 229
第三章 固定资产投资和房地产价格 …… 230
1993—2010 年固定资产投资价格指数(以上年为 100)统计表 …… 232
1998—2010 年房屋销售价格指数(以上年为 100)统计表 …… 232
1998—2010 年房屋租赁价格指数(以上年为 100)统计表 …… 233
1998—2010 年土地交易价格指数统计表 …… 233

第七篇 人民生活 …… 235
第一章 城市居民生活 …… 237
1978—2010 年城市居民家庭生活基本情况统计表 …… 239
1978—2010 年城市居民家庭人均可支配收入统计表 …… 241
1978—2010 年城市居民家庭人均消费支出统计表 …… 243
第二章 农村居民生活 …… 245
1978—2010 年农村居民家庭生活基本情况统计表 …… 248
1978—2010 年农村居民家庭人均可支配收入(按收入来源分)情况统计表 …… 250
1978—2010 年农村居民家庭人均生活消费支出(按支出类别分)统计表 …… 251
1994—2010 年农村居民家庭人均可支配收入(按收入水平分)统计表 …… 252
1994—2010 年农村居民家庭人均生活消费支出(按收入水平分)统计表 …… 252

第八篇 社会事业 …… 253
第一章 教育 …… 255
1978—2010 年各级各类学校数统计表 …… 257
1978—2010 年各级各类学校招生数统计表 …… 258
1978—2010 年各级各类学校在校学生数统计表 …… 259
1978—2010 年各级各类学校毕业生数统计表 …… 260
1978—2010 年普通高等学校基本情况统计表 …… 261
1978—2010 年研究生人数统计表 …… 262
1978—2010 年普通中学基本情况统计表 …… 263
1978—2010 年小学基本情况统计表 …… 264
1978—2010 年幼儿园、特殊教育学校基本情况统计表 …… 265
第二章 卫生、社会保障和社会福利 …… 266
1978—2010 年卫生机构数统计表 …… 269

1978—2010 年卫生机构人员数统计表 …… 270
1978—2010 年卫生机构床位数统计表 …… 271
1978—2010 年每万人口卫生技术人员、医院床位数统计表 …… 272
1978—2010 年医院诊疗人次及入院人数统计表 …… 273
1978—2010 年婴儿死亡率、新生儿死亡率、孕产妇死亡率统计表 …… 274
2000—2010 年各类社会保险参保人数统计表 …… 275
2000—2010 年享受各类社会保险人数统计表 …… 276
2000—2010 年社会最低保障标准统计表 …… 276
1980—2010 年各类福利机构情况统计表 …… 277
1980—2010 年抚恤、补助对象人数统计表 …… 279
1980—2010 年优抚和社会救济金额及福利企业情况统计表 …… 280
第三章　文化和体育 …… 281
1978—2010 年文化事业单位数统计表 …… 283
1978—2010 年艺术表演团体演出情况统计表 …… 284
1978—2010 年艺术表演场所、戏剧演出情况统计表 …… 285
1980—2010 年广播电台情况统计表 …… 286
1980—2010 年电视台情况统计表 …… 287
1978—2010 年电影摄制、译制和放映情况统计表 …… 288
1978—2010 年图书馆、博物馆及文化馆情况统计表 …… 289
1978—2010 年图书、期刊和报纸出版情况统计表 …… 290
1978—2010 年公共体育场地统计表 …… 291
1979—2010 年等级运动员人数统计表 …… 292
第四章　科学技术 …… 293
1978—2010 年研究与开发机构数及科技活动人员统计表 …… 295
1985—2010 年科技活动经费筹集总额和内部支出统计表 …… 296
1978—2010 年研究与试验发展经费支出情况统计表 …… 297
1978—2010 年科技成果统计表 …… 298
1985—2010 年专利申请量统计表 …… 299
1985—2010 年专利授权量统计表 …… 300
1991—2010 年技术合同项目和成交金额统计表 …… 301
1985—2010 年自然科学研究与技术开发机构情况统计表 …… 302

第九篇　统计机构组织 …… 303
第一章　政府统计机构 …… 305
第一节　市统计局 …… 305
第二节　国家统计局直属统计机构 …… 310
一、国家统计局上海调查总队 …… 310
二、国家统计局上海区、县级调查队 …… 311
第三节　区、县政府统计机构 …… 312

一、浦东新区统计机构 …… 313
二、中心城区统计机构 …… 313
三、郊区县统计机构 …… 314
第四节　乡镇、街道统计组织 …… 315
第二章　统计学术团体 …… 317
第一节　市统计学会 …… 317
一、机构沿革 …… 317
二、主要工作 …… 318
第二节　区县统计学会 …… 323

第十篇　统计调查 …… 325
第一章　普查 …… 327
第一节　人口普查 …… 327
一、第三次人口普查 …… 327
二、第四次人口普查 …… 328
三、第五次人口普查 …… 328
四、第六次人口普查 …… 328
第二节　经济普查 …… 329
一、第一次经济普查 …… 329
二、第二次经济普查 …… 330
第三节　农业普查 …… 331
一、第一次农业普查 …… 331
二、第二次农业普查 …… 332
第四节　工业普查 …… 333
一、第二次工业普查 …… 333
二、第三次工业普查 …… 334
第五节　第三产业普查 …… 335
第六节　基本单位普查 …… 336
一、第一次基本单位普查 …… 336
二、第二次基本单位普查 …… 337
第二章　专业统计 …… 338
第一节　工业 …… 338
一、工业统计主要报表制度 …… 339
二、工业统计主要指标 …… 339
三、工业生产增长速度指标的演化 …… 340
第二节　建筑业 …… 340
第三节　固定资产投资 …… 340
第四节　房地产业 …… 341
第五节　交通运输、邮政业 …… 342

一、交通运输、邮政业统计变革 …… 342
二、"在地统计"管理制度下的交通运输和邮政业统计 …… 342
三、构建上海国际航运中心建设统计指标体系 …… 343
第六节 能源 …… 343
一、能源统计的建立 …… 343
二、第一次经济普查中的能源统计 …… 344
三、能源消费专项调查 …… 344
四、节能降耗跟踪监测,完善能源统计 …… 345
第七节 批发和零售业、住宿和餐饮业 …… 345
一、批发和零售业、住宿和餐饮业统计制度 …… 345
二、批发和零售业、住宿和餐饮业主要报表 …… 346
第八节 科技 …… 347
一、科技综合统计 …… 347
二、创新调查 …… 347
三、工业企业科技活动统计 …… 348
四、非工业企业和事业单位科技活动统计 …… 348
五、医疗卫生单位科技活动统计 …… 348
六、上海人才流动、科技投入情况调查 …… 348
七、全国R&D资源清查 …… 349
八、软件开发单位科技活动情况统计 …… 349
九、国家级企业技术中心研发及相关情况统计 …… 349
十、外资研发机构研发及相关情况统计 …… 350
第九节 对外贸易 …… 350
一、海关统计 …… 350
二、服务贸易统计 …… 351
三、外商直接投资统计 …… 351
四、对外承包工程统计 …… 352
五、劳务合作统计 …… 353
六、对外直接投资统计 …… 353
第十节 社会服务业 …… 354
第十一节 劳动工资 …… 355
一、劳动工资统计 …… 355
二、劳动力需求预测 …… 357
三、劳动统计年报联合审核 …… 357
四、金融从业人员情况调查 …… 358
五、单位用工调查 …… 358
第十二节 企业(集团)统计调查 …… 358
一、企业(集团)统计报表制度的建立 …… 358
二、上海企业(集团)统计报表制度的改革与创新 …… 359

三、上海企业(集团)统计调查制度的延续 …… 359
第三章 抽样调查 …… 360
第一节 规模以下工业企业调查 …… 360
第二节 规模以下商业企业调查 …… 361
第三节 采购经理调查 …… 362
一、上海制造业采购经理调查制度 …… 362
二、上海非制造业采购经理调查制度 …… 363
三、上海区县产业采购经理调查制度 …… 363
第四节 居民消费价格调查 …… 363
一、居民消费价格指数统计调查制度 …… 364
二、居民消费价格指数编制方法 …… 364
三、上海低收入居民消费价格指数 …… 365
四、上海居民消费价格调查区域 …… 365
第五节 生产投资价格调查 …… 365
一、调查范围 …… 365
二、指数法编制 …… 366
三、时点价采价 …… 366
四、定基改革 …… 366
第六节 农产量调查 …… 367
第七节 城市居民调查 …… 367
一、城镇住户调查 …… 367
二、家政社区化调查 …… 369
三、城市居民消费倾向专项调查 …… 369
四、城镇住户基本情况抽样调查 …… 370
第八节 农村居民调查 …… 372
一、调查目的和主要内容 …… 372
二、调查对象和分布范围 …… 372
三、调查方法和样本抽选 …… 373
四、数据处理与报表指标 …… 373
第九节 人口调查 …… 374
一、全国1%人口抽样调查 …… 374
二、人口变动情况抽样调查 …… 375
三、月度劳动力调查 …… 375
四、流动人口抽样调查 …… 376
五、老年人口统计 …… 377
六、居民出行调查 …… 378
七、群众安全感调查 …… 379
第十节 景气调查 …… 379
一、全国企业景气调查制度的建立 …… 379

二、上海企业景气调查的开拓创新 …… 379
三、上海企业景气调查方法和主要调查结果 …… 379
四、景气指数的编制方法 …… 380
五、景气调查的指数含义及上海的实践应用 …… 380
第十一节 专项调查 …… 381
一、专项调查制度 …… 381
二、专项调查项目介绍 …… 381
三、市政府实事项目调查 …… 381

**第十一篇 统计制度方法** …… 383
第一章 统计制度 …… 385
第一节 在地统计 …… 385
第二节 统计调查项目管理 …… 387
一、统计调查项目管理的法律依据 …… 387
二、上海统计调查项目管理推进过程 …… 387
第三节 统计登记 …… 389
第二章 国民经济核算制度 …… 391
第一节 国民经济核算制度的沿革 …… 391
一、MPS和SNA共存阶段(20世纪80年代中期—1993年) …… 391
二、SNA体系发展阶段(1994—2002年) …… 392
三、SNA体系完善阶段(2003年— ) …… 392
第二节 专题统计指标体系 …… 393
一、宏观经济景气监测和预警统计指标体系 …… 394
二、非公有制经济发展统计指标体系 …… 394
三、国有经济控制力核算方法 …… 394
四、郊区现代化统计指标体系 …… 395
五、现代物流产业统计方法制度 …… 395
六、科教兴市指标体系 …… 395
七、城市综合竞争力评价指标体系 …… 396
八、率先基本实现现代化指标体系 …… 396
九、社会消费购买力平衡指标体系 …… 397
十、和谐社会统计评价指标体系 …… 397
十一、可持续发展统计指标体系 …… 397
十二、利用外资质量评价统计指标体系 …… 397
十三、循环经济统计指标体系 …… 398
十四、城市居民生活质量评价指标体系 …… 398
十五、新农村建设统计监测指标体系 …… 398
第三章 统计数据采集 …… 400
第一节 网上直报 …… 400

一、1999 年后国家统计局执行的联网直报制度 …… 400
二、上海统计数据网上直报工作 …… 401
第二节　一套表 …… 402

第十二篇　统计信息化建设 …… 405
第一章　统计计算工具 …… 407
第一节　微型计算机 …… 407
一、市级统计部门微机配置 …… 407
二、区县统计部门微机配置 …… 408
第二节　小型计算机 …… 408
第三节　计算机网络 …… 409
第二章　统计信息处理自动化 …… 410
第一节　统计数据处理 …… 410
第二节　软件开发与引进 …… 411
第三节　数据库建设 …… 412
第四节　信息编码 …… 413
第五节　人员培训 …… 414

第十三篇　统计科研与教育 …… 415
第一章　统计科学基础研究 …… 417
第一节　理论研究 …… 417
一、上海社会科学院 …… 417
二、复旦大学 …… 417
三、上海财经大学 …… 418
四、华东师范大学 …… 419
第二节　基础工作研究 …… 419
一、重大课题研究 …… 419
二、合作交流研究 …… 421
三、热点问题关注与探索 …… 424
四、获奖情况 …… 426
五、科研管理 …… 427
第二章　统计制度方法研究 …… 429
第一节　研究项目 …… 429
第二节　研究成果 …… 433
第三章　统计刊物 …… 437
第一节　《上海统计》 …… 437
第二节　《统计应用研究》 …… 438
第三节　《统计科学与实践》 …… 439

第四章　统计教育 …… 440
第一节　学历教育 …… 440
一、高等院校 …… 440
二、专科学校 …… 440
三、统计干部专修班 …… 441
四、自学考试 …… 441
五、函授学院、电大和党校 …… 442
六、研究生班 …… 443
第二节　在职培训 …… 443
一、统计学原理电视讲座 …… 443
二、统计专业证书学习班和统计专业技术资格制度 …… 444
三、短期培训 …… 445
第三节　岗前培训和持证上岗制度 …… 446
一、岗前培训 …… 446
二、持证上岗 …… 446

第十四篇　统计管理 …… 447
第一章　统计法治 …… 449
第一节　地方统计法规制定 …… 449
第二节　统计法律法规宣传 …… 450
一、"二五"普法(1991—1995年) …… 450
二、"三五"普法(1996—2000年) …… 451
三、"四五"普法(2001—2005年) …… 452
四、"五五"普法(2006—2010年) …… 453
第三节　统计违法行为查处 …… 454
第二章　统计分析 …… 457
第一节　进度分析 …… 457
第二节　专题分析 …… 458
第三节　专送统计分析 …… 460
第四节　统计分析获奖 …… 461
第三章　统计新闻宣传 …… 462
第一节　统计公报 …… 462
第二节　统计资料 …… 463
一、统计年鉴 …… 463
二、综合统计资料汇编 …… 464
三、专业统计资料汇编 …… 466
第三节　新闻发布 …… 467
一、新闻发布会 …… 467
二、普查工作宣传 …… 468

三、宣传上海经济社会发展成果 …… 468
四、统计指标和数据解读 …… 469
五、宣传统计工作 …… 470
六、统计专题宣传 …… 470
七、新闻管理制度 …… 471
八、与媒体合作交流 …… 471
第四节 上海统计网建设 …… 472
第四章 统计专业职务评聘 …… 474
第一节 职称考试 …… 474
第二节 以考代评资格考试 …… 475
第三节 技术职务评聘 …… 477
一、高级统计职务评聘 …… 477
二、初、中级统计职务评聘 …… 479

**附录** …… 481
上海市统计管理条例 …… 483
上海市统计违法行为处罚办法 …… 486
上海市统计登记办法 …… 489
上海市统计执法检查和查处统计违法行为的规定 …… 491
上海市统计执法检查证管理办法 …… 497
上海市人民政府办公厅关于转发市统计局制订的《上海市实施统计数据网上直报工作管理办法》的通知 …… 499
统计违法违纪案件移送制度 …… 502
统计行政执法相对人权益 …… 506

**索引** …… 513

**编后记** …… 518

# CONTENTS

**Foreword** ………… Zhu Min 1

**Notes** ………… 1

**Instructions** ………… 1

**Overview** ………… 1

**Chronicle of Events** ………… 15

**Part 1 General Survey** ………… 49

Chapter 1 Social and Economic Development ………… 51

Chapter 2 National Economic Accounting ………… 62

Chapter 3 Public Finance and Banking ………… 71

Chapter 4 Energy ………… 82

Chapter 5 Population and Labor ………… 88

**Part 2 Industry, Transportation and Posts** ………… 99

Chapter 1 Industry ………… 101

Chapter 2 Transportation, Posts and Information Transmission ………… 116

**Part 3 Agriculture and Rural Areas** ………… 127

Chapter 1 Agriculture ………… 129

Chapter 2 Rural Areas ………… 148

**Part 4 Trade and Tourism** ………… 155

Chapter 1 Wholesale and Retail, Hotels and Catering Services ………… 157

Chapter 2 Foreign Economic Relations ………… 170

Chapter 3 Tourism ………… 179

**Part 5 Investment and Urban Construction** ………… 183

Chapter 1 Investment in Fixed Assets ………… 185

Chapter 2 Real Estate ………… 192

Chapter 3 Urban Construction ………… 200

Chapter 4 Environment Protection ………… 210

**Part 6 Prices** …… 217
Chapter 1 Overall Residents Consumer Price …… 219
Chapter 2 Producer Price …… 223
Chapter 3 Price of Investment in Fixed Assets and Real Estate …… 230

**Part 7 Living Standards** …… 235
Chapter 1 Livings Standards of Urban Households …… 237
Chapter 2 Livings Standards of Rural Households …… 245

**Part 8 Social Undertakings** …… 253
Chapter 1 Education …… 255
Chapter 2 Health, Social Security and Social Welfare …… 266
Chapter 3 Culture and Sports …… 281
Chapter 4 Science and Technology …… 293

**Part 9 Institutions and Organizations of Statistics** …… 303
Chapter 1 Government Institutions of Statistics …… 305
*9.1.1 Shanghai Municipal Statistics Bureau* …… 305
*9.1.2 Institutions of Statistics Affiliated to the National Bureau of Statistics* …… 310
*9.1.3 District and County Institutions of Statistics* …… 312
*9.1.4 Village, Town and Community Organizations of Statistics* …… 315
Chapter 2 Academic Societies of Statistics …… 317
*9.2.1 Shanghai Statistical Society* …… 317
*9.2.2 Statistical Societies of District and County* …… 323

**Part 10 Statistic Survey** …… 325
Chapter 1 Census …… 327
*10.1.1 Population Census* …… 327
*10.1.2 Economic Census* …… 329
*10.1.3 Agriculture Census* …… 331
*10.1.4 Industry Census* …… 333
*10.1.5 Tertiary Industry Census* …… 335
*10.1.6 Unit Census* …… 336
Chapter 2 Field Statistics …… 338
*10.2.1 Industry* …… 338
*10.2.2 Architecture* …… 340
*10.2.3 Investment in Fixed Assets* …… 340
*10.2.4 Real Estate* …… 341

*10.2.5 Transportation and Posts* …… 342
*10.2.6 Energy* …… 343
*10.2.7 Wholesale and Retail, Hotels and Catering Services* …… 345
*10.2.8 Science and Technology* …… 347
*10.2.9 International Trade* …… 350
*10.2.10 Social Services* …… 354
*10.2.11 Wages* …… 355
*10.2.12 Statistic Survey of Enterprises (groups)* …… 358
Chapter 3 Sampling Survey …… 360
*10.3.1 Survey on the Industrial Enterprises under Designated Size* …… 360
*10.3.2 Survey on the Commercial Enterprises under Designated Size* …… 361
*10.3.3 Survey on the Purchasing Managers* …… 362
*10.3.4 Survey on the Consumer Price* …… 363
*10.3.5 Survey on the Production Investment Price* …… 365
*10.3.6 Survey on the Output of Agriculture* …… 367
*10.3.7 Survey on the Urban Residents* …… 367
*10.3.8 Survey on the Rural Area Residents* …… 372
*10.3.9 Survey on Population* …… 374
*10.3.10 Survey on the Economic Situation* …… 379
*10.3.11 Specific Survey* …… 381

**Part 11 System and Methods of Statistics** …… 383
Chapter 1 System of Statistics …… 385
*11.1.1 Regional Statistics* …… 385
*11.1.2 Management of Programs of Statistics and Survey* …… 387
*11.1.3 Registration of Statistics* …… 389
Chapter 2 National Economic Accounting System …… 391
*11.2.1 The History of National Economic Accounting System* …… 391
*11.2.2 Index System of Special Statistics* …… 393
Chapter 3 Data Collection of Statistics …… 400
*11.3.1 Online Declaration* …… 400
*11.3.2 An Integrated Set of Statistical Tables for Enterprises* …… 402

**Part 12 Improvement of Information Technology of Statistics** …… 405
Chapter 1 Computing Equipment of Statistics …… 407
*12.1.1 Micro-Computers* …… 407
*12.1.2 Mini-Computers* …… 408
*12.1.3 Computer Networks* …… 409
Chapter 2 Auto-Processing of Statistic Information …… 410

*12.2.1 Processing of Statistic Information* …… 410
*12.2.2 Software Development and Import* …… 411
*12.2.3 Improvement of Databases* …… 412
*12.2.4 Information Encoding* …… 413
*12.2.5 Skill Training* …… 414

**Part 13 Research and Education of Statistics** …… 415
Chapter 1 Basic Research of Statistic Science …… 417
*13.1.1 Theoretical Research* …… 417
*13.1.2 Elementary Work Research* …… 419
Chapter 2 Research on Statistic System and Methods …… 429
*13.2.1 Research Projects* …… 429
*13.2.2 Research Achievements* …… 433
Chapter 3 Statistic Magazines …… 437
*13.3.1 Shanghai Statistics* …… 437
*13.3.2 Statistics Application Research* …… 438
*13.3.3 Statistical Theory and Practice* …… 439
Chapter 4 Education of Statistics …… 440
*13.4.1 Academic Education* …… 440
*13.4.2 Part-time Training* …… 443
*13.4.3 Pre-job Training and Certification System* …… 446

**Part 14 Management of Statistics** …… 447
Chapter 1 Rule of Law in Statistics …… 449
*14.1.1 Regional Legislation of Statistics* …… 449
*14.1.2 Publicity of Statistic Laws and Regulations* …… 450
*14.1.3 Investigation and Punishment of Illegal Acts in Statistics* …… 454
Chapter 2 Statistic Analysis …… 457
*14.2.1 Schedule Analysis* …… 457
*14.2.2 Special Analysis* …… 458
*14.2.3 Tailored Statistic Analysis* …… 460
*14.2.4 Honors* …… 461
Chapter 3 Publicity of Statistics …… 462
*14.3.1 Statistic Bulletins* …… 462
*14.3.2 Statistic Materials* …… 463
*14.3.3 News Release* …… 467
*14.3.4 Website Construction of Shanghai Municipal Statistics Bureau* …… 472
Chapter 4 Appointment of Statistic Technical Posts …… 474
*14.4.1 Technical Title Examination* …… 474

*14.4.2 Qualification Examination* ······ 475
*14.4.3 Appointment of Technical Posts* ······ 477

**Appendixes** ······ 481

**Index** ······ 513

**Afterword** ······ 518

# 概　述

历史资料记载，公元14世纪的元代已可见上海统计数据。明弘治十七年(1504年)由知县郭经领修编纂的弘治《上海志》，载有自元至正十五年(1355年)至明弘治十五年间的岁课、夏税、秋粮、税课、土地、人口户数等统计。此后，历经明、清、民国，也见证了中华人民共和国的成立，记录了上海这座英雄城市的发展，统计与上海一路风雨同行。

“文化大革命”中，上海的统计工作遭到严重破坏。各级统计机构被撤销，统计人员被下放“五七”干校，基层单位统计人员有的被迫转业，有的下车间劳动。统计渠道一度中断，不少长期积累起来的统计资料与重要业务档案严重散失。1969年，市革命委员会成立综合计划统计组，进行全市主要统计数字的汇总工作。1970年，国务院总理周恩来提出“统计工作不能取消，统计机构还要有，基本统计还是要搞的，但不要搞烦琐哲学”，先后在工业、物资、基建、农业、财贸与劳动工资等专业方面都重新建立定期统计报表制度。广大统计人员出于对统计事业的责任感，力求保持统计资料的连续性与系统性。

1978年，中国共产党十一届三中全会开启了中国社会主义建设新的历史时期，上海社会主义现代化建设进入改革开放新阶段。上海统计也得到了恢复和发展。统计力量逐步壮大，统计法制逐步建立。统计调查体系逐步科学适用，统计生产方式逐步现代化，统计数据逐步成为国家的重要战略资源。政府统计在促进经济社会发展中的作用日益增强，并用翔实的数据折射出波澜壮阔的上海改革开放发展史。

## 一

1978年3月，国务院批准恢复国家统计局，各地统计机构相继重建，全国统计工作重新步入正常轨道。中国共产党十一届三中全会以后，统计力量逐步充实，统计业务稳步恢复，统计改革开放和现代化建设拉开序幕。1983年12月颁布的《中华人民共和国统计法》和1984年1月国务院发布的《关于加强统计工作的决定》，为新时期统计工作指明了方向，推动统计工作开始走上法治轨道。

上海统计工作得到市委、市政府的关心和支持。1978年7月，中共上海市委决定恢复市统计局，并首次建立中共上海市统计局党组。全局编制数为90名，设1室5处。随着统计业务发展的需要，1981年1月，市编制委员会根据国务院《关于加强统计工作，充实统计机构的决定》精神，重新核定市统计局的编制数150名，到年底又大幅增加到230名，内设7处2室。1982年3月，市长汪道涵主持召开市长办公会议，听取市统计局工作汇报，讨论研究全市统计工作。会后，市政府发出了加强和改革统计工作的通知，要求提高对统计工作重要性的认识，各部门、各单位要有1名领导分管统计工作。1985年，全市10个郊县统计科全部改为县统计局的建制。1987年2月，市长江泽民到市统计局视察工作，勉励全市统计干部适应新的形势，发挥更大的作用，为振兴上海提供更好的服务。市委、市政府积极支持统计改革开放战略性探索。1987年，上海统计理论工作者和各级统计部门实际工作者开展了全市统计发展战略课题研讨活动，从12个方面提出上海统计改革的状况、发展战略与实施步骤，在此基础上提出《上海统计改革与发展综合研究报告》，制定上海统计发展的长远规划和战略目标。这一规划经国家统计局与上海市人民政府批准后逐步组织实施。1989年底,市政府在全市开展统计法规执行情况大检查基础上,批转市统计局《关于加强统计工作充分发挥统计监督作用的意见》,要求:从加强统计法制建设着手,努力搞准各项统计数据,全面提高统计服务水平,强化统计监督职能;深化统计体制改革,加强统计基础建设,提高队伍素质;加快全市统计信息自动化系统建设;加快统计制度方法的改革,建立新的国民经济核算体系试点。

针对统计人员新手多,业务能力相对较弱的情况,全市举办工业、基建、劳动工资、农业等专业统计培训班,培训对象主要是各局、公司和部分大厂的统计业务人员,师资力量则由市统计局干部、大专院校教师、有经验的基层统计工作者组成。培训比较系统地讲授专业统计、综合统计分析等方面的知识,统计台账记录技能等内容。一些学员结业后再回自己单位担任培训教员,产生"滚雪球"效应。多层次培训初步缓解了上海统计力量不足的矛盾。上海还积极提高干部队伍素质,开展多层次、多形式、多渠道统计业务培训和在职干部教育。市统计局和上海财经学院、市统计学会联合举办全国首创的"社会经济统计学原理"电视讲座,参加收视3万人,结业2万余人;以后又举办工业等专业统计电视讲座。1985年,成立中国统计函授学院上海分院,并与虹口区联合创办上海市统计职业技术学校。从1981年开始,按照全国统一部署,上海还开展统计技术职称(职务)评审工作,陆续评定一部分统计人员的高、中、初级专业职称资格,并在企、事业单位范围内进行聘任工作。市统计局还与市统计学会联合创办《上海统计》杂志,面向全市广大基层单位和统计工作人员,大力普及统计宣传教育。至1990年底,中国统计干部电视函授学院上海分院培训了一批在职干部,有1 543名学员获得统计大专毕业证书,1 569名学员获得统计专业证书,31 307人次取得单科合格证书。1990年底,全市企业单位统计人员中被聘任高级、中级、初级统计专业职务的有13 901人,成为统计队伍中一支骨干力量。

由于队伍重建不久,业务水平不高,正常的工作程序还没有完全建立,统计数据出现了一些差错,有些差错产生较大的负面影响。为了确保统计数字质量,上海坚持不懈地抓统计基础建设。决定每年11月为上海统计数字质量检查月,通过检查活动,发扬成绩、克服缺点,分析数字差错原因,随时研究改进措施。在国家统计局的领导与支持下,上海开展企业统计工作达标升级试点工作,探索推进基层统计基础工作规范化建设经验。参加试点的有工业、交通、商业、建筑等系统40家企业单位。经过考核评审,国家统计局批准上海第五钢铁厂等5家单位为统计工作国家一级企业,上海汽轮机厂等31家单位为统计工作国家二级企业。按照全国农村基层统计建设会议精神,市统计局和市农委在22个先进乡(镇)试行《上海市农村基层统计基础工作规范化标准(草案)》,推动农村统计基础建设。同时开展统计工作评比活动,表彰先进,增强广大统计人员的光荣感和责任感。上海还先后召开乡镇统计工作会议和企业统计基础工作规范化经验交流会议,总结交流乡镇和部分企业试点工作经验。

一些统计业务工作逐步恢复和发展。统计部门系统整理上海解放30年来的历史统计资料,有的还发动专业部门一起整理、核实、调整,形成综合、工业、农业、基建、商业、劳动工资、物资等方面统计资料。1980年,市政府同意市统计局内部发表《关于1979年本市国民经济计划执行结果的报告》,并决定恢复中断14年的职工家计调查工作。根据"划类选点、等距抽样"的方法,在市区抽选500户职工家庭作为经常性记账调查户,从7月1日起每日记账。市统计局、市总工会、市劳动局等单位联合召开调查户大会,副市长裴先白出席大会并讲话。1983年,经上海市人民政府同意,市统计局与市物价局联合印发《上海市开展市区物价直接调查的实施办法》,决定在上海进行主要消费品零售价格(包括牌价、议价、市价)直接调查,被调查商品种类为600种左右,每种商品调查2～3

种规格。1983 年，进行第二次工业普查。结合普查，对工业企业统计基础工作进行整顿和加强。通过普查，市统计局还提供一大批工业基本情况的汇编资料，并组织全市统计工作者开展多层次工业普查分析。在全国评比中，上海市工业普查领导小组及其办公室被授予“全国工业普查先进单位”称号，获国家授予的金杯奖。

改革开放初期，国家统计局提出以健全国民收入统计为中心，加强综合平衡统计。由于统计基础还比较薄弱，上海从实际出发，在建立国民财产统计，扩大新增固定资产统计范围，建立非物质生产部门统计、国际收支统计以及逐步建立投入产出法统计的过程中，逐步建立健全国民收入统计制度，开展部分商品产销平衡表和能源平衡表的编制。在继续搞好工农业总产值统计和国民收入统计的同时，建立和完善国民生产总值统计，加强第三产业统计。1985 年，国务院确定把国民生产总值作为考核经济工作首要指标。市政府批转市计委、市统计局、市财政局《关于开展本市国民生产总值普查的报告》，并召开国民生产总值普查工作会议进行部署。通过普查，上海摸清全市三次产业的概貌，并在普查基础上逐步建立上海市国民生产总值定期统计制度。统计内容不断拓展。综合平衡统计由以工农业总产值为主要内容的总量指标改为以国民收入和国民生产总值为主的价值量指标；工业统计由生产型向生产经营型转变；农业统计向农村统计拓展；商业统计由部门统计发展为全社会统计；外贸统计由进出口统计发展为包括利用外资和引进技术在内的对外经济统计；以人的全面发展为中心的社会发展指标体系也在逐步完善。

中国共产党十一届三中全会以后，原来下放农村的大批知识青年按政策回沪，同时又有大批老职工退休，导致新老职工结构发生很大变化。在这种情况下，1984 年 9 月，上海对全市全民所有制和城镇集体所有制职工的年龄、参加工作的年限、工资水平、文化程度，机关事业单位职工的职务和职称以及离退休人员的人数、年龄、原来工作职务、离退休金等进行一次性调查。1985 年，根据国务院批转的《1983 年试编财政信贷计划的规定》，市计委、市财政局、中国人民银行上海市分行和市统计局联合发出通知，决定对上海 1982 年预算外资金收支情况作一次性调查。组织力量加强对宏观经济的调研与分析，积极承担或参与市委、市政府有关部门组织的研究课题。比较重大的课题项目有：关于 20 世纪 80 年代上海经济发展的回顾和 90 年代上海经济发展的目标与任务、90 年代上海改革的战略构想、大中型工业企业技术开发环境与效益综合分析、上海“八五”期间主要工业原材料需求预测与对策研究，以及浦东开发的战略研究等。各区、县和业务主管局统计部门围绕生产速度、经济效益、结构调整、市场供应、消费行为、物价变动、“菜篮子”等问题，也提供了许多有数据、有分析的信息资料和经济分析报告。努力扩大统计信息源，大力加强统计分析，提高统计服务水平。改革开放后，全市各级统计部门以《上海统计资料》《上海统计报告》《国内外统计信息》《情况反映》《重要统计信息》等多种形式向国家统计局和市人民政府等领导部门提供各种类型的统计分析报告。紧密围绕治理整顿、深化改革和国民经济运行状况，增强参与决策意识，发挥统计信息咨询监督功能，积极主动地为经济运行的调控和管理提供专题分析和咨询意见。其他业务主管部门与大中型企业也都强化了统计分析工作，上海统计基础得到加强。

1983 年 12 月 8 日，《中华人民共和国统计法》颁布。1984 年 1 月 6 日，国务院发出《关于加强统计工作的决定》，提出了加强统计现代化建设的原则和目标。市人民政府先后批转市统计局关于报表管理和数字管理等的行政规章。统计计算手段逐步过渡到应用电子计算机为主。1982 年在上海第三次人口普查中，开始应用电子计算机进行数据处理，将 1 000 多万人口的普查资料直接录入、汇总，经国家统计局一次验收合格，提前一年多完成全部数据处理任务。1987 年，市统计局成立了市统计信息计算中心，从微机抓起，逐步充实硬件配置和软件开发，不断提高统计数据处理能力。统计方法方面,逐步改变单一依靠全面调查的做法,抽样调查、重点调查等方法运用逐步增加。

国家统计局提出办"开放式"统计后,上海的统计工作进一步加快改革开放步伐。先后成立市城乡抽样调查队、市统计科学应用研究所、上海社会经济信息咨询服务部,开展一系列专业课题调查研究,并接受国内外团体、企业或个人的委托,进行社会经济专项研究和市场调查,提供各项咨询服务。同时加大统计宣传力度。继出版《上海胜利的十年(1976—1986)》一书和《十年巨变》统计挂图后,市统计局又与中共上海市委宣传部、上海影视公司合作拍摄反映上海改革、开放、建设成就的15集电视系列片《上海纪实》。全市通过报纸、广播、电视等新闻媒介发布的统计信息也逐年增加。在市政府办公厅召开的1987年信息工作会议上,市统计局和市城乡抽样调查队被评为先进单位,市妇联还授予市城市抽样调查队一科上海市1986年度"三八"红旗集体称号。1988年,市统计局被国家统计局授予"全国统计系统先进单位"称号。青浦县统计局和市统计局综合处、市统计科学应用研究所被评为全国统计系统先进集体。

20世纪70年代末,开始与联合国统计机构接触,恢复与外国政府统计组织之间的国际交往。联合国亚太经社委员会统计司司长萨希布、联合国统计司司长诺巴顿等应国家统计局邀请访华期间抵沪考察统计工作。以日本总理府统计局局长岛村史郎为团长的日本统计考察团、挪威国家统计局局长别尔威博士到沪访问。在沪期间,别尔威作题为"各国统计发展趋势"的报告。上海统计工作者也参加国家统计考察团赴联合国和美国、联邦德国考察。市统计局被上海市人民政府列为可直接接受外国记者采访单位之一。

统计显示,"六五"(1981—1985年)和"七五"(1986—1990年),上海市生产总值年均增长率分别为9.1%和5.7%。进入20世纪80年代,上海改造振兴全面启动,优先发展交通邮电、商业服务和金融保险业等第三产业。1990年,第三产业增加值占上海市生产总值的30.9%,比1978年上升12.3个百分点。大力发展钢铁、石化、汽车、通信、电话设备等支柱产业和微电子、计算机及应用、现代生物与医药等新兴产业,大力开展企业技术改造,一系列大型骨干工程建设全面展开。1980年,上海第一家中外合资企业——中国迅达电梯有限公司成立。1990年,上海外商直接投资项目达203个。1984年,中共中央、国务院决定进一步开放上海等沿海14座城市。上海加快扩大对外开放步伐,拓宽融资渠道。1980年,上海外商直接投资合同金额为0.03亿美元,外商直接投资合同项目1个。1990年,外商直接投资合同金额和实际到位金额分别为2.14亿美元和1.77亿美元,外商直接投资项目达203个。外商投资也由第二产业而扩展到一、二、三产业。大力推进城市基础设施建设、工业技术改造,先后扩建虹桥国际机场候机楼,建成铁路新客站等项目。1990年,上海全社会固定资产投资总额227.08亿元,比1978年增长7倍多。郊区逐步推行以家庭经营为主体的联产承包责任制,改革农副产品流通体制,放开价格,调动农民积极性,农业生产稳步发展。1990年,第一产业增加值占上海市生产总值的4.4%,比1978年上升0.4个百分点。

## 二

进入20世纪90年代,浦东开发开放拉开序幕,上海走上改革开放的前沿,统计改革开放发展也全面深化和提速。中央要求坚决反对和制止统计上的弄虚作假,全国人大常委会修改《中华人民共和国统计法》,国务院批准实施新国民经济核算体系和改革统计调查体系。统计部门以提高数据质量为中心,科学、高效地组织统计调查,大力推进统计改革,加强信息工程建设、法制建设、基层基础建设和队伍建设。上海统计部门努力适应上海率先建立社会主义市场经济体制的要求,继续探索特大型国家和城市统计改革和统计现代化发展的道路，理顺统计渠道，开拓统计新领域，强化统计职能，全面发挥统计整体功能，充分利用统计工具为促进上海经济社会发展服务。

1992年，市政府办公厅召集市统计局、市计委、市经委专题研究统计改革问题。市长黄菊主持第十九次常务会议，听取市统计局关于统计改革情况汇报。针对个别部门随意公布数据，造成数出多门、数据矛盾的情况，市政府重申，全市国民经济统计数据必须以市统计局的口径为准，以确保统计数据的一致性。1993年，副市长徐匡迪听取市统计局汇报，就开展第三产业普查工作、建立新国民经济核算体系框架等作了指示，并要求市统计局对统计立法问题向市政府提出专题报告。上海市第十届人民代表大会常务委员会第六次会议通过《上海市统计管理条例》，规定各部门、各社会团体、企业、事业单位、各种经济联合组织和个体工商户，在开业或者发生行政区划变动、管理体制变化、机构调整等情况时，应当在决定或者被批准之日起三十日内到有关统计机构登记或者更改统计登记，并按照规定的统计范围和报送渠道报送统计资料，做好有关统计档案的管理或者移交工作。市技术监督局会同市工商局、市统计局等15个部门，联合发布《关于在本市统计和社会管理领域中使用机关、企业、事业单位和社会团体代码标识的通告》，规定企业（单位）代码标识在统计工作中的应用将制度化。1995年，根据《上海市统计管理条例》有关规定，市统计局成立市统计登记办公室，组织开展全市统计登记工作。上海市人民政府颁布《上海市统计登记办法》对有关事项作出规定。市统计局发布公告，定于当年8月1日起在全市进行统计登记工作，要求全市范围内国家机关、社会团体、企业、事业单位、经济联合组织、个体工商户以及其他有关组织均需进行统计登记。1996年，上海成立统计执法大队，开展统计检查和统计违法行为查处工作，对部分单位发出整改意见通知书，并依法进行处罚。有一家单位不服处罚，依法提起诉讼。这是上海首例统计执法行政诉讼案。经市第二中级人民法院开庭审理，此案以市统计局胜诉而画上句号。

随着改革开放的推进，统计在经济社会生活中的重要性进一步凸显，条条块块常常通过统计调查了解情况。由于统计调查体制主要还是依托于全面调查，很多调查项目需要基层统计人员提供数据，有的调查项目设计不够合理，一度导致基层统计不堪重负。1997年，上海市第十届人民代表大会常务委员会第三十八次会议修改的《上海市统计管理条例》规定：根据上海经济、社会发展需要新开展的全市性统计调查项目，由市统计局决定执行，报市政府备案；重大的统计调查项目，由市统计局报市政府批准后执行。国家规定的、常规性的统计调查项目除外。全市性统计调查表，由市统计局制订，或者由市统计局会同有关主管部门共同制订。市和区、县人民政府其他各部门下发的专业性统计调查表，调查范围属本部门管辖的，由该部门制订，报本级人民政府统计机构备案；调查范围超出本部门管辖的，由该部门拟定，报本级人民政府统计机构审批。地区性统计调查表，由区、县人民政府统计机构制订，或者会同有关部门共同制订。市和区、县非常设机构需要制发统计调查表的，应当报本级人民政府统计机构审批。市统计局印发《统计调查项目审批管理规定》明确，拟新建统计调查项目，应在拟实施前提出立项计划，并填写新建统计调查项目审批表，概要说明立项的主要依据、调查目的、调查范围、主要指标、报告频率、经费预算与来源等情况。立项时应附送设计方案，包括总说明、报表目录、基层表、综合表、调查方法、填报要求、分类标准、指标解释、逻辑关系及实施方案等。市统计局对立项申请和调查方案的科学性、可行性提出审查意见。为统一设计、管理统计调查，规范统计制度方法，强化统计的管理职能，市统计局成立了统计设计管理处。

1992年，根据市委、市政府统一部署，市统计局组建浦东工作组，筹建上海市统计局浦东分局。市长黄菊主持召开浦东开发领导小组第十四次联席会议，讨论市统计局关于建立浦东统计机构、开展新区统计工作的报告，同意市统计局派出工作组驻浦东开发办，负责浦东统计工作和筹建浦东统计局。1993年1月,国家统计局同意组建上海市统计局浦东分局。4月,浦东新区机构编制办公室印发《关于建立浦东新区统计机构的通知》,正式同意在浦东新区综合规划土地局增挂浦东新区统计局牌子,实行一套机构、两块牌子。2000年8月,浦东新区综合规划土地局改名为发展计划局,浦东新区统计局与发展计划局合署办公。1995—1998年,上海10个中心城区先后建立区统计局,与区计划委员会(区发展计划委员会、区发展和改革委员会)合署办公,增挂统计局牌子,实行两块牌子、一套班子的管理体制。根据全市行政区划变动情况理顺统计资料报送关系。市统计局、市经济委员会联合向各县(区)政府、浦东新区管理委员会发出《关于加强县(区)政府统计行政管理职能、理顺工业统计资料报送关系意见的通知》,要求各县(区)政府扩大管理权限、转变所属部门职能时,要切实加强对统计工作的领导,确保在改革过程中,统计行政职能不断不乱,以全面完成国家和上海各项统计任务。

积极改革统计调查方法,扩充统计内容。确立既要完成国家统计任务,满足国家宏观决策需要,又要为各级党政领导服务,为地方经济社会发展服务的观念。在浦东新区开展小型商业、餐饮企业抽样调查试点工作,并在试点的基础上,建立全市小型企业抽样调查方案。研究改进工业经济评价考核指标,对重大投产项目进行跟踪调查。建立生产资料交易市场统计月报制度,组织实施上海第三产业的普查和统计一套表的试点和推广工作。扩大全社会固定资产投资统计范围,将外商及港澳台独资企业纳入统计范围,"其他投资"统计范围从国有其他投资扩大到所有未列入基本建设和更新改造计划项目的固定资产投资,包括国有单位其他固定资产投资,城镇集体固定资产投资,联营经济、股份制经济、外商投资经济、港澳台投资经济及其他经济单位的固定资产投资。此后,又将城镇私营、个体投资纳入全社会固定资产投资统计范围。房地产开发统计从固定资产投资统计中分离出来,单独制定房地产开发统计标准表式,正式建立房地产开发经营统计制度。1994年,市统计局决定从当年底起建立部分重点商业单位及宾馆服务行业的能源统计调查系统,将能源消费统计企业范围从工业、交通、建筑扩展到了第三产业。1997年,上海率先建立旅馆业年定报方法制度,经过三年过渡和完善,2002年改为住宿业统计报表制度。从1998年统计年报和1999年定期报表起,将全部职工年末人数拆分为在岗职工和离岗职工两部分,从业人员统计口径随之调整,与人员指标对应的平均人数和报酬指标也作相应调整。2000年,上海开展全社会研究与试验发展(R&D)资源清查,研究与试验发展相关指标开始列入上海市常规科技统计年报。用核算体系改革来统帅指标体系、方法制度、调查方法、甚至统计体制的改革。1992年,国务院发布《关于实施新国民经济核算体系方案的通知》。上海根据国家统计局的要求,按时完整地编制新核算体系的全部表式和账户,并以建立符合国际通行规则的国民经济核算体系为目标,进一步强化国民经济核算内容,完善和规范核算方法,及时调整和扩充核算范围,到1995年基本实现向新国民经济核算体系全面过渡。

20世纪90年代,上海根据国家统一部署,进行了一系列重要的普查。其中包括以1992年为调查年度,普查范围包括在上海从事经营或业务活动的第三产业独立核算和单独核算的企业、事业、机关、个体户等的第三产业普查;以1996年12月31日24时(1997年1月1日零时)为普查时点,以1996年1月1日到12月31日为普查时期的中华人民共和国成立后的第一次全国农业普查;以1996年12月31日为普查时点,以1996年为普查时期,以上海行政区域范围内所有的法人及法人单位所附属的产业活动单位为普查对象的第一次基本单位普查。此外,还有第三次全国工业普查(1995年)和第五次全国人口普查(2000年)。在第五次人口普查中,市委书记黄菊、市长徐匡迪等市领导接受人口普查员的上门调查。

1993 年，市统计局研制出宏观经济景气监测和预警统计指标体系，运用一系列统计指标和统计方法，确定宏观经济调控的适度界限，通过经济运行的即期和未来不同状态的描述，为决策者进行量化分析、实施调控提供依据。许多形势分析得到市领导的关注和好评。

1992 年是中华人民共和国政府统计机构成立 40 周年。上海举行纪念政府统计机构成立 40 周年活动周。在沪的全国人大常委会副委员长周谷城、中共中央顾问委员会委员胡立教、上海市政协主席谢希德、上海市人大常委会副主任王崇基、上海市副市长庄晓天等领导和知名人士为政府统计机构成立 40 周年题词或发来贺信。9 月 22 日，市统计局召开知名人士座谈会。市政府副秘书长蔡来兴和部分委办及有关部门领导、专家学者参加座谈。10 月 27 日，市统计局召开纪念政府统计机构成立 40 周年暨统计工作先进表彰会议。局长陈步林主持会议，上海市副市长徐匡迪、国家统计局副局长孙兢新到会祝贺并讲话。市人事局副局长陈勇福宣读市统计局与市人事局《关于表彰上海市统计工作先进集体和先进工作者的决定》。会议向 40 个先进集体颁发奖状。

统计显示，20 世纪 90 年代，上海经济增速加快，“八五”时期（1991—1995 年）上海市生产总值年均增长 13.1%，“九五”时期（1996—2000 年）年均增长 11.5%。城市功能逐步由传统工商业城市向经济中心城市转变；按照国际经济中心城市功能要求，实施产业结构战略性调整。上海经济增长从原来主要依靠第二产业推动，转向依靠第二产业、第三产业共同推动。坚持实施纺织、轻工等行业一批技术装备和产品落后企业的关、停、并、转，重点发展汽车、通信信息设备、石油化工、钢铁、电站设备、家用电器六大支柱产业，以及现代生物与医药、计算机和大规模集成电路、新材料等高新技术产业。高新技术产业和支柱工业产值在全市工业中的比重逐年提高。工业经济效益明显提高。2000 年，上海工业企业经济效益综合指数为 140.45，比 1997 年提高 28.99 点。同时大力推进商贸业和社会服务业的发展，1999 年第三产业增加值占全市生产总值的比重首次超过 50%。第一产业重点发展集约化、产业化、设施化和现代化农业。2000 年，上海三次产业占全市生产总值的比重分别为 1.6%、46.3%和 52.1%。坚持开放的高起点，一批国际著名跨国公司地区总部、世界 500 强企业和大型工业性跨国公司落户上海。2000 年，上海外商直接投资签订合同项目 1 814 个，外商直接投资签订合同金额 63.90 亿美元，实际到位金额 31.60 亿美元。上海的城市建设逐步实现由还历史欠账向建设现代城市基础设施体系的转变。到 2000 年，上海现代化城市基础设施框架基本形成。实现全市话网自动化，城市通信水平大幅提高；改造重要商业街区，形成分地区、分层次商业中心新格局；建成浦东煤气厂二期，黄浦江上游引水二期，合流污水综合治理一、二期等重大工程。2000 年，上海全社会固定资产投资总额 1 869.67 亿元，其中城市基础设施投资 449.90 亿元。1993 年，上海推出“城保”（后来又推出“协保”“农保”“综保”“镇保”），按照由国家、单位、个人三者合理负担，社会统筹和个人账户相结合的原则，逐步构建起以养老、失业、医疗保险和社会救助为主的社会保障体系，并建立职工最低工资标准、失业和下岗人员最低生活保障线，以及居民最低生活保障线。

## 三

进入 21 世纪，统计部门不断推进观念创新、方法创新、手段创新、体制创新，努力建设高素质统计队伍，积极应对新挑战。全面实施《中国国民经济核算体系（2002）》，建立新的周期性普查制度。加强统计法制建设，全国人大常委会于 2009 年再次修改《中华人民共和国统计法》，国务院先后颁布《全国经济普查条例》《全国农业普查条例》《全国人口普查条例》。改革国家调查队管理体制，在全国各省（区、市）、市（地、州、盟）和部分县（市、区、旗）设立国家统计局直属调查队。完善统计标准,统一统计业务流程,规范基层统计工作,加强数据质量全面控制,统计工作更加规范统一。上海统计在服务上海科学发展的同时,也实现了自身的科学发展。

实行"在地统计"。2001 年,上海在闵行、黄浦、徐汇和闸北区进行"在地统计"试点。从 2005 年定报起,上海采用实行"以块为主"的方式采集、汇总全市主要总量统计数据,不再对按条与按块采集的企业数据进行逐一核对,而改为重点对区域总量数据进行核对与审核。从"在地统计"运行情况看,按"以块为主"采集的总量数据与以往"以条为主"的总量数据基本相衔接,报表报送的及时性和准确性基本符合统计方法制度的规定。为加强管理与协调,市统计局获批成立区县统计处,同时以推进"在地统计"为契机,抓住机构改革机遇,加强区县统计部门建设,充实统计力量。在 20 世纪 90 年代机构改革过程中,郊区依法设立了独立的统计机构,中心城区统计局的内设机构、工作人员力量也均有比较明显的加强。市统计局还建立有关制度,确保市区统计机构加强联系和协调。市级统计部门采取措施,在全市性统计业务工作中进一步满足区县统计部门信息需求,同时加强业务指导和协调,提高全市统计工作整体水平。

2005 年,根据国务院办公厅《关于印发国家统计局直属调查队管理体制改革方案的通知》和中央编办《关于国家统计局各级调查队机构设置和人员编制的批复》的精神,成立国家统计局上海调查总队,同时撤销原上海市农村社会经济调查队、上海市城市社会经济调查队、上海市企业调查队建制。此后,国家统计局陆续批准设立闵行、宝山、嘉定、金山、松江、青浦、奉贤、崇明、浦东、南汇调查队。在建立浦东调查队过程中,浦东新区与南汇区两者合并为浦东新区,国家统计局于 2010 年 7 月批复组建新的国家统计局浦东调查队,南汇调查队编制、人员全部并入浦东调查队。在统计局和调查队日常工作的协调与配合方面,市统计局和上海调查总队共同要求全市区县级统计局、调查队工作上要融合,力量上要整合,资源上要共享。

根据国家统计局《统计执法检查规定》,市统计局相继发布《上海市统计执法检查和查处统计违法行为的规定》《上海市统计执法检查证管理办法》。2010 年,市统计局、市监察局和上海调查总队联合制定并印发《统计违法违纪案件移送制度》。2010 年,市统计局和上海调查总队梳理、编印《统计行政执法相对人权益》中英文手册,在上海实施统计行政执法相对人权益告知制度,将统计执法对象的权益事先告知对方,主动接受监督。这是上海统计部门探索制度创新、推进政府职能转变、提高公共服务水平的尝试。市委、市政府领导分别就统计局实施告知制度作出重要批示,予以肯定。开展对区县统计部门的巡查和对专业统计的执法专项检查,会同专业部门,对涉外调查比较多的单位加强管理和规范。建立违法单位回访检查和企业法人谈话制度,巩固执法效果。对拒绝履行统计行政处罚的一家企业,申请法院强制执行。2010 年,还对市卫生局开展统计专项巡查工作。这是上海首次对部门统计工作开展统计巡查。

2009 年,按照"统计改革要先行先试"的要求,上海确立多个 2009 年度统计制度方法改革重点研究项目——上海季度增加值核算及环比统计方法研究、统计数据质量监控和评估方法研究、生产性服务业统计方法研究、上海商品住宅空置情况统计调查方法研究、工业库存指数编制方法研究、关于完善商贸统计体系的研究、来沪农民工就业和生活状况调查方法研究、上海农民专业合作社统计调查方法研究、房地产价格统计调查方法研究、上海工业品价格统计调查体系探讨和抽样调查方法在劳动统计中的应用等,并落实责任部门。

各专业全面开展培训,建立考核通报制度,逐步提高企业直接上报率,网上直报企业数逐步增加,上报报表范围也逐步扩大。同时加强源头数据的质量评估和控制,坚持数据质量下管一级,层层把关。2009 年 9 月 22 日,上海市人民政府办公厅转发市统计局制定的《上海市实施统计数据网上直报工作管理办法》，明确从2009年年报起，全市范围内依照《上海市统计管理条例》规定的统计调查对象，通过计算机网络实施统计数据网上直报。2010年，对网上直报平台进行调整，落实网上直报的设备和软件环境，建立全市集中的网上直报平台，平台功能从单一的数据采集转为数据采集和数据处理。经过各区县统计部门共同努力推进，全市平均网报率接近100%，直报率超过80%。

2004年，根据《上海市第一次经济普查实施方案》要求，市统计局首次将能源调查范围扩大到全市所有工业企业、交通运输及电信业企业、具有建筑企业资质等级的建筑业企业，年主营业务收入2 000万元及以上、年末从业人员20人及以上的批发企业，年主营业务收入500万元及以上、年末从业人员60人及以上的零售企业，年主营业务收入200万元及以上、年末从业人员40人及以上的餐饮企业、星级宾馆、饭店、研究与试验发展、公共设施管理业、教育、卫生、体育场馆、室内娱乐活动和游乐园等行业。2006年，根据《上海市人民政府印发关于进一步加强本市节能工作若干意见的通知》要求，在全市范围内开展能源消费专项调查。此次专项调查目的主要是为了确保实现2010年上海单位生产总值综合能耗比“十五”期末下降20%左右的目标，全面掌握建筑业、第三产业的能源使用状况和结构，同时为各级政府落实节能降耗目标提供基础数据。2007年，根据国家发展和改革委员会、国家能源领导小组办公室和国家统计局联合印发的《关于建立GDP能耗指标公报制度的通知》要求，国家统计局决定建立单位GDP能耗等相关指标的报送制度，并对“能源统计报表制度”进行修订。市统计局自此开始按季度试算能源消费总量单位GDP能耗及其降低率。2009年，上海市人民政府办公厅下发《关于印发上海市统计局主要职责内设机构和人员编制规定的通知》，重新制定市统计局三定方案。方案增加能源统计方面的职责，要求市统计局建立和完善节能减排指标体系，同时增设能源资源统计处。

2003年，国家统计局、国家发展改革委、财政部联合下发《关于调整国家普查项目和周期安排的通知》，将第三产业普查、工业普查、基本单位普查合并，同时并入建筑业普查内容，统称为经济普查，并定于2004年在全国进行第一次经济普查，之后每10年进行两次，分别在逢3、逢8的年份实施。第一次全国经济普查的标准时点是2004年12月31日，时期资料为2004年度。第二次经济普查的标准时点是2008年12月31日，时期资料为2008年度。此外，还进行了第二次农业普查（2006年）和第六次人口普查（2010年）。2008年，上海调查总队开始对城镇20%低收入居民（按城镇住户处的标准划分）的消费价格进行调查，试编制低收入居民消费价格指数。开展城镇低收入居民基本生活费用价格调查，目的是及时准确地反映主要生活消费品和服务价格变动对城镇低收入居民基本生活的影响，为建立健全社会救助和保障标准与物价上涨挂钩的联动机制，保证低收入群众基本生活，提供科学适用的统计数据。

统计部门提供的统计分析和各种调研报告，进一步聚焦重点难点，关注民生民意，得到市领导的重视和好评，俞正声、韩正等领导多次批示表扬。2008年底，市统计局建立计算机辅助电话调查系统，开展社情民意调查工作。稍后，又开通社情民意调查热线电话12340，运用先进的调查手段、科学的研究方法和严谨的作业流程，开展各类社情民意调查研究工作，反映社会评价、实施舆论沟通，为各级政府制定政策、评价工作和改进服务提供民意咨询，建立起公众与政府沟通的快速通道。开展的调查项目有“社会公众安全感”“民防知识认知度”“就业与再就业”“春节过节方式”“市民消费券意向”“甲型H1N1流感认知和预防电话调查”“市民环保意识调查”“市民食品安全认知度调查”等。根据相关调查撰写的《多数市民对政府控制甲型H1N1流感疫情持有足够信心》以及《市民环保意识调查结果简析》被解放日报和新民晚报等媒体采用。抓住世博会在上海举行的契机，围绕衣、食、住、行等相关内容，组织开展系列性的自主电话调查工作。

进入21世纪,上海坚持科学发展观,按照国际经济中心城市功能要求,提高自主创新能力,摆脱传统发展模式,推进经济发展方式转变,保持速度与结构、质量、效益相统一。“十五”(2001—2005年)和“十一五”(2006—2010年)时期,上海市生产总值年均增速分别为11.9%和11.2%。2010年,三次产业增加值占上海市生产总值的比重分别为0.7%、42%和57.3%。第三产业增加值比重比1978年提高38.7个百分点。

加快国际金融中心建设,完善金融市场体系。基本形成包括股票、债券、货币、外汇、期货、黄金等在内的全国性金融市场体系。加快国际贸易中心建设,推动上海现代服务业快速发展。基本保持上海口岸进出口贸易占全国的1/4,服务贸易占全国的1/3,引进外资占全国的1/10,外资总部机构领先国内,商品销售总额领先国内,社会消费品零售总额年均增幅12%以上。加快国际航运中心建设,推进洋山深水港建设。洋山深水港2002年开工,2005年一期正式开港。上海航空枢纽建设步伐加快,浦东国际机场货邮吞吐量位居世界第三。抓住举办世博会的契机,加大城市基础设施建设投入力度,全力推进枢纽型、功能性、网络化、现代化城市基础设施建设,不断加大城市管理和环境保护力度。优先发展公共交通,改善城市交通环境、疏解城市交通拥堵。开始滚动实施环境保护三年行动计划,突出抓好水环境治理。2010年,上海全社会固定资产投资总额5 317.67亿元,其中城市基础设施投资额1 497.46亿元。推进教育综合改革试验。围绕构建现代教育体系,颁布实施中长期教育改革和发展规划纲要。城乡免费义务教育全面实现。深化高等教育内涵发展,加强重点学科建设,大学建设和教育国际化取得突破,构建现代职业教育体系。推进医药卫生体制改革。2003年“非典”疫情后,上海先后组织实施“加强公共卫生体系建设三年行动计划”和“建设健康城市三年行动计划”。同时,改建和扩建一大批公立医院,在郊区新建4家三级医院。2009年起,上海逐步完善预防保健机构、医疗机构、社区卫生服务中心“三位一体”防治结合模式。推动文化体育事业发展。建成上海科技馆、东方艺术中心、中华艺术宫、当代艺术博物馆以及社区文化活动中心等一批文化教育设施。大力发展竞技体育和群众体育,推进建立全民健身服务体系。坚持民生优先导向,不断加大民生投入力度,继续坚持每年为民办实事。覆盖城乡的社会保障体系基本建立,养老服务体系不断完善。

## 四

改革开放以后,上海统计部门在市委、市政府的领导下,在国家统计局的指导下,充分发挥统计优势,忠实记录上海改革开放发展历史轨迹,全面反映上海改革开放发展的历史成就,科学总结上海改革开放发展的历史经验。在服务上海科学发展的同时,也实现了自身的科学发展。

上海统计工作的主要特点有:

始终坚持改革开放。统计改革涉及面广,任务确实非常迫切。随着经济社会的发展,新现象新事物层出不穷,需要统计及时反映。但很多亟需反映的事物,统计部门还拿不出数据。有时一碰到问题就强调统计口径问题,这是没有办法的托词,阻碍统计的发展。要适应形势的要求,制度方法要及时改革更新,缺少的要及时补充。上海统计部门关注经济社会发展新趋势、新动向,对新概念加以科学化和规范化。1998年后,上海统计部门滚动性推进统计制度方法改革,从创新的角度寻求统计发展的突破口,提出产业统计概念,对文化产业、航运产业、服务贸易等进行统计。上海统计改革要力争领先于全国统计改革。上海经济运行机制、产业结构均优于全国。仅仅照搬全国统计方法制度,统计就很难满足上海改革开放的需要。而且,上海统计遇到的问题和挑战,全国统计迟早也会碰到。上海统计改革先行先试不但是为上海改革开放服务,也是为全国统计改革开路搭桥。上海统计改革也要力争领先上海总体改革进程。统计不仅有反映和监督作用,还有较强的先导作用。上海统计应制定科学的指标体系,努力引导和服务上海的科学发展。

始终坚持提高统计数据质量。早在1978年初,当时的统计职能部门市计划委员会就印发《关于努力提高物资统计数字准确性的通知》,要求迅速纠正错、漏报现象,严格按照国家规定的统计制度办事,确保统计数字的准确性。文件从个别专业着手,反映的问题则是全局性的。此后,市统计局一直严格控制统计数据质量。由于基础条件限制,还是发生了一些差错。统计部门主动揭短,找差距,补短板,建立健全数据质量控制体系。随着改革开放的推进和统计事业的发展,统计数据质量的内涵更加丰富。除了准确以外,还要求及时和科学,这就要求应用现代统计技术,改革统计管理体制。因此,坚持提高统计数据质量,也在很大程度上引领和推动了统计的全面改革。

始终坚持围绕中心工作提供统计服务。改革开放初期,科技工作是全党全国改革开放的重要领域。1978年6月,上海统计部门就与市委组织部和市科委开展全市自然科学技术人员普查工作。在上海改革开放的每一个重要时间节点,统计部门都以翔实的统计资料和科学严谨的分析,反映改革开放成绩,及时总结经验。在出口退税调整等重大政策出台之际,统计部门进行预判,确保政策效应最大化。在重点关注民生民意的时候,统计部门建立社情民意调查机构,及时反映社会关切。统计部门还对城镇低收入居民消费价格进行调查,编制低收入居民消费价格指数。在上海世博会筹备和举办过程中,统计部门及时提供统计服务,在上海自由贸易试验区创办之初,统计部门及时介入,都取得很好的效果。

始终坚持加强统计分析。上海统计部门根据不同时期经济和社会发展的主要任务,确定统计分析的重点。2009年,根据中国经济发展正处在企稳回升关键时期的特点,把分析的重点放在推进经济转型、保持回升势头上面。针对拐点出现后,中国经济和上海经济会面临什么机遇,又会面对什么挑战,国际经济格局会发生什么变化,中国经济发展的道路怎么走,在统计分析中提出对策建议。同时努力丰富统计分析的形式。在开展进度性分析和专题性分析的同时,还运用系列性分析的形式,推出年度经济形势专题报告,系统分析年度经济和社会发展形势。统计数据是最全面、最权威的官方数据。由于能最先获取统计信息,最准确地把握统计信息的内涵,统计部门对全局性、趋势性、综合性的现象应能见事早、判断准,对经济社会发展形势的判断具有快、准、精的特点,得到各方面的好评。

始终坚持消化吸收先进统计文化,结合中国特色、上海特点、时代特征,应用到上海统计工作实践中去。统计科研和教育机构对统计研究最新成果往往得风气之先。上海统计工作密切与统计教育科研机构的联系,提高上海统计工作的科技含量,借助科学性提高统计的准确性和统计工作效率。20世纪80年代,建立上海环境-经济模型,用投入产出分析法研究上海环境污染问题。研制上海宏观经济短期监测预警和调检系统,评判经济政策的量化值,模拟各种政策方案。90年代,完成上海市重大决策咨询课题"上海改革、开放、发展进程实证分析",系统总结上海20年发展的经验与启示,概括描述上海面向21世纪的发展前景。

展望将来,上海统计要进一步拓展统计调查领域,健全统计指标制度,加强统计监测评价,充分发挥统计工作晴雨表、测量仪、指示器和风向标作用;进一步创新统计调查方法,推动互联网、大数据、云计算、空间地理信息技术等与统计工作深度融合;进一步做好统计为民服务,加大统计公开透明力度,发布类型更多、使用更易、颗粒更细的统计数据,搭建统计工作与社会各界紧密联系的桥梁,以新担当、新作为,谱写新时代统计调查新篇章。

# 大事记

## 1978 年

2 月 15 日　市计划委员会发出《关于努力提高物资统计数字准确性的通知》。

6 月 22 日　中共上海市委组织部、市科学技术委员会、市计划委员会召开各部委、办、区、县、局、大专院校、科研机构及市直属有关单位、中央在沪单位党委组织部(处)长、科技人员普查办公室负责人会议，动员开展自然科学技术人员普查工作，宣布成立上海市自然科学技术人员普查办公室。

6 月 30 日　以该日 24 时为调查时点，上海进行自然科学技术人员基本情况普查。

7 月 5 日　中共上海市委决定恢复市统计局。任命汪涛为市统计局党组副书记、副局长，徐子陵为党组成员、副局长，颜德纶为党组成员、副局长。

7 月 20 日　市统计局正式对外办公，设 1 室 5 处：办公室、工业统计处、农业统计处、财贸劳动工资统计处、基本建设统计处、综合统计处。全局编制定为 90 名。

7 月 27 日　市计划委员会召开全市统计工作经验交流大会，表彰 77 家统计工作先进集体和 154 名统计工作先进个人。副市长陈锦华出席会议并讲话。

8 月 2 日　市统计局恢复编印《统计工作简报》。

10 月　市革命委员会同意筹建市计委电子计算站，由市统计局代管。

11 月　市自然科学技术人员普查办公室和市统计局联合编印《上海市自然科学技术人员基本情况普查资料汇编》。

12 月 21 日　市计委发出《关于试行〈上海市统计报表和统计数字管理办法〉的通知》。

## 1979 年

3 月 2—22 日　国家统计局召开全国统计局长会议，肯定"文化大革命"前 17 年统计工作基本成绩，统一对统计工作历史上遗留问题的认识，并决定着手纠正统计队伍中的冤假错案。会议认为，随着全国工作重点的转移，统计工作的重心必须转移到为社会主义现代化建设服务上来。市统计局汪涛、徐子陵参加会议。

11 月 9—13 日　应国家统计局邀请，联合国亚太经社委员会统计司司长萨希布访问中国，并抵沪考察统计工作。

11 月 10 日　中国统计学会成立和第一次全国统计科学讨论会在杭州召开，复旦大学桂世祚、上海财经大学陈善林、市统计局徐子陵等 3 人当选为中国统计学会第一届理事会理事。

12 月 23 日　市革委会批复同意市统计局、市总工会、市劳动局、中国人民银行上海市分行《关于恢复职工、农民家庭生活状况调查的请示报告》。

## 1980 年

1月23日　市政府发出《关于转发国务院〈关于加强统计工作,充实统计机构的决定〉的通知》。

1月28日　市统计局向市委、市政府报送《关于1979年统建住宅竣工面积统计数字严重不实的情况报告》。

5月7日　市统计局召开1979年度统计工作先进表彰大会,表彰55家统计工作先进集体和371名统计工作先进个人。副市长陈锦华到会授奖并讲话。

5月12日　市长办公会议决定:根据国务院《关于加强统计工作,充实统计机构的决定》精神,上海有关的统计数字应一律以市统计局公布的数字为准。

5月22日　市统计局召开农村经济典型调查会议,确定调查对象为20多个公社和200多个社员户(家庭收入调查),从7月1日起开始记账。

5月29日　市政府办公厅转发国务院批转《统计干部技术职称暂行规定》的通知。

同月　市政府同意市统计局《关于1979年本市国民经济计划执行结果的报告》在内部发表。

6月16日　上海决定恢复中断14年的职工家计调查工作。市统计局、市总工会、市劳动局等单位联合召开调查户大会,副市长裴先白出席大会讲话。

6月16—19日　以日本总理府统计局局长岛村史郎为团长的日本统计考察团一行4人来沪考察统计工作。陈锦华会见日本考察团。

7月9日　上海贯彻《统计干部技术职称暂行规定》,确定市纺织局、市机电一局、市商业一局、市公用事业局、南汇县等5家单位为试点单位。

7月17日　中共上海市委批准成立市第三次人口普查领导小组及其办公室。

7月22—23日　市统计学会在市科学会堂召开成立大会。会上通过学会章程,选举产生由28名理事组成的第一届理事会。

9月20日　联合国统计司司长诺巴顿一行3人应国家统计局邀请访华期间抵沪考察统计工作。

12月22日—1981年1月5日　国家统计局在北京召开全国统计局长会议,讨论《统计法(草案)》和统计改革。国务院副总理姚依林以及经济学家薛暮桥、孙冶方到会讲话。市统计局汪涛参加会议。

## 1981 年

4月29日　市统计局、上海财经学院、市统计学会联合举办的“统计学原理”电视广播讲座正式开学。

6月11日　市政府办公厅转发市统计局《关于贯彻执行统计报表管理的暂行规定意见》的通知。

6月21日　市统计局发布《关于1980年本市国民经济发展情况》的公报。

9月10日　国家统计局和全国计划生育委员会确定在上海、河北、陕西两省一市约9 000万人口中进行一次性已婚育龄妇女抽样调查。

11月　市人事局转发国家人事局《关于国务院颁发的七种业务技术职称评定工作试点情况和今后工作的意见》通知(七种业务技术职称:统计、编辑、外语翻译、新闻记者、经济、图书档案资料和会计)。会同市统计局联合发出《关于贯彻执行〈统计干部技术职称暂行规定〉的通知》和《〈统计干部技术职称暂行规定〉的试行细则》。

12月22日　市统计局颁发《关于搞准统计数字,实行年报工作程序化的基本要求》,就贯彻国家统计局年报制度与各项统计年报任务的工作程序,提出各个环节确保质量的基本要求。

12月29日　联合国人口活动基金委员会援助用于第三次人口普查工作的IBM 4331计算机运达上海,安装在市计划委员会计算站。

## 1982年

3月6日　市政府批准成立市高级统计技术职称评定委员会,由市统计局汪涛任主任,张耀祥、桂世祚任副主任。

3月13日　市长汪道涵召开市长办公会议,讨论加强和改革统计工作问题,听取市统计局领导汇报。

4月10日　市政府发出《关于加强和改革统计工作的通知》。

5月26日　市统计局发布《关于1981年本市经济和社会发展计划执行情况》公报。

6月2日　市政府发出《关于认真做好第三次人口普查工作的通知》。

6月22日　副市长杨堤作题为"全市人民动员起来,高质量地完成人口普查"的广播电视讲话。

7月1日　根据国务院部署,以该日零时为调查时点,上海进行第三次人口普查。

7月中旬　市统计局、市人事局联合举办的专业统计基础知识系列讲座中的工业统计、劳动工资统计、物资统计、商业统计4个专业先后开学。全市报名参加这次专业讲座的有2.64万人。11月中旬,考试结束。

8月23—28日　中国统计学会和市统计学会在沪联合召开"数理统计在社会经济领域中的应用"科学讨论会。国家统计局副局长许刚、安徽省副省长杨纪珂和上海市副市长陈锦华参加会议并讲话。

10月15—19日　挪威国家统计局局长别尔威博士到沪访问并作题为"各国统计发展趋势"的演讲。

10月25日　市政府转发市统计局《上海市统计报表管理暂行规定实施细则》。

10月29日　市统计局发布《上海市1982年人口普查主要数字公报》。

同日　市计划委员会、市经济委员会、市统计局联合召开大会,宣布在全市开展统计数字质量检查月活动。市经济委员会副主任陈大同主持会议,国家统计局局长李成瑞,市政府副秘书长、市计划委员会主任马一行到会讲话。

12月18日　市统计局与市统计学会联合主办的《上海统计》杂志创刊号出版,以不定期试刊的形式内部发行。

## 1983年

2月　市政府办公厅转发市人事局《关于贯彻执行全国会计、统计等业务技术职称评定试点工作经验交流会议精神的意见》。

3月27日　经市政府同意,市统计局与市物价局联合印发《上海市开展市区物价直接调查的实施办法》,决定在上海进行主要消费品零售价格(包括牌价、议价、市价)的直接调查,被调查商品种类为600种左右,每种商品调查2～3种规格。

4月26日　市统计局发布《上海市1982年经济和社会发展计划执行情况公报》。

5月28日　根据国务院批转的《1983年试编财政信贷计划的规定》,市计委、市财政局、中国人民银行上海市分行和市统计局联合发出通知,决定对上海1982年预算外资金收支情况作一次性调查。

5月30日　市统计局召开1982年度市统计工作表彰大会。会议表彰全市统计工作先进集体88家,统计工作先进个人463名。

6月27—30日　国务院上海经济区规划办公室在浙江绍兴召开上海经济区统计局长联席会议,决定由上海、常州、苏州、无锡、南通、杭州、嘉兴、湖州、绍兴、宁波10个城市统计局联合组成上海经济区统计信息网络。

9月26日　市企业整顿领导小组办公室转发市统计局提出的《关于在全面整顿企业中,逐步实现统计工作规范化的几点意见》。

9月　市统计局在1978年重建以后首次编辑公开发行的《上海统计资料摘要——1982年度统计资料汇编》,由上海人民出版社出版。

10月11日　市统计局召开全市统计工作会议,总结中共十一届三中全会以来上海统计工作的基本情况,提出第六个五年计划时期中后两年的统计工作规划。

10月31日　以该日为标准时点,对全市具有中专以上学历或业务技术职称的专门人才,以及其他各类在编干部现状进行普查。

11月10日　上海进行1983年人口变动情况和儿童基本情况的抽样调查。

12月8日　《中华人民共和国统计法》颁布。12月31日,市政府批转市统计局于12月29日报送的《关于本市贯彻〈中华人民共和国统计法〉的若干意见》。

## 1984年

3月20日　市政府印发《关于成立上海市工业普查领导小组的通知》。

3月26日　国务院人口普查领导小组和国家统计局在北京联合召开中国1982年人口普查国际讨论会。市统计局徐子陵参加会议并宣读论文《上海市第三次人口普查中的住房调查》。

3月　上海市人民代表大会常务委员会任命李懋欢为市统计局局长。

4月12—14日　市统计局在嘉定县召开全市农产量抽样统计调查经验交流会。

5月10日　市出版局批准《上海统计》杂志从1984年第1期(总第8期)起正式出版,内部发行。

5月22日　市政府召开全市统计工作会议。副市长阮崇武出席会议并讲话。市统计局局长李懋欢作题为《认真贯彻〈统计法〉和国务院〈关于加强统计工作的决定〉,努力开创统计工作新局面》的报告。

6月6—8日　市工业普查领导小组办公室召开普查试点工作会议。决定第一批从6月6日开始在市机电一局、静安区及上海县内选择7家工业企业试点。8月下旬组织第二批试点。

6月16日　市统计局会同市劳动局、市总工会、市商业一局、中国人民银行上海市分行、中国工商银行上海市分行,对上海1万户居民家庭收入和基本情况开展一次性调查。

6月21日　市机构编制委员会批复同意成立市城乡抽样调查队，下设城市抽样调查队和农村抽样调查队，分别与市统计局城市居民家计物价调查处和农业统计处合署办公。市、县调查队编制为136名。

7月6日　国家统计局在北京召开城市和特区统计改革问题座谈会，会上上海等14个沿海城市和经济特区综合统计信息网络成立。

7月7日　市政府办公厅转发市统计局《关于加强本市各级统计机构的意见》，同意将各县设置的统计科改为统计局。至1985年6月12日，10个郊县统计科全部改为县统计局。

9月20日　市机构编制委员会批复市统计局，同意建立市统计科学应用研究所，核定编制20名，属事业单位。

9月30日　对上海全民所有制和城镇集体所有制职工的年龄、参加工作年限、工资水平、文化程度，机关事业单位职工的职务和职称以及离退休人员人数、年龄、原来工作职务、离退休金等进行一次性调查。

9月　市统计局公开出版信息密集的《上海统计年鉴——1983》，向国庆35周年献礼。这是改革开放后第一本公开出版的《上海统计年鉴》。

11月7日　上海统计发行服务站经市工商行政管理局核准登记，准予开业，经销各类统计报表和统计书刊。

12月31日　副市长阮崇武致信市计委和市统计局，希望计划、统计部门用曲线图表来说明经济的情况。

同日　根据全国统一部署，上海进行清查工业企业单位(不包括个体企业)的工作。清查结果表明，全市共有工业企业单位18 628户。

## 1985年

1月1日　上海实行国家计委、国家经委、国家统计局、国家标准局制发的国家标准《国民经济行业分类和代码》。

1月7日　经市工商行政管理局核准登记，市社会经济信息咨询服务部成立，属事业单位，由市统计局领导。

1月8日　副市长朱宗葆率领市计委副秘书长吴俊国和市财政局鲍友德、市统计局颜德纶赴京参加全国第二次工业普查工作会议。

1月　根据财政部和国家统计局通知，上海对县以上各级统计部门的统计事业费开始列入中央预算，由国家统计局统一管理。

1月　市统计局按国家统计局《1984年人口变动情况抽样调查工作的通知》，抽取第二、三阶段样本单位并开始登记。

2月15日　市统计局发表《关于1984年本市国民经济和社会发展情况公报》。

3月6日　市政府批转市计划委员会、市统计局、市财政局《关于开展本市国民生产总值普查的报告》，并于3月27日召开国民生产总值普查工作会议进行部署。

4月1—8日　国际统计学会国际统计研究中心主任渥马和世界生育力调查组织原主任吉里，在上海考察“中国深入的生育力调查”工作。这项调查由国务院批准进行。

5月11日　副市长阮崇武致信市统计局，要求做到数字上报程序简便易行，不增加企业过多的工作量,尽可能与会计账簿结合,避免过多行政层次。

6月5日　市统计职业技术学校成立。

6月19日　国家统计局批准市统计局成立中国统计干部电视函授学院上海分院。

8月13日　市政府批转市计委、市统计局、市财政局《关于本市国民生产总值普查工作的报告》的通知,同意在这次普查的基础上建立上海市国民生产总值定期统计制度。

8月　市统计局、市统计科学应用研究所、市统计学会在上海高桥石油化工公司化工厂、上海照相机总厂、上海电机厂3家工业企业研究、试行统计一套表。1987年5月,这一项目通过评审和验收。

9月4日　市政府办公厅转发市统计局《关于贯彻执行〈统计资料保密管理办法〉的报告》的通知。

10月28日　市政府批转市计委、市经委、市政府财贸办公室、市统计局《关于加强社会商业统计工作的请示》。

12月12—14日　市统计学会召开1985年年会暨第三届统计科学研讨会。市政府顾问汪道涵、副市长朱宗葆和国家统计局副局长、中国统计学会会长岳巍出席会议并讲话。会议交流统计科学论文60余篇。

12月31日　以该日为调查时点,上海进行电信通信能力普查。普查对象为电信网络中心组织和通信网络。

## 1986年

1月1日　上海在各项统计制度和统计资料中使用国家统一规定的法定计量单位。

2月5日　市政府新闻处召开新闻发布会,市统计局发布《1985年上海市国民经济和社会发展公报》。

3月10日　市政府印发《关于市统计局发布1月份工业总产值数字发生重大差错的通报》,指出市统计局汇总的全市1月份工业总产值数字未经认真审核,发生重大差错,在2月4日的《解放日报》上发表,是一起重大的责任事故。

4月9日　副市长朱宗葆听取市统计局关于当前统计工作的汇报,对提高统计人员地位和待遇、解决市统计局干部生活住房和办公用房、搞好各级统计机构建设以及做好统计服务等问题作出指示。

6月11—30日　市统计局根据市政府办公厅《关于对若干法律、法规和规章的执行情况进行检查的通知》,会同各主管局(公司)、各县统计局、各区政府统计部门对全市执行《中华人民共和国统计法》情况进行检查。

6月30日　以该日24时为调查标准时间,上海进行残疾人抽样统计调查。

7月　上海进行城市体制改革居民意向调查。这是市统计局自成立以来进行的第一次万人意向调查。

8月　市统计局与中共上海市委宣传部共同组织编写的《上海胜利的十年(1976—1986)》由上海人民出版社出版。

9月19日　以市统计局为主完成的《上海市"七五"期间经济发展规划模型》课题报告,获得市哲学社会科学优秀成果奖。

9月24日　市机构编制委员会同意市统计局成立《上海统计》杂志社。

10月14日　市政府召开市统计工作先进表彰大会。对全市106家统计工作先进集体与503名统计工作先进个人进行表彰与嘉奖。副市长黄菊出席大会，国家统计局发来贺信。

11月18日　市机构编制委员会同意市统计局成立市统计干部培训中心。

12月15—19日　国家统计局局长张塞在沪检查、指导工作，并在市统计局和市统计学会联合举办的报告会上，就统计发展战略目标问题作学术报告。

12月23日　市政府印发《关于加强本市重要统计数字管理的通知》。

## 1987年

1月20日　市统计局、市统计学会、市统计科学应用研究所联合召开上海城市统计发展战略研究课题发布会。副市长叶公琦出席会议并讲话。国家统计局统计科学研究所所长、中国统计学会秘书长马安受国家统计局和中国统计学会的委托，专程来沪参加会议并讲话。

1月21日　市工业普查领导小组召开全市工业普查工作会议部署1987年的工作，副市长李肇基到会并讲话。会上还表彰市级工业普查工作先进集体308家，先进个人544名。

2月5日　市长江泽民到市统计局视察工作。江泽民要求上海统计工作适应新的形势，在为振兴上海的三张蓝图服务中，发挥更大作用。

2月12日　南汇县率先成立县级统计学会，成为市统计学会团体会员。

2月26日　市政府办公厅发出《关于认真搞好1987年人口抽样调查工作的通知》。

3月4日　市机构编制委员会同意市统计局建立市统计信息计算中心。

3月5日　市政府新闻处召开新闻发布会，市统计局发布《1986年上海市国民经济和社会发展统计公报》。

3月7日　市妇联授予市城乡抽样调查队调查一科“上海市1986年度‘三八’红旗集体”称号，授予市城乡抽样调查队干部张玲玲“上海市1986年度‘三八’红旗手”称号。

3月17日　市政府召开上海市1986年度科学技术进步奖、科技战线先进人物授奖大会。以市统计局为主完成的“上海市实物型投入产出宏观经济模型”项目获1986年度上海市科学技术进步二等奖。

3月20日　市政府批准由市统计局、市公安局、市财政局、市民政局和市计划生育办公室组成市人口抽样调查办公室。市政府办公厅召开区长、县长和有关委、办、局负责人会议，部署上海1987年人口抽样调查工作，副市长谢丽娟主持会议并讲话。

4月11日　市政府召开全市统计工作会议，提出“加强法制、深化改革、推动建设、优质服务”的要求。副市长黄菊出席会议并讲话。

4月15日　国家统计局专业技术职务评审委员会通过市统计局徐学贤、叶绍骅、徐秉训、周炜首批高级统计师任职资格。

4月17日　市政府发出通知，撤销市人口普查领导小组及其办公室，在市统计局内增设人口统计处，负责全市人口普查及抽样调查工作。

4月20—26日　国家统计局和联合国粮农组织在松江县联合举办农村社会经济统计讲习班。亚太地区近10个国家统计部门派员参加，国家统计局副局长郑家亨和上海市副市长叶公琦出席开幕式。

4月24日　市职称改革工作领导小组转发《上海市贯彻〈统计专业职务试行条例〉的实施细则(试行)》。

5月11日　市统计局会同市体制改革办公室召开上海200家工业企业厂长(经理)会议,开始在这200家工业企业中建立生产经营活动按季报告统计制度,进行定点观察。

6月12日　市职称改革工作领导小组批复市统计局,同意成立市统计专业高级职务评审委员会,李懋欢任主任委员。

7月1—10日　上海人口抽样调查登记工作在全市12个区、10个县的43个街道、2个市区镇、72个乡、8个镇、2个农场同时展开。

7月7日　市机构编制委员会同意市统计局设立统计法规处,与基层工作处合署办公。

7月21日　市统计局向各业务主管局和各区、县统计部门发出通知,要求在全市1987年工业和固定资产投资统计年报中,实行微机分级汇总和报送软盘,并在市经委系统各局和10个县先行试点。

7月25日　市政府办公厅转发市统计局《关于认真贯彻执行〈中华人民共和国统计法实施细则〉报告》的通知。

7月29日　市统计局发出通知,要求各区、县统计部门和市业务主管部门,根据《统计法实施细则》,尽快配备统计检查员。

8月26日　市政府办公厅发出通知,决定在第四季度组织对《中华人民共和国统计法》执行情况进行一次重点检查。9月4日,市政府召开全市动员大会。市政府副秘书长卢莹辉、市人大财经委员会副主任委员孙更舵出席会议并讲话。

10月6—16日　市统计局组织统计法规检查组,对全市20个重点检查单位进行《中华人民共和国统计法》执行情况检查。部分市人大代表随检查组进行视察检查。

11月9日　市政府办公厅发出《关于进行投入产出调查的通知》。决定成立投入产出调查协调小组,市计委副主任王祖康任组长,市统计局局长李懋欢任副组长。在市统计局内设立市投入产出调查办公室,负责日常工作。

12月21—24日　市统计局、市统计学会、市统计科学应用研究所在松江县红楼宾馆联合举行上海统计改革与发展研讨会。

## 1988年

1月2日　市统计局和市教育局联合印发《关于对统计干部进行中专教育,实行岗位证书、专业证书、毕业证书制度的通知》。

1月28日　市统计局决定成立统计改革领导小组,由李懋欢、颜德纶、毛宗维、黄璋等11人组成,对有关全局性重大问题或重要工作进行讨论研究,提出对策、建议。

3月1日　市政府新闻处召开新闻发布会,市统计局发布《1987年本市国民经济和社会发展统计公报》。

同日　市计划委员会、市经济委员会、市财政局和市统计局在市政府礼堂联合召开上海市投入产出调查工作会议,向1 600家企事业单位负责人部署1987年投入产出调查工作。副市长黄菊出席会议并讲话。

3月30日　国家统计局批复市统计局,原则同意《上海统计改革与发展总体规划》。

5月31日　《中国统计信息报》上海记者站成立。

6月6日　市统计局复函市统计学会，同意成立上海统计事务所。

7月8日　市政府办公厅批复市统计局，同意进行1988年上海市流动人口调查。

7月14日　市统计局召开全市统计工作会议，副市长庄晓天出席会议并讲话。李懋欢作题为《认真总结经验，深化统计改革，努力提高上海统计工作的科学水平》的工作报告。会上表彰了全市统计系统逐级评选产生的104个先进集体、475名先进个人，并宣布将向1 300余名从事统计工作30年以上的老同志颁发荣誉证书。副市长庄晓天在讲话中指出，市政府对《上海统计改革与发展总体规划》表示支持。

8月17日　市统计局编辑出版第一本英文版《上海统计年鉴》简编本。市长朱镕基作序。

9月29日　市统计局机关由外滩市政府大楼内搬迁至东长治路1008号。

10月11日　市政府办公厅召开全市流动人口调查动员会。

10月26日　市新闻出版局批复市统计局，同意《上海统计》月刊自1989年1月起由内部发行改为公开发行。

10月29日　市统计局举办"1988年计算机活动日"活动。市科委副主任陈祥禄、市计委副主任潘洪萱、市园林局局长吴振千等应邀参加活动。市统计局副局长黄璋向参加微机基础与管理岗位培训的区、县统计局(科)长和市统计局部分处长颁发结业证书，向获得国家统计系统计算机软件优秀成果奖的人员颁发奖状和证书。

12月13日　市统计局被国家统计局评为全国统计系统先进单位，青浦县统计局和市统计局综合处、市统计科学应用研究所被评为全国统计系统先进集体，上海沈镇邦、石良平、朱陵富、冯荣生、钟德浩、童稚敏、吴关庆、朱雅芳、张玲玲、胡延照10人被评为全国统计系统先进个人。

## 1989年

1月18日　市统计局被市政府列为可直接接受外国记者采访的单位之一。

1月20日　国家统计局批复市统计局，同意将上海市城乡抽样调查队分设为上海市城市社会经济调查队和上海市农村社会经济调查队(均为副厅级机构)。城调队下设4处1室，农调队下设3处1室。

1月31日　上海高级统计师联谊会(筹)在市政协联谊俱乐部举行首次活动，来自全市各条战线的50位高级统计师参加这次活动。

2月20日　市长朱镕基接见国家统计局咨询员黄海，就宏观经济调控和加强统计监督问题进行探讨。市统计局李懋欢、颜德纶、毛宗维、黄璋参加接见。

2月24日　市统计局组织研制的"上海市综合统计指标管理分析系统"，获1989年上海市科学技术进步奖二等奖。

2月28日　市政府新闻处召开新闻发布会，由市统计局发布《1988年上海市国民经济和社会发展情况公报》。

3月10日　市统计局、市计委、市经委、市农委、市财政局、中国人民银行上海市分行联合颁发《关于定期内部通报本市主要工业局和各县若干项重要经济指标的暂行规定》，自3月起按月、季由市统计局在内部通报。

4月12日　经市政府批准，市统计局、市政府法制办、市监察局召开上海市统计法规执行情况大检查工作会议。根据国家统计局、国务院法制局、监察部召开的全国电话会议精神，对开展统计法规执行大检查工作作具体部署。副市长倪鸿福出席会议并讲话。

5月28日　市统计局在《解放日报》《文汇报》上发表《上海解放40年经济建设取得重大成就》。

8月1日　市政府决定成立市第四次人口普查领导小组及其办公室。领导小组由倪鸿福任组长，市政府副秘书长胡正昌和市统计局局长李懋欢等任副组长。

8月13日　市政府批转市计委等部门关于1989年、1990年两年上海工业结构调整工作的意见，要求市统计局负责建立优先发展产品和限产、淘汰产品生产进度月报以及优先建设项目的资金投入和工作量进度月报。

9月11日　市政府召开全市统计工作会议，总结上海统计执法大检查的情况，结合全国统计工作会议精神的传达贯彻，部署1989年、1990年两年统计工作。倪鸿福出席会议并讲话，市政府副秘书长卢莹辉在会上作题为《上海统计法规执行情况大检查的总结》的报告，李懋欢作题为《加强统计监督，改善统计环境，全面完成今明两年统计工作》的工作报告。

10月11日　市统计局印发《关于认真贯彻工业企业统一名称代码工作的通知》，并按通知精神对1988年工业统计年报范围内工业企业重新进行编码，建立上海市工业企业(单位)名称代码数据库。

10月20日　市统计局印发《上海市统计局关于开展统计年报质量评比工作的试行办法》。

同日　市统计局印发《关于修订现行统计报表制度和做好1989年统计年报工作的通知》。

11月2日　市政府办公厅转发市第四次人口普查领导小组《关于本市开展第四次人口普查工作的意见》。

11月5日　国家统计局通报1989年优秀统计分析报告评选结果，市统计局《上海经济周期波动剖析》和《企业发展的宏观环境、经济行为和对策思路》分别获得一等奖和二等奖。

12月2日　市政府办公厅转发市统计局《关于加强统计工作充分发挥统计监督作用的意见》。

## 1990年

1月23日　市统计局和市计划委员会、市对外经济贸易委员会联合发文，通知建立上海市地方进口统计报表制度。

2月1日　副市长黄菊和市计委主任陈祥麟等到市统计局视察统计工作，听取市统计局负责人工作汇报，并参观计算中心机房。

2月13日　市统计局印发《关于在本市进行1989年度增加值统计首批试点工作的通知》，确定市畜产进出口公司、市百二店等11家单位和嘉定县为增加值统计试算首批试点单位。

2月22日　经市政府批准，市国民经济核算协调小组成立，由市计委副主任潘洪萱任组长，市统计局局长李懋欢，副局长颜德纶、黄璋等任副组长。

2月27日　市政府新闻处举行中外记者新闻发布会，市统计局发布《1989年上海市国民经济和社会发展情况公报》。

3月15日　市统计局与市人事局联合印发《上海市贯彻〈统计人员资格考试暂行规定〉的实施细则》，并联合成立上海市统计专业技术职务资格考试工作领导小组。

4月25日　国家统计局批准市统计局开展统计工作达标升级活动。

5月11日　市统计局召开全市统计工作会议，陈祥麟受黄菊委托出席会议。

5月23日　市统计局向各部门发出通知，要求建立大中型工业企业技术开发统计台账。

5月26日　市统计局和市委组织部联合发出《关于本市统计系统领导干部任免手续的通知》。

6月4日　市统计局向各区、县、局和试点单位颁发《上海市工业企业统计工作达标升级试行办法》和首批企业试点工作计划。

6月27日　市统计局召开九县一区统计局长会议，交流农村统计网络建设经验。

7月1日　上海开始进行第四次人口普查登记。市长朱镕基、副市长黄菊等在徐汇区天平街道第15人口登记站进行普查登记。

7月19日　市政府新闻处召开上海市国民经济形势新闻发布会，由市统计局向中外记者介绍上海1990年上半年国民经济发展情况。

8月13日　市统计局召开劳动工资统计工作会议，贯彻国家统计局1990年第一号令关于工资总额组成规定的意见。

8月18日　国家统计局批准市统计局成立企业上等级评审委员会，副局长颜德纶任主任委员。

8月27—28日　市统计局主编的《上海统计年鉴——1990》(中文、英文版)和由华东六省一市统计局共同编辑的《华东地区统计年鉴——1990》出版发行，并送北京参加第三届国际图书博览会。

9月11日　国家统计局在大连召开全国农村基层统计建设会议，并表彰全国47个农村统计网络先进县和207个先进乡镇统计站。南汇县统计局获“全国农村统计网络先进县”称号，奉贤县头桥乡和崇明县港沿乡获“全国先进乡镇统计站”称号。

10月　根据国家统计局统一安排，上海开始对劳动工资统计年报实行联合审核。

11月28日　市政府办公厅召开上海市政府系统信息工作评比会议，市统计局获1988—1989年度政府系统信息工作一等奖。

11月28—30日　市统计局和市农委在南汇县联合召开全市农村统计工作会议，市农委副主任黄富荣和市统计局局长李懋欢到会讲话。颜德纶作题为《认真贯彻全国农村基层统计建设会议精神，深化农村统计改革，提高农村统计工作水平》的报告。会议还宣布试行《上海市农村基层统计基础工作规范化标准(草案)》。

## 1991年

1月5日　国家统计局任命颜德纶、袁明道为国家统计局驻上海统计检查特派员。

1月7日　市统计局发出《关于加强区、县政府统计机构职能及有关事项的通知》。

1月　市统计局编辑出版的《上海统计年鉴——1990》改版后获全国地方统计年鉴评比一等奖。

2月9日　市统计局提出《关于接待外国驻沪记者采访工作的实施意见》。

2月25日　市政府新闻处召开新闻发布会，市统计局发布《1990年上海市国民经济和社会发展统计公报》。

3月13日　市统计局召开全市统计工作会议，传达国务院总理李鹏1月26日与全国统计工作会议代表座谈时的讲话。局长李懋欢作题为《认真贯彻李鹏总理讲话精神，进一步提高上海统计工作水平》的报告。

4月5日　市统计局发出通知，决定在部分机关团体、文化艺术和广播电视事业单位开展非物质生产部门增加值统计试点调查工作。

5月　市统计局就4月上旬汇总一季度全市劳动工资统计数据时出现重大差错一事,向市计划委员会作《关于一季度劳动工资统计数据发生重大差错的检查报告》。

6月1日　市统计局与市计划委员会、市建设委员会、市经济委员会、中国建设银行上海市分行联合发出通知,决定建立固定资产投资项目新开工统计和竣工统计报告制度。

6月18日　市统计局与市经济委员会联合发出通知,要求对"七五"期间上海工业技术改造投资效果跟踪调查。

6月20日　以总务厅官房审议官古信一为团长的日本统计代表团一行4人抵沪,与市统计局就有关国际比较项目(ICP)双边合作问题进行座谈。

6月22日　市统计局发出建立全民所有制独立核算大中型工业企业主要指标半年报制度通知,要求有关单位从当年上半年开始执行该制度。

7月8—11日　市统计局在上海县召开全市乡镇统计工作会议,总结交流去年乡镇统计基础工作规范化试点的经验,部署扩大试点工作。

7月10日　市统计局发出通知,决定于7—8月间在全市进行统计数据质量检查,重点检查全民单位主要物资消费与库存统计报表。

7月19日　市统计局和市司法局、市法制宣传教育办公室联合印发《关于本市统计部门认真贯彻中央关于在公民中开展法制宣传教育第二个五年规划的实施意见》。

10月15日　市统计局与市计划委员会、市劳动委员会、市劳动局等12个单位联合通知,自1991年年报起开展劳动统计年报联合审核工作。

10月18日　市人口普查办公室和市统计局计算中心建成全国第一个省市级第四次人口普查数据库系统,开始为社会各界提供服务。

11月6日　国家统计局批准市统计局申报的上钢五厂等5个企业为统计工作国家一级企业,同意上海汽轮机厂等31个企业为统计工作二级企业。

12月25日　市统计局召开全市科技统计工作会议,学习贯彻全国科技统计工作会议精神,总结交流各部门各单位科技统计工作的经验,部署上海科技统计工作任务。市政府副秘书长卢莹辉、市科委副主任颜呈准、市教卫办副主任薛喜民出席会议并讲话。国家统计局副司长温烈专程到会宣读国家统计局的贺信。市统计局副局长黄璋作题为《抓紧时机,积极进取,将我市的科技统计工作推上新台阶》的报告。

## 1992年

1月8日　市统计局召开企业统计基础工作规范化经验交流会议总结交流部分企业开展统计基础工作规范化试点工作的经验。会议颁发统计工作国家级和市级证书。

1月20日　市长黄菊重申全市国民经济统计数据必须以市统计局口径为准,以确保统计数据的一致性。

2月14日　市统计局、市人事局联合颁发《上海市贯彻〈助理统计师资格考试暂行规定〉的实施细则》,规定从1992年3月1日起,不再进行助理统计师职务任职资格评审工作。

2月15日　市政府新闻处举行新闻发布会,市统计局发布《1991年上海市国民经济和社会发展统计公报》。

2月28日　市统计局和市经济委员会、市计划委员会联合召开改进工业经济评价考核指标工作会议。

3月16日　黄菊主持市政府第十九次常务会议，听取市统计局关于统计改革情况汇报。

3月25日　市统计局和市财贸办公室、市工商局联合召开市内商业网点普查工作动员大会，市财办副主任张广生主持会议，市统计局黄璋作题为《全力以赴，通力协作，搞好商业、饮食业、服务业普查工作》的报告。

同日　市统计局被市政府办公厅评为1991年度市政务信息工作先进单位。

4月8日　黄菊主持召开浦东开发领导小组第十四次联席会议，讨论市统计局关于建立浦东统计机构、开展新区统计工作的报告。会议同意市统计局派出工作组驻浦东开发办，负责浦东统计工作和筹建浦东统计局。

4月9日　市统计局、市卫生局联合发出《关于开展上海儿童基本情况抽样调查的通知》。

4月14日　市政府副秘书长陈祥麟受副市长庄晓天委托召开会议，研究加强上海国民经济核算工作。会议决定调整市国民经济核算协调小组组成人员。庄晓天任组长，陈祥麟、蔡来兴、李懋欢任副组长。

4月15日　市统计局、市计划委员会联合转发国家统计局、国家计划委员会《关于进行全国农村集体所有制单位固定资产投资项目普查的通知》，决定从4月下旬开始全国农村集体所有制单位固定资产投资项目普查。

5月2日　市统计局会同市防汛指挥部办公室、市民政局、市人防办联合发出《关于实施自然灾害损失统计调查的通知》。

5月15—18日　国务院人口普查办公室和国家统计局计算中心联合在上海召开第四次全国人口普查省、地市级宏观数据库建设工作会议，推广市统计局计算中心和市人口普查办合作研制的“1990年人口普查宏观数据库”系统。

5月下旬　《1992年上海市浦东新区统计年报》出版。

7月22日　市统计局举行新闻发布会，介绍上半年上海市国民经济发展情况。

8月5日　市统计局副局长陈步林率队出席国家统计局召开的政府统计机构成立40周年纪念会。会上，市统计局朱章海被授予全国统计系统模范工作者称号，青浦县农调队谢涿云以及黄浦区统计科分别被授予先进工作者和先进集体称号。

8月31日　市政府任命陈步林为市统计局局长。

9月15日　市信息协会成立，市统计局黄璋被选为首届理事会副会长。

9月21—26日　市统计局举行纪念政府统计机构成立40周年活动周。全国人大常委会副委员长周谷城、中共中央顾问委员会委员胡立教、上海市政协主席谢希德、上海市副市长庄晓天、上海市人大常委会副主任王崇基等领导和知名人士为政府统计机构成立40周年题词或发来贺信。9月22日，市统计局召开知名人士座谈会。市政府副秘书长蔡来兴和部分委办及有关部门领导、专家学者参加座谈。

10月27日　市统计局召开纪念政府统计机构成立40周年暨统计工作先进表彰会议。陈步林主持会议，副市长徐匡迪、国家统计局副局长孙兢新到会祝贺并讲话。市人事局副局长陈勇福宣读市统计局与市人事局《关于表彰上海市统计工作先进集体和先进工作者的决定》。会议向40个先进集体颁发奖状。

10月29日—11月5日　国家统计局局长张塞在沪考察统计工作，并向市统计局科以上干部和区、县统计局(科)负责干部作关于中共十四大主要精神、当前经济形势和统计改革走向的报告。

11月4日　市统计局印发《关于认真做好1992年人口变动情况抽样调查工作的通知》。

11月16日　市统计局、市政府财贸办公室、市经济委员会联合转发国家统计局等8部门《关于加强商业统计工作,稳定统计队伍的通知》。

11月17日　市统计局、市建设委员会联合发出《关于加强上海市建筑企业统计工作的通知》,要求各主管系统和施工企业在进行内部体制改革的同时,要有专人负责建筑业统计工作,保证统计渠道畅通。

12月14日　市统计局撰写的《改革开放推动上海经济跃上新台阶——1986—1992年上海国民经济和社会发展的回顾》报告被指定为上海市第六次党代会参阅文件。

12月28日　市统计局举行计算机活动日大会,展示上海统计信息自动化系统"八五"规划及总体方案并向获得1991年软件评审一、二、三等奖、进步奖和鼓励奖的计算机人员颁发证书和奖金。

## 1993年

2月9日　市统计局召开亚太地区国际比较项目(ICP)专题会议,原则同意今后三年ICP项目实施计划。

2月17日　市政府举行新闻发布会,市统计局发布《1992年上海市国民经济和社会发展统计公报》。

3月4日　根据上海行政区划变动的现状,市统计局决定在统计口径上按新的区划划分市区、县。并在9日印发《关于行政区划变动后调整统计口径的通知》,规定从1993年统计年报和1994年定期报表起执行。

3月24日　市统计局召开全市统计工作会议,局长陈步林作题为《加快统计改革和统计建设,为发展社会主义市场经济作出新贡献》的工作报告。

3月27日　副市长徐匡迪听取市统计局汇报,就开展第三产业普查工作、建立新国民经济核算体系框架等作指示,并要求市统计局对统计立法问题向市政府提出专题报告。

3月29日　市统计局、市经济委员会联合向各县(区)政府、浦东新区管理委员会发出《关于加强县(区)政府统计行政管理职能、理顺工业统计资料报送关系意见的通知》。

同日　市统计局向市政府报送《关于加快制定〈上海市统计管理条例〉的请示》,同时向市政府法制办公室送交《关于〈上海市统计管理条例(草案)〉及其起草说明的函》。

4月6日　市统计局、市公安局、市计生委联合召开人口新闻发布会,市统计局介绍1992年上海人口的主要特点和基本情况,市计生委和市公安局分别就人口与计划生育管理、户籍管理等问题发言。

4月20日　市统计局发出《关于本市放开粮油购销价格后发给职工粮油价格补贴的统计方法的通知》。

4月29日　浦东新区统计局成立。新区统计局与综合规划土地局合署办公,下设统计调查、国民经济核算两个处和数据处理中心,并按地域成立3个统计调查所。

5月6日　市政府决定成立市第三产业普查领导小组,徐匡迪任组长。

5月25日　市统计局决定建立生产资料交易统计月报制度,以及时反映生产资料交易动态,满足政府宏观调控的管理需要。

6月11日　市统计局召开上半年经济形势分析会,邀请市经济信息中心、市对外经济贸易委员会、中国人民银行上海分行等部门的专家、学者参加，听取对金融、贸易等情况的分析，以及对经济形势总体判断和宏观调控建议。

6月28日　市统计局、市计划委员会决定对重大投产项目跟踪调查，以适应固定资产投资宏观管理需要，加强对投产项目经济效益、社会效益评估。

7月10日　市统计局、市物资局联合发出《关于加强物资统计工作的通知》。

7月28日　国务院召开电话会议，部署全国第三产业普查工作。上海分会场由徐匡迪主持，会议对上海前阶段第三产业普查工作作小结，要求按期完成普查工作的要求。

9月18日　国家统计局任命吴振国为国家统计局驻上海统计检查特派员。

9月20日　市技术监督局会同市工商局、市统计局等15个部门，联合发布《关于在本市统计和社会管理领域中使用机关、企业、事业单位和社会团体代码标识的通告》。

10月11日　市统计局为贯彻实施国家统计局统计制度方法改革方案，成立"一套表"改革领导小组及年报处理指挥部，副局长黄璋任组长，副局长吴振国、钟德浩任副组长。

10月20日　市第十届人大常委会第五次会议审议《上海市统计管理条例》，陈步林受市政府委托在会上对《条例（草案）》作说明。

10月28日　经市政府同意，市政府办公厅印发《转发市统计局〈关于在本市实行国家新的统计报表制度的意见〉的通知》。

11月2日　市统计局正式布置下达"开发型科技单位深化综合改革试点情况统计报表制度"（分为年报、半年报、年快报三次报送）。

11月9日　市统计局、市人口普查办公室发出《关于搞好1993年人口变动情况抽样调查的通知》。

同日　市统计局召开基层一套表工作会议，介绍国家新统计报表制度的主要内容和上海实施办法。市政府副秘书长蔡来兴出席并讲话。

12月15日　市第十届人大常委会第六次会议审议通过《上海市统计管理条例》。《条例》共26条，自1994年4月1日起施行。

12月17日　市统计局、市计划委员会、市政府研究室等单位联合召开经济形势分析例会。

## 1994年

1月8日　市统计局研制的上海市月度主要经济统计数据采集整理发布服务系统、上海市（月度）固定资产投资完成情况数据库和微机办公信息管理系统通过专家评审。

1月21日　市长黄菊、副市长徐匡迪在市统计局《关于今年年快报处理中两个问题的汇报》上，对统计的严肃性、科学性问题作批示，要求各新闻单位、业务部门不能抢先发布统计数据。

3月14日　市城调队等单位供稿，上海电视台国际部"纪录片编辑室"编导、摄制的四集纪录片《话说高消费》开始播放。

3月30日　市统计局召开全市统计工作会议。市政府副秘书长蔡来兴、市计委副主任程静萍参加会议。

4月21日　市政府决定：任命孙祖尧为市统计局局长。

5月22日　市委副书记王力平将市统计局《沪郊生猪生产形势不容乐观》一文批转职能部门，要求引起重视。

5月26日 市政府副秘书长蔡来兴,市统计局孙祖尧、吴振国和市监委、市法制办等部门负责人参加全国统计法执行情况大检查电话会议。

5月27日 市统计局编发《上海辉煌的四十五年》统计分析资料专辑,纪念上海解放45周年。

6月6日 黄菊签发市政府第66号令,发布《上海市统计违法行为处罚办法》。

6月20日 市统计局发布《上海市统计调查表管理暂行办法》。

7月14日 市统计局发布《上海市统计检查及统计违法行为查处工作的暂行规定》。

7月27日 徐匡迪在市统计局《关于对国有经济工业统计评价方法研究的情况汇报》上批示予以肯定。

9月19日 市政府领导同意市统计局报送的《本市贯彻国务院办公厅关于进行1995年全国1%人口抽样调查通知的请示》。

9月27日—10月1日 国家统计局副局长邵宗明抵沪考察上海统计工作。

11月16日 市机构编制委员会批复同意市统计局建立上海现代统计产业发展中心。

12月12日 王力平在市统计局撰写的《上海市流动人口发展趋势及预测》上批示予以肯定。

12月14日 市统计局决定从1994年度开始建立金融保险业统计报表制度。

## 1995年

1月10—14日 市统计局局长孙祖尧参加全国统计工作会议,并在会上作题为《按照社会主义市场经济要求,积极探索上海统计工作新路子》的书面交流。

1月17—20日 国家统计局副局长翟立功一行5人在沪考察。

3月22日 市统计局成立市统计登记办公室,副局长吴振国任主任。

3月23日 市政府依据市统计局上报的《关于统一和规范城区社会经济主要统计指标的报告》,同意市统计局在市中心区试行统一的城区社会经济主要统计指标。

4月18日 市政府依据市统计局上报的《关于在区县政府机构改革中切实加强统计机构建设的报告》,要求进一步加强改革中的统计部门职能。

6月15日 市长徐匡迪签署市政府第5号令,发布《上海市统计登记办法》,办法自1995年8月1日起施行。

9月14日 经国家统计局同意,市统计局成立上海企业调查队筹备组,吴振国任组长。

10月11日 市政府办公厅抄告华建敏等市领导对市计委请示的批示,同意市政府副秘书长韩正任市农业普查领导小组副组长。

10月24—28日 国家统计局局长张塞在沪调研。华建敏和韩正分别会见张塞。

11月3日 华建敏主持召开上海与日本国际比较项目评审会。评审委员会认为,市统计局的研究方法和研究成果既符合国际运行规则,又充分考虑中国实际情况,处于国内领先水平。

12月12日 市政府办公厅印发市统计局《关于理顺统计管理体制,加强区县统计部门职能若干意见的通知》。

12月21日 徐匡迪在市统计局《关于按新规定计算工业产值指标的情况报告》上作批示,提出工作要求。

## 1996 年

1 月 10 日　市政府批准《市统计局职能配置、内设机构和人员编制方案》，核定市统计局机关行政编制 310 名，内设 14 个职能处室。

2 月 25 日　市长徐匡迪在市统计局《关于继续开展国际比较项目（ICP）工作的请示》上批示予以肯定。

3 月 11 日　市政府办公厅印发《关于本市开展第一次全国农业普查工作的通知》。

3 月 13 日　受副市长华建敏委托，市政府副秘书长韩正主持召开部分区、县领导出席的关于研究加强区、县统计机构问题座谈会，市统计局局长孙祖尧作关于区、县统计机构情况汇报。

4 月 3 日　韩正主持召开市农业普查领导小组第一次会议。

6 月 11 日　市政府召开上海国内经济协作快速普查动员大会。副市长蒋以任、市统计局局长孙祖尧、市协作办副主任谭苏萍参加会议。

7 月 1 日　市统计局、市财政局、市商务委联合研究制定的《本市商业企业经济效益综合评价指标体系》，报经市政府同意，从 1996 年起试行。

7 月 16—18 日　国家统计局城调总队队长任才方一行 5 人在沪考察上海开展“城市间居民综合消费价格比较研究”工作。

9 月 25 日　市政府同意市统计局建立市统计执法检查大队。

10 月 18 日　上海召开第一次基本单位普查工作会议。市基本单位普查领导小组副组长韩正、孙祖尧出席并讲话。

11 月 19 日　副市长冯国勤要求一切涉及宏观数据的政府文件都应以统计局的数据为准。

12 月 2 日　市委、市政府副秘书长黄奇帆在市统计局统计专报《我国东部 10 省市 GDP 比较资料——本市明年 GDP 值预测》上批示予以肯定。

12 月 10 日　上海召开统计系统先进表彰会议。中共中央政治局委员、市委书记黄菊向大会致贺信。

12 月 24 日　市统计局召开市统计执法检查大队成立大会。韩正、孙祖尧为市统计执法检查大队揭牌并讲话。

## 1997 年

1 月 14—17 日　国家统计局总统计师、全国基本单位普查领导小组副组长林贤郁在沪检查基本单位普查工作。

6 月 16—20 日　亚太地区国际比较项目（ICP）第六期成果应用研讨会在京召开，市统计局副局长黄璋率有关人员参加会议。

8 月 13 日　市人大常委会第三十八次会议审议通过《关于修改〈上海市统计管理条例〉的决定》。

8 月 17 日　市政府决定：任命潘建新为市统计局局长。

8 月 25 日　经市第二中级人民法院开庭审理，上海首例统计执法行政诉讼案市统计局胜诉。

10 月 20 日　市统计执法大检查领导小组召开第二次会议，市政府副秘书长、领导小组组长韩正主持会议,市统计局副局长郭奕侃汇报全市统计执法大检查情况。

10月26日 中共中央政治局委员、市委书记黄菊在市委召开的贯彻十五大精神学习讨论会上强调:"上海统计既要符合国家要求,又要具有上海特点,既要有满足全国的统计数据,也要有反映上海的统计数据。"

10月31日 市统计局举行《上海统计志》出版首发式。潘建新、黄璋、吴振国、李崇新参加首发式。《上海统计志》主编颜德纶在出版首发式上讲话。

12月20日 市统计局党组书记、局长潘建新作为市第七次党代会代表参加中国共产党上海市第七次代表大会。

12月22—23日 全国农调队长工作会议在沪召开。

## 1998年

1月4日 市统计局印发《上海市统计违法行为处罚办法》和《上海市统计检查及统计违法行为查处工作的暂行规定》。

1月16日 上海召开第一次基本单位普查工作总结表彰大会。市委常委、市政府副秘书长韩正出席会议。市统计局局长潘建新主持会议。

2月26日—3月1日 第一次全国基本单位普查技术总结暨统计制度改革研讨会在沪召开,潘建新参加会议。

3月23日 市长徐匡迪主持市政府常务会议,听取潘建新关于上海市学习贯彻中共中央办公厅、国务院办公厅《关于坚决反对和制止在统计上弄虚作假的通知》情况汇报。

4月1日 市政府召开市统计工作会议。

5月4日 市政府召开市第一次农业普查工作总结表彰会。副市长冯国勤、市政府副秘书长周太彤出席会议,潘建新、李崇新参加会议。

5月8日 市统计局撰写的《上海市人口抽样调查方法体系应用研究》获第四届全国统计科学技术进步奖课题一等奖,《上海市区县经济社会发展统计评价体系研究》《上海市经济增长方式转变中的指标体系研究》获课题三等奖,《"八五"期间工业投资对上海工业经济发展的影响》获优秀论文三等奖。

6月2日 全国宣传贯彻《中共中央办公厅、国务院办公厅关于坚决反对和制止在统计上弄虚作假的通知》电视电话会议在京召开。

6月12日 冯国勤为《上海市农业普查资料汇编》作序。

6月24日 市统计局和《解放日报》社联合召开"向改革开放20周年献礼"座谈会。冯国勤出席会议。潘建新、《解放日报》社党委书记冯士能参加会议。

9月28日 市政府常务会议决定,成立市第五次人口普查领导小组。

11月9日 徐匡迪在市政府工作会议上强调统计工作的严肃性和重要性,不允许弄虚作假,对统计违法行为要认真查处。

11月16日 市统计局召开"上海市情"网开通新闻发布会。

11月17日 市统计局编辑的《'97今日上海》在全国对外宣传品评比中,获银鸽奖二等奖,《'97上海概览》获银鸽奖三等奖。

## 1999 年

1 月 23 日　市第五次人口普查领导小组召开第一次全体会议。

1 月 26 日　经国家统计局研究，同意潘建新兼任中国粮食与农业统计中心上海分中心主任，免去孙祖尧上海分中心主任职务。

2 月 28 日　市统计干部培训中心大楼结构封顶。国家统计局副局长翟立功、财务基建司司长章国荣抵沪参加结构封顶仪式。市委、市政府副秘书长姜斯宪会见翟立功一行。

3 月 2 日　国家统计局印发通知，决定在上海开展利用 IC(integrated circuit，集成电路)卡进行统计登记的试点工作。

4 月 29 日　市政府召开全市统计工作会议。市统计局局长潘建新作工作报告。

5 月 25 日　市委常委、副市长蒋以任在市统计局《1998 年上海信息产品制造业发展状况》上批示予以肯定。

6 月 22—24 日　国家统计局局长刘洪在沪指导工作。

6 月 28—29 日　国家统计局副局长贺铿在沪指导工作。

7 月 1—3 日　全国政协委员、国家统计局原局长张塞在沪考察。

7 月 13 日　市委、市政府副秘书长，市综合经济党委书记姜斯宪到市统计局调研。

7 月 30 日　市统计局举行《上海统计》理事会成立仪式。局长、《上海统计》理事会理事长潘建新，副局长、《上海统计》理事会副理事长吴振国参加会议。

8 月 11 日　市政府副秘书长黄奇帆在市统计局撰写的《上半年上海经济运行情况分析》上批示予以肯定。

8 月 25 日　市统计局和《解放日报》社联合召开“向共和国 50 周年献礼——’98 上海行业经济统计对比分析资料公布”座谈会。蒋以任出席会议。

9 月 25 日　市统计局机关本部搬迁至威海路 48 号。

10 月 30 日　市统计干部培训中心(中国粮食及农业统计中心上海分中心)大楼暨莘城宾馆举行落成典礼。翟立功、姜斯宪等领导出席。

12 月 9 日　上海 IC 统计卡制作、应用系统调试工作基本完成，IC 统计卡应用试点工作正式启动。

12 月 30 日　市统计局计算机和网络系统通过市 Y2K 专家评估小组的内部评估，并在全市“计算机 2000 年问题零点应急行动”中实现平稳过渡。

## 2000 年

1 月 10—12 日　全国统计局长会议在京召开，市统计局局长潘建新、总统计师李崇新参加会议。

3 月 19—22 日　国家统计局局长刘洪在沪调研。市长徐匡迪会见刘洪一行。

3 月 30 日　市政府召开会议贯彻落实国务院全国人口普查电视电话会议精神。徐匡迪，副市长左焕琛，市政府秘书长、市第五次人口普查领导小组副组长姜斯宪，市统计局局长、领导小组副组长潘建新出席会议。

4月25—27日　京、津、沪、渝、穗统计局长联席会议在沪召开。市政府副秘书长周太彤代表市领导看望与会代表。

5月1日　上海统计信息网开通。

5月27日—6月10日　潘建新和市计委副主任蒋应时、程静萍带队赴温州、宁波两市学习考察民营企业及民间投资情况。

6月9日　市政府召开市第五次人口普查工作会议。

6月27—30日　全国统计教育培训工作会议在沪召开。国家统计局副局长贺铿,国家统计局教育中心主任王吉利、副主任张济民出席会议。

7月5日　上海统计信息网与东方网合作,在东方网开辟统计专栏。

8月3日　市政府办公厅印发《关于上海市统计局职能配置、内设机构和人员编制的通知》。

8月16—19日　全国贸易统计抽样调查工作会议在沪召开。贺铿出席会议并讲话。市统计局局长潘建新、副局长龚梅华,国家统计局贸易外经司司长翟志宏、副司长丁延生、赵茂宏出席。

8月25日　市机构编制委员会批复同意建立市统计局机关服务中心。

8月26—29日　国家统计局党组书记、局长朱之鑫在沪调研地方统计改革与发展情况。

9月1日　市统计局召开机构改革工作部署会议。会议传达《上海市统计局职能配置、内设机构和人员编制规定》。

9月9日　上海开展第五次人口普查志愿者招募活动。

9月18日　市政府常务会议听取市人普办关于第五次人口普查工作情况汇报。徐匡迪、左焕琛出席会议。

9月20日　人事部和国家统计局决定授予张浩光"全国统计系统先进工作者"荣誉称号,授予市统计局综合处、徐汇区统计局等单位"全国统计系统先进集体"荣誉称号。

9月30日　市第五次人口普查领导小组召开第二次(扩大)会议。市统计局副局长、市第五次人口普查领导小组办公室主任郭奕侃汇报工作。

11月1日　市第五次人口普查现场登记开始。黄菊、徐匡迪等市领导接受人口普查员的上门调查。

11月7日　国务院第五次全国人口普查领导小组召开紧急电视电话会议,通报第五次人口普查进展情况及存在的问题,部署下一阶段工作。

## 2001年

2月13日　市机构编制委员会批复同意建立市统计局普查中心。

6月1日　市统计工作暨第五次人口普查先进表彰大会在上海图书馆召开。

6月4日　国家统计局、监察部、司法部联合召开全国《中华人民共和国统计法》执法情况大检查电视电话会议。市统计局局长、市统计执法大检查领导小组组长潘建新等参加会议。

7月　上海实行统计行政检查、行政处罚告知制度。

9月1日　新版"上海统计网"正式向社会公众展示并提供服务。

9月10日　市人大常委会副主任任文燕、市人大财经委副主任委员崔善江一行到市统计局调研。潘建新等参加座谈。

9月27日　国务院召开全国基本单位普查工作电视电话会议。会后,市政府在上海分会场召开上海基本单位普查工作会议。

11 月 11—13 日　第二次全国基本单位普查领导小组办公室副主任杨宽宽率全国基普办考察团和中央电视台新闻报道组到沪考察基本单位普查工作。

11 月 27 日　市计划委员会批复：原则同意市统计局关于新建上海市统计资料馆项目建议书。

12 月 8—12 日　国家统计局普查中心主任、第二次全国基本单位普查领导小组办公室常务副主任李纲在沪考察基本单位普查工作，随行有《焦点访谈》节目采访组记者。潘建新等会见考察组成员及记者。

12 月 29 日　市政府召开专题会议，副市长冯国勤听取市统计局的工作情况汇报，并对统计工作作重要指示。

## 2002 年

2 月 11 日　上海成立区县“在地统计”工作领导小组及其办公室。市统计局局长潘建新任领导小组组长，副局长郭奕侃任第一副组长兼办公室主任。

4 月 25 日　新加坡统计局首席统计师张保罗博士到沪访问。

7 月 2 日　市委常委、副市长冯国勤到市统计局现场办公。市政府副秘书长周太彤、杨雄，市计委副主任祝兆松，市发展研究中心副主任吴修艺参加。市统计局局长潘建新、副局长龚梅华、总统计师李崇新、总经济师蔡旭初汇报工作。

7 月 12 日　副市长杨晓渡在市统计局城调队撰写的《上海城市居民对医保改革的总体评价》上批示予以肯定。

8 月 5 日　市政府常务会议原则同意上海开展“在地统计”工作。潘建新参加会议。

8 月 19 日　市统计局印发《上海“在地统计”试点工作实施细则》。

9 月 2 日　市机构编制委员同意市统计局增设区县统计处。

9 月 5—6 日　国家统计局副局长朱向东在沪调研，国家统计局人口社科司司长张为民陪同调研，潘建新等参加汇报、座谈和调研。

10 月 29 日　埃及中央公共动员和统计署署长埃哈勃·埃尔维一行抵沪访问。冯国勤会见来宾。

11 月 27 日　常务副市长蒋以任在市统计局城调队撰写的《关于本市低收入家庭生活状况的调查报告》上批示予以肯定。

11 月 30 日　冯国勤在《关于本市低收入家庭生活状况的调查报告》上批示。

12 月 18—20 日　全国统计局长会议在沪召开。中共中央候补委员、国家统计局党组书记、局长朱之鑫，市委常委、副市长冯国勤，国家统计局副局长贺铿出席会议。

12 月 24 日　市统计局决定：撤销上海各级“劳动统计年报联合审核”办公室，不再设立受理劳动统计联审服务窗口；自 2003 年起取消上海“劳动统计年报联合审核”项目。

12 月 31 日　冯国勤在市统计局《全国统计局长会议情况及本市贯彻意见的汇报》上批示。

## 2003 年

1 月 23 日　市政府决定成立市第二次第三产业普查领导小组，副市长冯国勤任领导小组组长，市统计局局长潘建新任副组长。

2月18日　"上海市统计资料馆"项目正式开工。

3月17日　副市长周禹鹏到市统计局调研,潘建新等参加汇报。

3月25—27日　美国农业部专家弗雷德里克·葛尔到市统计局就中国农村居民食品消费研究课题进行座谈交流。

4月14日　市人大常委会副主任朱晓明以及财经委委员到市统计局听取一季度上海国民经济运行情况汇报。潘建新等汇报。

4月18日　周禹鹏在市统计局撰写的《关于"非典型肺炎"民情民意追踪调查情况》上批示予以肯定。

7月2日　市统计局成立上海新的农业发展速度计算方法试行工作领导小组。总统计师李崇新任组长。

7月8日　周禹鹏到市统计局进行工作调研。潘建新等汇报。

8月6日　副市长杨晓渡在市统计局《本市平均工资低于"两条标准线"职工人数的情况》上批示予以肯定。

8月12日　市政府召开上海外来流动人口抽样调查工作会议。市政府副秘书长、市人口综合调控领导小组办公室主任李良园,以及潘建新等出席会议。

8月17日　副市长唐登杰在市统计局《出口退税政策调整对本市外贸出口的影响分析》上批示予以肯定。

9月8日　市统计局、市发改委、市经委、市财政局等9家单位联合印发《关于贯彻执行〈中国国民经济核算体系(2002)〉的通知》。

10月27日　市统计局党组决定成立市统计局网络信息管理中心,挂靠局办公室。《上海统计》杂志社改名为《上海统计》编辑部,挂靠市统计学会。

10月29日、11月3日　市统计局在《解放日报》《新民晚报》上刊登《关于本市开展在地统计试点工作的公告》。

11月9日　市委常委、副市长周禹鹏会见国家统计局党组书记、局长李德水。李良园参加会见。

12月1—5日　国家统计局在沪召开2004年国际比较项目(ICP)工作会议。潘建新出席会议。

12月16—30日　上海开展统计登记检查工作。

## 2004年

2月3日　副市长周禹鹏到市统计局调研。

3月10日　市政府向各区、县人民政府及各委、办、局印发《关于本市开展第一次经济普查的通知》。

3月20日　市长韩正主持召开市政府专题会议,讨论有关房地产工作情况。市统计局副局长龚梅华汇报相关情况。

3月25日　市统计局公务网正式接入市党委办公系统。

4月9日　市政府办公厅印发《上海市政府办公厅关于上海市第一次经济普查领导小组组成人

员的通知》，决定将原市第二次第三产业普查领导小组更名为市第一次经济普查领导小组。周禹鹏任领导小组组长，市政府副秘书长李良园、市统计局局长潘建新和市发展改革委副主任祝兆松任副组长。

4月30日　根据《上海市政府信息公开规定》，市统计局信息公开网正式启动。

5月31日　国家统计局巡查上海统计工作动员大会在上海统计资料馆举行。李良园、潘建新等参加会议。

6月4日　韩正、周禹鹏会见国家统计局在沪巡查统计工作巡查组全体成员。市政府秘书长杨定华、副秘书长李良园，以及潘建新、龚梅华等参加会见。

7月6日　韩正到市统计局调研，周禹鹏、杨定华、李良园参加调研，潘建新汇报工作。

7月14日　市机构编制委员会同意市统计干部培训中心更名为市统计教育中心，同意中国粮食及农业统计中心上海分中心更名为市统计资料管理中心。

7月27日　《上海市第一次经济普查单位清查摸底实施方案》修订工作结束。

8月17日　市政协主席蒋以任在市统计局《上海制造业投入产出分析和趋势分析》上批示予以肯定。

8月26日　"长江三角洲城市统计合作与交流网络"第一次统计局长联席会议在上海统计资料馆举行。国家统计局局长李德水、上海市副市长周禹鹏，以及潘建新出席会议。会议期间，韩正、周禹鹏会见李德水。

8月29日　全国建筑业和房地产业普查培训及建设领域统计工作会议在沪召开。

9月13日　市政府召开上海第一次经济普查动员大会。周禹鹏、潘建新出席会议。

10月10日　香港凤凰卫视记者采访市统计局《本市住宅空置及出租现状专项调查》编写人员。

10月10日　市统计局召开2004年统计年报工作协调会，就有关年、定报及与第一次经济普查的衔接问题进行研究协调。

10月　人事部、国家统计局表彰全国统计系统先进工作者、先进个人和先进集体。市统计局岳钢、陈永奇和工交处分别获得先进称号。

11月12日　韩正在市统计局城调队撰写的《参保人员对"三医"联动改革政策效应的评价》上批示予以肯定。

11月12日　周禹鹏主持召开"研究GDP核算和在地统计工作"专题会。潘建新参加。

11月28日—12月2日　以中央编办副主任、国务院经济普查领导小组成员王澜明为组长的国务院经济普查督查组对上海经济普查工作进行督查，潘建新等陪同。

12月1日　市政府召开上海经济普查工作向国务院督查组汇报会。周禹鹏主持会议，潘建新汇报工作。

12月6日　市政府办公厅印发《关于本市全面实行区县在地统计管理制度的通知》，决定从2005年起，在全市范围内全面实行"条块结合，以块为主"的区县在地统计管理制度。

12月30日　市第一次经济普查领导小组办公室在《文汇报》发布《上海市第一次经济普查公报》。

## 2005年

1月26日　《上海市第一次经济普查数据质量控制管理办法》出台。

3月17日　市委常委、副市长、市第一次经济普查领导小组组长周禹鹏在市经普办报送的《关于本市经济普查工作情况汇报》上批示提出工作要求。

3月23日　国家统计局纪检监察局局长余华荣到沪检查市统计局及三支调查队纪检监察工作。市统计局局长潘建新等汇报工作。

3月30日　周禹鹏在经济普查工作简报上批示肯定普查人员的工作。

4月11日　中央政治局委员、国务院副总理吴仪在听取商务部工作汇报时指示：在总结上海服务贸易统计经验的基础上，会同有关部门加强服务贸易统计研究。

5月9日　市统计局分部各单位完成搬迁，实现集中办公。

5月31日　市统计局决定从2005年起，将部门统计调查项目及制度按季度上网公布。

6月9日　潘建新等赴市房屋土地资源管理局调研。

6月13日　市统计局组建市统计巡查工作领导小组及其办公室。潘建新任组长。

6月30日　市长韩正在市统计局撰写的《关于当前本市房地产市场发展情况的调查报告》上批示予以肯定。

8月29日　市统计局"电子统计"工程正式启动。

9月8日　韩正在城调队《关于1—8月本市房地产市场基本情况的报告》上批示予以肯定。

9月15日　市政府印发《上海市政府关于本市开展第二次农业普查的通知》。

10月25日　周禹鹏在市统计局《关于全国1%人口抽样调查电视电话会议的情况汇报》上批示提出工作要求。

11月2—4日　中国统计学会第七次全国代表大会暨第十三次全国统计科学讨论会在广东东莞召开。潘建新当选为第七届理事会常务理事、副会长。

11月7日　市统计局发布《上海市科教兴市指标体系》研究成果。

11月8日　国家统计局决定：撤销上海市农村社会经济调查队、上海市城市社会经济调查队、上海市企业调查队，设立国家统计局上海调查总队。同日，经国家统计局党组会议决定，并征得中共上海市委组织部同意，任命柳伟忠为国家统计局上海调查总队总队长，试用期一年；免去其上海市城市社会经济调查队队长职务。

11月13—14日　亚洲开发银行专家金元焕、萨哈到沪考察上海参与世界第七轮国际比较项目工作的开展情况。

11月16—18日　市委宣传部、市统计局、市文广影视局、市新闻出版局共同主办的城市文化统计研讨交流会议在沪召开。

11月22日　韩正主持召开市政府专题会议，听取市发展改革委和市统计局关于2005年上海普查数据调整及2005年GDP预测方案建议的汇报。潘建新、柳伟忠、龚梅华参加。

11月30日　国家统计局上海调查总队成立。

11月　上海市城市社会经济调查队撰写的《纪念抗战胜利60周年活动对弘扬爱国主义精神、引导群众正确认识历史作用显著》，被报送至中央政治局各常委。

12月27日　上海召开第一次全国经济普查总结表彰暨统计工作先进表彰会。市委常委、常务副市长冯国勤，市政府副秘书长李良园，市统计局局长、市经济普查领导小组副组长潘建新等出席会议。

## 2006年

1月6日　市委常委、副市长周禹鹏和市政府副秘书长李良园到市统计局检查指导工作。周禹鹏对市局、总队工作提出要求。市统计局和上海调查总队领导班子成员参加汇报会。

1月12日　市委决定成立中共国家统计局上海调查总队党组，归口中共上海市综合工作委员会联系和指导。

2月23日　上海召开第二次农业普查领导小组第一次会议。副市长、市第二次农业普查领导小组组长胡延照，市统计局局长、市第二次农业普查领导小组副组长潘建新等出席会议。

3月27日　市长韩正在市统计局报送的《目前市民最关心的社会热点问题分析——来自本市群众安全感调查的信息》上批示表扬统计局工作。

3月31日　国家统计局上海调查总队成立大会暨揭牌仪式在上海大剧院举行。市委常委、常务副市长冯国勤和国家统计局副局长徐一帆为上海调查总队揭牌。

4月7日　上海调查总队贯彻落实"三定"方案动员大会召开。潘建新等出席会议。

4月15日　全国统计部门财务基建工作会议在上海统计资料馆召开。李良园以及潘建新等出席会议。

4月　市统计局、市编办、市民政局、市国税局、市地税局、市工商局、市质监局等部门共同成立上海基本单位名录维护更新联合工作组，市统计局总经济师蔡旭初任组长。

5月　上海统计基层基础建设调研工作正式启动，市统计局、上海调查总队成立统计基层基础建设领导小组，潘建新任组长。

6月7日　市统计局和上海调查总队成立城乡划分工作办公室。李崇新任办公室主任。

6月18—25日　世界银行调研团一行2人就中国农业保险问题在沪进行考察。

7月7日　周禹鹏在市统计局和上海调查总队撰写的《本市农村有线电视入户率偏低须引起重视》上批示提出工作要求。

7月12日　韩正主持召开市政府专题会议，听取市统计局关于张江创新指数有关情况的汇报。潘建新等参加会议。

8月11日　上海成立区县调查队管理体制改革工作领导小组，统一领导上海区县级调查队管理体制改革的各项工作。领导小组由潘建新任第一组长。

8月23日　市统计局、市发展改革委牵头，联合市建委、房地局、规划局、财税局、外资委、市公积金中心、中国人民银行上海总部、中房上海指数办公室等部门召开房地产市场信息资料交流座谈会，同意建立上海房地产市场信息资料交流制度。

8月31日　周禹鹏在上海调查总队撰写的《关于五城市消费价格比较的情况汇报》上批示提出工作要求。

8月　国务院全国1%人口抽样调查领导小组办公室授予上海市1%人口抽样调查领导小组办公室先进集体荣誉称号。

9月5日　上海调查总队开展全市36个窗口行业社会公众满意评价调查。

9月25日　全国统计网站工作会议在沪举行。国家统计局党组成员、纪检组长章国荣出席会议。周禹鹏、李良园会见章国荣一行。

10月8日　周禹鹏到市统计局、上海调查总队调研指导工作。潘建新等汇报工作。

10月20日　全国社会科技统计工作会议在沪召开。国家统计局副局长谢鸿光、市统计局局长潘建新、国家统计局社会科技司司长马京奎出席会议。

11月14日　上海调查总队组织开展市府实事项目满意度调查。

12月13日　国务院召开第二次全国农业普查电视电话会议。胡延照出席会议。

12月22日　市第二次全国残疾人抽样调查表彰大会在友谊会堂召开。副市长周太彤以及潘建新出席会议。

12月　受上海世博会事务协调局委托,上海调查总队于2006年12月至2007年2月,在中国46个大中城市进行上海世博会2006年度国内参观者意向抽样调查。

2006年　由市委组织部牵头,市人力资源和社会保障局、市统计局和上海调查总队自2006年起联合开展上海非公有制领域人才抽样调查。

## 2007年

1月1日　副市长、市第二次农业普查领导小组组长胡延照赴松江区石湖荡镇考察农业普查工作。市统计局局长、市第二次农业普查领导小组副组长潘建新,市农委主任袁以星,松江区区委书记盛亚飞等参加考察。

同日　上海调查总队正式建立除常规调查外的所有专项调查项目立项报告制度。

1月9日　经市编办批准,市统计局决定成立市服务业调查中心。

1月11—14日　美国农业部国际合作处处长、农业统计专家西瓦斯在沪考察上海农业普查工作。

1月25日　副市长周禹鹏、市政府副秘书长李良园到市统计局、上海调查总队调研。

同日　周禹鹏在市统计局报送的《关于区县节能考核目标基数测算的情况汇报》上批示提出工作要求。

2月26日　市统计局获实施上海妇女儿童发展"十五"计划"创优达标"先进集体称号。

3月8日　国家统计局主办、市统计局承办的中日商业统计技术研讨会在沪举行。

4月4—5日　联合国统计司司长张保罗一行到沪访问。潘建新等会见来宾。

4月15日　上海调查总队与市纪律检查委员会共同开展的党风廉政建设调查完成。

4月23—26日　上海工业企业创新调查工作会议在奉贤区召开,全市工业企业创新调查工作全面启动。

4月25日　市统计局首次绘制完成并对外公布统计专用上海市县以下行政区划地图(电子版)。

4月28日　副市长冯国勤在市统计局报送的《关于主管部门节能考核目标基数测算情况的汇报》上批示提出工作要求。

6月8—10日　全国城镇住户基本情况抽样调查工作布置暨调查方案培训会在沪召开。国家统计局党组成员、副局长张为民,以及潘建新等参加会议。

6月16日　副市长杨雄在市统计局报送的《关于当前上海房地产市场有关情况的报告》上批示提出工作要求。

6月18日　上海农普光电录入工作正式拉开序幕,闵行区和宝山区首批开展此项工作。

8月2日　市政府副秘书长姜平就上海节能工作到市统计局专题调研。潘建新等汇报工作。

8月8日　国际官方统计学会主席、澳大利亚统计局局长布莱恩·平克和国际官方统计学会候任主席、挪威统计局副局长乌拉夫·勒琼斯,到沪考察国际官方统计学会2008年年会筹备情况。

8月16日　国家统计局印发《关于上海地区国家统计局区县调查队组建方案的批复》。

9月4日　市委副书记殷一璀批转总队撰写的统计报告《家庭用能升级节能潜力巨大——家庭

节能专项调查报告》。

9月6—7日　国家统计局副局长林贤郁到市统计局和上海调查总队指导工作。潘建新及市局、总队领导班子成员参加会议。

10月25日　市统计局、上海调查总队成立上海地区国家统计局区县调查队组建工作领导小组。领导小组负责组织实施《上海地区国家统计局区县调查队组建方案》，讨论决定调查队管理体制改革过程中的重大问题。

11月4日　市委书记俞正声在市统计局报送的《前三季度上海经济运行情况分析及全年走势判断》上批示提出工作要求。

11月8日　冯国勤在上海调查总队报送的统计专报《沪上企业积极面对"新税法"》一文上批示提出工作要求。

11月16日　市政府办公厅印发《关于支持上海地区国家统计局直属区县调查队管理体制改革工作的通知》。

11月28日　市统计局和上海调查总队召开上海地区区县调查队管理体制改革工作动员会议。上海地区区县调查队管理体制改革实施工作正式启动。潘建新到会并讲话。

12月21日　国家统计局总工程师郑京平一行到市统计局考察统计信息化建设情况。潘建新等参加调研。

12月24日　台湾省台北、高雄等市县政府主计处统计人员一行11人到沪参观上海统计展示馆。

12月　市统计局组织有关单位完成2007年统计分类标准与代码和统计上使用的行政区划地图修订工作，并对外公布。

## 2008年

1月7日　上海调查总队召开统计基础工作专题会，要求进一步加强基础工作管理，加强培训，加强统计法制建设。

1月15日　市统计局、上海调查总队印发《关于设立国家统计局嘉定调查队的通知》；1月23日，印发《关于设立国家统计局崇明调查队的通知》；11月4日，印发《关于设立国家统计局奉贤调查队的通知》；11月25日，印发《关于设立国家统计局南汇调查队的通知》。

2月16日　市统计局、上海调查总队和市人事局联合开展2008年度非公有制领域人才状况抽样调查。

3月12日　《上海市第二次农业普查主要数据公报》发布。

3月21日　市政协副主席周太彤和市政协经济委员会主任乐景彭、常务副主任史丽雯一行到市统计局、上海调查总队调研。市统计局局长潘建新介绍上海经济运行情况。

3月26—29日　国家统计局副局长许宪春就宏观经济形势问题及税收与经济、统计关系问题在沪调研。

4月5日　上海制造业采购经理指数编制调查开通网上直报。

4月　经市委、市政府批准，龚梅华任市统计局党组书记，王志雄任市统计局局长。免去潘建新的市统计局党组书记、局长职务。

5月12日　上海召开专题会议贯彻落实国务院电视电话会议精神。市委常委、常务副市长杨雄,市政府副秘书长、市发展改革委主任周波,市统计局局长王志雄等出席会议。

5月20日　市统计局、上海调查总队印发《关于设立国家统计局松江调查队的通知》。

5月20日　上海"第二次经济普查网"开通。

5月　市第二次经济普查领导小组成立。杨雄任组长,周波、王志雄、池洪和陈启伟等任副组长。

6月5日　市委常委、市委统战部部长杨晓渡在市统计局《上海非公有制经济发展与有关省市比较分析》报告上批示予以肯定。

6月26日　市统计局、上海调查总队印发《关于设立国家统计局宝山调查队的通知》。

6月　市统计局、上海调查总队集中开展上海企业(集团)统计执法检查。

7月7日　韩正主持召开市政府常务会议,王志雄汇报上海上半年经济社会发展情况。

7月20日　上海调查总队完成关于世博会期间上海空气质量调查。

7月22日　市统计局、上海调查总队开展2008年上海统计法制宣传工作。

7月　市统计局、上海调查总队对全市统计系统现行统计报表全面清查工作顺利完成。

8月20日　市第二次农业普查总结表彰会召开。副市长胡延照、市政府副秘书长范希平、市统计局局长王志雄等出席会议。

9月1日　市统计局、上海调查总队联合开展针对部分房地产企业和工业企业统计执法检查工作。

9月10日　国家统计局党组成员、副局长林贤郁到沪宣布国家统计局决定:"鉴于潘建新同志已转市人大工作,在上海调查总队总队长正式产生之前,由龚梅华同志主持总队工作。"

9月　市统计局、上海调查总队完成对《2008年上海市统计分类标准与代码》的修订工作,自2008年年报启用。

同月　根据市委、市政府关于实施《迎世博600天行动计划》的指导意见,受市迎世博600天行动社会动员、窗口服务和城市管理三个指挥部委托,自2008年9月起,上海调查总队每100天进行一次抽样调查,共开展6次。

10月13—22日　市第二次经济普查领导小组办公室组成三个督查组,分别对全市19个区县单位清查工作进行全面督查。

10月22—25日　王志雄参加由中共中央政治局委员、市委书记俞正声,市委副书记、市长韩正率领的上海市党政代表团,赴新疆维吾尔自治区进行学习考察。

10月　俞正声在市统计局、上海调查总队编发的《当前上海经济形势分析专刊》上批示提出工作要求。

11月3日　全国人大常委会副委员长华建敏到沪调研,听取市政府有关部门对上海经济运行情况的汇报。王志雄就上海经济运行特点、对国内外经济形势及未来走势的研判等方面作汇报。

11月28日　市人大常委会副主任杨定华就"十一五"规划中期评估到市统计局、上海调查总队调研。王志雄、龚梅华等汇报"十一五"规划指标中期完成情况。

11月　龚梅华就"整合内部资源、明确职能定位"为主题,先后赴松江、闵行、嘉定、宝山等地统计局、调查队调研。

同月　市统计局、上海调查总队对口支援都江堰市统计局统计业务培训项目顺利开展,邀请都江堰市统计局干部30人分两批到上海参加统计业务培训。

12月12日　《辉煌的三十年——上海改革开放以来经济和社会发展历史资料汇编》正式出版。

同日　龚梅华主持召开专题会议，研究加强上海调查总队和区县调查队建设等工作。

12月26日　市统计局和市工商局签署合作协议，双方决定自即日起建立联席会议制度、信息共享制度和统计分析研究合作制度。市工商局局长方惠萍和市统计局局长王志雄分别代表双方在协议上签字。

12月30日　蔡旭初主持召开新闻媒体记者座谈会。《解放日报》、《文汇报》、上海电视台、SMG广播新闻中心和东方网等主要新闻媒体记者参加会议。

## 2009年

1月20日　国家统计局表彰全国统计系统先进集体和先进个人，国民经济核算处、社会和科技统计处、松江区统计局(调查队)获“全国统计系统先进集体”称号，杨莉、顾国权、冯瑶钧、陈新光、黄海伯、沈永国获“全国统计系统先进个人”称号。

1月21日　市政府新闻办公室召开新闻发布会，市统计局总经济师、新闻发言人蔡旭初通报2008年上海国民经济运行情况，并回答记者的提问。

1月　市统计局获“全国统计法制工作先进集体”称号。

2月10—11日　市统计局、上海调查总队召开全市统计系统务虚会和工作会议。市统计局和上海调查总队领导班子成员、全体处级干部、各区县统计局局长、各调查队队长120余人出席会议。

2月　市委书记俞正声、市长韩正等上海市委、市政府领导在市文明办、上海调查总队联合撰写的《上海市“窗口”行业精神文明建设社会公众满意评价调查报告》上批示。

3月2日　全国经济普查视频会议召开。市第二次经济普查领导小组办公室主任蔡旭初出席上海分会场会议并讲话。

3月18日　市政协副主席周太彤一行到市统计局、上海调查总队就扩大内需、促进消费问题进行调研。

3月27日　国家统计局局长马建堂在《上海市统计局国家统计局上海调查总队关于报送上海统计部门2008年工作总结和2009年重点工作安排的报告》上批示提出工作要求。

4月7—8日　国家统计局副局长谢鸿光在沪调研一季度经济运行情况和上半年经济走势。市统计局局长王志雄，党组书记、副局长龚梅华陪同调研。

4月15日　市统计局、上海调查总队落实市政府办公厅《关于加强全市性重要经济社会统计数据管理与发布工作的通知》，制定《上海市统计局、国家统计局上海调查总队统计数据信息发布计划》。

4月30日　经国家统计局党组研究并征求中共上海市委组织部意见决定，龚梅华任中共国家统计局上海调查总队党组书记。

5月7日　市统计局、上海调查总队成立统计信息化工作领导小组，王志雄任组长。

6月18日　市统计局、上海调查总队召开统计制度方法改革工作会议，专题研讨统计制度方法改革、建立健全统计数据质量监控评估体系和加强统计基层基础建设工作。

6月19日　中共上海市纪委办公厅、市监察局办公室、市统计局办公室联合下发《关于认真学习贯彻〈统计违法违纪行为处分规定〉的通知》。

6月23日　市统计局和市国税局、市地税局签署合作协议。王志雄和市国税局、市地税局局长顾炬参加会议。

7月21日　韩正到上海调查总队调研。市政府秘书长姜平、副秘书长周波,市统计局局长王志雄,市政府研究室主任张道根,市委办公厅副主任王为人等陪同。龚梅华汇报上海调查总队工作。

7月31日　市统计局、上海调查总队印发《关于设立国家统计局金山调查队的通知》。

7月　市政府办公厅印发《上海市统计局主要职责内设机构和人员编制规定》,增设能源资源统计处,在国民经济核算处增挂服务业统计处牌子,人事处更名为组织人事处,财务基建处更名为财务管理处。

同月　按照"统计改革要先行先试"的要求,上海确立上海季度增加值核算及环比统计方法研究等2009年度统计制度方法改革重点研究项目11项,并落实责任部门。

8月5日　上海调查总队印发《上海调查总队关于落实韩正市长要求加强两项研究的贯彻意见》的通知。

8月7日　上海调查总队召开会议,传达贯彻落实韩正到上海调查总队调研时的讲话精神。龚梅华提出工作要求。

8月26日　马建堂在《上海市统计局关于2009年上半年主要工作情况的报告》上批示肯定市统计局工作,并提出进一步工作要求。8月27日,市委常委、常务副市长杨雄批示对市统计局提出工作要求。

9月11日　市政府下发《上海市政府关于在本市开展第六次全国人口普查工作的通知》。

9月22日　市政府办公厅转发市统计局制定的《上海市实施统计数据网上直报工作管理办法》。

10月20日　市统计局、上海调查总队印发《关于设立国家统计局青浦调查队的通知》。

同日　市统计局、上海调查总队印发《关于原南汇区并入浦东新区后有关统计工作的通知》。

11月　马建堂代表国家统计局党组,分别向全国市级调查队队长、党组书记亲笔签名致信。市统计局、上海调查总队号召全市统计系统认真学习马建堂局长《致市级调查队队长的一封信》。

12月1—5日　国家统计局副局长张为民带领国家统计巡查组来沪进行统计工作现场巡查。杨雄会见巡查组。

12月25日　上海调查总队完成上海吸引点交通调查、居民出行意愿调查和对外交通枢纽点交通调查。

## 2010年

1月15日　市第六次人口普查领导小组召开第一次全体会议。市委常委、常务副市长、市第六次人口普查领导小组组长杨雄,市政府副秘书长、市发改委主任、市第六次人口普查领导小组副组长周波,市统计局局长、市第六次人口普查领导小组副组长王志雄出席会议。

2月10日　市统计局、上海调查总队印发《上海市统计局、国家统计局上海调查总队公共关系协调委员会工作条例(试行)》。

2月　市统计局完成2009年统计分类标准与代码和统计上使用的行政区划及邮编查询地图的修订工作。

3月10日　市统计局、上海调查总队印发《2010年本市统计法制工作要点》。

4月1—5日　联合国统计司司长张保罗一行4人在沪考察"世界统计日"活动相关情况。

同日　上海统计网获2010年上海市政府网站"信息公开特色优秀网站"称号。

4月14日　市统计局、上海调查总队围绕“如何建立率先转变经济发展方式评价与考核指标体系”召开专题研讨会。

4月20日　上海调查总队与上海世博会事务协调局联合开展上海世博会试运行问卷调查。

4月21—23日　北京、天津、上海、重庆、广州、深圳六城市统计局局长、调查总队总队长在沪召开研讨会议。王志雄，市统计局党组书记、副局长，上海调查总队党组书记龚梅华等参加会议。

4月　市统计局、上海调查总队联合印发《上海市统计局　国家统计局上海调查总队关于开展统计“五五”普法检查验收工作的通知》，对上海统计“五五”普法检查验收工作进行部署。

5月22—24日　加拿大统计局中加统计合作项目协调员欧莱特女士一行3人到沪考察。

6月1日　经国家统计局党组会议决定，并征求中共上海市委组织部意见，任命马俊贤为国家统计局上海调查总队总队长（正厅局级）、党组副书记。6月6日，国家统计局在上海召开调查队系统干部大会予以宣布。

6月15日　上海调查总队开展中国2010年上海世博会参观者调查。

同日　上海调查总队牵头的全国统计科学研究计划重点项目“以采购经理指数为对象的统计环比指数与季节调整方法研究”结题会在沪召开。

6月20—21日　韩国统计教育代表团一行5人到沪就开展统计教育培训进行座谈。

6月至9月　市统计局、市监察局、市司法局、上海调查总队四部门联合开展上海《中华人民共和国统计法》和《统计违法违纪行为处分规定》贯彻执行情况大检查，并联合成立上海大检查领导小组，王志雄为组长。

7月12日　市统计局、上海调查总队印发《上海统计制度方法改革三年滚动计划(2010—2012年)》。

7月13日—8月下旬　上海统计执法大检查办公室制订重点抽查计划，组成5个检查组，对27家单位进行重点抽查。

7月19日　市政府召开市第六次全国人口普查工作会议。杨雄、周波、王志雄出席会议。

7月　上海调查总队和上海世博局联合开展世博园区境外参观者流量专项调查。

8月13日　市统计局、上海调查总队分别对虹口、闸北、嘉定、奉贤等区统计局开展专项统计巡查。

8月20—25日　联合国统计司司长张保罗一行2人到沪考察上海世博会联合国馆及世界统计日纪念活动筹备事宜。

8月25—26日　全国城乡住户一体化改革试点工作座谈会在上海召开。国家统计局副局长张为民、上海调查总队总队长马俊贤出席会议。

8月31日—9月2日　全国文化及相关产业统计工作会议在上海召开。国家统计局副局长李强、国家统计局社科司司长马京奎、市统计局党组书记龚梅华等参加会议。

9月7日　市统计局、上海调查总队印发《关于成立统计行风建设领导小组及其办公室的通知》，并于15日印发《关于加强统计行风建设的实施意见》。

9月13日　上海调查总队开展世博园内餐饮、饮用水销售价格情况跟踪调查。

9月25—28日　全国能源统计工作会议在上海召开。国家统计局副局长许宪春、市统计局局长王志雄出席会议。

10月13日　上海调查总队印发《关于区县调查队领导班子议事规则（试行）的通知》。

10月20日　“世界统计日”庆典在上海世博园成功举办。国务院副总理李克强、联合国秘书长潘基文向此次活动书面致辞。国家统计局局长马建堂、联合国副秘书长沙祖康、联合国经社部统计司司长张保罗出席会议并致辞。市领导,国家统计局和省级统计局、调查总队代表,统计用户和专家学者代表,国内媒体代表等170余人参加庆祝活动。

10月21日　国家统计局浦东调查队举行成立大会暨揭牌仪式。国家统计局党组书记、局长马建堂,中共上海市委常委、浦东新区区委书记徐麟,市委副秘书长、浦东新区区长姜樑参加会议。

同日　"2010年人口普查回顾与展望"国际研讨会在沪召开。国家统计局局长马建堂、党组纪检组组长罗兰,联合国统计司司长张保罗出席会议。

11月1日　市第六次人口普查开始正式入户登记。市委书记俞正声接受普查员登记。

11月4日　市长韩正批转上海调查总队撰写的《上海市民购房意愿调查报告》。

11月上旬　上海首次印发境外来沪工作专家统计调查资料《境外来沪工作专家统计调查资料汇编(2001—2009)》。

11月11日　市统计局、上海调查总队印发《关于组建国际比较项目(ICP)领导小组及其办公室的通知》。

12月上旬　市统计局印发《上海市统计分类标准与代码(2010)》,有关查询系统在上海统计网(内、外网)上正式发布。

12月25日　上海调查总队顺利完成2011年上海城镇住户调查样本轮换工作。

# 第一篇

## 综　合

中共十一届三中全会以后，全党工作重心转移到经济建设上来。上海开展了多次发展战略大讨论，科学制定各阶段发展目标和方针，着力增强城市功能，扩大经济规模，调整产业结构，实现了跨越式发展。

经济实力大幅提升。1978—2010年，上海市生产总值年均增长10.4%。按常住人口计算的人均生产总值在2009年突破10 000美元。尤其是开发开放浦东后，上海以改革促发展，经济连续多年保持两位数增长。

产业结构调整取得显著成效。20世纪90年代初期，上海提出“三、二、一”的产业发展方针，优先发展第三产业，积极调整第二产业，稳定提高第一产业，明确了产业结构调整的基本方向。经过近10年的努力，第三产业增加值占全市生产总值的比重在1999年首次突破50%。进入21世纪以来，上海全方位推进国际金融中心、贸易中心建设，加快建设国际航运中心，二、三产业共同推动经济增长的格局进一步巩固。2010年，第三产业增加值占全市生产总值的比重已接近60%。第三产业内部结构得到优化。至2010年，上海已成为内地各类金融机构集聚程度最高、金融产品最丰富、年交易量最大的城市，金融业增加值占全市生产总值的比重已达到11.4%。

在经济发展的同时，上海努力形成以人的全面发展为中心的社会发展体系和人与自然高度和谐的自然环境，处理好人口、产业、资源等之间的关系。在财政收入增加的同时，着力打造公共财政功能，财政支出向城乡社区事务、教育、社会保障和就业等“惠民生、促和谐”等领域倾斜。单位生产总值能耗下降目标实现，人口总量得到有效控制，人均期望寿命明显提高。

# 第一章　社会经济发展

1978—2010 年，上海市生产总值由 272.81 亿元增加至 17 165.98 亿元，按可比价格计算，年均增长 10.4%。其中，1992—2007 年连续 16 年保持两位数增长，年均增速达到 12.7%。第三产业增加值占全市生产总值的比重在 1990 年首次突破 30%，达到 30.9%；在 1995 年首次突破 40%，达到 40.8%；在 1999 年首次突破 50%，达到 50.8%；2010 年已接近 60%。

1978—2010 年，上海全社会固定资产投资由 27.91 亿元增加至 5 317.67 亿元，增长 189.5 倍。社会消费品零售总额由 54.1 亿元增加至 6 070.5 亿元，增长 111.2 倍。外贸进出口总额由 30.26 亿美元增加至 3 688.69 亿美元，增长 120.9 倍。至 2010 年末，上海累计签订外商直接投资合同项目 59 497 个，累计签订外商直接投资合同金额 1 751.23 亿美元。按同口径计算，2010 年上海外商直接投资签订合同金额比 1990 年增长 70.5 倍。

1978—2010 年，上海年末常住人口由 1 104.00 万人增加至 2 302.66 万人，增加 1 198.66 万人；年末户籍人口由 1 098.28 万人增加至 1 412.32 万人，增加 314.04 万人。上海城市居民家庭人均可支配收入由 406 元提高至 31 838 元，增长 77.4 倍；农村居民家庭人均可支配收入由 281 元提高至 13 746 元，增长 47.9 倍。上海城市居民家庭人均消费支出由 357 元增加至 23 200 元，增长 64 倍；农村居民家庭人均生活消费支出由 193 元增加至 10 225 元，增长 52 倍。

1985—2010 年，上海研究与试验发展经费支出由 4.62 亿元增加至 481.7 亿元，相当于全市生产总值的比例由 0.99%提高至 2.81%。2010 年，上海普通高等学校达到 66 所，比 1978 年增长 46.7%。拥有公共图书馆 28 个，比 1978 年增长 21.7%。

2010 年，上海出版图书 19 519 种，比 1978 年增长 10.7 倍；出版期刊 632 种，比 1978 年增长 14 倍；出版报纸 100 种，比 1978 年增长 19 倍。

1979—2010 年，上海城市基础设施建设投资额由 5.99 亿元增加至 1 497.46 亿元，增长 249 倍，占全社会固定资产投资的比重由 16.8%提高至 28.2%。

**表 1-1-1 1978—2010 年主要年份社会经济主要指标统计表**

| 指　　标 | 单　位 | 1978 年 | 1990 年 | 2000 年 | 2005 年 | 2009 年 | 2010 年 |
|---|---|---|---|---|---|---|---|
| 年末常住人口 | 万人 | 1 104.00 | 1 334.00 | 1 608.60 | 1 890.26 | 2 210.28 | 2 302.66 |
| 年末户籍人口 | 万人 | 1 098.28 | 1 283.35 | 1 321.63 | 1 360.26 | 1 400.70 | 1 412.32 |
| #非农业人口 | 万人 | 645.23 | 864.46 | 986.16 | 1 148.94 | 1 236.16 | 1 254.95 |
| 结婚登记 | 万对 | 8.98 | 10.77 | 9.31 | 10.27 | 14.99 | 13.03 |
| 离　婚 | 万件 | 0.04 | 1.64 | 3.18 | 3.93 | 4.83 | 4.67 |
| 从业人员 | 万人 | 698.32 | 787.72 | 828.35 | 969.24 | 1 064.42 | 1 090.76 |
| 职工人数 | 万人 | 422.81 | 508.10 | 390.14 | 420.12 | 601.57 | 648.49 |
| 城镇登记失业率 | % | 2.3 | 1.5 | 3.5 | 4.4 | 4.3 | 4.2 |
| 上海市生产总值 | 亿元 | 272.81 | 781.66 | 4 771.17 | 9 247.66 | 15 046.45 | 17 165.98 |
| 第一产业 | 亿元 | 11.00 | 34.24 | 76.68 | 90.26 | 113.82 | 114.15 |
| 第二产业 | 亿元 | 211.05 | 505.60 | 2 207.63 | 4 381.20 | 6 001.78 | 7 218.32 |
| #工　业 | 亿元 | 207.47 | 469.83 | 1 998.96 | 4 036.85 | 5 408.75 | 6 536.21 |
| 第三产业 | 亿元 | 50.76 | 241.82 | 2 486.86 | 4 776.20 | 8 930.85 | 9 833.51 |
| 人均生产总值 | 元 | 2 485 | 5 911 | 30 047 | 49 649 | 69 164 | 76 074 |
| 地方财政收入 | 亿元 | 169.22 | 166.99 | 497.96 | 1 433.90 | 2 540.30 | 2 873.58 |
| 地方财政支出 | 亿元 | 26.01 | 75.56 | 622.84 | 1 660.32 | 2 989.65 | 3 302.89 |
| 金融机构存款余额 | 亿元 |  | 851.51 | 9 349.83 | 23 320.86 | 44 620.27 | 52 190.04 |
| 金融机构贷款余额 | 亿元 |  | 1 106.80 | 7 254.26 | 16 798.12 | 29 684.10 | 34 154.17 |
| 有价证券成交总额 | 亿元 |  | … | 49 901 | 49 776 | 441 875 | 398 396 |
| #股　票 | 亿元 |  | … | 31 374 | 19 240 | 346 512 | 304 312 |
| 原保险保费收入 | 亿元 | 0.17 | 8.99 | 127.23 | 333.62 | 665.03 | 883.86 |
| 原保险赔付支出 | 亿元 | 0.17 | 2.22 | 36.44 | 87.46 | 176.74 | 194.54 |
| 全社会固定资产投资总额 | 亿元 | 27.91 | 227.08 | 1 869.67 | 3 542.55 | 5 273.33 | 5 317.67 |
| #房地产投资 | 亿元 |  | 8.16 | 566.17 | 1 246.86 | 1 464.18 | 1 980.68 |
| #城市基础设施投资 | 亿元 |  | 47.22 | 449.90 | 885.74 | 2 113.45 | 1 497.46 |
| 建筑业总产值 | 亿元 | 5.55 | 75.62 | 631.64 | 1 889.25 | 3 830.53 | 4 300.19 |
| 口岸进出口总额 | 亿美元 |  | 172.89 | 1 093.11 | 3 506.78 | 5 154.89 | 6 846.45 |
| 进口额 | 亿美元 |  | 86.27 | 477.39 | 1 382.48 | 1 903.61 | 2 613.05 |
| 出口额 | 亿美元 |  | 86.62 | 615.72 | 2 124.30 | 3 251.28 | 4 233.40 |
| 外贸进出口总额 | 亿美元 | 30.26 | 74.31 | 547.10 | 1 863.65 | 2 777.31 | 3 688.69 |
| 进口额 | 亿美元 | 1.33 | 21.10 | 293.56 | 956.23 | 1 358.17 | 1 880.85 |
| 出口额 | 亿美元 | 28.93 | 53.21 | 253.54 | 907.42 | 1 419.14 | 1 807.84 |

**表 1－1－1　续表 1**

| 指　　标 | 单　位 | 1978 年 | 1990 年 | 2000 年 | 2005 年 | 2009 年 | 2010 年 |
|---|---|---|---|---|---|---|---|
| 外商直接投资签订合同项目 | 个 | | 203 | 1 814 | 4 091 | 3 090 | 3 906 |
| 外商直接投资签订合同金额 | 亿美元 | | 3.75 | 63.90 | 138.33 | 133.01 | 153.07 |
| 外商直接投资实际到位金额 | 亿美元 | | 1.77 | 31.60 | 68.50 | 105.38 | 111.21 |
| 旅游入境人数 | 万人次 | 24.02 | 89.30 | 181.40 | 571.35 | 628.92 | 851.12 |
| 国际旅游外汇收入 | 亿美元 | 0.56 | 2.31 | 16.13 | 36.08 | 47.96 | 64.05 |
| 居民消费价格指数 | 上年为 100 | 100.5 | 106.3 | 102.5 | 101.0 | 99.6 | 103.1 |
| 商品零售价格指数 | 上年为 100 | 100.1 | 104.8 | 96.4 | 99.4 | 99.4 | 101.7 |
| 工业品出厂价格指数 | 上年为 100 | | | 102.5 | 101.7 | 93.8 | 102.3 |
| 原材料、燃料、动力购进价格指数 | 上年为 100 | | | 107.1 | 106.8 | 89.8 | 111.2 |
| 市区人均居住面积 | 平方米 | 4.5 | 6.6 | 11.8 | 15.5 | 17.2 | 17.5 |
| 农村居民人均居住面积 | 平方米 | 15.70 | 37.08 | 53.58 | 56.56 | 60.18 | 59.68 |
| 城市居民家庭人均可支配收入 | 元 | 406 | 2 183 | 11 718 | 18 645 | 28 838 | 31 838 |
| 城市居民家庭人均消费支出 | 元 | 357 | 1 937 | 8 868 | 13 773 | 20 992 | 23 200 |
| 农村居民家庭人均可支配收入 | 元 | 281 | 1 665 | 5 565 | 8 342 | 12 324 | 13 746 |
| 农村居民家庭人均生活消费支出 | 元 | 193 | 1 262 | 4 138 | 7 265 | 9 804 | 10 225 |
| 储蓄存款余额 | 亿元 | 18.18 | 252.16 | 2 627.07 | 8 432.49 | 14 357.65 | 16 249.29 |
| 职工工资总额 | 亿元 | 28.12 | 146.78 | 614.53 | 1 146.97 | 2 594.21 | 3 018.55 |
| 职工平均工资 | 元 | 672 | 2 917 | 15 420 | 26 823 | 42 789 | 46 757 |
| 自来水售水总量 | 亿立方米 | 9.11 | 12.25 | 19.75 | 22.81 | 24.06 | 24.44 |
| 用电量 | 亿千瓦·时 | 147.09 | 264.74 | 559.42 | 921.97 | 1 153.38 | 1 295.87 |
| 煤气销售总量 | 亿立方米 | 8.33 | 12.15 | 18.40 | 19.97 | 14.19 | 12.85 |
| 运营公交车辆数 | 辆 | 2 983 | 6 264 | 17 939 | 17 985 | 16 272 | 17 455 |
| 城市绿化覆盖率 | % | 8.2 | 12.4 | 22.2 | 37.0 | 38.1 | 38.2 |
| 森林覆盖率 | % | | 5.5 | 9.2 | 11.6 | 11.6 | 12.6 |
| 环境保护投资相当于生产总值比例 | % | | | 3.10 | 3.04 | 3.09 | 2.96 |
| 环境空气质量优良率 | % | | | 80.8 | 88.2 | 91.5 | 92.1 |
| 农业总产值 | 亿元 | 18.26 | 68.16 | 216.50 | 233.39 | 283.15 | 287.03 |
| 工业总产值 | 亿元 | 514.01 | 1 642.75 | 7 022.98 | 16 876.78 | 24 888.08 | 31 038.57 |
| 　轻工业 | 亿元 | 266.02 | 846.63 | 2 903.40 | 4 299.31 | 5 663.34 | 6 692.35 |
| 　重工业 | 亿元 | 247.99 | 796.12 | 4 119.59 | 12 577.48 | 19 224.74 | 24 346.22 |

**表 1-1-1 续表 2**

| 指 标 | 单 位 | 1978 年 | 1990 年 | 2000 年 | 2005 年 | 2009 年 | 2010 年 |
|---|---|---|---|---|---|---|---|
| 货物运输量 | 万吨 | 19 645 | 26 777 | 47 954 | 68 741 | 76 967 | 81 023 |
| 旅客发送量 | 万人次 | 1 763 | 3 835 | 6 893 | 9 487 | 11 136 | 13 432 |
| 港口货物吞吐量 | 万吨 | 7 955 | 13 959 | 20 440 | 44 317 | 59 205 | 65 339 |
| 国际标准集装箱吞吐量 | 万 TEU | | 46 | 561 | 1 808 | 2 500 | 2 907 |
| 年末固定电话用户 | 万户 | 9.38 | 45.69 | 549.00 | 966.70 | 935.48 | 935.91 |
| 社会消费品零售总额 | 亿元 | 54.10 | 333.86 | 1 865.28 | 2 979.50 | 5 173.24 | 6 070.50 |
| 商品销售总额 | 亿元 | 303.43 | 1 305.41 | 7 474.81 | 12 943.25 | 31 974.39 | 37 383.25 |
| 科技成果数 | 项 | 694 | 2 092 | 1 102 | 1 701 | 2 166 | 2 318 |
| 研究与试验发展经费支出 | 亿元 | 1.32 | 10.13 | 76.73 | 213.77 | 423.38 | 481.70 |
| 研究与试验发展经费支出相当于生产总值比例 | % | 0.48 | 1.30 | 1.61 | 2.33 | 2.81 | 2.81 |
| 技术合同成交额 | 亿元 | | | 73.90 | 231.73 | 489.86 | 525.45 |
| 在校学生数 | | | | | | | |
| 普通高等学校 | 万人 | 5.06 | 12.13 | 22.68 | 44.26 | 51.28 | 51.57 |
| 普通中等学校 | 万人 | 101.81 | 62.59 | 105.28 | 99.24 | 77.07 | 75.20 |
| 小 学 | 万人 | 87.06 | 110.19 | 78.86 | 53.50 | 67.12 | 70.16 |
| 图书出版数量 | 亿册、张 | 3.92 | 2.98 | 2.54 | 2.59 | 2.74 | 2.89 |
| 期刊出版数量 | 亿册 | 0.47 | 1.73 | 1.85 | 1.90 | 1.79 | 1.77 |
| 报纸出版数量 | 亿份 | 6.41 | 16.16 | 16.77 | 19.06 | 16.33 | 15.90 |
| 故事影片产量 | 部 | 10 | 16 | 10 | 13 | 11 | 19 |
| 电视节目制作时间 | 小时 | | 2 172 | 10 383 | 47 115 | 63 401 | 49 507 |
| 医 院 | 个 | 388 | 462 | 459 | 487 | 296 | 306 |
| 医 生 | 万人 | 3.35 | 5.82 | 4.99 | 4.40 | 5.11 | 5.13 |
| 医院床位数 | 万张 | 4.68 | 6.21 | 7.31 | 8.93 | 7.95 | 8.48 |
| 火灾发生数 | 万次 | 0.08 | 0.21 | 0.52 | 0.43 | 0.61 | 0.57 |
| 火灾损失额 | 万元 | 457 | 1 868 | 1 919 | 1 731 | 3 990 | 22 949 |
| 交通事故发生数 | 万次 | 1.10 | 0.76 | 4.13 | 0.92 | 0.28 | 0.22 |
| 交通事故损失额 | 万元 | 96 | 1 345 | 20 391 | 7 961 | 1 226 | 967 |

说明:(1) 年末常住人口按半年及半年以上人口计算(下同)。(2) 人均生产总值按常住人口计算(下同)。(3) 农村居民人均可支配收入 2000 年前按纯收入口径计算(下同)。(4) 2002 年起,城市人均可支配收入不包括出售财物收入和个人交纳的社会保障支出(下同)。

表 1－1－2　1978—2010 年主要年份经济和社会主要指标发展速度统计表

| 指　　标 | 2010 年比下列各年增长(%) | | | | |
|---|---|---|---|---|---|
| | 1978 年 | 1990 年 | 2000 年 | 2005 年 | 2009 年 |
| 年末常住人口 | 1.1 倍 | 72.6 | 43.1 | 21.8 | 4.2 |
| 年末户籍人口 | 28.6 | 10.0 | 6.9 | 3.8 | 0.8 |
| #非农业人口 | 94.5 | 45.2 | 27.3 | 9.2 | 1.5 |
| 结婚登记 | 45.1 | 21.0 | 40.0 | 26.9 | −13.1 |
| 离　婚 | 115.8 倍 | 1.9 倍 | 46.9 | 18.8 | −3.2 |
| 从业人员 | 56.2 | 38.5 | 31.7 | 12.5 | 2.5 |
| 职工人数 | 53.4 | 27.6 | 66.2 | 54.4 | 7.8 |
| 上海市生产总值 | 21.6 倍 | 8.5 倍 | 2.0 倍 | 70.0 | 10.3 |
| 第一产业 | 46.0 | 12.9 | −10.9 | −4.3 | −6.6 |
| 第二产业 | 19.1 倍 | 8.2 倍 | 2.0 倍 | 62.3 | 16.8 |
| #工　业 | 19.7 倍 | 8.6 倍 | 2.1 倍 | 63.2 | 17.5 |
| 第三产业 | 36.7 倍 | 10.4 倍 | 2.0 倍 | 78.8 | 5.7 |
| 人均生产总值 | 10.0 倍 | 4.6 倍 | 1.1 倍 | 40.6 | 6.4 |
| 地方财政收入 | 16.0 倍 | 16.2 倍 | 4.8 倍 | 1.0 倍 | 13.1 |
| 地方财政支出 | 126.0 倍 | 42.7 倍 | 4.3 倍 | 98.9 | 10.5 |
| 金融机构存款余额 | | 60.3 倍 | 4.6 倍 | 1.2 倍 | 17.0 |
| 金融机构贷款余额 | | 29.9 倍 | 7.9 倍 | 1.0 倍 | 15.1 |
| 有价证券成交总额 | | 1 307 827 倍 | 7.0 倍 | 7.0 倍 | −9.8 |
| #股　票 | | 32 394 052 倍 | 8.7 倍 | 14.8 倍 | −12.2 |
| 原保险保费收入 | 5 198.2 倍 | 97.3 倍 | 5.9 倍 | 1.6 倍 | 32.9 |
| 原保险赔付支出 | 1 143.4 倍 | 86.6 倍 | 4.3 倍 | 1.2 倍 | 10.1 |
| 全社会固定资产投资总额 | 189.5 倍 | 22.4 倍 | 1.8 倍 | 50.1 | 0.8 |
| #房地产投资 | | 241.7 倍 | 2.5 倍 | 58.9 | 35.3 |
| #城市基础设施投资 | | 30.7 倍 | 2.3 倍 | 69.1 | −29.1 |
| 建筑业总产值 | 773.8 倍 | 55.9 倍 | 5.8 倍 | 1.3 倍 | 12.3 |
| 口岸进出口总额 | | 38.6 倍 | 5.3 倍 | 95.2 | 32.8 |
| 进口额 | | 29.3 倍 | 4.5 倍 | 89.0 | 37.3 |
| 出口额 | | 47.9 倍 | 5.9 倍 | 99.3 | 30.2 |
| 外贸进出口总额 | 120.9 倍 | 48.6 倍 | 5.7 倍 | 97.9 | 32.8 |
| 进口额 | 1 413.2 倍 | 88.1 倍 | 5.4 倍 | 96.7 | 38.5 |
| 出口额 | 61.5 倍 | 33.0 倍 | 6.1 倍 | 99.2 | 27.4 |
| 外商直接投资签订合同项目 | | 18.2 倍 | 1.2 倍 | −4.5 | 26.4 |
| 外商直接投资签订合同金额 | | 70.5 倍 | 1.4 倍 | 10.7 | 15.1 |
| 外商直接投资实际到位金额 | | 61.8 倍 | 2.5 倍 | 62.4 | 5.5 |
| 旅游入境人数 | 34.4 倍 | 8.5 倍 | 3.7 倍 | 49.0 | 35.3 |
| 国际旅游外汇收入 | | 26.7 倍 | 3.0 倍 | 77.5 | 33.5 |
| 市区人均居住面积 | 2.7 倍 | 1.5 倍 | 41.5 | 12.4 | 1.8 |
| 农村居民人均居住面积 | 280.1 | 60.9 | 11.4 | 5.5 | −0.8 |
| 城市居民家庭人均可支配收入 | 77.4 倍 | 14.8 倍 | 1.9 倍 | 70.8 | 10.4 |
| 城市居民家庭人均消费支出 | 64.0 倍 | 10.9 倍 | 1.6 倍 | 68.4 | 10.5 |

**表 1-1-2　续表**

| 指　　标 | 2010 年比下列各年增长(%) | | | | |
|---|---|---|---|---|---|
| | 1978 年 | 1990 年 | 2000 年 | 2005 年 | 2009 年 |
| 农村居民家庭人均可支配收入 | 47.9 倍 | 7.3 倍 | 1.5 倍 | 64.8 | 11.5 |
| 农村居民家庭人均生活消费支出 | 52.0 倍 | 7.1 倍 | 1.5 倍 | 40.7 | 4.3 |
| 储蓄存款余额 | 12.9 倍 | 9.4 倍 | 2.2 倍 | 70.3 | 13.2 |
| 职工工资总额 | 106.3 倍 | 19.6 倍 | 3.9 倍 | 1.6 倍 | 16.4 |
| 职工平均工资 | 68.6 倍 | 15.0 倍 | 2.0 倍 | 74.3 | 9.3 |
| 自来水售水总量 | 1.7 倍 | 99.5 | 23.7 | 7.1 | 1.6 |
| 用电量 | 7.8 倍 | 3.9 倍 | 1.3 倍 | 40.6 | 12.4 |
| 煤气销售总量 | 54.3 | 5.8 | −30.2 | −35.7 | −9.4 |
| 运营公交车辆数 | 5.0 倍 | 1.8 倍 | −2.7 | −2.9 | 7.3 |
| 农业总产值 | 98.4 | 42.2 | −10.2 | −3.5 | −5.1 |
| 工业总产值 | 38.7 倍 | 16.7 倍 | 3.3 倍 | 80.7 | 22.9 |
| 　轻工业 | 19.3 倍 | 7.4 倍 | 1.6 倍 | 45.2 | 18.0 |
| 　重工业 | 54.4 倍 | 25.8 倍 | 4.4 倍 | 92.8 | 24.3 |
| 货物运输量 | 3.1 倍 | 2.0 倍 | 69.0 | 17.9 | 5.3 |
| 旅客发送量 | 6.6 倍 | 2.5 倍 | 94.9 | 41.6 | 20.6 |
| 港口货物吞吐量 | 7.2 倍 | 3.7 倍 | 2.2 倍 | 47.4 | 10.4 |
| 国际标准集装箱吞吐量 | | 62.2 倍 | 4.2 倍 | 60.8 | 16.3 |
| 年末固定电话用户 | 98.8 倍 | 19.5 倍 | 70.5 | −6.1 | 持平 |
| 社会消费品零售总额 | 111.2 倍 | 17.2 倍 | 2.3 倍 | 1.0 倍 | 17.3 |
| 商品销售总额 | 122.2 倍 | 27.6 倍 | 4.0 倍 | 1.9 倍 | 16.9 |
| 科技成果 | 2.3 倍 | 10.8 | 1.1 倍 | 36.3 | 7.0 |
| 研究与试验发展经费支出 | 363.9 倍 | 46.6 倍 | 5.3 倍 | 1.3 倍 | 13.8 |
| 技术市场成交额 | | | 6.1 倍 | 1.3 倍 | 7.3 |
| 在校学生数 | | | | | |
| 　普通高等学校 | 9.2 倍 | 3.3 倍 | 1.3 倍 | 16.5 | 0.6 |
| 　普通中学 | −26.1 | 20.1 | −28.6 | −24.2 | −2.4 |
| 　小　学 | −19.4 | −36.3 | −11.0 | 31.1 | 4.5 |
| 图书出版数量 | −26.3 | −3.0 | 13.8 | 11.6 | 5.5 |
| 期刊出版数量 | 2.8 倍 | 2.3 | −4.3 | −6.8 | −1.1 |
| 报纸出版数量 | 1.5 倍 | −1.6 | −5.2 | −16.6 | −2.6 |
| 故事影片产量 | 90.0 | 18.8 | 90.0 | 46.2 | 72.7 |
| 电视节目制作时间 | | 21.8 倍 | 3.8 倍 | 5.1 | −21.9 |
| 医　院 | −21.1 | −33.8 | −33.3 | −37.2 | 3.4 |
| 医　生 | 53.1 | −11.9 | 2.8 | 16.6 | 0.4 |
| 医院床位数 | 81.2 | 36.6 | 16.0 | −5.0 | 6.7 |
| 火灾发生数 | 6.1 倍 | 1.7 倍 | 9.6 | 32.6 | −6.6 |
| 火灾损失额 | 49.2 倍 | 11.3 倍 | 11.0 倍 | 12.3 倍 | 4.8 倍 |
| 交通事故发生数 | −80.0 | −71.1 | −94.7 | −76.1 | −21.4 |
| 交通事故损失额 | 9.1 倍 | −28.1 | −95.3 | −87.9 | −21.1 |

表 1－1－3 1978—2010 年主要年份社会经济发展结构指标统计表 单位：%

| 指 标 | 1978 年 | 1990 年 | 2000 年 | 2005 年 | 2009 年 | 2010 年 |
|---|---|---|---|---|---|---|
| 农业非农业人口结构 | 100 | 100 | 100 | 100 | 100 | 100 |
| 农 业 | 41.3 | 32.6 | 25.4 | 15.5 | 11.7 | 11.1 |
| 非农业 | 58.7 | 67.4 | 74.6 | 84.5 | 88.3 | 88.9 |
| 从业人员产业结构 | 100 | 100 | 100 | 100 | 100 | 100 |
| 第一产业 | 34.4 | 11.1 | 10.8 | 6.3 | 4.6 | 3.4 |
| 第二产业 | 44.0 | 59.3 | 44.3 | 42.4 | 39.7 | 40.7 |
| 第三产业 | 21.6 | 29.6 | 44.9 | 51.3 | 55.7 | 55.9 |
| 上海市生产总值产业结构 | 100 | 100 | 100 | 100 | 100 | 100 |
| 第一产业 | 4.0 | 4.4 | 1.6 | 1.0 | 0.7 | 0.7 |
| 第二产业 | 77.4 | 64.7 | 46.3 | 47.4 | 39.9 | 42.0 |
| 第三产业 | 18.6 | 30.9 | 52.1 | 51.6 | 59.4 | 57.3 |
| 上海市生产总值所有制结构 | 100 | 100 | 100 | 100 | 100 | 100 |
| 公有制经济 | 99.0 | 95.4 | 71.4 | 56.9 | 51.6 | 50.5 |
| 国有经济 | 86.2 | 71.2 | 55.0 | 48.4 | 45.6 | 45.2 |
| 集体经济 | 12.8 | 24.2 | 16.4 | 8.5 | 6.0 | 5.3 |
| 非公有制经济 | 1.0 | 4.6 | 28.6 | 43.1 | 48.4 | 49.5 |
| 地方财政收入结构 |  |  | 100 | 100 | 100 | 100 |
| # 增值税 |  |  | 18.8 | 15.8 | 14.7 | 13.5 |
| 营业税 |  |  | 30.9 | 35.8 | 33.1 | 32.5 |
| 企业所得税 |  |  | 20.7 | 17.4 | 19.0 | 21.1 |
| 个人所得税 |  |  | 12.1 | 7.8 | 9.1 | 9.1 |
| 中资金融机构人民币存款结构 |  | 100 | 100 | 100 | 100 | 100 |
| # 企业存款 |  | 43.1 | 56.9 | 49.4 | 49.1 | 45.0 |
| 储蓄存款 |  | 41.1 | 32.5 | 36.9 | 34.0 | 33.2 |
| 中资金融机构人民币贷款结构 |  | 100 | 100 | 100 | 100 | 100 |
| # 短期贷款 |  | 75.2 | 72.9 | 34.5 | 25.8 | 24.0 |
| 中长期贷款 |  | 14.8 | 18.0 | 55.7 | 64.4 | 68.2 |
| 全社会固定资产投资所有制结构 | 100 | 100 | 100 | 100 | 100 | 100 |
| 国有经济 | 85.4 | 84.7 | 44.4 | 35 | 49.7 | 42.0 |
| 非国有经济 | 14.6 | 15.3 | 55.6 | 65 | 50.3 | 58.0 |
| 外贸出口商品结构 |  | 100 | 100 | 100 | 100 | 100 |
| 初级产品 |  | 11.8 | 3.4 | 2.7 | 1.8 | 2.1 |
| 工业制成品 |  | 88.2 | 96.6 | 97.3 | 98.2 | 97.9 |
| 外贸进口商品结构 |  |  | 100 | 100 | 100 | 100 |
| 初级产品 |  |  | 11.9 | 10.4 | 12.4 | 13.3 |
| 工业制成品 |  |  | 88.1 | 89.6 | 87.6 | 86.7 |

**表 1-1-3　续表 1**

单位：%

| 指　　标 | 1978 年 | 1990 年 | 2000 年 | 2005 年 | 2009 年 | 2010 年 |
|---|---|---|---|---|---|---|
| 外商直接投资实际吸收外资结构 |  | 100 | 100 | 100 | 100 | 100 |
| #合资企业 |  | 61.0 | 40.9 | 20.8 | 15.3 | 16.0 |
| 合作企业 |  | 37.9 | 9.5 | 2.4 | 1.9 | 1.5 |
| 独资企业 |  | 1.1 | 49.6 | 67.0 | 82.7 | 81.6 |
| 城市居民消费结构 |  | 100 | 100 | 100 | 100 | 100 |
| #食　品 |  | 56.5 | 44.5 | 35.9 | 35.0 | 33.5 |
| 衣　着 |  | 10.7 | 6.4 | 6.8 | 7.6 | 7.7 |
| 家庭设备、用品及服务 |  | 10.1 | 7.7 | 5.8 | 6.5 | 7.8 |
| 交通和通信 |  | 3.0 | 8.6 | 14.4 | 16.7 | 17.6 |
| 教育文化娱乐服务 |  | 11.9 | 14.5 | 16.5 | 14.9 | 14.5 |
| 居　住 |  | 4.7 | 9.0 | 10.2 | 9.1 | 9.3 |
| 农村居民消费结构 |  | 100 | 100 | 100 | 100 | 100 |
| #食　品 |  | 46.4 | 44.0 | 36.8 | 37.1 | 37.2 |
| 衣　着 |  | 8.5 | 4.9 | 5.1 | 5.1 | 5.4 |
| 家庭设备、用品及服务 |  | 10.2 | 5.4 | 6.3 | 4.9 | 5.2 |
| 交通和通信 |  | 0.5 | 6.7 | 10.2 | 12.4 | 14.3 |
| 文教娱乐用品及服务 |  | 4.7 | 13.5 | 12.9 | 9.6 | 9.9 |
| 居　住 |  | 21.6 | 17.5 | 18.2 | 21.5 | 20.2 |
| 农业总产值结构 | 100 | 100 | 100 | 100 | 100 | 100 |
| #种植业 | 73.9 | 42.7 | 41.5 | 47.7 | 52.1 | 54.1 |
| 牧　业 | 20.1 | 44.4 | 40.3 | 23.3 | 22.8 | 21.9 |
| 渔　业 | 4.7 | 11.8 | 17.5 | 22.1 | 18.9 | 18.3 |
| 工业总产值结构 | 100 | 100 | 100 | 100 | 100 | 100 |
| 轻工业 | 51.8 | 51.5 | 41.3 | 25.5 | 22.8 | 21.6 |
| 重工业 | 48.2 | 48.5 | 58.7 | 74.5 | 77.2 | 78.4 |
| 货物运输总量结构 | 100 | 100 | 100 | 100 | 100 | 100 |
| 铁　路 | 22.0 | 19.4 | 2.2 | 1.9 | 1.2 | 1.2 |
| 公　路 | 36.6 | 32.5 | 59.2 | 47.5 | 49.0 | 50.5 |
| 水　运 | 41.4 | 48.0 | 38.4 | 50.3 | 49.3 | 47.9 |
| 民用航空 | … | 0.1 | 0.2 | 0.3 | 0.4 | 0.5 |
| 社会消费品零售总额结构 | 100 | 100 | 100 | 100 | 100 | 100 |
| 吃 | 49.0 | 42.6 | 39.8 | 39.4 | 31.1 | 30.1 |
| 穿 | 21.5 | 15.7 | 13.4 | 12.8 | 11.3 | 11.3 |
| 用 | 28.0 | 41.1 | 46.0 | 46.7 | 52.4 | 52.7 |
| 烧 | 1.5 | 0.6 | 0.8 | 1.1 | 5.2 | 5.9 |
| 研究与试验发展经费支出 |  |  | 100 | 100 | 100 | 100 |
| 基础研究 |  |  | 6.2 | 5.0 | 6.6 | 6.4 |

表 1-1-3　续表 2　　　　单位：%

| 指　　标 | 1978 年 | 1990 年 | 2000 年 | 2005 年 | 2009 年 | 2010 年 |
|---|---|---|---|---|---|---|
| 应用研究 | | | 22.8 | 15.1 | 15.7 | 14.3 |
| 试验发展 | | | 70.9 | 79.9 | 77.7 | 79.2 |
| 普通学校专任老师结构 | | | 100 | 100 | 100 | 100 |
| 大　学 | | 18.3 | 16.1 | 24.5 | 26.9 | 27.2 |
| 中　学 | | 39.9 | 49.1 | 46.8 | 41.9 | 41.4 |
| 小　学 | | 41.8 | 34.8 | 28.8 | 31.2 | 31.4 |
| 普通学校在校学生结构 | 100 | 100 | 100 | 100 | 100 | 100 |
| 大学生 | 2.6 | 6.6 | 11.0 | 22.5 | 26.2 | 26.2 |
| 中学生 | 52.1 | 33.8 | 51.0 | 50.4 | 39.5 | 38.3 |
| 小学生 | 45.3 | 59.6 | 38.1 | 27.1 | 34.3 | 35.6 |
| 卫生机构数结构 | 100 | 100 | 100 | 100 | 100 | 100 |
| #医　院 | 8.0 | 6.0 | 10.4 | 19.3 | 9.8 | 9.4 |
| 卫生技术人员结构 | 100 | 100 | 100 | 100 | 100 | 100 |
| #医　生 | 39.4 | 49.2 | 46.6 | 42.5 | 39.0 | 37.9 |
| 护师、护士 | 26.2 | 27.6 | 34.4 | 38.1 | 40.0 | 41.3 |

表 1-1-4　1978—2010 年主要年份经济和社会发展人均指标统计表

| 指　　标 | 单　位 | 1978 年 | 1990 年 | 2000 年 | 2005 年 | 2009 年 | 2010 年 |
|---|---|---|---|---|---|---|---|
| 人均生产总值 | | | | | | | |
| 人民币 | 元 | 2 485 | 5 911 | 30 047 | 49 649 | 69 164 | 76 074 |
| 折合美元 | 美元 | 1 445 | 1 236 | 3 630 | 6 061 | 10 125 | 11 238 |
| 城市居民平均每一就业者负担人数 | 人 | 1.68 | 1.64 | 1.85 | 1.94 | 1.83 | 1.81 |
| 农村每一劳动力负担人口 | 人 | 1.60 | 1.49 | 1.31 | 1.47 | 1.50 | 1.48 |
| 职工平均工资 | 元 | 672 | 2 917 | 15 420 | 26 823 | 42 789 | 46 757 |
| 城市居民家庭人均可支配收入 | 元 | 406 | 2 183 | 11 718 | 18 645 | 28 838 | 31 838 |
| 城市居民家庭人均消费支出 | 元 | 357 | 1 937 | 8 868 | 13 773 | 20 992 | 23 200 |
| 农村居民家庭人均可支配收入 | 元 | 281 | 1 665 | 5 565 | 8 342 | 12 324 | 13 746 |
| 农村居民家庭人均生活消费支出 | 元 | 193 | 1 262 | 4 138 | 7 265 | 9 804 | 10 225 |
| 市区人均住房居住面积 | 平方米 | 4.5 | 6.6 | 11.8 | 14.9 | 16.4 | 16.7 |
| 农村居民家庭人均居住面积 | 平方米 | 15.70 | 37.08 | 53.58 | 56.56 | 60.18 | 59.68 |
| 人均公共绿地面积 | 平方米 | 0.5 | 1.0 | 4.6 | 11.01 | 12.8 | 13.0 |
| 每万人拥有在校大学生 | 人 | 46 | 90 | 141 | 234 | 232 | 224 |
| 每百万人发明专利授权数 | 件 | | 8 | 19 | 106 | 271 | 298 |
| 每万人拥有医生数 | 人 | 30 | 44 | 31 | 25 | 27 | 22 |
| 每万人拥有医院床位数 | 张 | 42 | 47 | 45 | 50 | 41 | 37 |
| 每百人拥有载客汽车 | 辆 | | | 2.0 | 2.2 | 3.8 | 4.5 |
| 每百人拥有移动电话数 | 部 | | | 22.5 | 76.4 | 95.3 | 102.6 |
| 每百人国际互联网用户数 | 人 | | | 5.5 | 45.2 | 65.1 | 68.1 |

**表 1-1-5　各时期社会经济主要指标统计表**

| 时　期 | 上海市生产总值(亿元) | 其　中 | | | 地方财政收入(亿元) |
|---|---|---|---|---|---|
| | | 第一产业 | 第二产业 | 第三产业 | |
| “一五”时期 | 293.26 | 12.56 | 163.89 | 116.81 | 14.93 |
| “二五”时期 | 568.99 | 21.03 | 412.70 | 135.26 | 304.28 |
| 1963—1965 年 | 304.94 | 17.28 | 220.81 | 66.85 | 172.51 |
| “三五”时期 | 657.06 | 37.64 | 487.88 | 131.54 | 374.19 |
| “四五”时期 | 918.76 | 42.75 | 708.84 | 167.17 | 633.79 |
| “五五”时期 | 1 309.61 | 49.26 | 1 004.23 | 256.12 | 797.56 |
| “六五”时期 | 1 871.24 | 74.20 | 1 349.98 | 447.06 | 846.92 |
| “七五”时期 | 3 162.79 | 132.52 | 2 105.23 | 925.04 | 846.96 |
| “八五”时期 | 8 017.61 | 213.47 | 4 698.27 | 3 105.87 | 1 006.06 |
| “九五”时期 | 19 157.33 | 365.76 | 9 434.90 | 9 356.67 | 1 962.85 |
| “十五”时期 | 34 965.87 | 412.41 | 16 507.97 | 18 045.49 | 4 792.94 |
| “十一五”时期 | 69 348.55 | 535.42 | 29 846.95 | 38 966.18 | 11 499.22 |

**表 1-1-5　续表**

| 时　期 | 地方财政支出(亿元) | 工业总产值(亿元) | 全社会固定资产投资总额(亿元) | 上海市出口总额(亿美元) | 社会消费品零售总额(亿元) |
|---|---|---|---|---|---|
| “一五”时期 | 12.25 | 512.03 | 19.29 | 17.46 | 121.02 |
| “二五”时期 | 60.79 | 1 069.50 | 55.60 | 31.00 | 145.82 |
| 1963—1965 年 | 19.28 | 596.63 | 20.29 | 20.12 | 79.50 |
| “三五”时期 | 39.41 | 1 334.94 | 34.77 | 43.08 | 153.86 |
| “四五”时期 | 86.78 | 1 894.01 | 95.79 | 92.86 | 200.62 |
| “五五”时期 | 111.30 | 2 550.91 | 151.44 | 150.33 | 302.07 |
| “六五”时期 | 138.52 | 3 509.15 | 412.74 | 180.08 | 576.32 |
| “七五”时期 | 327.68 | 6 498.13 | 1 020.34 | 226.96 | 1 383.16 |
| “八五”时期 | 775.11 | 17 308.90 | 3 994.67 | 403.31 | 3 408.52 |
| “九五”时期 | 2 421.50 | 29 776.04 | 9 620.86 | 880.57 | 7 874.26 |
| “十五”时期 | 5 762.87 | 59 716.74 | 13 261.11 | 2 724.27 | 12 261.12 |
| “十一五”时期 | 12 925.94 | 124 634.89 | 23 804.15 | 7 495.49 | 23 069.47 |

表 1-1-6 各时期社会经济主要指标年平均增长率统计表

单位：%

| 时 期 | 上海市生产总值 | 其 中 | | | 地方财政收入 |
|---|---|---|---|---|---|
| | | 第一产业 | 第二产业 | 第三产业 | |
| “一五”时期 | 13.8 | 3.3 | 18.4 | 8.3 | 12.6 |
| “二五”时期 | 1.6 | 1.3 | 4.1 | −3.1 | 57.2 |
| 1963—1965 年 | 17.0 | 11.6 | 21.8 | 5.6 | 12.3 |
| “三五”时期 | 8.7 | 3.3 | 9.7 | 5.7 | 9.7 |
| “四五”时期 | 6.6 | −1.6 | 7.1 | 6.2 | 6.4 |
| “五五”时期 | 8.4 | 0.9 | 8.6 | 8.6 | 5.1 |
| “六五”时期 | 9.1 | 4.3 | 8.3 | 12.3 | 1.1 |
| “七五”时期 | 5.7 | 1.2 | 5.0 | 8.0 | −1.6 |
| “八五”时期 | 13.1 | 1.4 | 13.9 | 12.8 | 6.0 |
| “九五”时期 | 11.5 | 3.4 | 9.7 | 15.5 | 17.0 |
| “十五”时期 | 11.9 | −1.4 | 13.1 | 11.2 | 23.6 |
| “十一五”时期 | 11.2 | −0.9 | 10.2 | 12.3 | 14.9 |

表 1-1-6 续表

单位：%

| 时 期 | 地方财政支出 | 工业总产值 | 全社会固定资产投资总额 | 上海市出口总额 | 社会消费品零售总额 |
|---|---|---|---|---|---|
| “一五”时期 | 12.3 | 14.5 | 23.1 | 30.6 | 5.6 |
| “二五”时期 | 0.6 | 4.9 | 26.5 | 4.2 | 1.2 |
| 1963—1965 年 | 25.2 | 18.8 | 31.4 | 11.4 | −0.1 |
| “三五”时期 | 11.2 | 10.2 | −3.6 | 2.5 | 3.3 |
| “四五”时期 | 15.5 | 7.5 | 19.4 | 20.7 | 8.4 |
| “五五”时期 | −6.3 | 7.6 | −2.4 | 14.0 | 11.0 |
| “六五”时期 | 19.2 | 7.7 | 20.6 | −4.7 | 16.6 |
| “七五”时期 | 10.4 | 5.9 | 18.7 | 9.6 | 14.0 |
| “八五”时期 | 28.8 | 18.0 | 45.4 | 16.8 | 25.8 |
| “九五”时期 | 18.4 | 12.3 | 6.2 | 17.0 | 12.2 |
| “十五”时期 | 21.7 | 19.2 | 11.9 | 29.0 | 9.8 |
| “十一五”时期 | 14.7 | 12.6 | 10.0 | 17.2 | 15.3 |

# 第二章　国民经济核算

改革开放以来，上海市生产总值(简称“GDP”)由1978年的272.81亿元增至2010年的17 165.98亿元，扣除价格因素，实际增长21.6倍。生产总值连续跨上台阶：1987年超过500亿元，1992年超过1 000亿元，2001年超过5 000亿元，2006年超过1万亿元，2009年超过1.5万亿元。

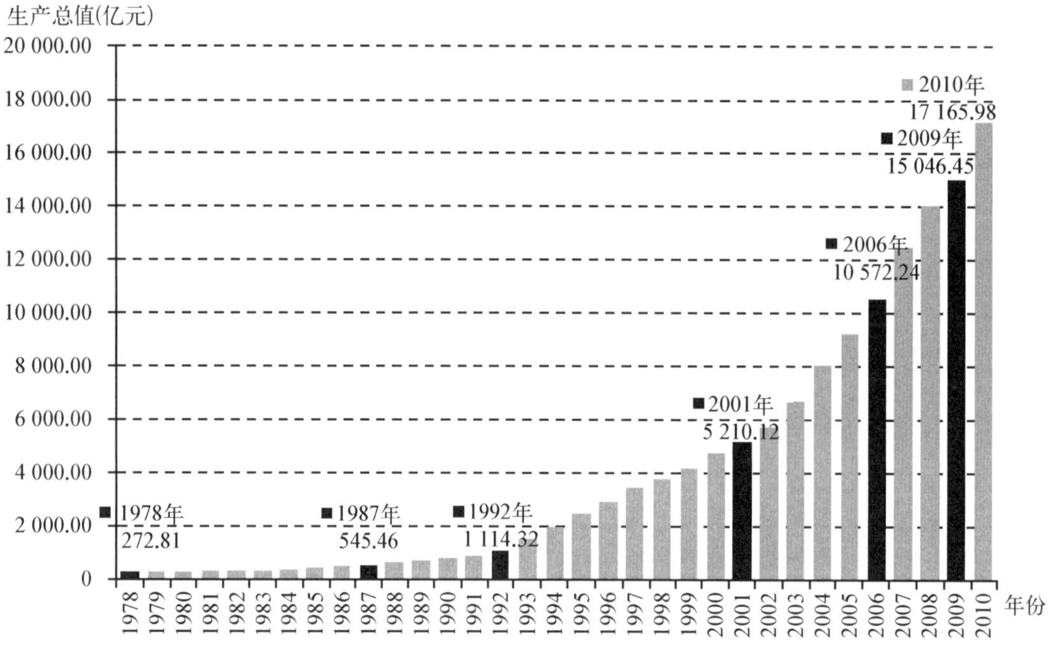


**图1-2-1　1978—2010年上海市生产总值总量**

1978—2010年，上海市人均生产总值由2 485元增至76 074元，现价增长29.6倍，扣除价格因素，实际增长10倍；按美元计算的人均生产总值由1 445美元增至11 238美元，现价增长6.8倍。分时段看，人均生产总值由1978年的1 445美元增至1998年的3 045美元，第一个翻番历时20年；2006年增至6 882美元，第二个翻番历时8年。

改革开放以来，上海经济经历了“改革蓄势—快速增长—调控回落—平稳发展”的过程。1978年至80年代末，在经济体制改革的大背景下，上海以提高经济效益为中心，加快推进宏观管理体制改革，为经济增长打下了良好的基础，但经济增长速度低于全国平均水平。1978—1991年，上海市生产总值年均增速为8%(为可比增速，下同)。

20世纪90年代初期，中央提出“开发开放浦东”，带动经济增长进入快车道。1992—2007年，上海市生产总值增速在10%～16%区间内波动，连续16年保持两位数；2008年受到国际金融危机的影响，生产总值增速回落至9.7%；2010年再度恢复两位数水平，达到10.3%。

改革开放以来，上海第一产业增加值由1978年的11.00亿元增至2010年的114.15亿元，扣除价格因素，实际增长46%；第二产业增加值由211.05亿元增至7 218.32亿元，实际增长19.1倍；第三产业增加值由50.76亿元增至9 833.51亿元，实际增长36.7倍。

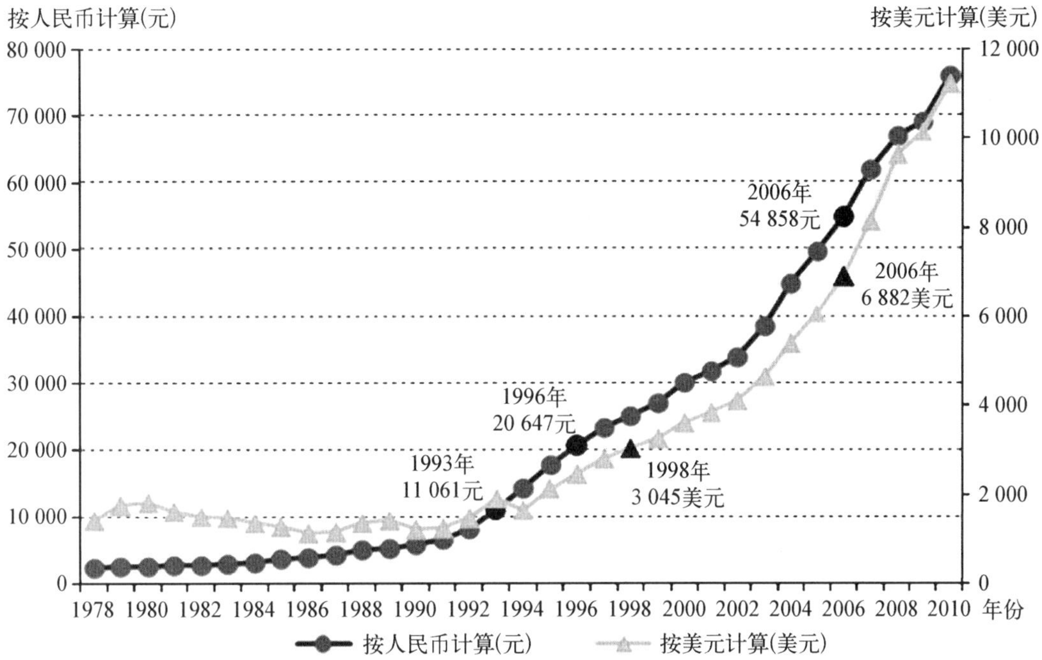


**图 1－2－2　1978—2010 年上海市人均生产总值**

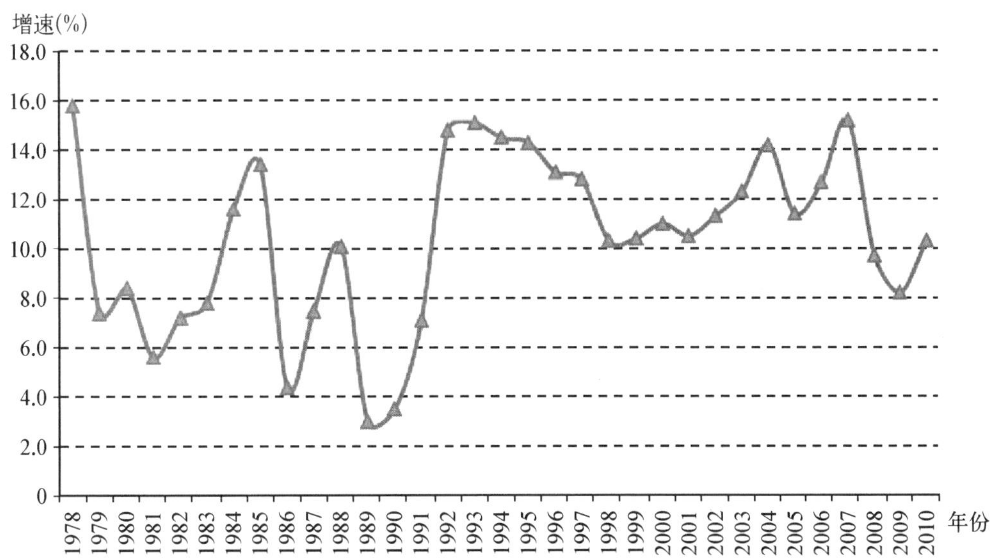


**图 1－2－3　1978—2010 年上海市生产总值增速**

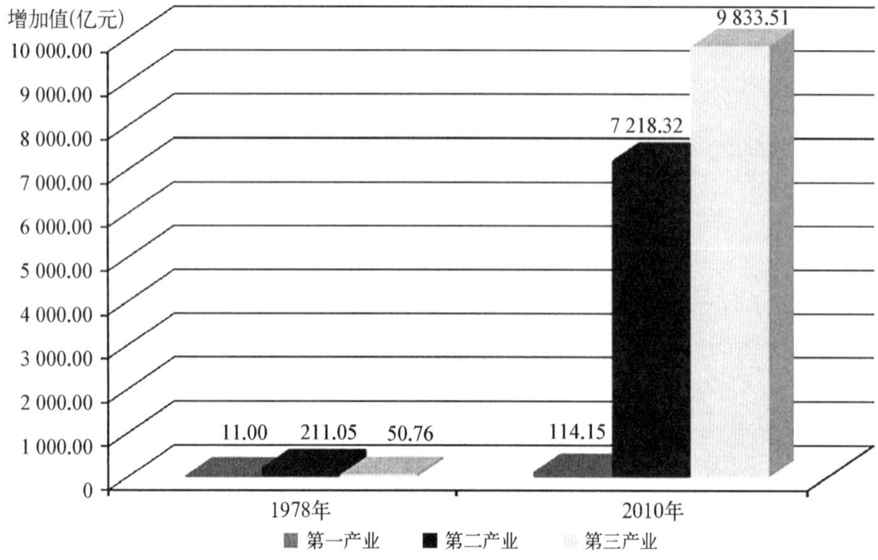


**图 1-2-4 1978 年和 2010 年上海三次产业的增加值**

改革开放以来,上海三次产业增加值比例关系由 1978 年的 4.0∶77.4∶18.6 调整为 2010 年的 0.7∶42.0∶57.3。

"六五"时期和"七五"时期,上海第三产业在国民经济中的占比分别为 23.9%和 29.2%,1990 年,第三产业增加值比重首次超过 30%,达到 30.9%,比 1978 年提高 12.3 个百分点。"八五"时

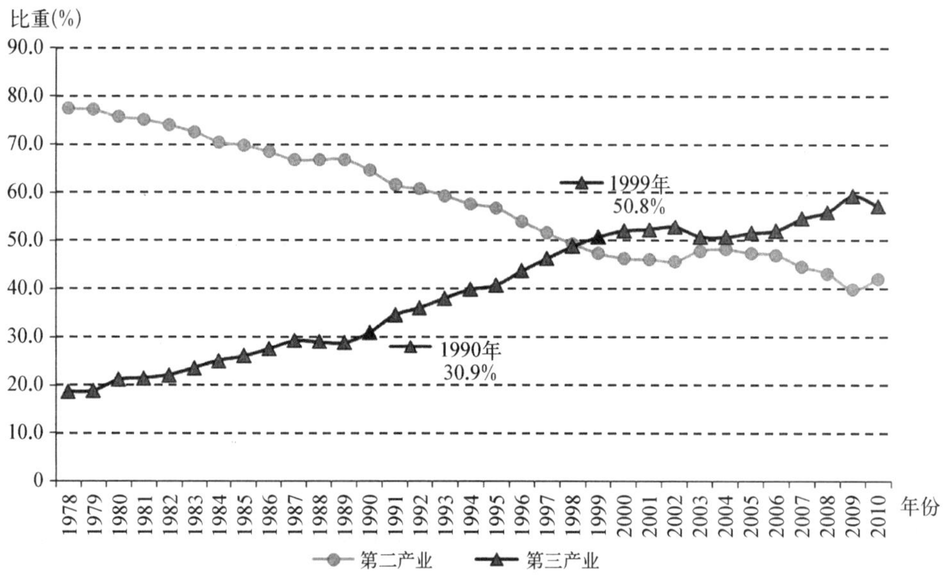


| 增加值比重(%) | "六五"时期 | "七五"时期 | "八五"时期 | "九五"时期 | "十五"时期 | "十一五"时期 | 1978—2010 年 |
|---|---|---|---|---|---|---|---|
| 第一产业 | 4.0 | 4.2 | 2.7 | 1.9 | 1.2 | 0.8 | 1.3 |
| 第二产业 | 72.1 | 66.6 | 58.6 | 49.3 | 47.2 | 43.0 | 47.0 |
| 第三产业 | 23.9 | 29.2 | 38.7 | 48.8 | 51.6 | 56.2 | 51.7 |

**图 1-2-5 1978—2010 年上海第二产业和第三产业增加值比重**

期，上海制定了“三、二、一”产业发展战略方针，第二产业增加值比重明显下降，第三产业在国民经济中的占比不断增加。“九五”时期，产业调整战略成效显现，第三产业增加值比重在 1999 年达到 50.8%，首次超过第二产业增加值比重。“十五”时期，上海调整产业发展战略，确立信息、金融、商贸、汽车、成套设备和房地产等新六大支柱产业，推进产业结构优化升级，第三产业增加值比重以小幅优势超过第二产业增加值比重。“十一五”时期，第二产业增加值比重和第三产业增加值比重之间差距拉大。2010 年，第三产业增加值比重达到 57.3%，超过第二产业增加值比重 15.3 个百分点。

改革开放以来，上海第二产业增加值年均增速为 10.0%，第三产业增加值年均增速为 12.0%。

受到经济政策和宏观环境影响，第二产业和第三产业增加值波动增长，共同拉动经济发展。“六五”时期，第二产业增加值增速稳步上升，第三产业增加值增速波动上升，第二产业增加值年均增速为 8.3%，第三产业增加值年均增速为 12.3%。“七五”时期，第二产业和第三产业增加值增速均“先升后降”，第二产业增加值年均增速为 5%，低于第三产业增加值增速 2.9 个百分点。“八五”时期，上海经济快速增长，第二产业和第三产业增加值增速从 1991 年的 6.9%和 8.6%分别提升至 1992 年的 17.2%和 12%，年均增速分别达到 13.9%和 12.8%。“九五”时期，第三产业增加值增速明显高出第二产业增加值增速，第三产业增加值年均增速达到 15.5%，高出第二产业增加值增速 5.8 个百分点。“十五”时期和“十一五”时期，第二产业和第三产业增加值增速交替领先。2001—2004 年，第二产业增加值增速高出第三产业增加值增速。2005—2009 年，第二产业增加值增速低于第三产业增加值增速，尤其是 2008 年在全球金融危机影响下，出口受阻，第二产业增加值增速连续两年下滑。2010 年，第二产业摆脱低迷，增加值增速达到 16.8%，高出第三产业增加值增速 11.1 个百分点。总体而言，“十五”时期，第二产业增加值年均增速高出第三产业增加值增速 1.9 个百分点；“十一五”时期，第三产业增加值年均增速高出第二产业增加值增速 2.1 个百分点。

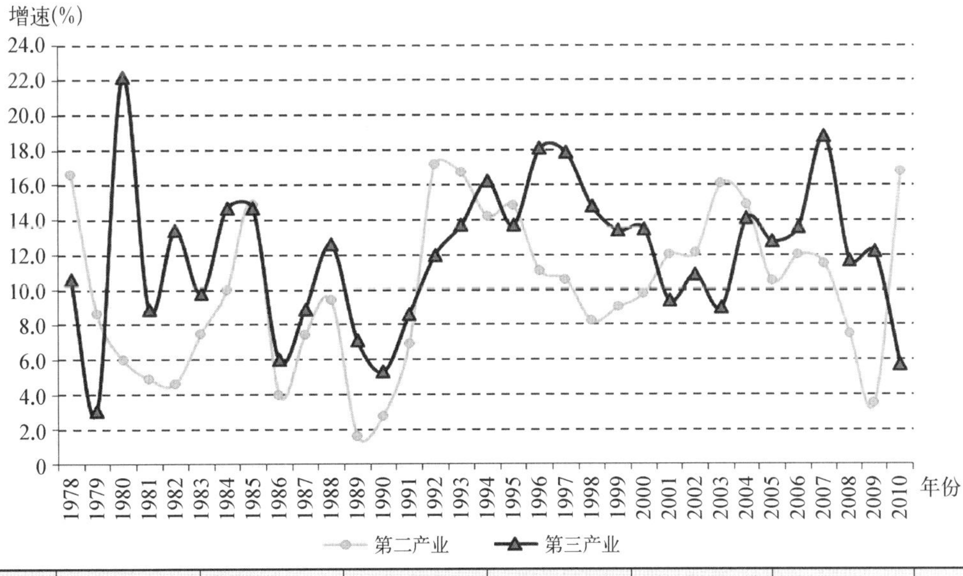


| 年均增速(%) | “六五”时期 | “七五”时期 | “八五”时期 | “九五”时期 | “十五”时期 | “十一五”时期 | 1978—2010 年 |
|---|---|---|---|---|---|---|---|
| 第一产业 | 4.3 | 1.2 | 1.4 | 3.4 | −1.4 | −0.9 | 1.9 |
| 第二产业 | 8.3 | 5.0 | 13.9 | 9.7 | 13.1 | 10.2 | 10.0 |
| 第三产业 | 12.3 | 7.9 | 12.8 | 15.5 | 11.2 | 12.3 | 12.0 |

图 1-2-6　1978—2010 年上海第二产业和第三产业增加值增速

表 1-2-1 1978—2010 年上海市生产总值总量统计表

单位：亿元

| 年 份 | 上海市生产总值 | 第一产业 | 第二产业 | 工 业 | 建筑业 | 第三产业 |
|---|---|---|---|---|---|---|
| 1978 | 272.81 | 11.00 | 211.05 | 207.47 | 3.58 | 50.76 |
| 1979 | 286.43 | 11.39 | 221.21 | 216.62 | 4.59 | 53.83 |
| 1980 | 311.89 | 10.10 | 236.10 | 230.87 | 5.23 | 65.69 |
| 1981 | 324.76 | 10.58 | 244.34 | 237.12 | 7.22 | 69.84 |
| 1982 | 337.07 | 13.31 | 249.32 | 240.75 | 8.57 | 74.44 |
| 1983 | 351.81 | 13.52 | 255.32 | 246.26 | 9.06 | 82.97 |
| 1984 | 390.85 | 17.26 | 275.37 | 263.19 | 12.18 | 98.22 |
| 1985 | 466.75 | 19.53 | 325.63 | 311.12 | 14.51 | 121.59 |
| 1986 | 490.83 | 19.69 | 336.02 | 318.89 | 17.13 | 135.12 |
| 1987 | 545.46 | 21.60 | 364.38 | 336.54 | 27.84 | 159.48 |
| 1988 | 648.30 | 27.36 | 433.05 | 399.53 | 33.52 | 187.89 |
| 1989 | 696.54 | 29.63 | 466.18 | 432.92 | 33.26 | 200.73 |
| 1990 | 781.66 | 34.24 | 505.60 | 469.83 | 35.77 | 241.82 |
| 1991 | 893.77 | 34.06 | 550.64 | 514.79 | 35.85 | 309.07 |
| 1992 | 1 114.32 | 34.16 | 677.39 | 636.68 | 40.71 | 402.77 |
| 1993 | 1 519.23 | 37.82 | 902.38 | 846.71 | 55.67 | 579.03 |
| 1994 | 1 990.86 | 47.61 | 1 148.45 | 1 074.37 | 74.08 | 794.80 |
| 1995 | 2 499.43 | 59.82 | 1 419.41 | 1 308.20 | 111.21 | 1 020.20 |
| 1996 | 2 957.55 | 68.72 | 1 596.72 | 1 452.79 | 143.93 | 1 292.11 |
| 1997 | 3 438.79 | 72.03 | 1 774.02 | 1 598.91 | 175.11 | 1 592.74 |
| 1998 | 3 801.09 | 73.84 | 1 871.89 | 1 670.19 | 201.70 | 1 855.36 |
| 1999 | 4 188.73 | 74.49 | 1 984.64 | 1 787.98 | 196.66 | 2 129.60 |
| 2000 | 4 771.17 | 76.68 | 2 207.63 | 1 998.96 | 208.67 | 2 486.86 |
| 2001 | 5 210.12 | 78.00 | 2 403.18 | 2 166.74 | 236.44 | 2 728.94 |
| 2002 | 5 741.03 | 79.68 | 2 622.45 | 2 368.02 | 254.43 | 3 038.90 |
| 2003 | 6 694.23 | 81.02 | 3 209.02 | 2 941.24 | 267.78 | 3 404.19 |
| 2004 | 8 072.83 | 83.45 | 3 892.12 | 3 593.25 | 298.87 | 4 097.26 |
| 2005 | 9 247.66 | 90.26 | 4 381.20 | 4 036.85 | 344.35 | 4 776.20 |
| 2006 | 10 572.24 | 93.81 | 4 969.95 | 4 575.30 | 394.65 | 5 508.48 |
| 2007 | 12 494.01 | 101.84 | 5 571.06 | 5 154.42 | 416.64 | 6 821.11 |
| 2008 | 14 069.87 | 111.80 | 6 085.84 | 5 576.79 | 509.05 | 7 872.23 |
| 2009 | 15 046.45 | 113.82 | 6 001.78 | 5 408.75 | 593.03 | 8 930.85 |
| 2010 | 17 165.98 | 114.15 | 7 218.32 | 6 536.21 | 682.11 | 9 833.51 |

**表 1-2-2　1978—2010 年上海市生产总值指数(以 1978 年为 100)统计表**

| 年　份 | 上海市生产总值 | 第一产业 | 第二产业 | 工　业 | 建筑业 | 第三产业 |
|---|---|---|---|---|---|---|
| 1978 | 100.0 | 100.0 | 100.0 | 100.0 | 100.0 | 100.0 |
| 1979 | 107.4 | 99.3 | 108.6 | 108.8 | 97.8 | 103.1 |
| 1980 | 116.4 | 98.7 | 115.1 | 115.4 | 99.4 | 126.0 |
| 1981 | 122.9 | 99.0 | 120.7 | 120.1 | 138.4 | 137.2 |
| 1982 | 131.7 | 124.9 | 126.3 | 125.1 | 164.3 | 155.6 |
| 1983 | 142.0 | 124.9 | 135.8 | 134.5 | 178.9 | 170.8 |
| 1984 | 158.5 | 156.4 | 149.4 | 147.5 | 213.4 | 195.9 |
| 1985 | 179.7 | 121.7 | 171.7 | 169.6 | 237.1 | 224.7 |
| 1986 | 187.6 | 121.5 | 178.6 | 175.9 | 264.8 | 238.2 |
| 1987 | 201.7 | 118.2 | 191.8 | 187.9 | 323.9 | 259.4 |
| 1988 | 222.1 | 123.6 | 209.8 | 205.4 | 363.1 | 292.1 |
| 1989 | 228.8 | 124.0 | 213.2 | 209.3 | 347.1 | 312.8 |
| 1990 | 236.8 | 129.3 | 219.2 | 215.0 | 364.8 | 329.4 |
| 1991 | 253.7 | 129.8 | 234.3 | 233.9 | 296.6 | 357.7 |
| 1992 | 291.2 | 130.3 | 274.6 | 275.3 | 319.4 | 400.6 |
| 1993 | 335.2 | 126.8 | 320.5 | 321.8 | 363.5 | 455.5 |
| 1994 | 383.8 | 130.5 | 366.0 | 367.5 | 414.8 | 529.3 |
| 1995 | 438.7 | 138.9 | 420.2 | 420.1 | 518.5 | 601.8 |
| 1996 | 496.2 | 145.8 | 466.8 | 463.8 | 647.6 | 710.7 |
| 1997 | 559.7 | 151.9 | 516.3 | 511.1 | 757.0 | 837.9 |
| 1998 | 617.3 | 155.2 | 558.6 | 551.0 | 869.0 | 961.9 |
| 1999 | 681.5 | 158.5 | 608.9 | 603.9 | 863.8 | 1 090.8 |
| 2000 | 756.5 | 163.9 | 668.6 | 665.5 | 889.7 | 1 238.1 |
| 2001 | 835.9 | 168.8 | 748.8 | 746.0 | 986.7 | 1 354.5 |
| 2002 | 930.4 | 173.9 | 839.4 | 840.7 | 1 049.8 | 1 502.1 |
| 2003 | 1 044.8 | 177.9 | 974.5 | 988.7 | 1 063.4 | 1 637.3 |
| 2004 | 1 193.2 | 169.0 | 1 119.7 | 1 147.9 | 1 071.9 | 1 868.2 |
| 2005 | 1 329.2 | 152.6 | 1 237.3 | 1 268.4 | 1 181.2 | 2 107.3 |
| 2006 | 1 498.0 | 153.8 | 1 385.8 | 1 418.1 | 1 352.5 | 2 393.9 |
| 2007 | 1 725.7 | 156.9 | 1 545.2 | 1 591.1 | 1 406.6 | 2 844.0 |
| 2008 | 1 893.1 | 158.0 | 1 661.1 | 1 712.0 | 1 486.8 | 3 176.7 |
| 2009 | 2 048.3 | 156.3 | 1 719.2 | 1 761.6 | 1 660.8 | 3 564.3 |
| 2010 | 2 259.3 | 146.0 | 2 008.0 | 2 069.9 | 1 793.7 | 3 767.5 |

**表 1-2-3　1978—2010 年上海市生产总值指数(以上年为 100)统计表**

| 年　份 | 上海市生产总值 | 第一产业 | 第二产业 | | | 第三产业 |
|---|---|---|---|---|---|---|
| | | | | 工　业 | 建筑业 | |
| 1978 | 115.8 | 127.0 | 116.6 | 115.8 | 189.8 | 110.6 |
| 1979 | 107.4 | 99.3 | 108.6 | 108.8 | 97.8 | 103.1 |
| 1980 | 108.4 | 99.4 | 106.0 | 106.1 | 101.6 | 122.2 |
| 1981 | 105.6 | 100.3 | 104.9 | 104.1 | 139.2 | 108.9 |
| 1982 | 107.2 | 126.2 | 104.6 | 104.2 | 118.7 | 113.4 |
| 1983 | 107.8 | 100.0 | 107.5 | 107.5 | 108.9 | 109.8 |
| 1984 | 111.6 | 125.2 | 110.0 | 109.7 | 119.3 | 114.7 |
| 1985 | 113.4 | 77.8 | 114.9 | 115.0 | 111.1 | 114.7 |
| 1986 | 104.4 | 99.8 | 104.0 | 103.7 | 111.7 | 106.0 |
| 1987 | 107.5 | 97.3 | 107.4 | 106.8 | 122.3 | 108.9 |
| 1988 | 110.1 | 104.6 | 109.4 | 109.3 | 112.1 | 112.6 |
| 1989 | 103.0 | 100.3 | 101.6 | 101.9 | 95.6 | 107.1 |
| 1990 | 103.5 | 104.3 | 102.8 | 102.7 | 105.1 | 105.3 |
| 1991 | 107.1 | 100.4 | 106.9 | 108.8 | 81.3 | 108.6 |
| 1992 | 114.8 | 100.4 | 117.2 | 117.7 | 107.7 | 112.0 |
| 1993 | 115.1 | 97.3 | 116.7 | 116.9 | 113.8 | 113.7 |
| 1994 | 114.5 | 102.9 | 114.2 | 114.2 | 114.1 | 116.2 |
| 1995 | 114.3 | 106.4 | 114.8 | 114.3 | 125.0 | 113.7 |
| 1996 | 113.1 | 105.0 | 111.1 | 110.4 | 124.9 | 118.1 |
| 1997 | 112.8 | 104.2 | 110.6 | 110.2 | 116.9 | 117.9 |
| 1998 | 110.3 | 102.2 | 108.2 | 107.8 | 114.8 | 114.8 |
| 1999 | 110.4 | 102.1 | 109.0 | 109.6 | 99.4 | 113.4 |
| 2000 | 111.0 | 103.4 | 109.8 | 110.2 | 103.0 | 113.5 |
| 2001 | 110.5 | 103.0 | 112.0 | 112.1 | 110.9 | 109.4 |
| 2002 | 111.3 | 103.0 | 112.1 | 112.7 | 106.4 | 110.9 |
| 2003 | 112.3 | 102.3 | 116.1 | 117.6 | 101.3 | 109.0 |
| 2004 | 114.2 | 95.0 | 114.9 | 116.1 | 100.8 | 114.1 |
| 2005 | 111.4 | 90.3 | 110.5 | 110.5 | 110.2 | 112.8 |
| 2006 | 112.7 | 100.8 | 112.0 | 111.8 | 114.5 | 113.6 |
| 2007 | 115.2 | 102.0 | 111.5 | 112.2 | 104.0 | 118.8 |
| 2008 | 109.7 | 100.7 | 107.5 | 107.6 | 105.7 | 111.7 |
| 2009 | 108.2 | 98.9 | 103.5 | 102.9 | 111.7 | 112.2 |
| 2010 | 110.3 | 93.4 | 116.8 | 117.5 | 108.0 | 105.7 |

**表 1-2-4 1978—2010 年上海市生产总值构成统计表**

单位：%

| 年 份 | 上海市生产总值 | 第一产业 | 第二产业 | 工 业 | 建筑业 | 第三产业 |
|---|---|---|---|---|---|---|
| 1978 | 100 | 4.0 | 77.4 | 76.1 | 1.3 | 18.6 |
| 1979 | 100 | 4.0 | 77.2 | 75.6 | 1.6 | 18.8 |
| 1980 | 100 | 3.2 | 75.7 | 74.0 | 1.7 | 21.1 |
| 1981 | 100 | 3.3 | 75.2 | 73.0 | 2.2 | 21.5 |
| 1982 | 100 | 3.9 | 74.0 | 71.4 | 2.6 | 22.1 |
| 1983 | 100 | 3.8 | 72.6 | 70.0 | 2.6 | 23.6 |
| 1984 | 100 | 4.4 | 70.5 | 67.4 | 3.1 | 25.1 |
| 1985 | 100 | 4.2 | 69.8 | 66.7 | 3.1 | 26.0 |
| 1986 | 100 | 4.0 | 68.5 | 65.0 | 3.5 | 27.5 |
| 1987 | 100 | 4.0 | 66.8 | 61.7 | 5.1 | 29.2 |
| 1988 | 100 | 4.2 | 66.8 | 61.6 | 5.2 | 29.0 |
| 1989 | 100 | 4.3 | 66.9 | 62.1 | 4.8 | 28.8 |
| 1990 | 100 | 4.4 | 64.7 | 60.1 | 4.6 | 30.9 |
| 1991 | 100 | 3.8 | 61.6 | 57.6 | 4.0 | 34.6 |
| 1992 | 100 | 3.1 | 60.8 | 57.1 | 3.7 | 36.1 |
| 1993 | 100 | 2.5 | 59.4 | 55.7 | 3.7 | 38.1 |
| 1994 | 100 | 2.4 | 57.7 | 54.0 | 3.7 | 39.9 |
| 1995 | 100 | 2.4 | 56.8 | 52.3 | 4.5 | 40.8 |
| 1996 | 100 | 2.3 | 54.0 | 49.1 | 4.9 | 43.7 |
| 1997 | 100 | 2.1 | 51.6 | 46.5 | 5.1 | 46.3 |
| 1998 | 100 | 1.9 | 49.3 | 44.0 | 5.3 | 48.8 |
| 1999 | 100 | 1.8 | 47.4 | 42.7 | 4.7 | 50.8 |
| 2000 | 100 | 1.6 | 46.3 | 41.9 | 4.4 | 52.1 |
| 2001 | 100 | 1.5 | 46.1 | 41.6 | 4.5 | 52.4 |
| 2002 | 100 | 1.4 | 45.7 | 41.3 | 4.4 | 52.9 |
| 2003 | 100 | 1.2 | 47.9 | 43.9 | 4.0 | 50.9 |
| 2004 | 100 | 1.0 | 48.2 | 44.5 | 3.7 | 50.8 |
| 2005 | 100 | 1.0 | 47.4 | 43.7 | 3.7 | 51.6 |
| 2006 | 100 | 0.9 | 47.0 | 43.3 | 3.7 | 52.1 |
| 2007 | 100 | 0.8 | 44.6 | 41.3 | 3.3 | 54.6 |
| 2008 | 100 | 0.8 | 43.2 | 39.6 | 3.6 | 56.0 |
| 2009 | 100 | 0.7 | 39.9 | 36.0 | 3.9 | 59.4 |
| 2010 | 100 | 0.7 | 42.0 | 38.0 | 4.0 | 57.3 |

**表 1-2-5　1978—2010 年人均生产总值及指数统计表**

| 年　份 | 上海市生产总值(亿元) | 人均生产总值 | | 人均生产总值按美元计算(美元) |
|---|---|---|---|---|
| | | 按人民币计算(元) | 指　数(以 1978 年为 100) | |
| 1978 | 272.81 | 2 485 | 100.0 | 1 445 |
| 1979 | 286.43 | 2 556 | 105.3 | 1 787 |
| 1980 | 311.89 | 2 725 | 111.8 | 1 829 |
| 1981 | 324.76 | 2 800 | 116.5 | 1 642 |
| 1982 | 337.07 | 2 864 | 123.0 | 1 513 |
| 1983 | 351.81 | 2 947 | 130.7 | 1 492 |
| 1984 | 390.85 | 3 232 | 144.0 | 1 389 |
| 1985 | 466.75 | 3 811 | 161.3 | 1 298 |
| 1986 | 490.83 | 3 956 | 166.1 | 1 146 |
| 1987 | 545.46 | 4 340 | 176.2 | 1 166 |
| 1988 | 648.30 | 5 080 | 191.0 | 1 365 |
| 1989 | 696.54 | 5 362 | 193.3 | 1 424 |
| 1990 | 781.66 | 5 911 | 196.6 | 1 236 |
| 1991 | 893.77 | 6 661 | 207.6 | 1 251 |
| 1992 | 1 114.32 | 8 208 | 235.6 | 1 488 |
| 1993 | 1 519.23 | 11 061 | 268.1 | 1 920 |
| 1994 | 1 990.86 | 14 328 | 303.2 | 1 662 |
| 1995 | 2 499.43 | 17 779 | 342.3 | 2 129 |
| 1996 | 2 957.55 | 20 647 | 380.0 | 2 483 |
| 1997 | 3 438.79 | 23 397 | 417.6 | 2 822 |
| 1998 | 3 801.09 | 25 206 | 448.9 | 3 045 |
| 1999 | 4 188.73 | 27 071 | 483.0 | 3 270 |
| 2000 | 4 771.17 | 30 047 | 522.6 | 3 630 |
| 2001 | 5 210.12 | 31 799 | 559.7 | 3 842 |
| 2002 | 5 741.03 | 33 958 | 603.9 | 4 103 |
| 2003 | 6 694.23 | 38 486 | 658.9 | 4 650 |
| 2004 | 8 072.83 | 44 839 | 727.4 | 5 417 |
| 2005 | 9 247.66 | 49 649 | 781.2 | 6 061 |
| 2006 | 10 572.24 | 54 858 | 851.5 | 6 882 |
| 2007 | 12 494.01 | 62 041 | 939.2 | 8 159 |
| 2008 | 14 069.87 | 66 932 | 987.1 | 9 637 |
| 2009 | 15 046.45 | 69 164 | 1 032.5 | 10 125 |
| 2010 | 17 165.98 | 76 074 | 1 098.6 | 11 238 |

# 第三章 财政和金融

上海地方财政收入和支出统计工作由上海市财政局负责实施。本章中有关财政数据均为当年执行数。

上海地方财政支出和收入分别在2003年和2004年先后突破千亿元大关。2010年,上海地方财政收入为2 873.58亿元,比1978年(169.22亿元)增长16倍;上海地方财政支出为3 302.89亿元,比1978年(26.01亿元)增长126倍。从增速上看,1978—2000年,上海地方财政收入和支出年均增速分别为5%和15.5%;2000—2010年,上海地方财政收入和支出年均增速分别达19.2%和18.2%。

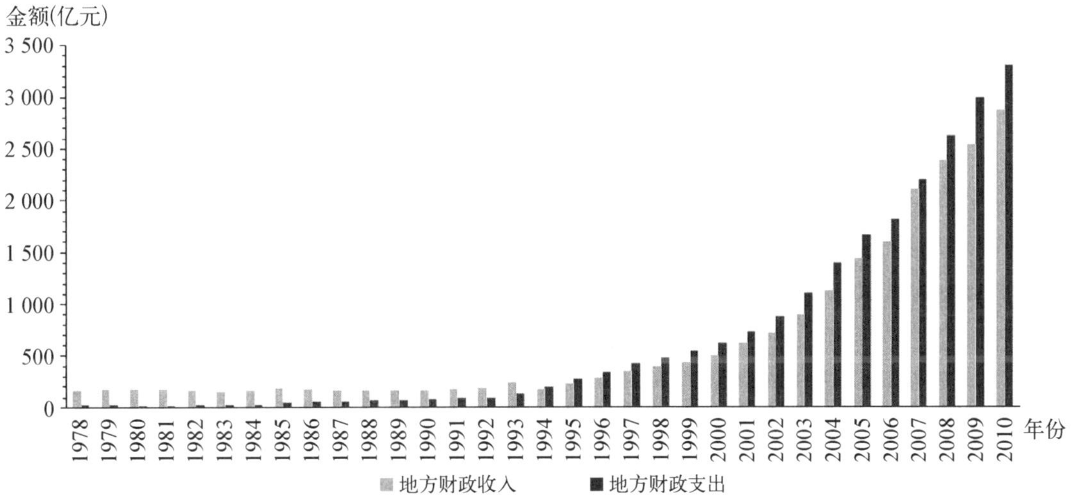


图1-3-1 1978—2010年上海地方财政收入与支出情况

2010年,营业税收入为933.91亿元,占上海地方财政收入的比重为32.5%,是上海第一大税种;企业所得税收入为606.05亿元,占21.1%;增值税收入为388.62亿元,占13.5%;个人所得税收入为261.20亿元,占9.1%。

上海地方财政推进以改善民生和加强社会管理为重点的社会建设,公共财力向"惠民生、促和谐"等领域倾斜。2010年,上海地方财政支出中,城乡社区事务支出475.47亿元,占14.4%;教育支出为417.28亿元,占12.6%;社会保障和就业支出为362.56亿元,占11%。

上海金融机构货币信贷统计工作由中国人民银行上海总部负责实施,初期仅是中资银行人民币信贷统计。

1978年末,银行存款余额仅为242.93亿元,贷款余额仅为153.37亿元。至2000年末,银行存款余额为6 925.99亿元,贷款余额为5 415.71亿元,存、贷款余额分别比1978年末增长27.5倍和34.3倍。

至2000年,上海建立起覆盖中外资金融机构本外币信贷的全口径统计调查。2010年末,金融机构存款余额达 52 190.04 亿元,比 2000 年末的 9 349.83 亿元增长 4.6 倍,年均增长 18.8%;贷款余额达 34 154.17 亿元,比 2000 年末的 7 254.26 亿元增长 3.7 倍,年均增长 16.8%。

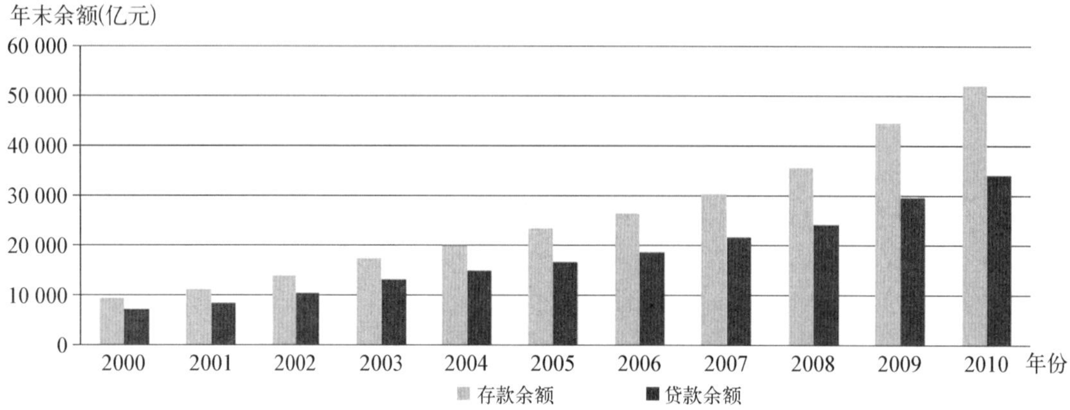


**图 1-3-2　2000—2010 年上海中外资金融机构本外币存贷款年末余额情况**

分机构类型看,2010 年末,中资金融机构存款余额为 48 118.64 亿元,比 2000 年末的 9 088.66 亿元增长 4.3 倍;中资金融机构贷款余额为 29 970.80 亿元,比 2000 年末的 6 427.84 亿元增长 3.7 倍。外资金融机构存款余额为 4 071.40 亿元,比 2000 年末的 261.17 亿元增长 14.6 倍;外资金融机构贷款余额为 4 183.36 亿元,比 2000 年末的 826.42 亿元增长 4.1 倍。

分币种看,2010 年末,金融机构人民币存款余额为 49 846.83 亿元,比 2000 年末的 7 836.26 亿元增长 5.4 倍;外币存款余额为 353.82 亿美元,比 2000 年末的 159.3 亿美元增长 1.2 倍。金融机构人民币贷款余额为 30 573.31 亿元,比 2000 年末的 6 150.43 亿元增长 4.0 倍;外币贷款余额为 540.69 亿美元,比 2000 年末的 56.63 亿美元增长 8.5 倍。

随着上海国际金融中心建设进程的推进,上海金融市场成交规模逐步扩大,交易品种日益丰富。上海证券交易所成立于 1990 年,是上海现存成立最早的金融市场机构;中国外汇交易中心成立于 1994 年,主要提供银行间货币与债券交易;上海期货交易所于 1999 年正式运营,主要提供商品期货交易;上海黄金交易所于 2002 年开业,专门从事黄金交易;中国金融期货交易所于 2006 年正式挂牌成立,其交易品种主要是股指期货。

1991 年,上海金融市场仅包括证券市场,年成交额仅为 46 亿元。2000 年,上海金融市场包括证券市场、银行间市场和商品期货市场,合计年成交额 7.98 万亿元。2010 年,上海金融市场已扩至证券、商品期货、金融期货、黄金和银行间市场,年成交总额近 386.23 万亿元,是 1991 年的 8.4 万倍。

原保险保费收入和赔付支出统计工作由中国保险监督管理委员会上海监管局负责实施。

2010 年,上海原保险保费收入为 883.86 亿元,而 1978 年仅为 0.17 亿元,年均增长 30.7%。其中,人身保险保费收入为 694.64 亿元,占 78.6%;财产保险保费收入为 189.22 亿元,占 21.4%。

上海保险服务能力和抵御风险能力增强。2010 年,上海原保险赔付支出额为 194.54 亿元,而 1978 年仅为 0.17 亿元,年均增长 24.6%。其中,人身保险赔付支出为 110.28 亿元,占 56.7%;财产保险赔付支出为 84.26 亿元,占 43.3%。

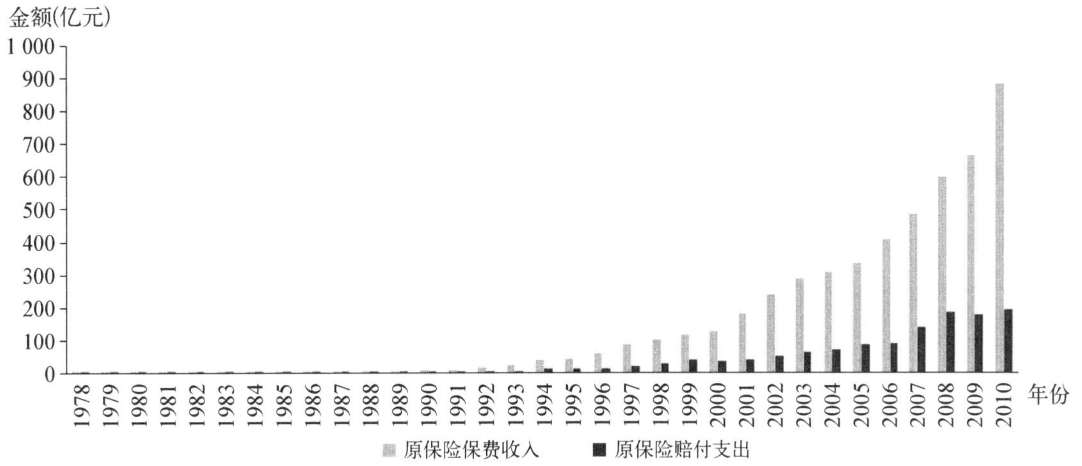


**图 1-3-3　1978—2010 年上海原保险保费收入、赔付支出情况**

表 1-3-1 1978—2010 年地方财政收支统计表

单位:亿元

| 年 份 | 地方财政收入 | #税收收入 | 地方财政支出 |
|---|---|---|---|
| 1978 | 169.22 | 51.51 | 26.01 |
| 1979 | 172.69 | 53.73 | 27.06 |
| 1980 | 174.73 | 57.59 | 19.18 |
| 1981 | 174.35 | 62.93 | 19.06 |
| 1982 | 167.99 | 65.79 | 20.68 |
| 1983 | 156.39 | 110.05 | 22.39 |
| 1984 | 163.96 | 137.67 | 30.32 |
| 1985 | 184.23 | 185.76 | 46.07 |
| 1986 | 179.46 | 177.90 | 59.08 |
| 1987 | 168.97 | 167.26 | 53.85 |
| 1988 | 161.62 | 182.42 | 65.88 |
| 1989 | 166.88 | 190.21 | 73.31 |
| 1990 | 166.99 | 183.31 | 75.56 |
| 1991 | 175.53 | 182.88 | 86.05 |
| 1992 | 185.56 | 188.61 | 94.99 |
| 1993 | 242.34 | 252.99 | 129.26 |
| 1994 | 175.33 | 196.60 | 196.98 |
| 1995 | 227.30 | 240.06 | 267.89 |
| 1996 | 288.49 | 308.26 | 342.66 |
| 1997 | 352.33 | 369.23 | 428.92 |
| 1998 | 392.22 | 406.73 | 480.70 |
| 1999 | 431.85 | 427.23 | 546.38 |
| 2000 | 497.96 | 484.00 | 622.84 |
| 2001 | 620.24 | 589.91 | 726.38 |
| 2002 | 719.79 | 657.70 | 877.84 |
| 2003 | 899.29 | 796.87 | 1 102.64 |
| 2004 | 1 119.72 | 1 036.23 | 1 395.69 |
| 2005 | 1 433.90 | 1 238.40 | 1 660.32 |
| 2006 | 1 600.37 | 1 393.97 | 1 813.80 |
| 2007 | 2 102.63 | 1 975.48 | 2 201.92 |
| 2008 | 2 382.34 | 2 223.43 | 2 617.68 |
| 2009 | 2 540.30 | 2 368.45 | 2 989.65 |
| 2010 | 2 873.58 | 2 707.80 | 3 302.89 |

表 1－3－2　2000—2010 年地方财政收入统计表

单位：亿元

| 指　　标 | 2000 年 | 2001 年 | 2002 年 | 2003 年 | 2004 年 |
|---|---|---|---|---|---|
| 地方财政收入 | 497.96 | 620.24 | 719.79 | 899.29 | 1 119.72 |
| # 增值税 | 93.55 | 111.95 | 136.83 | 170.20 | 131.55 |
| 营业税 | 153.81 | 191.12 | 251.85 | 322.31 | 442.46 |
| 企业所得税 | 103.03 | 149.75 | 139.46 | 146.15 | 204.99 |
| 个人所得税 | 60.24 | 78.44 | 67.08 | 71.81 | 88.69 |
| # 市级财政收入 | 215.81 | 243.18 | 290.15 | 322.50 | 410.66 |
| 区县级财政收入 | 282.15 | 377.06 | 429.64 | 566.78 | 709.06 |

表 1－3－2　续表

单位：亿元

| 指　　标 | 2005 年 | 2006 年 | 2007 年 | 2008 年 | 2009 年 | 2010 年 |
|---|---|---|---|---|---|---|
| 地方财政收入 | 1 433.90 | 1 600.37 | 2 102.63 | 2 382.34 | 2 540.30 | 2 873.58 |
| # 增值税 | 226.12 | 270.21 | 313.42 | 334.89 | 372.47 | 388.62 |
| 营业税 | 512.93 | 558.67 | 714.60 | 763.38 | 839.68 | 933.91 |
| 企业所得税 | 249.15 | 270.63 | 425.63 | 547.99 | 481.69 | 606.05 |
| 个人所得税 | 111.92 | 131.07 | 169.44 | 204.89 | 230.44 | 261.20 |
| # 市级财政收入 | 553.33 | 782.65 | 1 083.05 | 1 220.57 | 1 257.06 | 1 393.23 |
| 区县级财政收入 | 880.57 | 817.71 | 1 019.58 | 1 161.77 | 1 283.24 | 1 480.35 |

**表 1-3-3 1978—2006 年地方财政支出统计表**

单位：亿元

| 年 份 | 地方财政支出 | #基本建设支出 | #企业挖潜改造支出 | #科技三项费用 | #城市维护费 | #科教文卫事业费 | #行政管理费 |
|---|---|---|---|---|---|---|---|
| 1978 | 26.01 | 11.75 | 2.41 | 1.85 | 0.53 | 3.06 | 0.83 |
| 1979 | 27.06 | 12.73 | 3.45 | 0.95 | 0.75 | 3.61 | 0.90 |
| 1980 | 19.18 | 6.16 | 2.07 | 0.67 | 0.96 | 4.23 | 1.14 |
| 1981 | 19.06 | 5.42 | 2.93 | 0.52 | 1.20 | 4.62 | 1.15 |
| 1982 | 20.68 | 4.96 | 3.67 | 0.51 | 1.57 | 5.19 | 1.24 |
| 1983 | 22.39 | 4.80 | 4.68 | 0.82 | 1.83 | 5.62 | 1.41 |
| 1984 | 30.32 | 7.97 | 7.02 | 1.21 | 2.09 | 6.43 | 1.73 |
| 1985 | 46.07 | 14.23 | 8.48 | 0.93 | 2.75 | 9.08 | 1.84 |
| 1986 | 59.08 | 14.19 | 12.68 | 0.86 | 3.87 | 10.87 | 2.08 |
| 1987 | 53.85 | 10.03 | 6.95 | 0.49 | 4.55 | 11.98 | 2.28 |
| 1988 | 65.88 | 5.65 | 17.87 | 0.45 | 4.63 | 14.31 | 1.65 |
| 1989 | 73.31 | 5.49 | 16.93 | 0.49 | 5.83 | 16.51 | 1.89 |
| 1990 | 75.56 | 13.97 | 6.88 | 0.38 | 6.72 | 18.45 | 2.30 |
| 1991 | 86.05 | 12.77 | 7.95 | 0.35 | 7.34 | 20.63 | 2.71 |
| 1992 | 94.99 | 18.69 | 3.55 | 0.23 | 9.39 | 24.50 | 3.59 |
| 1993 | 129.26 | 22.21 | 12.44 | 0.07 | 11.97 | 32.82 | 5.57 |
| 1994 | 196.92 | 34.42 | 14.22 | 0.29 | 13.22 | 45.77 | 7.64 |
| 1995 | 267.89 | 42.26 | 28.60 | 0.15 | 17.52 | 61.02 | 9.62 |
| 1996 | 342.66 | 58.80 | 38.08 | 0.31 | 19.70 | 77.87 | 11.06 |
| 1997 | 428.92 | 82.78 | 59.80 | 0.51 | 23.81 | 95.42 | 13.66 |
| 1998 | 480.70 | 97.77 | 51.11 | 0.88 | 27.39 | 108.14 | 16.35 |
| 1999 | 546.38 | 119.56 | 56.21 | 1.01 | 29.36 | 121.45 | 18.87 |
| 2000 | 622.84 | 132.39 | 77.59 | 1.35 | 35.52 | 135.68 | 22.52 |
| 2001 | 726.38 | 144.58 | 100.93 | 1.29 | 40.41 | 156.03 | 27.46 |
| 2002 | 877.84 | 184.14 | 121.20 | 1.92 | 47.70 | 170.73 | 35.92 |
| 2003 | 1 102.64 | 244.74 | 156.77 | 1.54 | 55.81 | 196.11 | 44.79 |
| 2004 | 1 395.69 | 310.67 | 193.91 | 1.63 | 79.38 | 233.82 | 56.24 |
| 2005 | 1 660.32 | 369.21 | 237.92 | 2.91 | 98.51 | 277.45 | 68.99 |
| 2006 | 1 813.80 | 395.58 | 251.99 | 4.26 | 120.85 | 316.12 | 80.75 |

**表 1-3-4 2007—2010 年地方财政支出统计表**

单位：亿元

| 年 份 | 地方财政支出 | #一般公共服务 | #公共安全 | #教育 | #社会保障和就业 | #城乡社区事务 | #工业商业金融等事务 |
|---|---|---|---|---|---|---|---|
| 2007 | 2 201.92 | 182.61 | 134.33 | 283.33 | 274.22 | 385.85 | 290.75 |
| 2008 | 2 617.68 | 198.71 | 149.57 | 326.06 | 334.97 | 492.46 | 359.86 |
| 2009 | 2 989.65 | 206.68 | 163.41 | 346.95 | 336.08 | 602.36 | 357.14 |
| 2010 | 3 302.89 | 226.02 | 187.25 | 417.28 | 362.56 | 475.47 | 46.85 |

说明：(1) 2007 年起，地方财政支出统计项目和口径进行了调整。(2) 2009 年，“一般公共服务”指标名称为“基本公共管理与服务”。(3) 2010 年，“工业商业金融等事务”口径调整为“商业服务业等事务”。

表 1－3－5 1990—2010 年金融机构存款余额统计表

单位：亿元

| 年 份 | 金融机构存款余额 | 中资金融机构 | #人民币 | 外资金融机构 | #人民币 |
|---|---|---|---|---|---|
| 1990 | 851.51 | 850.25 | 746.14 | 1.26 | |
| 1991 | 1 114.94 | 1 112.81 | 954.06 | 2.13 | |
| 1992 | 1 658.16 | 1 645.68 | 1 320.99 | 12.48 | |
| 1993 | 2 334.75 | 2 305.69 | 1 837.89 | 29.06 | |
| 1994 | 3 569.83 | 3 505.64 | 2 796.58 | 64.19 | |
| 1995 | 4 675.09 | 4 565.56 | 3 783.51 | 109.53 | |
| 1996 | 5 745.98 | 5 629.31 | 4 822.99 | 116.67 | |
| 1997 | 7 219.45 | 7 050.84 | 6 202.72 | 168.61 | 4.75 |
| 1998 | 7 485.20 | 7 309.10 | 6 330.65 | 176.10 | 16.71 |
| 1999 | 8 480.06 | 8 234.54 | 7 097.19 | 245.52 | 44.00 |
| 2000 | 9 349.83 | 9 088.66 | 7 771.50 | 261.17 | 64.76 |
| 2001 | 11 247.90 | 10 972.45 | 9 584.22 | 275.45 | 97.11 |
| 2002 | 14 035.77 | 13 658.42 | 12 171.54 | 377.35 | 154.32 |
| 2003 | 17 318.38 | 16 728.07 | 15 275.41 | 590.31 | 301.44 |
| 2004 | 19 994.05 | 19 164.88 | 17 691.87 | 829.17 | 426.66 |
| 2005 | 23 320.86 | 22 219.53 | 20 779.87 | 1 101.33 | 615.99 |
| 2006 | 26 454.88 | 24 924.65 | 23 535.24 | 1 530.23 | 893.37 |
| 2007 | 30 315.53 | 28 168.50 | 27 044.75 | 2 147.03 | 1 444.28 |
| 2008 | 35 589.07 | 33 055.11 | 31 897.77 | 2 533.96 | 1 746.08 |
| 2009 | 44 620.27 | 41 486.49 | 39 935.07 | 3 133.78 | 2 356.39 |
| 2010 | 52 190.04 | 48 118.64 | 46 678.13 | 4 071.40 | 3 168.70 |

表1-3-6 1978—2010年年末储蓄存款余额统计表

| 年份 | 储蓄存款余额(亿元) | | | 储蓄存款余额构成(%) | |
|---|---|---|---|---|---|
| | | 定期储蓄 | 活期储蓄 | 定期储蓄 | 活期储蓄 |
| 1978 | 18.18 | | | | |
| 1979 | 24.88 | | | | |
| 1980 | 30.20 | | | | |
| 1981 | 32.92 | | | | |
| 1982 | 37.94 | | | | |
| 1983 | 45.97 | | | | |
| 1984 | 56.10 | | | | |
| 1985 | 70.09 | | | | |
| 1986 | 90.95 | | | | |
| 1987 | 120.33 | | | | |
| 1988 | 141.21 | | | | |
| 1989 | 193.47 | | | | |
| 1990 | 252.16 | | | | |
| 1991 | 328.22 | | | | |
| 1992 | 413.09 | | | | |
| 1993 | 578.39 | | | | |
| 1994 | 975.95 | | | | |
| 1995 | 1 396.13 | | | | |
| 1996 | 1 868.34 | | | | |
| 1997 | 2 109.18 | 1 843.25 | 265.93 | 87.4 | 12.6 |
| 1998 | 2 372.94 | 2 017.16 | 355.78 | 85.0 | 15.0 |
| 1999 | 2 597.12 | 2 119.82 | 477.30 | 81.6 | 18.4 |
| 2000 | 2 627.07 | 2 084.21 | 542.86 | 79.3 | 20.7 |
| 2001 | 3 109.50 | 2 301.33 | 808.17 | 74.0 | 26.0 |
| 2002 | 4 915.54 | 3 603.05 | 1 312.49 | 73.3 | 26.7 |
| 2003 | 6 054.60 | 4 260.87 | 1 793.73 | 70.4 | 29.6 |
| 2004 | 6 960.99 | 4 904.93 | 2 056.06 | 70.5 | 29.5 |
| 2005 | 8 432.49 | 6 071.83 | 2 360.66 | 72.0 | 28.0 |
| 2006 | 9 480.28 | 6 701.97 | 2 778.31 | 70.7 | 29.3 |
| 2007 | 9 326.45 | 6 185.85 | 3 140.60 | 66.3 | 33.7 |
| 2008 | 12 083.66 | 8 555.64 | 3 528.02 | 70.8 | 29.2 |
| 2009 | 14 357.65 | 9 733.13 | 4 624.53 | 67.8 | 32.2 |
| 2010 | 16 249.29 | 10 853.11 | 5 396.19 | 66.8 | 33.2 |

说明：2000年起储蓄存款为中外资本外币存款余额。

表 1－3－7　1990—2010 年金融机构贷款余额统计表

单位：亿元

| 年　份 | 金融机构贷款余额 | 中资金融机构 | #人民币 | 外资金融机构 | #人民币 |
|---|---|---|---|---|---|
| 1990 | 1 106.80 | 1 105.68 | 964.76 | 1.12 | |
| 1991 | 1 395.55 | 1 390.21 | 1 166.78 | 5.34 | |
| 1992 | 1 763.48 | 1 730.87 | 1 458.32 | 32.61 | |
| 1993 | 2 272.91 | 2 192.99 | 1 841.70 | 79.92 | |
| 1994 | 3 197.92 | 2 931.02 | 2 313.30 | 266.90 | |
| 1995 | 3 832.04 | 3 332.53 | 2 822.71 | 499.51 | |
| 1996 | 4 731.71 | 4 037.16 | 3 457.87 | 694.55 | |
| 1997 | 5 856.25 | 4 762.71 | 4 162.33 | 1 093.54 | 3.48 |
| 1998 | 6 480.91 | 5 474.62 | 4 812.63 | 1 006.30 | 12.20 |
| 1999 | 6 997.52 | 6 055.73 | 5 424.75 | 941.79 | 51.00 |
| 2000 | 7 254.26 | 6 427.84 | 5 959.51 | 826.42 | 190.92 |
| 2001 | 8 543.02 | 7 740.36 | 7 187.90 | 802.66 | 289.74 |
| 2002 | 10 550.94 | 9 734.13 | 9 073.78 | 816.81 | 292.59 |
| 2003 | 13 168.05 | 12 198.62 | 11 182.21 | 969.43 | 338.09 |
| 2004 | 14 972.02 | 13 468.52 | 12 380.21 | 1 503.50 | 469.18 |
| 2005 | 16 798.12 | 14 801.05 | 13 709.78 | 1 997.07 | 670.61 |
| 2006 | 18 603.92 | 15 968.94 | 14 826.93 | 2 634.99 | 1 155.35 |
| 2007 | 21 709.95 | 18 019.40 | 16 607.77 | 3 690.55 | 1 988.03 |
| 2008 | 24 166.12 | 20 294.82 | 18 987.39 | 3 871.30 | 2 248.82 |
| 2009 | 29 684.10 | 26 086.58 | 24 108.16 | 3 597.52 | 2 087.91 |
| 2010 | 34 154.17 | 29 970.80 | 27 970.18 | 4 183.36 | 2 603.13 |

表 1－3－8　2000—2010 年主要金融市场交易统计表

| 指　标 | 单位 | 2000 年 | 2001 年 | 2002 年 | 2003 年 | 2004 年 |
|---|---|---|---|---|---|---|
| 上海证券交易所 | 亿元 | 49 901.47 | 44 144.03 | 48 527.72 | 82 911.56 | 76 927.32 |
| 上海期货交易所 | 亿元 | 6 663.42 | 8 544.30 | 16 401.41 | 60 539.91 | 84 326.42 |
| 中国金融期货交易所 | 亿元 | | | | | |
| 全国银行间货币与债券市场 | 亿元 | 23 191.99 | 49 054.63 | 118 404.13 | 172 165.24 | 133 964.21 |
| 上海黄金交易所 | 亿元 | | | 39.38 | 490.98 | 796.21 |

表 1-3-8 续表

| 指 标 | 单位 | 2005 年 | 2006 年 | 2007 年 | 2008 年 | 2009 年 | 2010 年 |
|---|---|---|---|---|---|---|---|
| 上海证券交易所 | 亿元 | 49 775.61 | 91 912.32 | 380 025.56 | 271 842.02 | 441 874.67 | 398 395.73 |
| 上海期货交易所 | 亿元 | 65 402.03 | 126 100.57 | 231 304.66 | 288 719.90 | 737 583.45 | 1 234 794.76 |
| 中国金融期货交易所 | 亿元 | | | | | | 410 698.77 |
| 全国银行间货币与债券市场 | 亿元 | 232 104.37 | 390 643.62 | 712 948.82 | 1 107 857.42 | 1 375 659.38 | 1 798 225.10 |
| 上海黄金交易所 | 亿元 | 1 168.43 | 2 245.50 | 3 324.65 | 8 995.48 | 11 030.63 | 20 204.96 |

说明：本表数据除上海期货交易所和上海黄金交易所成交额按双向计算外，其他成交额数据均按单向计算。

表 1-3-9 1990—2010 年上海证券交易所有价证券成交总额统计表

单位：亿元

| 年 份 | 合 计 | #股 票 | | | #债 券 |
|---|---|---|---|---|---|
| | | | A 股 | B 股 | |
| 1990 | … | … | … | | … |
| 1991 | 46 | 8 | 8 | | 38 |
| 1992 | 324 | 247 | 233 | 14 | 77 |
| 1993 | 2 455 | 2 341 | 2 262 | 79 | 62 |
| 1994 | 6 427 | 5 735 | 5 627 | 108 | 520 |
| 1995 | 5 460 | 3 103 | 3 042 | 61 | 1 937 |
| 1996 | 27 661 | 9 115 | 9 020 | 95 | 17 403 |
| 1997 | 29 843 | 13 763 | 13 550 | 213 | 15 396 |
| 1998 | 34 336 | 12 386 | 12 304 | 82 | 21 267 |
| 1999 | 35 992 | 16 966 | 16 826 | 140 | 17 447 |
| 2000 | 49 901 | 31 374 | 31 030 | 344 | 16 896 |
| 2001 | 44 144 | 22 709 | 19 877 | 2 833 | 19 794 |
| 2002 | 48 528 | 16 959 | 16 442 | 517 | 30 877 |
| 2003 | 82 912 | 20 824 | 20 541 | 283 | 61 596 |
| 2004 | 76 927 | 26 470 | 26 229 | 241 | 49 998 |
| 2005 | 49 776 | 19 240 | 19 061 | 179 | 28 138 |
| 2006 | 91 912 | 57 817 | 57 245 | 572 | 18 130 |
| 2007 | 380 026 | 305 434 | 301 960 | 3 474 | 20 400 |
| 2008 | 271 842 | 180 430 | 179 762 | 668 | 28 091 |
| 2009 | 441 875 | 346 512 | 345 443 | 1 069 | 39 806 |
| 2010 | 398 396 | 304 312 | 303 216 | 1 096 | 74 914 |

表 1-3-10　1978—2010 年原保险保费收入和赔付支出统计表　　单位：亿元

| 年　份 | 原保险保费收入 | 人身保险 | 财产保险 | 原保险赔付支出 | 人身保险 | 财产保险 |
|---|---|---|---|---|---|---|
| 1978 | 0.17 | | | 0.17 | | |
| 1979 | 0.16 | | | 0.07 | | |
| 1980 | 0.70 | | | 0.13 | | |
| 1981 | 0.95 | | | 0.32 | | |
| 1982 | 1.11 | | | 0.21 | | |
| 1983 | 1.33 | | | 0.45 | | |
| 1984 | 1.76 | | | 0.36 | | |
| 1985 | 2.27 | | | 0.54 | | |
| 1986 | 3.04 | | | 0.68 | | |
| 1987 | 4.03 | | | 0.92 | | |
| 1988 | 5.38 | | | 1.55 | | |
| 1989 | 7.37 | | | 1.89 | | |
| 1990 | 8.99 | | | 2.22 | | |
| 1991 | 11.16 | | | 4.47 | | |
| 1992 | 18.20 | 5.70 | 12.50 | 4.23 | | |
| 1993 | 25.91 | 12.21 | 13.70 | 5.89 | | |
| 1994 | 39.48 | 16.61 | 22.87 | 11.91 | | |
| 1995 | 44.04 | 17.08 | 26.96 | 12.75 | | |
| 1996 | 58.10 | 28.64 | 29.46 | 15.00 | | |
| 1997 | 87.72 | 58.13 | 29.59 | 19.10 | | |
| 1998 | 102.92 | 70.50 | 32.42 | 28.67 | | |
| 1999 | 115.28 | 81.53 | 33.75 | 39.46 | | |
| 2000 | 127.23 | 92.14 | 35.09 | 36.44 | 20.56 | 15.88 |
| 2001 | 180.25 | 140.30 | 39.95 | 38.82 | 19.61 | 19.21 |
| 2002 | 237.61 | 193.30 | 44.31 | 49.97 | 28.38 | 21.59 |
| 2003 | 289.93 | 232.50 | 57.43 | 61.97 | 34.87 | 27.10 |
| 2004 | 307.11 | 231.30 | 75.81 | 70.86 | 36.79 | 34.07 |
| 2005 | 333.62 | 245.76 | 87.86 | 87.46 | 40.20 | 47.26 |
| 2006 | 407.04 | 305.72 | 101.33 | 91.31 | 46.14 | 45.17 |
| 2007 | 482.64 | 363.22 | 119.43 | 139.82 | 86.79 | 53.03 |
| 2008 | 600.06 | 468.27 | 131.79 | 184.09 | 104.57 | 79.52 |
| 2009 | 665.03 | 513.22 | 151.81 | 176.74 | 98.24 | 78.50 |
| 2010 | 883.86 | 694.64 | 189.22 | 194.54 | 110.28 | 84.26 |

# 第四章　能　　源

1985—2010年，上海能源消费总量由2 553.21万吨标准煤增长到11 160.87万吨标准煤(能耗总量核算工作从1985年开始)，增长3.4倍，年均增长6.1%。从能源消费水平看，1999年，上海能源消费总量首次达到5 000万吨标准煤；到2008年，能源消费总量突破1亿吨标准煤。

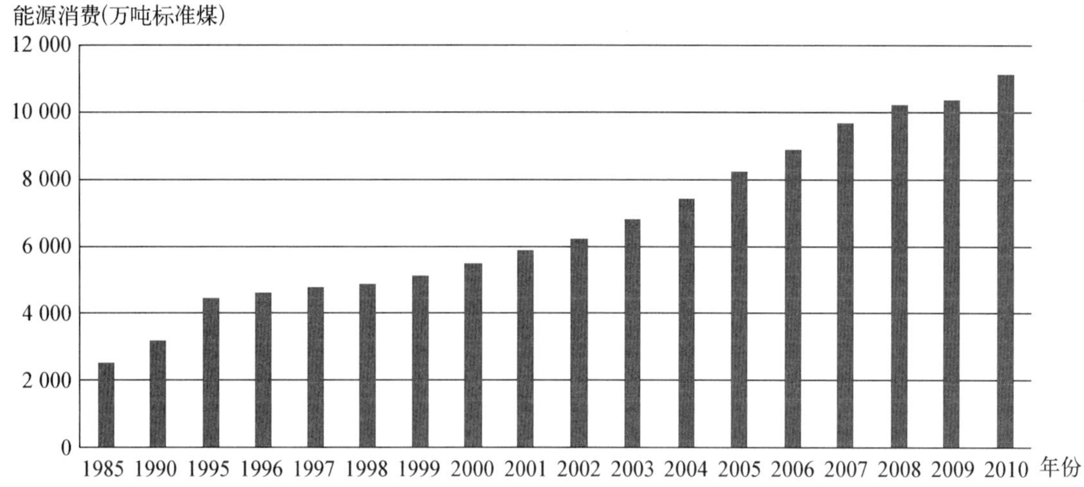


**图1-4-1　1985—2010年上海能源消费情况**

2010年，上海单位GDP能耗为0.712吨标准煤/万元，比1985年下降87.0%，年均下降7.8%。上海产业结构调整的重点在工业。1985—2010年，上海工业通过调整产业结构、抓高载能行业管理等措施，提高能源利用效率。2010年，上海工业单位增加值能耗为0.953吨标准煤/万元，比1985年下降85.3%，年均下降7.4%。

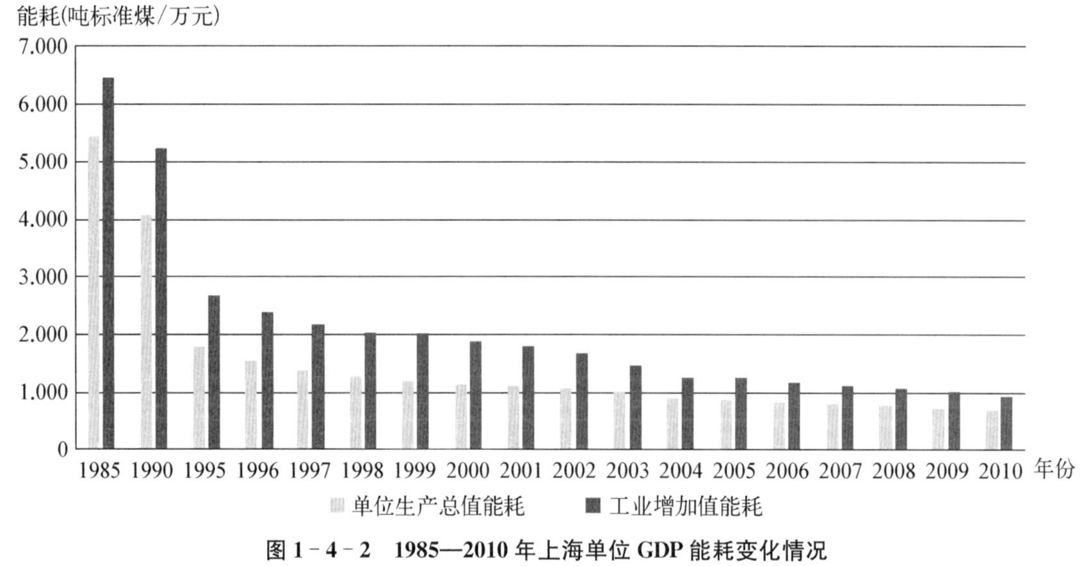


**图1-4-2　1985—2010年上海单位GDP能耗变化情况**

2010年，上海煤炭消费5 875.52万吨，比1990年增长1.1倍，年均增长3.9%(能源平衡表编制工作从1990年开始)；原油加工量2 126.5万吨，比1990年增长1.6倍，年均增长4.8%；成品油(汽、煤、柴、燃料油)消费2 067.76万吨，比1990年增长2.2倍，年均增长5.9%；电力消费1 295.87亿千瓦·时，比1990年增长3.9倍，年均增长8.3%。

城市能源利用水平建设不仅体现在单位GDP能耗的下降，也反映在能源品种结构的优化。2010年，上海煤品类消费占用能的比重为43.1%，比1990年下降23.1个百分点；油品占41.7%，比1990年上升5.8个百分点。清洁能源从无到有。2010年，上海外来电、天然气、风能、太阳能等清洁能源占用能的比重已达15.2%。

2010年，上海第一产业能源终端消费量为63.49万吨标准煤，比1980年下降10.6%(分行业能源统计核算从1980年开始)，占能源终端消费量的比重由1980年的3.3%降至0.6%。

第二产业用能是上海能源消费的最主要组成部分，占全市用能的50%以上。2010年，上海第二产业能源终端消费量为6 154.82万吨标准煤，占终端用能的57.0%，比1980年增长2.7倍，年均增幅4.5%。

伴随着城市功能的改变和产业结构的升级，第三产业能源需求激增，占全市用能的比重上升，能源终端消费量由1980年的194.64万吨标准煤增至3 576.70万吨标准煤，增长17.4倍，年均增长10.2%，占能源终端消费量的比重由9.1%提高至33.1%。

生活能源终端消费量随着人口持续导入快速增长，但占能源终端消费量的比重变化不大，均保持在10%左右。2010年，上海生活能源终端消费量为1 007.02万吨标准煤，比1980年增长3.8倍，年均增长5.4%。生活能源品种结构变化巨大。20世纪90年代初期，煤饼煤球仍是居民生活中最主要的能源品种，占生活能源终端消费量比重接近2/3；2010年，煤炭消费所占比重已不足4%；而私家车已走入寻常百姓的家庭，城乡居民汽油消费已占生活能源终端消费量的18%。

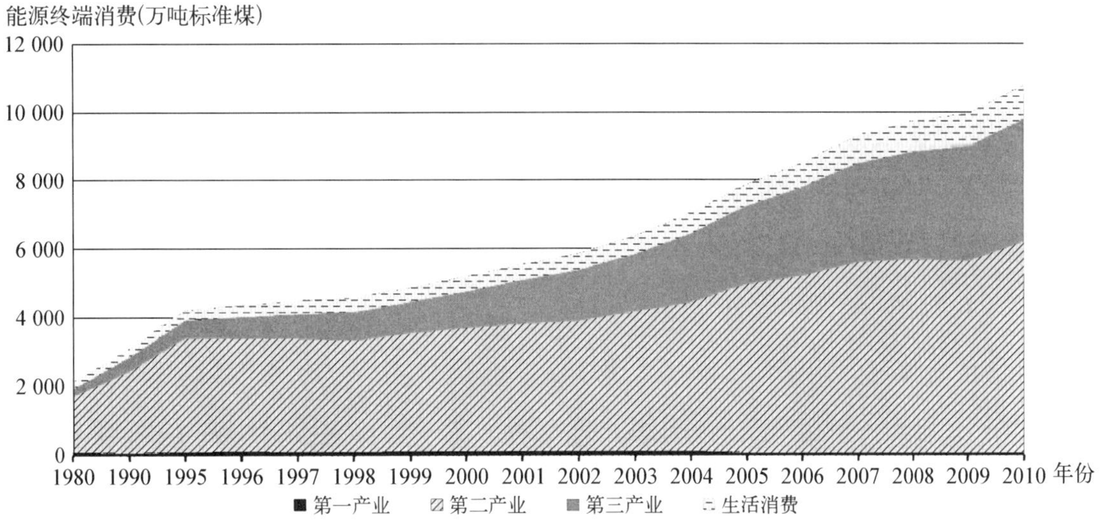


**图1-4-3　1980—2010年上海各领域能源终端消费量增长情况**

随着社会经济水平的不断提高，城市各领域用电需求不断增长。为保障城市用电平稳安全，上海持续推进电力建设投资，供电能力逐年稳步提高。

2010 年,上海全市年末发电设备容量 1 855.38 万千瓦,比 1986 年增长 3.5 倍。同时,光伏、风能、天然气等非煤机组的出现也使得本地电源更加清洁。电网建设主要指输电线路建设。1986—2010 年(市电力公司成立于 1986 年),随着城市建设范围的扩大,线路铺设长度不断增长。其中,2010 年,架空线路长度 8 549.5 公里,比 1986 年增长 1.6 倍;电缆长度 7 846.98 公里,增长 6.3 倍;公用变电容量 11 657.19 万千伏安,受电力用户增加影响,增长 14.6 倍。

表 1-4-1 1985—2010 年主要年份能源消耗基本情况统计表

| 年 份 | 能源消费量(万吨标准煤) | #工 业 | 电力消费(亿千瓦·时) | #工 业 |
|---|---|---|---|---|
| 1985 | 2 553.21 | 2 015.10 | 203.77 | 179.91 |
| 1990 | 3 191.06 | 2 462.21 | 264.74 | 220.97 |
| 1995 | 4 465.87 | 3 512.49 | 403.27 | 307.01 |
| 1996 | 4 626.21 | 3 484.47 | 430.40 | 318.18 |
| 1997 | 4 758.82 | 3 498.83 | 454.26 | 333.79 |
| 1998 | 4 874.11 | 3 452.96 | 482.94 | 343.60 |
| 1999 | 5 119.19 | 3 608.67 | 501.20 | 358.31 |
| 2000 | 5 499.48 | 3 778.76 | 559.42 | 393.13 |
| 2001 | 5 894.78 | 3 931.58 | 592.99 | 413.33 |
| 2002 | 6 249.34 | 3 988.13 | 645.71 | 447.46 |
| 2003 | 6 796.34 | 4 304.81 | 745.97 | 507.00 |
| 2004 | 7 405.64 | 4 518.82 | 821.44 | 555.12 |
| 2005 | 8 225.05 | 5 105.04 | 921.97 | 617.59 |
| 2006 | 8 875.70 | 5 371.06 | 990.15 | 656.10 |
| 2007 | 9 670.45 | 5 722.05 | 1 072.38 | 705.90 |
| 2008 | 10 207.36 | 5 886.83 | 1 138.22 | 727.13 |
| 2009 | 10 367.38 | 5 763.27 | 1 153.38 | 701.59 |
| 2010 | 11 160.87 | 6 265.87 | 1 295.87 | 786.61 |

表 1-4-1 续表

| 年 份 | 单位生产总值能耗(吨标准煤/万元) | 单位生产总值电耗(千瓦·时/万元) | 工业增加值能耗(吨标准煤/万元) | 工业增加值电耗(千瓦·时/万元) |
|---|---|---|---|---|
| 1985 | 5.470 | 4 365.72 | 6.477 | 5 782.66 |
| 1990 | 4.082 | 3 386.89 | 5.241 | 4 703.19 |
| 1995 | 1.787 | 1 613.45 | 2.685 | 2 346.81 |
| 1996 | 1.564 | 1 455.26 | 2.398 | 2 190.13 |
| 1997 | 1.384 | 1 320.99 | 2.188 | 2 087.61 |
| 1998 | 1.282 | 1 270.53 | 2.067 | 2 057.25 |
| 1999 | 1.222 | 1 196.54 | 2.018 | 2 003.99 |
| 2000 | 1.153 | 1 172.50 | 1.890 | 1 966.67 |
| 2001 | 1.131 | 1 138.15 | 1.815 | 1 907.61 |
| 2002 | 1.089 | 1 124.73 | 1.684 | 1 889.60 |
| 2003 | 1.015 | 1 114.35 | 1.464 | 1 723.76 |
| 2004 | 0.917 | 1 017.54 | 1.258 | 1 544.90 |
| 2005 | 0.889 | 996.98 | 1.261 | 1 529.88 |
| 2006 | 0.851 | 949.69 | 1.187 | 1 453.81 |
| 2007 | 0.805 | 892.62 | 1.127 | 1 394.24 |
| 2008 | 0.775 | 863.64 | 1.080 | 1 334.46 |
| 2009 | 0.727 | 808.50 | 1.028 | 1 251.81 |
| 2010 | 0.712 | 826.20 | 0.953 | 1 194.05 |

说明：2005 年起，单位生产总值能耗、工业增加值能耗和增加值电耗按 2005 年可比价计算。

**表1-4-2　1978—2010年能源消费弹性系数统计表**

| 年　份 | 能源消费比上年增长(%) | 电力消费比上年增长(%) | 生产总值比上年增长(%) | 能源消费弹性系数 | 电力消费弹性系数 |
|---|---|---|---|---|---|
| 1978 | 6.6 | 10.8 | 15.8 | 0.42 | 0.68 |
| 1979 | 1.5 | 3.0 | 7.4 | 0.20 | 0.41 |
| 1980 | −0.6 | 3.4 | 8.4 |  | 0.40 |
| 1981 | 1.0 | 6.4 | 5.6 | 0.18 | 1.14 |
| 1982 | 2.6 | 4.4 | 7.2 | 0.36 | 0.61 |
| 1983 | 2.5 | 4.2 | 7.8 | 0.32 | 0.54 |
| 1984 | 2.5 | 4.1 | 11.6 | 0.22 | 0.35 |
| 1985 | 4.9 | 3.9 | 13.4 | 0.37 | 0.74 |
| 1986 | 9.0 | 6.8 | 4.4 | 2.05 | 1.34 |
| 1987 | 5.7 | 4.1 | 7.5 | 0.77 | 0.81 |
| 1988 | 1.3 | 2.5 | 10.1 | 0.13 | 0.51 |
| 1989 | 4.4 | 1.3 | 3.0 | 1.46 | 0.83 |
| 1990 | 2.6 | 5.8 | 3.5 | 0.73 | 2.09 |
| 1991 | 8.6 | 9.0 | 7.1 | 1.22 | 1.28 |
| 1992 | 5.5 | 10.0 | 14.8 | 0.37 | 0.67 |
| 1993 | 7.9 | 9.0 | 15.1 | 0.52 | 0.59 |
| 1994 | 5.8 | 9.1 | 14.5 | 0.40 | 0.63 |
| 1995 | 6.9 | 6.9 | 14.3 | 0.48 | 0.48 |
| 1996 | 3.6 | 6.7 | 13.1 | 0.27 | 0.51 |
| 1997 | 2.9 | 5.5 | 12.8 | 0.22 | 0.43 |
| 1998 | 2.4 | 6.3 | 10.3 | 0.24 | 0.61 |
| 1999 | 5.0 | 3.8 | 10.4 | 0.48 | 0.36 |
| 2000 | 7.4 | 11.6 | 11.0 | 0.68 | 1.06 |
| 2001 | 7.2 | 6.0 | 10.5 | 0.68 | 0.57 |
| 2002 | 6.0 | 8.9 | 11.3 | 0.53 | 0.79 |
| 2003 | 8.8 | 15.5 | 12.3 | 0.71 | 1.26 |
| 2004 | 9.0 | 10.1 | 14.2 | 0.63 | 0.71 |
| 2005 | 11.1 | 12.2 | 11.4 | 0.97 | 1.07 |
| 2006 | 7.9 | 7.4 | 12.7 | 0.62 | 0.58 |
| 2007 | 9.0 | 8.3 | 15.2 | 0.59 | 0.55 |
| 2008 | 5.6 | 6.1 | 9.7 | 0.57 | 0.63 |
| 2009 | 1.6 | 1.3 | 8.2 | 0.19 | 0.16 |
| 2010 | 7.7 | 12.4 | 9.9 | 0.77 | 1.24 |

表 1-4-3 1985—2010 年主要年份能源消费总量统计表 单位：万吨标准煤

| 年 份 | 能源消费总量 | 能源终端消费量 | 加工转换投入(一)产出(+)量 | 损失量 |
|---|---|---|---|---|
| 1985 | 2 553.21 | 2 416.44 | —70.29 | 66.48 |
| 1990 | 3 191.06 | 3 098.82 | —52.20 | 40.04 |
| 1995 | 4 465.87 | 4 250.45 | —74.67 | 140.75 |
| 1996 | 4 626.21 | 4 376.37 | —98.48 | 151.36 |
| 1997 | 4 758.82 | 4 505.70 | —117.53 | 135.59 |
| 1998 | 4 874.11 | 4 608.13 | —108.22 | 157.76 |
| 1999 | 5 119.19 | 4 899.60 | —83.98 | 135.60 |
| 2000 | 5 499.48 | 5 226.79 | —89.20 | 183.49 |
| 2001 | 5 894.78 | 5 549.69 | —133.94 | 211.16 |
| 2002 | 6 249.34 | 5 898.56 | —132.17 | 218.62 |
| 2003 | 6 796.34 | 6 394.49 | —158.30 | 243.55 |
| 2004 | 7 405.64 | 7 055.08 | —131.85 | 218.71 |
| 2005 | 8 225.05 | 7 895.17 | —140.59 | 189.29 |
| 2006 | 8 875.70 | 8 514.40 | —167.58 | 193.73 |
| 2007 | 9 670.45 | 9 314.77 | —147.01 | 208.67 |
| 2008 | 10 207.36 | 9 750.47 | —227.60 | 229.28 |
| 2009 | 10 367.38 | 9 951.81 | —181.67 | 233.90 |
| 2010 | 11 160.87 | 10 802.03 | —108.68 | 250.17 |

表 1-4-4 1980—2010 年主要年份能源终端消费量统计表 单位：万吨标准煤

| 年 份 | 能源终端消费量 | 其 中 | | | |
|---|---|---|---|---|---|
| | | 第一产业 | 第二产业 | 第三产业 | 生活消费 |
| 1980 | 2 130.56 | 71.04 | 1 655.92 | 194.64 | 208.96 |
| 1990 | 3 098.82 | 58.49 | 2 387.88 | 403.47 | 248.98 |
| 1995 | 4 250.45 | 77.12 | 3 339.73 | 517.05 | 316.53 |
| 1996 | 4 376.37 | 102.18 | 3 291.05 | 626.39 | 356.78 |
| 1997 | 4 505.70 | 90.53 | 3 312.18 | 715.31 | 387.72 |
| 1998 | 4 608.13 | 91.06 | 3 261.21 | 828.84 | 427.02 |
| 1999 | 4 899.60 | 98.01 | 3 467.49 | 915.48 | 418.62 |
| 2000 | 5 226.79 | 103.37 | 3 592.86 | 1 069.32 | 461.24 |
| 2001 | 5 549.69 | 113.84 | 3 698.28 | 1 282.08 | 455.49 |
| 2002 | 5 898.56 | 109.13 | 3 802.12 | 1 508.46 | 478.85 |
| 2003 | 6 394.49 | 111.83 | 4 063.76 | 1 690.50 | 528.40 |
| 2004 | 7 055.08 | 108.35 | 4 339.27 | 2 016.48 | 590.98 |
| 2005 | 7 895.17 | 61.44 | 4 940.24 | 2 249.12 | 644.37 |
| 2006 | 8 514.40 | 59.16 | 5 183.29 | 2 555.08 | 716.87 |
| 2007 | 9 314.77 | 60.70 | 5 547.36 | 2 902.64 | 804.07 |
| 2008 | 9 750.47 | 62.81 | 5 636.03 | 3 153.79 | 897.85 |
| 2009 | 9 951.81 | 62.71 | 5 587.85 | 3 351.64 | 949.60 |
| 2010 | 10 802.03 | 63.49 | 6 154.82 | 3 576.70 | 1 007.02 |

# 第五章　人口和劳动力

1978—2010 年，上海常住人口由 1 104 万人增加至 2 302.66 万人，增长 1.1 倍，增加 1 198.66 万人。上海人口密度由 1 785 人/平方公里增加至 3 632 人/平方公里，成为全国人口密度最大的城市。上海常住人口规模迅速增大的主要原因是外省市人口的大量流入，尤其是 2000—2010 年，上海常住人口增量中，有 89.5%来自外省市流入。2010 年，外省市来沪常住人口占上海常住人口比重由 2000 年的 18.6%提高至 39%。

1978 年，上海户籍人口自然增长率为 5.1‰，但 1993—2010 年间户籍人口自然变动连年处于负增长状态。每年户籍人口增量主要来自 10 多万人口的户籍迁入，户籍人口总量增长缓慢。2010 年末，上海户籍人口为 1 412.32 万人，比 1978 年的 1 098.28 万人增加 314.04 万人。

1978—2010 年，上海从业人员总量随着经济发展而增长，就业规模扩大。2010 年，上海从业人员数达 1 090.76 万人，比 2000 年增长 31.7%，比 1978 年增长 56.2%，32 年从业人员年均增长 1.4%。

2010 年，上海一、二、三产业从业人员比重分别为 3.4%、40.7%和 55.9%，与 1978 年相比，第一产业从业人员比重降低 31 个百分点，第二产业从业人员比重降低 3.3 个百分点，第三产业从业人员比重提高 34.3 个百分点，第三产业已成为吸纳就业人员最多的产业。

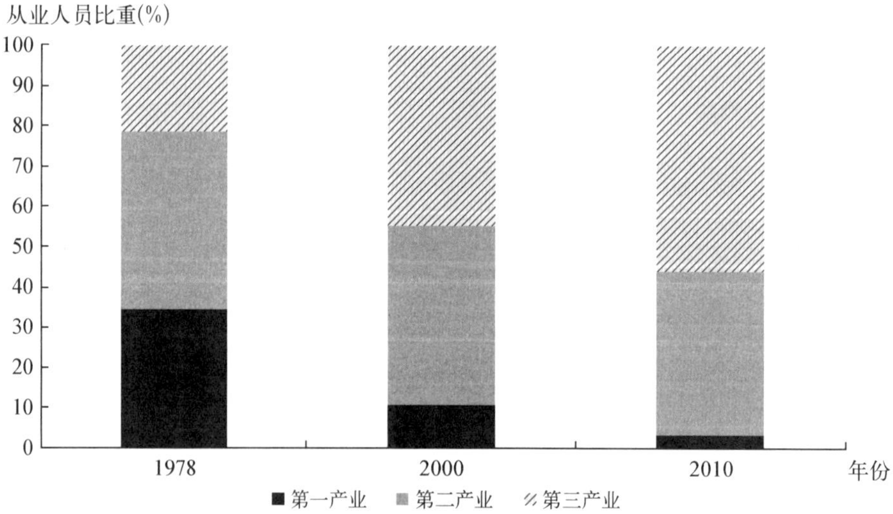


**图 1-5-1　1978 年、2000 年、2010 年上海三次产业从业人员比重**

2010 年，上海从业人员报酬总额达 3 320.86 亿元，比 1978 年增长 116.8 倍，年均增长 16.1%。

分三次产业看，各产业从业人员报酬总额均有增长，但所占比重增减不一。2010 年，上海一、二、三产业从业人员报酬总额分别为 5.76 亿元、1 224.97 亿元和 2 090.13 亿元，比 1978 年增长 3.4 倍、70.3 倍和 214.7 倍。三次产业从业人员报酬所占比重分别为 0.2%、36.9%和 62.9%。其中，第一产业和第二产业从业人员报酬比重分别比 1978 年下降 4.4 个百分点和 24.1 个百分点，第三产业从业人员报酬比重比 1978 年上升 28.5 个百分点。

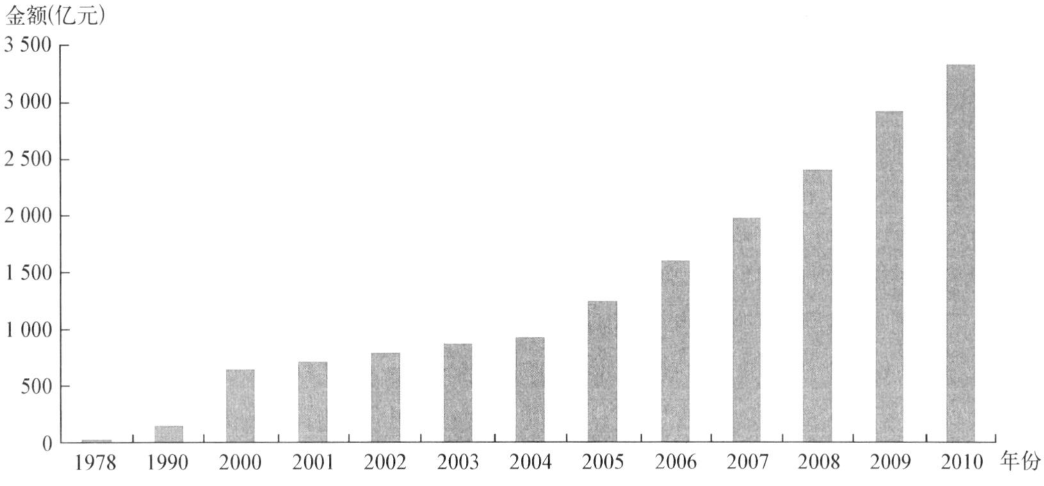


**图 1-5-2　1978 年、1990 年、2000—2010 年上海从业人员报酬总量**

2010 年，上海职工平均工资为 46 757 元，比 1978 年增长 68.6 倍，年均增长 14.2%。

从工资水平看，1996 年，上海职工平均工资突破 1 万元；2003 年，上海职工平均工资突破 2 万元；2010 年，上海职工平均工资突破 4 万元。

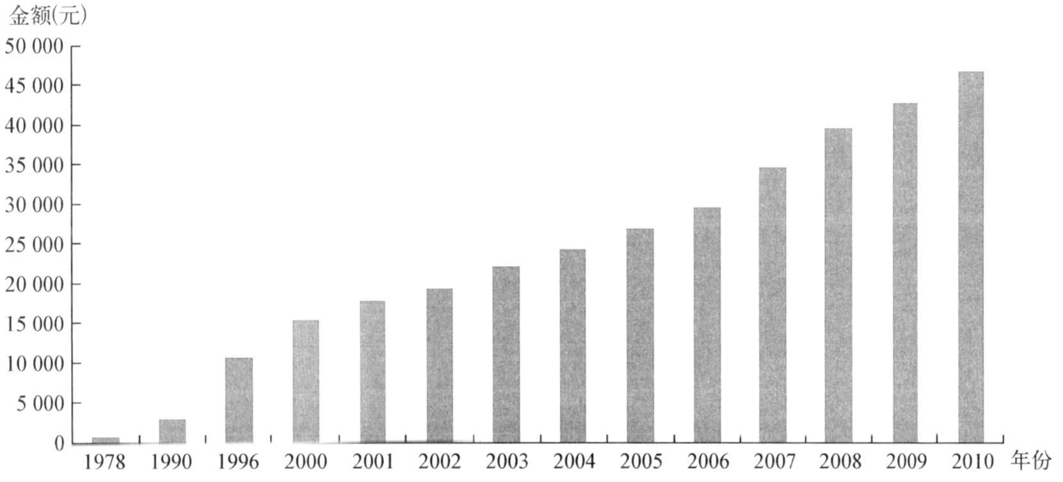


**图 1-5-3　1978 年、1990 年、1996 年、2000—2010 年上海职工平均工资增长情况**

1978—2010 年，上海各类性质单位的职工平均工资均有较大幅度增长。2010 年，上海国有单位、集体单位、港澳台和外商投资单位、其他单位的职工平均工资分别为 70 585 元、28 225 元、56 296 元和 35 213 元，国有单位、集体单位比 1978 年增长 97.6 倍、55.45 倍。1978 年没有港澳台和外商投资单位、其他单位性质的单位。

各类单位的职工平均工资排位发生变化。1978 年，上海各类单位中，国有单位职工平均工资高于集体单位。1990 年，港澳台和外商投资单位的职工平均工资最高，国有单位和其他单位次之，集体单位最低。2010 年，上海国有单位职工平均工资最高，港澳台和外商投资单位、其他单位次之，集体单位最低。

各类单位之间工资差距扩大。2010 年，上海工资水平最高的单位类型的职工平均工资是最低单位类型的 2.5 倍，比 1978 年的 1.4 倍有所扩大。

表1-5-1　1978—2010年户数、人口数和人口密度统计表

| 年　份 | 总户数(万户) | 平均每户人口(人) | 户籍人口(万人) | 按户籍人口计算的人口密度(人/平方公里) | 常住人口(万人) | 按常住人口计算的人口密度(人/平方公里) |
|---|---|---|---|---|---|---|
| 1978 | 291.69 | 3.8 | 1 098.28 | 1 776 | 1 104.00 | 1 785 |
| 1979 | 296.71 | 3.8 | 1 132.14 | 1 830 | 1 137.00 | 1 838 |
| 1980 | 303.87 | 3.8 | 1 146.52 | 1 854 | 1 152.00 | 1 862 |
| 1981 | 314.56 | 3.7 | 1 162.84 | 1 880 | 1 168.00 | 1 888 |
| 1982 | 321.71 | 3.7 | 1 180.51 | 1 908 | 1 186.00 | 1 917 |
| 1983 | 330.6 | 3.6 | 1 194.01 | 1 930 | 1 201.00 | 1 942 |
| 1984 | 340.78 | 3.5 | 1 204.78 | 1 948 | 1 217.00 | 1 968 |
| 1985 | 351.72 | 3.5 | 1 216.69 | 1 967 | 1 233.00 | 1 993 |
| 1986 | 364.92 | 3.4 | 1 232.33 | 1 944 | 1 249.00 | 1 970 |
| 1987 | 380.19 | 3.3 | 1 249.51 | 1 971 | 1 265.00 | 1 995 |
| 1988 | 394.95 | 3.2 | 1 262.42 | 1 991 | 1 288.00 | 2 031 |
| 1989 | 406.82 | 3.1 | 1 276.45 | 2 013 | 1 311.00 | 2 067 |
| 1990 | 415.28 | 3.1 | 1 283.35 | 2 024 | 1 334.00 | 2 104 |
| 1991 | 425.84 | 3.0 | 1 287.20 | 2 030 | 1 350.00 | 2 128 |
| 1992 | 431.67 | 3.0 | 1 289.37 | 2 034 | 1 365.00 | 2 154 |
| 1993 | 438.69 | 3.0 | 1 294.74 | 2 042 | 1 381.00 | 2 179 |
| 1994 | 444.38 | 2.9 | 1 298.81 | 2 048 | 1 398.00 | 2 204 |
| 1995 | 450.76 | 2.9 | 1 301.37 | 2 052 | 1 414.00 | 2 230 |
| 1996 | 457.49 | 2.9 | 1 304.43 | 2 057 | 1 451.00 | 2 288 |
| 1997 | 461.40 | 2.8 | 1 305.46 | 2 059 | 1 489.00 | 2 348 |
| 1998 | 465.72 | 2.8 | 1 306.58 | 2 061 | 1 527.00 | 2 409 |
| 1999 | 470.11 | 2.8 | 1 313.12 | 2 071 | 1 567.00 | 2 472 |
| 2000 | 475.73 | 2.8 | 1 321.63 | 2 084 | 1 608.60 | 2 537 |
| 2001 | 478.92 | 2.8 | 1 327.14 | 2 093 | 1 668.33 | 2 631 |
| 2002 | 481.77 | 2.8 | 1 334.23 | 2 104 | 1 712.97 | 2 702 |
| 2003 | 486.06 | 2.8 | 1 341.77 | 2 116 | 1 765.84 | 2 785 |
| 2004 | 490.58 | 2.8 | 1 352.39 | 2 133 | 1 834.98 | 2 894 |
| 2005 | 496.69 | 2.7 | 1 360.26 | 2 145 | 1 890.26 | 2 981 |
| 2006 | 499.54 | 2.7 | 1 368.08 | 2 158 | 1 964.11 | 3 098 |
| 2007 | 503.29 | 2.7 | 1 378.86 | 2 175 | 2 063.58 | 3 255 |
| 2008 | 506.64 | 2.7 | 1 391.04 | 2 194 | 2 140.65 | 3 376 |
| 2009 | 509.79 | 2.7 | 1 400.70 | 2 209 | 2 210.28 | 3 486 |
| 2010 | 519.27 | 2.7 | 1 412.32 | 2 227 | 2 302.66 | 3 632 |

表 1-5-2　1978—2010 年人口性别比和平均期望寿命统计表

| 年　份 | 户籍人口（万人） | | | 性别比（以女性为 100） | 平均期望寿命（岁） | | |
|---|---|---|---|---|---|---|---|
| | | 男 | 女 | | | 男 | 女 |
| 1978 | 1 098.28 | 542.70 | 555.58 | 97.68 | 73.35 | 70.69 | 74.78 |
| 1979 | 1 132.14 | 560.40 | 571.74 | 98.02 | 73.14 | 70.64 | 75.48 |
| 1980 | 1 146.52 | 569.30 | 577.22 | 98.63 | 73.33 | 71.25 | 75.36 |
| 1981 | 1 162.84 | 578.76 | 584.08 | 99.09 | 73.38 | 71.28 | 75.47 |
| 1982 | 1 180.51 | 588.82 | 591.69 | 99.51 | 74.04 | 71.77 | 76.25 |
| 1983 | 1 194.01 | 596.67 | 597.34 | 99.89 | 73.23 | 71.15 | 75.26 |
| 1984 | 1 204.78 | 602.59 | 602.19 | 100.07 | 73.90 | 71.73 | 76.17 |
| 1985 | 1 216.69 | 609.70 | 606.99 | 100.45 | 74.27 | 72.14 | 76.37 |
| 1986 | 1 232.33 | 618.88 | 613.45 | 100.89 | 74.71 | 72.54 | 76.85 |
| 1987 | 1 249.51 | 628.78 | 620.73 | 101.30 | 74.46 | 72.32 | 76.60 |
| 1988 | 1 262.42 | 635.82 | 626.60 | 101.47 | 74.63 | 72.50 | 76.77 |
| 1989 | 1 276.45 | 643.51 | 632.94 | 101.67 | 74.98 | 72.85 | 77.12 |
| 1990 | 1 283.35 | 647.13 | 636.22 | 101.71 | 75.46 | 73.16 | 77.74 |
| 1991 | 1 287.20 | 649.03 | 638.17 | 101.70 | 75.79 | 73.58 | 77.95 |
| 1992 | 1 289.37 | 649.97 | 639.40 | 101.65 | 75.97 | 74.04 | 77.91 |
| 1993 | 1 294.74 | 652.92 | 641.82 | 101.73 | 75.97 | 74.04 | 77.91 |
| 1994 | 1 298.81 | 655.14 | 643.67 | 101.78 | 76.26 | 74.29 | 78.23 |
| 1995 | 1 301.37 | 656.48 | 644.89 | 101.80 | 76.03 | 74.11 | 77.97 |
| 1996 | 1 304.43 | 657.86 | 646.57 | 101.75 | 76.11 | 74.07 | 78.21 |
| 1997 | 1 305.46 | 657.93 | 647.53 | 101.61 | 77.20 | 75.18 | 79.21 |
| 1998 | 1 306.58 | 658.22 | 648.36 | 101.52 | 77.03 | 75.06 | 79.02 |
| 1999 | 1 313.12 | 661.19 | 651.93 | 101.42 | 78.44 | 76.38 | 80.53 |
| 2000 | 1 321.63 | 665.51 | 656.12 | 101.43 | 78.77 | 76.71 | 80.81 |
| 2001 | 1 327.14 | 668.32 | 658.82 | 101.44 | 79.66 | 77.47 | 81.83 |
| 2002 | 1 334.23 | 672.05 | 662.18 | 101.49 | 79.52 | 77.36 | 81.63 |
| 2003 | 1 341.77 | 675.47 | 666.30 | 101.38 | 79.80 | 77.78 | 81.81 |
| 2004 | 1 352.39 | 680.38 | 672.01 | 101.25 | 80.29 | 78.08 | 82.48 |
| 2005 | 1 360.26 | 683.51 | 676.75 | 101.00 | 80.13 | 77.89 | 82.36 |
| 2006 | 1 368.08 | 686.66 | 681.42 | 100.77 | 80.97 | 78.64 | 83.29 |
| 2007 | 1 378.86 | 691.08 | 687.78 | 100.48 | 81.08 | 78.87 | 83.29 |
| 2008 | 1 391.04 | 695.57 | 695.47 | 100.01 | 81.28 | 79.06 | 83.50 |
| 2009 | 1 400.70 | 699.25 | 701.45 | 99.69 | 81.73 | 79.42 | 84.06 |
| 2010 | 1 412.32 | 703.57 | 708.75 | 99.27 | 82.13 | 79.82 | 84.44 |

表1-5-3　1978—2010年人口迁移统计表

| 年份 | 迁入 | | 迁出 | | 机械增长 | |
|---|---|---|---|---|---|---|
| | 人口(万人) | 迁入率(‰) | 人口(万人) | 迁出率(‰) | 人口(万人) | 增长率(‰) |
| 1978 | 24.83 | 22.70 | 18.13 | 16.60 | 6.70 | 6.10 |
| 1979 | 59.83 | 53.60 | 33.34 | 29.90 | 26.49 | 23.70 |
| 1980 | 28.75 | 25.20 | 21.08 | 18.50 | 7.67 | 6.70 |
| 1981 | 23.62 | 20.40 | 19.21 | 16.60 | 4.41 | 3.80 |
| 1982 | 23.46 | 20.00 | 19.66 | 16.80 | 3.80 | 3.20 |
| 1983 | 22.68 | 19.10 | 19.08 | 16.10 | 3.60 | 3.00 |
| 1984 | 19.65 | 16.40 | 17.48 | 14.60 | 2.17 | 1.80 |
| 1985 | 11.14 | 9.20 | 5.88 | 4.86 | 5.26 | 4.34 |
| 1986 | 12.67 | 10.35 | 6.29 | 5.14 | 6.38 | 5.21 |
| 1987 | 12.87 | 10.37 | 6.17 | 4.97 | 6.70 | 5.40 |
| 1988 | 12.16 | 9.68 | 6.98 | 5.56 | 5.18 | 4.12 |
| 1989 | 12.93 | 10.19 | 8.99 | 7.08 | 3.94 | 3.11 |
| 1990 | 12.18 | 9.52 | 10.72 | 8.38 | 1.46 | 1.14 |
| 1991 | 8.68 | 6.75 | 6.58 | 5.12 | 2.10 | 1.63 |
| 1992 | 9.24 | 7.17 | 6.41 | 4.98 | 2.83 | 2.19 |
| 1993 | 12.23 | 9.47 | 5.64 | 4.37 | 6.59 | 5.10 |
| 1994 | 13.20 | 10.18 | 5.42 | 4.18 | 7.78 | 6.00 |
| 1995 | 13.12 | 10.09 | 6.47 | 4.98 | 6.65 | 5.11 |
| 1996 | 13.01 | 9.99 | 6.41 | 4.92 | 6.60 | 5.07 |
| 1997 | 11.47 | 8.79 | 5.72 | 4.38 | 5.75 | 4.41 |
| 1998 | 11.73 | 8.98 | 5.04 | 3.86 | 6.69 | 5.12 |
| 1999 | 14.06 | 10.73 | 5.08 | 3.88 | 8.98 | 6.85 |
| 2000 | 15.16 | 11.51 | 5.32 | 4.04 | 9.84 | 7.47 |
| 2001 | 14.63 | 11.05 | 5.56 | 4.20 | 9.07 | 6.85 |
| 2002 | 15.41 | 11.58 | 4.38 | 3.29 | 11.03 | 8.29 |
| 2003 | 14.92 | 11.15 | 3.69 | 2.76 | 11.23 | 8.39 |
| 2004 | 13.93 | 10.34 | 2.74 | 2.03 | 11.19 | 8.31 |
| 2005 | 12.96 | 9.55 | 3.46 | 2.55 | 9.50 | 7.00 |
| 2006 | 12.86 | 9.43 | 3.50 | 2.57 | 9.36 | 6.86 |
| 2007 | 14.69 | 10.70 | 3.95 | 2.88 | 10.74 | 7.82 |
| 2008 | 17.28 | 12.48 | 4.29 | 3.10 | 12.99 | 9.38 |
| 2009 | 15.72 | 11.26 | 4.77 | 3.42 | 10.95 | 7.84 |
| 2010 | 17.22 | 12.24 | 4.97 | 3.53 | 12.25 | 8.71 |

说明：1985年开始不包括市内迁移。

表 1 - 5 - 4 2005—2010 年在沪外国常住人口统计表

单位：人

| 类 别 | 2005 年 | 2006 年 | 2007 年 | 2008 年 | 2009 年 | 2010 年 |
|---|---|---|---|---|---|---|
| 总 计 | 100 011 | 119 876 | 133 340 | 152 104 | 152 050 | 162 481 |
| 居留许可外国人 | 95 384 | 115 326 | 129 475 | 147 826 | 147 213 | 159 303 |
| 按国别(地区)分 | | | | | | |
| #日 本 | 27 812 | 29 326 | 31 025 | 33 472 | 31 490 | 35 075 |
| 韩 国 | 14 047 | 17 020 | 18 600 | 22 736 | 20 700 | 21 073 |
| 马来西亚 | 3 480 | 4 097 | 4 594 | | | |
| 新加坡 | 5 547 | 6 336 | 7 001 | 7 717 | 7 209 | 7 545 |
| 德 国 | 4 591 | 5 636 | 6 333 | 7 264 | 7 253 | 8 023 |
| 英 国 | 2 904 | 3 725 | 4 228 | 5 008 | 5 137 | 5 591 |
| 加拿大 | 4 279 | 4 572 | 5 376 | 6 455 | 6 121 | 7 306 |
| 美 国 | 14 329 | 15 877 | 18 152 | 21 730 | 21 284 | 24 358 |
| 澳大利亚 | 3 729 | 3 927 | 4 478 | 5 635 | 5 257 | 6 165 |
| 法 国 | 4 181 | 5 437 | 6 203 | 7 426 | 7 437 | 8 238 |
| 按类别分 | | | | | | |
| #留学人员及家属 | 10 224 | 12 555 | 13 368 | 14 655 | 14 654 | 16 064 |
| 驻华机构代表及家属 | 9 769 | 11 281 | 11 589 | 12 179 | 10 754 | 8 933 |
| 外资企业工作人员及家属 | 60 137 | 76 873 | 87 271 | 98 925 | 96 750 | 95 623 |
| 外国专家及家属 | 4 586 | 4 942 | 5 753 | 6 238 | 6 582 | 6 638 |
| 永久居留外国人 | | 295 | 435 | 604 | 715 | 948 |
| 半年以上长期签证外国人 | | 4 255 | 3 430 | 3 674 | 4 122 | 2 230 |

表 1-5-5 1978—2010 年全社会从业人员统计表

| 年份 | 从业人员(万人) | 第一产业 | 第二产业 | 第三产业 | 第三产业从业人员占全市从业人数比重(%) |
|---|---|---|---|---|---|
| 1978 | 698.32 | 240.06 | 307.48 | 150.78 | 21.6 |
| 1979 | 712.59 | 224.85 | 330.88 | 156.86 | 22.0 |
| 1980 | 730.77 | 212.05 | 354.83 | 163.89 | 22.4 |
| 1981 | 750.22 | 204.86 | 374.86 | 170.50 | 22.7 |
| 1982 | 764.03 | 194.36 | 388.52 | 181.15 | 23.7 |
| 1983 | 768.90 | 176.62 | 405.48 | 186.80 | 24.3 |
| 1984 | 769.79 | 150.59 | 423.80 | 195.40 | 25.4 |
| 1985 | 775.53 | 126.78 | 445.38 | 203.37 | 26.2 |
| 1986 | 782.99 | 111.48 | 457.42 | 214.09 | 27.3 |
| 1987 | 788.12 | 102.51 | 463.59 | 222.02 | 28.2 |
| 1988 | 792.13 | 93.17 | 467.56 | 231.40 | 29.2 |
| 1989 | 784.96 | 88.71 | 463.81 | 232.44 | 29.6 |
| 1990 | 787.72 | 87.25 | 467.08 | 233.39 | 29.6 |
| 1991 | 798.13 | 82.59 | 471.23 | 244.31 | 30.6 |
| 1992 | 806.91 | 77.40 | 470.77 | 258.74 | 32.1 |
| 1993 | 787.25 | 75.20 | 455.47 | 256.58 | 32.6 |
| 1994 | 786.04 | 75.30 | 440.83 | 269.91 | 34.3 |
| 1995 | 794.19 | 78.25 | 432.57 | 283.37 | 35.7 |
| 1996 | 851.21 | 102.52 | 444.80 | 303.89 | 35.7 |
| 1997 | 847.25 | 107.67 | 416.04 | 323.54 | 38.2 |
| 1998 | 836.21 | 104.05 | 384.88 | 347.28 | 41.5 |
| 1999 | 812.09 | 92.69 | 377.28 | 342.12 | 42.1 |
| 2000 | 828.35 | 89.23 | 367.04 | 372.08 | 44.9 |
| 2001 | 792.26 | 87.18 | 315.91 | 389.17 | 49.1 |
| 2002 | 829.72 | 84.25 | 329.16 | 416.31 | 50.2 |
| 2003 | 854.61 | 73.72 | 348.38 | 432.51 | 50.6 |
| 2004 | 978.31 | 67.29 | 443.68 | 467.34 | 47.8 |
| 2005 | 969.24 | 61.02 | 411.24 | 496.98 | 51.3 |
| 2006 | 1 005.24 | 55.33 | 418.94 | 530.97 | 52.8 |
| 2007 | 1 024.33 | 53.71 | 422.55 | 548.07 | 53.5 |
| 2008 | 1 053.24 | 49.38 | 424.16 | 579.70 | 55.0 |
| 2009 | 1 064.42 | 48.53 | 423.03 | 592.86 | 55.7 |
| 2010 | 1 090.76 | 37.09 | 443.74 | 609.93 | 55.9 |

说明：2001 年起，从业人员数据根据第二次经济普查数据进行了调整。

表 1－5－6　1978—2010 年社会就业统计表

| 年　份 | 城镇从业人数（万人） | 城镇新增就业人数（万人） | 城镇登记失业人数（万人） | 城镇登记失业率（%） |
|---|---|---|---|---|
| 1978 | 423.64 | 16.43 | 10.00 | 2.3 |
| 1979 | 432.83 | 47.80 | 5.20 | 1.2 |
| 1980 | 448.39 | 23.05 | 14.75 | 3.2 |
| 1981 | 466.56 | 27.02 | 3.52 | 0.7 |
| 1982 | 479.33 | 24.47 | 2.57 | 0.5 |
| 1983 | 487.85 | 16.55 | 1.02 | 0.2 |
| 1984 | 492.98 | 14.78 | 1.96 | 0.4 |
| 1985 | 499.58 | 17.15 | 1.20 | 0.2 |
| 1986 | 507.38 | 16.02 | 1.82 | 0.4 |
| 1987 | 515.26 | 19.18 | 2.90 | 0.6 |
| 1988 | 520.87 | 16.97 | 4.50 | 0.9 |
| 1989 | 517.77 | 14.68 | 6.99 | 1.3 |
| 1990 | 519.44 | 14.17 | 7.70 | 1.5 |
| 1991 | 532.32 | 15.96 | 7.61 | 1.4 |
| 1992 | 536.24 | 19.78 | 9.42 | 1.7 |
| 1993 | 521.28 | 18.41 | 12.97 | 2.4 |
| 1994 | 521.06 | 26.63 | 14.85 | 2.8 |
| 1995 | 531.34 | 39.64 | 14.36 | 2.7 |
| 1996 | 533.00 | 29.94 | 14.54 | 2.7 |
| 1997 | 534.91 | 36.13 | 14.90 | 2.8 |
| 1998 | 566.99 | 26.73 | 15.96 | 2.9 |
| 1999 | 548.92 | 16.80 | 17.47 | 3.1 |
| 2000 | 560.60 | 49.74 | 20.08 | 3.5 |
| 2001 | 573.23 | 51.69 | 25.72 | 4.3 |
| 2002 | 576.40 | 62.86 | 28.78 | 4.8 |
| 2003 | 582.10 | 65.97 | 30.11 | 4.9 |
| 2004 | 588.97 | 67.42 | 27.43 | 4.5 |
| 2005 | 598.34 | 68.49 | 27.50 | 4.4 |
| 2006 | 605.43 | 68.99 | 27.82 | 4.4 |
| 2007 | 603.34 | 70.75 | 26.78 | 4.3 |
| 2008 | 606.76 | 63.66 | 26.60 | 4.2 |
| 2009 |  | 62.86 | 27.87 | 4.3 |
| 2010 |  | 70.21 | 27.73 | 4.2 |

说明：城镇从业人员从 2009 年起没有此数据。

表1-5-7 1978—2010年从业人员报酬统计表

单位:亿元

| 年份 | 从业人员报酬 | 按产业分 | | | 按登记注册类型分 | | |
|---|---|---|---|---|---|---|---|
| | | 第一产业 | 第二产业 | 第三产业 | 国有单位 | 集体单位 | 其他单位 |
| 1978 | 28.18 | 1.31 | 17.18 | 9.69 | 23.88 | 4.30 | |
| 1979 | 32.90 | 1.44 | 20.43 | 11.03 | 27.77 | 5.13 | |
| 1980 | 38.26 | 1.66 | 23.42 | 13.18 | 31.71 | 6.55 | |
| 1981 | 39.76 | 1.61 | 24.40 | 13.75 | 32.55 | 7.21 | |
| 1982 | 41.55 | 1.59 | 25.15 | 14.81 | 33.83 | 7.72 | |
| 1983 | 43.21 | 1.48 | 26.07 | 15.66 | 35.07 | 8.14 | |
| 1984 | 54.13 | 1.63 | 33.29 | 19.21 | 43.39 | 10.29 | 0.45 |
| 1985 | 69.63 | 2.10 | 42.86 | 24.67 | 55.96 | 13.18 | 0.49 |
| 1986 | 84.89 | 2.45 | 51.70 | 30.74 | 68.32 | 15.84 | 0.73 |
| 1987 | 96.36 | 2.64 | 58.18 | 35.54 | 78.15 | 17.46 | 0.75 |
| 1988 | 117.04 | 3.18 | 70.35 | 43.51 | 94.78 | 20.91 | 1.35 |
| 1989 | 134.04 | 3.60 | 81.41 | 49.03 | 106.57 | 25.17 | 2.30 |
| 1990 | 150.48 | 4.02 | 89.48 | 56.98 | 121.56 | 25.64 | 3.28 |
| 1991 | 177.55 | 4.64 | 105.25 | 67.66 | 142.00 | 30.24 | 5.31 |
| 1992 | 223.36 | 2.47 | 135.49 | 85.40 | 179.43 | 35.40 | 8.53 |
| 1993 | 290.42 | 2.57 | 157.10 | 130.75 | 212.10 | 39.56 | 38.76 |
| 1994 | 374.44 | 3.11 | 186.81 | 184.52 | 268.19 | 48.59 | 57.66 |
| 1995 | 465.67 | 3.53 | 232.10 | 230.04 | 324.72 | 56.99 | 83.96 |
| 1996 | 521.63 | 3.72 | 250.94 | 266.97 | 359.56 | 60.18 | 101.89 |
| 1997 | 547.87 | 3.69 | 245.59 | 298.59 | 366.61 | 60.11 | 121.15 |
| 1998 | 535.51 | 3.47 | 255.43 | 276.61 | 330.70 | 45.11 | 159.70 |
| 1999 | 612.85 | 3.35 | 277.11 | 332.39 | 366.55 | 43.62 | 202.68 |
| 2000 | 647.55 | 3.32 | 283.20 | 361.03 | 369.65 | 38.88 | 239.02 |
| 2001 | 716.95 | 3.25 | 301.93 | 411.77 | 389.26 | 36.91 | 290.78 |
| 2002 | 788.55 | 3.76 | 333.64 | 451.15 | 404.89 | 34.18 | 349.48 |
| 2003 | 873.06 | 2.53 | 373.19 | 497.34 | 434.93 | 32.43 | 405.70 |
| 2004 | 925.33 | 2.69 | 383.84 | 538.80 | 435.30 | 31.00 | 459.03 |
| 2005 | 1 245.44 | 3.21 | 478.97 | 763.26 | 474.39 | 30.28 | 740.77 |
| 2006 | 1 598.09 | 3.92 | 656.41 | 937.76 | 559.02 | 31.15 | 1 007.92 |
| 2007 | 1 976.54 | 4.35 | 796.03 | 1 176.16 | 704.35 | 35.94 | 1 236.25 |
| 2008 | 2 399.63 | 4.68 | 934.34 | 1 460.61 | 797.29 | 36.40 | 1 565.94 |
| 2009 | 2 902.66 | 5.28 | 1 060.30 | 1 837.08 | 938.66 | 38.70 | 1 925.30 |
| 2010 | 3 320.86 | 5.76 | 1 224.97 | 2 090.13 | 1 055.50 | 38.39 | 2 226.97 |

说明:2006年起,从业人员报酬包括120人以上私营企业从业人员报酬。

表 1-5-8　1978—2010 年职工平均工资统计表

单位：元

| 年　份 | 职工平均工　资 | 国有单位 | 集体单位 | 港澳台和外商投资单位 | 其他单位 |
|---|---|---|---|---|---|
| 1978 | 672 | 716 | 500 | | |
| 1979 | 784 | 834 | 590 | | |
| 1980 | 873 | 918 | 702 | | |
| 1981 | 870 | 910 | 727 | | |
| 1982 | 883 | 920 | 750 | | |
| 1983 | 897 | 935 | 763 | | |
| 1984 | 1 110 | 1 160 | 938 | 2 090 | 976 |
| 1985 | 1 416 | 1 467 | 1 227 | 2 487 | 1 415 |
| 1986 | 1 689 | 1 752 | 1 443 | 2 778 | 1 832 |
| 1987 | 1 893 | 1 960 | 1 623 | 2 903 | 2 020 |
| 1988 | 2 277 | 2 354 | 1 951 | 3 329 | 2 239 |
| 1989 | 2 608 | 2 691 | 2 259 | 3 755 | 2 689 |
| 1990 | 2 917 | 3 037 | 2 394 | 4 246 | 2 549 |
| 1991 | 3 375 | 3 487 | 2 817 | 5 032 | 2 999 |
| 1992 | 4 273 | 4 451 | 3 363 | 6 083 | 3 560 |
| 1993 | 5 650 | 5 784 | 4 253 | 8 019 | 6 474 |
| 1994 | 7 401 | 7 529 | 5 389 | 10 818 | 8 766 |
| 1995 | 9 279 | 9 578 | 6 309 | 12 250 | 10 846 |
| 1996 | 10 663 | 11 015 | 7 051 | 14 756 | 11 553 |
| 1997 | 11 425 | 11 733 | 7 329 | 16 003 | 12 465 |
| 1998 | 12 059 | 12 361 | 7 138 | 16 890 | 12 243 |
| 1999 | 14 147 | 14 419 | 7 935 | 19 186 | 14 385 |
| 2000 | 15 420 | 15 737 | 8 041 | 20 330 | 15 728 |
| 2001 | 17 764 | 17 820 | 8 525 | 24 352 | 18 032 |
| 2002 | 19 473 | 19 777 | 8 707 | 25 235 | 18 774 |
| 2003 | 22 160 | 22 541 | 9 844 | 27 976 | 21 135 |
| 2004 | 24 398 | 24 726 | 11 539 | 27 961 | 24 769 |
| 2005 | 26 823 | 28 803 | 12 819 | 34 110 | 23 693 |
| 2006 | 29 569 | 36 010 | 15 209 | 40 683 | 23 592 |
| 2007 | 34 707 | 46 426 | 19 244 | 41 006 | 26 633 |
| 2008 | 39 502 | 53 554 | 21 787 | 46 202 | 30 670 |
| 2009 | 42 789 | 62 390 | 25 390 | 50 666 | 32 268 |
| 2010 | 46 757 | 70 585 | 28 225 | 56 296 | 35 213 |

# 第二篇

## 工业、交通运输、邮政业

1978—1990 年，上海经济体制改革、产业结构调整拉开序幕，着力推进简政放权，搞活企业。根据“调整，改革，整顿，提高”的方针，工业领域加强技术改造，调整轻重工业比例关系。交通领域，努力增加车辆，提高运能，改进线网布局。轮渡设施建设也被列为市政府实事项目。上海加强与铁道部合作，加快铁路建设。1979 年开始，邮电实行“以邮养邮”“以话养话”等政策，邮政电信逐步趋于正常。

工业统计报表从生产型逐步向生产经营型转变，进行了第二次工业普查，对小型工业企业试行抽样调查。建立了包括陆、海、空等各种运输方式在内的交通邮电统计报表制度，并根据不同运输方式采用不同的调查手段。邮电管理局初步充实了统计力量，逐步运用计算机处理统计数据，1990 年起发布邮政业务总量指标。

1991—2000 年，上海全力推进产业结构调整，工业产业结构进入战略性调整阶段，确定了六大支柱产业。公交改革启动，南浦大桥等一批重大工程相继建成，中心城区立体道路网络形成。洋山深水港区建设拉开帷幕，航运服务体系完善优化。邮政通信事业得到政策扶持。

相关统计改革继续深化。按照国家统计局的统一部署，上海以工业增加值为主要总量指标，全面试算工业生产指数。进行了上海国际海运统计体系试点工作。1995 年起，市统计局编印的《上海工业物资能源交通统计年鉴》中增加了交通、邮电系统独立核算单位主要经济指标。

进入 21 世纪以后，上海工业产业结构进入创新型调整阶段，支柱产业进一步发展。交通运输业形成依托公路、水路、铁路、航空四种运输方式的对外运输体系和依托轨道交通和公共汽电车为骨架的城市公共交通体系。随着电子商务的兴起和现代物流业的发展，快递业态兴起并飞速发展。

按照国家统计局要求，工业统计正式纳入市统计局联网直报平台。2009 年开始，上海交通统计制度在年报的基础上，建立起定期报表制度。上海国际航运中心建设统计指标体系的构建和编纂也始于这一阶段。

# 第一章　工　　业

改革开放之初，上海已经是中国工业生产部门门类齐全、轻重工业同步发展、综合生产能力最强的工业城市。1978年完成工业总产值514.01亿元，占全国工业总产值的12.1%。其中，轻工业总产值266.02亿元，占全国的14.6%；重工业总产值247.99亿元，占10.3%。

1990年4月，党中央、国务院宣布开发开放浦东，有力地推动了上海工业的改革开放和结构转型。当年，上海完成工业总产值1 642.75亿元，其中，轻工业总产值846.63亿元，重工业总产值796.12亿元。

经过30多年的快速发展，2010年，上海完成工业总产值31 038.57亿元，按可比价格计算，比1978年增长38.7倍，年均增长12.2%。

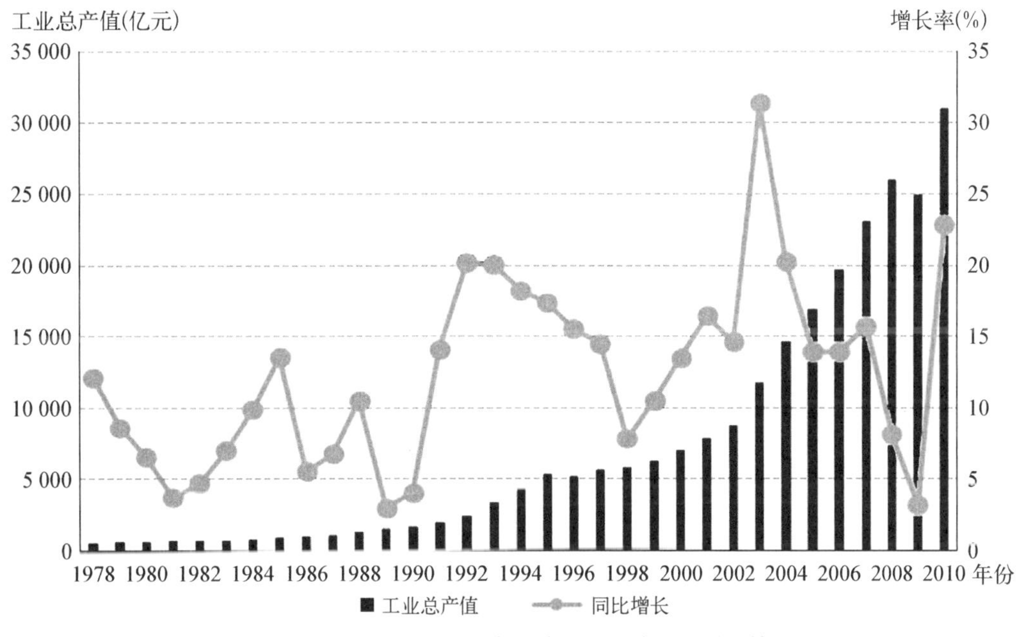


**图2-1-1　1978—2010年上海工业总产值及增长情况**

2010年，上海轻工业完成工业总产值6 692.35亿元，比1978年增长19.3倍，年均增长9.9%；重工业完成24 346.22亿元，增长54.4倍，年均增长13.4%。轻工业和重工业比例由1978年51.8∶48.2转变成21.6∶78.4。

改革开放以后，随着上海工业国际化、市场化程度的加深，现代企业制度的建立，外商及港澳台投资企业、股份制企业呈现出了蓬勃发展势头，其他经济类型取代国有经济、集体经济逐渐成为上海工业的主力军。1978年，上海国有经济完成工业总产值471.35亿元，占上海工业的91.7%；集体经济完成42.66亿元，占8.3%。1990年，上海国有经济完成1 114.46亿元，占67.8%；集体经济完成287.05亿元，占17.5%；其他经济类型完成241.24亿元，占14.7%。2010年，上海规模以上工业企业完成工业总产值30 114.41亿元。其中，国有经济1 752.99亿元，占5.8%；集体经济

244.53 亿元,占 0.8%;其他经济类型 28 116.88 亿元,占 93.4%。

20 世纪 90 年代,上海工业实行工业结构战略性调整,确定电子信息产品制造业、汽车制造业、石油化工及精细化工制造业、精品钢材制造业、成套设备制造业、生物医药制造业等重点发展工业行业。

2010 年,上海六个重点发展工业行业单位数达到 6 066 个(六个重点发展工业行业从 2001 年开始统计),比 2001 年增长 1.3 倍,占全市规模以上工业企业单位数的 36.4%;从业人员年平均人数达到 138.09 万人,比 2001 年增长 85.9%,占全市规模以上工业企业从业人员平均人数的 47.4%。工业产值达到 19 891.08 亿元,按现价计算是 2001 年的 5.1 倍,占全市规模以上工业总产值的比重达到 66.1%,比 2001 年提高 10.6 个百分点。六个重点工业行业年末资产总计达到 16 858.38 亿元,比 2001 年增长 1.8 倍,占全市规模以上工业企业年末资产总量的 61.2%。六个重点发展工业行业利税总额达到 2 276.99 亿元,比 2001 年增长 4.3 倍。

**表 2-1-1　1978—2010 年工业总产值及指数统计表**

| 年　份 | 工业总产值(亿元) | | | 工业总产值指数(以 1978 年为 100) | | |
|---|---|---|---|---|---|---|
| | 总产值 | 轻工业 | 重工业 | 总指数 | 轻工业 | 重工业 |
| 1978 | 514.01 | 266.02 | 247.99 | 100.0 | 100.0 | 100.0 |
| 1979 | 556.30 | 290.78 | 265.52 | 108.6 | 109.7 | 107.6 |
| 1980 | 598.75 | 331.13 | 267.62 | 115.7 | 123.4 | 108.3 |
| 1981 | 620.12 | 360.12 | 260.00 | 120.0 | 135.9 | 104.6 |
| 1982 | 634.65 | 359.62 | 275.03 | 125.6 | 139.9 | 111.9 |
| 1983 | 663.53 | 363.92 | 299.61 | 134.4 | 147.6 | 121.8 |
| 1984 | 728.12 | 395.60 | 332.52 | 147.7 | 163.3 | 132.7 |
| 1985 | 862.73 | 456.59 | 406.14 | 167.7 | 184.3 | 151.9 |
| 1986 | 952.21 | 493.09 | 459.12 | 177.0 | 192.2 | 162.6 |
| 1987 | 1 073.84 | 556.96 | 516.88 | 188.9 | 206.3 | 172.4 |
| 1988 | 1 304.66 | 679.17 | 625.49 | 208.8 | 227.2 | 191.4 |
| 1989 | 1 524.67 | 789.57 | 735.10 | 215.0 | 233.6 | 197.3 |
| 1990 | 1 642.75 | 846.63 | 796.12 | 223.6 | 241.8 | 206.7 |
| 1991 | 1 947.18 | 976.34 | 970.84 | 255.2 | 269.2 | 241.9 |
| 1992 | 2 429.96 | 1 132.75 | 1 297.21 | 306.7 | 306.4 | 306.6 |
| 1993 | 3 327.04 | 1 401.33 | 1 925.71 | 368.2 | 352.7 | 380.1 |
| 1994 | 4 255.19 | 1 890.12 | 2 365.06 | 435.3 | 429.9 | 437.6 |
| 1995 | 5 349.53 | 2 432.67 | 2 916.86 | 510.9 | 504.2 | 513.9 |
| (1995) | (4 547.47) | (2 092.89) | (2 454.57) | | | |
| 1996 | 5 126.22 | 2 334.29 | 2 791.73 | 590.1 | 568.7 | 606.4 |
| 1997 | 5 649.93 | 2 528.19 | 3 121.74 | 675.7 | 640.4 | 704.1 |
| 1998 | 5 763.67 | 2 527.56 | 3 236.11 | 728.5 | 657.7 | 788.7 |
| 1999 | 6 213.24 | 2 679.71 | 3 533.53 | 805.1 | 709.1 | 887.5 |
| 2000 | 7 022.98 | 2 903.40 | 4 119.59 | 913.7 | 782.2 | 1 027.7 |
| 2001 | 7 806.18 | 2 986.59 | 4 819.59 | 1 063.8 | 865.2 | 1 234.8 |
| 2002 | 8 730.00 | 3 169.30 | 5 560.70 | 1 219.1 | 934.7 | 1 463.2 |
| 2003 | 11 708.49 | 3 550.80 | 8 157.68 | 1 601.9 | 1 064.0 | 2 061.3 |
| 2004 | 14 595.29 | 3 871.33 | 10 723.97 | 1 927.1 | 1 268.2 | 2 492.2 |
| 2005 | 16 876.78 | 4 299.31 | 12 577.48 | 2 195.0 | 1 395.0 | 2 873.5 |
| 2006 | 19 631.23 | 4 747.28 | 14 883.94 | 2 500.1 | 1 494.0 | 3 341.9 |
| 2007 | 23 108.63 | 5 318.85 | 17 789.78 | 2 892.6 | 1 641.9 | 3 926.7 |
| 2008 | 25 968.38 | 5 839.41 | 20 128.96 | 3 126.9 | 1 770.0 | 4 244.8 |
| 2009 | 24 888.08 | 5 663.34 | 19 224.74 | 3 227.0 | 1 716.9 | 4 457.0 |
| 2010 | 31 038.57 | 6 692.35 | 24 346.22 | 3 966.0 | 2 025.9 | 5 540.1 |

说明：从 1996 年开始，工业总产值按新规定计算，括号内数为 1995 年新规定数(表 2-1-2 同)。

表 2-1-2　1978—1999 年工业总产值(按登记注册类型分)统计表　单位:亿元

| 年　份 | 工业总产值 | 国有经济 | 集体经济 | 其他经济 |
|---|---|---|---|---|
| 1978 | 514.01 | 471.35 | 42.66 | |
| 1979 | 556.30 | 505.89 | 50.41 | |
| 1980 | 598.75 | 526.94 | 65.58 | 6.23 |
| 1981 | 620.12 | 532.12 | 77.79 | 10.21 |
| 1982 | 634.65 | 538.99 | 82.71 | 12.95 |
| 1983 | 663.53 | 552.73 | 94.68 | 16.12 |
| 1984 | 728.12 | 595.73 | 114.92 | 17.47 |
| 1985 | 862.73 | 672.87 | 164.40 | 25.46 |
| 1986 | 952.21 | 734.22 | 177.10 | 40.89 |
| 1987 | 1 073.84 | 790.30 | 204.81 | 78.73 |
| 1988 | 1 304.66 | 913.26 | 266.60 | 124.80 |
| 1989 | 1 524.67 | 1 049.38 | 294.19 | 181.10 |
| 1990 | 1 642.75 | 1 114.46 | 287.05 | 241.24 |
| 1991 | 1 947.18 | 1 263.12 | 354.58 | 329.48 |
| 1992 | 2 429.96 | 1 389.80 | 455.52 | 584.63 |
| 1993 | 3 327.04 | 1 629.66 | 608.35 | 1 089.03 |
| 1994 | 4 255.19 | 1 802.91 | 792.16 | 1 660.12 |
| 1995 | 5 349.53 | 2 028.45 | 926.85 | 2 394.23 |
| (1995) | (4 547.47) | (1 692.35) | (782.70) | (2 072.42) |
| 1996 | 5 126.22 | 1 678.62 | 916.75 | 2 530.85 |
| 1997 | 5 649.93 | 1 641.10 | 983.32 | 3 025.51 |
| 1998 | 5 763.67 | 1 497.60 | 915.28 | 3 350.79 |
| 1999 | 6 213.24 | 1 450.36 | 787.96 | 3 974.92 |

说明:1978—1999 年,工业总产值口径为全部工业企业。

表 2-1-3　2000—2010 年工业总产值(按登记注册类型分)统计表　单位:亿元

| 年　份 | 工　业<br>总产值 | 内　资 | #国有<br>经济 | #集体<br>经济 | #有限责<br>任公司 | #股份有<br>限公司 | #私　营 | 港澳台<br>商投资 | 外商投资 |
|---|---|---|---|---|---|---|---|---|---|
| 2000 | 6 204.52 | 2 773.33 | 864.97 | 394.78 | 635.21 | 464.83 | 63.35 | 1 043.24 | 2 387.96 |
| 2001 | 7 003.90 | 3 099.10 | 779.38 | 363.88 | 813.28 | 502.90 | 283.43 | 1 068.78 | 2 836.02 |
| 2002 | 7 740.56 | 3 167.92 | 686.55 | 318.35 | 871.15 | 564.65 | 409.56 | 1 152.66 | 3 419.99 |
| 2003 | 10 342.82 | 3 916.07 | 827.84 | 361.16 | 1 109.59 | 646.02 | 664.18 | 1 383.72 | 5 043.03 |
| 2004 | 13 969.25 | 5 410.04 | 1 091.10 | 343.56 | 1 599.09 | 807.06 | 1 281.24 | 2 201.34 | 6 357.87 |
| 2005 | 15 767.51 | 5 978.80 | 936.04 | 286.44 | 1 568.99 | 1 481.79 | 1 424.51 | 2 606.01 | 7 182.70 |
| 2006 | 18 573.13 | 6 879.44 | 1 116.74 | 287.54 | 1 596.76 | 1 735.76 | 1 826.45 | 2 475.41 | 9 218.29 |
| 2007 | 22 259.94 | 7 611.13 | 1 328.65 | 316.11 | 1 782.29 | 1 578.95 | 2 278.00 | 2 637.21 | 12 011.60 |
| 2008 | 25 121.19 | 10 129.00 | 1 888.77 | 253.11 | 2 111.26 | 2 614.91 | 2 995.75 | 4 236.51 | 10 755.68 |
| 2009 | 24 091.26 | 9 785.27 | 1 876.18 | 233.52 | 2 198.36 | 2 401.01 | 2 863.24 | 4 067.00 | 10 239.00 |
| 2010 | 30 114.41 | 11 706.73 | 1 752.99 | 244.53 | 3 220.90 | 2 765.60 | 3 483.32 | 5 347.54 | 13 060.13 |

说明:2000—2010 年,工业总产值口径为规模以上工业企业。

表 2-1-4　1978—2010 年主要工业产品产量统计表

| 年　份 | 化学纤维（万吨） | 食用植物油（万吨） | 啤　酒（亿升） | 照相机（万台） | 彩色电视机（万部） | 家用洗衣机（万台） |
|---|---|---|---|---|---|---|
| 1978 | 11.59 | 7.32 | 0.50 | 10.57 | 0.24 | |
| 1979 | 13.58 | 8.48 | 0.61 | 15.68 | 0.53 | |
| 1980 | 15.15 | 6.77 | 0.66 | 20.69 | 0.55 | 0.81 |
| 1981 | 15.65 | 8.63 | 0.72 | 26.90 | 0.66 | 3.83 |
| 1982 | 15.91 | 11.17 | 0.70 | 31.18 | 5.34 | 16.55 |
| 1983 | 15.76 | 11.50 | 0.73 | 36.88 | 15.02 | 31.80 |
| 1984 | 17.63 | 11.24 | 0.77 | 44.34 | 24.44 | 61.55 |
| 1985 | 22.49 | 11.13 | 0.83 | 53.51 | 71.75 | 113.85 |
| 1986 | 22.76 | 13.40 | 1.07 | 41.42 | 74.58 | 129.42 |
| 1987 | 23.37 | 13.80 | 1.51 | 45.06 | 85.86 | 159.33 |
| 1988 | 23.71 | 13.97 | 1.83 | 48.25 | 108.56 | 177.04 |
| 1989 | 24.81 | 13.31 | 1.43 | 34.07 | 86.45 | 138.79 |
| 1990 | 25.74 | 13.42 | 1.66 | 20.62 | 81.48 | 101.29 |
| 1991 | 26.59 | 14.71 | 1.86 | 18.60 | 108.13 | 92.26 |
| 1992 | 28.74 | 15.77 | 1.95 | 16.51 | 112.29 | 100.91 |
| 1993 | 28.16 | 12.39 | 1.84 | 60.76 | 98.29 | 118.85 |
| 1994 | 32.64 | 12.10 | 2.30 | 189.90 | 132.99 | 182.00 |
| 1995 | 37.83 | 39.94 | 2.16 | 153.23 | 111.77 | 144.80 |
| 1996 | 38.61 | 17.38 | 2.00 | 198.99 | 42.59 | 141.52 |
| 1997 | 39.26 | 12.35 | 2.61 | 373.95 | 70.42 | 124.81 |
| 1998 | 40.93 | 19.46 | 2.69 | 428.58 | 107.80 | 72.55 |
| 1999 | 37.38 | 8.03 | 2.65 | 517.75 | 152.05 | 57.03 |
| 2000 | 47.15 | 11.55 | 3.04 | 1 116.94 | 147.97 | 62.11 |
| 2001 | 45.46 | 10.32 | 3.33 | 630.13 | 108.30 | 70.79 |
| 2002 | 51.67 | 9.65 | 3.62 | 723.81 | 137.02 | 95.92 |
| 2003 | 54.17 | 8.64 | 3.99 | 1 212.88 | 158.15 | 134.27 |
| 2004 | 48.45 | 3.51 | 5.92 | 1 514.39 | 135.08 | 165.67 |
| 2005 | 49.78 | 45.11 | 7.05 | 1 164.73 | 145.46 | 183.26 |
| 2006 | 50.60 | 72.86 | 7.17 | 760.73 | 251.67 | 288.74 |
| 2007 | 51.48 | 85.24 | 7.30 | 106.09 | 158.37 | 289.68 |
| 2008 | 43.00 | 96.88 | 7.27 | 45.37 | 185.78 | 234.63 |
| 2009 | 37.91 | 92.27 | 6.74 | 2.76 | 195.51 | 207.79 |
| 2010 | 49.00 | 85.31 | 6.54 | | 254.03 | 216.57 |

表 2-1-4 续表 1

| 年 份 | 家用电冰箱(万台) | 房间空调器(万台) | 燃气热水器(万台) | 传真机(万部) | 机制纸及纸板(万吨) | 粗 钢(万吨) |
|---|---|---|---|---|---|---|
| 1978 | | | | | 27.34 | 476.52 |
| 1979 | | 0.02 | | | 28.57 | 494.07 |
| 1980 | 0.42 | 0.10 | | | 29.57 | 521.61 |
| 1981 | 0.48 | 0.13 | | | 30.95 | 506.30 |
| 1982 | 1.09 | 0.20 | | | 32.48 | 494.26 |
| 1983 | 1.53 | 0.23 | | | 33.76 | 511.64 |
| 1984 | 3.41 | 0.25 | | | 38.41 | 549.17 |
| 1985 | 20.49 | 0.74 | | | 41.29 | 570.16 |
| 1986 | 20.20 | 0.55 | | | 42.82 | 801.39 |
| 1987 | 28.76 | 0.83 | | | 46.88 | 866.92 |
| 1988 | 57.45 | 1.58 | | | 47.27 | 859.80 |
| 1989 | 63.15 | 2.83 | | | 47.72 | 808.78 |
| 1990 | 53.36 | 1.83 | | | 46.49 | 914.62 |
| 1991 | 67.93 | 4.28 | | | 47.08 | 1 006.92 |
| 1992 | 75.76 | 12.56 | | | 46.86 | 1 234.24 |
| 1993 | 95.18 | 31.82 | | | 36.47 | 1 298.22 |
| 1994 | 110.90 | 55.89 | | | 37.37 | 1 326.77 |
| 1995 | 128.72 | 62.46 | | | 47.08 | 1 006.92 |
| 1996 | 93.12 | 86.75 | 37.90 | 3.03 | 38.85 | 1 441.92 |
| 1997 | 30.72 | 88.20 | 36.25 | 11.89 | 40.00 | 1 532.42 |
| 1998 | 38.61 | 113.98 | 36.52 | 10.67 | 45.46 | 1 603.75 |
| 1999 | 43.03 | 180.70 | 35.07 | 23.89 | 45.42 | 1 668.62 |
| 2000 | 43.12 | 186.08 | 32.27 | 23.60 | 43.54 | 1 778.70 |
| 2001 | 43.44 | 223.57 | 27.86 | 22.45 | 41.35 | 1 874.71 |
| 2002 | 35.97 | 217.57 | 36.32 | 28.17 | 42.61 | 1 719.42 |
| 2003 | 34.46 | 239.72 | 37.24 | 22.97 | 44.40 | 1 726.65 |
| 2004 | 33.14 | 399.16 | 51.86 | 22.68 | 35.96 | 1 823.65 |
| 2005 | 42.68 | 358.57 | 65.64 | 22.40 | 35.73 | 1 927.96 |
| 2006 | 101.08 | 410.60 | 69.89 | 27.22 | 85.87 | 1 902.82 |
| 2007 | 100.66 | 395.21 | 80.45 | 27.37 | 83.76 | 2 081.59 |
| 2008 | 123.21 | 387.12 | 67.89 | 140.28 | 80.46 | 1 992.09 |
| 2009 | 189.15 | 317.78 | 59.35 | 192.76 | 71.03 | 2 032.24 |
| 2010 | 218.55 | 400.41 | 103.70 | 0.35 | 86.94 | 2 214.27 |

表 2-1-4　续表 2

| 年　份 | 成品钢材（万吨） | 生　铁（万吨） | 轮胎外胎（万条） | 水　泥（万吨） | 平板玻璃（万重量箱） |
|---|---|---|---|---|---|
| 1978 | 360.08 | 149.86 | 149.59 | 139.47 | 111.87 |
| 1979 | 397.40 | 166.24 | 172.58 | 153.91 | 104.70 |
| 1980 | 412.63 | 171.12 | 174.85 | 161.28 | 132.79 |
| 1981 | 407.41 | 167.84 | 154.49 | 177.42 | 147.74 |
| 1982 | 423.34 | 168.14 | 141.46 | 187.28 | 129.62 |
| 1983 | 423.51 | 176.09 | 180.55 | 197.22 | 147.72 |
| 1984 | 446.72 | 184.09 | 192.59 | 209.84 | 149.07 |
| 1985 | 451.18 | 215.37 | 219.00 | 219.31 | 160.08 |
| 1986 | 462.57 | 426.84 | 239.40 | 227.28 | 146.44 |
| 1987 | 473.74 | 496.91 | 253.07 | 232.81 | 161.85 |
| 1988 | 473.41 | 511.62 | 278.59 | 261.84 | 415.59 |
| 1989 | 479.98 | 518.14 | 304.42 | 251.85 | 507.24 |
| 1990 | 609.59 | 526.90 | 318.78 | 230.30 | 503.05 |
| 1991 | 738.08 | 664.04 | 375.31 | 297.85 | 483.47 |
| 1992 | 918.09 | 867.98 | 464.68 | 354.73 | 513.55 |
| 1993 | 1 103.67 | 912.66 | 577.57 | 359.88 | 570.72 |
| 1994 | 1 149.26 | 948.42 | 692.64 | 379.44 | 664.81 |
| 1995 | 738.08 | 664.04 | 375.31 | 433.22 | 634.63 |
| 1996 | 1 175.74 | 964.03 | 942.69 | 443.77 | 687.63 |
| 1997 | 1 296.48 | 1 054.56 | 829.57 | 338.47 | 691.08 |
| 1998 | 1 417.58 | 1 208.57 | 957.75 | 330.95 | 701.45 |
| 1999 | 1 486.08 | 1 337.75 | 804.43 | 251.14 | 641.81 |
| 2000 | 1 544.46 | 1 473.00 | 830.66 | 311.69 | 751.88 |
| 2001 | 1 641.11 | 1 468.91 | 545.97 | 334.75 | 755.80 |
| 2002 | 1 626.98 | 1 276.12 | 704.80 | 351.58 | 718.42 |
| 2003 | 1 710.80 | 1 300.24 | 846.92 | 568.24 | 789.21 |
| 2004 | 1 818.41 | 1 356.47 | 927.17 | 665.01 | 845.81 |
| 2005 | 1 964.16 | 1 582.89 | 932.27 | 719.97 | 830.61 |
| 2006 | 2 129.78 | 1 639.13 | 1 055.47 | 818.28 | 762.75 |
| 2007 | 2 144.16 | 1 790.36 | 932.54 | 786.24 | 742.79 |
| 2008 | 2 074.95 | 1 736.00 | 866.65 | 765.46 | 769.57 |
| 2009 | 2 181.37 | 1 787.48 | 849.07 | 754.19 | 1.11 |
| 2010 | 2 475.95 | 1 901.39 | 915.22 | 670.80 | 1.51 |

表 2-1-4　续表 3

| 年　份 | 发电设备(万千瓦) | 金属切削机床(台) | 发电量(亿千瓦·时) | 硫　酸(万吨) | 程控交换机(万线) | 微型计算机设备(万部) |
|---|---|---|---|---|---|---|
| 1978 | 109.80 | 17 384 | 199.32 | 34.49 | | |
| 1979 | 124.70 | 15 617 | 209.96 | 36.34 | | |
| 1980 | 58.20 | 16 949 | 206.41 | 38.76 | | |
| 1981 | 25.00 | 17 245 | 204.69 | 36.51 | | |
| 1982 | 40.10 | 15 979 | 219.90 | 38.61 | | |
| 1983 | 76.50 | 17 019 | 224.77 | 35.18 | | |
| 1984 | 123.00 | 17 638 | 245.38 | 37.90 | | |
| 1985 | 133.00 | 19 408 | 256.25 | 35.22 | | |
| 1986 | 169.50 | 16 877 | 267.63 | 33.17 | | |
| 1987 | 225.40 | 17 040 | 276.34 | 36.05 | | |
| 1988 | 238.60 | 14 855 | 280.59 | 39.48 | | |
| 1989 | 239.00 | 16 146 | 278.33 | 42.96 | | |
| 1990 | 210.15 | 13 796 | 284.10 | 40.04 | 95.23 | 0.77 |
| 1991 | 238.65 | 14 594 | 304.82 | 38.68 | 102.12 | 0.80 |
| 1992 | 253.60 | 16 070 | 347.64 | 37.45 | 164.16 | 0.62 |
| 1993 | 300.25 | 17 681 | 371.14 | 33.97 | 301.98 | 0.75 |
| 1994 | 350.95 | 13 628 | 399.40 | 34.70 | 471.22 | 2.06 |
| 1995 | 496.50 | 15 833 | 403.42 | 31.03 | 476.60 | 4.07 |
| 1996 | 494.30 | 15 379 | 428.64 | 36.24 | 580.93 | 6.20 |
| 1997 | 541.60 | 18 700 | 458.48 | 36.79 | 631.62 | 40.39 |
| 1998 | 403.85 | 11 916 | 482.16 | 32.59 | 794.96 | 21.16 |
| 1999 | 314.55 | 17 822 | 498.01 | 38.38 | 915.46 | 40.09 |
| 2000 | 179.00 | 22 346 | 553.09 | 34.22 | 1 091.64 | 42.04 |
| 2001 | 336.20 | 21 839 | 572.86 | 36.15 | 1 752.90 | 47.13 |
| 2002 | 461.90 | 27 252 | 608.92 | 30.41 | 1 227.25 | 75.25 |
| 2003 | 1 013.70 | 33 497 | 684.99 | 31.41 | 1 883.47 | 734.68 |
| 2004 | 1 520.30 | 13 975 | 766.15 | 33.67 | 2 054.28 | 996.09 |
| 2005 | 2 138.05 | 13 158 | 728.74 | 33.32 | 796.59 | 2 176.17 |
| 2006 | 2 944.71 | 13 372 | 710.96 | 30.37 | 553.53 | 2 670.09 |
| 2007 | 2 845.59 | 14 440 | 737.80 | 30.46 | 447.54 | 4 478.78 |
| 2008 | 2 831.10 | 16 430 | 773.54 | 26.06 | 465.14 | 5 767.97 |
| 2009 | 2 440.70 | 5 641 | 778.20 | 27.02 | 387.00 | 7 320.15 |
| 2010 | 2 555.60 | 13 386 | 876.19 | 28.66 | 247.03 | 9 388.44 |

表 2-1-4　续表 4

| 年　份 | 彩色显像管（万只） | 移动通信基站设备（万信道） | 集成电路（万块） | 汽　车（万辆） | #轿　车 |
|---|---|---|---|---|---|
| 1978 | | | | 1.04 | 0.26 |
| 1979 | | | | 1.08 | 0.40 |
| 1980 | | | | 1.47 | 0.53 |
| 1981 | | | | 0.65 | 0.34 |
| 1982 | | | | 0.69 | 0.51 |
| 1983 | | | | 0.81 | 0.60 |
| 1984 | | | | 0.90 | 0.65 |
| 1985 | | | | 1.22 | 0.86 |
| 1986 | | | | 1.51 | 1.07 |
| 1987 | | | | 2.01 | 1.50 |
| 1988 | | | | 2.61 | 2.10 |
| 1989 | | | | 2.48 | 2.12 |
| 1990 | 74.83 | | 1 167 | 2.81 | 2.46 |
| 1991 | 119.25 | | 1 518 | 4.44 | 4.08 |
| 1992 | 108.53 | | 1 665 | 7.00 | 6.50 |
| 1993 | 102.28 | | 2 145 | 10.38 | 10.00 |
| 1994 | 171.77 | | 3 202 | 11.76 | 11.53 |
| 1995 | 244.31 | | 15 290 | 16.27 | 16.07 |
| 1996 | 255.22 | | 11 624 | 20.17 | 20.02 |
| 1997 | 298.69 | | 88 098 | 23.30 | 23.15 |
| 1998 | 422.16 | | 92 908 | 23.64 | 23.50 |
| 1999 | 457.17 | | 170 001 | 25.58 | 25.42 |
| 2000 | 515.08 | 1.60 | 239 330 | 25.29 | 25.15 |
| 2001 | 519.23 | 39.49 | 225 315 | 29.00 | 28.88 |
| 2002 | 631.55 | 24.82 | 339 494 | 39.19 | 39.05 |
| 2003 | 713.53 | 28.20 | 397 313 | 59.58 | 58.84 |
| 2004 | 745.73 | 57.67 | 548 727 | 55.96 | 54.99 |
| 2005 | 533.18 | 115.03 | 677 003 | 48.45 | 48.09 |
| 2006 | 507.57 | 174.16 | 640 483 | 65.28 | 64.47 |
| 2007 | 170.27 | 307.46 | 891 138 | 82.12 | 81.15 |
| 2008 | | 343.58 | 830 487 | 80.65 | 80.00 |
| 2009 | | 198.76 | 722 883 | 125.03 | 122.46 |
| 2010 | | 299.44 | 1 134 629 | 169.89 | 159.77 |

说明：2000 年开始移动通信设备不包括手机。

**表 2-1-5　1997—2010 年工业企业经济效益指标统计表**

| 年　份 | 综合指数 | 产品销售率(%) | 资本保值增值率(%) | 成本费用利润率(%) |
|---|---|---|---|---|
| 1997 | 111.46 | 98.1 | 130.0 | 4.6 |
| 1998 | 107.11 | 98.0 | 111.2 | 3.5 |
| 1999 | 122.27 | 98.1 | 112.1 | 4.8 |
| 2000 | 140.45 | 98.8 | 127.7 | 6.2 |
| 2001 | 150.64 | 98.8 | 120.7 | 6.4 |
| 2002 | 161.34 | 98.9 | 113.0 | 7.1 |
| 2003 | 186.05 | 99.0 | 112.4 | 7.7 |
| 2004 | 195.90 | 98.7 | 123.3 | 7.7 |
| 2005 | 196.19 | 98.9 | 114.6 | 6.1 |
| 2006 | 207.34 | 99.0 | 115.0 | 6.0 |
| 2007 | 219.40 | 98.6 | 108.2 | 6.1 |
| 2008 | 204.21 | 98.7 | 110.7 | 3.8 |
| 2009 | 216.38 | 99.0 | 110.6 | 6.0 |
| 2010 | 250.70 | 99.1 | 114.2 | 7.8 |

**表 2-1-5　续表**

| 年　份 | 总资产贡献率(%) | 全员劳动生产率(万元/人) | 流动资产周转次数(次) | 资产负债率(%) |
|---|---|---|---|---|
| 1997 | 8.9 | 3.57 | 1.4 | 55.8 |
| 1998 | 7.2 | 4.46 | 1.3 | 54.7 |
| 1999 | 7.8 | 5.90 | 1.4 | 53.3 |
| 2000 | 9.5 | 6.91 | 1.5 | 50.2 |
| 2001 | 9.3 | 8.67 | 1.5 | 47.0 |
| 2002 | 10.7 | 9.52 | 1.7 | 49.4 |
| 2003 | 12.5 | 12.23 | 2.0 | 50.1 |
| 2004 | 13.3 | 13.19 | 2.0 | 51.2 |
| 2005 | 11.0 | 15.09 | 2.1 | 50.5 |
| 2006 | 11.2 | 16.67 | 2.2 | 50.3 |
| 2007 | 11.9 | 18.50 | 2.2 | 52.4 |
| 2008 | 9.3 | 18.17 | 2.2 | 53.1 |
| 2009 | 11.5 | 18.34 | 2.1 | 52.8 |
| 2010 | 14.7 | 21.64 | 2.3 | 52.6 |

**表 2－1－6　2004—2010 年高技术产业主要指标统计表**

| 类　别 | 工业总产值(亿元) | | | | | | |
|---|---|---|---|---|---|---|---|
| | 2004 年 | 2005 年 | 2006 年 | 2007 年 | 2008 年 | 2009 年 | 2010 年 |
| 总　计 | 3 285.86 | 4 002.53 | 4 460.97 | 5 606.63 | 6 041.98 | 5 560.65 | 6 958.01 |
| 按登记注册类型分 | | | | | | | |
| #国　有 | 33.02 | 36.92 | 38.39 | 54.52 | 54.16 | 64.11 | 79.79 |
| 集　体 | 9.65 | 6.41 | 5.65 | 6.26 | 4.36 | 1.38 | 2.61 |
| 股份制企业 | 51.11 | 233.09 | 265.90 | 277.43 | 304.50 | 299.57 | 390.37 |
| 外商投资企业 | 2 995.20 | 3 702.32 | 4 122.71 | 5 231.65 | 5 640.57 | 5 151.15 | 6 436.45 |
| 按技术领域分 | | | | | | | |
| 信息化学品制造 | 26.11 | 6.74 | 9.23 | 10.11 | 11.24 | 10.45 | 39.66 |
| 医药制造业 | 196.03 | 219.03 | 234.03 | 269.20 | 293.84 | 351.74 | 416.16 |
| 航空航天器制造 | 12.28 | 16.51 | 22.01 | 29.34 | 30.53 | 22.10 | 35.94 |
| 电子及通信设备制造业 | 1 320.68 | 1 325.89 | 1 534.92 | 1 810.70 | 2 253.68 | 1 691.42 | 2 176.04 |
| 电子计算机及办公设备制造业 | 1 567.57 | 2 242.16 | 2 429.43 | 3 214.89 | 3 149.35 | 3 194.02 | 3 922.95 |
| 医疗设备及仪器仪表制造业 | 163.19 | 192.20 | 231.35 | 272.39 | 303.35 | 290.93 | 370.25 |

**表 2－1－6　续表 1**

| 类　别 | 工业销售产值(亿元) | | | | | | |
|---|---|---|---|---|---|---|---|
| | 2004 年 | 2005 年 | 2006 年 | 2007 年 | 2008 年 | 2009 年 | 2010 年 |
| 总　计 | 3 238.95 | 3 888.56 | 4 410.80 | 5 530.86 | 5 904.02 | 5 466.77 | 6 832.61 |
| 按登记注册类型分 | | | | | | | |
| #国　有 | 33.19 | 35.63 | 38.27 | 54.93 | 52.70 | 63.02 | 83.57 |
| 集　体 | 9.05 | 6.09 | 5.23 | 5.81 | 3.95 | 1.36 | 2.57 |
| 股份制企业 | 54.52 | 226.99 | 261.47 | 273.15 | 293.86 | 295.20 | 377.25 |
| 外商投资企业 | 2 950.88 | 3 596.16 | 4 078.57 | 5 163.19 | 5 517.59 | 5 068.28 | 6 321.99 |
| 按技术领域分 | | | | | | | |
| 信息化学品制造 | 24.71 | 6.36 | 8.93 | 9.83 | 10.66 | 10.49 | 40.68 |
| 医药制造业 | 194.22 | 209.42 | 226.04 | 254.86 | 285.53 | 336.26 | 388.25 |
| 航空航天器制造 | 11.79 | 15.51 | 21.35 | 28.50 | 29.25 | 22.63 | 36.03 |
| 电子及通信设备制造业 | 1 305.17 | 1 290.20 | 1 506.41 | 1 789.49 | 2 212.41 | 1 673.77 | 2 117.23 |
| 电子计算机及办公设备制造业 | 1 542.32 | 2 176.16 | 2 422.91 | 3 180.00 | 3 069.96 | 3 136.94 | 3 883.76 |
| 医疗设备及仪器仪表制造业 | 160.73 | 190.91 | 225.16 | 268.18 | 296.21 | 286.68 | 366.66 |

表 2-1-6　续表 2

| 类　别 | 年末资产总计(亿元) | | | | | | |
|---|---|---|---|---|---|---|---|
| | 2004 年 | 2005 年 | 2006 年 | 2007 年 | 2008 年 | 2009 年 | 2010 年 |
| 总　计 | 2 839.70 | 2 907.29 | 3 014.34 | 3 471.34 | 3 346.99 | 3 648.33 | 4 036.79 |
| 按登记注册类型分 | | | | | | | |
| #国　有 | 65.45 | 66.92 | 65.25 | 106.30 | 99.82 | 113.55 | 142.13 |
| 集　体 | 13.67 | 6.05 | 5.12 | 6.44 | 4.81 | 4.55 | 6.77 |
| 股份制企业 | 176.54 | 339.82 | 369.83 | 382.37 | 423.99 | 475.08 | 592.90 |
| 外商投资企业 | 2 318.61 | 2 469.77 | 2 547.93 | 2 949.95 | 2 789.52 | 3 021.27 | 3 248.82 |
| 按技术领域分 | | | | | | | |
| 信息化学品制造 | 20.82 | 7.47 | 9.01 | 12.68 | 14.66 | 30.32 | 52.44 |
| 医药制造业 | 327.39 | 301.87 | 309.50 | 344.58 | 378.05 | 427.34 | 496.81 |
| 航空航天器制造 | 25.51 | 29.11 | 31.89 | 56.82 | 63.50 | 73.89 | 117.63 |
| 电子及通信设备制造业 | 1 617.81 | 1 631.71 | 1 708.57 | 1 833.48 | 1 824.12 | 1 821.62 | 1 920.90 |
| 电子计算机及办公设备制造业 | 678.44 | 754.77 | 753.25 | 976.69 | 804.55 | 1 002.06 | 1 107.18 |
| 医疗设备及仪器仪表制造业 | 169.73 | 182.37 | 202.12 | 247.09 | 262.11 | 293.10 | 341.82 |

表 2-1-6　续表 3

| 类　别 | 主营业务收入(亿元) | | | | | | |
|---|---|---|---|---|---|---|---|
| | 2004 年 | 2005 年 | 2006 年 | 2007 年 | 2008 年 | 2009 年 | 2010 年 |
| 总　计 | 3 875.64 | 4 065.56 | 4 601.42 | 5 811.97 | 6 191.39 | 5 768.00 | 7 035.68 |
| 按登记注册类型分 | | | | | | | |
| #国　有 | 32.63 | 36.07 | 37.83 | 53.98 | 56.32 | 64.40 | 87.16 |
| 集　体 | 9.12 | 5.86 | 4.93 | 5.92 | 3.89 | 2.22 | 3.18 |
| 股份制企业 | 74.70 | 252.30 | 293.34 | 309.48 | 323.33 | 330.99 | 405.54 |
| 外商投资企业 | 3 543.46 | 3 747.28 | 4 235.78 | 5 408.68 | 5 772.50 | 5 331.36 | 6 491.66 |
| 按技术领域分 | | | | | | | |
| 信息化学品制造 | 24.78 | 6.94 | 9.92 | 14.52 | 11.48 | 13.88 | 38.85 |
| 医药制造业 | 214.90 | 230.84 | 244.22 | 283.14 | 308.51 | 357.75 | 413.48 |
| 航空航天器制造 | 11.38 | 15.47 | 19.86 | 26.72 | 31.70 | 24.34 | 37.32 |
| 电子及通信设备制造业 | 1 343.95 | 1 302.30 | 1 530.06 | 1 844.65 | 2 203.04 | 1 696.44 | 2 157.66 |
| 电子计算机及办公设备制造业 | 2 111.90 | 2 309.20 | 2 562.99 | 3 364.82 | 3 326.80 | 3 376.87 | 4 006.76 |
| 医疗设备及仪器仪表制造业 | 168.72 | 200.82 | 234.37 | 278.13 | 309.87 | 298.72 | 381.60 |

表 2-1-6　续表 4

| 类　别 | 利润总额(亿元) | | | | | | |
|---|---|---|---|---|---|---|---|
| | 2004 年 | 2005 年 | 2006 年 | 2007 年 | 2008 年 | 2009 年 | 2010 年 |
| 总　计 | 134.89 | 96.44 | 119.26 | 159.25 | 122.16 | 72.94 | 246.74 |
| 按登记注册类型分 | | | | | | | |
| #国　有 | 3.49 | 3.09 | 2.78 | 3.35 | 3.88 | 5.50 | 13.21 |
| 集　体 | −0.07 | 0.18 | 0.30 | 0.23 | 0.15 | … | 0.21 |
| 股份制企业 | 5.15 | 15.57 | 16.49 | 21.71 | 18.59 | 23.80 | 34.02 |
| 外商投资企业 | 109.14 | 76.27 | 98.04 | 132.70 | 98.49 | 41.50 | 195.64 |
| 按技术领域分 | | | | | | | |
| 信息化学品制造 | 2.54 | 0.64 | 1.09 | 1.18 | 0.16 | 1.14 | 5.53 |
| 医药制造业 | 17.92 | 16.26 | 18.51 | 23.85 | 36.85 | 47.08 | 56.70 |
| 航空航天器制造 | 0.54 | 0.77 | 1.23 | 2.22 | 1.98 | 1.69 | 1.53 |
| 电子及通信设备制造业 | 72.92 | 29.92 | 55.88 | 65.54 | 24.70 | −30.80 | 111.77 |
| 电子计算机及办公设备制造业 | 23.89 | 27.95 | 15.35 | 32.93 | 29.79 | 21.19 | 26.98 |
| 医疗设备及仪器仪表制造业 | 17.08 | 20.89 | 27.20 | 33.52 | 28.68 | 32.65 | 44.23 |

表 2-1-6　续表 5

| 类　别 | 税金总额(亿元) | | | | | | |
|---|---|---|---|---|---|---|---|
| | 2004 年 | 2005 年 | 2006 年 | 2007 年 | 2008 年 | 2009 年 | 2010 年 |
| 总　计 | 51.52 | 42.27 | 42.14 | 46.70 | 46.80 | 48.95 | 56.11 |
| 按登记注册类型分 | | | | | | | |
| #国　有 | 1.52 | 1.81 | 1.73 | 2.26 | 2.51 | 2.75 | 4.20 |
| 集　体 | 0.43 | 0.25 | 0.25 | 0.21 | 0.18 | 0.08 | 0.19 |
| 股份制企业 | 2.45 | 9.37 | 10.85 | 12.05 | 11.64 | 15.08 | 15.31 |
| 外商投资企业 | 37.63 | 29.91 | 28.37 | 30.72 | 31.40 | 29.50 | 34.24 |
| 按技术领域分 | | | | | | | |
| 信息化学品制造 | 0.97 | 0.15 | 0.23 | 0.20 | 0.22 | 0.87 | 0.34 |
| 医药制造业 | 14.35 | 14.44 | 14.61 | 16.28 | 17.62 | 21.79 | 26.28 |
| 航空航天器制造 | 0.21 | 0.13 | 0.18 | 0.72 | 0.45 | 0.46 | 0.58 |
| 电子及通信设备制造业 | 26.07 | 15.26 | 13.93 | 14.16 | 15.65 | 14.43 | 15.43 |
| 电子计算机及办公设备制造业 | 3.32 | 4.93 | 5.03 | 5.82 | 3.80 | 2.69 | 3.10 |
| 医疗设备及仪器仪表制造业 | 6.60 | 7.36 | 8.17 | 9.53 | 9.06 | 8.72 | 10.38 |

**表 2-1-7　2001—2010 年六个重点发展工业行业主要指标统计表**

| 类　　别 | 2001 年 | 2002 年 | 2003 年 | 2004 年 | 2005 年 | 2006 年 | 2007 年 | 2008 年 | 2009 年 | 2010 年 |
|---|---|---|---|---|---|---|---|---|---|---|
| 单位数(个) | 2 587 | 2 838 | 3 464 | 5 204 | 4 900 | 4 876 | 5 227 | 6 658 | 6 428 | 6 066 |
| 电子信息产品制造业 | 420 | 516 | 967 | 1 534 | 1 481 | 1 467 | 1 554 | 1 954 | 1 846 | 1 717 |
| 汽车制造业 | 282 | 309 | 297 | 397 | 379 | 407 | 469 | 687 | 677 | 659 |
| 石油化工及精细化工制造业 | 612 | 650 | 696 | 946 | 889 | 890 | 920 | 1 083 | 1 063 | 995 |
| 精品钢材制造业 | 125 | 118 | 135 | 166 | 159 | 169 | 162 | 151 | 134 | 125 |
| 成套设备制造业 | 857 | 950 | 1 083 | 1 761 | 1 628 | 1 601 | 1 712 | 2 294 | 2 228 | 2 106 |
| 生物医药制造业 | 291 | 295 | 286 | 400 | 364 | 342 | 410 | 489 | 480 | 464 |
| 从业人员年平均人数(万人) | 74.27 | 76.41 | 87.19 | 101.20 | 105.51 | 111.55 | 126.78 | 135.45 | 128.73 | 138.09 |
| 电子信息产品制造业 | 13.30 | 17.90 | 28.29 | 38.14 | 41.57 | 45.09 | 54.95 | 54.55 | 48.87 | 55.33 |
| 汽车制造业 | 8.96 | 9.54 | 9.78 | 10.39 | 11.08 | 11.48 | 14.43 | 17.69 | 18.18 | 20.77 |
| 石油化工及精细化工制造业 | 12.72 | 12.89 | 12.51 | 12.58 | 12.46 | 12.56 | 12.49 | 13.34 | 12.81 | 12.88 |
| 精品钢材制造业 | 9.35 | 6.07 | 5.69 | 5.46 | 5.32 | 5.64 | 4.55 | 4.28 | 4.02 | 3.99 |
| 成套设备制造业 | 23.14 | 23.12 | 24.34 | 27.32 | 27.76 | 29.38 | 31.53 | 36.90 | 35.81 | 35.96 |
| 生物医药制造业 | 6.79 | 6.88 | 6.68 | 7.32 | 7.32 | 7.39 | 8.83 | 8.69 | 9.04 | 9.15 |
| 工业总产值(亿元) | 3 890.31 | 4 517.88 | 6 559.56 | 8 605.25 | 9 954.28 | 11 917.35 | 14 502.94 | 15 998.83 | 15 538.23 | 19 891.08 |
| 电子信息产品制造业 | 990.64 | 1 305.24 | 2 204.96 | 3 332.37 | 3 989.48 | 4 560.53 | 5 744.25 | 6 127.85 | 5 598.16 | 7 022.46 |
| 汽车制造业 | 719.36 | 942.47 | 1 362.09 | 1 180.63 | 1 026.48 | 1 462.34 | 1 807.52 | 1 851.27 | 2 566.79 | 3 626.46 |
| 石油化工及精细化工制造业 | 774.50 | 846.67 | 1 065.36 | 1 407.89 | 1 783.99 | 2 158.11 | 2 511.46 | 2 899.84 | 2 532.30 | 3 442.44 |
| 精品钢材制造业 | 676.74 | 581.57 | 796.42 | 1 079.19 | 1 339.84 | 1 445.03 | 1 609.88 | 1 638.97 | 1 289.01 | 1 722.87 |
| 成套设备制造业 | 536.67 | 634.27 | 915.10 | 1 347.14 | 1 532.63 | 1 979.31 | 2 440.87 | 3 048.30 | 3 049.86 | 3 485.65 |
| 生物医药制造业 | 192.40 | 207.67 | 215.64 | 257.93 | 281.85 | 312.03 | 388.96 | 432.60 | 502.12 | 591.20 |
| 工业增加值(亿元) | 1 006.72 | 1 121.12 | 1 665.12 | 1 975.89 | 2 229.64 | 2 505.51 | 2 968.24 | | | |
| 电子信息产品制造业 | 213.14 | 226.91 | 370.64 | 521.41 | 738.76 | 857.79 | 878.42 | | | |
| 汽车制造业 | 216.60 | 289.21 | 441.02 | 352.76 | 263.67 | 356.33 | 436.79 | | | |
| 石油化工及精细化工制造业 | 181.71 | 200.08 | 246.80 | 322.97 | 299.79 | 332.16 | 444.80 | | | |

表 2-1-7　续表

| 类　　别 | 2001 年 | 2002 年 | 2003 年 | 2004 年 | 2005 年 | 2006 年 | 2007 年 | 2008 年 | 2009 年 | 2010 年 |
|---|---|---|---|---|---|---|---|---|---|---|
| 精品钢材制造业 | 190.66 | 187.13 | 299.86 | 390.62 | 379.29 | 360.21 | 432.14 | | | |
| 成套设备制造业 | 148.66 | 162.19 | 240.17 | 306.79 | 452.16 | 497.53 | 642.24 | | | |
| 生物医药制造业 | 55.95 | 55.65 | 66.63 | 81.34 | 95.97 | 101.49 | 133.86 | | | |
| 年末资产总计(亿元) | 5 925.58 | 5 594.03 | 6 701.02 | 8 362.53 | 9 471.89 | 10 763.59 | 12 532.83 | 13 460.14 | 14 745.15 | 16 858.38 |
| 电子信息产品制造业 | 1 065.05 | 1 370.68 | 1 935.84 | 2 696.24 | 2 914.51 | 2 959.48 | 3 409.92 | 3 376.72 | 3 532.08 | 3 902.88 |
| 汽车制造业 | 804.85 | 904.59 | 1 072.05 | 1 117.03 | 1 130.67 | 1 512.73 | 1 816.64 | 1 960.05 | 2 514.50 | 3 366.28 |
| 石油化工及精细化工制造业 | 914.97 | 970.55 | 1 040.62 | 1 196.78 | 1 420.38 | 1 751.74 | 2 003.13 | 2 052.83 | 2 157.23 | 2 362.88 |
| 精品钢材制造业 | 1 938.32 | 1 027.51 | 1 084.08 | 1 220.45 | 1 743.80 | 1 913.70 | 1 966.32 | 1 929.34 | 1 954.23 | 2 048.15 |
| 成套设备制造业 | 929.19 | 1 021.25 | 1 267.73 | 1 732.11 | 1 882.06 | 2 227.31 | 2 868.75 | 3 611.90 | 3 996.10 | 4 498.95 |
| 生物医药制造业 | 273.20 | 299.46 | 300.70 | 399.93 | 380.47 | 398.63 | 468.07 | 529.29 | 591.00 | 679.23 |
| 利润总额(亿元) | 242.21 | 322.02 | 532.24 | 700.36 | 571.61 | 659.36 | 833.78 | 521.19 | 857.75 | 1 587.94 |
| 电子信息产品制造业 | 55.00 | 43.10 | 69.29 | 137.86 | 100.56 | 118.21 | 143.53 | 90.43 | 37.92 | 209.22 |
| 汽车制造业 | 90.28 | 131.20 | 226.28 | 188.32 | 98.09 | 133.11 | 185.61 | 157.53 | 351.72 | 634.42 |
| 石油化工及精细化工制造业 | 24.63 | 39.92 | 54.61 | 101.31 | 58.13 | 29.44 | 110.72 | −65.47 | 126.51 | 238.42 |
| 精品钢材制造业 | 34.70 | 62.29 | 106.21 | 166.42 | 178.33 | 188.32 | 156.83 | 61.61 | 55.25 | 154.93 |
| 成套设备制造业 | 25.74 | 34.47 | 58.53 | 84.25 | 115.60 | 167.39 | 202.81 | 229.10 | 224.50 | 271.31 |
| 生物医药制造业 | 11.86 | 11.04 | 17.33 | 22.19 | 20.90 | 22.89 | 34.29 | 47.99 | 61.85 | 79.64 |
| 税金总额(亿元) | 189.30 | 224.92 | 286.60 | 308.08 | 304.90 | 336.71 | 421.67 | 344.72 | 589.76 | 689.05 |
| 电子信息产品制造业 | 18.53 | 24.90 | 32.28 | 42.58 | 34.22 | 32.26 | 30.87 | 26.01 | 31.47 | 28.25 |
| 汽车制造业 | 52.70 | 73.08 | 102.92 | 79.98 | 73.79 | 106.84 | 130.47 | 103.96 | 197.24 | 259.66 |
| 石油化工及精细化工制造业 | 48.80 | 52.41 | 58.11 | 73.88 | 67.66 | 66.04 | 93.08 | 74.62 | 196.83 | 238.14 |
| 精品钢材制造业 | 37.92 | 33.07 | 49.92 | 55.94 | 71.90 | 66.21 | 89.21 | 73.95 | 41.34 | 40.85 |
| 成套设备制造业 | 20.15 | 24.80 | 29.80 | 39.15 | 40.77 | 48.48 | 58.68 | 40.87 | 95.84 | 90.07 |
| 生物医药制造业 | 11.20 | 11.66 | 13.56 | 16.54 | 16.56 | 16.88 | 19.36 | 25.30 | 27.04 | 32.08 |

说明：2008 年起，不再测算六个重点发展工业行业增加值数据。

# 第二章　交通运输、邮政和信息传输业

改革开放以来，上海交通运输业逐渐形成依托公路、水路、铁路和航空等四种运输方式的对外运输体系和依托轨道交通和公共汽电车为骨架的城市公共交通体系。2010 年，上海货物运输总量 8.10 亿吨，比 1978 年增长 3.1 倍；旅客发送量 1.34 亿人次，比 1978 年增长 6.6 倍。

2010 年末，上海公路通车里程 1.2 万公里，其中高速公路 775 公里。2010 年全年公路旅客发送量 3 634 万人次，比 1978 年增长 25 倍；公路货物运输量 4.09 亿吨，比 1978 年增长 4.7 倍。公路运输占全市货运的比重由 1978 年的 36.6%上升至 2010 年的 50.5%，上升 13.9 个百分点。

2010 年末，上海内河航道里程 2 110 公里。2010 年全年水路货物运输量 3.88 亿吨，比 1978 年增长 3.8 倍。水路货物运输占全市货运的比重由 1978 年的 41.4%上升至 2010 年的 47.9%，上升 6.5 个百分点。

上海港口增加大量的万吨级码头泊位、集装箱专用泊位。2010 年末，上海港口沿海码头长度达 11.92 万米，比 1978 年增长 8.2 倍；沿海港口码头泊位个数为 1 218 个，比 1978 年增长 11.3 倍，其中万吨级泊位 157 个，增长 2.1 倍；堆场总面积 848.42 万平方米，比 1990 年增长 3.8 倍。良好的基础设施条件有效保证港口生产发展。2010 年，上海港口货物和集装箱吞吐量两项指标均位居全球首位。

上海港集装箱吞吐量逐年上升。1980 年上海集装箱吞吐量为 3 万国际标准箱（TEU）；2005 年为 1 808.4 万 TEU，位居世界第三位；2007 年超过香港。2010 年，上海港集装箱吞吐量达 2 907 万 TEU，超过新加坡港成为世界第一大集装箱港，全年集装箱吞吐量比 1980 年增长 968 倍。2010 年上海港口货物吞吐量达 6.53 亿吨，比 1978 年增长 7.2 倍，连续第 5 年居世界首位。

2010 年末，上海铁路运营里程 414 公里，正线延展里程 697 公里。铁路线路在“十一五”期间有三次主要的延展，即浦东线开通、沪宁城际铁路开通和沪杭城际铁路开通。2010 年，铁路旅客发送量 6 095 万人次，比 1978 年增长 3.8 倍。1978 年，铁路货物运输量 4 329 万吨，2010 年为 959 万吨。1995 年起，铁路货物运输量的口径调整为货物发送量，同时货物发送量中包含了国家铁路和浦东合资铁路。

上海航空基础设施建设主要依托虹桥和浦东两大机场，逐步构建空运枢纽体系。1997 年 10 月，浦东机场一期工程全面开工，1999 年 9 月建成通航。浦东机场建有长 4 000 米、宽 60 米的 4E 级南北向跑道，两条平行滑行道，80 万平方米的机坪。2008 年 3 月，浦东机场 2 号航站楼投入运营，新增长 3 400 米、宽 60 米的第 3 号跑道，航站服务能力大幅度提高。虹桥机场有过多次扩建。1991 年 12 月，上海虹桥机场候机楼第三次扩建完工。2010 年，虹桥机场二期工程新增 36.26 万平方米的候机楼，总建筑面积达 44.46 万平方米，年服务能力达 3 000 万人次。

2010 年，上海机场航空旅客发送量 3 613 万人次，比 1978 年增长 171 倍；航空货物运输量 372 万吨，比 1978 年增长 371 倍。航空货物运输占比由 1978 年的不足 0.01%上升至 2010 年的 0.5%。

城市公共交通方面，1978—1990 年间，基本以公共汽电车为主。1990 年，客运量占市内公共交通客运总量的 92.8%。1990 年以后，轨道交通和出租车运输得到快速发展。上海轨道交通一号线于 1993 年 4 月 9 日观光试运行，5 月 28 日徐家汇至锦江乐园站双向试运行。1995 年 4 月 10 日，轨交一号线正式运营，是继北京、天津地铁后中国内地第三个投入运营的城市轨道交通系统。2010年末，上海共开通12条地铁线路，运营线路长度452.57公里。2010年全年上海轨道交通客运量18.84亿人次，占全市公共交通客运量的31.8%，比1995年上升30.7个百分点。轨道交通日均客运量516万人次，比1995年的日均客运量增长28.1倍。2010年，上海公共汽电车客运量28.08亿人次，占全市公共交通客运量的47.4%，比1990年下降45.4个百分点；出租车客运量11.45亿人次，占全市公共交通客运量的19.3%，比1990年上升18.5个百分点。

改革开放以后，上海邮政函件数量显著增加。2010年，上海报纸、杂志累计订销数11.99亿份，比1978年增长1.0倍。函件数量11.66亿件，比1978年增长8倍。随着电子商务的兴起和现代物流业的发展，上海快递业务飞速发展。2010年上海国内特快专递量高达2.57亿件，国际及港澳台特快专递3 088.01万件，比1985年增长1 566.5倍。但随着电子商务现代物流、民营快递的快速发展，传统的邮政业务出现下降。

**表 2-2-1　1978—2010 年货物运输量统计表**

单位：万吨

| 年　份 | 货物运输量 | 铁　路 | 公　路 | 水　运 | #远洋运输 | 民　航 |
|---|---|---|---|---|---|---|
| 1978 | 19 645 | 4 329 | 7 184 | 8 131 | 939 | 1 |
| 1979 | 19 613 | 4 373 | 7 255 | 7 983 | 1 081 | 2 |
| 1980 | 20 037 | 4 484 | 7 284 | 8 267 | 1 098 | 2 |
| 1981 | 20 150 | 4 421 | 7 451 | 8 276 | 1 118 | 2 |
| 1982 | 21 153 | 4 562 | 7 826 | 8 763 | 1 097 | 2 |
| 1983 | 21 594 | 4 627 | 8 052 | 8 913 | 1 209 | 2 |
| 1984 | 23 121 | 4 841 | 8 696 | 9 581 | 1 370 | 3 |
| 1985 | 24 243 | 5 059 | 9 216 | 9 965 | 1 402 | 3 |
| 1986 | 26 671 | 5 306 | 10 126 | 11 235 | 1 634 | 4 |
| 1987 | 27 241 | 5 484 | 10 159 | 11 592 | 1 847 | 6 |
| 1988 | 27 832 | 5 322 | 10 019 | 12 480 | 2 032 | 11 |
| 1989 | 27 666 | 5 303 | 9 526 | 12 826 | 2 065 | 11 |
| 1990 | 26 777 | 5 186 | 8 714 | 12 864 | 2 246 | 13 |
| 1991 | 27 558 | 5 169 | 8 888 | 13 485 | 2 491 | 16 |
| 1992 | 29 580 | 5 527 | 9 427 | 14 607 | 2 525 | 19 |
| 1993 | 30 293 | 6 085 | 9 194 | 15 000 | 2 529 | 24 |
| 1994 | 28 585 | 6 230 | 7 446 | 14 882 | 2 605 | 27 |
| 1995 | 22 531 | 1 376 | 6 273 | 14 845 | 2 778 | 37 |
| 1996 | 40 928 | 1 320 | 25 023 | 14 544 | 3 594 | 41 |
| 1997 | 41 373 | 1 252 | 25 991 | 14 082 | 4 201 | 48 |
| 1998 | 42 090 | 1 152 | 26 352 | 14 529 | 4 844 | 57 |
| 1999 | 44 485 | 997 | 27 171 | 16 241 | 5 783 | 76 |
| 2000 | 47 954 | 1 055 | 28 369 | 18 442 | 7 022 | 88 |
| 2001 | 49 545 | 1 080 | 28 869 | 19 496 | 7 129 | 100 |
| 2002 | 54 196 | 1 131 | 29 759 | 23 174 | 7 210 | 132 |
| 2003 | 58 669 | 1 208 | 30 678 | 26 621 | 7 832 | 162 |
| 2004 | 63 180 | 1 284 | 31 554 | 30 148 | 8 603 | 194 |
| 2005 | 68 741 | 1 278 | 32 684 | 34 557 | 10 091 | 222 |
| 2006 | 72 617 | 1 223 | 33 799 | 37 342 | 11 766 | 253 |
| 2007 | 78 108 | 1 143 | 35 634 | 41 041 | 12 575 | 290 |
| 2008 | 84 347 | 985 | 40 328 | 42 729 | 12 197 | 305 |
| 2009 | 76 967 | 941 | 37 745 | 37 983 | 11 916 | 298 |
| 2010 | 81 023 | 959 | 40 890 | 38 803 | 15 172 | 372 |

说明：(1) 2005 年起铁路数据由上海铁路局提供,2005 年前数据由上海铁路分局提供。(2) 1995 年及以后,铁路货物运输量的口径调整为货物发送量。

表 2-2-2　1978—2010 年货物周转量统计表　　单位：亿吨·公里

| 年　份 | 货物周转量 | 铁　路 | 公　路 | 水　运 | #远洋运输 | 民　航 |
|---|---|---|---|---|---|---|
| 1978 | 1 267 | 81 | 7 | 1 179 | 698 | |
| 1979 | 1 383 | 84 | 8 | 1 291 | 773 | |
| 1980 | 1 487 | 87 | 8 | 1 392 | 778 | |
| 1981 | 1 547 | 87 | 8 | 1 412 | 846 | |
| 1982 | 1 736 | 88 | 9 | 1 639 | 968 | |
| 1983 | 1 778 | 89 | 10 | 1 679 | 999 | |
| 1984 | 1 846 | 97 | 10 | 1 739 | 1 042 | |
| 1985 | 2 015 | 102 | 11 | 1 902 | 1 072 | |
| 1986 | 2 343 | 105 | 13 | 2 225 | 1 061 | |
| 1987 | 2 659 | 106 | 13 | 2 540 | 1 533 | |
| 1988 | 2 889 | 105 | 14 | 2 769 | 1 621 | 1 |
| 1989 | 3 097 | 111 | 13 | 2 972 | 1 733 | 1 |
| 1990 | 3 359 | 111 | 11 | 3 236 | 1 957 | 1 |
| 1991 | 3 609 | 112 | 12 | 3 484 | 2 117 | 1 |
| 1992 | 3 664 | 125 | 13 | 3 523 | 2 112 | 3 |
| 1993 | 3 777 | 132 | 12 | 3 629 | 2 081 | 4 |
| 1994 | 3 953 | 139 | 10 | 3 800 | 2 042 | 4 |
| 1995 | 4 187 | 143 | 9 | 4 030 | 2 259 | 5 |
| 1996 | 3 814 | 133 | 49 | 3 627 | 2 721 | 5 |
| 1997 | 4 016 | 123 | 47 | 3 840 | 3 049 | 6 |
| 1998 | 4 838 | 117 | 49 | 4 665 | 3 794 | 7 |
| 1999 | 5 606 | 113 | 51 | 5 432 | 4 020 | 10 |
| 2000 | 6 620 | 122 | 56 | 6 430 | 5 285 | 12 |
| 2001 | 6 992 | 113 | 60 | 6 808 | 5 511 | 11 |
| 2002 | 7 472 | 100 | 65 | 7 295 | 5 674 | 12 |
| 2003 | 8 587 | 118 | 69 | 8 385 | 6 376 | 15 |
| 2004 | 10 036 | 42 | 71 | 9 899 | 7 486 | 24 |
| 2005 | 12 132 | 47 | 73 | 11 986 | 9 285 | 27 |
| 2006 | 13 837 | 55 | 80 | 13 683 | 10 817 | 19 |
| 2007 | 15 949 | 35 | 85 | 15 789 | 12 039 | 40 |
| 2008 | 16 031 | 29 | 253 | 15 712 | 11 529 | 37 |
| 2009 | 14 436 | 25 | 244 | 14 118 | 10 596 | 49 |
| 2010 | 16 173 | 26 | 266 | 15 818 | 14 535 | 63 |

说明：(1) 2004 年起，上海铁路分局改为上海铁路局，货物周转量数据有所调整。(2) 2006 年民航货物周转量未包括中国货运航空公司的数据。(3) 2008 年起，公路货物周转量为交通部公路运输专项调查数据。

表 2-2-3　1978—2010 年旅客周转量统计表　单位：亿人・公里

| 年 份 | 旅客周转量 | 铁 路 | 公 路 | 水 运 | 民 航 |
|---|---|---|---|---|---|
| 1978 | 34.12 | 11.44 | 0.92 | 21.75 | |
| 1979 | | 13.04 | 1.03 | | |
| 1980 | 49.31 | 15.67 | 1.24 | 32.39 | |
| 1981 | | 17.17 | 1.37 | | |
| 1982 | | 17.54 | 1.39 | | |
| 1983 | | 18.89 | 2.48 | | |
| 1984 | | 21.89 | 3.25 | | |
| 1985 | 87.20 | 24.30 | 4.32 | 44.63 | 13.95 |
| 1986 | 90.57 | 25.89 | 6.43 | 42.67 | 15.58 |
| 1987 | 105.68 | 28.93 | 8.08 | 46.36 | 22.31 |
| 1988 | 119.83 | 31.83 | 8.61 | 48.85 | 30.54 |
| 1989 | 110.54 | 29.92 | 8.24 | 45.76 | 26.62 |
| 1990 | 113.94 | 26.85 | 8.42 | 40.84 | 37.84 |
| 1991 | 131.83 | 27.94 | 7.27 | 43.64 | 52.98 |
| 1992 | 151.54 | 29.79 | 6.53 | 44.49 | 70.72 |
| 1993 | 154.58 | 31.88 | 6.08 | 42.38 | 74.25 |
| 1994 | 158.73 | 34.48 | 8.78 | 35.97 | 79.50 |
| 1995 | 170.98 | 34.18 | 8.23 | 31.71 | 96.86 |
| 1996 | 171.81 | 31.49 | 8.83 | 24.13 | 107.36 |
| 1997 | 181.99 | 31.44 | 12.61 | 16.52 | 121.42 |
| 1998 | 199.15 | 30.68 | 12.07 | 9.97 | 146.43 |
| 1999 | 217.95 | 34.18 | 15.81 | 7.94 | 160.02 |
| 2000 | 234.72 | 35.40 | 16.44 | 6.77 | 176.11 |
| 2001 | 286.93 | 37.81 | 42.31 | 5.48 | 201.30 |
| 2002 | 332.12 | 39.48 | 50.43 | 4.41 | 237.80 |
| 2003 | 353.62 | 38.10 | 58.00 | 4.65 | 252.88 |
| 2004 | 599.62 | 46.35 | 72.09 | 4.49 | 476.70 |
| 2005 | 663.93 | 48.86 | 75.06 | 4.52 | 535.48 |
| 2006 | 742.87 | 51.23 | 86.85 | 4.52 | 600.28 |
| 2007 | 883.25 | 51.34 | 94.02 | 6.10 | 731.79 |
| 2008 | 869.07 | 53.18 | 94.07 | 6.73 | 715.09 |
| 2009 | 1 002.59 | 51.12 | 99.57 | 6.38 | 845.52 |
| 2010 | 1 214.25 | 60.16 | 115.44 | 3.69 | 1 034.96 |

表 2-2-4　1978—2010 年旅客发送量统计表　　单位：万人次

| 年　份 | 旅客发送量 | 铁　路 | 公　路 | 港　口 | 民　航 |
|---|---|---|---|---|---|
| 1978 | 1 763 | 1 272 | 140 | 330 | 21 |
| 1979 | 2 047 | 1 470 | 148 | 402 | 27 |
| 1980 | 2 369 | 1 692 | 200 | 446 | 31 |
| 1981 | 2 532 | 1 805 | 209 | 481 | 37 |
| 1982 | 2 598 | 1 853 | 221 | 480 | 44 |
| 1983 | 2 825 | 1 995 | 277 | 511 | 42 |
| 1984 | 3 150 | 2 228 | 343 | 517 | 62 |
| 1985 | 3 434 | 2 320 | 410 | 622 | 82 |
| 1986 | 3 720 | 2 477 | 504 | 616 | 123 |
| 1987 | 4 138 | 2 610 | 713 | 659 | 156 |
| 1988 | 4 409 | 2 838 | 717 | 679 | 175 |
| 1989 | 4 140 | 2 711 | 657 | 621 | 151 |
| 1990 | 3 835 | 2 476 | 605 | 555 | 199 |
| 1991 | 4 035 | 2 594 | 598 | 592 | 251 |
| 1992 | 4 283 | 2 748 | 591 | 623 | 321 |
| 1993 | 4 389 | 2 860 | 520 | 617 | 392 |
| 1994 | 5 074 | 2 984 | 1 086 | 546 | 458 |
| 1995 | 5 265 | 2 929 | 1 257 | 512 | 567 |
| 1996 | 5 822 | 2 804 | 1 974 | 422 | 622 |
| 1997 | 6 057 | 2 779 | 2 277 | 328 | 673 |
| 1998 | 6 139 | 2 760 | 2 006 | 678 | 695 |
| 1999 | 6 406 | 2 906 | 2 178 | 581 | 741 |
| 2000 | 6 893 | 2 980 | 2 482 | 539 | 892 |
| 2001 | 6 324 | 3 231 | 1 508 | 543 | 1 042 |
| 2002 | 7 326 | 3 518 | 2 046 | 526 | 1 236 |
| 2003 | 7 212 | 3 391 | 2 052 | 528 | 1 241 |
| 2004 | 8 968 | 4 076 | 2 465 | 621 | 1 806 |
| 2005 | 9 487 | 4 313 | 2 468 | 626 | 2 080 |
| 2006 | 9 619 | 4 458 | 2 784 | 68 | 2 309 |
| 2007 | 10 371 | 4 795 | 2 872 | 95 | 2 609 |
| 2008 | 10 927 | 5 339 | 2 934 | 89 | 2 565 |
| 2009 | 11 136 | 5 161 | 2 995 | 90 | 2 890 |
| 2010 | 13 432 | 6 095 | 3 634 | 90 | 3 613 |

说明：(1) 1997 年前港口旅客发送量为港务局公用码头范围，1998 年以后扩大为全港范围。(2) 2000 年前旅客发送量是专业运输部门的数字，2001 年开始改为跨省市旅客运输的行业统计数字。(3) 港口旅客发送量从 2006 年起口径不包含海港到内河部分。

表 2-2-5 1978—2010 年港口、集装箱吞吐量统计表

| 年 份 | 港口货物吞吐量(万吨) | 进 港 | 出 港 | 国际标准集装箱重量(万吨) | 国际标准集装箱数(万 TEU) | 进 港 | 出 港 |
|---|---|---|---|---|---|---|---|
| 1978 | 7 955 | 5 632 | 2 323 | | | | |
| 1979 | 8 350 | 5 781 | 2 569 | | | | |
| 1980 | 8 483 | 5 800 | 2 683 | 23 | 3 | 1.6 | 1.4 |
| 1981 | 8 335 | 5 745 | 2 590 | | | | |
| 1982 | 8 976 | 6 121 | 2 855 | 71 | 7 | | |
| 1983 | 9 190 | 6 374 | 2 816 | 85 | 8 | | |
| 1984 | 10 066 | 6 969 | 3 097 | 117 | 12 | | |
| 1985 | 11 291 | 7 972 | 3 319 | 184 | 20 | 11 | 10 |
| 1986 | 12 604 | 8 853 | 3 751 | 202 | 20 | | |
| 1987 | 12 833 | 8 877 | 3 956 | 247 | 22 | | |
| 1988 | 13 320 | 9 150 | 4 170 | 345 | 31 | | |
| 1989 | 14 604 | 9 910 | 4 694 | 351 | 35 | | |
| 1990 | 13 959 | 9 461 | 4 498 | 446 | 46 | 22 | 23 |
| 1991 | 14 679 | 9 933 | 4 746 | 611 | 58 | 28 | 30 |
| 1992 | 16 297 | 11 470 | 4 827 | 716 | 73 | 34 | 39 |
| 1993 | 17 596 | 12 672 | 4 924 | 848 | 94 | 45 | 49 |
| 1994 | 16 581 | 12 098 | 4 483 | 1 058 | 120 | 56 | 64 |
| 1995 | 16 567 | 12 097 | 4 470 | 1 389 | 153 | 69 | 83 |
| 1996 | 16 402 | 11 947 | 4 455 | 1 785 | 197 | 92 | 105 |
| 1997 | 16 397 | 11 851 | 4 546 | 2 304 | 253 | 115 | 138 |
| 1998 | 16 388 | 11 839 | 4 549 | 2 766 | 307 | 141 | 166 |
| 1999 | 18 641 | 12 936 | 5 705 | 3 949 | 422 | 197 | 225 |
| 2000 | 20 440 | 13 791 | 6 649 | 5 170 | 561 | 266 | 295 |
| 2001 | 22 099 | 14 922 | 7 177 | 5 911 | 634 | 305 | 329 |
| 2002 | 26 384 | 17 444 | 8 940 | 7 822 | 861 | 414 | 447 |
| 2003 | 31 621 | 20 607 | 11 014 | 10 225 | 1 128 | 544 | 584 |
| 2004 | 37 896 | 24 113 | 13 783 | 13 294 | 1 455 | 700 | 756 |
| 2005 | 44 317 | 27 539 | 16 778 | 16 250 | 1 808 | 887 | 921 |
| 2006 | 53 748 | 34 598 | 19 151 | 19 595 | 2 172 | 1 064 | 1 108 |
| 2007 | 56 145 | 35 477 | 20 668 | 23 850 | 2 615 | 1 276 | 1 339 |
| 2008 | 58 170 | 36 481 | 21 689 | 25 992 | 2 801 | 1 398 | 1 403 |
| 2009 | 59 205 | 39 000 | 20 205 | 24 619 | 2 500 | 1 223 | 1 277 |
| 2010 | 65 339 | 41 549 | 23 791 | 27 992 | 2 907 | 1 436 | 1 471 |

表 2-2-6　1978—2010 年邮电通信情况统计表

| 年　份 | 邮电局、所（个） | 邮路总长度（万公里） | 邮运汽车（辆） | 长途电话电　路（路） | 年末电话用　户（万户） | 电话交换机容　量（万门） |
|---|---|---|---|---|---|---|
| 1978 | 437 | 4.68 | 168 | 758 | 9.38 | 10.93 |
| 1979 | 439 | 4.60 | 147 | 977 | 10.18 | 15.08 |
| 1980 | 441 | 4.62 | 140 | 1 044 | 11.14 | 15.94 |
| 1981 | 445 | 4.92 | 161 | 1 164 | 11.73 | 17.08 |
| 1982 | 457 | 5.11 | 152 | 1 271 | 12.59 | 18.93 |
| 1983 | 467 | 5.33 | 143 | 1 500 | 13.94 | 21.02 |
| 1984 | 478 | 5.71 | 158 | 1 669 | 15.98 | 23.47 |
| 1985 | 481 | 7.15 | 244 | 1 909 | 18.57 | 27.30 |
| 1986 | 493 | 18.76 | 298 | 2 156 | 20.96 | 32.35 |
| 1987 | 508 | 18.54 | 388 | 2 835 | 23.96 | 37.40 |
| 1988 | 519 | 19.89 | 398 | 4 934 | 28.82 | 45.90 |
| 1989 | 527 | 19.53 | 432 | 6 698 | 36.15 | 57.62 |
| 1990 | 535 | 16.10 | 441 | 9 558 | 45.69 | 74.17 |
| 1991 | 528 | 18.15 | 480 | 12 807 | 56.59 | 83.68 |
| 1992 | 538 | 18.27 | 511 | 17 840 | 76.79 | 106.98 |
| 1993 | 572 | 20.01 | 610 | 28 734 | 108.24 | 163.63 |
| 1994 | 599 | 20.10 | 856 | 34 385 | 158.25 | 232.56 |
| 1995 | 666 | 19.30 | 974 | 46 422 | 223.27 | 345.71 |
| 1996 | 712 | 20.63 | 1 212 | 58 677 | 303.30 | 455.53 |
| 1997 | 714 | 20.67 | 1 281 | 63 320 | 373.31 | 531.88 |
| 1998 | 849 | 20.60 | 1 367 | 67 912 | 431.10 | 618.40 |
| 1999 | 579 | 20.60 | 1 400 | 74 106 | 484.00 | 645.00 |
| 2000 | 580 | 21.17 | 1 609 | 128 600 | 549.00 | 685.40 |
| 2001 | 585 | 20.96 | 1 708 | 191 000 | 616.40 | 738.50 |
| 2002 | 570 | 18.28 | 1 696 | 540 000 | 672.00 | 811.00 |
| 2003 | 575 | 18.91 | 1 811 | 20 853 | 734.00 | 873.00 |
| 2004 | 615 | 19.86 | 2 043 | 34 514 | 868.00 | 912.00 |
| 2005 | 631 | 21.13 | 2 045 | 46 136 | 996.70 | 1 357.00 |
| 2006 | 649 | 18.97 | 2 299 | 94 818 | 1 112.30 | 1 391.00 |
| 2007 | 638 | 25.25 | 2 487 | 178 337 | 1 022.00 | 1 455.00 |
| 2008 | 661 | 26.18 | 2 802 | 184 522 | 1 015.40 | 1 402.10 |
| 2009 | 631 | 27.82 | 3 030 | 259 156 | 935.48 | 1 386.35 |
| 2010 | 593 | 5.23 | 1 854 | 272 645 | 935.91 | 1 338.61 |

说明：自 2003 年开始长途电话电路单位改为 2M。

**表 2-2-7　1978—2010 年邮政业务主要指标统计表**

| 年　份 | 邮政业务总　量（亿元） | 函　件（亿件） | 报纸、杂志累计订销数（亿份） | 国内特快专　递（万件） | 国际及港澳台特快专递（万件） | 邮政储蓄年末余额（亿元） | 集邮业务（亿枚） |
|---|---|---|---|---|---|---|---|
| 1978 | | 1.30 | 5.86 | | | | |
| 1979 | | 1.40 | 6.97 | | | | |
| 1980 | | 1.60 | 7.83 | | | | |
| 1981 | | 1.61 | 8.31 | | | | |
| 1982 | | 1.66 | 9.92 | | | | |
| 1983 | | 1.64 | 10.42 | | | | |
| 1984 | | 1.85 | 11.13 | | | | |
| 1985 | | 2.19 | 11.76 | 0.23 | 1.97 | | |
| 1986 | | 2.28 | 12.13 | 1.02 | 3.47 | 0.13 | |
| 1987 | | 2.70 | 13.08 | 3.59 | 6.16 | 1.96 | |
| 1988 | | 2.88 | 11.51 | 7.32 | 10.71 | 4.26 | |
| 1989 | | 2.93 | 8.39 | 10.94 | 14.55 | 6.51 | |
| 1990 | 2.80 | 2.96 | 8.71 | 33.00 | 15.00 | 10.98 | 0.51 |
| 1991 | 3.20 | 3.14 | 9.74 | 30.89 | 20.07 | 17.22 | 0.58 |
| 1992 | 3.90 | 3.17 | 10.67 | 49.79 | 28.15 | 26.74 | 0.70 |
| 1993 | 4.90 | 3.91 | 10.90 | 88.62 | 39.36 | 35.32 | 1.10 |
| 1994 | 5.90 | 4.90 | 10.35 | 174.70 | 47.86 | 53.13 | 0.98 |
| 1995 | 7.00 | 5.58 | 10.93 | 237.90 | 45.40 | 77.77 | 0.97 |
| 1996 | 8.20 | 6.82 | 11.63 | 327.40 | 47.20 | 107.50 | 1.06 |
| 1997 | 8.37 | 5.09 | 12.06 | 411.16 | 49.00 | 132.50 | 1.02 |
| 1998 | 10.10 | 4.20 | 12.98 | 507.90 | 47.76 | 140.86 | 1.57 |
| 1999 | 11.90 | 3.99 | 13.12 | 589.90 | 46.20 | 142.40 | 1.37 |
| 2000 | 22.40 | 4.61 | 11.30 | 709.90 | 52.10 | 153.50 | 0.95 |
| 2001 | 25.92 | 4.67 | 13.58 | 791.00 | 57.10 | 167.00 | 0.89 |
| 2002 | 28.10 | 4.93 | 13.82 | 880.00 | 67.00 | 213.00 | 0.67 |
| 2003 | 31.47 | 5.11 | 13.41 | 1 169.00 | 79.00 | 318.00 | 0.40 |
| 2004 | 36.11 | 5.92 | 13.21 | 1 272.50 | 115.90 | 391.90 | 0.47 |
| 2005 | 38.49 | 9.09 | 12.33 | 1 541.20 | 114.30 | 510.80 | 0.44 |
| 2006 | 43.59 | 10.36 | 12.45 | 1 930.10 | 182.30 | 522.90 | 0.36 |
| 2007 | 47.48 | 11.17 | 11.98 | 2 444.00 | 222.00 | 540.00 | 0.37 |
| 2008 | 57.70 | 12.03 | 12.76 | 3 046.00 | 341.00 | 635.00 | 0.34 |
| 2009 | 68.60 | 12.98 | 11.83 | 3 588.30 | 513.60 | 709.70 | 0.38 |
| 2010 | 49.48 | 11.66 | 11.99 | 25 708.85 | 3 088.01 | 545.64 | 0.52 |

说明：2010 年起，“国内特快专递”和“国际及港澳台特快专递”数据包括邮政业企业和营业收入 200 万元以上的快递企业。

表 2-2-8　2004—2010 年信息化基础设施统计表

| 指　标 | 单　位 | 2004 年 | 2005 年 | 2006 年 | 2007 年 |
|---|---|---|---|---|---|
| 长途光缆线路长度 | 公里 | 4 603 | 5 141 | 3 042 | 2 973 |
| 信息通信管线长度 | 沟公里 | 1 255 | 1 621 | 2 451 | 3 131 |
| 卫星站点 | 个 | 917 | 925 | 831 | 805 |
| 有线电视双向改造用户数 | 万户 | 172.89 | 185.66 | 200.30 | 210.81 |
| 国际互联网用户 | 万人 | 633 | 803 | 957 | 1 080 |
| 互联网用户普及率 | % | 37.0 | 45.2 | 52.7 | 58.1 |
| 家庭宽带接入用户 | 万户 | 142.94 | 222.66 | 301.68 | 327.60 |
| 家庭宽带接入用户普及率 | % | 23.4 | 33.8 | 44.9 | 47.6 |

表 2-2-8　续表

| 指　标 | 单　位 | 2008 年 | 2009 年 | 2010 年 |
|---|---|---|---|---|
| 长途光缆线路长度 | 公里 | 4 333 | 4 297 | 4 670 |
| 信息通信管线长度 | 沟公里 | 4 007 | 5 354 | 5 821 |
| 卫星站点 | 个 | 781 | 772 | 770 |
| 有线电视数字用户数 | 万户 | 70.90 | 84.36 | 220.00 |
| 国际互联网用户 | 万人 | 1 160.00 | 1 250.00 | 1 560.00 |
| 互联网用户普及率 | % | 61.4 | 65.1 | 68.1 |
| 家庭宽带接入用户 | 万户 | 376.70 | 423.28 | 440.00 |
| 家庭宽带接入用户普及率 | % | 53.9 | 60.6 | 61.8 |

表 2-2-9　2005—2010 年信息服务业经营情况统计表

| 指　标 | 单　位 | 2005 年 | 2006 年 | 2007 年 | 2008 年 | 2009 年 | 2010 年 |
|---|---|---|---|---|---|---|---|
| 信息服务业经营收入 | 亿元 | 905.06 | 1 036.21 | 1 294.44 | 1 501.15 | 1 700.03 | 1 978.51 |
| #计算机服务及软件业 | 亿元 | 390.09 | 478.75 | 655.19 | 824.62 | 965.77 | 1 145.10 |
| 信息服务业从业人员 | 万人 | 18.81 | 21.03 | 24.45 | 28.16 | 29.42 | 31.20 |
| #计算机服务及软件业 | 万人 | 12.70 | 14.69 | 17.34 | 20.95 | 21.84 | 23.25 |

# 第三篇

## 农业和农村

改革开放以来，上海农业发展和农村建设大致经历三个阶段。

1978—1990年，上海农村实行家庭联产承包责任制，改革人民公社体制。切实贯彻“以农业为主、农副工协调发展”的方针，提出“稳粮、调棉、保菜、发展饲料和城市需要的经济作物”的原则。农业着重调整耕作制度和作物布局，进行农业现代化试点，建设现代化粮田。市政府发布《上海市蔬菜生产保护区暂行规定》，保护和稳定常年蔬菜生产基地，改革蔬菜产销管理体制。连续多年把增加鲜奶供应列为市政府实事项目，在市郊建设商品鱼生产基地，同时发展远洋渔业。农业领域开始对外开放，中外合资企业上海大江有限公司成立，这是当时全国最大的农牧业中外合资企业。

这一时期，上海加强农业农村统计基础建设。市统计局恢复农业统计处，各县统计局也相继成立。上海市城乡抽样调查队成立，其中农村抽样调查方面设立农产量、农村经济、农户家计3个调查科。各县也相继成立农村抽样调查队。

1991—2000年，市委、市政府提出“加强农业、提高工业、开拓第三产业”的农村工作目标，加快城市空间布局和产业结构布局调整，第二产业向郊区迁移，郊区第三产业也有较快发展。市政府还发布《关于加强农业和发展农村经济的决定》，提出要走都市型农业发展新路。同期，还开始启动新一轮种植业结构调整。

在此期间，开展第一次全国农业普查。在贯彻执行全国农业普查统一方案的基础上，上海补充调查了农业规模化、集约化、设施化情况，乡镇社区经济发展与投资环境情况，城乡一体化建设情况等内容。农村统计基础进一步夯实。郊区工业统计、商业统计、固定资产投资统计、外商投资统计、房地产开发统计都始于这一阶段，农村商业银行年末贷款也从这一阶段开始有较细分类。

2001—2010年，市委、市政府确立上海郊区“城乡一体化、农村城市化、农业现代化、农民市民化”的战略目标，着眼于社会主义新农村建设，加大工业反哺农业、城市支持农村的力度。同时提出了一系列稳定生产、提高效益的政策措施。农村经济快速发展，农村各项社会事业得到推进。在农业持续稳定、农业经济效益提高的同时，上海郊区调整产业结构，各产业得到协调发展，经济外向化势头强劲，现代服务业已经成为郊区经济发展新的支撑点。

由于城市建设，二、三产业和房地产用地增加，农业用地有所减少。

在此期间，开展第二次全国农业普查，郊区商业统计分类进一步细化。

# 第一章　农　　业

2010 年，上海农业区域包括闵行区、宝山区、嘉定区、松江区、金山区、青浦区、奉贤区、崇明县和浦东新区(农村)行政区域范围内所有建制乡镇、行政村和涉农街道、居委会辖区内的生产经营单位和农户，上海光明食品(集团)、上海水产(集团)总公司、青东农场、前卫农场、上实现代农业园区及其他中央属、市属农业生产(经营)活动单位。

2010 年末，上海拥有耕地面积 20.1 万公顷。上海农村总户数 114.22 万户，农村户籍人口 305.68 万人，分别比 1978 年末下降 6.6%和 28.8%；农业户籍人口 151.6 万人。农村城镇化进程加快，促进了农村劳动力的转移。2010 年末，上海农村从业人员 188.7 万人，比 1978 年末下降 31.7%。其中，第一产业从业人员 34.06 万人，第二产业从业人员 109.84 万人，第三产业从业人员 44.8 万人，比重由 1978 年的 76.1%、20.2%和 3.7%调整为 18.1%、58.2%和 23.7%。

2010 年，上海实现农业总产值 287.03 亿元，在全市耕地减少的情况下，扣除价格变化因素后的可比产值仍比 1978 年增长 98.5%。与 1978 年相比，种植业所占比重大幅下降，其余 4 业所占比重有不同程度的提高。农、林、牧、渔、服务业产值结构由 1978 年的 73.9%、0.3%、20.1%、4.7%和 1%[①]调整为 54.1%、2.6%、21.9%、18.3%和 3.1%。

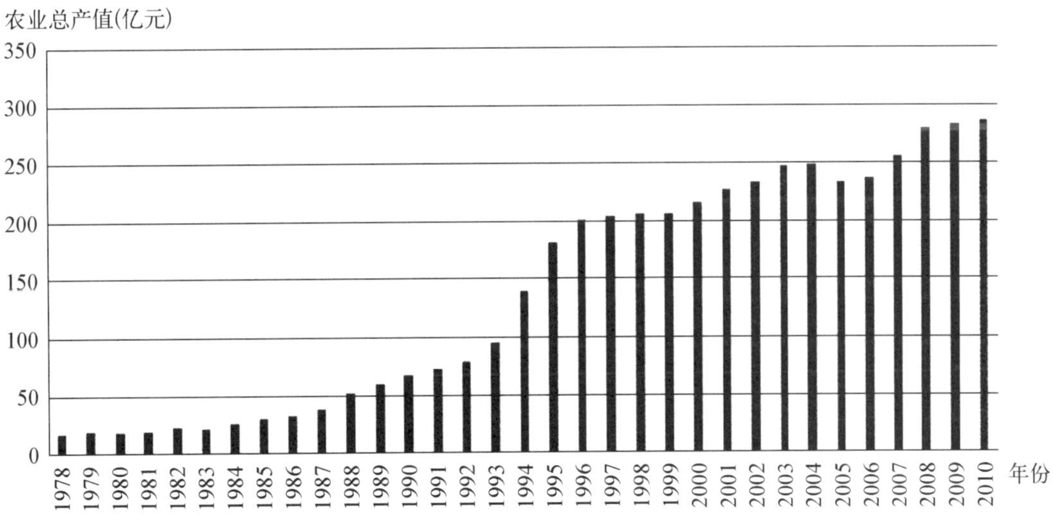


**图 3-1-1　1978—2010 年上海农业总产值**

2010 年，上海农作物总播种面积 40.12 万公顷，比 1978 年下降 51.6%，粮食作物、经济和其他作物占总播种面积的比重由 1978 年的 64.2%和 35.8%调整为 2010 年的 44.7%和 55.3%，特色经济作物发展迅速，名特优瓜果、花卉、食用菌、草莓、鲜食玉米等优质农产品种植比重提高。

2010 年，上海粮食总产量 118.4 万吨，比 1978 年下降 54.6%，而粮食单产水平达到每公顷

① 1978 年还没有农林牧渔服务业的统计，只有农业、林业、畜牧业、渔业和副业。文中 1%为副业占农业总产值的比重。2003 年开始统计农、林、牧、渔、服务业产值。

6 607 公斤,比 1978 年的每公顷 4 902 公斤增长 34.8%;蔬菜总产量 398.08 万吨,比 1978 年增长 1.7 倍;水果总产量 44.16 万吨,比 1978 年增长 13.8 倍;西甜瓜产量 55.44 万吨,比 1978 年增长 2.6 倍;油菜籽产量 2.04 万吨,比 1978 年下降 82.5%;基本不种棉花。

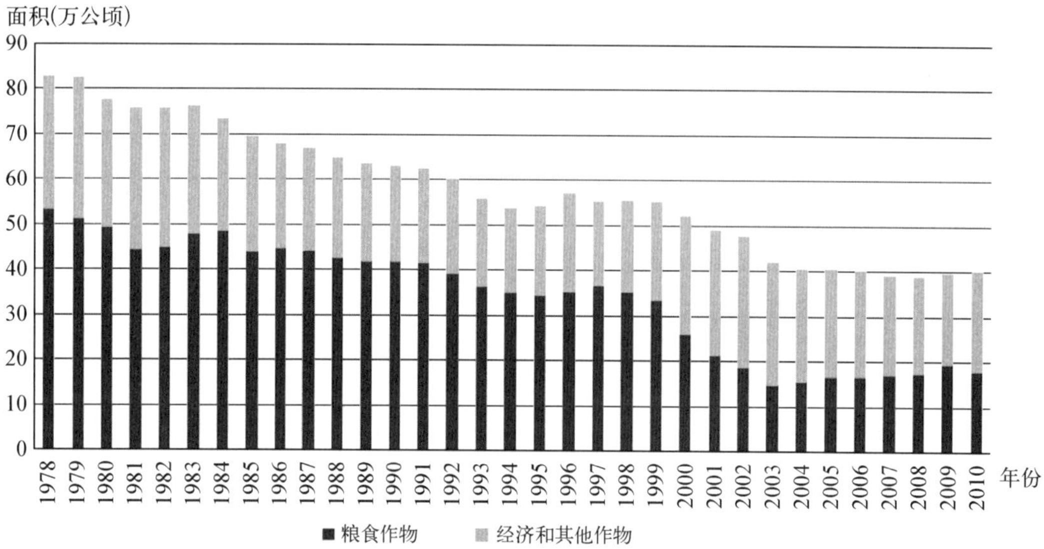


**图 3-1-2　1978—2010 年农作物总播种面积及构成**

2010 年末,上海林地面积 2.22 万公顷,比 1978 年末的 0.23 万公顷增长 8.7 倍。上海林业生产的重点是“四类”公益林(沿海防护林、水源涵养林、防污染隔离林、通道林)、经济果林和“四旁”林(村旁林、水旁林、路旁林、宅旁林)。绿地面积扩大明显,2010 年末,上海实有四旁植树 21 303 万株,比 1978 年末的 839 万株大幅增长 24.4 倍。

上海畜牧业的发展由偏重数量增长向数量和质量并重的方向转变。1978—2010 年,生猪出栏由 299.27 万头减至 265.98 万头,牛奶产量由 6.34 万吨增至 24.71 万吨,家禽出栏由 1 733 万只增至 4 084 万只,鲜蛋产量由 2.28 万吨增至 6.28 万吨。部分畜产品数量有所减少,但结构逐步优化,优质品种普及率提高,上海生猪良种率超过 95%,奶牛良种率达到 100%,形成了五丰、上食、爱森、光明等品牌高产优质品种。

上海渔业生产结构调整力度加大。2010 年,水产品总产量为 28.97 万吨,比 1978 年增长 35.4%。其中,海水产品产量 12.15 万吨,下降 38.0%。远洋捕捞受到渔场资源变化影响,鱼发区域越来越小,产量、品种、规格均大幅下降。水产养殖发展迅速,淡水产品产量 16.82 万吨,增长 8.3 倍。全市精养鱼塘(含内塘)养殖面积近年来稳定在 2.5 万公顷,确保养殖水产品的有效供给和地产水产品最低保有量。常规鱼类养殖逐步向名特优水产品养殖转变。2010 年,上海名特优水产品养殖面积达 1.5 万公顷,占全市精养鱼塘面积的 63%。

自“九五”开始,上海农业进入由城郊型农业向都市型现代农业转变阶段,按照率先基本实现农业现代化的要求,加快转变农业生产和经营方式。2000 年以来,上海调整农业结构,发展创汇农业、观光农业、设施农业、生态农业等现代农业。2006 年,《上海市国民经济和社会发展第十一个五年规划纲要》明确指出,要加快农业现代化建设,进一步增强农业综合生产能力,提高农业组织化市场化水平。

2010 年,上海农业机械总动力 104.15 万千瓦,平均每公顷耕地拥有农机动力 5.18 千瓦;机耕率由1978年的85.4%提高至98.4%。使用化肥(实物量)44.89万吨,比1978年下降48.7%;农药用量0.7万吨,比1978年下降74.5%。副食品生产基地实现集约化经营,形成一批生产、加工、销售一体的企业,农业产业化经营组织发展迅速。2010年末,上海有实际经营运作的农民专业合作社2 577家,农业产业化龙头企业402家。产业化组织利润年总额超过30亿元。

表 3-1-1　1978—2010 年农村户数、人口和从业人员统计表

| 年份 | 户数(万户) | 人口(万人) | 从业人员(万人) | | | |
|---|---|---|---|---|---|---|
| | | | 合计 | 第一产业 | 第二产业 | 第三产业 |
| 1978 | 122.32 | 429.56 | 276.24 | 210.35 | 55.60 | 10.29 |
| 1979 | 123.36 | 428.31 | 277.89 | 200.00 | 63.37 | 14.52 |
| 1980 | 125.36 | 428.98 | 282.19 | 189.47 | 74.20 | 18.52 |
| 1981 | 129.45 | 433.96 | 285.23 | 182.76 | 81.24 | 21.23 |
| 1982 | 132.53 | 435.90 | 283.74 | 174.97 | 85.41 | 23.36 |
| 1983 | 133.18 | 435.25 | 277.82 | 159.26 | 94.98 | 23.58 |
| 1984 | 134.74 | 432.88 | 271.83 | 133.90 | 110.43 | 27.50 |
| 1985 | 135.68 | 429.23 | 268.52 | 111.04 | 124.40 | 33.08 |
| 1986 | 135.77 | 426.06 | 263.68 | 97.13 | 128.81 | 37.74 |
| 1987 | 136.77 | 423.24 | 259.86 | 87.54 | 132.02 | 40.30 |
| 1988 | 138.04 | 421.20 | 255.48 | 79.72 | 132.65 | 43.11 |
| 1989 | 138.74 | 417.67 | 250.04 | 76.21 | 130.95 | 42.88 |
| 1990 | 139.79 | 417.91 | 249.97 | 75.04 | 130.93 | 44.00 |
| 1991 | 140.20 | 416.44 | 246.38 | 69.48 | 131.58 | 45.32 |
| 1992 | 140.10 | 413.16 | 243.84 | 66.15 | 130.03 | 47.66 |
| 1993 | 136.60 | 401.00 | 235.07 | 63.47 | 123.67 | 47.93 |
| 1994 | 136.79 | 399.84 | 232.92 | 62.68 | 119.93 | 50.31 |
| 1995 | 134.59 | 392.27 | 230.43 | 65.61 | 112.13 | 52.69 |
| 1996 | 117.59 | 399.29 | 286.10 | 86.06 | 150.00 | 50.04 |
| 1997 | 116.53 | 391.06 | 283.20 | 89.39 | 141.22 | 52.59 |
| 1998 | 116.71 | 387.54 | 270.63 | 99.05 | 127.37 | 44.21 |
| 1999 | 117.76 | 372.57 | 257.68 | 90.42 | 121.71 | 45.55 |
| 2000 | 115.60 | 366.26 | 255.60 | 84.60 | 117.20 | 53.80 |
| 2001 | 115.77 | 363.70 | 255.00 | 83.18 | 119.80 | 52.02 |
| 2002 | 115.17 | 360.71 | 253.45 | 81.45 | 119.89 | 52.11 |
| 2003 | 114.06 | 355.88 | 250.05 | 71.74 | 124.14 | 54.17 |
| 2004 | 112.84 | 347.85 | 248.05 | 65.22 | 126.01 | 56.82 |
| 2005 | 111.07 | 338.18 | 243.49 | 59.05 | 128.41 | 56.03 |
| 2006 | 121.11 | 356.47 | 230.76 | 46.08 | 125.58 | 59.10 |
| 2007 | 101.60 | 355.23 | 218.76 | 51.78 | 118.36 | 48.62 |
| 2008 | 96.52 | 339.24 | 211.10 | 47.52 | 116.41 | 47.17 |
| 2009 | 95.20 | 332.78 | 205.72 | 45.55 | 114.12 | 46.05 |
| 2010 | 114.22 | 305.68 | 188.70 | 34.06 | 109.84 | 44.80 |

说明：2006 年为第二次农业普查数据。

表 3-1-2　1978—2010 年农业总产值统计表

单位：亿元

| 年份 | 合计 | 种植业 | 林业 | 畜牧业 | 副业 | 渔业 | 农林牧渔服务业 |
|---|---|---|---|---|---|---|---|
| 1978 | 18.26 | 13.49 | 0.06 | 3.67 | 0.18 | 0.86 | |
| 1979 | 20.41 | 15.10 | 0.04 | 4.22 | 0.15 | 0.90 | |
| 1980 | 18.90 | 11.40 | 0.06 | 6.27 | 0.20 | 0.97 | |
| 1981 | 20.33 | 11.91 | 0.21 | 6.38 | 0.60 | 1.23 | |
| 1982 | 23.97 | 13.80 | 0.23 | 7.81 | 0.57 | 1.56 | |
| 1983 | 22.68 | 12.59 | 0.20 | 7.80 | 0.80 | 1.29 | |
| 1984 | 26.59 | 16.41 | 0.21 | 8.06 | 0.51 | 1.40 | |
| 1985 | 31.38 | 15.63 | 0.21 | 12.25 | 0.47 | 2.82 | |
| 1986 | 33.76 | 16.83 | 0.24 | 12.75 | 0.49 | 3.45 | |
| 1987 | 38.84 | 17.69 | 0.34 | 15.48 | 0.54 | 4.79 | |
| 1988 | 53.07 | 22.47 | 0.45 | 22.18 | 0.54 | 7.43 | |
| 1989 | 60.63 | 25.53 | 0.39 | 26.41 | 0.42 | 7.88 | |
| 1990 | 68.16 | 29.09 | 0.37 | 30.25 | 0.41 | 8.04 | |
| 1991 | 73.65 | 30.51 | 0.39 | 33.38 | 0.40 | 8.97 | |
| 1992 | 80.01 | 32.80 | 0.43 | 37.19 | 0.41 | 9.18 | |
| 1993 | 96.20 | 40.52 | 0.41 | 42.95 | | 12.31 | |
| 1994 | 140.24 | 60.19 | 0.49 | 62.04 | | 17.52 | |
| 1995 | 182.47 | 77.71 | 0.45 | 81.48 | | 22.83 | |
| 1996 | 200.95 | 87.64 | 0.67 | 85.46 | | 27.18 | |
| 1997 | 204.41 | 85.20 | 0.47 | 88.37 | | 30.37 | |
| 1998 | 206.75 | 89.10 | 0.84 | 87.27 | | 29.54 | |
| 1999 | 206.90 | 87.86 | 0.98 | 86.35 | | 31.71 | |
| 2000 | 216.50 | 89.81 | 1.41 | 87.35 | | 37.92 | |
| 2001 | 227.61 | 95.53 | 3.52 | 88.43 | | 40.13 | |
| 2002 | 233.57 | 97.21 | 7.75 | 83.48 | | 45.13 | |
| 2003 | 247.29 | 98.17 | 13.05 | 81.13 | | 49.21 | 5.73 |
| 2004 | 248.89 | 109.32 | 13.14 | 70.77 | | 49.90 | 5.76 |
| 2005 | 233.39 | 111.25 | 11.11 | 54.34 | | 51.64 | 5.05 |
| 2006 | 237.01 | 119.99 | 10.43 | 46.29 | | 55.25 | 5.05 |
| 2007 | 255.98 | 126.74 | 10.05 | 58.00 | | 54.19 | 7.00 |
| 2008 | 280.35 | 137.52 | 9.12 | 68.40 | | 57.11 | 8.20 |
| 2009 | 283.15 | 147.53 | 8.99 | 64.61 | | 53.53 | 8.49 |
| 2010 | 287.03 | 155.27 | 7.53 | 62.90 | | 52.62 | 8.71 |

说明：1993 年以后，农业总产值统计制度规定，将副业中的野生动物的捕猎划入畜牧业，野生植物采集和农民家庭兼营商品性工业划归种植业，取消副业统计。重新修订后的《国民经济行业分类》(GB/T 4754-2002)，将第二产业中的木材和竹材的采运业和第三产业中的农林牧渔服务业划分出来，归入第一产业。2003 年以后，农业总产值统计制度规定，林业大类中增加木材和竹材的采运业统计，增设农林牧渔服务业大类统计。

**表3-1-3　1978—2010年农业总产值指数(以1952年为100)统计表**

| 年　份 | 农业总产值指　数 | 种植业 | 林　业 | 牧　业 | 副　业 | 渔　业 | 农林牧渔服务业 |
|---|---|---|---|---|---|---|---|
| 1978 | 286.1 | 254.6 | 493.5 | 448.2 | 19.9 | 831.3 | |
| 1979 | 290.0 | 236.5 | 601.7 | 574.2 | 86.0 | 844.6 | |
| 1980 | 263.6 | 200.2 | 754.4 | 519.1 | 389.7 | 865.1 | |
| 1981 | 286.2 | 213.5 | 710.7 | 628.6 | 347.7 | 809.1 | |
| 1982 | 335.9 | 248.0 | 795.1 | 762.5 | 430.5 | 891.6 | |
| 1983 | 314.4 | 218.9 | 572.8 | 749.9 | 464.8 | 1 027.5 | |
| 1984 | 356.1 | 277.6 | 485.5 | 750.8 | 295.8 | 953.6 | |
| 1985 | 323.2 | 224.6 | 528.9 | 813.0 | 274.2 | 1 060.4 | |
| 1986 | 342.6 | 227.9 | 663.7 | 901.9 | 279.9 | 1 242.6 | |
| 1987 | 350.5 | 230.6 | 685.7 | 926.3 | 309.9 | 1 314.2 | |
| 1988 | 372.7 | 242.7 | 819.4 | 1 017.5 | 307.7 | 1 329.8 | |
| 1989 | 377.6 | 234.9 | 665.5 | 1 100.6 | 241.1 | 1 427.8 | |
| 1990 | 399.1 | 245.3 | 689.3 | 1 215.6 | 237.2 | 1 366.0 | |
| 1991 | 418.4 | 243.4 | 758.4 | 1 339.9 | 231.1 | 1 435.6 | |
| 1992 | 442.6 | 257.9 | 710.5 | 1 447.1 | 235.9 | 1 403.5 | |
| 1993 | 423.1 | 239.6 | 638.7 | 1 406.6 | | 1 386.7 | |
| 1994 | 456.1 | 244.4 | 643.8 | 1 509.3 | | 1 787.5 | |
| 1995 | 506.3 | 264.7 | 618.1 | 1 627.0 | | 2 098.5 | |
| 1996 | 548.3 | 291.4 | 832.0 | 1 744.1 | | 2 241.2 | |
| 1997 | 579.3 | 313.5 | 656.2 | 1 812.1 | | 2 397.7 | |
| 1998 | 593.2 | 329.4 | 913.9 | 1 847.0 | | 2 316.2 | |
| 1999 | 608.2 | 339.2 | 1 274.7 | 1 873.6 | | 2 403.8 | |
| 2000 | 631.9 | 359.4 | 2 047.3 | 1 858.4 | | 2 675.8 | |
| 2001 | 676.7 | 369.8 | 3 107.8 | 1 943.9 | | 3 259.1 | |
| 2002 | 697.0 | 370.9 | 7 629.6 | 1 866.1 | | 3 679.5 | 100.0 |
| 2003 | 704.7 | 344.6 | 10 177.9 | 1 772.8 | | 4 525.8 | 102.6 |
| 2004 | 656.8 | 366.7 | 10 218.6 | 1 373.9 | | 4 376.4 | 103.2 |
| 2005 | 587.8 | 348.0 | 7 960.3 | 993.3 | | 4 617.1 | 91.4 |
| 2006 | 591.9 | 359.1 | 7 474.7 | 918.8 | | 4 884.9 | 90.3 |
| 2007 | 600.8 | 363.8 | 7 198.1 | 960.1 | | 4 767.7 | 121.6 |
| 2008 | 601.4 | 374.8 | 5 852.1 | 1 002.3 | | 4 324.1 | 134.6 |
| 2009 | 598.4 | 369.6 | 5 664.8 | 1 069.5 | | 4 004.1 | 140.0 |
| 2010 | 567.9 | 352.2 | 4 741.4 | 1 039.6 | | 3 683.8 | 139.2 |

表 3-1-4　1978—2010 年年末耕地面积统计表

| 年　份 | 耕地面积(万公顷) | | | 平均每个农村人口占有耕地(平方米) | 平均每个农村从业人员占有耕地(平方米) |
|---|---|---|---|---|---|
| | 合　计 | 水　田 | 旱　田 | | |
| 1978 | 36.01 | 31.88 | 4.14 | 800 | 1 240 |
| 1979 | 35.58 | 31.49 | 4.08 | 793 | 1 220 |
| 1980 | 35.41 | 31.26 | 4.15 | 787 | 1 193 |
| 1981 | 35.27 | 31.02 | 4.25 | 773 | 1 173 |
| 1982 | 35.17 | 30.96 | 4.21 | 767 | 1 173 |
| 1983 | 34.99 | 31.00 | 4.00 | 760 | 1 193 |
| 1984 | 34.58 | 30.89 | 3.69 | 760 | 1 207 |
| 1985 | 33.96 | 30.45 | 3.51 | 753 | 1 200 |
| 1986 | 33.30 | 29.75 | 3.56 | 740 | 1 200 |
| 1987 | 33.09 | 29.67 | 3.42 | 740 | 1 207 |
| 1988 | 32.72 | 29.28 | 3.44 | 740 | 1 213 |
| 1989 | 32.40 | 28.95 | 3.45 | 733 | 1 227 |
| 1990 | 32.32 | 28.54 | 3.78 | 773 | 1 293 |
| 1991 | 32.10 | 28.38 | 3.72 | 731 | 1 236 |
| 1992 | 31.78 | 28.03 | 3.75 | 718 | 1 303 |
| 1993 | 30.20 | 26.42 | 3.78 | 712 | 1 215 |
| 1994 | 29.38 | 25.81 | 3.58 | 735 | 1 262 |
| 1995 | 29.00 | 25.39 | 3.61 | 740 | 1 189 |
| 1996 | 30.06 | 27.16 | 2.89 | 753 | 1 051 |
| 1997 | 29.80 | 26.93 | 2.87 | 762 | 1 052 |
| 1998 | 29.38 | 26.67 | 2.71 | 758 | 1 087 |
| 1999 | 29.09 | 26.15 | 2.94 | 732 | 1 058 |
| 2000 | 28.59 | 25.74 | 2.85 | 731 | 1 048 |
| 2001 | 28.06 | 26.02 | 2.04 | 722 | 1 029 |
| 2002 | 27.04 | 25.06 | 1.98 | 693 | 986 |
| 2003 | 25.73 | 24.19 | 1.54 | 668 | 951 |
| 2004 | 24.57 | 22.88 | 1.69 | 654 | 918 |
| 2005 | 23.73 | 22.34 | 1.39 | 647 | 899 |
| 2006 | 20.80 | 18.83 | 1.97 | 583 | 901 |
| 2007 | 20.60 | 18.65 | 1.95 | 580 | 942 |
| 2008 | 20.50 | 17.51 | 2.99 | 550 | 884 |
| 2009 | 20.23 | 16.98 | 3.25 | 553 | 895 |
| 2010 | 20.10 | 15.32 | 4.78 | 598 | 969 |

说明：2006 年为第二次农业普查数据。

表3-1-5 1978—2010年农作物总播种面积及构成统计表 单位：万公顷

| 年 份 | 总播种面积 | 粮食作物 | | 经济作物 | | 其他作物 | |
|---|---|---|---|---|---|---|---|
| | | 播种面积 | 占总播种面积(%) | 播种面积 | 占总播种面积(%) | 播种面积 | 占总播种面积(%) |
| 1978 | 82.86 | 53.22 | 64.2 | 17.39 | 21.0 | 12.25 | 14.8 |
| 1979 | 82.47 | 51.23 | 62.1 | 17.43 | 21.1 | 13.81 | 16.8 |
| 1980 | 77.60 | 49.39 | 63.7 | 16.16 | 20.8 | 12.05 | 15.5 |
| 1981 | 75.85 | 44.45 | 58.6 | 19.58 | 25.8 | 11.82 | 15.6 |
| 1982 | 75.91 | 44.93 | 59.2 | 18.48 | 24.3 | 12.50 | 16.5 |
| 1983 | 76.38 | 47.85 | 62.6 | 15.93 | 20.9 | 12.60 | 16.5 |
| 1984 | 73.60 | 48.62 | 66.1 | 15.07 | 20.5 | 9.91 | 13.4 |
| 1985 | 69.61 | 43.82 | 63.0 | 14.85 | 21.3 | 10.94 | 15.7 |
| 1986 | 67.90 | 44.68 | 65.8 | 11.83 | 17.4 | 11.39 | 16.8 |
| 1987 | 67.04 | 44.21 | 66.0 | 10.75 | 16.0 | 12.08 | 18.0 |
| 1988 | 64.79 | 42.45 | 65.5 | 10.82 | 16.7 | 11.52 | 17.8 |
| 1989 | 63.63 | 41.69 | 65.5 | 10.77 | 16.9 | 11.17 | 17.6 |
| 1990 | 63.11 | 41.71 | 66.1 | 11.16 | 17.7 | 10.24 | 16.2 |
| 1991 | 62.62 | 41.54 | 66.4 | 11.14 | 17.8 | 9.94 | 15.8 |
| 1992 | 60.14 | 39.24 | 65.3 | 11.45 | 19.0 | 9.45 | 15.7 |
| 1993 | 55.85 | 36.31 | 65.0 | 9.16 | 16.4 | 10.38 | 18.6 |
| 1994 | 53.68 | 34.97 | 65.1 | 8.24 | 15.4 | 10.47 | 19.5 |
| 1995 | 54.22 | 34.40 | 63.5 | 8.88 | 16.4 | 10.94 | 20.1 |
| 1996 | 57.01 | 35.38 | 62.1 | 8.33 | 14.6 | 13.30 | 23.3 |
| 1997 | 55.23 | 36.58 | 66.2 | 6.91 | 12.5 | 11.74 | 21.3 |
| 1998 | 55.64 | 35.25 | 63.4 | 7.42 | 13.3 | 12.97 | 23.3 |
| 1999 | 55.17 | 33.50 | 60.7 | 7.97 | 14.5 | 13.70 | 24.8 |
| 2000 | 52.15 | 25.88 | 49.6 | 8.84 | 17.0 | 17.43 | 33.4 |
| 2001 | 49.09 | 21.12 | 43.0 | 8.08 | 16.5 | 19.89 | 40.5 |
| 2002 | 47.67 | 18.77 | 39.4 | 8.07 | 16.9 | 20.83 | 43.7 |
| 2003 | 41.92 | 14.83 | 35.4 | 6.07 | 14.5 | 21.02 | 50.1 |
| 2004 | 40.44 | 15.47 | 38.3 | 4.90 | 12.1 | 20.07 | 49.6 |
| 2005 | 40.36 | 16.61 | 41.1 | 4.75 | 11.8 | 19.00 | 47.1 |
| 2006 | 40.14 | 16.55 | 41.2 | 3.73 | 9.3 | 19.86 | 49.5 |
| 2007 | 39.07 | 16.96 | 43.4 | 2.77 | 7.1 | 19.34 | 49.5 |
| 2008 | 38.84 | 17.45 | 44.9 | 2.81 | 7.2 | 18.58 | 47.9 |
| 2009 | 39.61 | 19.33 | 48.8 | 2.53 | 6.4 | 17.75 | 44.8 |
| 2010 | 40.12 | 17.92 | 44.7 | 2.07 | 5.2 | 20.13 | 50.1 |

**表 3-1-6　1978—2010 年粮食作物播种面积和产量统计表**

| 年　份 | 粮　食(包括大豆) | | | 在粮食产量中 | |
|---|---|---|---|---|---|
| | 播种面积(万公顷) | 单　产(公斤/公顷) | 总产量(万吨) | 夏　粮(万吨) | 秋　粮(万吨) |
| 1978 | 53.22 | 4 902 | 260.88 | 54.69 | 206.19 |
| 1979 | 51.23 | 5 057 | 259.05 | 62.13 | 196.92 |
| 1980 | 49.39 | 3 783 | 186.85 | 59.23 | 127.62 |
| 1981 | 44.45 | 4 170 | 185.37 | 50.18 | 135.19 |
| 1982 | 44.93 | 4 806 | 215.94 | 53.09 | 162.85 |
| 1983 | 47.85 | 4 330 | 207.17 | 47.75 | 159.42 |
| 1984 | 48.62 | 5 189 | 252.29 | 62.26 | 190.03 |
| 1985 | 43.82 | 4 879 | 213.83 | 53.83 | 160.00 |
| 1986 | 44.68 | 5 301 | 236.88 | 54.65 | 182.23 |
| 1987 | 44.21 | 5 260 | 232.56 | 50.32 | 182.24 |
| 1988 | 42.45 | 5 596 | 237.54 | 56.68 | 180.86 |
| 1989 | 41.69 | 5 674 | 236.55 | 46.96 | 189.59 |
| 1990 | 41.71 | 5 859 | 244.36 | 54.47 | 189.89 |
| 1991 | 41.54 | 5 954 | 247.34 | 54.73 | 192.61 |
| 1992 | 39.24 | 5 980 | 234.65 | 55.54 | 179.11 |
| 1993 | 36.31 | 5 944 | 215.84 | 49.08 | 166.76 |
| 1994 | 34.97 | 6 150 | 215.06 | 40.63 | 174.43 |
| 1995 | 34.40 | 6 381 | 219.50 | 47.26 | 172.24 |
| 1996 | 35.38 | 6 638 | 234.82 | 55.68 | 179.14 |
| 1997 | 36.58 | 6 503 | 237.85 | 60.39 | 177.46 |
| 1998 | 35.25 | 6 031 | 212.58 | 39.29 | 173.29 |
| 1999 | 33.50 | 6 215 | 208.20 | 47.15 | 161.05 |
| 2000 | 25.88 | 6 723 | 174.00 | 30.31 | 143.69 |
| 2001 | 21.12 | 7 170 | 151.42 | 17.75 | 133.67 |
| 2002 | 18.77 | 6 950 | 130.46 | 14.81 | 115.65 |
| 2003 | 14.83 | 6 659 | 98.75 | 10.30 | 88.45 |
| 2004 | 15.47 | 6 871 | 106.29 | 11.71 | 94.58 |
| 2005 | 16.61 | 6 343 | 105.36 | 13.90 | 91.46 |
| 2006 | 16.55 | 6 725 | 111.30 | 16.10 | 95.20 |
| 2007 | 16.96 | 6 439 | 109.20 | 19.00 | 90.20 |
| 2008 | 17.45 | 6 629 | 115.67 | 22.97 | 92.70 |
| 2009 | 19.33 | 6 296 | 121.68 | 27.86 | 93.82 |
| 2010 | 17.92 | 6 607 | 118.40 | 22.97 | 95.43 |

表3-1-7　1978—2010年棉花、油菜籽播种面积和产量统计表

| 年　份 | 棉　花 | | | 油菜籽 | | |
|---|---|---|---|---|---|---|
| | 播种面积(万公顷) | 单　产(公斤/公顷) | 产　量(万吨) | 播种面积(万公顷) | 单　产(公斤/公顷) | 产　量(万吨) |
| 1978 | 9.66 | 1 252 | 12.10 | 5.11 | 2 275 | 11.63 |
| 1979 | 9.68 | 948 | 9.18 | 5.14 | 2 328 | 11.97 |
| 1980 | 10.37 | 735 | 7.62 | 5.20 | 1 842 | 9.58 |
| 1981 | 11.78 | 631 | 7.43 | 7.24 | 2 025 | 14.66 |
| 1982 | 10.80 | 746 | 8.05 | 7.18 | 2 320 | 16.66 |
| 1983 | 9.77 | 783 | 7.65 | 5.64 | 1 797 | 10.13 |
| 1984 | 9.41 | 1 131 | 10.64 | 5.12 | 2 269 | 11.63 |
| 1985 | 7.10 | 687 | 4.88 | 7.03 | 2 211 | 15.53 |
| 1986 | 3.23 | 665 | 2.15 | 7.81 | 1 914 | 14.95 |
| 1987 | 2.08 | 731 | 1.52 | 8.02 | 2 020 | 16.20 |
| 1988 | 1.65 | 807 | 1.33 | 8.53 | 2 223 | 18.96 |
| 1989 | 1.07 | 721 | 0.77 | 9.24 | 1 624 | 15.00 |
| 1990 | 1.30 | 938 | 1.22 | 9.29 | 1 956 | 18.17 |
| 1991 | 1.39 | 1 165 | 1.62 | 9.23 | 2 160 | 19.94 |
| 1992 | 1.49 | 1 034 | 1.54 | 9.44 | 2 314 | 21.84 |
| 1993 | 0.96 | 833 | 0.80 | 7.27 | 1 785 | 12.98 |
| 1994 | 0.49 | 959 | 0.47 | 6.85 | 1 394 | 9.55 |
| 1995 | 0.33 | 1 091 | 0.36 | 7.84 | 1 976 | 15.49 |
| 1996 | 0.31 | 1 383 | 0.42 | 6.95 | 2 283 | 15.86 |
| 1997 | 0.34 | 1 116 | 0.38 | 5.30 | 1 952 | 10.35 |
| 1998 | 0.45 | 1 058 | 0.47 | 5.66 | 1 143 | 6.47 |
| 1999 | 0.20 | 1 092 | 0.22 | 5.97 | 2 174 | 12.98 |
| 2000 | 0.10 | 1 122 | 0.12 | 7.01 | 2 242 | 15.71 |
| 2001 | 0.11 | 1 273 | 0.14 | 6.24 | 1 973 | 12.31 |
| 2002 | 0.08 | 1 125 | 0.09 | 5.18 | 1 792 | 9.28 |
| 2003 | 0.08 | 1 375 | 0.11 | 3.79 | 1 562 | 5.92 |
| 2004 | 0.11 | 1 636 | 0.18 | 3.02 | 2 298 | 6.94 |
| 2005 | 0.11 | 1 636 | 0.18 | 3.08 | 2 114 | 6.51 |
| 2006 | 0.12 | 1 667 | 0.20 | 2.26 | 2 173 | 4.91 |
| 2007 | 0.14 | 1 786 | 0.25 | 1.50 | 2 187 | 3.28 |
| 2008 | 0.15 | 2 133 | 0.32 | 1.43 | 2 301 | 3.29 |
| 2009 | 0.13 | 2 000 | 0.26 | 1.43 | 2 161 | 3.09 |
| 2010 | 0.24 | 1 458 | 0.35 | 0.93 | 2 194 | 2.04 |

表 3-1-8　1978—2010 年其他农作物播种面积和产量统计表

| 年　份 | 蔬　菜 | | 西甜瓜 | | 水果产量（万吨） |
|---|---|---|---|---|---|
| | 播种面积（万公顷） | 产　量（万吨） | 播种面积（万公顷） | 产　量（万吨） | |
| 1978 | 4.30 | 145.45 | 0.41 | 15.24 | 2.99 |
| 1979 | 5.39 | 128.15 | 0.46 | 12.68 | 3.45 |
| 1980 | 5.41 | 112.55 | 0.54 | 10.28 | 3.70 |
| 1981 | 5.81 | 126.08 | 0.50 | 10.72 | 2.52 |
| 1982 | 6.48 | 163.75 | 0.76 | 22.93 | 4.35 |
| 1983 | 6.08 | 123.69 | 0.79 | 4.60 | 2.20 |
| 1984 | 4.95 | 161.10 | 0.73 | 15.55 | 3.04 |
| 1985 | 6.43 | 152.26 | 1.36 | 28.05 | 4.06 |
| 1986 | 7.09 | 178.92 | 1.80 | 28.01 | 4.39 |
| 1987 | 8.17 | 182.18 | 1.56 | 38.64 | 4.66 |
| 1988 | 7.94 | 186.31 | 1.94 | 53.71 | 6.77 |
| 1989 | 7.97 | 193.72 | 1.84 | 32.85 | 8.80 |
| 1990 | 7.76 | 186.79 | 1.28 | 30.77 | 9.42 |
| 1991 | 7.57 | 169.15 | 1.24 | 17.52 | 8.69 |
| 1992 | 7.01 | 182.01 | 1.32 | 33.33 | 16.33 |
| 1993 | 7.78 | 193.49 | 1.39 | 30.04 | 16.36 |
| 1994 | 8.20 | 213.33 | 1.13 | 24.89 | 16.10 |
| 1995 | 8.70 | 244.33 | 1.17 | 21.02 | 21.71 |
| 1996 | 10.80 | 262.01 | 1.29 | 23.92 | 20.74 |
| 1997 | 9.82 | 300.58 | 1.02 | 17.06 | 23.92 |
| 1998 | 10.70 | 301.58 | 1.40 | 42.34 | 21.13 |
| 1999 | 11.07 | 336.97 | 1.66 | 33.98 | 25.11 |
| 2000 | 14.04 | 377.00 | 1.83 | 49.88 | 22.54 |
| 2001 | 14.94 | 424.04 | 2.40 | 70.03 | 26.74 |
| 2002 | 16.07 | 476.60 | 2.53 | 70.22 | 27.72 |
| 2003 | 15.04 | 460.54 | 2.30 | 76.49 | 33.31 |
| 2004 | 13.99 | 436.65 | 2.19 | 74.09 | 33.74 |
| 2005 | 13.09 | 409.03 | 2.06 | 64.75 | 33.63 |
| 2006 | 13.62 | 418.76 | 2.07 | 66.99 | 38.93 |
| 2007 | 13.39 | 413.49 | 1.95 | 66.30 | 43.93 |
| 2008 | 13.36 | 409.99 | 1.85 | 63.05 | 46.12 |
| 2009 | 12.82 | 394.07 | 1.77 | 57.57 | 45.16 |
| 2010 | 13.21 | 398.08 | 1.61 | 55.44 | 44.16 |

**表3-1-9 1978—2010年林业生产统计表**

| 年份 | 年末林地面积(万公顷) | 年末苗圃面积(万公顷) | 年末竹园面积(万公顷) | 年末实有四旁植树(万株) | 杞柳条产量(万吨) | 芦竹产量(万吨) | 当年采伐木材(立方米) |
|---|---|---|---|---|---|---|---|
| 1978 | 0.23 | 0.04 | 0.31 | 839 | 0.96 | 2.47 | 5 103 |
| 1979 | 0.20 | 0.05 | 0.26 | 710 | 1.07 | 1.83 | 12 691 |
| 1980 | 0.17 | 0.04 | 0.27 | 3 790 | 1.12 | 2.64 | 6 833 |
| 1981 | 0.20 | 0.05 | 0.26 | 3 594 | 1.30 | 2.21 | 8 568 |
| 1982 | 0.16 | 0.05 | 0.26 | 3 798 | 0.98 | 1.93 | 11 662 |
| 1983 | 0.18 | 0.07 | 0.26 | 3 540 | 0.52 | 2.29 | 15 599 |
| 1984 | 0.22 | 0.07 | 0.26 | 3 325 | 0.38 | 1.83 | 13 155 |
| 1985 | 0.31 | 0.10 | 0.25 | 3 574 | 0.34 | 2.44 | 13 434 |
| 1986 | 0.24 | 0.09 | 0.23 | 3 482 | 0.86 | 3.75 | 13 580 |
| 1987 | 0.29 | 0.09 | 0.22 | 3 967 | 0.29 | 2.79 | 15 816 |
| 1988 | 0.33 | 0.08 | 0.23 | 4 224 | 0.32 | 3.29 | 14 000 |
| 1989 | 0.35 | 0.08 | 0.21 | 3 997 | 0.25 | 2.63 | 15 981 |
| 1990 | 0.39 | 0.07 | 0.21 | 4 416 | 0.12 | 2.99 | 14 944 |
| 1991 | 0.46 | 0.07 | 0.20 | 3 611 | 0.07 | 3.77 | 15 660 |
| 1992 | 0.54 | 0.10 | 0.48 | 5 458 | 0.03 | 1.52 | 16 675 |
| 1993 | 0.59 | 0.11 | 0.34 | 5 369 | 0.01 | 1.39 | 16 848 |
| 1994 | 0.65 | 0.09 | 0.27 | 9 535 | 0.02 | 1.77 | 14 344 |
| 1995 | 0.63 | 0.11 | 0.25 | 4 931 | … | 1.72 | 15 441 |
| 1996 | 0.50 | 0.11 | 0.25 | 5 146 | … | 1.70 | 17 869 |
| 1997 | 0.45 | 0.15 | 0.36 | 5 126 | … | 2.28 | 16 673 |
| 1998 | 0.57 | 0.19 | 0.32 | 5 904 | … | 2.12 | 14 733 |
| 1999 | 0.58 | 0.27 | 0.32 | 6 317 | … | 2.04 | 10 300 |
| 2000 | 1.17 | 0.40 | 0.36 | 7 464 | 0.01 | 2.08 | 10 464 |
| 2001 | 1.77 | 0.59 | 0.38 | 8 258 | | | 7 820 |
| 2002 | 2.63 | 1.00 | 0.39 | 8 830 | | | 2 800 |
| 2003 | 3.08 | 1.86 | 0.33 | 5 811 | | | 7 910 |
| 2004 | 3.24 | 2.07 | 0.31 | 4 467 | | | 7 524 |
| 2005 | 4.46 | 1.68 | 0.41 | 4 227 | | | 6 895 |
| 2006 | 1.87 | 1.24 | 0.02 | 4 388 | | | 8 079 |
| 2007 | 1.98 | 1.30 | 0.02 | 4 944 | | | 12 589 |
| 2008 | 2.08 | 1.21 | 0.02 | 5 068 | | | 12 624 |
| 2009 | 2.13 | 1.89 | 0.02 | 5 377 | | | 16 600 |
| 2010 | 2.22 | | 0.02 | 21 303 | | | 5 964 |

说明：年末林地和竹园面积2006年为第二次农业普查数据。

表 3-1-10　1978—2010 年奶牛、羊、生猪、兔的年末存栏统计表

| 年　份 | 奶　牛<br>（万头） | 羊<br>（万头） | 生　猪<br>（万头） | 兔<br>（万只） |
|---|---|---|---|---|
| 1978 | 2.19 | 38.44 | 365.74 | 65.57 |
| 1979 | 2.36 | 45.22 | 342.42 | 92.86 |
| 1980 | 2.65 | 41.15 | 260.93 | 108.23 |
| 1981 | 2.99 | 38.45 | 266.16 | 187.87 |
| 1982 | 3.32 | 35.22 | 260.90 | 176.84 |
| 1983 | 3.84 | 33.31 | 230.06 | 128.46 |
| 1984 | 4.36 | 26.88 | 208.17 | 238.83 |
| 1985 | 4.91 | 22.28 | 198.72 | 865.18 |
| 1986 | 5.21 | 22.99 | 209.34 | 575.50 |
| 1987 | 5.68 | 23.01 | 175.09 | 229.27 |
| 1988 | 6.46 | 29.59 | 203.38 | 149.38 |
| 1989 | 6.72 | 33.55 | 246.57 | 155.80 |
| 1990 | 7.09 | 37.19 | 237.53 | 130.62 |
| 1991 | 7.42 | 35.45 | 227.88 | 117.01 |
| 1992 | 6.96 | 34.81 | 246.43 | 177.41 |
| 1993 | 5.92 | 37.66 | 201.24 | 141.64 |
| 1994 | 5.94 | 40.34 | 184.20 | 111.93 |
| 1995 | 6.12 | 47.90 | 208.42 | 105.37 |
| 1996 | 5.52 | 51.30 | 188.49 | 94.48 |
| 1997 | 5.77 | 51.90 | 224.61 | 103.44 |
| 1998 | 5.75 | 56.48 | 242.79 | 108.01 |
| 1999 | 5.57 | 52.25 | 240.63 | 86.94 |
| 2000 | 5.83 | 55.44 | 241.60 | 88.90 |
| 2001 | 5.99 | 56.33 | 237.77 | 102.12 |
| 2002 | 6.03 | 64.02 | 224.01 | 103.24 |
| 2003 | 6.08 | 54.52 | 182.77 | 88.51 |
| 2004 | 5.80 | 40.61 | 164.72 | 52.61 |
| 2005 | 5.33 | 30.08 | 153.16 | 31.50 |
| 2006 | 5.46 | 11.46 | 108.31 | 29.08 |
| 2007 | 5.82 | 10.96 | 122.93 | 27.38 |
| 2008 | 5.98 | 23.92 | 162.52 | 21.62 |
| 2009 | 6.39 | 25.08 | 175.16 | 21.00 |
| 2010 | 6.72 | 24.46 | 171.87 | 12.17 |

说明：羊和生猪2006年数据为第二次农业普查数据。

表 3-1-11　1978—2010 年生猪、家禽出栏和鲜蛋、牛奶、生猪肉、水产品产量统计表

| 年　份 | 生　猪出栏数(万头) | 家　禽出栏数(万只) | 鲜蛋产量(万吨) | 牛奶产量(万吨) | 生猪肉产　量(万吨) | 水产品产量(万吨) | | |
|---|---|---|---|---|---|---|---|---|
| | | | | | | 合　计 | 海水产品 | 淡水产品 |
| 1978 | 299.27 | 1 733 | 2.28 | 6.34 | 12.86 | 21.40 | 19.59 | 1.81 |
| 1979 | 417.57 | 2 544 | 3.99 | 6.97 | 19.56 | 21.29 | 19.43 | 1.86 |
| 1980 | 350.66 | 2 577 | 4.59 | 7.33 | 16.76 | 20.45 | 18.56 | 1.89 |
| 1981 | 331.05 | 2 564 | 4.71 | 8.13 | 16.89 | 19.04 | 17.14 | 1.90 |
| 1982 | 373.39 | 2 441 | 6.31 | 9.25 | 20.32 | 21.49 | 19.29 | 2.20 |
| 1983 | 366.47 | 2 722 | 5.97 | 10.26 | 19.52 | 18.41 | 15.66 | 2.75 |
| 1984 | 340.67 | 1 649 | 6.68 | 12.52 | 17.82 | 20.56 | 16.84 | 3.72 |
| 1985 | 307.25 | 1 935 | 8.50 | 14.19 | 16.94 | 20.60 | 15.29 | 5.31 |
| 1986 | 329.44 | 3 064 | 7.91 | 15.41 | 17.92 | 23.71 | 16.24 | 7.47 |
| 1987 | 336.18 | 5 071 | 9.02 | 16.93 | 18.56 | 26.38 | 17.61 | 8.77 |
| 1988 | 302.70 | 7 532 | 11.85 | 19.01 | 17.79 | 25.83 | 15.88 | 9.95 |
| 1989 | 361.34 | 7 079 | 14.03 | 20.05 | 20.20 | 29.66 | 19.63 | 10.03 |
| 1990 | 411.80 | 7 357 | 13.63 | 22.68 | 23.32 | 27.36 | 17.04 | 10.32 |
| 1991 | 394.62 | 8 380 | 15.46 | 25.55 | 22.98 | 29.07 | 18.20 | 10.87 |
| 1992 | 405.20 | 10 142 | 14.83 | 27.74 | 22.87 | 24.86 | 13.67 | 11.19 |
| 1993 | 409.15 | 11 083 | 13.00 | 24.54 | 21.48 | 23.67 | 12.42 | 11.25 |
| 1994 | 397.60 | 12 852 | 13.10 | 21.82 | 20.30 | 27.04 | 14.78 | 12.26 |
| 1995 | 452.55 | 14 882 | 12.81 | 21.78 | 23.94 | 29.07 | 16.21 | 12.86 |
| 1996 | 429.25 | 16 509 | 13.16 | 22.01 | 22.19 | 28.04 | 14.50 | 13.54 |
| 1997 | 450.00 | 17 851 | 16.09 | 23.91 | 23.67 | 30.20 | 16.18 | 14.02 |
| 1998 | 460.00 | 16 124 | 15.11 | 24.61 | 25.30 | 26.82 | 12.21 | 14.61 |
| 1999 | 470.63 | 15 841 | 16.24 | 25.95 | 25.85 | 27.67 | 12.28 | 15.39 |
| 2000 | 471.46 | 17 213 | 16.64 | 25.95 | 25.96 | 28.87 | 12.23 | 16.64 |
| 2001 | 480.00 | 17 279 | 16.87 | 26.04 | 26.40 | 29.77 | 10.49 | 19.28 |
| 2002 | 450.00 | 15 987 | 16.65 | 27.98 | 24.75 | 32.69 | 11.82 | 20.87 |
| 2003 | 409.75 | 14 824 | 15.07 | 27.05 | 24.60 | 35.48 | 13.35 | 22.13 |
| 2004 | 330.87 | 9 803 | 10.51 | 25.14 | 20.79 | 34.41 | 13.42 | 20.99 |
| 2005 | 280.00 | 7 461 | 8.40 | 23.76 | 18.02 | 35.35 | 15.03 | 20.32 |
| 2006 | 206.12 | 4 743 | 5.55 | 22.09 | 15.20 | 33.50 | 16.81 | 16.69 |
| 2007 | 205.09 | 4 459 | 5.54 | 22.04 | 15.15 | 32.00 | 15.56 | 16.44 |
| 2008 | 258.22 | 4 458 | 6.20 | 23.29 | 16.93 | 32.34 | 17.72 | 14.62 |
| 2009 | 269.74 | 4 098 | 6.17 | 21.25 | 17.55 | 32.12 | 16.85 | 15.26 |
| 2010 | 265.98 | 4 084 | 6.28 | 24.71 | 17.87 | 28.97 | 12.15 | 16.82 |

说明：(1) 1978—1993 年，家禽为上市量。(2) 1978—1996 年，鲜蛋为上市量。(3) 2006 年除牛奶产量为年报数以外，其余均为第二次农业普查数据。

**表 3－1－12　1978—2010 年农业机械化统计表**

| 年 份 | 农业机械总动力（万千瓦） | 每公顷耕地拥有动力（千瓦） | 每万公顷耕地拥有拖拉机（台） | | 机械耕地 | | 机电灌溉 | |
|---|---|---|---|---|---|---|---|---|
| | | | | #小 型 拖拉机 | 面 积（万公顷） | 机耕率（%） | 面 积（万公顷） | 机灌率（%） |
| 1978 | 187.10 | 4.86 | 987 | 816 | 30.75 | 85.4 | 35.34 | 98.1 |
| 1979 | 203.64 | 5.37 | 1 048 | 851 | 30.93 | 86.9 | 34.93 | 98.2 |
| 1980 | 214.79 | 5.72 | 1 098 | 892 | 31.14 | 88.0 | 34.92 | 98.6 |
| 1981 | 219.54 | 5.89 | 1 139 | 922 | 31.88 | 90.4 | 34.69 | 98.4 |
| 1982 | 225.64 | 6.07 | 1 185 | 940 | 31.94 | 90.8 | 34.74 | 98.8 |
| 1983 | 230.76 | 6.24 | 1 219 | 951 | 32.83 | 93.8 | 34.62 | 98.9 |
| 1984 | 236.82 | 6.49 | 1 246 | 954 | 32.30 | 93.4 | 34.17 | 98.8 |
| 1985 | 236.61 | 6.58 | 1 251 | 943 | 31.06 | 91.5 | 33.51 | 98.7 |
| 1986 | 247.40 | 7.01 | 1 266 | 933 | 30.22 | 90.7 | 32.68 | 98.1 |
| 1987 | 256.58 | 7.76 | 1 253 | 909 | 29.65 | 89.6 | 32.69 | 98.8 |
| 1988 | 267.72 | 8.18 | 1 244 | 892 | 28.94 | 88.5 | 32.35 | 98.9 |
| 1989 | 277.14 | 8.55 | 1 214 | 862 | 29.62 | 91.4 | 32.05 | 98.9 |
| 1990 | 276.50 | 8.55 | 1 173 | 815 | 29.15 | 90.2 | 32.01 | 99.0 |
| 1991 | 220.21 | 6.86 | 1 119 | 762 | 29.05 | 90.5 | 31.86 | 99.3 |
| 1992 | 160.88 | 5.06 | 1 096 | 739 | 28.90 | 90.9 | 31.44 | 98.9 |
| 1993 | 149.02 | 4.93 | 1 012 | 673 | 27.84 | 92.2 | 29.96 | 99.2 |
| 1994 | 167.35 | 5.70 | 905 | 580 | 27.39 | 93.2 | 29.14 | 99.2 |
| 1995 | 160.42 | 5.53 | 856 | 540 | 26.57 | 91.7 | 28.77 | 99.2 |
| 1996 | 170.88 | 5.68 | 732 | 402 | 25.43 | 84.6 | 28.54 | 94.9 |
| 1997 | 158.73 | 5.33 | 703 | 396 | 25.52 | 85.6 | 28.16 | 94.5 |
| 1998 | 155.73 | 5.30 | 678 | 371 | 24.11 | 82.1 | 27.75 | 94.5 |
| 1999 | 151.12 | 5.20 | 648 | 348 | 23.19 | 79.7 | 26.84 | 92.3 |
| 2000 | 142.53 | 4.99 | 598 | 324 | 23.46 | 82.1 | 26.04 | 91.1 |
| 2001 | 133.92 | 4.77 | 576 | 321 | 18.23 | 65.0 | 24.50 | 82.2 |
| 2002 | 126.87 | 4.69 | 553 | 316 | 16.87 | 62.4 | 23.67 | 87.5 |
| 2003 | 112.61 | 4.38 | 520 | 310 | 19.21 | 74.7 | 23.39 | 90.9 |
| 2004 | 105.15 | 4.28 | 527 | 351 | 17.51 | 71.3 | 21.85 | 88.9 |
| 2005 | 96.46 | 4.06 | 520 | 343 | 17.21 | 72.5 | 20.56 | 86.6 |
| 2006 | 97.23 | 4.67 | 585 | 380 | 17.18 | 82.6 | 19.31 | 92.8 |
| 2007 | 97.68 | 4.74 | 558 | 336 | 16.51 | 80.1 | 17.85 | 86.6 |
| 2008 | 94.51 | 4.61 | 549 | 315 | 37.37 | 96.2 | 17.87 | 87.2 |
| 2009 | 99.23 | 4.90 | 569 | 302 | 38.90 | 98.2 | 18.34 | 90.6 |
| 2010 | 104.15 | 5.18 | 576 | 288 | 39.47 | 98.4 | 18.55 | 92.3 |

表3-1-13　1978—2010年农业机械年末拥有量统计表

| 年份 | 大中型拖拉机 | | 小型拖拉机 | | 联合收割机 | | 机动收割机 | |
|---|---|---|---|---|---|---|---|---|
| | 数量(台) | 总动力(万千瓦) | 数量(台) | 总动力(万千瓦) | 数量(台) | 总动力(万千瓦) | 数量(台) | 总动力(万千瓦) |
| 1978 | 6 170 | 18.59 | 29 370 | 21.97 | 69 | 0.01 | 8 620 | 1.46 |
| 1979 | 7 001 | 21.39 | 30 284 | 23.89 | 74 | 0.04 | 7 683 | 1.20 |
| 1980 | 7 319 | 22.57 | 31 569 | 25.54 | 182 | 0.11 | 6 019 | 0.95 |
| 1981 | 7 656 | 23.87 | 32 516 | 26.05 | 423 | 0.16 | 3 797 | 0.63 |
| 1982 | 8 611 | 27.52 | 33 060 | 26.61 | 794 | 0.27 | 1 607 | 0.26 |
| 1983 | 9 377 | 30.41 | 33 267 | 26.86 | 982 | 0.41 | 786 | 0.14 |
| 1984 | 10 108 | 33.53 | 32 972 | 26.62 | 952 | 0.32 | 413 | 0.07 |
| 1985 | 10 480 | 35.26 | 32 016 | 25.96 | 752 | 0.37 | 122 | 0.03 |
| 1986 | 11 097 | 38.02 | 31 078 | 25.54 | 783 | 0.72 | 61 | 0.02 |
| 1987 | 11 397 | 39.83 | 30 060 | 24.93 | 1 100 | 0.79 | 149 | 0.05 |
| 1988 | 11 544 | 41.25 | 29 171 | 24.42 | 1 979 | 0.78 | 294 | 0.09 |
| 1989 | 11 417 | 41.49 | 27 918 | 23.56 | 2 617 | 0.92 | 410 | 0.13 |
| 1990 | 11 600 | 42.73 | 26 335 | 22.35 | 3 030 | 0.91 | 380 | 0.12 |
| 1991 | 11 468 | 42.02 | 24 448 | 21.45 | 3 633 | 0.96 | 250 | 0.10 |
| 1992 | 11 373 | 41.80 | 23 470 | 20.29 | 4 140 | 0.96 | 234 | 0.11 |
| 1993 | 10 226 | 37.68 | 20 329 | 17.68 | 4 373 | 1.03 | 353 | 0.16 |
| 1994 | 9 552 | 35.26 | 17 037 | 14.89 | 4 407 | 1.09 | 228 | 0.13 |
| 1995 | 9 143 | 33.79 | 15 667 | 12.76 | 4 625 | 1.29 | 325 | 0.29 |
| 1996 | 9 925 | 36.93 | 12 074 | 10.77 | 5 405 | 1.50 | 293 | 0.18 |
| 1997 | 9 159 | 34.12 | 11 786 | 10.59 | 5 711 | 1.90 | 245 | 0.26 |
| 1998 | 9 037 | 33.66 | 10 890 | 9.80 | 5 841 | 2.09 | 291 | 0.45 |
| 1999 | 8 730 | 32.51 | 10 132 | 9.11 | 5 793 | 2.39 | 296 | 0.36 |
| 2000 | 7 844 | 29.30 | 9 253 | 8.30 | 4 991 | 2.70 | 87 | 0.17 |
| 2001 | 7 144 | 26.61 | 9 003 | 8.14 | 4 730 | 3.35 | 63 | 0.14 |
| 2002 | 6 408 | 23.90 | 8 425 | 7.62 | 4 086 | 2.99 | 99 | 0.29 |
| 2003 | 5 395 | 20.15 | 7 989 | 7.25 | 3 230 | 2.77 | 147 | 0.27 |
| 2004 | 4 324 | 16.15 | 8 618 | 7.82 | 2 654 | 3.06 | 78 | 0.04 |
| 2005 | 4 210 | 15.84 | 8 152 | 7.41 | 2 251 | 3.18 | 61 | 0.02 |
| 2006 | 4 262 | 16.28 | 7 904 | 7.18 | 2 030 | 3.40 | 10 | 0.01 |
| 2007 | 4 584 | 18.09 | 6 926 | 6.36 | 1 934 | 3.75 | 14 | 0.02 |
| 2008 | 4 796 | 19.35 | 6 457 | 5.93 | 1 914 | 5.25 | | |
| 2009 | 5 394 | 21.76 | 6 105 | 5.68 | 2 113 | 7.82 | | |
| 2010 | 5 796 | 24.21 | 5 788 | 5.34 | 2 230 | 8.52 | | |

表 3－1－14　1978—2010 年农村用电量统计表

| 年　份 | 农村用电量（亿千瓦·时） | #机电排灌 | #农副业加工 | #乡村办工业 | 每公顷耕地排灌用电量（千瓦·时） |
|---|---|---|---|---|---|
| 1978 | 8.93 | 1.51 | 2.78 | 3.36 | 420.0 |
| 1979 | 10.82 | 1.53 | 3.23 | 4.38 | 429.0 |
| 1980 | 12.23 | 1.24 | 3.10 | 6.28 | 349.5 |
| 1981 | 13.65 | 1.32 | 3.07 | 7.54 | 375.0 |
| 1982 | 15.04 | 1.29 | 3.14 | 8.88 | 367.5 |
| 1983 | 16.60 | 1.34 | 3.02 | 10.30 | 405.0 |
| 1984 | 18.48 | 1.47 | 2.94 | 11.96 | 450.0 |
| 1985 | 21.87 | 1.44 | 3.01 | 14.73 | 450.0 |
| 1986 | 25.63 | 1.60 | 3.04 | 18.51 | 510.0 |
| 1987 | 28.58 | 1.63 | 3.28 | 21.35 | 492.0 |
| 1988 | 30.78 | 1.81 | 4.13 | 22.07 | 553.5 |
| 1989 | 31.44 | 1.67 | 3.77 | 23.00 | 516.0 |
| 1990 | 32.16 | 1.75 | 4.00 | 22.85 | 541.5 |
| 1991 | 35.99 | 1.84 | 4.24 | 25.75 | 573.2 |
| 1992 | 42.62 | 1.79 | 4.84 | 31.29 | 563.2 |
| 1993 | 52.24 | 1.60 | 4.78 | 38.35 | 529.8 |
| 1994 | 48.04 | 1.99 | 8.56 | 32.53 | 677.3 |
| 1995 | 58.19 | 2.00 | 7.26 | 41.24 | 689.7 |
| 1996 | 62.07 | 2.01 | 7.79 | 44.16 | 668.7 |
| 1997 | 64.98 | 1.94 | 6.92 | 47.55 | 651.0 |
| 1998 | 67.91 | 2.09 | 6.79 | 49.55 | 711.4 |
| 1999 | 70.89 | 2.09 | 6.34 | 52.67 | 718.5 |
| 2000 | 73.19 | 2.34 | 6.12 | 49.71 | 818.0 |
| 2001 | 79.66 | 1.51 | 3.57 | 62.51 | 538.1 |
| 2002 | 81.79 | 1.24 | 3.62 | 57.56 | 458.6 |
| 2003 | 89.70 | 1.12 | 3.24 | 61.53 | 435.3 |
| 2004 | 114.35 | 1.17 | 2.41 | 79.01 | 476.2 |
| 2005 | 124.53 | 0.99 | 2.70 | 99.72 | 417.2 |
| 2006 | 143.54 | 1.03 | 2.84 | 97.98 | 495.2 |
| 2007 | 171.68 | 0.85 | 2.44 | 108.11 | 412.6 |
| 2008 | 178.05 | 0.94 | 2.94 | 117.22 | 458.5 |
| 2009 | 191.80 | 0.86 | 2.94 | 141.97 | 425.1 |
| 2010 | 195.48 | 0.61 | 4.41 |  | 303.5 |

**表 3-1-15　1978—2010 年化肥和农药施用量(实物量)统计表**

单位:万吨

| 年份 | 化肥 | #氮肥 | #磷肥 | #钾肥 | 农药 |
|---|---|---|---|---|---|
| 1978 | 87.43 | 73.31 | 14.07 | 0.04 | 2.75 |
| 1979 | 102.25 | 85.78 | 15.94 | 0.11 | 2.17 |
| 1980 | 103.56 | 87.84 | 15.46 | 0.02 | 2.03 |
| 1981 | 102.42 | 87.63 | 14.66 | 0.01 | 1.59 |
| 1982 | 100.10 | 83.01 | 16.81 | 0.15 | 1.55 |
| 1983 | 95.37 | 80.51 | 14.66 | 0.12 | 1.64 |
| 1984 | 89.50 | 75.28 | 13.78 | 0.35 | 0.99 |
| 1985 | 72.42 | 60.57 | 11.46 | 0.24 | 1.01 |
| 1986 | 85.36 | 72.69 | 12.29 | 0.19 | 1.64 |
| 1987 | 86.44 | 73.02 | 13.12 | 0.23 | 2.30 |
| 1988 | 90.81 | 73.57 | 15.79 | 0.11 | 1.92 |
| 1989 | 95.86 | 77.34 | 17.12 | 0.17 | 1.41 |
| 1990 | 100.63 | 80.81 | 17.82 | 0.35 | 1.88 |
| 1991 | 102.87 | 80.18 | 19.54 | 0.38 | 1.44 |
| 1992 | 85.12 | 66.94 | 15.25 | 0.29 | 0.89 |
| 1993 | 84.55 | 68.25 | 13.34 | 0.40 | 1.09 |
| 1994 | 75.68 | 61.99 | 10.50 | 0.30 | 0.71 |
| 1995 | 86.09 | 70.31 | 11.88 | 0.45 | 0.84 |
| 1996 | 74.33 | 60.95 | 8.54 | 0.35 | 0.90 |
| 1997 | 79.79 | 63.72 | 9.38 | 0.46 | 0.83 |
| 1998 | 85.24 | 66.49 | 10.23 | 0.57 | 1.46 |
| 1999 | 87.53 | 68.27 | 10.50 | 0.53 | 1.38 |
| 2000 | 82.54 | 63.62 | 10.01 | 0.57 | 1.10 |
| 2001 | 80.98 | 62.42 | 9.82 | 0.55 | 0.98 |
| 2002 | 74.11 | 50.48 | 8.68 | 1.80 | 0.96 |
| 2003 | 69.00 | 47.23 | 8.08 | 1.68 | 0.85 |
| 2004 | 63.77 | 44.66 | 7.54 | 1.43 | 0.66 |
| 2005 | 62.01 | 42.55 | 7.54 | 1.44 | 0.84 |
| 2006 | 59.19 | 39.39 | 7.49 | 1.45 | 0.83 |
| 2007 | 56.84 | 37.34 | 7.05 | 1.49 | 0.81 |
| 2008 | 56.01 | 36.31 | 6.96 | 1.47 | 0.81 |
| 2009 | 47.96 | 29.36 | 6.11 | 1.34 | 0.73 |
| 2010 | 44.89 | 27.22 | 5.63 | 1.28 | 0.70 |

表 3-1-16　1978—2010 年农田水利工程投资额统计表　　单位：万元

| 年份 | 工程投资额 | #国家投资 | #海塘 | #农田水利 | #基本建设 | #乡(镇)村自筹 |
|---|---|---|---|---|---|---|
| 1978 | 17 431 | 13 542 | 719 | 8 512 | 4 134 | 3 889 |
| 1979 | 25 528 | 17 828 | 1 228 | 9 860 | 6 526 | 7 700 |
| 1980 | 13 172 | 8 080 | 623 | 4 519 | 2 765 | 5 092 |
| 1981 | 6 606 | 3 865 | 645 | 1 730 | 1 393 | 2 741 |
| 1982 | 5 787 | 3 010 | 652 | 1 527 | 703 | 2 777 |
| 1983 | 6 445 | 3 652 | 816 | 2 214 | 533 | 2 793 |
| 1984 | 6 964 | 4 405 | 584 | 2 922 | 801 | 2 559 |
| 1985 | 7 425 | 5 079 | 796 | 2 638 | 1 276 | 2 346 |
| 1986 | 10 631 | 7 711 | 779 | 4 436 | 1 596 | 2 920 |
| 1987 | 13 028 | 7 821 | 925 | 4 185 | 1 547 | 5 207 |
| 1988 | 18 223 | 11 655 | 1 184 | 6 562 | 1 565 | 6 568 |
| 1989 | 20 702 | 13 299 | 781 | 6 814 | 2 846 | 7 403 |
| 1990 | 26 143 | 15 959 | 907 | 10 877 | 1 506 | 10 184 |
| 1991 | 39 757 | 23 310 | 1 400 | 10 392 | 9 697 | 16 447 |
| 1992 | 42 649 | 30 013 | 2 541 | 9 235 | 25 263 | 12 636 |
| 1993 | 48 025 | 37 060 | 3 537 | 7 192 | 25 349 | 10 965 |
| 1994 | 70 920 | 56 478 | 3 653 | 8 634 | 39 087 | 14 442 |
| 1995 | 62 474 | 44 651 | 6 103 | 10 583 | 21 800 | 17 823 |
| 1996 | 76 467 | 56 421 | 6 470 | 16 159 | 20 693 | 20 046 |
| 1997 | 83 097 | 60 497 | 14 467 | 27 153 | 22 447 | 22 600 |
| 1998 | 108 565 | 83 596 | 9 660 | 25 712 | 37 780 | 24 969 |
| 1999 | 150 324 | 119 193 | 18 580 | 32 882 | 53 660 | 31 131 |
| 2000 | 184 102 | 151 539 | 22 063 | 31 282 | 53 532 | 32 563 |
| 2001 | 244 337 | 188 477 | 10 598 | 42 406 | 120 575 | 32 178 |
| 2002 | 382 935 | 264 370 | 23 548 | 59 869 | 140 875 | 28 140 |
| 2003 | 516 075 | 375 688 | 13 083 | 78 515 | 199 341 | 27 568 |
| 2004 | 576 050 | 219 506 | 7 317 | 71 920 | 97 328 | 57 676 |
| 2005 | 543 780 | 176 215 | 7 010 | 34 973 | 55 290 | 66 421 |
| 2006 | 467 449 | 202 815 | 2 603 | 85 161 | 30 423 | 37 330 |
| 2007 | 577 116 | 379 071 | 4 138 | 131 779 | 193 886 | 56 843 |
| 2008 | 623 627 | 443 344 | 14 774 | 217 776 | 175 652 | 70 429 |
| 2009 | 619 579 | 497 583 | 7 299 | 240 471 | 128 160 | 106 142 |
| 2010 | 534 195 | 433 825 | 11 455 | 232 469 | 17 623 | 52 836 |

# 第二章　农　　村

在城乡一体化发展进程中，上海郊区农村地区被定位为“特大城市的现代化郊区”。具体含义是上海城乡在一体化发展中，将成为一个包括多重梯级层次的城市形态群，包括新城、中心镇、一般集镇等城市形态在内的郊区，将主要成为现代制造业基地和生态型居住区。

上海郊区通过调整产业结构，推动相关产业得到协调发展。农业稳定发展，农业经济效益持续提高，郊区经济外向化势头强劲，现代服务业已经成为郊区经济发展新的支撑点。2010 年，郊区实现增加值 6 802.02 亿元，占全市生产总值的 39.6%。其中，第一产业增加值 114.15 亿元，第二产业增加值 3 897.08 亿元，第三产业增加值 2 790.79 亿元，比重分别为 1.7%、57.3%和 41%。

随着上海工业发展重心逐渐向郊区转移，上海郊区工业发展高于全市平均水平。2010 年，上海郊区完成工业总产值 18 620.87 亿元，比 1991 年增长近 40 倍(郊区工业统计从 1991 年开始)，占全市工业总产值的 60%；工业销售产值 18 385.48 亿元；产销率 98.7%，比 1991 年提高 8.2 个百分点；实现利润总额 891.44 亿元，比 1991 年增长 28.2 倍。从上海郊区工业发展的历史轨迹看，建设工业园区成为吸纳工业投资的重要平台，也是上海郊区发挥投资规模效应、吸引客商集聚的有效途径，成为郊区工业经济发展的强有力支撑。

2010 年，上海郊区实现社会消费品零售总额 2 824.41 亿元，比 1997 年增长 3.7 倍(郊区商业统计从 1997 年开始)，占全市社会消费品零售总额的 46.5%。其中，批发零售业 2 485.61 亿元，增长 3.2 倍；餐饮业 266.18 亿元，增长 11.9 倍。

郊区外商投资明显增加。2010 年，郊区外商直接投资合同项目 1 387 个，比 1998 年的 617 个增长 1.2 倍(郊区外商投资统计从 1998 年开始)；外商直接投资合同金额 50.55 亿美元，比 1998 年增长 5.1 倍；外商投资实际到位金额 34.77 亿美元，比 1998 年增长 1.9 倍。

2010 年，郊区固定资产投资完成额 2 505.66 亿元，比 1995 年增长 7.7 倍(郊区固定资产投资统计从 1995 年开始)。其中，农村固定资产投资完成额 375.14 亿元，增长 1.6 倍；农户投资逐步减少，仅实现 2.03 亿元。2010 年，郊区房地产开发企业数 967 个，比 1997 年增长 40.1%(郊区房地产开发统计从 1997 年开始)；开发投资额 1 255.66 亿元，比 1997 年增长 14.3 倍；竣工面积 1 450.18 万平方米，比 1997 年增长 1.7 倍；销售面积 1 627.3 万平方米，商品房销售额 1 895.64 亿元，分别比 1997 年增长 3.8 倍和 27.8 倍。

政府鼓励金融机构对农村居民加大金融支持力度，尤其是对农民在现代农业生产方面如农机具购置、农民专业合作社等方面提供金融支持。2010 年，农业银行年末贷款余额 898.19 亿元，比 1990 年的 113.00 亿元增长 6.9 倍；农村商业银行年末贷款余额 1 412.89 亿元，比 1990 年增长 11.5 倍。其中，农业 13.91 亿元，村办企业 238.94 亿元，村队集体企业及其他 1 160.04 亿元，分别比 1995 年增长 60.6%、3.2 倍和 163.1 倍(农村商业银行年末贷款从 1995 年起有较细分类)。2010 年，农业银行存款余额 2 315.07 亿元，农村商业银行存款余额 2 109.16 亿元，分别比 1990 年增长 17.5 倍和 15.9 倍。

表 3-2-1　1978—2010 年农业银行年末存贷款统计表

单位：亿元

| 年　份 | 年末存款 | #乡镇办企业 | #城乡储蓄 | 年末贷款 |
|---|---|---|---|---|
| 1978 | 8.50 | | | 1.02 |
| 1979 | 10.82 | | | 1.50 |
| 1980 | 12.44 | | | 2.95 |
| 1981 | 13.42 | | | 3.10 |
| 1982 | 17.35 | | | 3.22 |
| 1983 | 19.16 | | | 4.32 |
| 1984 | 21.38 | | | 11.84 |
| 1985 | 35.12 | | | 24.09 |
| 1986 | 49.16 | | | 40.86 |
| 1987 | 61.59 | 7.83 | 18.55 | 51.44 |
| 1988 | 76.56 | 9.34 | 23.17 | 68.70 |
| 1989 | 95.58 | 7.44 | 34.08 | 92.52 |
| 1990 | 125.09 | 8.07 | 48.82 | 113.00 |
| 1991 | 168.47 | 11.14 | 65.70 | 148.30 |
| 1992 | 154.09 | 11.84 | 92.43 | 134.55 |
| 1993 | 194.09 | 12.82 | 116.67 | 165.19 |
| 1994 | 257.53 | 13.51 | 168.60 | 187.03 |
| 1995 | 329.62 | 13.57 | 226.72 | 213.28 |
| 1996 | 447.21 | 15.68 | 300.13 | 284.88 |
| 1997 | 535.58 | 17.38 | 345.48 | 325.54 |
| 1998 | 616.86 | 17.14 | 395.01 | 361.43 |
| 1999 | 405.17 | 18.80 | 258.33 | 238.58 |
| 2000 | 440.96 | 21.05 | 263.26 | 258.49 |
| 2001 | 523.02 | 22.62 | 301.74 | 308.52 |
| 2002 | 668.82 | 31.64 | 360.06 | 384.28 |
| 2003 | 887.06 | 44.19 | 439.46 | 505.56 |
| 2004 | 1 025.21 | 41.11 | 510.26 | 616.72 |
| 2005 | 1 159.91 | 34.99 | 621.74 | 678.46 |
| 2006 | 1 417.92 | | 744.93 | 719.99 |
| 2007 | 1 495.71 | | 744.21 | 736.39 |
| 2008 | 1 667.75 | | 933.93 | 713.37 |
| 2009 | 1 918.08 | | 1 068.96 | 761.18 |
| 2010 | 2 315.07 | | 1 273.82 | 898.19 |

说明：1995 年数据来源为《1997 上海农村统计年鉴》。1998 年及以前数据含信用社存贷款，1998 年以及以前“乡镇办企业”指“乡办企业”。1999 年起，数据由中国农业银行上海市分行提供。

**表 3-2-2 1978—2010 年农村商业银行年末存贷款统计表** 单位：亿元

| 年份 | 年末存款 | #城乡储蓄 | #农村集体活期存款 | #农村集体定期存款 | 年末贷款 | #农业 | #村办企业 | #村队集体企业及其他 |
|---|---|---|---|---|---|---|---|---|
| 1978 | 8.50 | | | | 1.02 | | | |
| 1979 | 10.82 | | | | 1.50 | | | |
| 1980 | 12.44 | | | | 2.95 | | | |
| 1981 | 13.42 | | | | 3.10 | | | |
| 1982 | 17.35 | | | | 3.22 | | | |
| 1983 | 19.16 | | | | 4.32 | | | |
| 1984 | 21.38 | | | | 11.84 | | | |
| 1985 | 35.12 | | | | 24.09 | | | |
| 1986 | 49.16 | | | | 40.86 | | | |
| 1987 | 61.59 | 18.55 | | | 51.44 | | 9.93 | |
| 1988 | 76.56 | 23.17 | | | 68.70 | | 12.98 | |
| 1989 | 95.58 | 34.08 | | | 92.52 | | 15.09 | |
| 1990 | 125.09 | 48.82 | | | 113.00 | | 18.85 | |
| 1991 | 168.47 | 65.70 | | | 148.30 | | 30.72 | |
| 1992 | 154.09 | 92.43 | | | 134.55 | | 32.52 | |
| 1993 | 194.09 | 116.67 | 12.35 | 0.51 | 165.39 | | 43.58 | 5.61 |
| 1994 | 257.53 | 168.60 | 27.68 | 0.39 | 187.03 | | 58.86 | 5.76 |
| 1995 | 329.62 | 226.72 | 32.88 | 0.91 | 213.28 | 8.66 | 56.67 | 7.07 |
| 1996 | 447.21 | 300.13 | 47.29 | 6.66 | 284.88 | 9.50 | 114.97 | 12.57 |
| 1997 | 535.58 | 345.48 | 61.60 | 9.62 | 325.54 | 10.29 | 126.49 | 13.28 |
| 1998 | 616.86 | 395.01 | 84.20 | 11.23 | 361.43 | 9.95 | 128.89 | 23.68 |
| 1999 | 342.87 | 204.29 | 119.79 | 18.79 | 228.72 | 2.55 | 186.06 | 40.12 |
| 2000 | 355.16 | 204.88 | 132.10 | 18.18 | 247.24 | 4.74 | 197.90 | 44.60 |
| 2001 | 488.70 | 220.07 | 199.52 | 69.11 | 277.93 | 7.55 | 218.61 | 51.78 |
| 2002 | 655.15 | 252.59 | 288.66 | 113.89 | 342.16 | 9.47 | 257.54 | 75.15 |
| 2003 | 833.69 | 314.03 | 452.78 | 66.89 | 478.25 | 13.11 | 343.56 | 121.58 |
| 2004 | 903.75 | 376.38 | 461.38 | 65.98 | 529.27 | 21.09 | 354.90 | 153.28 |
| 2005 | 1 009.07 | 474.05 | 470.14 | 64.88 | 633.01 | 16.61 | 299.78 | 316.61 |
| 2006 | 1 159.13 | 571.05 | 515.14 | 72.94 | 737.26 | 19.45 | 289.58 | 428.23 |
| 2007 | 1 284.14 | 566.12 | 637.56 | 80.46 | 827.14 | 21.92 | 254.13 | 551.09 |
| 2008 | 1 470.86 | 722.51 | 636.43 | 111.92 | 927.33 | 16.71 | 225.96 | 684.66 |
| 2009 | 1 788.69 | 861.86 | 811.73 | 115.10 | 1 186.14 | 14.79 | 239.82 | 931.53 |
| 2010 | 2 109.16 | 1 012.33 | 941.45 | 155.38 | 1 412.89 | 13.91 | 238.94 | 1 160.04 |

说明：1998 年及以前是指农业银行、信用社存贷款，二者数据没有拆分开，信用社没有单列的数据。1998 年及以前的“#乡镇办企业”指“乡办企业”。1999—2006 年，资料由市农村信用合作社联合社提供，是农村信用社年末存贷款的数据。2006 年起，资料由市农村商业银行提供。

表 3-2-3　1991—2010 年郊区(县)工业生产、销售总量统计表

| 年　份 | 工业总产值(亿元) | 工业销售产值(亿元) | 产销率(%) | 利润总额(亿元) |
|---|---|---|---|---|
| 1991 | 467.49 | 422.85 | 90.5 | 30.49 |
| 1992 | 646.81 | 607.91 | 94.0 | 41.60 |
| 1993 | 913.23 | 888.92 | 97.3 | 55.98 |
| 1994 | 1 332.96 | 1 278.79 | 95.9 | 67.72 |
| 1995 | 1 257.55 | 1 179.88 | 93.8 | |
| 1996 | 1 710.89 | 1 646.31 | 96.2 | 60.24 |
| 1997 | 1 840.47 | 1 780.02 | 96.7 | 63.78 |
| 1998 | 1 912.99 | 1 834.52 | 95.9 | 60.17 |
| 1999 | 2 870.30 | 2 779.60 | 96.9 | 88.86 |
| 2000 | 3 159.38 | 3 086.64 | 97.7 | 105.12 |
| 2001 | 3 606.80 | 3 534.66 | 98.0 | 156.58 |
| 2002 | 4 200.37 | 4 126.13 | 98.2 | 190.74 |
| 2003 | 5 682.69 | 5 538.85 | 97.5 | 217.23 |
| 2004 | 7 233.03 | 7 150.20 | 98.9 | 323.50 |
| 2005 | 9 429.21 | 9 265.60 | 98.3 | 377.75 |
| 2006 | 12 636.30 | 12 489.17 | 98.8 | 469.86 |
| 2007 | 15 325.92 | 15 094.54 | 98.5 | 571.86 |
| 2008 | 17 130.73 | 16 813.19 | 98.2 | 579.18 |
| 2009 | 17 224.09 | 16 965.01 | 98.5 | 742.60 |
| 2010 | 18 620.87 | 18 385.48 | 98.7 | 891.44 |

说明:"工业总产值""工业销售产值""利润总额"是按现行价格计算。1991—1998 年,郊县(区)是指当时的四县(南汇、奉贤、青浦、崇明)五区(闵行、嘉定、宝山、金山、松江)。1995 年的数据,1997 年和 1996 年年鉴上的工业数据不一致,选用的是 1997 年郊区年鉴的数据,利润总额的数据空缺。1991 年以前,工业数据是按照不变价格来计算的,现行价格的数据空缺。

表 3-2-4　1998—2010 年郊区(县)利用外资情况统计表

| 年　份 | 外商直接投资合同项目(个) | 外商直接投资合同金额(亿美元) | 外商投资实际到位金额(亿美元) |
|---|---|---|---|
| 1998 | 617 | 8.25 | 12.15 |
| 1999 | 615 | 9.32 | 10.94 |
| 2000 | 779 | 12.88 | 10.75 |
| 2001 | 1 255 | 25.82 | 14.47 |
| 2002 | 1 599 | 44.46 | 24.88 |
| 2003 | 1 606 | 30.57 | 30.13 |
| 2004 | 1 509 | 32.30 | 31.99 |
| 2005 | 1 235 | 26.20 | 25.61 |
| 2006 | 1 033 | 24.69 | 24.17 |
| 2007 | 1 295 | 57.11 | 37.40 |
| 2008 | 1 172 | 58.64 | 42.03 |
| 2009 | 1 100 | 44.28 | 39.44 |
| 2010 | 1 387 | 50.55 | 34.77 |

说明:以上数据不包括浦东新区。1997 年及以前没有郊区利用外资情况的数据。2003 年起,"外商直接投资合同项目""外商直接投资项目金额"不包括境外借款项目及金额。

**表3-2-5　1994—2010年郊区(县)固定资产投资完成情况统计表**　单位：亿元

| 年　份 | 完成投资额 | #农　村 | #农　户 |
|---|---|---|---|
| 1994 | | 123.89 | 10.40 |
| 1995 | 287.89 | 142.72 | 13.10 |
| 1996 | 310.25 | 139.69 | 20.00 |
| 1997 | 341.97 | 170.34 | 16.80 |
| 1998 | 345.50 | 135.90 | 12.76 |
| 1999 | 331.41 | 139.87 | 5.54 |
| 2000 | 383.66 | 160.69 | 10.36 |
| 2001 | 454.42 | 182.40 | 9.27 |
| 2002 | 626.71 | 201.44 | 6.87 |
| 2003 | 953.71 | 253.60 | 6.49 |
| 2004 | 1 237.34 | 187.23 | 6.41 |
| 2005 | 1 622.79 | 311.08 | 7.08 |
| 2006 | 1 984.15 | 393.26 | 5.96 |
| 2007 | 1 965.96 | 365.44 | 5.21 |
| 2008 | 1 924.22 | 412.67 | 3.20 |
| 2009 | 2 458.71 | 424.24 | 1.53 |
| 2010 | 2 505.66 | 375.14 | 2.03 |

说明：1994年以前固定资产的情况郊区年鉴没有记录，1994年只有农村固定资产投资完成的情况。

**表3-2-6　1997—2010年郊区(县)房地产开发投资主要指标统计表**

| 年　份 | 开发投资额(亿元) | 开发企业数(个) | 竣工面积(万平方米) | 销售面积(万平方米) | 空置面积(万平方米) | 商品房销售额(亿元) |
|---|---|---|---|---|---|---|
| 1997 | 82.16 | 690 | 532.89 | 336.36 | 284.75 | 65.87 |
| 1998 | 103.51 | 719 | 589.36 | 458.79 | 331.39 | 95.23 |
| 1999 | 86.92 | 758 | 602.40 | 525.56 | 411.34 | 117.33 |
| 2000 | 126.24 | 734 | 833.46 | 649.02 | 347.36 | 155.81 |
| 2001 | 151.35 | 813 | 722.00 | 747.61 | 280.25 | 194.64 |
| 2002 | 219.66 | 841 | 829.83 | 832.40 | 164.24 | 249.44 |
| 2003 | 353.72 | 807 | 991.13 | 1 110.67 | 73.47 | 421.24 |
| 2004 | 447.27 | 690 | 1 591.34 | 1 836.31 | 72.83 | 915.19 |
| 2005 | 603.18 | 976 | 2 006.47 | 1 585.10 | 166.13 | 818.40 |
| 2006 | 619.00 | 761 | 1 825.58 | 1 605.93 | 337.64 | 998.71 |
| 2007 | 641.41 | 1 021 | 2 145.58 | 2 318.61 | 288.11 | 1 771.25 |
| 2008 | 638.22 | 764 | 1 537.66 | 1 575.32 | 507.89 | 1 156.20 |
| 2009 | 835.74 | 882 | 1 663.42 | 2 716.87 | 564.03 | 2 664.14 |
| 2010 | 1 255.66 | 967 | 1 450.18 | 1 627.30 | 591.07 | 1 895.64 |

说明：郊区年鉴没有1996年及以前的数据。

表 3-2-7　1997—2010 年郊区(县)社会消费品零售总额情况统计表　单位：亿元

| 年　份 | 社　会<br>消费品<br>零售总额 | 按行业分 | | | 按经济类型分 | | | |
|---|---|---|---|---|---|---|---|---|
| | | 批发和<br>零售业 | 餐饮业 | 其他<br>行业 | 国有<br>经济 | 集体<br>经济 | 私营<br>经济 | 其　他 |
| 1997 | 606.48 | 585.81 | 20.67 | | | | | |
| 1998 | 617.23 | 596.54 | 20.69 | | | | | |
| 1999 | 588.69 | 571.98 | 16.71 | | | | | |
| 2000 | 621.54 | 603.94 | 17.60 | | | | | |
| 2001 | 670.99 | 651.48 | 19.51 | | | | | |
| 2002 | 727.30 | 703.26 | 24.04 | | | | | |
| 2003 | 1 088.13 | 899.88 | 116.43 | 71.82 | 46.57 | 217.08 | 493.36 | 331.12 |
| 2004 | 1 139.52 | 968.63 | 112.80 | 58.09 | 45.58 | 151.56 | 565.20 | 377.18 |
| 2005 | 1 302.26 | 1 098.01 | 146.95 | 57.30 | 34.51 | 161.74 | 646.70 | 459.31 |
| 2006 | 1 578.03 | 1 345.74 | 192.52 | 39.77 | 39.77 | 140.92 | 832.60 | 564.74 |
| 2007 | 1 890.61 | 1 621.88 | 221.47 | 47.26 | 51.15 | 161.46 | 965.24 | 712.76 |
| 2008 | 2 180.03 | 1 870.16 | 255.38 | 54.49 | 58.98 | 186.18 | 1 113.00 | 821.87 |
| 2009 | 2 228.88 | 1 954.72 | 218.53 | 55.63 | 78.02 | 147.47 | 1 087.30 | 916.09 |
| 2010 | 2 824.41 | 2 485.61 | 266.18 | 72.62 | | | | |

说明：1996 年及以前郊区年鉴没有相关数据。2003 年以前，“餐饮业”指“餐饮业营业额”，“批发和零售业”指“批发总额”与“零售总额”之和，“社会消费品零售总额”为“批发和零售业”与“餐饮业营业额”之和；2003 年以前没有按经济类型分类。2010 年起，部分区县社会消费品零售总额按经济类型分类取消。

# 第四篇

## 商贸旅游

改革开放初期，上海市场供应紧张，商业企业经营机制不活，经营积极性不高，外贸高度集中，地方没有进出口企业，主要实行国家计划，外资也仅有中波轮船公司和4家经营有限业务的外资侨资银行，国际旅游主要是作为政府外事工作的从属部分，国内旅游经营业务也很少。

1978—1990年，上海探索体制改革，放权让利，搞活经营。大力推进商业、对外经济和旅游业的改革开放，推动相关产业逐步发展。1983年，上海市长办公会议原则通过《关于改革商业体制的若干规定》。市政府要求搞好以承包经营为中心的商业体制改革。1985年，上海对外贸易实行政企职责分开，市对外经济贸易委员会为市政府归口管理全市对外经济贸易的工作部门，市对外贸易总公司改制为地方性外贸企业。

商业统计建立工业部门商品购、销、存，非商业系统商品购、销、存总值和数量，国营商业和供销合作社主要经济效益指标等3项统计制度，在全国率先建立社会商业商品流转统计制度，商业统计的范围由原商业部门统计扩大到全社会，商品纯销售额改为商品销售总额统计。海关统计得到恢复。

1991—2000年，上海全面深化改革，商业实施大商业、大流通、大市场战略，转换企业机制，改革流通体制。市政府强调振兴上海必须大力发展商业，并明确以建设交易中心、物流中心、信息中心和购物中心为上海商业发展的目标。对外贸易实施大经贸发展战略，在全市率先进行现代企业制度改革，加快外贸多元化进程，同时加速利用外资。旅游业也实行现代企业制度改革，并成立市旅游事业管理委员会。

在此期间，上海率先建立旅馆业年定报方法制度，开始试行分层目录抽样的小型商业企业抽样调查方案，完善批发零售贸易、餐饮业统计标准和填报目录，精简统计报表，开始在限额以下的批发零售企业和餐饮业中运用抽样调查方法。

进入21世纪以来，上海继续深化商业领域改革开放，加快国家商贸中心城市建设，着力提高上海商业现代化水平。优化外贸增长方式和外贸发展环境，提高上海外经贸的国际竞争力。经受了亚洲金融危机的严峻考验，进一步优化利用外资。把握北京奥运会、上海世博会契机促进上海旅游业发展。

在此期间，增加连锁商业、电子商务统计，将住宿业统计报表制度与批零餐饮业统计制度合并为批发和零售业、住宿和餐饮业统计报表制度。

2009年之前，上海外商直接投资实际到位资金统计由市统计局贸易外经处负责。2009年，作为部门报表的实到外资统计回归上海市商务委。合同外资统计则一直由市商务委承担。

# 第一章　批发和零售业、住宿和餐饮业

1978—2010 年，随着流通体制改革的逐步深入，上海商业规模不断扩大。2010 年，上海实现社会消费品零售总额 6 070.5 亿元，比 1978 年增长 111.2 倍。上海商业(批发和零售业)增加值由 1978 年的 24.37 亿元提高至 2 594.34 亿元，增长 105.5 倍；占 GDP 的比重由 1978 年的 8.9%上升至 15.1%，提升了 6.2 个百分点。

1978—2010 年间，随着人均收入水平的提高，上海市民消费结构进入快速转型期，消费需求呈现出多层次和多样化，以手机、笔记本电脑为代表的 IT 商品、家用汽车、用于改善人们居住条件和生活质量的住房装饰商品、家用电器等商品需求量急剧攀升。一是家居类商品。2010 年，限额以上批发和零售业企业(以下称限上企业)家用电器及音响类、家具类商品分别实现零售额 351.91 亿元、21.04 亿元，分别比 2001 年增长 2.9 倍、5.4 倍。二是汽车。2010 年，限上企业汽车类商品实现零售额 792.21 亿元，比 2001 年增长 12.7 倍。三是通信器材类商品。2010 年，限上企业通信器材类商品实现零售额 53.49 亿元，比 2001 年增长 2.9 倍(以上统计从 2001 年开始)。

在商业网点的建设和配置上，基本形成商业规模、行业结构、商品结构和网点布局与人口规模、人口结构和人口地域分布相协调，市场与消费需求基本相一致的平衡发展格局。构建由徐家汇、新上海商城、豫园、五角场、四川北路、不夜城、新虹桥、中环等市级商业中心和各具特色的新兴地标性商业、特色商业街、新市镇商业、社区商业及重点功能区域商业中心组成的多层次、广地域的商业网络体系。2010 年末，上海商业(批发、零售贸易业、餐饮业)产业活动单位为 39.87 万个，比 1978 年的 2.34 万个增加 37.53 万个，净增 35.19 万个；商业从业人员 207.94 万人，比 1978 年的 39.62 万人增加 168.32 万人，增长 4.2 倍。

1978—2010 年，上海商业公有经济一统天下的局面被彻底打破，多种所有制经济共同发展，外资企业直接进入上海零售市场。1978 年，上海社会消费品零售总额中，国有经济商业零售额占 73.0%，集体经济商业零售额占 26.6%，合计占比 99.6%，而私营、个体商业零售额仅占 0.4%。1992 年，上海第一八佰伴有限公司被国务院批准为全国第　家合资零售企业。2010 年，国有经济商业实现零售额占 5%，集体经济商业占 1.6%，私营经济商业则占 28.7%，个体经济商业占 15.3%，股份制经济、港澳台商经济和外商投资经济等合计占 49.4%。多种经济类型、多种流通渠道、多种经营方式并存，少环节、开放式的商品流通体系已经形成。

1992 年后，新型商业模式及业态快速发展。上海商业开始逐步发展连锁超市、大卖场、便利店、专业专卖店、购物中心(含社区购物中心)等，并走向全国各地。随着 2010 年世博会的筹备和举行，国内外许多新的商业业态引入上海，极大地推进上海市场的繁荣和人民的安居乐业。其中，最具代表性的：一是各类连锁商业。2010 年末，上海共有限额以上连锁商业总部单位 127 个，门店达到 20 977 家。全年实现销售额 3 071.67 亿元，比 2002 年增长 3.8 倍；实现零售额 2 241.97 亿元，比 2002 年增长 3.8 倍(2002 年以后的连锁商业统计具有可比性)。二是电子商务。2010 年，上海电子商务交易额达 4 252.8 亿元，比 2005 年增长 1.6 倍(上海电子商务统计从 2005 年开始)，占全市商品销售总额的 11.4%。其中，企业间(B2B)交易额为 3 971.9 亿元，占电子商务交易总额的 93.4%；网络购物交易额达 280.9 亿元，占 6.6%。三是购物中心。2010 年末，上海拥有已建成营业的由多种零售和服务业态组合经营形成的购物中心 74 家,建筑面积累计 896 万平方米。2010 年,上海购物中心营业总收入 738.54 亿元,比 2005 年增长 2.6 倍(购物中心统计从 2005 年开始),其中商品销售收入 597.46 亿元,占营业总收入的 80.9%。四是商品交易市场。改革开放前简单的集贸市场发展成现代化程度高、专业化程度强、辐射范围广的各类商品交易市场。2010 年末,上海拥有各类商品交易市场 1 097 个,全年成交额 6 657.36 亿元,比 2000 年增长 5.6 倍(商品交易市场统计从 2000 年开始实施)。

**表 4-1-1　1978—2010 年社会消费品零售总额(按商品用途分)统计表**　　单位：亿元

| 年　份 | 社会消费品零售总额 | 按商品用途分 | | | |
|---|---|---|---|---|---|
| | | 食品类 | 衣着类 | 用品类 | 燃料类 |
| 1978 | 54.10 | 26.51 | 11.60 | 15.16 | 0.83 |
| 1979 | 68.28 | 30.05 | 16.07 | 21.28 | 0.88 |
| 1980 | 80.43 | 34.30 | 19.75 | 25.44 | 0.94 |
| 1981 | 88.73 | 38.78 | 21.27 | 27.73 | 0.95 |
| 1982 | 89.80 | 40.72 | 19.57 | 28.52 | 0.99 |
| 1983 | 100.68 | 44.20 | 22.31 | 33.18 | 0.99 |
| 1984 | 123.72 | 50.18 | 27.71 | 44.81 | 1.02 |
| 1985 | 173.39 | 64.08 | 35.51 | 72.70 | 1.10 |
| 1986 | 196.84 | 76.99 | 39.38 | 79.31 | 1.16 |
| 1987 | 225.25 | 91.01 | 42.52 | 90.41 | 1.31 |
| 1988 | 295.83 | 119.36 | 53.66 | 121.17 | 1.64 |
| 1989 | 331.38 | 140.03 | 51.95 | 137.70 | 1.70 |
| 1990 | 333.86 | 142.15 | 52.33 | 137.23 | 2.15 |
| 1991 | 382.06 | 162.82 | 52.91 | 163.30 | 3.03 |
| 1992 | 464.82 | 190.70 | 67.04 | 202.83 | 4.25 |
| 1993 | 675.92 | 259.93 | 101.30 | 309.26 | 5.43 |
| 1994 | 834.76 | 325.44 | 123.89 | 378.86 | 6.57 |
| 1995 | 1 050.96 | 407.44 | 153.74 | 481.96 | 7.82 |
| 1996 | 1 258.00 | 490.97 | 178.80 | 579.12 | 9.11 |
| 1997 | 1 435.38 | 564.62 | 200.62 | 659.61 | 10.53 |
| 1998 | 1 593.27 | 640.84 | 212.85 | 728.22 | 11.36 |
| 1999 | 1 722.33 | 694.03 | 228.18 | 787.62 | 12.50 |
| 2000 | 1 865.28 | 743.31 | 248.94 | 858.33 | 14.70 |
| 2001 | 2 016.37 | 802.53 | 266.31 | 931.02 | 16.51 |
| 2002 | 2 203.89 | 874.76 | 289.43 | 1 021.84 | 17.85 |
| 2003 | 2 404.45 | 939.29 | 309.70 | 1 135.27 | 20.19 |
| 2004 | 2 656.91 | 1 043.26 | 341.28 | 1 247.39 | 24.98 |
| 2005 | 2 979.50 | 1 026.70 | 335.30 | 1 563.15 | 54.35 |
| 2006 | 3 375.20 | 1 119.77 | 379.83 | 1 770.75 | 104.85 |
| 2007 | 3 873.30 | 1 204.70 | 435.88 | 2 032.07 | 200.65 |
| 2008 | 4 577.23 | 1 383.63 | 515.09 | 2 401.39 | 277.12 |
| 2009 | 5 173.24 | 1 609.01 | 582.17 | 2 714.06 | 268.00 |
| 2010 | 6 070.50 | 1 830.64 | 686.15 | 3 197.85 | 355.86 |

表4-1-2　1978—2010年社会消费品零售总额(按经济类型分)统计表　单位：亿元

| 年　份 | 社会消费品零售总额 | 按经济类型分 | | | | |
|---|---|---|---|---|---|---|
| | | 国有经济 | 集体经济 | 私营经济 | 个　体 | 其　他 |
| 1978 | 54.10 | 39.50 | 14.41 | | 0.19 | |
| 1979 | 68.28 | 46.47 | 21.32 | | 0.20 | 0.29 |
| 1980 | 80.43 | 54.01 | 25.31 | | 0.24 | 0.87 |
| 1981 | 88.73 | 56.57 | 30.28 | 0.04 | 0.29 | 1.55 |
| 1982 | 89.80 | 56.48 | 31.39 | 0.03 | 0.32 | 1.58 |
| 1983 | 100.68 | 63.17 | 34.55 | 0.02 | 0.70 | 2.24 |
| 1984 | 123.72 | 75.63 | 43.80 | 0.02 | 1.68 | 2.59 |
| 1985 | 173.39 | 102.59 | 59.49 | 0.18 | 6.42 | 4.71 |
| 1986 | 196.84 | 111.73 | 69.06 | 0.67 | 8.47 | 6.91 |
| 1987 | 225.25 | 123.05 | 80.38 | 0.88 | 11.46 | 9.48 |
| 1988 | 295.83 | 161.65 | 103.84 | 1.72 | 14.56 | 14.06 |
| 1989 | 331.38 | 176.07 | 119.97 | 1.76 | 16.16 | 17.42 |
| 1990 | 333.86 | 179.37 | 115.59 | 2.05 | 16.17 | 20.68 |
| 1991 | 382.06 | 200.25 | 135.30 | 2.72 | 18.70 | 25.09 |
| 1992 | 464.82 | 247.68 | 157.56 | 5.75 | 22.88 | 30.95 |
| 1993 | 675.92 | 250.97 | 202.05 | 0.51 | 41.45 | 135.94 |
| 1994 | 834.76 | 249.27 | 198.56 | 0.64 | 65.00 | 321.29 |
| 1995 | 1 050.96 | 247.10 | 193.03 | 0.86 | 76.44 | 533.54 |
| 1996 | 1 258.00 | 238.54 | 183.50 | 30.10 | 92.64 | 713.22 |
| 1997 | 1 435.38 | 225.35 | 173.85 | 21.83 | 114.88 | 899.47 |
| 1998 | 1 593.27 | 210.92 | 161.70 | 59.48 | 126.94 | 1 034.23 |
| 1999 | 1 722.33 | 180.33 | 141.83 | 62.77 | 141.16 | 1 196.24 |
| 2000 | 1 865.28 | 150.09 | 118.26 | 496.86 | 153.57 | 946.50 |
| 2001 | 2 016.37 | 135.69 | 105.90 | 596.21 | 172.66 | 1 005.91 |
| 2002 | 2 203.89 | 131.91 | 102.19 | 699.75 | 190.66 | 1 079.38 |
| 2003 | 2 404.45 | 133.36 | 102.68 | 803.74 | 208.45 | 1 156.22 |
| 2004 | 2 656.91 | 134.44 | 102.78 | 935.44 | 233.01 | 1 251.24 |
| 2005 | 2 979.50 | 157.98 | 51.63 | 814.31 | 443.31 | 1 512.28 |
| 2006 | 3 375.20 | 178.96 | 58.48 | 922.46 | 502.18 | 1 713.12 |
| 2007 | 3 873.30 | 205.37 | 67.11 | 1 058.59 | 576.29 | 1 965.93 |
| 2008 | 4 577.23 | 242.69 | 79.31 | 1 250.98 | 681.03 | 2 323.22 |
| 2009 | 5 173.24 | 263.80 | 87.08 | 1 438.99 | 776.37 | 2 607.00 |
| 2010 | 6 070.50 | 306.34 | 98.29 | 1 739.44 | 927.42 | 2 999.01 |

说明：1997年以前私营经济为合营。

表 4-1-3　1978—2010 年社会消费品零售总额(按行业分)统计表　单位：亿元

| 年　份 | 社会消费品零售总额 | 按行业分 | | | |
|---|---|---|---|---|---|
| | | 批发零售贸易业 | 餐饮业 | 制造业 | 其他行业 |
| 1978 | 54.10 | 47.55 | 2.39 | 1.65 | 2.51 |
| 1979 | 68.28 | 59.02 | 2.82 | 2.54 | 3.90 |
| 1980 | 80.43 | 70.28 | 3.41 | 4.24 | 2.50 |
| 1981 | 88.73 | 77.53 | 3.68 | 4.61 | 2.91 |
| 1982 | 89.80 | 77.31 | 3.76 | 5.44 | 3.29 |
| 1983 | 100.68 | 84.93 | 4.26 | 7.72 | 3.77 |
| 1984 | 123.72 | 103.27 | 4.90 | 10.60 | 4.95 |
| 1985 | 173.39 | 150.03 | 7.58 | 8.41 | 7.37 |
| 1986 | 196.84 | 170.12 | 9.54 | 8.79 | 8.39 |
| 1987 | 225.25 | 193.50 | 11.09 | 10.47 | 10.19 |
| 1988 | 295.83 | 254.99 | 14.48 | 11.90 | 14.46 |
| 1989 | 331.38 | 265.87 | 15.06 | 16.84 | 33.01 |
| 1990 | 333.86 | 265.67 | 17.08 | 15.15 | 35.96 |
| 1991 | 382.06 | 300.26 | 20.91 | 17.70 | 43.19 |
| 1992 | 464.82 | 362.03 | 25.92 | 20.25 | 56.62 |
| 1993 | 675.92 | 559.56 | 35.47 | 29.24 | 51.65 |
| 1994 | 834.76 | 684.81 | 42.74 | 32.75 | 74.46 |
| 1995 | 1 050.96 | 864.01 | 52.61 | 38.05 | 96.29 |
| 1996 | 1 258.00 | 1 032.78 | 78.50 | 39.84 | 106.88 |
| 1997 | 1 435.38 | 1 173.94 | 93.49 | 44.38 | 123.57 |
| 1998 | 1 593.27 | 1 298.40 | 96.58 | 45.41 | 152.88 |
| 1999 | 1 722.33 | 1 391.08 | 114.93 | 47.22 | 169.10 |
| 2000 | 1 865.28 | 1 493.13 | 134.12 | 49.16 | 188.87 |
| 2001 | 2 016.37 | 1 619.13 | 148.88 | 50.78 | 197.58 |
| 2002 | 2 203.89 | 1 756.77 | 193.68 | 52.66 | 200.78 |
| 2003 | 2 404.45 | 1 920.20 | 225.83 | 53.87 | 204.55 |
| 2004 | 2 656.91 | 2 108.59 | 279.44 | 56.29 | 212.59 |
| 2005 | 2 979.50 | 2 637.29 | 342.21 | | |
| 2006 | 3 375.20 | 2 987.54 | 387.66 | | |
| 2007 | 3 873.30 | 3 428.43 | 444.87 | | |
| 2008 | 4 577.23 | 4 051.51 | 525.72 | | |
| 2009 | 5 173.24 | 4 575.50 | 597.74 | | |
| 2010 | 6 070.50 | 5 391.59 | 678.91 | | |

说明：(1) 自 2005 年起，制造业的自营门市零售部分以及其他行业的商品零售，归入批发零售贸易业的社会消费品零售总额中。(2) 县的零售额包括崇明县全部及宝山区、嘉定区、闵行区、浦东新区、松江区、金山区、青浦区、奉贤区和南汇区镇以下地区零售额。

表4-1-4 1978—2010年主要消费品零售量统计表

| 年份 | 粮食(万吨) | 食用植物油(万吨) | 猪肉(万吨) | 家禽(万只) | 鲜蛋(万吨) | 水产品(万吨) |
|---|---|---|---|---|---|---|
| 1978 | 163.80 | 4.55 | 18.47 | 945 | 2.84 | 16.80 |
| 1979 | 177.70 | 5.35 | 23.26 | 1 485 | 4.87 | 18.37 |
| 1980 | 193.60 | 5.80 | 25.04 | 1 192 | 5.76 | 18.27 |
| 1981 | 215.85 | 7.35 | 27.88 | 1 216 | 5.65 | 17.80 |
| 1982 | 228.51 | 8.90 | 26.66 | 1 805 | 6.30 | 17.20 |
| 1983 | 240.25 | 9.78 | 28.68 | 1 901 | 6.21 | 17.68 |
| 1984 | 232.67 | 11.33 | 30.39 | 1 856 | 9.17 | 20.43 |
| 1985 | 214.61 | 11.71 | 28.77 | 2 971 | 9.75 | 19.64 |
| 1986 | 235.88 | 12.37 | 31.22 | 4 553 | 10.05 | 21.49 |
| 1987 | 245.93 | 13.12 | 35.59 | 4 485 | 10.47 | 183.92 |
| 1988 | 275.45 | 14.79 | 28.25 | 6 325 | 11.89 | 17.43 |
| 1989 | 283.27 | 14.19 | 35.33 | 5 917 | 13.76 | 20.12 |
| 1990 | 280.02 | 15.97 | 33.60 | 5 039 | 11.51 | 20.64 |
| 1991 | 284.42 | 14.24 | 34.12 | 5 621 | 12.16 | 20.02 |
| 1992 | 313.06 | 11.95 | 31.17 | 5 814 | 9.20 | 21.16 |
| 1993 | 300.26 | 17.15 | 31.54 | 5 972 | 8.02 | 19.46 |
| 1994 | 253.03 | 16.78 | 30.69 | 5 732 | 7.98 | 19.83 |
| 1995 | 209.44 | 16.93 | 34.46 | 5 903 | 9.62 | 21.02 |
| 1996 | 187.01 | 18.17 | 40.22 | 5 760 | 9.54 | 19.09 |
| 1997 | 178.11 | 20.20 | 40.76 | 8 161 | 11.06 | 22.81 |
| 1998 | 183.56 | 24.73 | 37.45 | 8 965 | 9.91 | 23.57 |
| 1999 | 193.83 | 24.74 | 40.74 | 9 130 | 10.29 | 23.91 |
| 2000 | 192.94 | 23.64 | 44.65 | 9 541 | 9.25 | 28.97 |
| 2001 | 202.58 | 25.49 | 45.62 | 9 881 | 9.78 | 30.01 |
| 2002 | 209.25 | 26.52 | 46.78 | 10 359 | 10.23 | 38.68 |
| 2003 | 215.96 | 28.61 | 48.67 | 11 176 | 10.80 | 46.33 |
| 2004 | 224.19 | 31.89 | 52.54 | 11 059 | 11.08 | 52.59 |
| 2005 | 233.38 | 34.51 | 56.37 | 10 263 | 11.76 | 60.49 |
| 2006 | 246.74 | 37.84 | 60.17 | 8 427 | 11.28 | 71.38 |
| 2007 | 264.34 | 41.32 | 64.45 | 9 101 | 12.24 | 80.16 |
| 2008 | 280.07 | 46.71 | 70.10 | 10 797 | 13.43 | 72.18 |
| 2009 | 301.17 | 50.50 | 76.90 | 11 715 | 14.72 | 80.22 |
| 2010 | | | | | | |

说明：2010年起，不再统计消费品零售量。

表 4-1-4　续表 1

| 年　份 | 鲜　菜（万吨） | 卷　烟（万箱） | 酒（万吨） | 各种布（万米） | #棉　布 | 呢　绒（万米） |
|---|---|---|---|---|---|---|
| 1978 | 115.30 | 46.80 | 10.48 | 12 723 | 6 911 | 363 |
| 1979 | 103.85 | 51.11 | 12.98 | 13 830 | 6 657 | 626 |
| 1980 | 99.25 | 53.29 | 14.70 | 14 503 | 6 627 | 821 |
| 1981 | 106.53 | 55.36 | 17.00 | 13 708 | 7 080 | 990 |
| 1982 | 117.20 | 51.20 | 15.92 | 13 140 | 6 051 | 951 |
| 1983 | 101.80 | 55.94 | 17.08 | 16 044 | 7 693 | 1 042 |
| 1984 | 108.25 | 56.70 | 18.83 | 16 206 | 7 843 | 1 461 |
| 1985 | 105.04 | 68.50 | 14.78 | 17 805 | 8 321 | 1 703 |
| 1986 | 111.82 | 66.42 | 19.86 | 13 258 | 6 447 | 1 537 |
| 1987 | 114.37 | 66.84 | 25.42 | 12 003 | 6 034 | 1 551 |
| 1988 | 113.60 | 79.51 | 28.98 | 12 751 | 7 373 | 1 653 |
| 1989 | 117.03 | 71.70 | 29.45 | 10 652 | 5 741 | 1 186 |
| 1990 | 119.21 | 54.60 | 28.37 | 8 004 | 4 063 | 1 171 |
| 1991 | 111.85 | 52.72 | 23.07 | 5 689 | 3 202 | 1 019 |
| 1992 | 103.17 | 60.26 | 22.63 | 5 177 | 3 083 | 845 |
| 1993 | 90.10 | 43.51 | 21.37 | 4 846 | 1 910 | 645 |
| 1994 | 117.50 | 31.95 | 23.42 | 3 946 | 1 696 | 682 |
| 1995 | 130.38 | 28.65 | 29.94 | 5 583 | 2 506 | 604 |
| 1996 | 144.11 | 30.43 | 24.53 | 3 940 | 1 683 | 804 |
| 1997 | 145.98 | 33.57 | 24.03 | 3 832 | 1 561 | 520 |
| 1998 | 146.98 | 37.06 | 28.44 | 3 075 | 1 540 | 479 |
| 1999 | 149.04 | 38.75 | 29.81 | 3 053 | 1 452 | 464 |
| 2000 | 144.97 | 40.64 | 31.12 | 3 012 | 1 553 | 508 |
| 2001 | 150.65 | 41.35 | 32.73 | 3 141 | 1 593 | 526 |
| 2002 | 159.43 | 42.70 | 46.90 | 3 330 | 1 705 | 676 |
| 2003 | 170.23 | 45.42 | 49.95 | 3 470 | 1 812 | 702 |
| 2004 | 173.29 | 48.02 | 53.52 | 3 560 | 1 845 | 686 |
| 2005 | 180.28 | 50.66 | 57.92 | 3 587 | 1 950 | 731 |
| 2006 | 188.40 | 54.95 | 65.87 | 3 445 | 2 047 | 733 |
| 2007 | 204.60 | 59.69 | 70.80 | 3 456 | 2 135 | 752 |
| 2008 | 153.53 | 66.63 | 78.52 | 3 706 | 2 311 | 819 |
| 2009 | 167.64 | 71.27 | 85.12 | 3 917 | 2 439 | 867 |
| 2010 | | | | | | |

说明：2010 年起，不再统计消费品零售量。

表 4-1-4 续表 2

| 年份 | 绸缎(万米) | 针织内衣裤(万件) | 各种服装(万件) | 照相机(万架) | 彩色电视机(万台) | 洗衣机(万台) | 电冰箱(万台) |
|---|---|---|---|---|---|---|---|
| 1978 | 1 135 | 2 083 | 2 514 | 2.26 | | | |
| 1979 | 1 651 | 2 559 | 3 531 | 3.18 | | | |
| 1980 | 2 029 | 2 883 | 4 240 | 4.94 | | | |
| 1981 | 2 275 | 3 010 | 4 082 | 8.43 | | 1.87 | 0.66 |
| 1982 | 2 096 | 2 877 | 4 024 | 8.31 | | 4.23 | 0.95 |
| 1983 | 2 263 | 3 566 | 5 355 | 9.78 | | 8.15 | 1.60 |
| 1984 | 2 665 | 3 535 | 6 202 | 9.95 | | 16.45 | 4.69 |
| 1985 | 3 688 | 3 779 | 7 135 | 17.72 | | 42.64 | 21.06 |
| 1986 | 3 259 | 3 605 | 6 415 | 20.09 | | 45.60 | 36.47 |
| 1987 | 3 058 | 2 846 | 5 919 | 21.67 | | 52.00 | 31.75 |
| 1988 | 3 784 | 2 823 | 5 849 | 19.70 | 30.27 | 52.35 | 34.87 |
| 1989 | 2 844 | 2 580 | 4 789 | 14.27 | 34.93 | 24.31 | 34.44 |
| 1990 | 2 821 | 2 320 | 4 007 | 13.43 | 23.04 | 13.73 | 16.18 |
| 1991 | 2 226 | 2 056 | 3 720 | 11.19 | 26.67 | 15.57 | 18.57 |
| 1992 | 2 148 | 1 804 | 4 069 | 12.73 | 26.25 | 15.60 | 19.16 |
| 1993 | 1 694 | 1 802 | 3 253 | 16.36 | 35.58 | 19.44 | 22.39 |
| 1994 | 1 962 | 2 196 | 3 594 | 16.55 | 34.33 | 20.73 | 24.06 |
| 1995 | 1 411 | 2 148 | 4 449 | 23.35 | 37.60 | 27.92 | 27.32 |
| 1996 | 1 407 | 2 678 | 4 941 | 21.42 | 36.12 | 24.66 | 26.45 |
| 1997 | 1 126 | 2 855 | 5 184 | 21.52 | 49.03 | 28.81 | 27.48 |
| 1998 | 757 | 3 068 | 4 282 | 19.49 | 60.87 | 35.21 | 32.41 |
| 1999 | 752 | 3 502 | 3 919 | 20.98 | 71.65 | 34.17 | 30.00 |
| 2000 | 814 | 3 565 | 5 184 | 25.12 | 80.69 | 33.75 | 33.75 |
| 2001 | 852 | 4 002 | 6 824 | 28.52 | 88.43 | 38.05 | 35.46 |
| 2002 | 906 | 4 205 | 7 421 | 30.14 | 99.78 | 44.61 | 41.14 |
| 2003 | 903 | 4 559 | 7 544 | 32.21 | 111.96 | 51.17 | 47.48 |
| 2004 | 914 | 4 893 | 7 960 | 34.64 | 117.79 | 56.13 | 52.54 |
| 2005 | 956 | 5 155 | 9 303 | 37.33 | 127.49 | 64.58 | 58.42 |
| 2006 | 920 | 5 559 | 10 541 | 40.75 | 136.49 | 70.84 | 65.16 |
| 2007 | 951 | 5 938 | 11 483 | 45.52 | 146.12 | 76.21 | 72.26 |
| 2008 | 988 | 6 439 | 20 670 | 51.06 | 160.79 | 83.96 | 79.56 |
| 2009 | 1 045 | 7 071 | 23 728 | 56.62 | 180.99 | 92.96 | 85.36 |
| 2010 | | | | | | | |

说明：2010 年起，不再统计消费品零售量。

表 4-1-4 续表 3

| 年 份 | 汽 车（万辆） | 金饰品（亿元） | 微波炉（万台） | 热水淋浴器（万台） | 家用空调器（万台） |
|---|---|---|---|---|---|
| 1992 | | 13.60 | | 14.04 | 4.59 |
| 1993 | | 21.38 | 6.47 | 24.42 | 9.68 |
| 1994 | 3.45 | 16.17 | 16.50 | 24.66 | 19.48 |
| 1995 | 4.62 | 24.51 | 23.19 | 28.38 | 33.93 |
| 1996 | 3.84 | 23.95 | 29.63 | 26.18 | 39.11 |
| 1997 | 5.11 | 26.45 | 35.76 | 26.78 | 39.70 |
| 1998 | 5.11 | 27.16 | 34.94 | 21.72 | 40.87 |
| 1999 | 4.96 | 22.51 | 30.50 | 20.52 | 37.27 |
| 2000 | 4.81 | 23.09 | 31.71 | 21.55 | 42.10 |
| 2001 | 5.10 | 26.00 | 33.53 | 21.81 | 43.78 |
| 2002 | 6.40 | 28.93 | 45.93 | 24.28 | 54.97 |
| 2003 | 7.84 | 30.52 | 55.98 | 31.38 | 80.76 |
| 2004 | 8.91 | 33.17 | 60.21 | 35.21 | 108.37 |
| 2005 | 9.08 | 39.95 | 66.25 | 40.54 | 120.00 |
| 2006 | 9.55 | 48.23 | 68.77 | 45.14 | 118.51 |
| 2007 | 11.04 | 58.53 | 73.86 | 50.71 | 143.23 |
| 2008 | 13.15 | 75.25 | 83.09 | 56.79 | 154.94 |
| 2009 | 14.5 | 88.00 | 91.23 | 63.45 | 168.27 |
| 2010 | | | | | |

表 4-1-4 续表 4

| 年 份 | 电 脑（台） | 脱排油烟机（万台） | 钢 琴（台） | 移动电话机（万台） | 摄像机（万架） |
|---|---|---|---|---|---|
| 1992 | | 8.63 | | | |
| 1993 | | 11.96 | | | 0.58 |
| 1994 | | 11.59 | | | 0.78 |
| 1995 | | 17.36 | | | 0.95 |
| 1996 | 3 903 | 15.59 | 1 904 | | 0.99 |
| 1997 | 12 564 | 15.97 | 2 207 | | 1.17 |
| 1998 | 37 279 | 16.85 | 3 660 | | 1.63 |
| 1999 | 76 529 | 15.41 | 3 863 | 13.67 | 1.48 |
| 2000 | 127 854 | 17.35 | 3 999 | 27.41 | 1.73 |
| 2001 | 158 134 | 17.76 | 4 190 | 40.73 | 2.36 |
| 2002 | 170 344 | 20.59 | 4 357 | 61.66 | 3.02 |
| 2003 | 184 665 | 23.43 | 4 539 | 130.43 | 4.08 |
| 2004 | 199 267 | 27.62 | 3 766 | 165.96 | 5.11 |
| 2005 | 220 551 | 34.83 | 5 338 | 186.47 | 5.99 |
| 2006 | 242 472 | 39.18 | 6 203 | 230.29 | 6.55 |
| 2007 | 266 758 | 43.25 | 7 311 | 251.10 | 7.08 |
| 2008 | 301 347 | 47.85 | 8 199 | 276.01 | 7.70 |
| 2009 | 337 125 | 51.79 | 8 683 | 295.75 | 7.61 |
| 2010 | | | | | |

说明：2010 年起，不再统计消费品零售量。

表 4-1-5　1978—2010 年批发零售贸易业商品购销存总额统计表　　单位:亿元

| 年　份 | 商品购进总额 | #从生产者购进商品总额 | #农副产品 | #工业品 | #从批发零售贸易业购进商品总额 |
|---|---|---|---|---|---|
| 1978 | 259.35 | 190.27 | 10.28 | 128.49 | 69.08 |
| 1979 | 291.53 | 209.65 | 12.95 | 130.14 | 81.88 |
| 1980 | 316.58 | 233.57 | 11.90 | 140.21 | 83.01 |
| 1981 | 320.65 | 253.05 | 12.20 | 152.94 | 67.60 |
| 1982 | 330.30 | 259.34 | 14.43 | 156.46 | 70.96 |
| 1983 | 349.76 | 268.71 | 14.25 | 163.35 | 81.05 |
| 1984 | 355.67 | 279.56 | 15.94 | 184.46 | 76.11 |
| 1985 | 395.02 | 328.85 | 18.34 | 219.76 | 66.17 |
| 1986 | 515.88 | 414.30 | 20.07 | 376.23 | 75.87 |
| 1987 | 846.88 | 475.38 | 21.80 | 432.60 | 87.09 |
| 1988 | 1 023.53 | 583.44 | 28.20 | 530.25 | 103.20 |
| 1989 | 1 094.46 | 619.97 | 56.16 | 554.54 | 124.05 |
| 1990 | 1 129.49 | 597.66 | 67.18 | 520.97 | 113.79 |
| 1991 | 1 512.01 | 666.72 | 73.05 | 584.40 | 142.80 |
| 1992 | 1 624.96 | 666.27 | 48.35 | 605.89 | 154.20 |
| 1993 | 3 187.09 | 1 587.17 | 174.59 | 1 412.58 | 1 543.37 |
| 1994 | 3 619.66 | 1 657.83 | 164.13 | 1 493.70 | 1 911.50 |
| 1995 | 3 975.71 | 1 848.1 | 184.81 | 1 663.29 | 2 056.61 |
| 1996 | 4 407.48 | 2 027.44 | 210.85 | 1 816.59 | 2 311.33 |
| 1997 | 4 871.33 | 2 318.75 | 237.53 | 2 081.22 | 2 444.21 |
| 1998 | 5 404.59 | 2 590.65 | 227.98 | 2 362.67 | 2 713.55 |
| 1999 | 5 955.61 | 2 834.87 | 276.81 | 2 558.07 | 3 000.39 |
| 2000 | 6 615.75 | 3 498.32 | 362.71 | 3 135.61 | 3 067.15 |
| 2001 | 7 283.94 | 3 847.60 | 384.71 | 3 462.89 | 3 330.11 |
| 2002 | 7 997.77 | 4 078.86 | 402.87 | 3 675.99 | 3 802.77 |
| 2003 | 8 821.54 | 4 294.11 | 411.33 | 3 882.78 | 4 400.17 |
| 2004 | 9 730.16 | 4 433.51 | 435.29 | 3 998.22 | 4 167.12 |
| 2005 | 11 043.73 | 5 001.84 | 523.34 | 4 478.50 | 4 638.06 |
| 2006 | 13 044.42 | 6 142.47 | 735.07 | 5 407.40 | 5 646.35 |
| 2007 | 16 527.98 | 7 537.14 | 998.32 | 6 538.82 | 7 199.50 |
| 2008 | 21 668.79 | 9 929.57 | | | 9 625.09 |
| 2009 | | | | | |
| 2010 | | | | | |

说明:(1) 1993 年(含 1993 年)以后的购、销、存总额均为经济普查数据资料(续表同)。(2) 2009 年起,不再统计批发零售业商品购进总额及分组指标。

表 4-1-5　续表

单位：亿元

| 年　份 | 商品销售总额 | 商品零售总额 | 商品批发销售总额 | 年末库存总额 |
|---|---|---|---|---|
| 1978 | 303.43 | 47.55 | 255.88 | 47.27 |
| 1979 | 341.09 | 59.02 | 282.07 | 51.28 |
| 1980 | 370.44 | 70.28 | 300.16 | 52.18 |
| 1981 | 375.16 | 77.53 | 297.63 | 58.76 |
| 1982 | 386.46 | 77.31 | 309.15 | 62.61 |
| 1983 | 409.22 | 84.93 | 324.29 | 66.58 |
| 1984 | 416.13 | 103.27 | 312.86 | 60.53 |
| 1985 | 462.52 | 150.03 | 312.49 | 71.12 |
| 1986 | 606.31 | 170.12 | 436.19 | 135.65 |
| 1987 | 979.18 | 193.50 | 785.68 | 163.45 |
| 1988 | 1 099.04 | 254.99 | 844.05 | 200.86 |
| 1989 | 1 191.93 | 265.87 | 926.06 | 235.01 |
| 1990 | 1 305.41 | 265.67 | 1 039.74 | 230.97 |
| 1991 | 1 708.52 | 300.26 | 1 408.26 | 230.08 |
| 1992 | 1 802.53 | 362.03 | 1 440.50 | 197.80 |
| 1993 | 3 728.90 | 637.89 | 3 091.01 | 188.30 |
| 1994 | 4 001.16 | 789.02 | 3 212.14 | 176.91 |
| 1995 | 4 440.98 | 994.39 | 3 446.59 | 204.52 |
| 1996 | 4 946.15 | 1 174.93 | 3 771.22 | 233.48 |
| 1997 | 5 465.50 | 1 336.58 | 4 128.92 | 251.56 |
| 1998 | 6 077.67 | 1 490.34 | 4 587.33 | 251.40 |
| 1999 | 6 734.06 | 1 600.36 | 4 833.70 | 256.56 |
| 2000 | 7 474.81 | 1 732.31 | 5 751.50 | 262.50 |
| 2001 | 8 326.94 | 1 859.09 | 6 467.85 | 281.76 |
| 2002 | 9 142.98 | 2 001.05 | 7 141.93 | 300.65 |
| 2003 | 10 112.14 | 2 169.14 | 7 943.05 | 310.28 |
| 2004 | 11 254.81 | 2 367.17 | 8 887.64 | 351.38 |
| 2005 | 12 943.25 | 2 611.31 | 10 331.94 | 383.35 |
| 2006 | 15 504.05 | 2 896.29 | 12 607.76 | 419.76 |
| 2007 | 20 400.79 | 3 278.25 | 17 122.54 | 473.49 |
| 2008 | 26 798.44 | 3 853.14 | 22 945.30 | 1 182.84 |
| 2009 | 31 974.39 | 4 405.65 | 27 568.74 | 1 221.90 |
| 2010 | 37 383.25 | 5 199.12 | 32 184.13 | 1 913.49 |

**表 4-1-6　1998—2002 年限额以上餐饮业主要财务指标统计表**　单位：亿元

| 指　　标 | 1998 年 | 1999 年 | 2000 年 | 2001 年 | 2002 年 |
|---|---|---|---|---|---|
| 营业收入 | 19.15 | 37.35 | 36.50 | 43.63 | 54.22 |
| 营业成本 | 9.15 | 17.01 | 16.70 | 20.02 | 23.74 |
| 营业费用 | 6.63 | 13.86 | 12.65 | 14.03 | 19.36 |
| 营业税金及附加 | 0.79 | 1.79 | 1.71 | 2.04 | 2.75 |
| 经营利润 | 1.40 | 4.70 | 5.44 | 7.54 | 8.37 |
| 管理费用 | 2.68 | 4.58 | 5.05 | 5.87 | 5.28 |
| 财务费用 | 0.24 | 0.81 | 0.71 | 0.98 | 1.94 |
| 利润总额 | 0.09 | −0.54 | −0.13 | 1.25 | 1.01 |
| 资产合计 | 27.31 | 58.73 | 50.36 | 61.49 | 45.98 |
| #流动资产 | 9.87 | 15.64 | 13.36 | 21.02 | 15.66 |
| 负债合计 | 18.24 | 46.89 | 41.58 | 49.02 | 34.90 |
| 所有者权益合计 | 9.07 | 11.84 | 8.78 | 12.47 | 11.08 |

**表 4-1-7　2003—2010 年限额以上餐饮业主要财务指标统计表**　单位：亿元

| 指　　标 | 2003 年 | 2004 年 | 2005 年 | 2006 年 |
|---|---|---|---|---|
| 流动资产 | 15.73 | 18.90 | 43.60 | 64.37 |
| #存　货 | | | 5.10 | 6.32 |
| 固定资产原价 | | | 44.76 | 56.92 |
| 累计折旧 | | | 15.65 | 20.56 |
| #本年折旧 | | | 3.83 | 4.54 |
| 资产总计 | 50.48 | 60.50 | 94.49 | 124.56 |
| 负债合计 | 32.86 | 40.11 | 64.13 | 87.84 |
| 所有者权益合计 | 17.62 | 21.66 | 30.36 | 36.73 |
| 实收资本 | | | 31.05 | 39.57 |
| 主营业务收入 | 63.04 | 155.55 | 157.66 | 195.49 |
| 主营业务成本 | 28.55 | 72.50 | 72.03 | 88.55 |
| 营业费用 | 21.26 | 49.92 | 53.86 | 67.17 |
| 主营业务税金及附加 | 3.00 | 8.16 | 8.14 | 9.87 |
| 主营业务利润 | 10.23 | 68.92 | 65.75 | 84.83 |
| 管理费用 | 6.62 | 18.97 | 19.42 | 23.06 |
| 财务费用 | 0.48 | 1.36 | 1.15 | 1.90 |
| 营业利润 | | | 5.49 | 6.41 |
| 利润总额 | 3.39 | 4.06 | 5.49 | 6.16 |
| 主营业务应付工资总额 | 5.52 | 6.63 | 17.54 | 21.44 |
| 主营业务应付福利费总额 | 0.67 | 0.73 | 2.26 | 2.24 |

表 4－1－7　续表　　　　单位：亿元

| 指　　标 | 2007 年 | 2008 年 | 2009 年 | 2010 年 |
| --- | --- | --- | --- | --- |
| 流动资产 | 71.87 | 93.95 | 102.09 | 114.24 |
| #存　货 | 5.17 | 6.78 | 13.72 | 8.28 |
| 固定资产原价 | 57.43 | 68.04 | 70.32 | 81.97 |
| 累计折旧 | 24.12 | 28.70 | 31.48 | 31.64 |
| #本年折旧 | 4.74 | 6.23 | 11.99 | 6.63 |
| 资产总计 | 130.99 | 167.73 | 185.74 | 214.43 |
| 负债合计 | 93.98 | 129.87 | 137.66 | 156.19 |
| 所有者权益合计 | 37.01 | 37.86 | 48.08 | 58.25 |
| 实收资本 | 39.44 | 52.20 | 58.78 | 62.42 |
| 主营业务收入 | 220.43 | 261.65 | 291.90 | 335.96 |
| 主营业务成本 | 95.21 | 120.05 | 138.57 | 145.44 |
| 营业费用 | 73.37 | 95.58 | 105.32 | 123.32 |
| 主营业务税金及附加 | 11.04 | 17.64 | 14.23 | 17.34 |
| 主营业务利润 | 96.44 | 123.01 | 139.22 | 173.18 |
| 管理费用 | 24.69 | 32.82 | 31.84 | 37.25 |
| 财务费用 | 2.57 | 7.33 | 2.89 | 3.47 |
| 营业利润 | 6.12 | 6.84 | 1.58 | 10.96 |
| 利润总额 | 7.40 | 3.09 | 3.85 | 15.12 |
| 主营业务应付工资总额 | 25.30 | 31.45 | 34.78 | 41.08 |
| 主营业务应付福利费总额 | 3.25 | 1.77 | 1.37 | 2.51 |

# 第二章　对外经济

1978—2010年，上海外贸进出口总额由30.26亿美元增加至3 688.69亿美元，年均增长16.2%。其中，进口由1.33亿美元增加至1 880.85亿美元，年均增长25.4%；出口由28.93亿美元增加至1 807.84亿美元，年均增长13.8%。其间，上海外贸经历三个发展阶段：

第一阶段大致为1978—1991年。在外贸体制上进行了以“简政放权”为中心的改革，大力推进工贸结合、技贸结合和各种形式的改革，推进外贸承包经营责任制。经过10多年的探索，外贸得到了稳步发展，进出口规模从1978年30.26亿美元增加到1991年80.44亿美元，增长1.7倍，年均增长7.8%。

第二阶段大致为1992—2001年。1992年，中共十四大确定了建立社会主义市场经济体制目标。1996年，中国对4 000多种商品进口关税进行大幅度削减，关税总水平降至23%。2001年，上海外贸进口商品总额达到332.7亿美元，比1991年增加13.4倍，年均增长30.6%；出口商品总额达到276.28亿美元，比1991年增长3.8倍，年均增长17%。2001年12月11日，中国正式成为世界贸易组织(WTO)成员。

第三阶段大致为2002—2010年。这一阶段，上海外贸进、出口基本保持同步增长。2006年，上海进、出口均历史性地突破1 000亿美元。2010年，上海进口总额达1 880.85亿美元，比2001年增长4.7倍，年均增长21.2%；出口总额达1 807.84亿美元，比2001年增长5.5倍，年均增长23.2%。

在进出口商品中，机电产品和高新技术产品比重提高。2001年，上海机电产品出口额142.12亿美元，比重首次超过50%，达到51.4%，成为上海第一大类出口商品。2010年，机电产品出口额达1 311.14亿美元，占上海出口商品总额72.5%，比重比2001年提升21.1个百分点。高新技术产品出口由2001年的54.12亿美元增加至2010年的841.11亿美元，比重由19.6%提高至46.5%，提升26.9个百分点。

2010年，上海机电产品进口额1 092.04亿美元，占全市进口总额的58.1%；高新技术产品进口额683.73亿美元，占36.4%。

2004年7月1日，《中华人民共和国对外贸易法》正式施行，外贸经营权全面放开，进出口经营权由审批制改为备案制，外贸主体向多元化发展。2001—2010年，上海国有企业出口比重由40.6%下降至17%，私营及其他企业出口比重由1.6%提升至13.3%，外商投资企业出口比重由57.8%提高至69.7%。

1991—2003年，上海对外贸易方式以一般贸易为主。随着中国参与国际分工协作的深入，加工贸易逐渐崭露头角。2004年，上海加工贸易进出口额首次超过一般贸易进出口额。2004—2009年，上海加工贸易年进出口额均超过一般贸易进出口额。2010年，因受国际金融危机和欧债危机影响，加工贸易进出口额略小于一般贸易进出口额，但仍达到1 385.6亿美元，占全市进出口总额37.6%，比重低于一般贸易仅2.6个百分点。

中国加入WTO后，严格履行服务贸易领域对外开放承诺。上海以其独特的区位、产业、政策、人才和海派都市文化等优势，服务贸易发展良好。

从规模看，按照服务贸易国际收支(BOP)统计，2001—2010年，上海服务贸易占全市对外贸易总额(货物贸易＋服务贸易)的比重由13.5%提高至19.1%。2010年，上海国际服务贸易总额占全国服务贸易总额的24.0%，是国内服务贸易规模最大的省市。

上海利用外资从1978年中共十一届三中全会之后开始起步、摸索，1991—2010年进入了快速推进、调整恢复和稳步发展的阶段。上海利用外资由以外债为主发展为以外商直接投资为主，利用外资规模扩大，外资产业投向优化，利用外资质量提高，功能性外资机构集聚。

改革开放之初到1991年是上海外商直接投资的起步摸索阶段。1980—1991年，上海外商直接投资累计合同金额32.75亿美元，平均每年仅2.73亿美元；1981—1991年，累计实到金额15.55亿美元，平均每年仅1.41亿美元。

1992年，邓小平南方谈话和中共十四大召开加快了中国对外开放步伐。当年，上海外商直接投资合同与实到金额规模均跃上十位数台阶，分别为33.57亿美元和12.59亿美元。1996年，上海外商直接投资合同金额规模更是突破百亿美元，达110.68亿美元，比1991年增长23.6倍，年均增长89.7%；实到金额也提升至47.16亿美元，比1991年增长25.9倍，年均增长93.2%。

1997年，受亚洲金融危机影响，上海外商直接投资合同金额仅为53.2亿美元。随之，实到金额于1998年、1999年连续下降。由于坚定改革开放，进一步加大工作力度，上海吸收外资下降态势很快得到遏制。2000年，上海外商直接投资合同金额比上年增长55.7%，实到金额也微增3.7%，基本回到了稳定增长的轨道。

2001年，中国加入WTO后，对外开放步伐加快，投资环境日益改善，上海外商直接投资重回升势。2002年，上海外资合同金额再破百亿美元，达到105.76亿美元；实到金额突破50亿美元，达50.3亿美元。2008年，全球金融危机影响上海吸收外资进程，但影响程度小于预期。2009年，上海外商直接投资合同金额依然突破百亿美元，为133.01亿美元，比上年下降22.3%；实到金额达105.38亿美元，比上年增长4.5%。2010年，上海外商直接投资合同金额由2001年的73.73亿美元增加至153.07亿美元，增长1.1倍，10年年均增长9.1%；实到金额由2001年的43.92亿美元增加至111.21亿美元，增长1.5倍，年均增长13.4%。

产业结构优化已成为提高一国或一地区经济实力的重要途径。改革开放以来，上海实到外资统计数据显示，外商直接投资结构不断优化。

上海实到外资产业结构以2005年作为重要分水岭。1986—2004年，上海实到外资的二产和三产结构交替波动，第二产业实到外资总体呈下降趋势，但基本保持在50%以上。2005—2010年，第二产业比重呈快速下降走势，由2005年的48.8%降至2010年的19.8%。1986—2004年，第三产业实到外资金额比重基本在50%以下，但呈逐渐上升趋势。2005—2010年，第三产业比重均达到50%以上，由2005年的51.1%上升至2010年的79.4%。

自2002年上海发布《上海市鼓励外国跨国公司设立地区总部的规定》以来，跨国公司地区总部和功能性外资项目不断抵沪。至2010年末，落户上海的跨国公司地区总部达到305家，投资性公司213家，外资研发中心319家。上海已成为中国大陆吸引跨国公司地区总部和外资投资性公司最多的城市。

改革开放前后的近40年来，上海对外承包工程、劳务合作与对外直接投资经历了从无到有、从无偿援助到市场化运行以及后期不断发展的过程。

1978年之前，上海对外承包工程、劳务合作在主要是对第三世界国家进行的经济援助。1983—1990年，逐步开展了有进有出的经济技术合作商务活动。20世纪90年代，随着国内经济技术水平的不断提高及国际经济合作的不断深化，上海积极实施“走出去”战略，开展对外承包工程、劳务合作与境外投资，充分利用“两个市场、两种资源”开拓国际市场。

上海与其他国家和地区开展国际经济合作的对外承包工程涉及以注重经济效益为主的加工制造、电力通信、交通运输、石油化工和环保等行业；劳务合作以外派技术、管理人员相结合的服务型、管理型的劳务输出；对外承包工程和劳务合作主体由以国有企业为主，逐步形成国有企业、股份制企业、民营企业整体推进的格局。

1983—1990 年，上海对外承包工程和劳务合作经济规模很小，年均签约合同合计数不足半百，为 44 个，年均合同金额、实际营业额分别仅为 0.50 亿美元和 0.23 亿美元。1990 年末，上海对外承包工程和劳务合作累计签订对外承包、劳务合作合同项目 351 个，累计合同金额 4 亿美元，累计完成营业额 1.81 亿美元，1990 年末对外承包工程和劳务合作在外人员 2 041 人。

20 世纪 90 年代至 21 世纪前 10 年间，上海对外承包工程和劳务合作经营指标实现跨越发展。2010 年，上海对外承包工程签约合同项目、合同金额和实际营业额分别为 3 397 个、101.03 亿美元和 68.96 亿美元，分别比 1990 年增长 282.1 倍、256.1 倍和 167.9 倍；年末在外人员 9 430 人，高出 1990 年末 9 309 人。2010 年，上海对外劳务合作签约合同项目、合同金额和实际营业额分别为 4 135 个、5.67 亿美元和 6.45 亿美元，分别比 1990 年增长 61.7 倍、26.2 倍和 60.6 倍；年末在外人员 17 417 人，高出 1990 年末 15 497 人。

至 2010 年末，上海对外承包工程和劳务合作涉及的国家和地区 177 个，累计签订对外承包和劳务合作合同项目 4.63 万个，累计合同金额 611.75 亿美元，累计完成营业额 409.68 亿美元。2010 年末，上海对外承包工程和劳务合作在外人员 2.68 万人。

20 世纪 90 年代后期，上海企业纷纷到其他国家和地区进行投资。2002 年，上海对外直接投资突破亿美元，达到 1.35 亿美元；2009 年上海对外直接投资突破 10 亿美元，达到 15.36 亿美元；2010 年上海境外投资达到 24.2 亿美元。

至 2010 年末，上海批准设立对外直接投资企业 1 129 家，累计投资总额 78 亿美元，其中中方投资总额 70 亿美元，对外直接投资的国家和地区达 101 个。

表 4-2-1　1978—2010 年进出口商品总额统计表　　单位：亿美元

| 年　份 | 口岸进出口商品总额 | 进　口 | 出　口 | 外贸进出口商品总额 | 进　口 | 出　口 |
|---|---|---|---|---|---|---|
| 1978 | | | | 30.26 | 1.33 | 28.93 |
| 1979 | | | | 38.78 | 2.03 | 36.75 |
| 1980 | | | | 45.06 | 2.40 | 42.66 |
| 1981 | | | | 41.50 | 3.43 | 38.07 |
| 1982 | | | | 38.93 | 2.88 | 36.05 |
| 1983 | | | | 41.40 | 4.92 | 36.48 |
| 1984 | | | | 44.00 | 8.13 | 35.87 |
| 1985 | 148.73 | 99.65 | 49.08 | 51.74 | 18.13 | 33.61 |
| 1986 | 160.66 | 105.90 | 54.76 | 52.04 | 16.22 | 35.82 |
| 1987 | 156.35 | 90.34 | 66.01 | 59.96 | 18.36 | 41.60 |
| 1988 | 186.54 | 113.30 | 73.24 | 72.45 | 26.40 | 46.05 |
| 1989 | 194.38 | 117.27 | 77.11 | 78.48 | 28.16 | 50.32 |
| 1990 | 172.89 | 86.27 | 86.62 | 74.31 | 21.10 | 53.21 |
| 1991 | 204.09 | 102.58 | 101.51 | 80.44 | 23.04 | 57.40 |
| 1992 | 251.45 | 131.81 | 119.64 | 97.57 | 32.02 | 65.55 |
| 1993 | 309.31 | 169.54 | 139.77 | 127.32 | 53.50 | 73.82 |
| 1994 | 362.42 | 173.08 | 189.34 | 158.67 | 67.90 | 90.77 |
| 1995 | 481.37 | 225.30 | 256.07 | 190.25 | 74.48 | 115.77 |
| 1996 | 528.70 | 256.57 | 272.13 | 222.63 | 90.25 | 132.38 |
| 1997 | 586.83 | 252.32 | 334.51 | 247.64 | 100.40 | 147.24 |
| 1998 | 636.38 | 261.80 | 374.58 | 313.44 | 153.88 | 159.56 |
| 1999 | 761.51 | 318.63 | 442.88 | 386.04 | 198.19 | 187.85 |
| 2000 | 1 093.11 | 477.39 | 615.72 | 547.10 | 293.56 | 253.54 |
| 2001 | 1 204.88 | 524.81 | 680.07 | 608.98 | 332.70 | 276.28 |
| 2002 | 1 425.01 | 606.98 | 818.03 | 726.64 | 406.09 | 320.55 |
| 2003 | 2 012.01 | 888.95 | 1 123.06 | 1 123.97 | 639.15 | 484.82 |
| 2004 | 2 825.75 | 1 213.07 | 1 612.68 | 1 600.26 | 865.06 | 735.20 |
| 2005 | 3 506.78 | 1 382.48 | 2 124.30 | 1 863.65 | 956.23 | 907.42 |
| 2006 | 4 287.54 | 1 621.89 | 2 665.65 | 2 274.89 | 1 139.16 | 1 135.73 |
| 2007 | 5 209.09 | 1 924.29 | 3 284.80 | 2 829.73 | 1 390.45 | 1 439.28 |
| 2008 | 6 065.57 | 2 129.07 | 3 936.50 | 3 221.38 | 1 527.88 | 1 693.50 |
| 2009 | 5 154.89 | 1 903.61 | 3 251.28 | 2 777.31 | 1 358.17 | 1 419.14 |
| 2010 | 6 846.45 | 2 613.05 | 4 233.40 | 3 688.69 | 1 880.85 | 1 807.84 |

说明：1999 年以前的外贸进出口总额为市外经贸委统计口径，1999 年开始为海关统计的上海企业进出口贸易口径(下同)。

**表 4-2-2　2001—2010 年外贸进口商品总额统计表**

单位:亿美元

| 年　份 | 按企业性质分 | | 按贸易方式分 | | 按产品类别分 | |
|---|---|---|---|---|---|---|
| | #国有企业 | #外商投资企业 | #一般贸易 | #加工贸易 | #机电产品 | #高新技术产品 |
| 2001 | | | 155.62 | 92.64 | 190.22 | |
| 2002 | 138.98 | 258.72 | 180.51 | 120.47 | 240.77 | |
| 2003 | 200.65 | 411.67 | 281.47 | 181.59 | 393.41 | |
| 2004 | 235.20 | 577.75 | 340.99 | 256.28 | | |
| 2005 | 239.97 | 638.52 | 347.17 | 309.77 | 611.85 | 363.66 |
| 2006 | 261.29 | 775.26 | 396.78 | 358.20 | 732.30 | 460.49 |
| 2007 | 306.04 | 954.54 | 515.79 | 397.90 | 877.24 | 564.42 |
| 2008 | 330.60 | 1 042.30 | 593.86 | 399.43 | 925.77 | 601.90 |
| 2009 | 306.22 | 896.93 | 611.16 | 303.80 | 787.43 | 508.73 |
| 2010 | 423.36 | 1 239.83 | 848.69 | 381.86 | 1 092.04 | 683.73 |

**表 4-2-3　1990—2010 年外贸出口商品总额统计表**

单位:亿美元

| 年　份 | 按企业性质分 | | 按贸易方式分 | | 按产品类别分 | |
|---|---|---|---|---|---|---|
| | #国有企业 | #外商投资企业 | #一般贸易 | #加工贸易 | #机电产品 | #高新技术产品 |
| 1990 | 50.21 | 2.99 | 29.03 | 24.07 | 12.68 | |
| 1991 | 52.43 | 4.97 | 38.37 | 19.01 | | |
| 1992 | 54.84 | 10.71 | 53.07 | 6.60 | | |
| 1993 | 57.66 | 16.16 | 53.03 | 15.47 | | |
| 1994 | 70.17 | 20.60 | 55.77 | 22.16 | | |
| 1995 | 89.31 | 26.46 | 53.49 | 61.36 | | |
| 1996 | 92.33 | 40.05 | 54.14 | 76.65 | | |
| 1997 | 95.24 | 52.00 | 56.10 | 88.93 | | |
| 1998 | 77.91 | 81.65 | 60.47 | 96.34 | 65.00 | |
| 1999 | 84.38 | 103.47 | 69.72 | 115.18 | 82.19 | |
| 2000 | 106.78 | 142.61 | 101.72 | 147.83 | 121.43 | 48.08 |
| 2001 | 112.18 | 159.60 | 110.71 | 157.28 | 142.12 | 54.12 |
| 2002 | 119.95 | 191.62 | 137.14 | 174.24 | 168.34 | 74.81 |
| 2003 | 151.88 | 308.13 | 194.17 | 276.31 | 292.52 | 163.61 |
| 2004 | 189.22 | 494.94 | 273.46 | 427.74 | 478.55 | 288.68 |
| 2005 | 206.85 | 615.93 | 339.11 | 518.84 | 602.47 | 362.53 |
| 2006 | 248.74 | 759.35 | 433.04 | 637.69 | 754.15 | 442.81 |
| 2007 | 285.98 | 978.15 | 539.27 | 796.75 | 985.54 | 580.92 |
| 2008 | 335.71 | 1 137.35 | 642.16 | 917.99 | 1 185.15 | 713.08 |
| 2009 | 264.59 | 970.92 | 488.62 | 814.63 | 1 025.63 | 636.16 |
| 2010 | 307.67 | 1 259.74 | 632.74 | 1 003.74 | 1 311.14 | 841.11 |

表 4-2-4　1980—2010 年外商直接投资合同项目统计表　　单位：个

| 年　份 | 外商直接投资合同项目 | 按投资方式分 | | | 按产业分 | | |
|---|---|---|---|---|---|---|---|
| | | # 中外合资 | # 中外合作 | # 外商独资 | 第一产业 | 第二产业 | 第三产业 |
| 1980 | 1 | 1 | | | | 1 | |
| 1981 | 3 | 1 | 2 | | | 1 | 2 |
| 1982 | 7 | 4 | 3 | | | 4 | 3 |
| 1983 | 6 | 4 | 2 | | | 4 | 2 |
| 1984 | 41 | 24 | 15 | 2 | 1 | 21 | 19 |
| 1985 | 94 | 62 | 32 | | 2 | 50 | 42 |
| 1986 | 62 | 46 | 15 | 1 | | 39 | 23 |
| 1987 | 76 | 60 | 16 | | | 55 | 21 |
| 1988 | 219 | 205 | 14 | | 3 | 198 | 18 |
| 1989 | 199 | 175 | 15 | 9 | 3 | 175 | 21 |
| 1990 | 203 | 161 | 12 | 30 | 2 | 189 | 12 |
| 1991 | 365 | 292 | 23 | 50 | 4 | 333 | 28 |
| 1992 | 2 012 | 1 592 | 241 | 169 | 6 | 1 677 | 329 |
| 1993 | 3 650 | 2 445 | 691 | 511 | 21 | 2 599 | 1 040 |
| 1994 | 3 802 | 2 067 | 961 | 760 | 19 | 2 678 | 1 105 |
| 1995 | 2 845 | 1 373 | 664 | 799 | 13 | 1 899 | 933 |
| 1996 | 2 106 | 808 | 483 | 815 | 27 | 1 286 | 793 |
| 1997 | 1 802 | 565 | 392 | 845 | 10 | 1 021 | 771 |
| 1998 | 1 490 | 378 | 278 | 833 | 14 | 777 | 699 |
| 1999 | 1 472 | 399 | 255 | 817 | 15 | 841 | 616 |
| 2000 | 1 814 | 441 | 226 | 1 146 | 16 | 944 | 854 |
| 2001 | 2 458 | 506 | 210 | 1 740 | 16 | 1 317 | 1 125 |
| 2002 | 3 012 | 530 | 175 | 2 302 | 21 | 1 610 | 1 381 |
| 2003 | 4 321 | 818 | 132 | 3 367 | 14 | 1 941 | 2 366 |
| 2004 | 4 334 | 811 | 95 | 3 422 | 24 | 1 760 | 2 550 |
| 2005 | 4 091 | 601 | 44 | 3 442 | 8 | 1 308 | 2 775 |
| 2006 | 4 061 | 540 | 27 | 3 486 | 6 | 1 093 | 2 962 |
| 2007 | 4 206 | 511 | 24 | 3 668 | 5 | 806 | 3 395 |
| 2008 | 3 748 | 360 | 23 | 3 364 | 1 | 466 | 3 281 |
| 2009 | 3 090 | 361 | 7 | 2 721 | 5 | 355 | 2 730 |
| 2010 | 3 906 | 445 | 14 | 3 443 | 26 | 372 | 3 508 |

说明：签订合同项目、合同金额资料来源于上海市外国投资工作委员会(下表同)。

表 4-2-5　1980—2010 年外商直接投资合同金额统计表　单位：亿美元

| 年　份 | 外商直接投资合同金额 | 按投资方式分 | | | 按产业分 | | |
|---|---|---|---|---|---|---|---|
| | | #中外合资 | #中外合作 | #外商独资 | 第一产业 | 第二产业 | 第三产业 |
| 1980 | 0.03 | 0.03 | | | | 0.03 | |
| 1981 | 0.10 | 0.09 | | | | 0.09 | 0.01 |
| 1982 | 0.27 | 0.13 | 0.14 | | | 0.13 | 0.14 |
| 1983 | 0.74 | 0.74 | … | | | 0.74 | |
| 1984 | 3.89 | 1.99 | 1.87 | | | 1.85 | 2.04 |
| 1985 | 7.11 | 2.17 | 4.94 | | | 0.36 | 6.75 |
| 1986 | 2.97 | 0.95 | 2.01 | 0.01 | | 0.52 | 2.45 |
| 1987 | 2.47 | 2.14 | 0.33 | … | | 1.17 | 1.30 |
| 1988 | 3.33 | 2.14 | 1.19 | … | 0.04 | 1.99 | 1.30 |
| 1989 | 3.59 | 1.85 | 0.26 | 1.48 | 0.02 | 1.81 | 1.76 |
| 1990 | 3.75 | 1.98 | 0.40 | 1.36 | | 3.60 | 0.15 |
| 1991 | 4.50 | 3.36 | 0.06 | 1.08 | 0.10 | 3.39 | 1.01 |
| 1992 | 33.57 | 19.66 | 3.83 | 6.02 | 0.02 | 18.07 | 15.48 |
| 1993 | 70.16 | 44.51 | 13.32 | 12.15 | 0.05 | 24.91 | 45.20 |
| 1994 | 100.26 | 58.32 | 21.68 | 18.88 | 0.13 | 37.78 | 62.35 |
| 1995 | 105.40 | 46.36 | 20.72 | 37.26 | 0.17 | 40.43 | 64.80 |
| 1996 | 110.68 | 41.50 | 32.92 | 36.26 | 0.40 | 48.93 | 61.35 |
| 1997 | 53.20 | 27.42 | 11.62 | 14.01 | 0.05 | 30.76 | 22.39 |
| 1998 | 58.48 | 25.29 | 7.31 | 14.95 | 0.37 | 40.54 | 17.57 |
| 1999 | 41.04 | 15.11 | 4.84 | 19.29 | 0.18 | 20.31 | 20.55 |
| 2000 | 63.90 | 13.86 | 5.86 | 44.14 | 0.34 | 48.49 | 15.07 |
| 2001 | 73.73 | 18.89 | 9.42 | 44.86 | 0.18 | 55.10 | 18.45 |
| 2002 | 105.76 | 19.60 | 10.01 | 73.56 | 0.20 | 69.83 | 35.73 |
| 2003 | 110.64 | 24.90 | 5.68 | 78.45 | 0.46 | 73.16 | 37.02 |
| 2004 | 116.91 | 25.44 | 6.40 | 83.00 | 0.59 | 70.66 | 45.66 |
| 2005 | 138.33 | 19.62 | 2.66 | 109.47 | 0.12 | 65.06 | 73.15 |
| 2006 | 145.74 | 24.27 | 2.86 | 117.37 | 0.24 | 47.88 | 97.62 |
| 2007 | 148.69 | 21.69 | 4.31 | 117.84 | 0.37 | 52.45 | 95.87 |
| 2008 | 171.12 | 24.11 | 3.25 | 142.89 | 0.13 | 45.48 | 125.51 |
| 2009 | 133.01 | 17.40 | 3.73 | 109.22 | 0.43 | 25.33 | 107.25 |
| 2010 | 153.07 | 21.54 | 1.11 | 128.17 | 0.15 | 28.85 | 124.07 |

说明：1997 年以前外商直接投资合同金额为外商直接投资协议金额。

表 4-2-6 1981—2010 年外商直接投资实际到位金额统计表 单位：亿美元

| 年份 | 外商直接投资实际到位金额 | 按投资方式分 | | | 按产业分 | | |
|---|---|---|---|---|---|---|---|
| | | #中外合资 | #中外合作 | #外商独资 | 第一产业 | 第二产业 | 第三产业 |
| 1981 | 0.03 | 0.03 | | | | | |
| 1982 | 0.03 | 0.03 | … | | | | |
| 1983 | 0.11 | 0.10 | 0.01 | | | | |
| 1984 | 0.28 | 0.28 | | | | | |
| 1985 | 0.62 | 0.31 | 0.30 | 0.01 | | | |
| 1986 | 0.98 | 0.65 | 0.32 | 0.01 | | 0.48 | 0.50 |
| 1987 | 2.12 | 1.41 | 0.69 | 0.01 | | 0.75 | 1.37 |
| 1988 | 3.64 | 1.62 | 2.00 | 0.01 | | 1.03 | 2.61 |
| 1989 | 4.22 | 3.28 | 0.94 | … | | 2.47 | 1.75 |
| 1990 | 1.77 | 1.08 | 0.67 | 0.02 | 0.01 | 0.88 | 0.88 |
| 1991 | 1.75 | 1.30 | 0.17 | 0.29 | 0.04 | 1.34 | 0.37 |
| 1992 | 12.59 | 4.71 | 0.80 | 0.76 | … | 10.31 | 2.28 |
| 1993 | 23.18 | 12.73 | 3.85 | 5.00 | 0.11 | 10.27 | 12.80 |
| 1994 | 32.31 | 14.96 | 13.80 | 2.18 | 0.03 | 16.47 | 15.81 |
| 1995 | 32.50 | 17.54 | 10.88 | 3.63 | 0.03 | 14.76 | 17.71 |
| 1996 | 47.16 | 25.62 | 11.79 | 7.21 | 0.03 | 25.20 | 21.93 |
| 1997 | 48.08 | 20.95 | 7.84 | 19.20 | 0.01 | 25.07 | 21.00 |
| 1998 | 36.38 | 14.86 | 4.81 | 12.74 | 0.04 | 22.98 | 13.36 |
| 1999 | 30.48 | 15.17 | 3.49 | 11.32 | 0.11 | 15.90 | 14.47 |
| 2000 | 31.60 | 12.94 | 2.99 | 15.67 | 0.06 | 20.06 | 11.48 |
| 2001 | 43.92 | 17.41 | 5.16 | 21.34 | 0.17 | 26.50 | 17.25 |
| 2002 | 50.30 | 11.90 | 5.10 | 30.65 | 0.09 | 31.33 | 18.88 |
| 2003 | 58.50 | 18.42 | 2.82 | 37.21 | 0.12 | 25.01 | 33.37 |
| 2004 | 65.41 | 17.70 | 3.41 | 44.17 | 0.36 | 35.87 | 29.18 |
| 2005 | 68.50 | 14.25 | 1.62 | 45.87 | 0.09 | 33.43 | 34.98 |
| 2006 | 71.07 | 15.84 | 1.86 | 53.30 | 0.08 | 26.83 | 44.16 |
| 2007 | 79.20 | 17.12 | 1.56 | 60.43 | 0.08 | 25.97 | 53.15 |
| 2008 | 100.84 | 19.66 | 2.23 | 78.83 | 0.13 | 32.36 | 68.35 |
| 2009 | 105.38 | 16.16 | 2.04 | 87.18 | 0.82 | 28.40 | 76.16 |
| 2010 | 111.21 | 17.84 | 1.69 | 90.71 | 0.89 | 22.01 | 88.31 |

表 4-2-7　1983—2010 年对外承包工程和劳务合作统计表

| 年份 | 签订合同项目(个) | #对外承包工程 | #劳务合作 | 签订合同金额(万美元) | #对外承包工程 | #劳务合作 | 实际营业额(万美元) | #对外承包工程 | #劳务合作 | 年末在外人员(人) | #对外承包工程 | #劳务合作 |
|---|---|---|---|---|---|---|---|---|---|---|---|---|
| 1983 | 4 | 1 | 3 | 46 | 4 | 42 | 4 | 1 | 3 | 900 | … | 900 |
| 1984 | 23 | 4 | 19 | 5 313 | 4 985 | 328 | 44 | … | 44 | 954 | … | 954 |
| 1985 | 22 | 7 | 15 | 1 292 | 1 149 | 143 | 622 | … | 622 | 1 269 | 6 | 1 263 |
| 1986 | 46 | 7 | 39 | 3 587 | 651 | 2 936 | 1 456 | 683 | 773 | 1 231 | 6 | 1 225 |
| 1987 | 63 | 15 | 48 | 5 697 | 4 988 | 709 | 1 420 | 475 | 945 | 1 700 | 18 | 1 682 |
| 1988 | 75 | 9 | 66 | 10 829 | 10 371 | 458 | 3 296 | 1 937 | 1 359 | 2 163 | 23 | 2 140 |
| 1989 | 40 | 9 | 31 | 7 195 | 4 160 | 3 035 | 6 139 | 4 648 | 1 491 | 2 301 | 64 | 2 237 |
| 1990 | 78 | 12 | 66 | 6 010 | 3 929 | 2 081 | 5 131 | 4 083 | 1 048 | 2 041 | 121 | 1 920 |
| 1991 | 130 | 23 | 107 | 11 351 | 7 474 | 3 877 | 3 413 | 2 165 | 1 248 | 2 316 | 33 | 2 283 |
| 1992 | 129 | 18 | 111 | 17 822 | 12 450 | 5 372 | 6 168 | 4 196 | 1 972 | 3 077 | 37 | 3 040 |
| 1993 | 193 | 26 | 167 | 20 520 | 18 688 | 1 832 | 13 785 | 11 359 | 2 426 | 3 093 | 126 | 2 967 |
| 1994 | 396 | 45 | 273 | 27 021 | 16 692 | 8 927 | 24 366 | 16 636 | 6 150 | 5 758 | 568 | 4 951 |
| 1995 | 619 | 43 | 419 | 35 120 | 16 454 | 14 883 | 24 380 | 13 848 | 8 435 | 7 415 | 437 | 6 709 |
| 1996 | 953 | 45 | 785 | 45 432 | 27 390 | 15 709 | 27 675 | 12 435 | 13 263 | 17 488 | 548 | 16 880 |
| 1997 | 980 | 72 | 806 | 63 561 | 38 922 | 22 666 | 42 208 | 23 477 | 17 124 | 21 527 | 548 | 20 938 |
| 1998 | 1 010 | 71 | 882 | 71 062 | 46 036 | 20 946 | 55 728 | 34 503 | 19 979 | 24 117 | 975 | 23 108 |
| 1999 | 1 068 | 93 | 918 | 94 908 | 74 358 | 19 511 | 60 362 | 38 395 | 20 448 | 27 458 | 1 951 | 25 497 |
| 2000 | 1 076 | 143 | 836 | 98 050 | 76 058 | 20 837 | 83 790 | 61 906 | 21 049 | 30 052 | 1 327 | 28 710 |
| 2001 | 991 | 85 | 825 | 123 345 | 87 795 | 16 656 | 113 842 | 58 961 | 17 546 | 32 507 | 2 700 | 29 800 |
| 2002 | 802 | 84 | 711 | 154 299 | 140 848 | 13 261 | 126 343 | 105 398 | 20 724 | 31 026 | 2 390 | 28 623 |
| 2003 | 928 | 180 | 727 | 166 418 | 147 529 | 16 899 | 132 554 | 109 137 | 22 621 | 31 241 | 2 573 | 28 637 |
| 2004 | 1 076 | 180 | 896 | 201 010 | 183 831 | 17 179 | 149 596 | 129 664 | 19 932 | 25 022 | 2 356 | 22 666 |
| 2005 | 1 249 | 277 | 937 | 245 962 | 225 308 | 19 500 | 194 050 | 117 214 | 76 266 | 25 717 | 2 694 | 23 002 |
| 2006 | 7 346 | 2 724 | 4 599 | 545 723 | 508 953 | 34 960 | 470 179 | 429 336 | 40 170 | 27 561 | 3 531 | 24 002 |
| 2007 | 6 185 | 821 | 5 315 | 734 747 | 669 931 | 50 778 | 502 441 | 449 076 | 51 689 | 30 231 | 6 374 | 23 834 |
| 2008 | 5 815 | 478 | 5 230 | 1 113 987 | 1 045 972 | 58 990 | 559 560 | 490 707 | 66 324 | 27 459 | 7 270 | 20 165 |
| 2009 | 7 480 | 2 638 | 4 842 | 1 240 205 | 1 193 790 | 46 415 | 734 105 | 665 664 | 68 441 | 26 250 | 8 178 | 18 072 |
| 2010 | 7 532 | 3 397 | 4 135 | 1 066 977 | 1 010 276 | 56 701 | 754 163 | 689 616 | 64 547 | 26 847 | 9 430 | 17 417 |

# 第三章 旅　　游

1978年，上海接待旅游入境人数24.02万人次。2010年，这一数字上升为851.12万人次，比1978年增长34.4倍，年均增长11.8%；国际旅游外汇收入64.05亿美元，比1979年增长117.6倍（市旅游局国际旅游外汇收入统计数据从1979年开始），年均增长16.7%。住宿业既是旅游产业的重要组成部分，也是上海作为国际化大都市的一个重要对外窗口。随着上海改革开放深入，城市建设发展，住宿需求也随之增大。2010年末，上海拥有星级宾馆298家，比1989年增长21.9倍（市旅游局星级宾馆的统计从1989年开始），年均增长16.1%。

伴随着上海都市旅游业的发展，旅行社业已经成为上海拉动经济增长、扩大就业渠道的重要服务行业之一。2010年末，上海共有旅行社1 037家，其中可经营出境旅游业务的旅行社42家。

上海都市旅游业发展注重旅游资源的整合拓展和深度开掘，使旅游与工业、农业、教育、科技、文化、体育等领域密切结合。上海景点打破传统的旅游资源观，将市政建设等成果也作为旅游产品展示。2010年末，上海共有A级旅游景区（点）61家，其中，5A级景点3家，4A级景点28家。红色旅游基地30个，其中全国红色旅游基地8个。工业旅游示范点53个，农业旅游示范点18个。旅游咨询服务中心45个，旅游集散中心6个。

在“大力发展入境旅游，规范发展出境旅游，全面提升国内旅游”的旅游市场开发战略的大背景下，上海整体旅游市场持续发展。2010年，上海接待国内旅游人数22 432.05万人次，比1997年增长2.3倍（市旅游局国内旅游人数统计从1997年开始），年均增长9.6%。上海公民出境人数达到378.22万人次。

**表 4-3-1　1978—2010 年旅游入境人数统计表**

| 年 份 | 来沪旅游入境人数(万人次) | #外国人 | #港澳同胞 | #台湾同胞 | 平均每天来沪旅游人数(人次/天) | 来沪旅游者平均逗留天数(天/人) |
|---|---|---|---|---|---|---|
| 1978 | 24.02 | 17.07 | 6.29 | | 658 | 3.87 |
| 1979 | 21.36 | 15.27 | 5.53 | | 585 | 3.91 |
| 1980 | 31.18 | 21.05 | 9.55 | | 854 | 3.96 |
| 1981 | 36.91 | 25.50 | 10.65 | | 1 011 | 3.74 |
| 1982 | 37.12 | 26.60 | 9.76 | | 1 017 | 3.25 |
| 1983 | 44.04 | 33.31 | 8.29 | 0.16 | 1 207 | 3.58 |
| 1984 | 53.22 | 42.00 | 9.73 | 0.28 | 1 458 | 3.21 |
| 1985 | 60.23 | 48.94 | 10.04 | 0.49 | 1 650 | 3.50 |
| 1986 | 65.93 | 53.65 | 10.68 | 0.47 | 1 806 | 2.96 |
| 1987 | 76.77 | 63.48 | 10.98 | 1.17 | 2 103 | 2.96 |
| 1988 | 91.64 | 66.43 | 10.40 | 13.69 | 2 511 | 3.05 |
| 1989 | 65.58 | 39.77 | 8.80 | 15.87 | 1 797 | 3.51 |
| 1990 | 89.30 | 46.06 | 10.33 | 31.03 | 2 447 | 2.83 |
| 1991 | 98.18 | 61.27 | 12.04 | 21.14 | 2 690 | 2.97 |
| 1992 | 125.31 | 78.13 | 15.82 | 28.65 | 3 433 | 2.72 |
| 1993 | 124.84 | 85.29 | 16.39 | 21.50 | 3 420 | 2.83 |
| 1994 | 132.18 | 101.97 | 15.55 | 12.98 | 3 621 | 3.70 |
| 1995 | 136.79 | 107.55 | 15.51 | 11.19 | 3 748 | 3.81 |
| 1996 | 143.19 | 115.49 | 12.89 | 10.88 | 3 923 | 4.20 |
| 1997 | 165.35 | 129.99 | 16.34 | 13.78 | 4 530 | 3.90 |
| 1998 | 152.71 | 117.55 | 16.76 | 13.33 | 4 184 | 3.80 |
| 1999 | 165.68 | 128.73 | 17.21 | 15.10 | 4 539 | 3.77 |
| 2000 | 181.40 | 139.14 | 17.62 | 19.88 | 4 970 | 3.92 |
| 2001 | 204.26 | 146.97 | 20.62 | 31.99 | 5 596 | 3.87 |
| 2002 | 272.53 | 210.66 | 23.03 | 33.56 | 7 466 | 3.61 |
| 2003 | 319.87 | 211.57 | 35.03 | 52.28 | 8 764 | 3.61 |
| 2004 | 491.92 | 339.11 | 48.95 | 71.75 | 13 477 | 3.50 |
| 2005 | 571.35 | 452.27 | 48.59 | 70.49 | 15 654 | 3.50 |
| 2006 | 605.67 | 485.40 | 47.74 | 72.53 | 16 594 | 3.60 |
| 2007 | 665.59 | 536.76 | 51.25 | 77.58 | 18 235 | 3.69 |
| 2008 | 640.37 | 507.40 | 52.38 | 80.59 | 17 544 | 3.72 |
| 2009 | 628.92 | 489.74 | 54.05 | 85.13 | 17 231 | 3.60 |
| 2010 | 851.12 | 665.63 | 77.47 | 108.02 | 23 318 | 3.51 |

表 4－3－2　1980—2010 年国际旅游外汇收入统计表　　单位：亿美元

| 年 份 | 国际旅游外汇收入 | 商品性收入 | 商品销售 | 饮食服务 | 服务性收入 | #交通费 | #住宿费 | #邮政电信费 |
|---|---|---|---|---|---|---|---|---|
| 1980 | 0.86 | 0.51 | 0.43 | 0.08 | 0.35 | 0.15 | 0.09 | 0.02 |
| 1981 | 1.10 | 0.63 | 0.53 | 0.09 | 0.47 | 0.19 | 0.14 | 0.02 |
| 1982 | 1.22 | 0.67 | 0.58 | 0.09 | 0.55 | 0.24 | 0.15 | 0.02 |
| 1983 | 1.39 | 0.72 | 0.61 | 0.11 | 0.67 | 0.28 | 0.19 | 0.03 |
| 1984 | 1.95 | 1.06 | 0.92 | 0.14 | 0.89 | 0.39 | 0.28 | 0.05 |
| 1985 | 1.47 | 0.74 | 0.62 | 0.12 | 0.73 | 0.33 | 0.23 | 0.04 |
| 1986 | 1.88 | 0.83 | 0.72 | 0.11 | 1.05 | 0.52 | 0.33 | 0.05 |
| 1987 | 2.39 | 1.01 | 0.88 | 0.13 | 1.38 | 0.59 | 0.53 | 0.09 |
| 1988 | 2.84 | 1.14 | 1.05 | 0.09 | 1.70 | 0.85 | 0.49 | 0.17 |
| 1989 | 2.23 | 0.73 | 0.67 | 0.06 | 1.50 | 0.70 | 0.44 | 0.23 |
| 1990 | 2.31 | 0.77 | 0.68 | 0.09 | 1.54 | 0.62 | 0.54 | 0.24 |
| 1991 | 2.91 | 1.07 | 0.80 | 0.27 | 1.84 | 0.50 | 0.79 | 0.30 |
| 1992 | 6.08 | 2.50 | 1.65 | 0.85 | 3.58 | 0.96 | 1.51 | 0.44 |
| 1993 | 7.88 | 2.39 | 1.31 | 1.08 | 5.49 | 1.92 | 2.48 | 0.37 |
| 1994 | 8.53 | 2.28 | 1.14 | 1.14 | 6.25 | 1.73 | 3.43 | 0.39 |
| 1995 | 9.44 | 3.14 | 1.35 | 1.79 | 6.30 | 2.44 | 2.19 | 0.36 |
| 1996 | 11.71 | 4.28 | 2.86 | 1.42 | 7.43 | 2.53 | 2.14 | 0.55 |
| 1997 | 13.17 | 5.11 | 3.83 | 1.28 | 8.06 | 3.29 | 2.25 | 0.54 |
| 1998 | 12.18 | 4.79 | 3.59 | 1.19 | 7.39 | 3.28 | 1.68 | 0.51 |
| 1999 | 13.64 | 3.25 | 1.90 | 1.35 | 10.40 | 5.03 | 2.18 | 0.44 |
| 2000 | 16.13 | 4.32 | 2.53 | 1.79 | 11.81 | 5.45 | 2.81 | 0.31 |
| 2001 | 18.08 | 6.33 | 4.49 | 1.84 | 11.75 | 5.07 | 2.67 | 0.72 |
| 2002 | 22.75 | 6.17 | 3.89 | 2.28 | 16.58 | 6.35 | 4.23 | 0.61 |
| 2003 | 20.53 | 5.56 | 3.51 | 2.05 | 14.97 | 6.07 | 3.67 | 0.55 |
| 2004 | 30.89 | 11.21 | 9.11 | 2.10 | 19.68 | 5.56 | 4.66 | 0.90 |
| 2005 | 36.08 | 9.78 | 6.75 | 3.03 | 26.30 | 7.07 | 4.67 | 0.94 |
| 2006 | 39.61 | 10.26 | 5.19 | 5.07 | 29.35 | 12.08 | 12.28 | 0.36 |
| 2007 | 47.37 | 11.89 | 6.96 | 4.93 | 35.48 | 8.07 | 5.67 | 0.76 |
| 2008 | 50.27 | 11.56 | 7.54 | 4.02 | 38.71 | 21.21 | 8.34 | 1.01 |
| 2009 | 47.96 | 13.05 | 9.16 | 3.89 | 34.91 | 18.42 | 7.43 | 0.96 |
| 2010 | 64.05 | 16.46 | 11.66 | 4.80 | 47.59 | 23.38 | 12.17 | 1.34 |

**表 4-3-3　2001—2010 年国内来沪旅游人数及人均消费支出统计表**

| 指　　标 | 2001 年 | 2002 年 | 2003 年 | 2004 年 | 2005 年 |
|---|---|---|---|---|---|
| 国内来沪旅游人数(万人次) | 8 254.49 | 8 760.92 | 7 603.61 | 8 505.13 | 9 011.94 |
| 国内旅游者人均消费支出(元) | 976.44 | 1 134.37 | 1 420.11 | 1 430.13 | 1 451.87 |
| #长途交通费 | 197.26 | 194.11 | 164.93 | 193.96 | 175.90 |
| 住宿费 | 154.33 | 165.00 | 225.37 | 220.02 | 219.03 |
| 餐饮费 | 163.66 | 174.51 | 241.11 | 232.17 | 219.81 |
| 购物费 | 283.82 | 357.31 | 504.44 | 420.03 | 552.70 |
| 门票费 | 39.30 | 40.36 | 42.81 | 119.49 | 95.50 |
| 娱乐费 | 36.84 | 48.13 | 50.60 | 33.19 | 30.10 |
| 市内交通费 | 63.09 | 70.33 | 76.68 | 86.88 | 88.07 |
| 邮电通信费 | 7.85 | 20.45 | 18.43 | 27.47 | 36.88 |
| 交付旅行社费 | 16.00 | 18.66 | 19.41 | | |

**表 4-3-3　续表**

| 指　　标 | 2006 年 | 2007 年 | 2008 年 | 2009 年 | 2010 年 |
|---|---|---|---|---|---|
| 国内来沪旅游人数(万人次) | 9 683.97 | 10 210.22 | 11 005.67 | 12 360.74 | 22 432.05 |
| 国内旅游者人均消费支出(元) | 1 466.28 | 1 578.14 | 1 465.07 | 1 548.29 | 1 175.46 |
| #长途交通费 | 174.35 | 164.75 | 156.14 | 168.33 | 139.05 |
| 住宿费 | 211.09 | 234.01 | 206.29 | 223.50 | 167.58 |
| 餐饮费 | 216.72 | 210.13 | 211.94 | 235.22 | 152.54 |
| 购物费 | 536.40 | 650.10 | 609.18 | 595.92 | 453.13 |
| 门票费 | 111.84 | 108.58 | 99.09 | 111.79 | 130.54 |
| 娱乐费 | 46.60 | 45.90 | 42.05 | 56.76 | 42.30 |
| 市内交通费 | 94.06 | 87.38 | 80.56 | 80.89 | 52.63 |
| 邮电通信费 | 35.28 | 34.73 | 31.03 | 27.21 | 13.99 |

说明：(1) 国内旅游者人均消费支出为外地游客人均消费支出和本地游客人均消费的加权平均数。(2) 2004 年起，人均消费支出不再单列其中数“交付旅行社费”。

# 第五篇

## 投资和城市建设

中共十一届三中全会以后，上海把工作重心转移到经济建设上来，同时努力解决基础设施、住房方面的历史欠账，大规模投资建设拉开帷幕。

一是上马一批工业大项目。1978年12月，宝山钢铁总厂建设工程开工。1988年6月，市政府确定以汽车、彩色显像管、计算机、发电机为主的14个重点工业会战项目。二是加强基础设施建设。1980年11月，延安东路越江隧道开工建设。1984年9月，上海铁路新客站建设工程开工。1985年2月，黄浦江上游引水一期工程正式动工，是当时新中国成立以后上海最大的市政工程设施。同年，筹建上海地铁1号线工程。1987年，南浦大桥开工。1988年8月，市政府决定建设一批骨干工程，逐步解决城市交通拥挤的矛盾。三是推进住宅建设和住房制度改革。1982年11月，市委、市政府发布《关于加快住宅建设若干问题的决定》。1984年5月，市委、市政府批转市建设工作党委、市建设委员会《关于进一步完善住宅建设管理体制的报告》，市政府批转《上海市出售商品住宅管理办法》，规定凡以自住为目的、有上海市常住户口的职工，均可购买商品住房。

这一阶段，固定资产投资统计逐步恢复和完善。至1981年，上海全面建立了按计划管理渠道进行固定资产投资统计的制度。1990年开始统计投资的三次产业结构，投资资金来源统计也始于1990年。

随着浦东开发开放，上海以浦东建设为重点，掀起新一轮建设高潮，固定资产投资规模由1990年的227.08亿元到突破1 000亿元，仅用4年时间。基础设施建设持续推进，内环高架路、外环高速公路等交通骨干工程陆续上马。开工建设金茂大厦，这是中国第一座高层大厦，也是当时全球第三高摩天大楼。20世纪90年代中期，上海住房制度改革深化，住房商品化进程加快。同时也加快旧区改造。房地产业逐渐发展壮大。适应形势需要，固定资产投资统计覆盖面扩大，将外商及港澳台独资企业、城镇私营、个体投资纳入全社会投资统计范围。1995年，房地产开发统计从固定资产投资统计中分离出来，房地产开发经营统计制度正式建立。

进入21世纪，围绕“四个中心”建设、产业升级和举办2010年上海世博会，上海固定资产投资持续增长，但增速有所放缓。2002年6月，洋山深水港建设正式动工，东海大桥开工建设，临港新城建设也正式启动。利用举办上海世博会契机，上海城市基础设施建设掀起高潮。一批环保项目启动。

顺应经济体制改革，取消按计划管理渠道分组统计。2004年开始，市统计局、市发展和改革委员会每年联合开展一次全市固定资产投资意向调查。

# 第一章　固定资产投资

1978 年，上海全社会固定资产投资 27.91 亿元。2010 年，这一数字上升为 5 317.67 亿元，比 1978 年增长 189.5 倍，年均增长 17.8%。

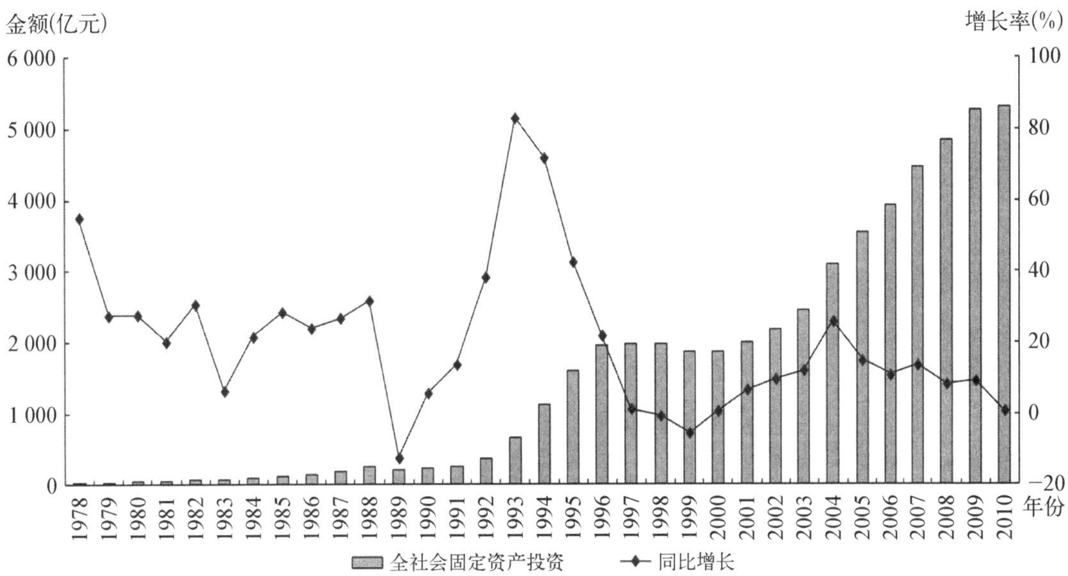


**图 5-1-1　1978—2010 年上海全社会固定资产投资规模及增长情况**

1978—1990 年，在改革开放初期，上海经济总体处于恢复性增长阶段，固定资产投资规模由 1978 年的 27.91 亿元逐步复苏，到 1990 年达到 227.08 亿元。其中，除 1983 年投资增长 6.4%、1989 年投资下降 12.4%、1990 年投资增长 5.7%之外，其他年份投资增速均保持在 20%以上，投资增速总体较快。

1991—1994 年，以浦东开发建设为重点，上海固定资产投资规模由 1990 年的 227.08 亿元到突破 1 000 亿元，仅用 4 年时间。其中，1993 年全社会固定资产投资比上年增长 83%，是 1978 年以来投资增速最高的一年。

1995—1999 年，上海经历了投资高速发展之后的"阵痛期"，1998 年又逢亚洲金融危机，全社会固定资产投资总量在 2 000 亿元关口停滞。投资增速由 1995 年的 42.6%一路回落；1999 年下降 5.5%，是 1978 年以来，除 1989 年之外投资增速最低的一年。

2000—2004 年，围绕产业结构调整升级，上海固定资产投资规模稳步增长，投资总量在 2002 年和 2004 年相继突破 2 000 亿元和 3 000 亿元，投资增速也由 2000 年的 0.7%逐步攀升至 2004 年的 25.8%。

2005—2010 年，因举办 2010 年上海世博会，上海固定资产投资规模持续扩大，投资总量在 2007 年和 2009 年相继突破 4 000 亿元和 5 000 亿元。同时，上海固定资产投资发展从重规模向重质量逐步转变，投资增速呈现缓慢回落的态势。

2010 年,上海第一产业完成固定资产投资 16.4 亿元,占全社会固定资产投资的 0.3%,比重比 1990 年下降 1.1 个百分点;第二产业完成投资 1 435.37 亿元,占 27%,比重下降 31.6 个百分点;第三产业完成投资 3 865.9 亿元,占 72.7%,比重上升 32.7 个百分点。

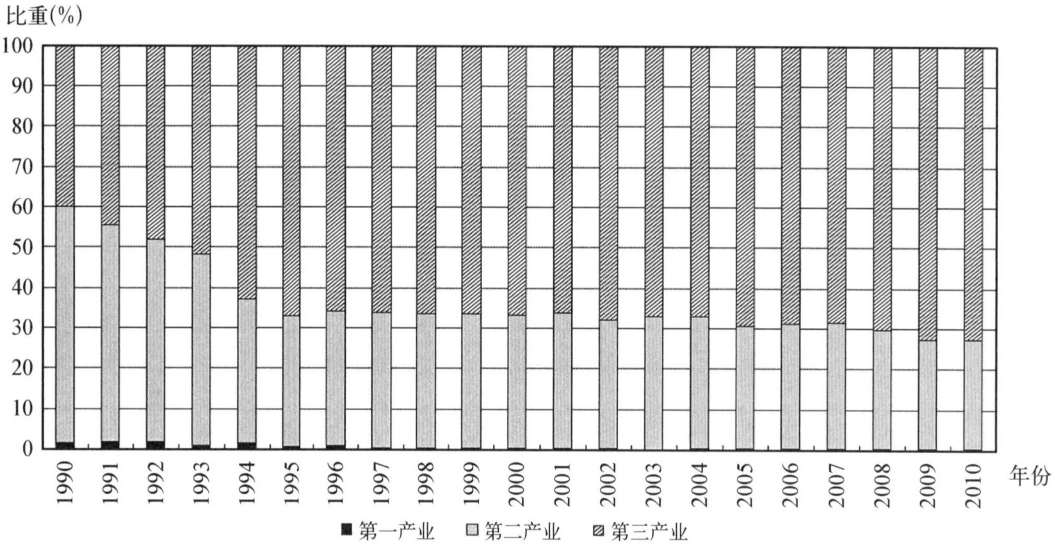


**图 5-1-2 1990—2010 年上海全社会固定资产投资三次产业结构**

1991—1995 年,上海房地产和基础设施投资快速增长,带动第三产业投资占全社会固定资产投资比重由 1990 年的 40%提高至 1995 年的 67.1%。上海第二产业和第三产业固定资产投资"三七开"的格局初步形成。

1996—2007 年,上海发展信息、金融、商贸、汽车、成套设备和房地产等产业,第二产业和第三产业固定资产投资同步增长,占全社会固定资产投资比重基本保持"三七开"的格局,波动不大。

2008—2010 年,上海处于世博建设高峰,轨道交通、市政道路完成投资增加,带动第三产业投资占全社会固定资产投资比重提高。上海第三产业投资比重自 2008 年首次突破 70%后,2009 年和 2010 年均保持在 70%以上。

2010 年,上海工业完成固定资产投资 1 422.08 亿元,占全社会固定资产投资的 26.7%,比重比 1990 年下降 31 个百分点。房地产业完成固定资产投资 2 119.46 亿元,占全社会固定资产投资的 39.9%,比重比 1990 年上升 29.7 个百分点。

1990—2010 年(资金来源数据从 1990 年开始统计),上海固定资产投资资金到位均超出同期全社会固定资产投资规模。2010 年,上海固定资产投资本年到位资金 6 557.05 亿元,相当于同期全社会固定资产投资的 1.2 倍。

从资金来源的主要渠道看,2010 年,上海国家预算内资金、国内贷款和自筹资金占全部到位资金的比重和 1990 年相比变化不大;利用外资的比重则有较明显下降,由 1990 年的 15.2%回落到 3.6%。

**表 5-1-1 1978—2010 年全社会固定资产投资总额统计表**

单位：亿元

| 年 份 | 合 计 | 基本建设 | 更新改造 | 其他投资 | 城镇集体 | 房地产开发 | 农村集体 | 城镇私人建房 | 农村私人建房 |
|---|---|---|---|---|---|---|---|---|---|
| 1978 | 27.91 | 14.46 | 5.60 | 3.77 | 0.24 |  | 2.96 | 0.09 | 0.79 |
| 1979 | 35.58 | 21.13 | 7.69 | 3.26 | 0.25 |  | 2.17 | 0.14 | 0.94 |
| 1980 | 45.43 | 25.73 | 11.30 | 3.24 | 0.57 |  | 3.01 | 0.17 | 1.41 |
| 1981 | 54.60 | 30.80 | 11.18 | 3.02 | 0.78 |  | 4.65 | 0.20 | 3.97 |
| 1982 | 71.34 | 43.63 | 14.41 | 3.58 | 1.05 |  | 4.06 | 0.29 | 4.32 |
| 1983 | 75.94 | 43.01 | 17.44 | 4.56 | 1.25 |  | 4.95 | 0.25 | 4.48 |
| 1984 | 92.30 | 47.42 | 22.56 | 5.82 | 1.91 |  | 7.07 | 0.24 | 7.28 |
| 1985 | 118.56 | 57.05 | 35.61 | 3.26 | 3.40 |  | 7.04 | 0.20 | 12.00 |
| 1986 | 146.93 | 71.37 | 46.83 | 4.26 | 4.19 |  | 9.80 | 0.18 | 10.30 |
| 1987 | 186.30 | 92.10 | 57.39 | 4.02 | 4.79 | 0.97 | 13.84 | 0.53 | 12.66 |
| 1988 | 245.27 | 115.55 | 76.95 | 4.55 | 6.79 | 1.68 | 22.19 | 0.66 | 16.90 |
| 1989 | 214.76 | 111.76 | 61.88 | 3.42 | 3.95 | 1.85 | 16.94 | 0.64 | 14.32 |
| 1990 | 227.08 | 108.54 | 71.77 | 3.77 | 3.91 | 8.16 | 14.38 | 0.59 | 15.96 |
| 1991 | 258.30 | 108.90 | 95.21 | 3.91 | 4.20 | 7.59 | 23.62 | 0.70 | 14.17 |
| 1992 | 357.38 | 129.60 | 126.84 | 6.52 | 8.74 | 12.71 | 55.42 | 0.55 | 17.00 |
| 1993 | 653.91 | 273.64 | 220.30 | 9.91 | 15.74 | 22.04 | 104.82 | 2.13 | 5.33 |
| 1994 | 1 123.29 | 511.24 | 304.01 | 13.99 | 23.78 | 117.43 | 141.23 | 1.21 | 10.40 |
| 1995 | 1 601.79 | 551.86 | 389.20 | 16.33 | 24.81 | 466.20 | 139.57 | 0.72 | 13.10 |
| 1996 | 1 952.05 | 651.28 | 415.73 | 12.43 | 35.41 | 657.79 | 158.32 | 1.09 | 20.00 |
| 1997 | 1 977.59 | 762.00 | 386.24 | 7.43 | 23.64 | 614.23 | 166.16 | 1.09 | 16.80 |
| 1998 | 1 964.83 | 844.15 | 365.01 | 13.44 | 13.54 | 577.12 | 137.40 | 1.41 | 12.76 |
| 1999 | 1 856.72 | 786.81 | 393.59 | 9.88 | 10.51 | 514.83 | 134.33 | 1.23 | 5.54 |
| 2000 | 1 869.67 | 703.50 | 396.26 | 21.21 | 9.06 | 566.17 | 161.61 | 1.50 | 10.36 |
| 2001 | 1 994.73 | 712.49 | 436.84 | 30.70 | 0.50 | 630.73 | 173.13 | 1.06 | 9.28 |
| 2002 | 2 187.06 | 784.13 | 422.58 | 54.93 | 0.61 | 748.89 | 167.92 | 1.13 | 6.87 |
| 2003 | 2 452.11 | 927.29 | 388.01 | 57.01 |  | 901.24 | 170.00 | 2.07 | 6.49 |
| 2004 | 3 084.66 | 1 721.57 |  |  |  | 1 175.46 | 180.82 | 6.81 | 5.86 |
| 2005 | 3 542.55 | 1 984.61 |  |  |  | 1 246.86 | 304.00 |  | 7.08 |
| 2006 | 3 925.09 | 2 246.94 |  |  |  | 1 275.59 | 396.60 |  | 5.96 |
| 2007 | 4 458.61 | 2 775.81 |  |  |  | 1 307.53 | 370.06 |  | 5.21 |
| 2008 | 4 829.45 | 3 044.46 |  |  |  | 1 366.87 | 414.92 |  | 3.20 |
| 2009 | 5 273.33 | 3 384.31 |  |  |  | 1 464.18 | 423.31 |  | 1.53 |
| 2010 | 5 317.67 | 2 858.56 |  |  |  | 1 980.68 | 476.39 |  | 2.03 |

说明：(1) 2004 年起，全社会固定资产投资由城镇投资和农村投资两部分组成；其中城镇投资包括建设改造投资和房地产开发投资，农村投资包括农村集体和农村私人建房。(2) 2004 年起，基本建设、更新改造合并为建设改造投资。

**表 5-1-2 1991—2010 年全社会固定资产投资总额(按行业分)统计表**

单位:亿元

| 行　　业 | 1991 年 | 1992 年 | 1993 年 | 1994 年 | 1995 年 |
|---|---|---|---|---|---|
| 总　计 | 258.30 | 357.38 | 653.91 | 1 123.29 | 1 601.79 |
| 农、林、牧、渔业 | 4.49 | 6.68 | 6.39 | 17.79 | 9.77 |
| 工　业 | 136.31 | 175.80 | 297.36 | 381.92 | 491.52 |
| 采掘业 | 0.38 | 0.37 | 0.23 | 0.72 | 0.98 |
| 制造业 | 108.66 | 145.55 | 251.66 | 318.18 | 404.01 |
| 电力、煤气及水的生产和供应业 | 27.27 | 29.88 | 45.47 | 63.02 | 86.53 |
| 建筑业 | 2.28 | 2.06 | 6.46 | 11.41 | 21.24 |
| 地质勘探业、水利管理业 | 0.05 | 0.17 | 6.11 | 6.90 | 3.94 |
| 交通运输、仓储及邮电通信业 | 24.26 | 29.73 | 50.16 | 78.54 | 85.60 |
| 批发和零售贸易、餐饮业 | 5.26 | 11.74 | 29.08 | 54.04 | 64.25 |
| 金融业 | 0.36 | 0.54 | 0.64 | 1.78 | 3.62 |
| 房地产业 | 46.80 | 71.65 | 100.98 | 325.92 | 636.75 |
| 社会服务业 | | | 77.16 | 118.53 | 129.99 |
| 卫生、体育和社会福利业 | 1.46 | 2.22 | 2.91 | 7.94 | 14.55 |
| 教育、文化艺术及广播电影电视业 | 5.08 | 7.14 | 11.77 | 20.60 | 24.22 |
| 科学研究和综合技术服务业 | 1.79 | 1.88 | 3.22 | 2.38 | 4.29 |
| 国家机关、政党机关和社会团体 | 2.56 | 5.02 | 8.40 | 17.87 | 26.22 |
| 其他行业 | 27.60 | 42.75 | 53.27 | 77.67 | 85.83 |

**表 5-1-2 续表 1**

单位:亿元

| 行　　业 | 1996 年 | 1997 年 | 1998 年 | 1999 年 | 2000 年 |
|---|---|---|---|---|---|
| 总　计 | 1 952.05 | 1 977.59 | 1 964.83 | 1 856.72 | 1 869.67 |
| 农、林、牧、渔业 | 20.46 | 6.97 | 6.10 | 7.90 | 7.87 |
| 工　业 | 628.08 | 631.50 | 636.61 | 594.25 | 600.11 |
| 采掘业 | 3.34 | 18.49 | 17.02 | 7.20 | 7.81 |
| 制造业 | 508.09 | 492.39 | 499.17 | 485.37 | 514.35 |
| 电力、煤气及水的生产和供应业 | 116.65 | 120.62 | 120.42 | 101.68 | 77.95 |
| 建筑业 | 14.87 | 28.72 | 11.44 | 14.55 | 8.24 |
| 地质勘探业、水利管理业 | 3.87 | 3.06 | 6.81 | 8.11 | 11.52 |
| 交通运输、仓储及邮电通信业 | 155.34 | 154.57 | 189.81 | 176.51 | 123.90 |
| 批发和零售贸易、餐饮业 | 40.80 | 34.54 | 18.49 | 22.35 | 27.76 |
| 金融业 | 4.98 | 4.97 | 2.63 | 5.33 | 1.88 |
| 房地产业 | 774.43 | 748.50 | 682.86 | 628.40 | 637.66 |
| 社会服务业 | 130.32 | 192.95 | 245.72 | 256.02 | 289.95 |
| 卫生、体育和社会福利业 | 21.18 | 19.03 | 18.59 | 15.81 | 21.76 |
| 教育、文化艺术及广播电影电视业 | 29.59 | 38.11 | 41.77 | 63.22 | 65.10 |
| 科学研究和综合技术服务业 | 3.40 | 3.92 | 3.76 | 5.64 | 12.08 |
| 国家机关、政党机关和社会团体 | 26.38 | 20.73 | 28.98 | 28.80 | 29.10 |
| 其他行业 | 98.35 | 90.02 | 71.26 | 29.83 | 32.74 |

表 5－1－2　续表 2

单位：亿元

| 行　业 | 2000 年 | 2001 年 | 2002 年 | 2003 年 | 2004 年 |
|---|---|---|---|---|---|
| 总　计 | 1 869.67 | 1 994.73 | 2 187.06 | 2 452.11 | 3 084.66 |
| 农、林、牧、渔业 | 7.87 | 6.53 | 5.40 | 2.96 | 5.28 |
| 工　业 | 605.34 | 652.67 | 687.13 | 795.45 | 1 001.20 |
| 采矿业 | 7.81 | 2.20 | 0.78 | 2.49 | 3.89 |
| 制造业 | 519.58 | 565.27 | 600.14 | 688.03 | 880.33 |
| 电力、燃气及水的生产和供应业 | 77.95 | 85.20 | 86.21 | 104.93 | 116.98 |
| 建筑业 | 9.25 | 14.30 | 12.21 | 6.79 | 9.05 |
| 交通运输、仓储和邮政业 | 129.15 | 120.92 | 251.00 | 289.36 | 335.14 |
| 信息传输、计算机服务和软件业 | 86.20 | 121.29 | 115.70 | 76.50 | 54.30 |
| 批发和零售业 | 21.64 | 17.03 | 16.66 | 12.97 | 18.39 |
| 住宿和餐饮业 | 14.46 | 9.44 | 7.63 | 8.16 | 13.18 |
| 金融业 | 1.88 | 3.07 | 1.90 | 0.62 | 1.07 |
| 房地产业 | 638.68 | 685.69 | 787.06 | 926.99 | 1 259.65 |
| 租赁和商务服务业 | 0.87 | 0.43 | 5.68 | 10.66 | 9.04 |
| 科学研究、技术服务和地质勘查业 | 10.46 | 2.76 | 6.76 | 8.83 | 11.39 |
| 水利、环境和公共设施管理业 | 199.11 | 243.00 | 198.54 | 195.29 | 223.62 |
| 居民服务和其他服务业 | 3.31 | 4.86 | 3.95 | 2.19 | 1.92 |
| 教　育 | 49.64 | 54.87 | 35.83 | 41.54 | 59.43 |
| 卫生、社会保障和社会福利业 | 18.13 | 11.85 | 18.98 | 12.17 | 25.22 |
| 文化、体育和娱乐业 | 10.47 | 11.25 | 13.17 | 38.31 | 44.96 |
| 公共管理与社会组织 | 63.21 | 34.77 | 19.46 | 23.32 | 11.82 |

表 5－1－2　续表 3

单位：亿元

| 行　业 | 2005 年 | 2006 年 | 2007 年 | 2008 年 | 2009 年 | 2010 年 |
|---|---|---|---|---|---|---|
| 总　计 | 3 542.55 | 3 925.09 | 4 458.61 | 4 829.45 | 5 273.33 | 5 317.67 |
| 农、林、牧、渔业 | 5.57 | 14.29 | 8.37 | 8.40 | 11.41 | 16.40 |
| 工　业 | 1 074.77 | 1 204.93 | 1 394.86 | 1 418.02 | 1 420.46 | 1 422.08 |
| 采矿业 | 2.19 | 2.86 | 17.20 | 31.62 | 10.15 | 2.50 |
| 制造业 | 906.04 | 1 029.39 | 1 152.13 | 1 140.82 | 1 018.79 | 1 183.97 |
| 电力、燃气及水的生产和供应业 | 166.54 | 172.68 | 225.53 | 245.59 | 391.52 | 235.61 |
| 建筑业 | 7.34 | 7.78 | 2.72 | 2.80 | 7.04 | 13.29 |
| 交通运输、仓储和邮政业 | 412.69 | 625.54 | 875.78 | 865.16 | 1 019.02 | 789.50 |
| 信息传输、计算机服务和软件业 | 64.96 | 127.16 | 111.30 | 113.69 | 125.77 | 116.72 |
| 批发和零售业 | 40.98 | 47.77 | 48.54 | 44.51 | 43.22 | 73.15 |
| 住宿和餐饮业 | 33.91 | 32.57 | 30.53 | 37.31 | 48.23 | 45.52 |
| 金融业 | 2.88 | 6.29 | 5.23 | 18.32 | 15.63 | 30.10 |
| 房地产业 | 1 379.30 | 1 397.47 | 1 457.15 | 1 515.40 | 1 626.26 | 2 119.46 |
| 租赁和商务服务业 | 18.07 | 10.13 | 13.97 | 74.29 | 118.29 | 53.71 |
| 科学研究、技术服务和地质勘查业 | 16.89 | 26.45 | 24.07 | 20.00 | 24.84 | 32.56 |
| 水利、环境和公共设施管理业 | 318.93 | 289.37 | 334.12 | 593.75 | 666.67 | 449.98 |
| 居民服务和其他服务业 | 1.99 | 2.74 | 4.68 | 3.25 | 3.07 | 2.38 |
| 教　育 | 66.44 | 67.39 | 73.86 | 49.53 | 41.45 | 50.15 |
| 卫生、社会保障和社会福利业 | 19.25 | 25.96 | 23.00 | 16.93 | 19.32 | 37.97 |
| 文化、体育和娱乐业 | 62.14 | 11.94 | 29.31 | 31.66 | 62.49 | 45.49 |
| 公共管理与社会组织 | 16.44 | 27.31 | 21.12 | 16.45 | 20.18 | 19.21 |

**表 5-1-3　1990—2010 年全社会固定资产投资总额(按三次产业分)统计表**

单位：亿元

| 年　份 | 合　计 | 第一产业 | 第二产业 | 第三产业 | #住　宅 |
|---|---|---|---|---|---|
| 1990 | 227.08 | 3.20 | 133.00 | 90.88 | 42.92 |
| 1991 | 258.30 | 4.49 | 138.64 | 115.17 | 48.92 |
| 1992 | 357.38 | 6.68 | 178.23 | 172.47 | 61.23 |
| 1993 | 653.91 | 6.39 | 309.93 | 337.59 | 77.14 |
| 1994 | 1 123.29 | 17.79 | 400.23 | 705.27 | 300.65 |
| 1995 | 1 601.79 | 9.77 | 516.70 | 1 075.32 | 433.76 |
| 1996 | 1 952.05 | 20.46 | 646.82 | 1 284.77 | 466.99 |
| 1997 | 1 977.59 | 6.97 | 663.28 | 1 307.34 | 458.22 |
| 1998 | 1 964.83 | 6.10 | 654.86 | 1 303.87 | 404.96 |
| 1999 | 1 856.72 | 7.90 | 616.91 | 1 231.91 | 378.82 |
| 2000 | 1 869.67 | 7.87 | 614.58 | 1 247.22 | 443.90 |
| 2001 | 1 994.73 | 6.53 | 666.97 | 1 321.23 | 466.71 |
| 2002 | 2 187.06 | 5.40 | 699.33 | 1 482.33 | 584.51 |
| 2003 | 2 452.11 | 2.96 | 802.24 | 1 646.91 | 694.30 |
| 2004 | 3 084.66 | 5.28 | 1 010.25 | 2 069.13 | 922.61 |
| 2005 | 3 542.55 | 5.57 | 1 082.10 | 2 454.88 | 936.36 |
| 2006 | 3 925.09 | 14.29 | 1 212.71 | 2 698.09 | 854.15 |
| 2007 | 4 458.61 | 8.37 | 1 397.57 | 3 052.67 | 853.13 |
| 2008 | 4 829.45 | 8.40 | 1 420.82 | 3 400.23 | 871.52 |
| 2009 | 5 273.33 | 11.41 | 1 427.50 | 3 834.42 | 922.81 |
| 2010 | 5 317.67 | 16.40 | 1 435.37 | 3 865.90 | 1 232.96 |

**表 5-1-4　1990—2010 年全社会固定资产投资资金来源统计表**

单位：亿元

| 年　份 | 合　计 | 上年末结余资金 | 本年资金来　源 | 国家预算内资　金 | 国内贷款 | 债　券 | 利用外资 | #外商直接投　资 | 自筹资金 | 其他资金 |
|---|---|---|---|---|---|---|---|---|---|---|
| 1990 | 261.46 | 28.85 | 232.61 | 14.39 | 62.52 |  | 35.46 |  | 94.13 | 26.11 |
| 1991 | 343.80 | 53.85 | 289.95 | 12.80 | 81.80 |  | 37.77 |  | 119.64 | 37.94 |
| 1992 | 467.04 | 64.61 | 402.43 | 14.92 | 93.90 |  | 30.13 |  | 206.11 | 57.37 |
| 1993 | 775.82 | 59.30 | 716.52 | 21.89 | 168.73 | 7.27 | 40.90 |  | 436.39 | 41.34 |
| 1994 | 1 217.56 | 90.76 | 1 126.80 | 17.30 | 174.61 | 3.74 | 81.48 |  | 777.15 | 72.52 |
| 1995 | 1 903.50 | 237.33 | 1 666.17 | 28.33 | 278.13 | 1.21 | 169.88 | 58.21 | 919.26 | 269.36 |
| 1996 | 2 396.96 | 349.70 | 2 047.26 | 27.94 | 358.97 | 1.06 | 318.77 | 151.65 | 1 058.89 | 281.63 |
| 1997 | 2 436.21 | 362.89 | 2 073.32 | 25.64 | 423.41 | 0.28 | 299.41 | 148.61 | 1 037.30 | 287.28 |
| 1998 | 2 457.75 | 382.79 | 2 074.96 | 40.92 | 419.51 | 3.19 | 296.84 | 167.97 | 1 008.87 | 305.63 |
| 1999 | 2 194.50 | 309.81 | 1 884.69 | 36.64 | 342.64 | 14.73 | 317.42 | 148.52 | 864.74 | 308.52 |
| 2000 | 2 061.66 | 241.05 | 1 820.61 | 48.30 | 379.21 | 4.85 | 161.83 | 73.71 | 905.46 | 320.96 |
| 2001 | 2 485.08 | 285.98 | 2 199.10 | 57.81 | 482.19 | 1.85 | 202.63 | 140.59 | 1 013.16 | 441.45 |
| 2002 | 2 847.60 | 427.46 | 2 420.14 | 29.27 | 563.64 | 10.03 | 215.12 | 118.28 | 1 042.01 | 560.07 |
| 2003 | 3 270.19 | 425.78 | 2 844.41 | 35.51 | 674.32 |  | 210.53 | 136.68 | 1 203.45 | 720.60 |
| 2004 | 4 199.16 | 588.34 | 3 610.82 | 38.50 | 907.37 |  | 234.05 | 173.55 | 1 484.00 | 946.90 |
| 2005 | 5 108.34 | 860.75 | 4 247.59 | 46.42 | 955.29 | 2.00 | 235.61 | 181.47 | 1 976.72 | 1 031.55 |
| 2006 | 5 746.69 | 794.67 | 4 952.02 | 74.34 | 1 162.17 |  | 271.20 | 210.46 | 2 265.02 | 1 179.29 |
| 2007 | 6 281.70 | 764.26 | 5 517.44 | 98.03 | 1 296.92 | 18.79 | 262.41 | 201.98 | 2 364.93 | 1 476.36 |
| 2008 | 6 556.12 | 946.20 | 5 609.92 | 83.68 | 1 469.43 | 26.02 | 264.67 | 192.35 | 2 774.73 | 991.39 |
| 2009 | 7 586.02 | 927.51 | 6 658.51 | 90.26 | 1 522.44 | 65.35 | 176.15 | 107.21 | 3 003.22 | 1 801.09 |
| 2010 | 7 997.62 | 1 440.57 | 6 557.05 | 116.71 | 1 568.79 | 10.06 | 239.18 | 139.72 | 3 273.11 | 1 349.21 |

# 第二章　房地产

1995—2010 年(房地产投资统计从 1995 年开始),上海房地产业不断改革、发展、壮大,成为新的发展阶段的重要支柱产业。2010 年,上海房地产开发完成投资 1 980.68 亿元,比 1995 年增长 3.2 倍,年均增长 10.1%。

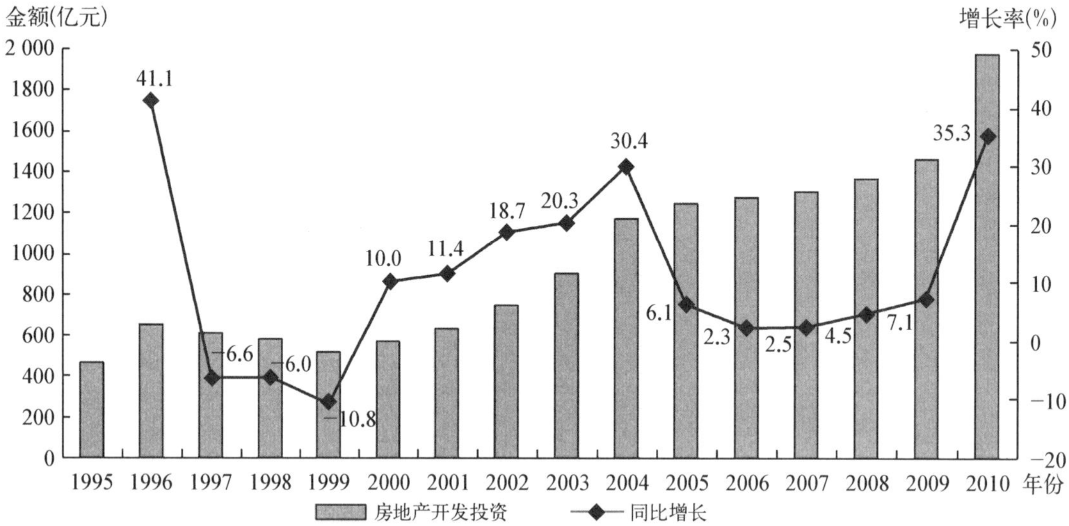


**图 5-2-1　1995—2010 年上海房地产开发投资规模及同比增长情况**

1995—2010 年,上海房地产开发投资可分四个阶段:

1995—1996 年,上海推进住房制度改革,住房商品化过程加快,开发投资成倍增长。1996 年,上海房地产开发投资 657.79 亿元,比 1994 年增长 4.6 倍。1997—1999 年,由于市场供应量集中而销售量不足,1998 年又适逢亚洲金融危机,上海房地产市场进入盘整消化期。1997—1999 年,房地产开发投资连续 3 年下降。1999 年,又比上年下降 10.8%,是 1995—2010 年间投资增速最低的一年。2000—2004 年,上海房地产市场出现又一个高峰。房地产开发投资比上年增速由 2000 年的 10%逐步上升至 2004 年的 30.4%。2004 年,房地产开发投资额突破千亿大关,达 1 175.46 亿元。2005—2010 年,中央和上海采取措施加强房地产市场宏观调控,上海房地产开发投资增速明显回落,2005—2009 年保持个位数增长。

2010 年,上海商品住宅完成投资 1 229.83 亿元,比 1995 年增长 3.4 倍,年均增长 10.4%;住宅投资占全部房地产开发投资的 62.1%,略高于 1995 年的 60.1%。1994 年起,上海住房商品房进程加快。尤其是 1998 年取消福利分房,实行住房分配货币化后,住宅投资明显增长,占房地产开发投资比重始终超过六成。

2010 年,上海办公楼完成投资 224.46 亿元,比 1995 年增长 1.7 倍,年均增长 7%;占全部房地产开发投资的 11.3%,比重低于 1995 年的 17.5%。1995—2010 年,办公楼投资总体呈现“U”形走势。1996 年,办公楼投资在浦东开发开放和土地批租制改革的推动下达阶段峰值。但因办公楼供应放大，空置率上升，办公楼投资额逐年下降，在2001年进入投资低谷。2002年后，上海城市功能定位逐步达成共识，办公楼市场回暖，投资额又逐步走高。

2010年，上海商业营业用房完成投资244.7亿元，比1995年增长6.6倍，年均增长14.4%，增速明显高于房地产开发投资；占全部房地产开发投资的12.4%，比重明显高于1995年的6.9%。1995—2010年，商业营业用房投资大致经历两个阶段。1995—2003年，商业营业用房投资规模较为平稳，基本保持在60亿元左右。2003—2010年，商业营业用房投资规模上升，年均增长20.1%；占房地产开发投资的比重由2003年的7.5%提高至2010年的12.4%。

2010年，上海房屋施工面积11 295.03万平方米，比1995年增长1.2倍。随着房地产开发投资的增长，房屋施工规模扩大。2005年，上海房屋施工面积跨上亿平方米大关，2010年达到1.1亿平方米。从不同房屋类型看，商业营业用房规模增长最快。2010年，上海商业营业用房施工面积1 292.96万平方米，比1995年增长3.7倍；商品住宅施工面积7 313.85万平方米，比1995年增长90.3%；办公楼施工面积1 103.18万平方米，比1995年增长73.9%。1995—2010年，上海累计竣工房屋3.4亿平方米。

2010年，上海新建商品房销售面积2 055.53万平方米，比1995年增长2.6倍，年均增长9%。随着国家鼓励个人住房消费，建立住房金融制度，推动住房商品化发展政策的相继出台，上海商品房交易活跃、市场繁荣。1995—2004年，上海商品房销售量攀升。1995年新建商品房销售面积仅500多万平方米，1998年跨上1 000万平方米，2003年超过2 000万平方米，2004年突破3 000万平方米。2005—2010年，随着中央和地方政府一系列调控措施的落实，投资投机性需求得到抑制，商品房销售面积呈现波浪式走势。6年销售总量达17 603.33万平方米，仍超过1995—2004年销售量。

2010年，上海存量房成交面积1 966.86万平方米，比1995年增长31.3倍，年均增长26.1%。1996年起，上海市政府推动已购公房上市。上海存量房地产市场实质性启动，交易活跃。1997年存量房成交面积跨上百万平方米台阶，2001年交易量突破1 000万平方米，2003年超过2 000万平方米，2009年达到最高值2 809.45万平方米。

1995—2010年，上海累计竣工商品住宅2.79亿平方米。上海居民的居住水平提高，居住环境改善。2010年末，上海市区人均居住面积16.7平方米，比1995年末增加9.5平方米。

表5-2-1　1995—2010年房地产开发投资统计表　　单位：亿元

| 年　份 | 房地产开发投资总额 | #商品房屋建设投资 | #土地开发投资 | 新增固定资产 |
|---|---|---|---|---|
| 1995 | 466.20 | 286.45 | 53.19 | 151.06 |
| 1996 | 657.79 | 454.79 | 67.60 | 318.58 |
| 1997 | 614.23 | 515.78 | 41.50 | 427.19 |
| 1998 | 577.12 | 440.47 | 18.19 | 508.32 |
| 1999 | 514.83 | 401.44 | 13.47 | 427.66 |
| 2000 | 566.17 | 476.32 | 25.91 | 477.39 |
| 2001 | 630.73 | 535.25 | 27.65 | 519.20 |
| 2002 | 748.89 | 656.57 | 33.93 | 536.22 |
| 2003 | 901.24 | 824.89 | 42.44 | 812.56 |
| 2004 | 1 175.46 | 954.24 | 67.77 | 825.23 |
| 2005 | 1 246.86 | 1 094.42 | 65.67 | 1 054.02 |
| 2006 | 1 275.59 | 1 153.71 | 63.36 | 1 058.94 |
| 2007 | 1 307.53 | 1 187.63 | 55.62 | 1 048.47 |
| 2008 | 1 366.87 | | 55.67 | 994.10 |
| 2009 | 1 464.18 | | 89.51 | 932.24 |
| 2010 | 1 980.68 | | 97.74 | 964.27 |

表5-2-2　1995—2010年房地产开发投资(按用途分)统计表　　单位：亿元

| 年　份 | 房地产开发投资总额 | #住　宅 | #别墅、高档公寓 | #办公楼 | #商业营业用房 |
|---|---|---|---|---|---|
| 1995 | 466.20 | 280.38 | 31.75 | 81.74 | 32.38 |
| 1996 | 657.79 | 356.01 | 40.64 | 150.83 | 62.71 |
| 1997 | 614.23 | 334.07 | 26.13 | 140.04 | 54.20 |
| 1998 | 577.12 | 320.66 | 28.69 | 121.91 | 61.11 |
| 1999 | 514.83 | 324.49 | 34.54 | 81.26 | 60.42 |
| 2000 | 566.17 | 408.82 | 40.72 | 57.47 | 51.51 |
| 2001 | 630.73 | 439.17 | 41.82 | 26.22 | 62.70 |
| 2002 | 748.89 | 567.76 | 79.70 | 33.52 | 62.49 |
| 2003 | 901.24 | 676.28 | 106.66 | 66.67 | 67.82 |
| 2004 | 1 175.46 | 900.67 | 154.56 | 83.24 | 78.93 |
| 2005 | 1 246.86 | 920.84 | 225.50 | 102.18 | 102.61 |
| 2006 | 1 275.59 | 835.63 | 203.24 | 124.29 | 155.07 |
| 2007 | 1 307.53 | 837.53 | 228.79 | 157.51 | 158.94 |
| 2008 | 1 366.87 | 843.63 | 232.85 | 186.22 | 172.63 |
| 2009 | 1 464.18 | 918.68 | 246.51 | 189.15 | 185.10 |
| 2010 | 1 980.68 | 1 229.83 | 373.67 | 224.46 | 244.70 |

**表 5-2-3　1978—2010 年住宅投资和竣工建筑面积统计表**

| 年　份 | 住宅投资额（亿元） | 占全社会固定资产投资总额比重(%) | 住宅竣工建筑面积（万平方米） | 市区人均居住面积（万平方米） |
|---|---|---|---|---|
| 1978 | 2.67 | 9.6 | | 4.5 |
| 1979 | 3.31 | 9.3 | | 4.3 |
| 1980 | 5.82 | 12.8 | | 4.4 |
| 1981 | 10.02 | 18.4 | 1 380.70 | 4.5 |
| 1982 | 11.03 | 15.5 | 1 363.63 | 4.7 |
| 1983 | 11.18 | 14.7 | 1 347.79 | 4.9 |
| 1984 | 15.88 | 17.2 | 1 788.44 | 5.0 |
| 1985 | 25.47 | 21.5 | 2 112.04 | 5.4 |
| 1986 | 28.24 | 19.2 | 1 790.01 | 6.0 |
| 1987 | 36.28 | 19.5 | 1 874.90 | 6.2 |
| 1988 | 44.84 | 18.3 | 1 758.29 | 6.3 |
| 1989 | 35.82 | 16.7 | 1 246.58 | 6.4 |
| 1990 | 42.94 | 18.9 | 1 339.02 | 6.6 |
| 1991 | 48.92 | 18.9 | 1 160.61 | 6.7 |
| 1992 | 61.23 | 17.1 | 1 379.18 | 6.9 |
| 1993 | 77.14 | 11.8 | 1 017.54 | 7.3 |
| 1994 | 300.65 | 26.8 | 1 349.24 | 7.5 |
| 1995 | 433.76 | 27.1 | 1 746.82 | 8.0 |
| 1996 | 466.99 | 23.9 | 1 872.65 | 8.7 |
| 1997 | 458.22 | 23.2 | 2 179.68 | 9.3 |
| 1998 | 404.96 | 20.6 | 1 963.51 | 9.7 |
| 1999 | 378.82 | 20.4 | 1 731.55 | 10.9 |
| 2000 | 443.90 | 23.7 | 1 724.02 | 11.8 |
| 2001 | 466.71 | 23.4 | 1 743.90 | 12.5 |
| 2002 | 584.51 | 26.7 | 1 880.50 | 13.1 |
| 2003 | 694.30 | 28.3 | 2 280.79 | 13.8 |
| 2004 | 922.61 | 29.9 | 3 270.43 | 14.8 |
| 2005 | 936.36 | 26.4 | 2 819.35 | 15.5 |
| 2006 | 854.15 | 21.8 | 2 746.80 | 16.0 |
| 2007 | 853.13 | 19.1 | 2 843.62 | 16.5 |
| 2008 | 871.52 | 18.0 | 1 899.40 | 16.9 |
| 2009 | 922.81 | 17.5 | 1 522.07 | 17.2 |
| 2010 | 1 232.96 | 23.2 | 1 415.44 | 17.5 |

**表 5-2-4　1995—2010 年房地产开发企业房屋建筑面积统计表**

| 指　标 | 1995 年 | 1996 年 | 1997 年 | 1998 年 | 1999 年 | 2000 年 |
|---|---|---|---|---|---|---|
| 房屋施工面积(万平方米) | 5 074.80 | 6 005.46 | 5 341.79 | 5 416.10 | 5 083.18 | 5 523.23 |
| #住　宅 | 3 843.22 | 4 154.16 | 3 647.47 | 3 704.29 | 3 747.17 | 4 263.50 |
| #别墅、高档公寓 | 246.47 | 329.62 | 235.66 | 192.76 | 217.34 | 254.11 |
| 办公楼 | 634.46 | 1 018.77 | 929.92 | 903.60 | 660.12 | 515.10 |
| 商业营业用房 | 274.68 | 503.29 | 423.57 | 511.71 | 410.84 | 438.47 |
| 房屋竣工面积(万平方米) | 700.39 | 1 207.86 | 1 464.96 | 1 565.34 | 1 468.62 | 1 643.62 |
| #住　宅 | 529.77 | 992.30 | 1 176.14 | 1 242.00 | 1 229.23 | 1 388.01 |
| #别墅、高档公寓 | 75.50 | 98.28 | 50.40 | 43.93 | 65.93 | 66.38 |
| 办公楼 | 30.82 | 86.01 | 170.70 | 166.94 | 93.01 | 95.93 |
| 商业营业用房 | 50.74 | 62.88 | 59.32 | 111.09 | 90.89 | 100.16 |
| 房屋竣工价值(亿元) | 102.55 | 267.78 | 336.25 | 395.86 | 327.76 | 355.79 |
| #住　宅 | 72.21 | 195.34 | 213.16 | 242.85 | 239.16 | 270.29 |
| #别墅、高档公寓 | 18.41 | 45.41 | 20.67 | 22.82 | 25.14 | 20.66 |
| 办公楼 | 9.48 | 38.63 | 87.76 | 96.00 | 44.55 | 45.41 |
| 商业营业用房 | 7.88 | 17.97 | 18.37 | 45.38 | 27.46 | 24.29 |

**表 5-2-4　续表 1**

| 指　标 | 2001 年 | 2002 年 | 2003 年 | 2004 年 | 2005 年 |
|---|---|---|---|---|---|
| 房屋施工面积(万平方米) | 5 986.18 | 6 856.96 | 8 267.51 | 9 481.61 | 10 462.39 |
| #住　宅 | 4 842.31 | 5 727.24 | 6 782.09 | 7 631.31 | 8 091.85 |
| #别墅、高档公寓 | 302.92 | 625.91 | 847.73 | 985.53 | 1 652.88 |
| 办公楼 | 362.54 | 311.83 | 417.83 | 520.65 | 630.38 |
| 商业营业用房 | 423.29 | 433.19 | 564.04 | 725.59 | 951.58 |
| 房屋竣工面积(万平方米) | 1 791.35 | 1 984.68 | 2 491.84 | 3 443.02 | 3 095.74 |
| #住　宅 | 1 524.21 | 1 708.11 | 2 139.99 | 3 076.19 | 2 739.91 |
| #别墅、高档公寓 | 92.75 | 172.82 | 257.30 | 263.14 | 419.44 |
| 办公楼 | 62.22 | 54.83 | 63.15 | 73.05 | 87.05 |
| 商业营业用房 | 113.48 | 127.83 | 163.01 | 165.73 | 112.18 |
| 房屋竣工价值(亿元) | 379.41 | 423.62 | 745.24 | 1 034.92 | 946.77 |
| #住　宅 | 298.64 | 338.79 | 639.31 | 909.93 | 811.02 |
| #别墅、高档公寓 | 26.39 | 43.03 | 86.14 | 106.11 | 214.63 |
| 办公楼 | 27.24 | 23.05 | 40.94 | 47.52 | 57.37 |
| 商业营业用房 | 30.78 | 40.46 | 40.46 | 45.34 | 38.50 |

表 5-2-4　续表 2

| 指　　标 | 2006 年 | 2007 年 | 2008 年 | 2009 年 | 2010 年 |
|---|---|---|---|---|---|
| 房屋施工面积(万平方米) | 10 938.75 | 10 766.72 | 10 390.67 | 9 961.60 | 11 295.03 |
| #住　宅 | 7 988.73 | 7 642.79 | 6 872.10 | 6 550.73 | 7 313.85 |
| #别墅、高档公寓 | 1 381.80 | 1 492.75 | 1 337.61 | 1 302.04 | 1 584.11 |
| 办公楼 | 723.78 | 935.23 | 1 084.47 | 958.64 | 1 103.18 |
| 商业营业用房 | 1 074.06 | 1 131.86 | 1 222.53 | 1 112.33 | 1 292.96 |
| 房屋竣工面积(万平方米) | 3 274.27 | 3 380.12 | 2 475.04 | 2 104.98 | 1 941.25 |
| #住　宅 | 2 699.11 | 2 752.45 | 1 763.33 | 1 508.81 | 1 396.05 |
| #别墅、高档公寓 | 343.99 | 406.39 | 234.45 | 205.00 | 328.00 |
| 办公楼 | 108.53 | 138.89 | 205.67 | 135.02 | 150.69 |
| 商业营业用房 | 239.39 | 256.46 | 221.56 | 201.05 | 176.41 |
| 房屋竣工价值(亿元) | 1 011.31 | 1 046.58 | 624.12 | 705.80 | 779.93 |
| #住　宅 | 799.75 | 829.59 | 405.83 | 441.11 | 536.66 |
| #别墅、高档公寓 | 178.81 | 211.22 | 66.46 | 98.49 | 178.27 |
| 办公楼 | 71.55 | 62.97 | 76.15 | 81.70 | 74.23 |
| 商业营业用房 | 82.16 | 87.49 | 69.50 | 78.35 | 87.13 |

表 5-2-5　1995—2010 年房地产开发企业商品房销售和出租情况统计表

| 指　　标 | 1995 年 | 1996 年 | 1997 年 | 1998 年 | 1999 年 |
|---|---|---|---|---|---|
| 商品房销售面积(万平方米) | 567.66 | 573.49 | 686.45 | 1 141.91 | 1 328.67 |
| #住　宅 | 536.31 | 528.56 | 617.02 | 1 056.77 | 1 243.33 |
| #别墅、高档公寓 | 16.31 | 49.18 | 23.28 | 20.84 | 39.45 |
| 办公楼 | 4.03 | 22.77 | 37.41 | 51.22 | 39.23 |
| 商业营业用房 | 6.89 | 7.79 | 6.74 | 26.46 | 39.44 |
| 商品房销售额(亿元) | 146.01 | 183.50 | 219.56 | 398.87 | 454.66 |
| #住　宅 | 132.83 | 156.90 | 178.35 | 319.76 | 385.64 |
| #别墅、高档公寓 | 10.98 | 35.04 | 18.80 | 16.64 | 22.56 |
| 办公楼 | 2.28 | 18.16 | 30.38 | 58.99 | 39.40 |
| 商业营业用房 | 2.85 | 3.10 | 2.44 | 17.36 | 26.94 |
| 商品房出租面积(万平方米) | 50.95 | 60.52 | 102.02 | 130.42 | 219.99 |
| #住　宅 | 18.34 | 14.31 | 21.38 | 27.34 | 42.71 |
| #别墅、高档公寓 | 2.61 | 4.48 | 6.39 | 14.90 | 23.02 |
| 办公楼 | 7.34 | 16.94 | 38.82 | 49.29 | 93.21 |
| 商业营业用房 | 11.19 | 16.93 | 17.65 | 34.73 | 44.51 |

表 5-2-5 续表 1

| 指　　标 | 2000 年 | 2001 年 | 2002 年 | 2003 年 | 2004 年 |
|---|---|---|---|---|---|
| 商品房销售面积(万平方米) | 1 557.87 | 1 796.64 | 1 971.47 | 2 376.40 | 3 488.75 |
| #住　宅 | 1 445.87 | 1 681.47 | 1 846.38 | 2 224.47 | 3 233.74 |
| #别墅、高档公寓 | 53.45 | 87.63 | 182.55 | 217.66 | 342.02 |
| 办公楼 | 47.76 | 40.98 | 42.35 | 45.18 | 84.83 |
| 商业营业用房 | 54.54 | 56.55 | 73.94 | 78.05 | 121.57 |
| 商品房销售额(亿元) | 555.45 | 694.65 | 815.03 | 1 216.34 | 2 263.84 |
| #住　宅 | 480.97 | 615.16 | 739.89 | 1 109.86 | 2 064.74 |
| #别墅、高档公寓 | 32.65 | 53.67 | 105.65 | 142.33 | 343.28 |
| 办公楼 | 44.05 | 38.93 | 35.34 | 43.87 | 90.71 |
| 商业营业用房 | 27.87 | 34.81 | 36.73 | 50.43 | 84.88 |
| 商品房出租面积(万平方米) | 358.38 | 508.26 | 597.39 | 653.78 | 706.61 |
| #住　宅 | 59.29 | 65.99 | 76.85 | 76.84 | 77.42 |
| #别墅、高档公寓 | 37.43 | 36.18 | 35.22 | 30.42 | 40.04 |
| 办公楼 | 156.15 | 198.55 | 195.18 | 193.66 | 224.74 |
| 商业营业用房 | 62.04 | 98.26 | 132.57 | 155.48 | 106.87 |

表 5-2-5 续表 2

| 指　　标 | 2005 年 | 2006 年 | 2007 年 | 2008 年 | 2009 年 | 2010 年 |
|---|---|---|---|---|---|---|
| 商品房销售面积(万平方米) | 3 158.87 | 3 025.40 | 3 694.96 | 2 296.12 | 3 372.45 | 2 055.53 |
| #住　宅 | 2 845.70 | 2 615.49 | 3 279.17 | 1 965.86 | 2 928.04 | 1 685.35 |
| #别墅、高档公寓 | 179.54 | 498.56 | 503.14 | 259.49 | 450.42 | 341.71 |
| 办公楼 | 97.89 | 139.05 | 150.93 | 145.87 | 203.00 | 162.89 |
| 商业营业用房 | 150.20 | 188.51 | 198.38 | 117.27 | 126.49 | 125.56 |
| 商品房销售额(亿元) | 2 161.30 | 2 177.08 | 3 089.35 | 1 895.45 | 4 330.22 | 2 959.94 |
| #住　宅 | 1 906.05 | 1 841.04 | 2 706.30 | 1 608.47 | 3 620.23 | 2 395.35 |
| #别墅、高档公寓 | 346.91 | 540.19 | 654.04 | 333.23 | 996.81 | 852.62 |
| 办公楼 | 116.17 | 167.95 | 214.67 | 172.29 | 438.43 | 307.67 |
| 商业营业用房 | 106.65 | 122.13 | 131.19 | 77.51 | 192.73 | 197.57 |
| 商品房出租面积(万平方米) | 889.63 | 977.77 | 1 128.69 | 1 141.19 | 1 222.91 | 1 262.47 |
| #住　宅 | 94.44 | 78.63 | 110.38 | 92.74 | 102.63 | 85.72 |
| #别墅、高档公寓 | 61.54 | 68.88 | 86.85 | 73.79 | 74.36 | 76.18 |
| 办公楼 | 300.04 | 332.91 | 343.60 | 352.89 | 425.55 | 516.18 |
| 商业营业用房 | 204.53 | 234.85 | 270.42 | 318.01 | 349.91 | 373.34 |

表 5－2－6　1988—2010 年存量房交易情况统计表

| 年　份 | 成交套数（套） | 成交面积（万平方米） | #住　宅 | #办公楼 | #商业营业用房 |
|---|---|---|---|---|---|
| 1988 | 3 690 | 11.17 | 9.72 | | |
| 1989 | 3 740 | 10.56 | 9.20 | | |
| 1990 | 3 536 | 11.30 | 8.80 | | |
| 1991 | 3 419 | 14.06 | 9.00 | | |
| 1992 | 6 545 | 27.23 | 20.14 | | |
| 1993 | 5 290 | 42.07 | 16.61 | | |
| 1994 | 2 821 | 31.76 | 10.59 | | |
| 1995 | 4 176 | 60.87 | 19.70 | | |
| 1996 | 4 689 | 82.29 | 25.09 | | |
| 1997 | 9 180 | 162.40 | 87.68 | 23.95 | 14.95 |
| 1998 | 24 501 | 315.23 | 197.56 | 21.49 | 18.28 |
| 1999 | 44 234 | 510.84 | 336.69 | 37.63 | 14.61 |
| 2000 | 96 348 | 778.52 | 648.23 | 39.48 | 21.65 |
| 2001 | 164 598 | 1 422.43 | 1 031.76 | 47.93 | 62.37 |
| 2002 | 204 239 | 1 790.50 | 1 341.60 | 65.70 | 91.80 |
| 2003 | 263 297 | 2 250.82 | 1 807.57 | 105.14 | 114.28 |
| 2004 | 303 291 | 2 726.70 | 2 222.22 | 117.12 | 121.39 |
| 2005 | 189 896 | 1 971.55 | 1 608.19 | 88.10 | 78.00 |
| 2006 | 184 196 | 1 706.81 | 1 375.22 | 67.35 | 46.53 |
| 2007 | 213 733 | 1 992.59 | 1 715.05 | 49.73 | 36.34 |
| 2008 | 142 224 | 1 413.41 | 1 107.17 | 40.61 | 42.04 |
| 2009 | 312 857 | 2 809.45 | 2 490.58 | 48.19 | 43.59 |
| 2010 | 202 511 | 1 966.86 | 1 522.21 | 68.31 | 70.61 |

# 第三章　城市建设

在上海的投资结构调整中，城市基础设施投资一直是加强的重点。上海城市基础设施投资围绕着加强电力建设改善交通运输和邮电通信、完善公用设施这一核心，大力加大投入。其投资额由1979年的5.99亿元增至2010年的1 497.46亿元，年平均增长19.5%。尤其是2009年，上海以举办世博会为契机，加快建设枢纽型、功能性、网络化重大城市基础设施体系，城市基础设施完成投资达到2 113.45亿元。上海城市基础设施建设的大规模投入，一方面彻底改善了城市面貌，另一方面也对调整投资结构、改善投资环境、提高人民生活质量起到了积极作用。

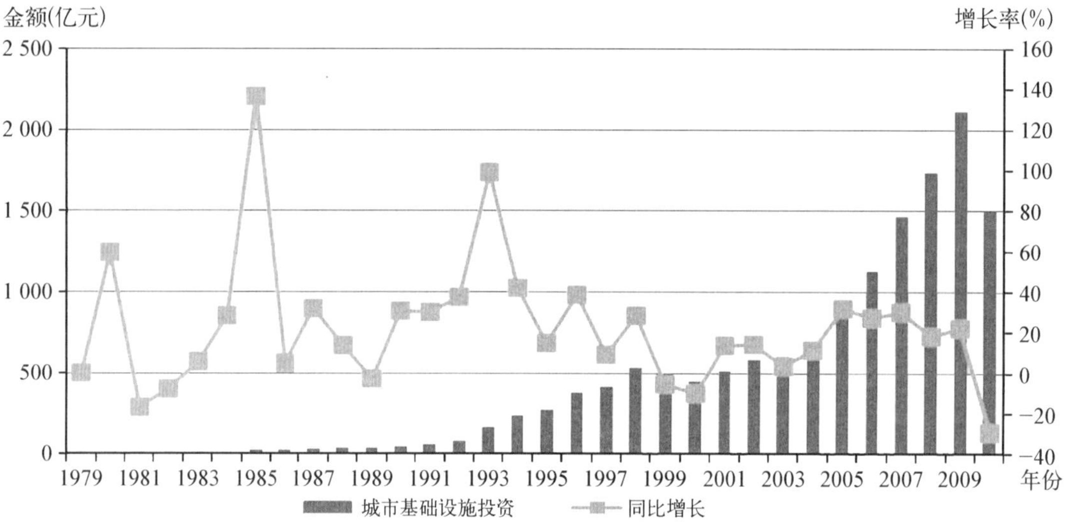


**图5-3-1　1979—2010年上海城市基础设施投资完成情况**

1979年，运输邮电完成投资2.01亿元，占城市基础设施投资的比重为33.6%。1979—1990年，运输邮电投资发展比较缓慢，1990年完成投资10.06亿元，占城市基础设施投资的比重下降至21.3%。20世纪90年代初，随着浦东新区"基础设施先行"开发策略的推进，上海城市基础设施投资的构成发生变化，运输邮电投资规模超过电力投资，仅次于公用设施投资。2003年，由于国民经济行业分类的调整，运输邮电投资规模超过公用设施投资，所占比重达到最大。2010年，运输邮电完成投资866.20亿元，占城市基础设施投资的57.8%。其中，交通运输完成投资754.66亿元，占运输邮电投资的87.1%；邮电通信完成投资111.54亿元，占12.9%。

改革开放后，上海的公用设施投资在1985年达到一个高峰，完成投资12.77亿元，占城市基础设施投资的五成以上。1990—1998年，在浦东开发建设的带动下，公用设施年完成投资从19.63亿元增长到260.34亿元，保持了8年的快速增长。1999年受到亚洲金融危机的影响出现二次回落，公用设施投资下降3.1%，以后分别在2003年国民经济行业分类的调整和2010年上海世博会的成功举办出现了两次较大的回落调整，分别下降46.2%和36.4%。2010年，公用设施完成投资482.76亿元，占城市基础设施投资的32.2%，比重比1979年提高4.5个百分点。

上海不断加大电力建设投资，尤其是2005—2010年，是上海电力建设投资规模最大的6年，全市电力建设完成投资超过900亿元，超过1979—2004年26年投资建设规模的总和。但由于32年间电力结构不断调整，上海电力建设投资增速总体波动较大。2010年，电力建设完成投资148.50亿元，占城市基础设施投资的9.9%，比重比1979年回落28.8个百分点。

1978—2010年间，上海基本形成城乡一体、全行业、全覆盖的水务发展体系。2006—2010年，青草沙水源地基本建成，改变了上海水源地长期主要依赖黄浦江和内河的状况。2010年，上海水生产能力达到1 131万立方米/日，比1978年增长2.5倍，比1990年增长1.4倍。售水总量24.44亿立方米，分别增长1.7倍和1.0倍；其中，受人口快速增长的影响，生活用水的售水总量从1978年的3.57亿立方米增长到2010年的18.64亿立方米，比1978年增长了4.2倍。2010年末，上海建成供水管道长度31 182公里，比1978年末增长13.5倍。

1985年，根据华东电网体制改革方案，经水利电力部和上海市人民政府同意，重组成立市电力公司，标志着城市供电建设市场化运作的开始。为保障城市用电平稳安全，10余年来上海持续推进电力建设投资，供电能力稳步提高。2010年，上海年末发电设备容量1 855.38万千瓦，比1986年增长3.5倍。随着城市建设范围的扩大，线路铺设长度不断增长，2010年，架空线路长度8 549.5公里，比1986年增长1.6倍；电缆长度7 846.98公里，增长6.3倍。

上海煤气供应量呈现先增长后下降的发展态势。1978—2003年，煤气销售总量和家庭用户数总体呈现稳步增长态势。2003年，煤气达最大销售量21.93亿立方米，比1978年增长1.6倍，比1990年增长80.5%；家庭用户数288.05万户，比1978年增长4.2倍，比1990年增长1.5倍。从2000年开始，作为清洁能源的天然气逐步替换煤气，天然气的销售量和家庭用户数逐年增加。从2004年起，煤气的销售量和家庭用户数逐年递减，至2010年，上海的煤气销售量和家庭用户数分别为12.85亿立方米和132.89万户，比2003年下降41.4%和53.9%。同时，天然气快速发展。2010年，天然气销售总量42.66亿立方米，比2000年增长18.8倍；家庭天然气用户数405.89万户，增长9.7倍。

上海液化石油气经历两个发展阶段。1978—2000年，上海液化石油气供应快速发展。2000年，液化石油气销售总量45.94万吨，比1978年增长90.9倍，比1990年增长6.7倍，其中家庭用量20.47万吨，分别增长40.8倍和3.8倍；家庭液化石油气用户数239.3万户，分别增长69.8倍和7.1倍。2001—2010年，上海液化石油气供气下降。2010年，液化石油气销售总量40.05万吨，比2000年下降12.8%，其中家庭用量23.62万吨，增长15.4%；家庭液化石油气用户数316.37万户，增长32.2%。

上海建成道路长度由1978年的905公里增加至2010年的16 687公里；建成城市桥梁由174座增加至11 849座；污水处理能力由13.9万吨/日增加至684.0万吨/日；建成城市排水管长度由1 301公里增加至11 483公里。截至2010年末，上海共建成高架道路196公里。建成了松浦大桥等共10座黄浦江越江大桥，建成延安路隧道等12条隧道。黄浦江大桥和隧道的建设和使用，方便浦东浦西的来往交通，促进浦东的开发开放和上海的经济发展。

表 5-3-1　1979—2010 年城市基础设施投资额统计表

单位:亿元

| 年　份 | 合　计 | 电力建设 | 运输邮电 | 交通运输 | 邮电通信 | 公用设施 | 公用事业 | 市政建设 |
|---|---|---|---|---|---|---|---|---|
| 1979 | 5.99 | 2.32 | 2.01 | 1.59 | 0.42 | 1.66 | 0.80 | 0.86 |
| 1980 | 9.55 | 5.31 | 2.91 | 2.31 | 0.60 | 1.33 | 0.64 | 0.69 |
| 1981 | 7.96 | 3.48 | 2.84 | 2.42 | 0.42 | 1.64 | 0.63 | 1.01 |
| 1982 | 7.33 | 1.84 | 3.26 | 2.90 | 0.36 | 2.23 | 0.72 | 1.51 |
| 1983 | 7.74 | 1.30 | 3.61 | 3.08 | 0.53 | 2.83 | 1.11 | 1.72 |
| 1984 | 9.93 | 1.65 | 4.12 | 3.41 | 0.71 | 4.16 | 1.40 | 2.76 |
| 1985 | 23.49 | 3.97 | 6.75 | 5.52 | 1.23 | 12.77 | 7.88 | 4.89 |
| 1986 | 24.78 | 5.68 | 8.40 | 6.56 | 1.84 | 10.70 | 5.67 | 5.03 |
| 1987 | 32.64 | 9.31 | 12.39 | 10.02 | 2.37 | 10.94 | 5.36 | 5.58 |
| 1988 | 37.08 | 14.18 | 12.35 | 8.80 | 3.55 | 10.55 | 4.01 | 6.54 |
| 1989 | 36.09 | 11.69 | 9.96 | 6.16 | 3.80 | 14.44 | 6.84 | 7.60 |
| 1990 | 47.22 | 17.53 | 10.06 | 7.17 | 2.89 | 19.63 | 10.83 | 8.80 |
| 1991 | 61.38 | 19.79 | 19.07 | 14.49 | 4.58 | 22.52 | 9.15 | 13.37 |
| 1992 | 84.35 | 19.70 | 21.44 | 15.01 | 6.43 | 43.21 | 12.58 | 30.63 |
| 1993 | 167.94 | 25.77 | 46.44 | 31.75 | 14.69 | 95.73 | 37.91 | 57.82 |
| 1994 | 238.16 | 41.57 | 72.68 | 36.83 | 35.85 | 123.91 | 26.77 | 97.14 |
| 1995 | 273.78 | 57.33 | 79.36 | 25.94 | 53.42 | 137.09 | 35.03 | 102.06 |
| 1996 | 378.78 | 77.61 | 147.21 | 69.66 | 77.55 | 153.96 | 48.31 | 105.65 |
| 1997 | 412.85 | 80.24 | 146.10 | 85.06 | 61.04 | 186.51 | 52.24 | 134.27 |
| 1998 | 531.38 | 89.58 | 181.46 | 108.79 | 72.67 | 260.34 | 58.37 | 201.97 |
| 1999 | 501.39 | 83.05 | 166.16 | 102.24 | 63.92 | 252.18 | 64.20 | 187.98 |
| 2000 | 449.90 | 64.61 | 117.52 | 48.83 | 68.69 | 267.77 | 104.43 | 163.34 |
| 2001 | 510.78 | 72.22 | 168.42 | 60.72 | 107.70 | 270.14 | 92.25 | 177.89 |
| 2002 | 583.49 | 62.14 | 171.24 | 63.01 | 108.23 | 350.11 | 148.42 | 201.69 |
| 2003 | 604.62 | 66.00 | 350.35 | 273.77 | 76.58 | 188.27 | 36.91 | 151.36 |
| 2004 | 672.58 | 89.52 | 371.35 | 316.96 | 54.39 | 211.71 | 26.92 | 184.79 |
| 2005 | 885.74 | 124.22 | 443.90 | 385.58 | 58.32 | 317.62 | 41.33 | 276.29 |
| 2006 | 1 125.54 | 116.23 | 703.24 | 589.52 | 113.72 | 306.07 | 56.23 | 249.84 |
| 2007 | 1 466.33 | 163.30 | 942.03 | 840.46 | 101.57 | 361.00 | 60.90 | 300.10 |
| 2008 | 1 733.18 | 129.53 | 947.49 | 838.91 | 108.59 | 656.15 | 112.81 | 543.34 |
| 2009 | 2 113.45 | 253.39 | 1 100.90 | 978.24 | 122.66 | 759.16 | 135.95 | 623.21 |
| 2010 | 1 497.46 | 148.50 | 866.20 | 754.66 | 111.54 | 482.76 | 86.58 | 396.18 |

说明:(1) 本表各项投资额均不包括住宅建设投资。(2) 2003 年起,交通运输投资包括公用设施中市内公共交通投资。

表 5－3－2　1979—2010 年用于公用事业和市政建设的投资额统计表　　单位：亿元

| 年份 | 公用事业 | #自来水 | #煤气 | 市政建设 | 园林绿化 | 环境卫生 | 市政工程管理 | 其他 |
|---|---|---|---|---|---|---|---|---|
| 1979 | 0.80 | | | 0.86 | | | | |
| 1980 | 0.64 | | | 0.69 | | | | |
| 1981 | 0.63 | | | 1.01 | | | | |
| 1982 | 0.72 | | | 1.51 | | | | |
| 1983 | 1.11 | | | 1.72 | | | | |
| 1984 | 1.40 | | | 2.76 | | | | |
| 1985 | 7.88 | | | 4.89 | | | | |
| 1986 | 5.67 | 2.74 | 1.78 | 5.03 | 0.43 | 0.71 | 3.84 | 0.05 |
| 1987 | 5.36 | 2.53 | 1.79 | 5.58 | 0.30 | 0.34 | 4.94 | |
| 1988 | 4.01 | 0.72 | 1.25 | 6.54 | 0.24 | 0.58 | 5.72 | |
| 1989 | 6.84 | 0.90 | 1.03 | 7.60 | 0.01 | 0.52 | 7.02 | 0.05 |
| 1990 | 10.83 | 1.06 | 1.81 | 8.80 | 0.11 | 0.37 | 8.31 | 0.01 |
| 1991 | 9.15 | 2.35 | 4.46 | 13.37 | 0.15 | 0.45 | 12.77 | |
| 1992 | 12.58 | 3.24 | 6.14 | 30.63 | 0.32 | 0.79 | 28.45 | 1.07 |
| 1993 | 37.91 | 6.90 | 16.72 | 57.82 | 0.52 | 1.06 | 56.24 | |
| 1994 | 26.77 | 11.49 | 7.80 | 97.14 | 2.42 | 1.01 | 93.47 | 0.24 |
| 1995 | 35.03 | 13.12 | 12.97 | 102.06 | 4.27 | 1.26 | 96.21 | 0.32 |
| 1996 | 48.31 | 22.12 | 14.61 | 105.65 | 2.66 | 1.14 | 101.80 | 0.05 |
| 1997 | 52.24 | 27.08 | 10.03 | 134.27 | 5.11 | 1.62 | 127.41 | 0.13 |
| 1998 | 58.37 | 14.59 | 13.15 | 201.97 | 9.10 | 3.35 | 189.41 | 0.11 |
| 1999 | 64.20 | 6.41 | 9.89 | 187.98 | 28.62 | 2.97 | 155.73 | 0.66 |
| 2000 | 104.43 | 5.35 | 6.88 | 163.34 | 38.76 | 19.34 | 102.36 | 2.88 |
| 2001 | 92.25 | 5.97 | 5.83 | 177.89 | 32.92 | 2.97 | 140.63 | 1.37 |
| 2002 | 148.42 | 8.62 | 6.83 | 201.69 | 38.83 | 1.47 | 160.64 | 0.75 |
| 2003 | 36.91 | 22.89 | 14.02 | 151.36 | 33.85 | 9.25 | 107.73 | 0.53 |
| 2004 | 26.92 | 16.66 | 10.26 | 184.79 | 16.69 | 7.01 | 160.21 | 0.88 |
| 2005 | 41.33 | 29.66 | 11.67 | 276.29 | 13.88 | 15.36 | 246.59 | 0.46 |
| 2006 | 56.23 | 43.79 | 12.44 | 249.84 | 26.41 | 10.17 | 213.26 | |
| 2007 | 60.90 | 50.12 | 10.78 | 300.10 | 34.66 | 11.26 | 254.18 | |
| 2008 | 112.81 | 93.24 | 19.57 | 543.34 | 29.01 | 20.04 | 494.29 | |
| 2009 | 135.95 | 109.79 | 26.16 | 623.21 | 27.96 | 21.91 | 573.19 | 0.15 |
| 2010 | 86.58 | 61.63 | 24.95 | 396.18 | 35.87 | 10.8 | 349.27 | 0.25 |

表 5-3-3　1978—2010 年自来水情况统计表

| 年　份 | 水厂生产能力(万立方米/日) | 供水管道长度(公里) | 供水总量(亿立方米) | 售水总量(亿立方米) | | |
|---|---|---|---|---|---|---|
| | | | | | #工业用水 | #生活用水 |
| 1978 | 320 | 2 151 | 9.72 | 9.11 | 5.42 | 3.57 |
| 1979 | 350 | 2 227 | 10.26 | 9.44 | 5.65 | 3.68 |
| 1980 | 372 | 2 317 | 9.73 | 9.16 | 5.63 | 3.42 |
| 1981 | 372 | 2 403 | 10.17 | 9.36 | 5.76 | 3.48 |
| 1982 | 380 | 2 493 | 10.09 | 9.45 | 5.79 | 3.53 |
| 1983 | 370 | 2 614 | 10.21 | 9.54 | 5.80 | 3.61 |
| 1984 | 378 | 2 621 | 10.64 | 9.79 | 5.89 | 3.77 |
| 1985 | 378 | 2 762 | 11.54 | 10.51 | 6.26 | 4.13 |
| 1986 | 371 | 2 924 | 11.71 | 10.54 | 6.07 | 4.36 |
| 1987 | 400 | 3 063 | 12.17 | 10.97 | 6.14 | 4.77 |
| 1988 | 422 | 3 176 | 12.61 | 11.59 | 6.22 | 5.26 |
| 1989 | 434 | 3 330 | 12.92 | 11.81 | 5.98 | 5.58 |
| 1990 | 462 | 3 483 | 13.32 | 12.25 | 5.90 | 6.36 |
| 1991 | 465 | 3 663 | 13.53 | 12.41 | 5.81 | 6.28 |
| 1992 | 485 | 3 830 | 14.10 | 12.90 | 6.02 | 6.56 |
| 1993 | 491 | 4 070 | 14.94 | 13.51 | 5.96 | 7.14 |
| 1994 | 528 | 4 442 | 16.27 | 14.18 | 5.47 | 7.78 |
| 1995 | 823 | 10 647 | 22.07 | 19.04 | 7.40 | 10.28 |
| 1996 | 880 | 10 652 | 23.11 | 19.79 | 7.08 | 10.77 |
| 1997 | 982 | 13 015 | 23.32 | 19.81 | 6.74 | 11.24 |
| 1998 | 1 019 | 13 657 | 24.12 | 20.08 | 6.19 | 11.55 |
| 1999 | 1 025 | 14 678 | 23.51 | 19.33 | 5.50 | 11.45 |
| 2000 | 1 048 | 15 943 | 24.00 | 19.75 | 5.49 | 14.26 |
| 2001 | 1 048 | 16 806 | 24.15 | 20.27 | 5.14 | 12.26 |
| 2002 | 1 064 | 17 902 | 24.40 | 20.26 | 5.31 | 11.89 |
| 2003 | 1 064 | 20 398 | 25.82 | 20.79 | 5.66 | 12.60 |
| 2004 | 1 058 | 21 727 | 27.35 | 21.82 | 6.10 | 15.72 |
| 2005 | 1 096 | 23 718 | 28.65 | 22.81 | 6.42 | 16.39 |
| 2006 | 1 138 | 26 619 | 29.19 | 23.30 | 6.43 | 16.88 |
| 2007 | 1 080 | 27 659 | 30.34 | 23.90 | 6.78 | 17.12 |
| 2008 | 1 069 | 27 858 | 30.90 | 24.28 | 6.30 | 17.98 |
| 2009 | 1 096 | 29 464 | 30.47 | 24.06 | 5.59 | 18.47 |
| 2010 | 1 131 | 31 182 | 30.90 | 24.44 | 5.80 | 18.64 |

说明：2000 年起，消防等其他用水纳入生活用水统计口径。

表 5－3－4　1978—2010 年用电量统计表

| 年　份 | 用电量（亿千瓦·时） | 工业用电 | 农业用电 | 生活用电 | 其他用电 | 电力消费弹性系数 |
|---|---|---|---|---|---|---|
| 1978 | 147.09 | 131.87 | 5.76 | 8.65 | 0.81 | 0.68 |
| 1979 | 153.73 | 136.77 | 6.66 | 8.77 | 1.53 | 0.41 |
| 1980 | 160.36 | 143.13 | 6.22 | 8.88 | 2.13 | 0.40 |
| 1981 | 163.66 | 145.61 | 6.38 | 9.00 | 2.67 | 1.14 |
| 1982 | 169.48 | 150.73 | 6.41 | 9.11 | 3.23 | 0.61 |
| 1983 | 175.14 | 155.41 | 6.66 | 9.23 | 3.84 | 0.54 |
| 1984 | 185.39 | 164.39 | 6.82 | 9.35 | 4.83 | 0.35 |
| 1985 | 203.77 | 179.91 | 7.56 | 9.48 | 6.82 | 0.29 |
| 1986 | 215.76 | 190.77 | 5.66 | 9.60 | 9.73 | 1.55 |
| 1987 | 228.92 | 200.02 | 5.78 | 9.72 | 13.40 | 0.55 |
| 1988 | 240.69 | 204.99 | 6.97 | 9.85 | 18.88 | 0.25 |
| 1989 | 246.69 | 207.36 | 6.62 | 11.90 | 20.81 | 0.42 |
| 1990 | 264.74 | 220.97 | 7.22 | 14.44 | 22.11 | 1.66 |
| 1991 | 288.66 | 240.26 | 7.95 | 16.10 | 24.35 | 1.27 |
| 1992 | 317.38 | 262.62 | 8.64 | 18.34 | 27.78 | 0.68 |
| 1993 | 345.86 | 280.79 | 8.80 | 21.33 | 34.94 | 0.61 |
| 1994 | 377.30 | 293.31 | 10.65 | 26.58 | 46.76 | 0.64 |
| 1995 | 403.27 | 307.01 | 11.88 | 30.28 | 54.10 | 0.49 |
| 1996 | 430.40 | 318.18 | 12.82 | 34.80 | 64.60 | 0.52 |
| 1997 | 454.26 | 333.79 | 9.07 | 37.89 | 73.51 | 0.43 |
| 1998 | 482.94 | 343.59 | 8.99 | 45.49 | 84.87 | 0.62 |
| 1999 | 501.20 | 358.31 | 8.58 | 45.00 | 89.31 | 0.37 |
| 2000 | 559.42 | 393.13 | 8.92 | 53.20 | 104.17 | 1.07 |
| 2001 | 592.99 | 413.33 | 7.80 | 56.99 | 114.87 | 0.59 |
| 2002 | 645.71 | 447.46 | 6.46 | 61.85 | 129.94 | 0.79 |
| 2003 | 745.97 | 507.00 | 6.75 | 82.87 | 149.35 | 1.26 |
| 2004 | 821.44 | 555.08 | 6.48 | 90.64 | 169.24 | 0.71 |
| 2005 | 921.97 | 617.59 | 5.76 | 109.20 | 189.42 | 1.10 |
| 2006 | 990.15 | 656.10 | 5.34 | 122.37 | 206.34 | 0.62 |
| 2007 | 1 072.38 | 705.90 | 5.27 | 131.12 | 230.09 | 0.58 |
| 2008 | 1 138.22 | 727.13 | 5.08 | 146.55 | 259.46 | 0.55 |
| 2009 | 1 153.38 | 701.58 | 5.39 | 152.52 | 293.89 | 0.63 |
| 2010 | 1 295.87 | 786.61 | 6.07 | 168.95 | 334.24 | 0.16 |

表5-3-5　1978—2010年煤气情况统计表

| 年　份 | 生产能力(万立方米/日) | 管线长度(公里) | 销售总量(亿立方米) | #家庭用气 | 家庭用户数(万户) |
|---|---|---|---|---|---|
| 1978 | 199 | 1 312 | 8.33 | 3.44 | 55.32 |
| 1979 | 199 | 1 354 | 8.96 | 3.84 | 61.37 |
| 1980 | 228 | 1 414 | 9.53 | 4.38 | 66.33 |
| 1981 | 228 | 1 486 | 9.77 | 4.79 | 69.42 |
| 1982 | 228 | 1 558 | 9.90 | 4.98 | 72.51 |
| 1983 | 228 | 1 617 | 10.13 | 5.24 | 75.73 |
| 1984 | 252 | 1 688 | 10.43 | 5.44 | 80.28 |
| 1985 | 252 | 1 798 | 11.01 | 5.81 | 86.47 |
| 1986 | 252 | 1 910 | 11.45 | 6.25 | 91.43 |
| 1987 | 344 | 2 039 | 11.92 | 6.69 | 98.45 |
| 1988 | 338 | 2 212 | 12.20 | 7.04 | 105.78 |
| 1989 | 338 | 2 495 | 12.11 | 7.29 | 109.71 |
| 1990 | 488 | 2 700 | 12.15 | 7.63 | 113.19 |
| 1991 | 588 | 2 893 | 12.42 | 7.82 | 126.02 |
| 1992 | 588 | 3 145 | 13.82 | 9.10 | 141.68 |
| 1993 | 648 | 3 431 | 14.73 | 10.29 | 151.58 |
| 1994 | 818 | 3 938 | 14.88 | 10.91 | 169.10 |
| 1995 | 847 | 4 825 | 15.83 | 12.10 | 192.69 |
| 1996 | 848 | 5 294 | 17.07 | 13.60 | 206.69 |
| 1997 | 1 066 | 5 995 | 17.04 | 13.95 | 226.12 |
| 1998 | 1 046 | 6 734 | 17.25 | 14.48 | 247.18 |
| 1999 | 1 038 | 6 872 | 18.51 | 15.71 | 257.43 |
| 2000 | 984 | 6 606 | 18.40 | 11.50 | 255.89 |
| 2001 | 984 | 7 442 | 19.20 | 16.60 | 266.88 |
| 2002 | 984 | 7 851 | 20.33 | 17.50 | 280.80 |
| 2003 | 1 134 | 8 561 | 21.93 | 18.84 | 288.05 |
| 2004 | 1 194 | 8 245 | 20.75 | 18.03 | 256.93 |
| 2005 | 1 134 | 8 468 | 19.97 | 17.88 | 236.54 |
| 2006 | 1 013 | 8 778 | 19.22 | 10.90 | 230.22 |
| 2007 | 1 013 | 8 097 | 18.50 | 10.30 | 213.40 |
| 2008 | 967 | 7 086 | 17.66 | 9.64 | 185.56 |
| 2009 | 867 | 6 156 | 14.19 | 7.46 | 151.48 |
| 2010 | 817 | 5 517 | 12.85 | 6.28 | 132.89 |

表 5-3-6　1978—2010 年液化石油气和天然气情况统计表

| 年　份 | 液化石油气销售总量（万吨） | #家庭用量 | 家庭液化石油气用户数（万户） | 天然气销售总量（亿立方米） | 家庭天然气用户数（万户） |
|---|---|---|---|---|---|
| 1978 | 0.50 | 0.49 | 3.38 | | |
| 1979 | 0.64 | 0.59 | 4.16 | | |
| 1980 | 0.79 | 0.69 | 4.56 | | |
| 1981 | 1.00 | 0.85 | 5.65 | | |
| 1982 | 2.25 | 1.45 | 8.63 | | |
| 1983 | 2.87 | 1.66 | 9.45 | | |
| 1984 | 2.97 | 1.98 | 11.90 | | |
| 1985 | 3.88 | 2.46 | 13.78 | | |
| 1986 | 4.26 | 2.71 | 15.39 | | |
| 1987 | 4.61 | 3.00 | 17.44 | | |
| 1988 | 4.64 | 3.34 | 20.32 | | |
| 1989 | 5.16 | 3.74 | 22.64 | | |
| 1990 | 5.97 | 4.27 | 29.64 | | |
| 1991 | 6.43 | 4.93 | 31.98 | | |
| 1992 | 6.90 | 4.79 | 32.51 | | |
| 1993 | 7.89 | 5.19 | 43.25 | | |
| 1994 | 12.28 | 6.54 | 55.77 | | |
| 1995 | 20.55 | 16.69 | 153.93 | | |
| 1996 | 23.18 | 19.19 | 174.14 | | |
| 1997 | 26.22 | 20.49 | 196.30 | | |
| 1998 | 26.01 | 18.97 | 219.50 | | |
| 1999 | 32.24 | 18.78 | 229.30 | | |
| 2000 | 45.94 | 20.47 | 239.30 | 2.16 | 38.10 |
| 2001 | 50.09 | 20.35 | 244.72 | 2.83 | 61.37 |
| 2002 | 47.20 | 18.85 | 241.56 | 3.81 | 70.09 |
| 2003 | 42.90 | 19.30 | 245.77 | 4.28 | 87.58 |
| 2004 | 44.65 | 20.36 | 250.88 | 9.83 | 141.61 |
| 2005 | 45.26 | 23.97 | 253.89 | 17.50 | 186.37 |
| 2006 | 45.86 | 26.70 | 260.10 | 22.58 | 216.93 |
| 2007 | 50.65 | 28.75 | 277.30 | 26.60 | 257.90 |
| 2008 | 48.57 | 29.28 | 291.58 | 28.37 | 307.88 |
| 2009 | 40.11 | 24.11 | 310.16 | 31.33 | 336.78 |
| 2010 | 40.05 | 23.62 | 316.37 | 42.66 | 405.89 |

**表 5-3-7　1996—2010 年轨道交通、高架道路、黄浦江大桥和隧道情况统计表**

| 指　标 | 单　位 | 1996 年 | 1997 年 | 1998 年 | 1999 年 | 2000 年 |
|---|---|---|---|---|---|---|
| 轨道交通 | | | | | | |
| 运营车辆 | 节 | 96 | 96 | 96 | 96 | 216 |
| 运营线路长度 | 公里 | 15.21 | 20.06 | 20.06 | 20.06 | 62.92 |
| 行驶里程 | 万列·公里 | 772.26 | 1 055.03 | 1 268.79 | 1 343.40 | 324.64 |
| 客运总量 | 万人次 | 8 944 | 11 174 | 12 606 | 10 921 | 13 556 |
| 利润总额 | 万元 | −4 779 | −5 500 | −5 760 | −1 526 | 1 225 |
| 年末从业人数 | 人 | 1 510 | 1 531 | 1 458 | 1 643 | 3 991 |
| 高架、大桥和隧道 | | | | | | |
| 高架道路长度 | 公里 | 42 | 42 | 49 | 70 | 62 |
| 越江大桥数 | 座 | 4 | 5 | 5 | 5 | 5 |
| 越江隧道数 | 条 | | | | 2 | 2 |

**表 5-3-7　续表 1**

| 指　标 | 单　位 | 2001 年 | 2002 年 | 2003 年 | 2004 年 | 2005 年 |
|---|---|---|---|---|---|---|
| 轨道交通 | | | | | | |
| 运营车辆 | 节 | 216 | 330 | 445 | 611 | 695 |
| 运营线路长度 | 公里 | 62.92 | 62.92 | 108.65 | 121.23 | 147.80 |
| 行驶里程 | 万列·公里 | 538.99 | 633.29 | 813.18 | 957.04 | 1 142.00 |
| 客运总量 | 万人次 | 28 270 | 35 739 | 40 604 | 48 007 | 59 406 |
| 利润总额 | 万元 | 3 407 | 3 863 | 2 658 | 1 720 | 2 300 |
| 年末从业人数 | 人 | 3 991 | 4 321 | 7 703 | 8 290 | 7 411 |
| 高架、大桥和隧道 | | | | | | |
| 高架道路长度 | 公里 | 62 | 71 | 76 | 77 | 77 |
| 越江大桥数 | 座 | 5 | 5 | 6 | 6 | 6 |
| 越江隧道数 | 条 | 2 | 2 | 4 | 5 | 6 |

**表 5-3-7　续表 2**

| 指　标 | 单　位 | 2006 年 | 2007 年 | 2008 年 | 2009 年 | 2010 年 |
|---|---|---|---|---|---|---|
| 轨道交通 | | | | | | |
| 运营车辆 | 节 | 829 | 1 117 | 1 431 | 1 833 | 2 842 |
| 运营线路长度 | 公里 | 169.40 | 262.83 | 264.3 | 355.05 | 452.57 |
| 行驶里程 | 万列·公里 | 1 457.00 | 1 697.00 | 2 516 | 2 871 | 4 778.00 |
| 客运总量 | 万人次 | 65 569 | 81 395 | 112 798 | 131 837 | 188 407 |
| 利润总额 | 万元 | 1 692 | 1 601 | | | |
| 年末从业人数 | 人 | 8 458 | 12 581 | 11 985 | 20 349 | 39 785 |
| 高架、大桥和隧道 | | | | | | |
| 高架道路长度 | 公里 | 77 | 77 | 114 | 114 | 196 |
| 越江大桥数 | 座 | 6 | 7 | 7 | 8 | 10 |
| 越江隧道数 | 条 | 6 | 6 | 6 | 9 | 12 |

表 5-3-8　1978—2010 年市政工程设施情况

| 年　份 | 道路长度（公里） | 道路面积（万平方米） | 城市桥梁（座） | 城市排水管道长度（公里） | 污水厂污水处理能力（万吨/日） | 防汛泵站（座） | 防洪堤长　度（公里） |
|---|---|---|---|---|---|---|---|
| 1978 | 905 | 868 | 174 | 1 301 | 13.9 | 90 | |
| 1979 | 907 | 889 | 170 | 1 307 | 13.9 | 94 | |
| 1980 | 907 | 894 | 170 | 1 370 | 15.3 | 96 | |
| 1981 | 964 | 974 | 202 | 1 438 | 17.2 | 101 | |
| 1982 | 973 | 981 | 200 | 1 446 | 17.1 | 102 | 95.7 |
| 1983 | 987 | 997 | 203 | 1 453 | 17.1 | 107 | 96.6 |
| 1984 | 1 030 | 1 017 | 212 | 1 487 | 17.1 | 107 | 87.9 |
| 1985 | 1 265 | 1 294 | 348 | 1 502 | 21.3 | 108 | 77.0 |
| 1986 | 1 243 | 1 254 | 366 | 1 514 | 21.3 | 116 | 62.4 |
| 1987 | 1 279 | 1 303 | 362 | 1 592 | 39.1 | 120 | 64.6 |
| 1988 | 1 371 | 1 455 | 547 | 1 751 | 39.1 | 127 | 66.0 |
| 1989 | 1 621 | 1 692 | 559 | 1 886 | 39.3 | 131 | 67.7 |
| 1990 | 1 631 | 1 787 | 553 | 1 892 | 40.5 | 134 | 70.9 |
| 1991 | 1 653 | 1 802 | 567 | 1 942 | 40.5 | 140 | 71.5 |
| 1992 | 1 677 | 1 841 | 569 | 1 976 | 42.9 | 145 | 72.0 |
| 1993 | 2 722 | 2 829 | 1 548 | 2 132 | 44.8 | 154 | 71.5 |
| 1994 | 2 799 | 3 037 | 1 605 | 2 275 | 49.3 | 165 | 70.4 |
| 1995 | 3 008 | 3 434 | 1 655 | 2 536 | 49.3 | 171 | 68.1 |
| 1996 | 3 118 | 3 755 | 1 690 | 2 898 | 189.3 | 193 | 69.1 |
| 1997 | 3 553 | 4 341 | 2 061 | 3 023 | 188.7 | 194 | 70.7 |
| 1998 | 4 712 | 5 403 | 2 598 | 3 651 | 188.7 | 178 | 70.6 |
| 1999 | 5 204 | 6 393 | 3 253 | 3 736 | 267.0 | 182 | 71.9 |
| 2000 | 6 641 | 8 147 | 4 432 | 3 920 | 463.0 | 160 | 335.0 |
| 2001 | 9 225 | 13 418 | 6 951 | 4 001 | 463.0 | 160 | 972.6 |
| 2002 | 9 562 | 14 730 | 7 035 | 4 001 | 516.0 | 158 | 1 136.0 |
| 2003 | 10 451 | 16 510 | 7 483 | 5 882 | 485.0 | 157 | 1 136.0 |
| 2004 | 11 825 | 20 558 | 7 622 | 6 469 | 443.0 | 160 | 1 070.0 |
| 2005 | 12 227 | 20 942 | 8 070 | 6 933 | 471.0 | 159 | 1 070.0 |
| 2006 | 14 619 | 21 490 | 10 199 | 7 430 | 488.0 | 166 | 1 069.7 |
| 2007 | 15 458 | 22 579 | 10 747 | 8 120 | 556.6 | 183 | 985.9 |
| 2008 | 15 844 | 23 149 | 11 188 | 9 208 | 672.0 | 186 | 1 014.0 |
| 2009 | 16 071 | 24 566 | 11 466 | 9 732 | 687.0 | 188 | 1 013.0 |
| 2010 | 16 687 | 25 607 | 11 849 | 11 483 | 684.0 | 186 | 1 009.0 |

说明：(1) 2000 年起，防汛泵站包括污水管线输送泵站。(2) 防洪堤长度 2001 年以前为市区口径，只包括市区防汛墙及苏州河堤；2001 年起，包括海塘、防汛墙、黄浦江上游干流段、红旗塘、拦路港、太浦河等。

# 第四章　环境保护

环境保护投入是衡量环境保护与经济发展协调关系的主要指标。2010年，上海环境保护投入达507.54亿元，比1991年增长65.8倍；其中，城市环境基础设施投资为294.73亿元，增长209.5倍。环境保护投入相当于GDP的比例为2.96%，比1991年上升2.11个百分点。

2010年，上海废水排放总量达24.82亿吨，比1990年增长24.2%。其中，工业废水排放量为3.67亿吨，下降72.4%；城镇生活污水排放量为21.15亿吨，增长2.2倍。废水化学需氧量排放量为21.98万吨，比1996年下降20%。其中，工业废水化学需氧量排放量为2.16万吨，下降82.2%；城镇生活污水化学需氧量排放量为19.82万吨，增长29.5%。在大力治理工业废水的同时，人口快速增长带来的城镇生活污水处理压力也在持续增大。

2010年，上海工业废气排放总量为1.3万亿标立方米，比1991年增长2.2倍；二氧化硫排放量为35.81万吨，比1991年下降25.3%。烟(粉)尘排放总量为10.21万吨，比1991年下降52.6%。其中，工业烟(粉)尘排放量为4.18万吨，下降71.5%；城镇生活烟尘排放量为6.03万吨，下降12.1%。

2010年，上海一般工业固体废物产生量为2 379.11万吨，比2005年增长24.2%；一般工业固体废物综合利用量为2 338.43万吨，比2005年增长26.2%；一般工业固体废物利用率达98.29%，比2005年上升1.55个百分点；危险废物产生量为51.25万吨，比2005年增长5.1%；危险废物综合利用量为28.47万吨，比2005年下降27.4%；危险废物综合利用率为55.55%，比2005年下降24.85个百分点。

2010年，上海环境空气质量优良天数达到336天，比2000年增长13.9%。其中，指数达到一级天数为139天，占41.4%；达到二级天数为197天，占58.6%。环境空气质量优良率达92.1%，比2000年上升11.5个百分点。

2010年，上海中心城区二氧化硫日平均值为0.029毫克/立方米，比1992年下降67.8%；中心城区二氧化氮日平均值为0.05毫克/立方米，比2001年下降20.6%；中心城区可吸入颗粒物平均浓度为0.079毫克/立方米，比2001年下降21%。

2010年，上海酸雨频度为73.9%，比1991年提高44.9个百分点。2008年，上海酸雨频度达到最高值，为79.2%。

2010年，上海区域环境噪声昼间时段的平均等效声级为55.8 LeqdB(A)，夜间时段的平均等效声级为48.3 LeqdB(A)，分别比2000年下降1.4%和1.8%；道路交通噪声昼间时段的平均等效声级为69.8 LeqdB(A)，夜间时段的平均等效声级为64.3 LeqdB(A)，分别比1991年下降7.2%和3.6%。参照城市区域环境噪声标准，2010年，上海区域环境噪声的平均等效声级均达到了相应功能的标准要求[2类标准：昼间60 LeqdB(A)，夜间50 LeqdB(A)]，但道路交通噪声的平均等效声级未能达到相应功能的标准要求[4类标准：昼间70 LeqdB(A)，夜间55 LeqdB(A)]。昼间时段已于2009年达到标准要求，但夜间时段离标准要求仍有一定距离。

2010年，上海垃圾产生量为890万吨，比1990年增长1.3倍；其中，生活垃圾和建筑垃圾产生量分别为732万吨和158万吨，增长1.6倍和53.4%。

2010年末,上海共拥有公共厕所6 026座,比1990年增长4.9倍;生活垃圾处理点3.06万处,比1990年下降33.9%;废物箱7.47万只,比1990年增长14.2倍;倒粪站1 900座,比1990年下降36.1%。

2010年末,上海城市绿地面积达120 148公顷,比1978年增长156.9倍,比1990年增长32.7倍;其中,公园绿地面积达16 053公顷,分别增长40.9倍和15.3倍。绿化覆盖率达38.2%,比1990年提高25.8个百分点。

表 5－4－1 1990—2010 年环保投入和“三废”综合利用统计表

单位：亿元

| 年份 | 环境保护投资 | #城市环境基础设施建设投资 | 环境保护投资相当于GDP(%) | “三废”综合利用产品产值 | 自然保护区覆盖率(%) |
|---|---|---|---|---|---|
| 1990 | | | | 2.06 | |
| 1991 | 7.60 | 1.40 | | 2.67 | |
| 1992 | 15.20 | 9.30 | | 3.94 | |
| 1993 | 32.13 | 19.90 | | 5.36 | |
| 1994 | 39.09 | 23.55 | | 5.95 | |
| 1995 | 46.49 | 22.11 | 1.90 | 6.63 | |
| 1996 | 68.83 | 35.40 | 2.40 | 7.55 | |
| 1997 | 82.35 | 48.56 | 2.50 | 12.15 | |
| 1998 | 102.13 | 72.47 | 2.80 | 8.01 | |
| 1999 | 111.57 | 87.81 | 2.80 | 8.69 | |
| 2000 | 141.91 | 105.45 | 3.10 | 9.16 | 7.8 |
| 2001 | 152.93 | 116.58 | 3.10 | 5.00 | 10.5 |
| 2002 | 162.39 | 126.99 | 3.00 | 7.25 | 11.8 |
| 2003 | 191.53 | 144.05 | 3.10 | 7.13 | 11.8 |
| 2004 | 225.37 | 166.90 | 3.03 | 13.04 | 11.8 |
| 2005 | 281.18 | 201.01 | 3.04 | 9.11 | 11.8 |
| 2006 | 310.85 | 177.81 | 2.94 | 9.72 | 11.8 |
| 2007 | 366.12 | 233.22 | 2.93 | 15.33 | 12.1 |
| 2008 | 422.37 | 284.30 | 3.00 | 16.96 | 12.1 |
| 2009 | 460.42 | 282.74 | 3.09 | 16.14 | 12.1 |
| 2010 | 507.54 | 294.73 | 2.96 | 17.04 | 12.1 |

表 5－4－2 1991—2010 年水环境保护统计表

| 年份 | 废水排放总量(亿吨) | #生活及其他 | 废水化学需氧量排放总量(万吨) | #生活及其他 | 工业废水排放达标率(%) | 工业重复用水量(万吨) | 污水处理量(万吨) |
|---|---|---|---|---|---|---|---|
| 1991 | 19.58 | 6.33 | | | 65.3 | | 11 984 |
| 1992 | 20.28 | 6.58 | | | 66.1 | 384 830 | 13 246 |
| 1993 | 20.32 | 7.51 | | | 70.8 | 390 629 | 14 133 |
| 1994 | 20.37 | 8.56 | | | 70.8 | 427 236 | 12 644 |
| 1995 | 22.45 | 10.84 | | | 77.0 | 445 391 | 14 665 |
| 1996 | 22.85 | 11.44 | 27.46 | 15.30 | 87.4 | 486 278 | 12 876 |
| 1997 | 21.10 | 11.11 | 38.55 | 26.85 | 86.6 | 495 622 | 14 790 |
| 1998 | 20.81 | 11.81 | 36.55 | 26.92 | 88.2 | 475 656 | 15 605 |
| 1999 | 20.28 | 11.76 | 34.98 | 26.06 | 89.9 | 605 772 | 17 479 |
| 2000 | 19.37 | 12.12 | 31.87 | 24.94 | 93.2 | 592 055 | 23 028 |

表 5－4－2 续表

| 年 份 | 废水排放总 量（亿吨） | #生 活及其他 | 废水化学需氧量排放总量（万吨） | #生 活及其他 | 工业废水排 放达标率（%） | 工业重复用水量（万吨） | 污水处理量（万吨） |
|---|---|---|---|---|---|---|---|
| 2001 | 19.50 | 12.70 | 30.48 | 25.21 | 95.4 | 709 913 | 29 487 |
| 2002 | 19.21 | 12.72 | 32.96 | 28.18 | 94.9 | 654 133 | 30 658 |
| 2003 | 18.22 | 12.11 | 28.38 | 24.00 | 94.9 | 690 068 | 39 891 |
| 2004 | 19.34 | 13.70 | 29.38 | 25.62 | 96.3 | 750 803 | 95 301 |
| 2005 | 19.97 | 14.86 | 30.44 | 26.78 | 97.1 | 886 503 | 117 833 |
| 2006 | 22.37 | 17.54 | 30.20 | 26.67 | 97.5 | 843 970 | 155 726 |
| 2007 | 22.66 | 17.90 | 29.44 | 26.06 | 97.7 | 899 098 | 152 886 |
| 2008 | 22.60 | 18.19 | 26.67 | 23.91 | 93.8 | 946 198 | 177 090 |
| 2009 | 23.05 | 18.93 | 24.34 | 21.44 | 98.8 | 1 004 672 | 171 609 |
| 2010 | 24.82 | 21.15 | 21.98 | 19.82 | 98.0 | 1 047 970 | 189 654 |

表 5－4－3 1991—2010 年大气环境保护统计表

| 年 份 | 废气排放总 量（亿标立方米） | #工 业 | 烟尘排放总 量（万吨） | 废气二氧化硫排放总量（万吨） | #工 业 | 工业烟尘去除量（万吨） | 工业粉尘去除量（万吨） |
|---|---|---|---|---|---|---|---|
| 1991 | 4 617 | 4 000 | 21.54 | 47.92 | 33.87 | 255.60 | 89.05 |
| 1992 | 5 110 | 4 418 | 22.50 | 51.36 | 35.62 | 258.49 | 117.86 |
| 1993 | 4 231 | 3 859 | 18.93 | 44.12 | 35.67 | 279.15 | 123.44 |
| 1994 | 4 577 | 4 184 | 18.45 | 45.19 | 36.24 | 306.39 | 123.61 |
| 1995 | 5 095 | 4 625 | 20.78 | 53.41 | 38.15 | 325.16 | 117.72 |
| 1996 | 5 132 | 4 757 | 15.78 | 51.00 | 43.30 | 403.95 | 89.11 |
| 1997 | 5 249 | 4 755 | 17.08 | 50.85 | 43.62 | 359.85 | 141.80 |
| 1998 | 5 493 | 4 912 | 15.63 | 48.89 | 39.09 | 273.54 | 151.77 |
| 1999 | 5 480 | 4 947 | 13.57 | 40.31 | 31.09 | 261.04 | 184.61 |
| 2000 | 6 398 | 5 755 | 14.12 | 46.49 | 32.68 | 308.35 | 218.08 |
| 2001 | 7 620 | 6 964 | 13.52 | 47.26 | 30.00 | 326.35 | 263.89 |
| 2002 | 7 902 | 7 440 | 10.74 | 44.66 | 32.49 | 366.44 | 301.92 |
| 2003 | 8 391 | 7 799 | 11.54 | 43.54 | 30.07 | 402.89 | 348.02 |
| 2004 | 9 466 | 8 834 | 12.27 | 47.31 | 34.95 | 655.27 | 208.07 |
| 2005 | 9 103 | 8 482 | 11.52 | 51.28 | 37.52 | 574.24 | 150.53 |
| 2006 | 10 045 | 9 428 | 11.29 | 50.80 | 37.43 | 520.54 | 146.80 |
| 2007 | 10 231 | 9 591 | 10.60 | 49.78 | 36.44 | 450.86 | 145.85 |
| 2008 | | 10 436 | 10.63 | 44.61 | 29.80 | 524.42 | 103.36 |
| 2009 | | 10 059 | 10.18 | 37.89 | 23.93 | 513.51 | 95.75 |
| 2010 | | 12 969 | 10.21 | 35.81 | 26.32 | 572.31 | 138.18 |

表 5-4-4 1978—2010 年城市环境卫生统计表

| 年份 | 垃圾产生量(万吨) | 生活垃圾 | 建筑垃圾 | 公共厕所(座) | 生活垃圾收集点(处) | 废物箱(只) | 倒粪站(座) |
|---|---|---|---|---|---|---|---|
| 1978 | 214 | 108 | 106 | 706 | 13 840 | 2 333 | 3 303 |
| 1979 | 250 | 125 | 126 | 696 | 12 695 | 3 151 | 3 382 |
| 1980 | 272 | 131 | 141 | 713 | 15 707 | 3 402 | 3 445 |
| 1981 | 272 | 146 | 126 | 740 | 17 905 | 2 546 | 3 464 |
| 1982 | 296 | 169 | 127 | 760 | 18 824 | 2 821 | 3 484 |
| 1983 | 280 | 166 | 113 | 778 | 17 859 | 2 733 | 3 467 |
| 1984 | 308 | 185 | 123 | 798 | 20 384 | 3 890 | 3 481 |
| 1985 | 305 | 196 | 109 | 952 | 22 870 | 5 700 | 3 470 |
| 1986 | 328 | 226 | 102 | 950 | 31 142 | 5 983 | 3 537 |
| 1987 | 325 | 229 | 97 | 978 | 37 751 | 6 341 | 3 587 |
| 1988 | 329 | 240 | 89 | 992 | 42 802 | 5 117 | 3 342 |
| 1989 | 344 | 250 | 94 | 1 057 | 46 149 | 5 276 | 3 107 |
| 1990 | 382 | 279 | 103 | 1 016 | 46 368 | 4 921 | 2 973 |
| 1991 | 393 | 296 | 97 | 1 033 | 40 309 | 4 980 | 3 006 |
| 1992 | 428 | 301 | 127 | 1 048 | 44 752 | 4 961 | 2 655 |
| 1993 | 488 | 335 | 152 | 1 104 | 46 741 | 5 756 | 2 732 |
| 1994 | 558 | 358 | 200 | 1 100 | 50 292 | 6 993 | 2 739 |
| 1995 | 668 | 372 | 296 | 1 100 | 48 563 | 9 019 | 2 532 |
| 1996 | 736 | 419 | 317 | 1 112 | 51 456 | 9 522 | 2 412 |
| 1997 | 755 | 454 | 301 | 1 120 | 53 643 | 12 735 | 2 207 |
| 1998 | 824 | 470 | 353 | 1 203 | 59 498 | 15 968 | 2 127 |
| 1999 | 767 | 500 | 267 | 1 311 | 66 067 | 17 326 | 2 192 |
| 2000 | 858 | 641 | 217 | 2 215 | 22 470 | 23 189 | 2 045 |
| 2001 | 901 | 644 | 257 | 2 406 | 17 694 | 24 672 | 1 890 |
| 2002 | 760 | 467 | 293 | 3 776 | 26 787 | 29 517 | 1 846 |
| 2003 | 800 | 585 | 215 | 3 468 | 27 814 | 31 272 | 1 709 |
| 2004 | 802 | 610 | 192 | 3 640 | 28 649 | 34 571 | 1 611 |
| 2005 | 777 | 622 | 155 | 3 640 | 28 388 | 39 539 | 1 689 |
| 2006 | 805 | 658 | 146 | 3 746 | 29 812 | 44 888 | 2 253 |
| 2007 | 852 | 702 | 150 | 5 415 | 29 538 | 47 739 | 2 158 |
| 2008 | 841 | 678 | 153 | 5 866 | 29 965 | 56 485 | 2 064 |
| 2009 | 870 | 710 | 160 | 5 633 | 30 584 | 67 465 | 2 257 |
| 2010 | 890 | 732 | 158 | 6 026 | 30 645 | 74 658 | 1 900 |

表 5-4-5　1978—2010 年城市园林绿化统计表

单位：公顷

| 年　份 | 绿地面积 | #公园绿地 | | | #附属绿地 | #生产绿地 |
|---|---|---|---|---|---|---|
| | | | 公园面积 | 街道绿地 | | |
| 1978 | 761 | 383 | 309 | 75 | | 308 |
| 1979 | 775 | 401 | 319 | 82 | | 305 |
| 1980 | 1 738 | 390 | 319 | 71 | 970 | 303 |
| 1981 | 1 772 | 404 | 320 | 84 | 986 | 306 |
| 1982 | 1 883 | 485 | 403 | 83 | 1 081 | 270 |
| 1983 | 1 947 | 489 | 399 | 90 | 1 174 | 240 |
| 1984 | 2 113 | 510 | 410 | 99 | 1 335 | 153 |
| 1985 | 2 339 | 522 | 412 | 110 | 1 551 | 143 |
| 1986 | 2 719 | 761 | 596 | 165 | 1 632 | 292 |
| 1987 | 2 886 | 801 | 615 | 186 | 1 757 | 290 |
| 1988 | 3 127 | 889 | 683 | 206 | 1 902 | 291 |
| 1989 | 3 308 | 910 | 686 | 224 | 2 061 | 293 |
| 1990 | 3 570 | 983 | 712 | 271 | 2 255 | 294 |
| 1991 | 4 167 | 1 070 | 717 | 352 | 2 755 | 300 |
| 1992 | 4 399 | 1 121 | 732 | 389 | 2 936 | 301 |
| 1993 | 4 654 | 1 189 | 741 | 448 | 3 141 | 294 |
| 1994 | 5 939 | 1 431 | 752 | 679 | 4 142 | 335 |
| 1995 | 6 561 | 1 793 | 920 | 873 | 4 429 | 309 |
| 1996 | 7 231 | 2 008 | 933 | 1 076 | 4 889 | 305 |
| 1997 | 7 849 | 2 484 | 961 | 1 523 | 5 083 | 253 |
| 1998 | 8 855 | 3 117 | 976 | 2 141 | 5 456 | 253 |
| 1999 | 11 117 | 3 856 | 993 | 2 863 | 6 888 | 318 |
| 2000 | 12 601 | 4 812 | 1 153 | 3 658 | 7 346 | 388 |
| 2001 | 14 771 | 5 820 | 1 291 | 4 529 | 8 624 | 248 |
| 2002 | 18 758 | 7 810 | 1 411 | 6 399 | 9 591 | 267 |
| 2003 | 24 426 | 9 450 | 1 473 | 7 977 | 10 218 | 335 |
| 2004 | 26 689 | 10 979 | 1 481 | 9 498 | 10 921 | 335 |
| 2005 | 28 865 | 12 038 | 1 521 | 10 516 | 11 591 | 335 |
| 2006 | 30 609 | 13 307 | 1 529 | 11 782 | 12 202 | 331 |
| 2007 | 31 795 | 13 899 | 1 675 | 12 224 | 13 590 | 204 |
| 2008 | 34 256 | 14 777 | 1 686 | 13 091 | 14 739 | 189 |
| 2009 | 116 929 | 15 406 | 1 687 | 13 119 | 17 376 | 230 |
| 2010 | 120 148 | 16 053 | 1 915 | 13 418 | 18 589 | 230 |

说明：2009 年对绿地分类进行了调整。城市绿地由公园绿地、生产绿地、防护绿地、附属绿地和其他绿地五大类组成。

**表 5-4-5 续表**

| 年 份 | 公园数(个) | 游园人数(万人次) | 行道树实有数(万株) | 新辟绿地面积(公顷) | 绿化覆盖率(%) |
|---|---|---|---|---|---|
| 1978 | 42 | 3 876 | 13 | | 8.2 |
| 1979 | 45 | 5 888 | 13 | | 9.6 |
| 1980 | 45 | 6 404 | 13 | 44 | 8.2 |
| 1981 | 44 | 6 709 | 13 | 45 | 6.1 |
| 1982 | 48 | 8 290 | 15 | 89 | 9.0 |
| 1983 | 46 | 8 005 | 14 | 77 | 9.1 |
| 1984 | 51 | 8 464 | 15 | 102 | 9.7 |
| 1985 | 52 | 8 372 | 15 | 226 | 9.7 |
| 1986 | 67 | 8 918 | 19 | 192 | 10.2 |
| 1987 | 72 | 8 969 | 21 | 170 | 10.7 |
| 1988 | 77 | 9 066 | 22 | 247 | 11.4 |
| 1989 | 80 | 8 590 | 23 | 145 | 11.7 |
| 1990 | 83 | 8 474 | 23 | 186 | 12.4 |
| 1991 | 86 | 8 633 | 28 | 214 | 12.7 |
| 1992 | 89 | 9 424 | 29 | 218 | 13.2 |
| 1993 | 91 | 7 617 | 29 | 220 | 13.8 |
| 1994 | 95 | 7 301 | 27 | 467 | 15.1 |
| 1995 | 100 | 9 064 | 33 | 516 | 16.0 |
| 1996 | 105 | 9 797 | 41 | 587 | 17.0 |
| 1997 | 108 | 9 757 | 43 | 728 | 17.8 |
| 1998 | 111 | 9 285 | 48 | 1 077 | 19.1 |
| 1999 | 115 | 9 601 | 54 | 1 315 | 20.3 |
| 2000 | 122 | 8 184 | 57 | 1 458 | 22.2 |
| 2001 | 125 | 8 561 | 65 | 1 374 | 23.8 |
| 2002 | 133 | 8 796 | 68 | 2 600 | 30.0 |
| 2003 | 136 | 9 629 | 74 | 4 904 | 35.2 |
| 2004 | 136 | 13 381 | 80 | 2 434 | 36.0 |
| 2005 | 144 | 13 656 | 83 | 2 116 | 37.0 |
| 2006 | 144 | 16 652 | 86 | 1 691 | 37.3 |
| 2007 | 146 | 18 342 | 69 | 1 629 | 37.6 |
| 2008 | 147 | 22 119 | 73 | 1 190 | 38.0 |
| 2009 | 147 | 21 671 | 76 | 1 096 | 38.1 |
| 2010 | 148 | 21 794 | 81 | 1 223 | 38.2 |

# 第六篇

# 价　格

随着经济体制改革的推进和经济发展水平的提高，市场配置资源的基础性作用逐步发挥，价格管理机制开始发生变化，价格改革拉开序幕。

价格改革初期，从提高农产品价格开始，一些明显偏低的商品价格得到调整。同时历史累积矛盾冲击市场价格，1985年、1988年和1989年消费品价格涨幅在15%以上，尤其是1988年涨幅超过20%。

20世纪80年代，国家统计局开始在全国各地组建城市抽样调查队。上海城市和农村抽样调查队正式成立。上海按照国家规定，直接从零售商店取得第一手资料，用以编制零售物价指数和职工生活费用价格指数。国家统计局开始试编工业品价格指数，供内部研究和分析时参考。上海于1988年将调查资料汇编成册。

1990年后，居民消费价格涨幅一度趋缓。但由于消费、投资双膨胀，1993—1995年，上海居民消费价格指数再次高企，工业品出厂价格指数，原材料、燃料、动力购进价格指数都高位运行，1993年固定资产投资价格涨幅也达到31.4%。与此同时，上海推进“菜篮子”“米袋子”工程建设，加强市场价格管理，对43种基本生活必需品和服务价格实行监审，物价涨幅趋缓。1997年以后，市场总体格局转为买方市场，居民消费价格逐渐平稳，工业品出厂价格等甚至出现下降。政府及时采取措施，促进价格合理回升。

从1992年开始，正式实施工业品价格统计和固定资产投资价格统计。1995年起，居民消费价格指数取代商品零售价格指数作为国家控价格指标。居民消费价格指数统计调查制度正式建立。

2001年1月起，对各省（区、市）居民消费价格指数的编制方法进行重大修改，开始编制固定基期的定基指数，首轮基期为2000年。随后，每5年调整一次。

生产者价格。上海工业品出厂价格总体上升60.8%，同比年均增长2.5%。1992—2010年，上海原材料、燃料、动力购进价格总体上升1.8倍，同比年均增长5.6%。

2000年后，消费市场由市场调节价格的商品越来越多，尤其是2003年以后，98%以上的商品价格完全由市场调节。这一阶段，各项物价总体平稳可控。即使是2003年“非典”疫情期间、2008年部分粮油产品和2010年部分农产品价格波动，由于相关措施得力，物价指数没有出现大的起伏。

国家统计局、国家发展计划委员会、国内贸易局决定从2001年编制固定基期的定基指数，首轮基期为2000年。随后，每5年调整一次，2006年编制以2005年为基期的定基指数。2008年，上海调查总队开始对城镇20%低收入居民（按城镇住户处的标准划分）的消费价格进行调查，试编制低收入居民消费价格指数。2009年，上海工业品价格调查涵盖上海全部大类行业，调查产品中类覆盖率95%以上。2010年，市统计局、上海调查总队决定将上海居民消费价格调查由市中心城区扩展到所有郊区、县，从2011年起，正式编制覆盖全市所有区、县的居民消费价格指数。

# 第一章　居民消费价格

1978—2010 年，上海居民消费价格经历了特点不同的 5 轮波动周期，累计上涨 5.5 倍，年均涨幅达 5.8%。

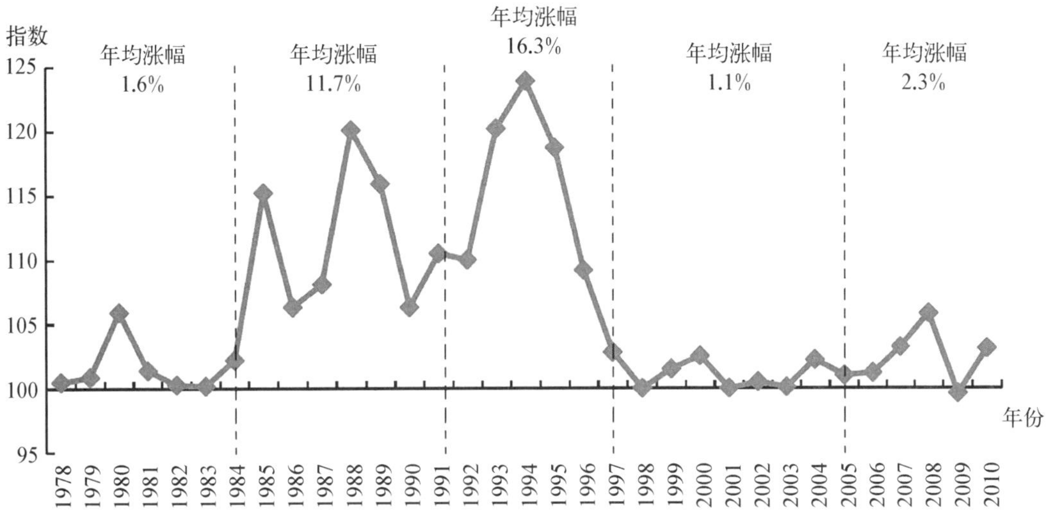


**图 6-1-1　1978—2010 年上海居民消费价格指数（以上年为 100）变动情况**

1978—1984 年，计划经济为主型价格波动。1979 年，上海按照国家的统一部署，采取“以调为主、调放结合”的方针进行价格改革，长期不变的物价环境被打破。但此阶段绝大部分商品价格仍在严格的计划管控之下，波动幅度较小，居民消费价格总体低位平稳运行。1978—1984 年，上海居民消费价格年均上升 1.6%；升幅较高的 1980 年和 1984 年同比分别上升 5.9%和 2.2%，其余年份升幅保持在 2%以下。

1985—1991 年，政策调整型价格波动。1984 年末，党的十二届三中全会通过《关于经济体制改革的决定》，经济体制改革全面展开，按照“以放为主”的思路不断减少价格控制。这一时期，国内货币发行速度加快，基础设施投资规模扩大，居民收入迅速提高，消费需求快速膨胀，国内经济出现过热现象。经过三年多的治理整顿，通货膨胀势头得到遏制，上海居民消费价格涨幅快速回落。1985—1991 年间，上海居民消费价格年均上升 11.7%；其中，1988 年和 1989 年升幅分别高达 20.1%和 15.9%，1990 年升幅回落至 6.3%。

1992—1996 年，总需求拉动型价格波动。这一时期的价格改革的重点转向建立与经济体制相适应的价格管理体制和价格运行机制，市场化价格改革步伐加快。而市场发育和相应法律法规不够成熟或健全，导致长期积累的深层次价格矛盾快速释放，居民消费价格逐年大幅攀升。随着多项调控措施逐步落实到位，物价大幅上涨势头得到抑制，上海居民消费价格涨幅快速回落。在此期间，上海居民消费价格年均上升 16.3%；其中，1993—1994 年的峰值时升幅分别高达 20.2%和 23.9%，为改革开放以来最高，1996 年则回落至 9.2%。

1997—2003 年，轻度紧缩型价格波动。改革开放近 20 年以后，国内消费市场供求格局发生转变,由过去几十年短缺经济形成的卖方市场转变为结构失衡的买方市场,供求矛盾由短缺转为过剩。亚洲金融危机爆发后,国内经济表现为经济增速和价格升幅双双走低,居民消费价格总水平在低位徘徊。1997—2003 年,居民消费价格上升速度较上一阶段快速回落,物价水平表现为稳中略升,上海居民消费价格年均上升 1.1%;尤其是 2001—2003 年,物价升幅保持低位运行,升幅均在 0～0.5%之间。

2004—2010 年,资源约束和国际传导型价格波动。这一时期居民消费价格明显升温,且波动性加强。其间,上海居民消费价格年均上升 2.3%。其中,2004—2006 年,上海居民消费价格在温和范围内波动;2007—2008 年,进入攀升期,升幅分别为 3.2%和 5.8%;2009—2010 年,居民消费价格上行速度趋缓。

改革开放以来,为扶持农业生产,增加农民收入,理顺国际国内价格差异,国内农产品价格进入稳步上升的通道,食品类价格攀升幅度加大。1978—2010 年,上海食品类价格提高 10.3 倍。

随着国内土地价格不断走高,房地产市场逐步升温,财富效应的释放,居住类消费需求急剧增加,相关价格随之走高。1984—2010 年,上海居住类价格累计上升 6.2 倍。

表 6-1-1 1978—2010 年居民消费价格指数(以上年为 100)统计表

| 年 份 | 居民消费价格指数 | 食 品 | 烟酒及用 品 | 衣 着 | 家庭设备用品及维修服务 | 医疗保健和个人用 品 | 交通和通 信 | 娱乐教育文化用品及服务 | 居 住 |
|---|---|---|---|---|---|---|---|---|---|
| 1978 | 100.5 | 100.1 | | 99.9 | 100.2 | 100.0 | | 100.0 | |
| 1979 | 100.9 | 101.7 | | 100.0 | 100.2 | 99.5 | | 101.5 | |
| 1980 | 105.9 | 106.6 | | 99.9 | 100.1 | 99.3 | | 100.3 | |
| 1981 | 101.4 | 101.3 | | 99.4 | 99.3 | 100.5 | | 100.2 | |
| 1982 | 100.3 | 101.9 | | 97.0 | 96.2 | 108.7 | | 98.8 | |
| 1983 | 100.2 | 101.6 | | 94.3 | 98.6 | 101.9 | | 99.4 | |
| 1984 | 102.2 | 103.4 | | 99.9 | 99.6 | 105.6 | 100.0 | 98.8 | 100.0 |
| 1985 | 115.2 | 125.1 | | 100.5 | 102.0 | 103.1 | 100.0 | 99.8 | 100.0 |
| 1986 | 106.3 | 109.9 | | 101.6 | 102.4 | 106.3 | 109.2 | 100.6 | 100.0 |
| 1987 | 108.1 | 111.2 | | 107.5 | 106.2 | 102.6 | 116.8 | 101.3 | 100.9 |
| 1988 | 120.1 | 124.7 | | 121.8 | 113.9 | 107.8 | 100.0 | 108.9 | 112.1 |
| 1989 | 115.9 | 113.3 | | 123.8 | 108.3 | 115.8 | 100.0 | 135.6 | 102.1 |
| 1990 | 106.3 | 103.6 | | 110.9 | 108.6 | 103.0 | 118.7 | 94.9 | 107.2 |
| 1991 | 110.5 | 112.7 | | 106.3 | 112.5 | 97.7 | 117.3 | 90.8 | 129.7 |
| 1992 | 110.0 | 113.1 | | 109.8 | 101.3 | 106.9 | 103.4 | 90.9 | 119.2 |
| 1993 | 120.2 | 121.1 | | 119.2 | 108.5 | 107.6 | 104.6 | 99.2 | 133.3 |
| 1994 | 123.9 | 130.2 | | 117.4 | 110.8 | 112.3 | 103.5 | 115.6 | 120.3 |
| 1995 | 118.7 | 124.4 | | 109.0 | 103.5 | 108.2 | 93.4 | 103.2 | 120.1 |
| 1996 | 109.2 | 109.7 | | 108.8 | 99.9 | 107.6 | 98.6 | 105.3 | 109.7 |
| 1997 | 102.8 | 99.3 | | 101.0 | 92.4 | 103.3 | 99.5 | 96.9 | 120.3 |
| 1998 | 100.0 | 97.7 | | 93.0 | 93.1 | 102.6 | 94.9 | 92.8 | 113.4 |
| 1999 | 101.5 | 97.6 | | 98.2 | 97.6 | 101.0 | 81.4 | 95.7 | 105.8 |
| 2000 | 102.5 | 98.1 | | 94.9 | 96.6 | 99.9 | 93.3 | 92.1 | 103.3 |
| 2001 | 100.0 | 100.3 | 98.9 | 98.9 | 97.2 | 97.4 | 98.1 | 102.1 | 102.3 |
| 2002 | 100.5 | 102.9 | 98.9 | 97.5 | 97.7 | 97.6 | 96.9 | 100.8 | 100.0 |
| 2003 | 100.1 | 101.3 | 99.8 | 97.5 | 98.4 | 100.0 | 96.3 | 100.3 | 101.1 |
| 2004 | 102.2 | 108.3 | 98.3 | 94.2 | 97.8 | 100.0 | 96.5 | 99.9 | 101.6 |
| 2005 | 101.0 | 104.5 | 99.7 | 92.1 | 100.8 | 100.3 | 97.5 | 98.3 | 102.9 |
| 2006 | 101.2 | 102.5 | 100.2 | 106.4 | 102.7 | 101.1 | 97.3 | 98.2 | 102.9 |
| 2007 | 103.2 | 109.4 | 100.7 | 101.3 | 103.3 | 100.2 | 96.9 | 97.3 | 104.5 |
| 2008 | 105.8 | 115.3 | 101.7 | 101.6 | 108.3 | 103.1 | 97.5 | 98.2 | 102.5 |
| 2009 | 99.6 | 102.1 | 100.8 | 99.3 | 101.5 | 99.4 | 97.5 | 98.0 | 96.6 |
| 2010 | 103.1 | 107.7 | 101.1 | 98.6 | 101.1 | 103.7 | 97.4 | 100.9 | 103.5 |

说明:(1)家庭设备用品及维修服务,1978—1993年为日用品类,1994—2000年为家庭设备及用品类。(2)医疗保健和个人用品,1978—1993年为药及医药用品类,1994—2000年为医疗保健类。(3)交通和通信,1984—2000年为交通和通信工具类。(4)娱乐教育文化用品及服务,1978—1993年为文化娱乐用品类,1994—2000年为娱乐教育文化用品类。

表 6-1-2　1978—1993 年居民消费价格定基指数(以 1978 年为 100)统计表

| 年　份 | 居民消费价格指数 | 食　品 | 衣　着 | 日用品 | 文化娱乐用　品 | 书报杂志 | 药品及医疗用品 | 燃　料 | 服务项目 |
|---|---|---|---|---|---|---|---|---|---|
| 1978 | 100.0 | 100.0 | 100.0 | 100.0 | 100.0 | 100.0 | 100.0 | 100.0 | 100.0 |
| 1979 | 100.9 | 101.7 | 100.0 | 100.2 | 101.5 | 100.0 | 99.5 | 100.0 | 100.3 |
| 1980 | 106.9 | 108.4 | 99.9 | 100.3 | 101.7 | 100.0 | 98.8 | 100.0 | 100.4 |
| 1981 | 108.3 | 109.8 | 99.3 | 99.6 | 101.9 | 100.0 | 99.3 | 100.0 | 100.5 |
| 1982 | 108.7 | 111.9 | 96.3 | 95.8 | 100.7 | 100.0 | 108.0 | 100.0 | 100.7 |
| 1983 | 108.9 | 113.6 | 90.9 | 94.4 | 100.1 | 100.0 | 110.1 | 100.0 | 101.3 |
| 1984 | 111.3 | 117.5 | 90.8 | 94.0 | 98.9 | 100.0 | 116.3 | 100.0 | 104.0 |
| 1985 | 128.2 | 147.0 | 91.2 | 95.8 | 98.7 | 125.7 | 119.8 | 100.0 | 109.7 |
| 1986 | 136.3 | 161.6 | 92.7 | 98.2 | 99.3 | 144.3 | 127.4 | 100.0 | 112.3 |
| 1987 | 147.3 | 179.7 | 99.6 | 104.2 | 100.5 | 144.3 | 130.7 | 102.8 | 113.9 |
| 1988 | 176.9 | 224.1 | 121.3 | 118.7 | 109.6 | 172.0 | 141.0 | 106.3 | 125.1 |
| 1989 | 205.1 | 253.9 | 150.2 | 128.6 | 148.6 | 319.4 | 163.2 | 106.5 | 135.3 |
| 1990 | 218.0 | 263.0 | 166.5 | 139.6 | 140.9 | 364.5 | 168.2 | 123.7 | 165.0 |
| 1991 | 240.9 | 296.5 | 177.1 | 157.1 | 128.0 | 377.6 | 164.2 | 209.5 | 196.2 |
| 1992 | 265.0 | 335.2 | 194.4 | 159.1 | 116.4 | 415.3 | 175.5 | 268.2 | 220.7 |
| 1993 | 318.5 | 406.0 | 231.7 | 172.7 | 115.5 | 438.2 | 188.9 | 421.8 | 305.3 |

表 6-1-3　1994—2000 年居民消费价格定基指数(以 1993 年为 100)统计表

| 年　份 | 居民消费价格指数 | 食　品 | 衣　着 | 家庭设备及用品 | 医疗保健 | 交通和通信工具 | 娱乐教育文化用品 | 居　住 | 服务项目 |
|---|---|---|---|---|---|---|---|---|---|
| 1993 | 100.0 | 100.0 | 100.0 | 100.0 | 100.0 | 100.0 | 100.0 | 100.0 | 100.0 |
| 1994 | 123.9 | 130.2 | 117.4 | 110.8 | 112.3 | 103.5 | 115.6 | 120.3 | 120.6 |
| 1995 | 147.1 | 162.0 | 128.0 | 114.7 | 121.5 | 96.7 | 119.3 | 144.5 | 150.4 |
| 1996 | 160.6 | 177.7 | 139.2 | 114.6 | 130.7 | 95.3 | 125.6 | 158.5 | 178.8 |
| 1997 | 165.1 | 176.4 | 140.6 | 105.9 | 135.1 | 94.8 | 121.7 | 190.7 | 219.8 |
| 1998 | 165.1 | 172.4 | 130.8 | 98.6 | 138.6 | 90.0 | 113.0 | 216.2 | 251.4 |
| 1999 | 167.6 | 168.2 | 128.4 | 96.2 | 140.0 | 73.3 | 108.1 | 228.8 | 306.5 |
| 2000 | 171.8 | 165.0 | 121.9 | 92.9 | 139.9 | 68.4 | 99.6 | 236.4 | 399.7 |

表 6-1-4　2001—2010 年居民消费价格定基指数(以 2000 年为 100)统计表

| 年　份 | 居民消费价格指数 | 食　品 | 烟酒及用　品 | 衣　着 | 家庭设备用品及维修服务 | 医疗保健和个人用　品 | 交通和通　信 | 娱乐教育文化用品及服务 | 居　住 |
|---|---|---|---|---|---|---|---|---|---|
| 2000 | 100.0 | 100.0 | 100.0 | 100.0 | 100.0 | 100.0 | 100.0 | 100.0 | 100.0 |
| 2001 | 100.0 | 100.3 | 98.9 | 98.9 | 97.2 | 97.4 | 98.1 | 102.1 | 102.3 |
| 2002 | 100.5 | 103.2 | 97.9 | 96.4 | 94.9 | 95.1 | 95.0 | 102.9 | 102.3 |
| 2003 | 100.6 | 104.6 | 97.6 | 94.0 | 93.4 | 95.1 | 91.5 | 103.2 | 103.4 |
| 2004 | 102.8 | 113.2 | 96.0 | 88.6 | 91.4 | 95.0 | 88.4 | 103.2 | 105.1 |
| 2005 | 103.7 | 118.3 | 95.6 | 81.6 | 92.1 | 95.3 | 86.2 | 101.4 | 108.2 |
| 2006 | 105.0 | 121.3 | 95.9 | 86.8 | 94.6 | 96.3 | 83.8 | 99.6 | 111.3 |
| 2007 | 108.3 | 132.7 | 96.5 | 88.0 | 97.7 | 96.6 | 81.2 | 96.9 | 116.3 |
| 2008 | 114.6 | 153.0 | 98.1 | 89.4 | 105.8 | 99.6 | 79.2 | 95.2 | 119.3 |
| 2009 | 114.1 | 156.1 | 98.9 | 88.8 | 107.4 | 99.0 | 77.2 | 93.2 | 115.2 |
| 2010 | 117.6 | 168.2 | 100.0 | 87.6 | 108.6 | 102.7 | 75.2 | 94.1 | 119.2 |

说明：由于居民消费价格分类从 1978—2010 年间经历三次大调整，统计口径不一致，故定基价格指数需分成三个阶段编制：1978—1993 年，1994—2000 年，2001—2010 年。

# 第二章　生产者价格

1992—2010 年(工业品价格统计从 1992 年开始),上海工业品出厂价格总体上升 60.8%,同比年均增长 2.5%,波动幅度在−6.2%～28%。19 年间,有 12 个年份同比不同程度的上升,其余 7 个年份下降。其中,1993 年价格升幅最高,为 28%;2009 年降幅达到最大,为 6.2%。

从生产资料和生活资料两大部类看,1992—2010 年,生产资料价格波动较大,生活资料价格相对平稳。生产资料出厂价格同比年均上升 3.1%,波动幅度在−7.9%～41.1%,升降波动幅度为 49 个百分点。其中,1993 年价格升幅最高,为 41.1%;2009 年降幅最大,为 7.9%。生活资料出厂价格同比年均上升 1.6%,波动幅度在−4.6%～23.9%,升降波动幅度为 28.5 个百分点。其中,1994 年价格升幅最高,为 23.9%;1998 年降幅最大,为 4.6%。

1992—2010 年,上海原材料、燃料、动力购进价格总体上升 1.8 倍,同比年均上升 5.6%,波动幅度在−10.2%～29.2%。19 年间,有 12 个年份同比出现不同程度的上升,其余 7 个年份下降。其中,1993 年价格升幅最高,为 29.2%;2009 年降幅最大,为 10.2%。

在调查的九大类购进价格中,1992—2010 年,燃料动力类等四大类购进价格同比升幅超过 5%。其中,燃料动力类产品价格上升 10.6%,居九大类之首;农副产品类(7.3%)和黑色金属材料类(6%)产品购进价格升幅居前列。

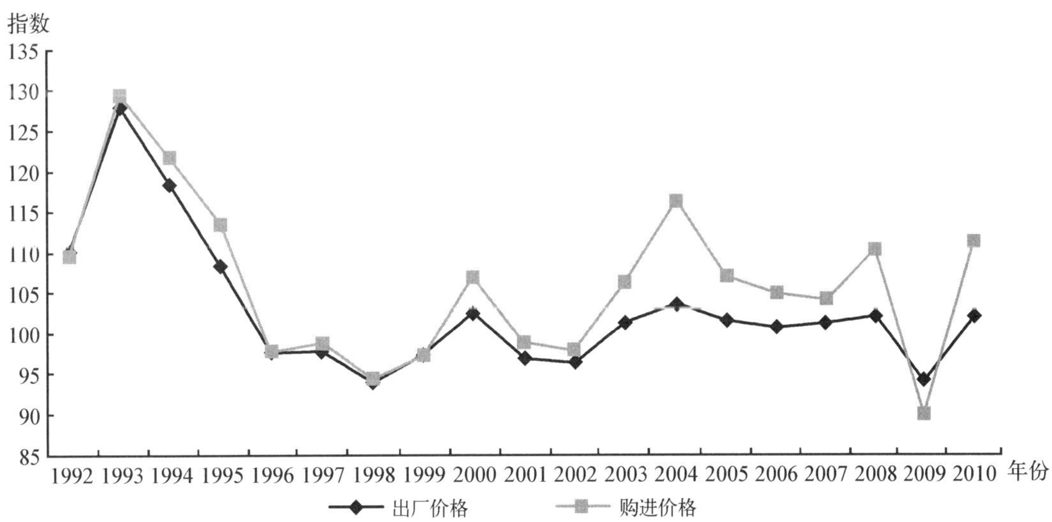


**图 6-2-1　1992—2010 年上海工业品出厂价格和原材料、燃料、动力购进价格同比指数**

1992 年以来,受国内外经济形势变化和国际大宗商品价格大幅波动等因素影响,上海工业品价格同比指数呈现“波峰—波谷—波峰”的周期性波动特点,具体运行轨迹如下:

1992—1995 年,国务院有关部门将其管理的重工业品、轻工业品和农产品价格权限进一步下放和放开,各级地方政府也相应调整了一些商品价格和收费标准。但由于高度集中的计划经济体制弊端没有完全消除,盲目扩张投资、竞相攀比发展速度等问题日益突出,伴随而来的是高投资、高工业增长,高货币发行、高信贷投放,高物价、高通胀。上海工业品出厂价格同比年均上升 15.9%,

其中1993年上升28%,升幅最大;原材料、燃料、动力购进价格同比年均上升18.2%,其中1993年同样最高,升幅为29.2%。随着政府采取了一系列稳定价格的措施,实现了经济的“软着陆”,1995年上海工业品出厂价格同比升幅回落至7.9%,原材料、燃料、动力购进价格同比升幅回落至13.3%。

1996—2001年,由于世界经济发展不景气,亚洲又爆发金融危机,上海对外贸易受到较大影响,再加上国内需求低迷,生产者价格走势下探。1996年上海工业品出厂价格和原材料、燃料、动力购进价格同比均由升转降,降幅均为2.4%。与1995年相比,同比升降差分别达到10.3个和15.7个百分点。其后5年,工业品价格水平持续低位徘徊,并出现4年的小幅下降。

2002—2005年,世界经济和贸易增长速度加快,国内经济也持续发展,市场需求增多,使得资源性原材料产品的供给趋紧,进而推动上海工业品价格总水平上行。工业品出厂价格和原材料、燃料、动力购进价格升幅于2004年达到这个周期的顶峰,同比分别上升3.6%和16.4%。

2006年、2007年上海工业品价格低位运行、相对稳定。2008年国际市场流动性过剩,大宗商品价格暴涨,进而推升上海工业品出厂价格和原材料、燃料、动力购进价格。2009年国际金融危机导致出口大幅下降,继而引发工业企业订单减少,上海工业品价格陡降至1992年以来的最低点,工业品出厂价格和原材料、燃料、动力购进价格同比分别下降6.2%和10.2%。2010年,随着国家应对国际金融危机出台的一系列刺激政策效果显现,工业品价格由降转升,上海工业品出厂价格和原材料、燃料、动力购进价格同比分别上升2.3%和11.2%。

表 6-2-1 1992—2010 年工业品出厂价格指数(以上年为 100)统计表

| 类 别 | 1992 年 | 1993 年 | 1994 年 | 1995 年 | 1996 年 | 1997 年 |
|---|---|---|---|---|---|---|
| 工业品出厂价格指数 | 110.4 | 128.0 | 118.2 | 107.9 | 97.6 | 97.8 |
| 按轻重工业分 | | | | | | |
| 轻工业 | 105.8 | 108.4 | 125.0 | 112.3 | 96.3 | 97.1 |
| 以农产品为原料 | 108.2 | 110.7 | 118.5 | 114.9 | 101.7 | 100.5 |
| 以非农产品为原料 | 103.3 | 106.2 | 118.5 | 109.6 | 90.5 | 94.0 |
| 重工业 | 115.2 | 147.9 | 112.3 | 104.4 | 98.6 | 98.4 |
| 原 料 | 119.0 | 158.4 | 110.0 | 102.4 | 95.8 | 99.5 |
| 加 工 | 109.2 | 123.9 | 117.1 | 108.8 | 104.1 | 97.3 |
| 按用途分 | | | | | | |
| 生产资料 | 112.4 | 141.1 | 114.7 | 107.3 | 95.8 | 96.9 |
| 生活资料 | 107.4 | 109.7 | 123.9 | 108.9 | 100.3 | 99.1 |
| #食 品 | 115.5 | 112.9 | 122.8 | 112.8 | 106.2 | 102.9 |
| 衣 着 | 105.6 | 108.4 | 140.6 | 113.7 | 98.3 | 101.5 |
| 一般日用品 | 105.9 | 115.0 | 109.3 | 111.8 | 102.0 | 98.1 |
| 耐用消费品 | 104.8 | 102.4 | 117.2 | 94.4 | 95.9 | 96.3 |

表 6-2-1 续表 1

| 类 别 | 1998 年 | 1999 年 | 2000 年 | 2001 年 | 2002 年 | 2003 年 |
|---|---|---|---|---|---|---|
| 工业品出厂价格指数 | 93.9 | 97.6 | 102.5 | 96.7 | 96.4 | 101.4 |
| 按轻重工业分 | | | | | | |
| 轻工业 | 93.4 | 99.3 | 99.9 | 97.8 | 97.0 | 99.2 |
| 以农产品为原料 | 93.0 | 100.1 | 99.4 | 99.8 | 98.9 | 101.0 |
| 以非农产品为原料 | 93.9 | 98.4 | 100.2 | 95.4 | 94.9 | 98.3 |
| 重工业 | 94.2 | 96.5 | 104.3 | 96.1 | 96.1 | 102.9 |
| 原 料 | 91.6 | 96.4 | 110.9 | 98.7 | 98.1 | 108.0 |
| 加 工 | 96.5 | 96.5 | 99.0 | 94.7 | 95.0 | 100.9 |
| 按用途分 | | | | | | |
| 生产资料 | 92.9 | 96.4 | 105.4 | 96.3 | 95.8 | 103.1 |
| 生活资料 | 95.4 | 99.5 | 98.0 | 97.3 | 97.3 | 98.1 |
| #食 品 | 100.9 | 101.3 | 98.2 | 102.6 | 102.6 | 100.1 |
| 衣 着 | 88.3 | 100.8 | 99.9 | 99.6 | 99.8 | 99.7 |
| 一般日用品 | 96.0 | 100.0 | 97.4 | 97.2 | 97.1 | 99.3 |
| 耐用消费品 | 98.0 | 97.6 | 97.3 | 95.1 | 94.7 | 96.1 |

**表6-2-1 续表2**

| 类　　别 | 2004年 | 2005年 | 2006年 | 2007年 | 2008年 | 2009年 | 2010年 |
|---|---|---|---|---|---|---|---|
| 工业品出厂价格指数 | 103.6 | 101.7 | 100.6 | 101.2 | 102.2 | 93.8 | 102.3 |
| 按轻重工业分 | | | | | | | |
| 轻工业 | 101.0 | 100.6 | 98.8 | 100.0 | 99.1 | 94.8 | 97.1 |
| 以农产品为原料 | 103.2 | 100.4 | 100.6 | 103.1 | 103.6 | 101.1 | 102.6 |
| 以非农产品为原料 | 99.8 | 100.7 | 98.2 | 99.1 | 97.9 | 93.1 | 95.6 |
| 重工业 | 105.0 | 102.3 | 102.4 | 102.3 | 105.2 | 92.9 | 106.9 |
| 原　料 | 113.1 | 109.7 | 108.2 | 104.0 | 110.7 | 91.8 | 116.8 |
| 加　工 | 102.3 | 99.9 | 100.3 | 101.7 | 102.8 | 93.5 | 102.9 |
| 按用途分 | | | | | | | |
| 生产资料 | 106.1 | 103.2 | 101.2 | 101.4 | 102.5 | 92.1 | 102.7 |
| 生活资料 | 98.7 | 98.7 | 98.9 | 100.2 | 101.3 | 100.6 | 100.7 |
| #食　品 | 101.3 | 100.6 | 100.5 | 104.8 | 105.3 | 102.0 | 104.4 |
| 衣　着 | 102.5 | 101.4 | 100.4 | 101.7 | 102.2 | 100.3 | 100.6 |
| 一般日用品 | 101.3 | 100.7 | 100.9 | 101.0 | 102.2 | 101.9 | 101.7 |
| 耐用消费品 | 94.6 | 95.7 | 95.4 | 95.6 | 97.2 | 98.5 | 97.6 |

**表6-2-2 1992—2010年工业品出厂价格定基指数(以1991年为100)统计表**

| 类　　别 | 1992年 | 1993年 | 1994年 | 1995年 | 1996年 | 1997年 | 1998年 |
|---|---|---|---|---|---|---|---|
| 工业品出厂价格指数 | 110.4 | 141.3 | 167.0 | 180.2 | 175.8 | 172.0 | 161.4 |
| 按轻重工业分 | | | | | | | |
| 轻工业 | 105.8 | 114.7 | 143.4 | 161.0 | 155.0 | 150.5 | 140.7 |
| 以农产品为原料 | 108.2 | 119.7 | 141.8 | 163.0 | 165.8 | 166.5 | 154.8 |
| 以非农产品为原料 | 103.3 | 109.6 | 129.9 | 142.4 | 128.8 | 121.1 | 113.7 |
| 重工业 | 115.2 | 170.4 | 191.3 | 199.8 | 196.9 | 193.7 | 182.4 |
| 原　料 | 119.0 | 188.4 | 207.3 | 212.3 | 203.4 | 202.4 | 185.5 |
| 加　工 | 109.2 | 135.3 | 158.4 | 172.3 | 179.4 | 174.6 | 168.5 |
| 按用途分 | | | | | | | |
| 生产资料 | 112.4 | 158.6 | 182.0 | 195.3 | 187.0 | 181.2 | 168.4 |
| 生活资料 | 107.4 | 117.9 | 146.1 | 159.0 | 159.5 | 158.1 | 150.8 |
| #食　品 | 115.5 | 130.4 | 160.1 | 180.5 | 191.7 | 197.2 | 199.0 |
| 衣　着 | 105.6 | 114.5 | 160.9 | 182.9 | 179.7 | 182.4 | 161.1 |
| 一般日用品 | 105.9 | 121.7 | 133.0 | 148.7 | 151.6 | 148.7 | 142.7 |
| 耐用消费品 | 104.8 | 107.3 | 125.8 | 118.7 | 113.8 | 109.6 | 107.4 |

表 6－2－2 续表 1

| 类 别 | 1999 年 | 2000 年 | 2001 年 | 2002 年 | 2003 年 | 2004 年 |
|---|---|---|---|---|---|---|
| 工业品出厂价格指数 | 157.5 | 161.5 | 156.2 | 150.6 | 152.7 | 158.3 |
| 按轻重工业分 | | | | | | |
| 轻工业 | 139.6 | 139.4 | 136.3 | 132.2 | 131.1 | 132.4 |
| 以农产品为原料 | 154.9 | 154.0 | 153.8 | 152.2 | 153.7 | 158.5 |
| 以非农产品为原料 | 111.9 | 112.1 | 106.9 | 101.5 | 99.8 | 99.5 |
| 重工业 | 175.9 | 183.4 | 176.2 | 169.4 | 174.2 | 182.9 |
| 原 料 | 178.8 | 198.2 | 195.6 | 191.7 | 207.0 | 234.1 |
| 加 工 | 162.6 | 161.0 | 152.5 | 144.9 | 146.2 | 149.6 |
| 按用途分 | | | | | | |
| 生产资料 | 162.4 | 171.2 | 164.9 | 158.0 | 162.9 | 172.8 |
| 生活资料 | 150.0 | 147.0 | 143.1 | 139.2 | 136.6 | 134.9 |
| # 食 品 | 201.6 | 197.9 | 203.1 | 208.2 | 208.3 | 211.1 |
| 衣 着 | 162.3 | 162.2 | 161.5 | 161.1 | 160.7 | 164.6 |
| 一般日用品 | 142.7 | 139.1 | 135.2 | 131.2 | 130.3 | 132.0 |
| 耐用消费品 | 104.9 | 102.1 | 97.0 | 91.9 | 88.3 | 83.5 |

表 6－2－2 续表 2

| 类 别 | 2005 年 | 2006 年 | 2007 年 | 2008 年 | 2009 年 | 2010 年 |
|---|---|---|---|---|---|---|
| 工业品出厂价格指数 | 161.1 | 162.1 | 163.9 | 167.5 | 157.2 | 160.8 |
| 按轻重工业分 | | | | | | |
| 轻工业 | 133.1 | 131.5 | 131.6 | 130.4 | 123.6 | 120.0 |
| 以农产品为原料 | 159.2 | 160.1 | 165.0 | 171.0 | 172.9 | 177.4 |
| 以非农产品为原料 | 100.2 | 98.4 | 97.5 | 95.5 | 88.9 | 85.0 |
| 重工业 | 187.1 | 191.6 | 196.0 | 206.2 | 191.5 | 204.7 |
| 原 料 | 256.7 | 277.7 | 288.9 | 319.8 | 293.6 | 342.9 |
| 加 工 | 149.5 | 149.9 | 152.4 | 156.7 | 146.5 | 150.8 |
| 按用途分 | | | | | | |
| 生产资料 | 178.4 | 180.4 | 183.0 | 187.6 | 172.8 | 177.4 |
| 生活资料 | 133.2 | 131.6 | 131.9 | 133.7 | 134.5 | 135.4 |
| # 食 品 | 212.4 | 213.4 | 223.5 | 235.4 | 240.1 | 250.7 |
| 衣 着 | 166.9 | 167.5 | 170.3 | 174.0 | 174.5 | 175.6 |
| 一般日用品 | 132.9 | 134.1 | 135.4 | 138.4 | 141.1 | 143.5 |
| 耐用消费品 | 80.0 | 76.2 | 72.9 | 70.8 | 69.8 | 68.1 |

表 6-2-3 1992—2010 年原材料、燃料、动力购进价格指数(以上年为 100)统计表

| 类　别 | 1992 年 | 1993 年 | 1994 年 | 1995 年 | 1996 年 | 1997 年 |
|---|---|---|---|---|---|---|
| 原材料、燃料、动力购进价格指数 | 109.6 | 129.2 | 121.6 | 113.3 | 97.6 | 98.6 |
| 燃料、动力类 | 117.9 | 133.2 | 117.8 | 107.6 | 109.9 | 103.2 |
| 黑色金属材料类 | 112.1 | 163.2 | 103.2 | 99.1 | 96.0 | 98.3 |
| 有色金属材料和电线类 | 109.9 | 115.9 | 113.8 | 131.7 | 87.3 | 96.4 |
| 化工原料类 | 87.8 | 110.5 | 116.6 | 124.1 | 93.7 | 96.4 |
| 木材及纸浆类 | 103.9 | 120.6 | 138.7 | 121.3 | 102.8 | 105.3 |
| 建筑材料及非金属矿类 | 109.1 | 138.8 | 116.3 | 92.1 | 123.9 | 90.9 |
| 其他工业原材料及半成品类 | | | | | | 96.0 |
| 农副产品类 | 110.7 | 120.7 | 151.0 | 123.3 | 100.6 | 119.5 |
| 纺织原料类 | 101.6 | 105.0 | 138.9 | 114.8 | 90.0 | 96.0 |

表 6-2-3 续表 1

| 类　别 | 1998 年 | 1999 年 | 2000 年 | 2001 年 | 2002 年 | 2003 年 |
|---|---|---|---|---|---|---|
| 原材料、燃料、动力购进价格指数 | 94.1 | 97.1 | 107.1 | 98.7 | 97.7 | 106.4 |
| 燃料、动力类 | 97.4 | 102.1 | 116.7 | 99.9 | 101.6 | 107.7 |
| 黑色金属材料类 | 99.0 | 96.0 | 96.7 | 104.5 | 100.1 | 113.7 |
| 有色金属材料和电线类 | 83.3 | 98.5 | 111.4 | 93.2 | 95.1 | 102.5 |
| 化工原料类 | 86.0 | 100.8 | 123.5 | 90.4 | 92.7 | 107.3 |
| 木材及纸浆类 | 75.2 | 92.9 | 101.6 | 94.9 | 97.6 | 99.3 |
| 建筑材料及非金属矿类 | 91.9 | 102.1 | 99.5 | 101.6 | 96.3 | 103.0 |
| 其他工业原材料及半成品类 | 92.3 | 100.7 | 104.6 | 100.9 | 97.7 | 98.9 |
| 农副产品类 | 92.2 | 93.8 | 97.2 | 99.3 | 99.5 | 109.2 |
| 纺织原料类 | 100.2 | 87.1 | 96.9 | 96.8 | 94.5 | 102.0 |

表 6-2-3 续表 2

| 类　别 | 2004 年 | 2005 年 | 2006 年 | 2007 年 | 2008 年 | 2009 年 | 2010 年 |
|---|---|---|---|---|---|---|---|
| 原材料、燃料、动力购进价格指数 | 116.4 | 106.8 | 104.8 | 104.1 | 110.3 | 89.8 | 111.2 |
| 燃料、动力类 | 124.8 | 124.1 | 110.9 | 104.3 | 135.6 | 76.0 | 129.0 |
| 黑色金属材料类 | 134.6 | 103.2 | 92.7 | 106.6 | 117.0 | 86.7 | 113.9 |
| 有色金属材料和电线类 | 119.9 | 112.2 | 139.1 | 107.2 | 96.4 | 86.3 | 129.4 |
| 化工原料类 | 114.3 | 111.1 | 103.2 | 105.2 | 105.9 | 87.5 | 116.0 |
| 木材及纸浆类 | 100.9 | 101.5 | 100.3 | 102.0 | 102.6 | 96.3 | 103.4 |
| 建筑材料及非金属矿类 | 115.1 | 88.9 | 99.8 | 102.7 | 109.0 | 98.6 | 105.4 |
| 其他工业原材料及半成品类 | 103.0 | 99.3 | 103.3 | 102.2 | 102.3 | 96.7 | 102.3 |
| 农副产品类 | 110.4 | 98.1 | 105.1 | 106.7 | 107.6 | 100.0 | 108.2 |
| 纺织原料类 | 104.9 | 101.8 | 100.5 | 101.8 | 103.2 | 99.2 | 106.4 |

表 6 - 2 - 4　1992—2010 年原材料、燃料、动力购进价格定基指数(以 1991 年为 100)统计表

| 类　别 | 1992 年 | 1993 年 | 1994 年 | 1995 年 | 1996 年 | 1997 年 | 1998 年 |
|---|---|---|---|---|---|---|---|
| 原材料、燃料、动力购进价格指数 | 109.6 | 141.7 | 172.3 | 195.1 | 190.4 | 187.8 | 176.7 |
| 燃料、动力类 | 117.9 | 157.0 | 184.9 | 198.9 | 218.6 | 225.6 | 219.7 |
| 黑色金属材料类 | 112.1 | 182.9 | 188.7 | 187.1 | 179.6 | 176.5 | 174.8 |
| 有色金属材料和电线类 | 109.9 | 127.3 | 144.9 | 190.7 | 166.4 | 160.4 | 133.5 |
| 化工原料类 | 87.8 | 97.0 | 113.1 | 140.4 | 131.5 | 126.8 | 109.1 |
| 木材及纸浆类 | 103.9 | 125.3 | 173.7 | 210.7 | 216.6 | 228.1 | 171.5 |
| 建筑材料及非金属矿类 | 109.1 | 151.4 | 176.1 | 162.1 | 200.9 | 182.5 | 167.7 |
| 其他工业原材料及半成品类 | | | | | 100.0 | 96.0 | 88.5 |
| 农副产品类 | 110.7 | 133.6 | 201.7 | 248.6 | 250.0 | 298.8 | 275.5 |
| 纺织原料类 | 101.6 | 106.7 | 148.3 | 170.3 | 153.3 | 147.2 | 147.6 |

表 6 - 2 - 4　续表 1

| 类　别 | 1999 年 | 2000 年 | 2001 年 | 2002 年 | 2003 年 | 2004 年 |
|---|---|---|---|---|---|---|
| 原材料、燃料、动力购进价格指数 | 171.6 | 183.8 | 181.5 | 177.3 | 188.7 | 219.6 |
| 燃料、动力类 | 224.4 | 261.8 | 261.5 | 265.7 | 286.1 | 357.1 |
| 黑色金属材料类 | 167.7 | 162.1 | 169.3 | 169.5 | 192.7 | 259.4 |
| 有色金属材料和电线类 | 131.6 | 146.6 | 136.6 | 129.9 | 133.2 | 159.7 |
| 化工原料类 | 109.9 | 135.8 | 122.8 | 113.8 | 122.1 | 139.6 |
| 木材及纸浆类 | 159.2 | 161.7 | 153.5 | 149.8 | 148.8 | 150.1 |
| 建筑材料及非金属矿类 | 171.3 | 170.4 | 173.1 | 166.7 | 171.7 | 197.6 |
| 其他工业原材料及半成品类 | 89.2 | 93.3 | 94.2 | 92.0 | 91.0 | 93.7 |
| 农副产品类 | 258.3 | 251.1 | 249.3 | 248.1 | 270.9 | 299.0 |
| 纺织原料类 | 128.4 | 124.4 | 120.5 | 113.9 | 116.1 | 121.8 |

表 6 - 2 - 4　续表 2

| 类　别 | 2005 年 | 2006 年 | 2007 年 | 2008 年 | 2009 年 | 2010 年 |
|---|---|---|---|---|---|---|
| 原材料、燃料、动力购进价格指数 | 234.6 | 245.8 | 255.9 | 282.2 | 253.5 | 281.8 |
| 燃料、动力类 | 443.2 | 491.5 | 512.6 | 695.1 | 528.3 | 681.5 |
| 黑色金属材料类 | 267.7 | 248.1 | 264.5 | 309.5 | 268.3 | 305.6 |
| 有色金属材料和电线类 | 179.1 | 249.2 | 267.1 | 257.5 | 222.2 | 287.5 |
| 化工原料类 | 155.1 | 160.1 | 168.4 | 178.3 | 156.0 | 181.0 |
| 木材及纸浆类 | 152.4 | 152.8 | 155.9 | 159.9 | 154.0 | 159.2 |
| 建筑材料及非金属矿类 | 175.7 | 175.3 | 180.1 | 196.3 | 193.5 | 204.0 |
| 其他工业原材料及半成品类 | 93.1 | 96.1 | 98.3 | 100.5 | 97.2 | 99.4 |
| 农副产品类 | 293.4 | 308.3 | 329.0 | 354.0 | 354.0 | 383.0 |
| 纺织原料类 | 124.0 | 124.7 | 126.9 | 131.0 | 129.9 | 138.2 |

说明：其他工业原材料及半成品类以 1996 年为 100。

# 第三章　固定资产投资和房地产价格

1993—2010年(固定资产投资价格统计从1992年开始),上海固定资产投资价格总体呈上升态势,年均上升3.7%。

从价格走势看,1993—2010年,各年升跌幅介于-3%～31.4%,经历“升—降—升—降—升”的波动走势。

1993—1997年,因固定资产投资较快增长,建材价格上升明显,上海固定资产投资价格保持连续5年上升态势,年均升幅高达9.6%。1998年、1999年,受亚洲金融危机及国内货币政策从紧、需求不振等因素共同影响,上海固定资产投资价格同比进入下降通道。2000—2008年,市场需求逐渐复苏,上海固定资产投资价格扭转下降趋势,持续上升。2009年,受全球性金融危机影响,各类建材价格下降,固定资产投资价格短暂下行,随后在经济刺激政策推动下,2010年再次提振上行。

固定资产投资价格由建筑安装工程价格,设备、工器具购置价格,其他费用构成。

1993—2010年,上海建筑安装工程价格同比总体呈上升态势,波动态势与固定资产投资价格相同。其中,主要受亚洲金融危机及国内货币政策从紧、需求不振及全球性金融危机等因素影响,1998年、1999年与2009年两时段呈下降走势。

从波动幅度看,上海1993年的升幅最大,为34.2%。主要原因是,1993年中国固定资产投资增速高,同时出现严重的通货膨胀,推升建筑安装工程价格快速上升。2009年降幅最大,为5.2%。主要原因是,2008年上半年价格水平较高,而年底爆发的全球性金融危机迅速蔓延,导致2009年建筑安装工程价格下降。

1993—2010年,上海设备、工器具购置价格同比经历“由升转降”的过程。其中:

1993—1996年,在经济快速发展、物价较快上升的大环境下,上海设备、工器具购置价格呈上升态势,但升幅由1993年的31.4%逐渐降低至1996年的1.7%。

1997年起,随着技术进步的不断提速、市场竞争的不断加剧,固定资产投资中的设备、工器具等产品价格逐年下滑,上海设备、工器具购置价格同比进入持续下行通道,降幅介于0.5%～3.9%。

其他费用由土地取得费、前期工程费、施工工作费和建设单位其他费用4部分组成。

1993—2010年,上海其他费用价格总体呈上升态势。其中仅1998—2000年呈下降走势。主要原因是,经济增速减缓、央行多次下调贷款利率等因素叠加影响,导致其他费用价格同比连续3年下降。

1998—2010年(房地产价格统计从1998年开始),上海房屋销售价格呈现“上下波动、总体上升”的态势,累计上升81.5%,年均上升4.7%。分时段看,1998—2000年,房屋销售价格呈下降态势,年降幅在5%以内。自2001年起,随着人们对居住要求提高,加上鼓励购房政策,上海房屋销售市场成交活跃,价格也随之上升。其中,2003年的价格首次出现两位数升幅,为20.1%,是2001—2010年升幅最高。为控制房价过快上涨,促进房地产市场健康平稳发展,2005年、2006年中央及地方政府陆续出台一系列的宏观调控政策,打击投机、抑制投资,取得一定成效。2006年,上海房屋销售价格指数由升转跌,价格比上年下降1.3%。2007年,市场开始回暖,价格比上年小幅上升3.4%。之后直到2010年,年升幅均在10%以内。

作为房屋销售的一级市场，新建房销售价格变动直接对二手房销售价格产生影响。1998—2010 年，上海新建房销售价格累计上升 71.8%，年均上升 4.3%。分时段看，前 3 年价格均出现下降，其中 1998 年降幅最大，为 4.3%。自 2001 年起，新建房销售价格开始上升。在 2003 年升幅最高，为 20.5%。受到宏观调控政策的影响，2006 年，价格指数由升转跌，价格比上年下降 3%。2007 年，价格开始出现小幅上升，升幅为 3.1%。之后 3 年，新建房销售价格均是一位数上升。

随着可供开发的土地日益减少，二手房销售市场得到发展，其所占的市场份额逐步扩大甚至超过新建房销售市场。1998—2010 年，上海二手房销售价格累计上升 1.1 倍，升幅比新建房扩大 33.9 个百分点；年均上升 5.7%，比新建房扩大 1.4 个百分点。前 3 年二手房销售价格均出现下降，其中 1998 年下降 5.6%，降幅比新建房扩大 1.3 个百分点。而 2001—2010 年，二手房销售价格均处于上升通道，除 2002 年外，其余 9 年的二手房销售价格升幅均大于新建房。从价格指数看，宏观调控政策对二手房销售市场影响相对较小，在新建房价格出现下降的 2006 年，二手房销售价格仍出现上升，升幅为 1.8%。

房屋租赁是指将房屋使用价值出售的一种商品流通方式。1998—2010 年，由于人们对通过承租获得居住空间的接受度仍处于较低水平，与房屋销售市场相比，上海房屋租赁市场发展速度相对较慢，价格变动较为平稳。上海房屋租赁价格累计上升 10.5%，升幅比房屋销售价格减少 71 个百分点；年均仅上升 0.8%。分时段看，1998—2000 年及 2002 年的 4 年环比指数均出现下降。其中 1999 年下降最多，降幅为 10.1%；其余年份均出现小幅上升。其中最大升幅出现在 2004 年，为 5.5%。

作为房地产业的一级市场，土地交易价格的变动与房屋销售价格相互影响。1998—2010 年，上海土地交易价格累计上升 79.1%，升幅比房屋销售价格略低 2.4 个百分点；年均上升 4.6%。分时段看，前 4 年价格均出现下降，其中 2000 年的价格下降最多，降幅为 8.1%。2002 年起，随着房屋销售市场发展，对土地的需求日益扩大，加上土地资源的稀缺性，上海土地交易价格由跌转升，并均处于上升通道。其中 2003 年、2004 年和 2010 年均出现两位数上升，升幅分别为 15.1%、20.3% 和 18.9%。

表6-3-1 1993—2010年固定资产投资价格指数(以上年为100)统计表

| 年 份 | 固定资产投资价格指数 | 建筑安装工程 | #人工费 | #材料费 | #机械使用费 | 设备、工器具购置 | 其他费用投资 |
|---|---|---|---|---|---|---|---|
| 1993 | 131.4 | 134.2 | 163.9 | 146.6 | | 131.4 | 125.0 |
| 1994 | 108.8 | 108.8 | 117.7 | 105.3 | | 112.1 | 105.0 |
| 1995 | 103.1 | 101.9 | 108.7 | 99.5 | | 104.8 | 107.0 |
| 1996 | 107.0 | 108.9 | 114.2 | 97.4 | 118.5 | 101.7 | 107.7 |
| 1997 | 100.5 | 101.4 | 109.0 | 98.7 | 104.5 | 97.8 | 100.8 |
| 1998 | 98.4 | 98.9 | 96.0 | 98.3 | 99.7 | 96.1 | 99.6 |
| 1999 | 98.1 | 97.8 | 103.4 | 96.1 | 100.5 | 96.9 | 99.8 |
| 2000 | 100.0 | 101.5 | 100.6 | 101.8 | 99.8 | 97.0 | 99.9 |
| 2001 | 100.7 | 102.4 | 109.0 | 101.2 | 99.7 | 96.5 | 101.3 |
| 2002 | 100.3 | 101.9 | 110.5 | 99.8 | 102.8 | 96.7 | 100.3 |
| 2003 | 102.4 | 105.2 | 104.5 | 105.5 | 104.9 | 97.5 | 101.4 |
| 2004 | 106.7 | 110.6 | 105.7 | 112.0 | 108.7 | 99.4 | 104.7 |
| 2005 | 100.8 | 100.9 | 104.8 | 99.4 | 105.6 | 97.4 | 103.2 |
| 2006 | 100.1 | 100.1 | 104.8 | 98.6 | 102.9 | 97.3 | 102.0 |
| 2007 | 103.5 | 104.6 | 107.3 | 104.3 | 102.4 | 99.4 | 104.1 |
| 2008 | 107.9 | 112.1 | 108.8 | 113.9 | 104.9 | 99.5 | 105.4 |
| 2009 | 97.0 | 94.8 | 106.2 | 91.1 | 101.8 | 96.1 | 102.2 |
| 2010 | 103.8 | 106.1 | 106.9 | 106.5 | 102.4 | 98.6 | 102.4 |

表6-3-2 1998—2010年房屋销售价格指数(以上年为100)统计表

| 年 份 | 房屋销售价格指数 | 新建房 | 住 宅 | 非住宅 | 公 房 | 二手房 |
|---|---|---|---|---|---|---|
| 1998 | 95.7 | 95.7 | 95.7 | 96.1 | 100.0 | 94.4 |
| 1999 | 96.2 | 96.0 | 96.3 | 91.7 | 100.0 | 96.6 |
| 2000 | 98.6 | 98.5 | 98.5 | 98.2 | 100.0 | 99.1 |
| 2001 | 104.4 | 101.8 | 102.1 | 98.3 | 107.4 | 110.8 |
| 2002 | 107.3 | 108.2 | 108.7 | 103.8 | 100.7 | 105.7 |
| 2003 | 120.1 | 120.5 | 121.4 | 111.7 | 100.0 | 121.6 |
| 2004 | 115.9 | 115.8 | 115.8 | 116.1 | 100.0 | 117.5 |
| 2005 | 109.7 | 109.2 | 109.2 | 108.5 | | 110.6 |
| 2006 | 98.7 | 97.0 | 96.8 | 98.6 | | 101.8 |
| 2007 | 103.4 | 103.1 | 103.4 | 102.1 | | 103.8 |
| 2008 | 105.9 | 105.3 | 105.7 | 103.9 | | 106.8 |
| 2009 | 100.8 | 100.6 | 101.1 | 99.0 | | 101.1 |
| 2010 | 107.3 | 106.8 | 107.6 | 102.2 | | 107.8 |

说明:(1)按照国家统计局的调查制度,2005年起取消房屋销售价格统计中的“公房”和“私房”指标,增加“二手房”指标。2005年之前的二手房数据指私房数据。(2)从2008年开始,房屋销售价格指数中“新建商品房”改为“新建房”。

表 6－3－3　1998—2010 年房屋租赁价格指数(以上年为 100)统计表

| 年　份 | 房屋租赁价格指数 | 商品住宅 | #公　房 | 办公楼 | 商业营业用　房 | 其　他 |
|---|---|---|---|---|---|---|
| 1998 | 92.2 | 151.9 | 146.0 | 88.1 | 107.5 | 107.7 |
| 1999 | 89.9 | 131.7 | 131.7 | 78.9 | 110.9 | 98.0 |
| 2000 | 95.8 | 104.1 | 104.1 | 87.6 | 103.6 | 92.3 |
| 2001 | 104.9 | 107.4 | 115.2 | 98.6 | 107.2 | 118.8 |
| 2002 | 99.0 | 100.0 | 100.0 | 99.3 | 97.0 | 102.0 |
| 2003 | 102.1 | 101.2 | 100.0 | 105.2 | 98.9 | 103.6 |
| 2004 | 105.5 | 101.3 | 100.0 | 106.9 | 107.3 | 105.0 |
| 2005 | 103.6 | 103.3 |  | 106.4 | 101.0 | 101.4 |
| 2006 | 104.0 | 102.3 |  | 103.8 | 106.1 | 101.1 |
| 2007 | 105.1 | 106.5 |  | 104.5 | 105.8 | 101.5 |
| 2008 | 104.6 | 104.2 |  | 105.6 | 104.9 | 100.0 |
| 2009 | 100.6 | 100.3 |  | 101.0 | 100.7 | 100.0 |
| 2010 | 104.4 | 104.9 |  | 101.3 | 108.8 | 100.1 |

说明：(1) 按照国家统计局的调查制度，2005 年起取消房屋租赁价格统计中的“公房”指标。(2) 按照国家统计局新的调查制度，从 2008 年开始，房屋租赁价格指数中“商业娱乐用房”改为“商业营业用房”，“工业仓储用房”改为“其他”。

表 6－3－4　1998—2010 年土地交易价格指数统计表

| 年　份 | 以上年为 100 |  |  | 以 1997 年为 100 |  |  |
|---|---|---|---|---|---|---|
|  | 土地交易价格指数 | #居住用地 | #工业用地 | 土地交易价格指数 | #居住用地 | #工业用地 |
| 1998 | 95.5 | 93.4 | 109.5 | 95.5 | 93.4 | 109.5 |
| 1999 | 93.3 | 91.3 | 93.6 | 89.1 | 85.3 | 102.5 |
| 2000 | 91.9 | 86.3 | 93.3 | 81.9 | 73.6 | 95.6 |
| 2001 | 97.2 | 92.2 | 91.6 | 79.6 | 67.9 | 87.6 |
| 2002 | 106.3 | 111.0 | 90.3 | 84.6 | 75.3 | 79.1 |
| 2003 | 115.1 | 122.2 | 101.5 | 97.4 | 92.0 | 80.3 |
| 2004 | 120.3 | 129.4 | 101.4 | 117.2 | 119.1 | 81.4 |
| 2005 | 106.9 | 105.4 | 103.7 | 125.3 | 125.5 | 84.4 |
| 2006 | 101.2 | 99.5 | 102.9 | 126.8 | 124.9 | 86.9 |
| 2007 | 107.8 | 104.4 | 113.8 | 136.7 | 130.4 | 98.9 |
| 2008 | 107.9 | 106.9 | 107.3 | 147.4 | 139.4 | 106.0 |
| 2009 | 102.2 | 102.9 | 101.7 | 150.7 | 143.5 | 107.8 |
| 2010 | 118.9 | 126.4 | 115.1 | 179.1 | 181.4 | 124.1 |

说明：按照国家统计局的调查制度，从 2008 年开始，土地交易价格指数中“工业仓储用地”改为“工业用地”。

# 第七篇

## 人民生活

1978—1990 年，上海城市居民家庭人均可支配收入增长 4.38 倍，年均增幅为 15.0%；1985 年超千元。工资性收入一直是城市居民家庭收入的主要来源。1985 年以来，工资性收入均占城市居民家庭人均可支配收入的七成左右。1978—1990 年，消费增长 4.43 倍，年均增幅为 15.1%；1980 年起，上海城市居民家庭人均消费支出超过千元。1978—1990 年，上海农村居民家庭人均可支配收入增长 4.92 倍，年均增幅为 16.0%。1980—1990 年，农村人均总支出增长 3.25 倍，年均增长 15.6%。

1980 年，上海根据国家安排恢复城镇住户调查，并对 1977 年和 1978 年的数据进行了推算。当年国家汇总的调查户数为 15 000 户，上海为 500 户职工家庭调查户。1984 年，调查对象由“职工家庭”扩大为“城镇家庭住户”，并将个体户纳入调查范围。1978 年，国家统计局恢复农村住户调查，在上海抽选 96 户农户进行典型调查。1980 年下半年，国家统计局实施农村住户抽样调查方案，上海样本量为 280 户，1981 年扩充至 360 户。1985 年，上海市农调队重新抽选 1 000 户样本，范围覆盖全市的 10 个县，各县 100 户。1991 年重新抽选 600 户样本。

1990—2000 年，上海城市居民家庭人均可支配收入增长 4.36 倍，年均增幅为 18.3%。20 世纪 90 年代末，上海城市居民家庭人均可支配收入跨上万元台阶。1990—2000 年，上海城市居民家庭消费支出增长 3.58 倍，年均增幅为 16.4%。1990—2000 年，上海农村居民家庭人均可支配收入增长 2.34 倍，年均增长 12.8%；人均总支出增长 2.5 倍，年均增长 13.4%。

1992 年，城镇住户调查开始与国际接轨，城镇居民消费支出采用联合国“住户能力调查方案”的分类标准。尤其引进“可支配收入”的概念，将其作为对外发布数据的一个重要指标。1990 年后，农村住户调查采用农村居民记账与一次性调查（年度报表）相结合的方法采集数据。2000 年以前，农村居民收入指标为人均纯收入口径。2000 年，上海农村住户调查公布使用可支配收入指标，以缩小与城镇居民收入口径的差异，与全国口径不同。

2000—2010 年，上海城市居民家庭人均可支配收入增长 1.72 倍，年均增幅为 11.4%①。2006 年，突破 2 万元；2010 年，突破 3 万元大关，达 31 838 元。2000—2010 年，消费增长 1.62 倍，年均增幅为 10%。2000—2010 年，农村人均可支配收入增长 1.43 倍，年均增长 9.3%。

2002 年，根据国家统计局要求，城镇住户调查采用住宅框选取调查户样本，调查对象涵盖居住在城镇区域内的所有住户，2004 年起，上海城市居民收支调查样本由 500 户增至 1 000 户。2005 年，上海农村住户调查扩展范围至全市 9 个郊区县，样本量 600 户，包含由“农转居”进入郊区小城镇的 150 户家庭。1990—2010 年，根据国家统计局规定，农村住户调查每 5 年开展一次样本轮换。

① 由于 2002 年绝对数与增幅不可比，故 2000—2010 年年均增幅均采用历年增幅累乘计算。

# 第一章 城市居民生活

1978—2010 年(城市居民收支调查从 1980 年开始统计,1978 年和 1979 年收支主要数据为推算数据,收入和消费的结构数据并未进行推算,故结构数据从 1980 年开始分析,下同),上海城市居民家庭人均可支配收入年均增长 14.9%[①],扣除价格因素,年均实际增长 8.4%。分时段来看,1978—1990 年,收入平均年增幅为 15.0%;1990—2000 年,收入平均年增幅为 18.3%;2000—2010 年,收入平均年增幅为 11.4%。

从收入水平来看,1985 年上海城市居民家庭人均可支配收入超千元;20 世纪 90 年代末,上海城市居民家庭人均可支配收入跨上万元台阶;2006 年,人均可支配收入突破 2 万元;2010 年,上海城市居民家庭人均可支配收入突破 3 万元大关,达 31 838 元。

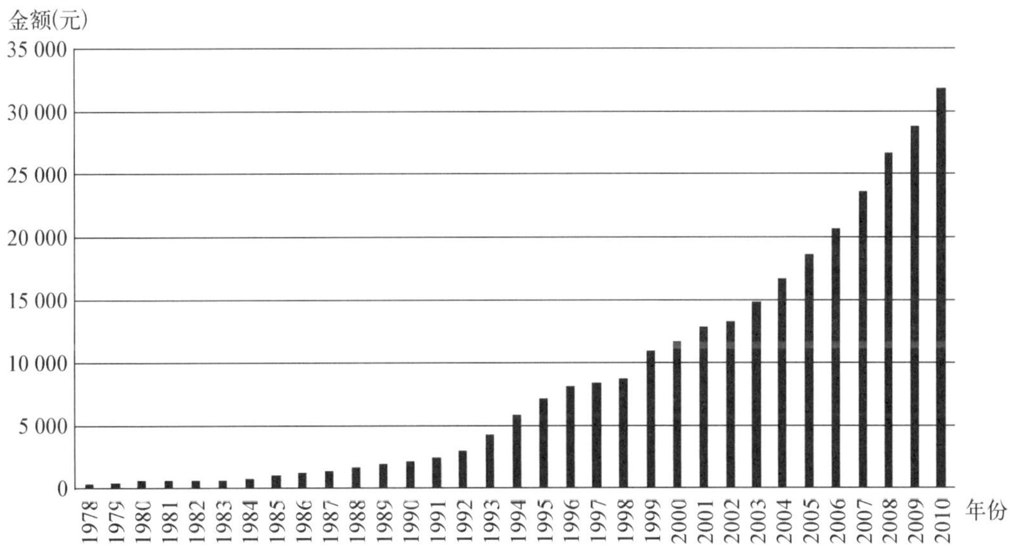


**图 7-1-1 1978—2010 年上海城市居民家庭人均可支配收入**

上海城市居民家庭人均可支配收入的四大来源(工资性收入、经营净收入、财产性收入和转移性收入)均呈现稳步增长趋势。

工资性收入一直是城市居民家庭收入的主要来源。1985 年以来,工资性收入均占七成左右。2010 年,上海城市居民家庭人均工资性收入为 21 745 元,占可支配收入的 68.3%;是 1980 年的 39.5 倍,年均增长 13.0%;是 1990 年的 14 倍,年均增长 14.1%;是 2000 年的 2.8 倍,年均增长 10.8%。

经营净收入自 1995 年起迅猛增长。1994 年之前,人均经营净收入仅为个位数。2010 年,人均经营净收入增至 1 628 元,是 1994 年的 58.1 倍,年均增长 28.9%;是 2000 年的 13.6 倍,年均增长 29.8%。经营净收入在收入四大来源中增长最快,但占可支配收入比重不高,2010 年为 5.1%。

财产性收入占可支配收入比重变化不大,1988 年为 0.7%,2010 年为 1.6%。2010 年,上海城

① 由于 2002 年绝对值与增幅不可比,故 1978—2010 年、2000—2010 年的人均可支配收入年均增幅以年增幅累乘计算。

市居民家庭人均财产性收入为 511 元，是 1990 年的 24.3 倍，年均增长 17.3%；是 2000 年的 7.9 倍，年均增长 22.9%。出租房屋收入是财产性收入的主要组成部分，占财产性收入比重八成以上。近年来，随着上海房地产市场的发展，部分城市居民家庭拥有 2 套或 2 套以上住房，通过出租房屋获得出租房屋收入，带动了财产性收入的增加。2010 年，上海城市居民家庭人均出租房屋收入占财产性收入的 86.5%，为 442 元。

转移性收入是上海城市居民家庭可支配收入的第二大来源。2010 年，上海城市居民家庭人均转移性收入为 7 954 元，占可支配收入比重为 25%，是 1980 年的 92.5 倍，年均增长 16.3%；是 1990 年的 13 倍，年均增长 13.7%；是 2000 年的 2.1 倍，年均增长 8%。在转移性收入中，养老金或离退休金占八成左右，是主要组成部分。2010 年，上海城市居民家庭人均养老金或离退金收入占转移性收入的 85.4%，达 6 794 元。

1978—2010 年，上海城市居民家庭人均消费支出年均增长 13.9%，扣除价格因素，年均实际增长 7.5%。从时段来看，1978—1990 年，消费平均年增幅为 15.1%；1990—2000 年，消费平均年增幅为 16.4%；2000—2010 年，消费平均年增幅为 10%①。

从消费水平来看，1986 年起，上海城市居民家庭人均消费支出超过千元；2002 年起，上海城市居民家庭人均消费支出跨上万元台阶；2009 年，上海城市居民家庭人均消费支出突破 2 万元；2010 年，上海城市居民家庭人均消费支出为 23 200 元。

上海城市居民家庭人均服务性消费支出从 1980 年的 75 元增加至 2010 年的 6 955 元，年均增长 16.3%。服务性消费支出占消费支出比重也逐年增加，从 1980 年的 13.6%增至 2010 年的 30.0%。

上海城市居民家庭消费支出由 8 个分项构成，分别为食品、衣着、家庭设备用品及服务、医疗保健、交通和通信、教育文化娱乐服务、居住，以及其他商品和服务。

食品支出占消费支出的比重(恩格尔系数)呈下降趋势，从 1980 年的 56.0%下降至 2010 年的 33.5%，下降 22.5 个百分点。从恩格尔系数判断，上海从 20 世纪 80 年代初期至 1998 年均处于“温饱”阶段，而 1999—2001 年属“小康”阶段，2002 年以来保持在“富裕”阶段。(根据联合国粮食组织的标准，恩格尔系数 60%以上的为贫困，50%～60%为温饱，40%～50%为小康，30%～40%为富裕，30%以下为最富裕。)

衣着类消费占消费支出的比重也呈下降态势，由 1980 年的 14.3%降至 2010 年的 7.7%，下降 6.6 个百分点。1995 年以来，该比重一直保持在一成以下。

居住类消费占比呈上升趋势，由 1980 年的 4.6%升至 2010 年的 9.3%，上升 4.7 个百分点。

主要由于家用汽车拥有量的增多导致支出的增加，交通通信类消费快速上升，占消费支出的比重由 1980 年的 3.6%升至 2010 年的 17.6%，上升 14 个百分点。2001 年以来，该比重均保持在 10%以上。

20 世纪八九十年代，家用电器曾是拉动居民家庭消费增长的重要因素，而随着主要家用电器的逐渐饱和，家庭设备用品及服务消费的比重有所下降，占消费支出的比重由 1980 年的 9.0%降至 2010 年的 7.8%，下降 1.2 个百分点。

医疗、教育类消费比重有所上升。其中，医疗保健的比重由 1980 年的 1.3%升至 2010 年 4.3%，教育文化娱乐服务的比重由 8.9%升至 14.5%。

① 2000—2010 年消费年均增幅以历年增幅累乘计算。

**表 7-1-1 1978—2010 年城市居民家庭生活基本情况统计表**

| 年 份 | 调查户数（户） | 平均每户家庭人口（人） | 平均每户就业人口（人） | 平均每户就业面（%） | 平均每一就业者负担人数（人） | 人 均 可支配收入（元） |
|---|---|---|---|---|---|---|
| 1978 | 500 | 4.22 | 2.51 | 59.5 | 1.68 | 406 |
| 1979 | 500 | 4.18 | 2.57 | 61.5 | 1.63 | 481 |
| 1980 | 500 | 4.06 | 2.41 | 59.4 | 1.68 | 637 |
| 1981 | 500 | 4.06 | 2.47 | 60.8 | 1.64 | 637 |
| 1982 | 500 | 4.03 | 2.48 | 61.5 | 1.63 | 659 |
| 1983 | 500 | 4.00 | 2.52 | 63.0 | 1.59 | 686 |
| 1984 | 500 | 3.94 | 2.53 | 64.2 | 1.56 | 834 |
| 1985 | 500 | 3.72 | 2.27 | 61.0 | 1.64 | 1 075 |
| 1986 | 500 | 3.66 | 2.30 | 62.8 | 1.59 | 1 293 |
| 1987 | 500 | 3.55 | 2.20 | 62.0 | 1.61 | 1 437 |
| 1988 | 500 | 3.38 | 2.08 | 61.5 | 1.63 | 1 723 |
| 1989 | 500 | 3.27 | 2.00 | 61.2 | 1.64 | 1 976 |
| 1990 | 500 | 3.25 | 1.98 | 60.9 | 1.64 | 2 183 |
| 1991 | 500 | 3.18 | 1.91 | 60.1 | 1.66 | 2 486 |
| 1992 | 500 | 3.11 | 1.84 | 59.2 | 1.69 | 3 009 |
| 1993 | 500 | 3.03 | 1.77 | 58.4 | 1.71 | 4 277 |
| 1994 | 500 | 3.07 | 1.69 | 55.0 | 1.82 | 5 868 |
| 1995 | 500 | 3.11 | 1.65 | 53.1 | 1.88 | 7 172 |
| 1996 | 500 | 3.07 | 1.58 | 51.5 | 1.94 | 8 159 |
| 1997 | 500 | 3.08 | 1.59 | 51.6 | 1.94 | 8 439 |
| 1998 | 500 | 3.09 | 1.58 | 51.1 | 1.96 | 8 773 |
| 1999 | 500 | 3.08 | 1.73 | 56.2 | 1.78 | 10 932 |
| 2000 | 500 | 3.04 | 1.64 | 53.9 | 1.85 | 11 718 |
| 2001 | 500 | 3.00 | 1.55 | 51.7 | 1.94 | 12 883 |
| 2002 | 500 | 2.90 | 1.52 | 52.4 | 1.91 | 13 250 |
| 2003 | 500 | 2.99 | 1.55 | 51.8 | 1.93 | 14 867 |
| 2004 | 1 000 | 3.04 | 1.53 | 50.3 | 1.99 | 16 683 |
| 2005 | 1 000 | 3.01 | 1.55 | 51.5 | 1.94 | 18 645 |
| 2006 | 1 000 | 3.02 | 1.60 | 53.0 | 1.89 | 20 668 |
| 2007 | 1 000 | 3.01 | 1.64 | 54.5 | 1.84 | 23 623 |
| 2008 | 1 000 | 2.97 | 1.63 | 54.9 | 1.82 | 26 675 |
| 2009 | 1 000 | 2.93 | 1.60 | 54.6 | 1.83 | 28 838 |
| 2010 | 1 000 | 2.90 | 1.60 | 55.2 | 1.81 | 31 838 |

说明：2002 年起，城市人均可支配收入不包括出售财物收入和个人交纳的社会保障支出。

表 7-1-1 续表

| 年份 | 人均消费支出(元) | #服务性支出 | 服务性支出占消费支出比重(%) | 人均可支配收入指数(以1980年收入为100) | 人均消费支出指数(以1980年支出为100) | 恩格尔系数(%) | 平均消费倾向(%) |
|---|---|---|---|---|---|---|---|
| 1978 | 357 | | | | | 56.0 | 87.9 |
| 1979 | 429 | | | | | 56.4 | 89.2 |
| 1980 | 553 | 75 | 13.6 | 100 | 100 | 56.0 | 86.8 |
| 1981 | 585 | 79 | 13.5 | 98.6 | 104.2 | 56.8 | 91.8 |
| 1982 | 576 | 82 | 14.2 | 101.8 | 102.4 | 58.9 | 87.4 |
| 1983 | 615 | 87 | 14.1 | 105.7 | 109.2 | 58.5 | 89.7 |
| 1984 | 726 | 101 | 13.9 | 125.8 | 126.1 | 56.5 | 87.1 |
| 1985 | 992 | 121 | 12.2 | 140.7 | 149.5 | 52.1 | 92.3 |
| 1986 | 1 170 | 136 | 11.6 | 159.2 | 166.0 | 52.7 | 90.5 |
| 1987 | 1 282 | 161 | 12.6 | 163.7 | 168.2 | 54.4 | 89.2 |
| 1988 | 1 648 | 171 | 10.4 | 163.4 | 180.1 | 52.7 | 95.6 |
| 1989 | 1 812 | 190 | 10.5 | 161.6 | 170.8 | 55.8 | 91.7 |
| 1990 | 1 937 | 233 | 12.0 | 168.0 | 171.7 | 56.5 | 88.7 |
| 1991 | 2 167 | 294 | 13.6 | 173.1 | 173.9 | 56.9 | 87.2 |
| 1992 | 2 509 | 365 | 14.5 | 190.5 | 183.0 | 55.9 | 83.4 |
| 1993 | 3 530 | 568 | 16.1 | 225.3 | 214.2 | 53.1 | 82.5 |
| 1994 | 4 669 | 732 | 15.7 | 249.5 | 228.7 | 53.5 | 79.6 |
| 1995 | 5 868 | 889 | 15.1 | 256.9 | 242.1 | 53.4 | 81.8 |
| 1996 | 6 763 | 1 205 | 17.8 | 267.6 | 255.5 | 50.7 | 82.9 |
| 1997 | 6 820 | 1 173 | 17.2 | 269.3 | 250.7 | 51.7 | 80.8 |
| 1998 | 6 866 | 1 344 | 19.6 | 280.0 | 252.4 | 50.6 | 78.3 |
| 1999 | 8 248 | 1 781 | 21.6 | 343.7 | 298.7 | 45.2 | 75.4 |
| 2000 | 8 868 | 2 154 | 24.3 | 359.4 | 313.3 | 44.5 | 75.7 |
| 2001 | 9 336 | 2 393 | 25.6 | 395.2 | 329.8 | 43.4 | 72.5 |
| 2002 | 10 464 | 3 033 | 29.0 | 438.4 | 365.6 | 39.4 | 79.0 |
| 2003 | 11 040 | 3 369 | 30.5 | 491.4 | 385.4 | 37.2 | 74.3 |
| 2004 | 12 631 | 4 084 | 32.3 | 539.6 | 431.4 | 36.4 | 75.7 |
| 2005 | 13 773 | 4 447 | 32.3 | 597.1 | 465.8 | 35.9 | 73.9 |
| 2006 | 14 762 | 4 841 | 32.8 | 654.0 | 493.3 | 35.6 | 71.4 |
| 2007 | 17 255 | 5 595 | 32.4 | 724.3 | 558.7 | 35.5 | 73.0 |
| 2008 | 19 398 | 6 287 | 32.4 | 773.1 | 593.6 | 36.6 | 72.7 |
| 2009 | 20 992 | 6 656 | 31.7 | 839.1 | 645.0 | 35.0 | 72.8 |
| 2010 | 23 200 | 6 955 | 30.0 | 898.5 | 691.4 | 33.5 | 72.9 |

说明：人均可支配收入指数和人均消费支出指数是扣除价格因素后按同口径计算的。

表 7-1-2　1978—2010 年城市居民家庭人均可支配收入统计表　单位：元

| 年　份 | 人　均<br>可支配收入 | 按收入来源分 | | | |
|---|---|---|---|---|---|
| | | 工资性收入 | 经营净收入 | 财产性收入 | 转移性收入 |
| 1978 | 406 | | | | |
| 1979 | 481 | | | | |
| 1980 | 637 | 551 | | | 86 |
| 1981 | 637 | 567 | | | 70 |
| 1982 | 659 | 584 | … | | 75 |
| 1983 | 686 | 607 | … | | 79 |
| 1984 | 834 | 754 | … | | 80 |
| 1985 | 1 075 | 794 | 1 | | 280 |
| 1986 | 1 293 | 954 | 1 | | 338 |
| 1987 | 1 437 | 1 049 | 2 | | 386 |
| 1988 | 1 723 | 1 262 | 2 | 12 | 447 |
| 1989 | 1 976 | 1 447 | 2 | 18 | 509 |
| 1990 | 2 183 | 1 548 | 1 | 21 | 613 |
| 1991 | 2 486 | 1 780 | | 29 | 677 |
| 1992 | 3 009 | 2 138 | 3 | 44 | 824 |
| 1993 | 4 277 | 3 099 | 4 | 37 | 1 137 |
| 1994 | 5 868 | 4 224 | 28 | 54 | 1 562 |
| 1995 | 7 172 | 5 002 | 69 | 92 | 2 009 |
| 1996 | 8 159 | 5 889 | 87 | 61 | 2 122 |
| 1997 | 8 439 | 5 969 | 150 | 69 | 2 251 |
| 1998 | 8 773 | 6 004 | 98 | 57 | 2 614 |
| 1999 | 10 932 | 7 326 | 156 | 68 | 3 382 |
| 2000 | 11 718 | 7 832 | 120 | 65 | 3 701 |
| 2001 | 12 883 | 7 975 | 119 | 39 | 4 750 |
| 2002 | 13 250 | 7 915 | 436 | 94 | 4 805 |
| 2003 | 14 867 | 10 097 | 377 | 130 | 4 263 |
| 2004 | 16 683 | 11 422 | 507 | 215 | 4 539 |
| 2005 | 18 645 | 12 409 | 798 | 292 | 5 146 |
| 2006 | 20 668 | 13 962 | 959 | 300 | 5 447 |
| 2007 | 23 623 | 16 598 | 1 158 | 369 | 5 498 |
| 2008 | 26 675 | 18 909 | 1 399 | 369 | 5 998 |
| 2009 | 28 838 | 19 811 | 1 435 | 474 | 7 118 |
| 2010 | 31 838 | 21 745 | 1 628 | 511 | 7 954 |

说明：2002 年起，人均可支配收入不包括出售财物收入和个人交纳的社会保障支出。

**表 7-1-2 续表**

单位：元

| 年份 | 人均可支配收入 | 按收入水平分 | | | | |
|---|---|---|---|---|---|---|
| | | 低收入户 | 中低收入户 | 中等收入户 | 中高收入户 | 高收入户 |
| 1978 | 406 | | | | | |
| 1979 | 481 | | | | | |
| 1980 | 637 | | | | | |
| 1981 | 637 | | | | | |
| 1982 | 659 | | | | | |
| 1983 | 686 | | | | | |
| 1984 | 834 | | | | | |
| 1985 | 1 075 | 744 | 918 | 1 043 | 1 216 | 1 506 |
| 1986 | 1 293 | 923 | 1 106 | 1 256 | 1 445 | 1 796 |
| 1987 | 1 437 | 1 007 | 1 231 | 1 380 | 1 610 | 2 086 |
| 1988 | 1 723 | 1 190 | 1 451 | 1 678 | 1 953 | 2 519 |
| 1989 | 1 976 | 1 351 | 1 664 | 1 919 | 2 230 | 2 872 |
| 1990 | 2 183 | 1 518 | 1 836 | 2 104 | 2 470 | 3 128 |
| 1991 | 2 486 | 1 683 | 2 092 | 2 434 | 2 754 | 3 713 |
| 1992 | 3 009 | 1 975 | 2 503 | 2 936 | 3 441 | 4 452 |
| 1993 | 4 277 | 2 612 | 3 380 | 4 017 | 4 821 | 6 707 |
| 1994 | 5 868 | 3 339 | 4 559 | 5 405 | 6 456 | 9 899 |
| 1995 | 7 172 | 4 057 | 5 412 | 6 600 | 8 005 | 11 906 |
| 1996 | 8 159 | 4 557 | 6 092 | 7 528 | 9 257 | 13 339 |
| 1997 | 8 439 | 4 682 | 6 475 | 7 939 | 9 659 | 13 730 |
| 1998 | 8 773 | 4 854 | 6 740 | 8 132 | 9 997 | 14 255 |
| 1999 | 10 932 | 6 246 | 7 949 | 9 534 | 11 893 | 19 624 |
| 2000 | 11 718 | 6 840 | 8 815 | 10 529 | 12 892 | 19 959 |
| 2001 | 12 883 | 6 873 | 9 170 | 11 155 | 13 812 | 23 488 |
| 2002 | 13 250 | 7 108 | 9 917 | 12 162 | 14 794 | 23 195 |
| 2003 | 14 867 | 6 546 | 9 816 | 12 602 | 16 363 | 30 282 |
| 2004 | 16 683 | 7 065 | 10 664 | 14 149 | 19 371 | 34 404 |
| 2005 | 18 645 | 7 851 | 11 800 | 15 668 | 21 313 | 37 722 |
| 2006 | 20 668 | 8 973 | 13 045 | 16 774 | 22 994 | 42 884 |
| 2007 | 23 623 | 10 297 | 15 131 | 20 249 | 27 286 | 47 149 |
| 2008 | 26 675 | 11 593 | 17 550 | 22 675 | 30 239 | 53 733 |
| 2009 | 28 838 | 13 205 | 19 320 | 24 717 | 32 212 | 57 726 |
| 2010 | 31 838 | 14 996 | 21 780 | 27 484 | 35 120 | 62 465 |

说明：收入水平根据居民家庭人均可支配收入由低到高排序，按照调查总户数各20%分为5组。

表 7-1-3　1978—2010 年城市居民家庭人均消费支出统计表　　单位：元

| 年　份 | 人均消费支　出 | 按支出类别分 | | | | | | | |
|---|---|---|---|---|---|---|---|---|---|
| | | 食　品 | 衣　着 | 家庭设备用品及服务 | 医　疗保　健 | 交通和通　信 | 教育文化娱乐服务 | 居　住 | 其他商品和服务 |
| 1978 | 357 | 200 | 52 | 26 | 4 | 13 | 30 | 17 | 15 |
| 1979 | 429 | 242 | 63 | 30 | 5 | 16 | 33 | 21 | 19 |
| 1980 | 553 | 310 | 79 | 50 | 7 | 20 | 49 | 26 | 12 |
| 1981 | 585 | 332 | 89 | 53 | 6 | 23 | 38 | 28 | 16 |
| 1982 | 576 | 339 | 82 | 51 | 6 | 23 | 33 | 34 | 8 |
| 1983 | 615 | 360 | 90 | 55 | 6 | 25 | 37 | 33 | 9 |
| 1984 | 726 | 410 | 120 | 68 | 3 | 28 | 46 | 36 | 15 |
| 1985 | 992 | 517 | 148 | 131 | 5 | 30 | 91 | 43 | 27 |
| 1986 | 1 170 | 617 | 158 | 164 | 4 | 32 | 111 | 48 | 36 |
| 1987 | 1 282 | 698 | 181 | 165 | 6 | 38 | 108 | 60 | 26 |
| 1988 | 1 648 | 868 | 244 | 232 | 7 | 41 | 145 | 71 | 40 |
| 1989 | 1 812 | 1 011 | 208 | 215 | 9 | 48 | 193 | 74 | 54 |
| 1990 | 1 937 | 1 095 | 208 | 196 | 11 | 58 | 231 | 90 | 48 |
| 1991 | 2 167 | 1 234 | 238 | 220 | 14 | 62 | 216 | 118 | 65 |
| 1992 | 2 509 | 1 403 | 277 | 196 | 37 | 114 | 220 | 164 | 98 |
| 1993 | 3 530 | 1 873 | 414 | 295 | 68 | 211 | 321 | 208 | 140 |
| 1994 | 4 669 | 2 497 | 483 | 427 | 84 | 292 | 381 | 333 | 172 |
| 1995 | 5 868 | 3 131 | 561 | 637 | 113 | 321 | 508 | 401 | 196 |
| 1996 | 6 763 | 3 429 | 590 | 614 | 148 | 496 | 827 | 416 | 243 |
| 1997 | 6 820 | 3 526 | 552 | 525 | 197 | 397 | 828 | 605 | 190 |
| 1998 | 6 866 | 3 477 | 472 | 453 | 261 | 406 | 893 | 674 | 230 |
| 1999 | 8 248 | 3 731 | 551 | 772 | 347 | 583 | 1 094 | 842 | 328 |
| 2000 | 8 868 | 3 947 | 567 | 683 | 501 | 759 | 1 287 | 794 | 330 |
| 2001 | 9 336 | 4 056 | 577 | 579 | 558 | 958 | 1 422 | 796 | 390 |
| 2002 | 10 464 | 4 120 | 613 | 653 | 734 | 1 115 | 1 668 | 1 189 | 372 |
| 2003 | 11 040 | 4 102 | 751 | 792 | 603 | 1 259 | 1 834 | 1 280 | 419 |
| 2004 | 12 631 | 4 593 | 797 | 780 | 762 | 1 703 | 2 195 | 1 327 | 474 |
| 2005 | 13 773 | 4 940 | 940 | 800 | 797 | 1 984 | 2 273 | 1 412 | 627 |
| 2006 | 14 762 | 5 249 | 1 027 | 877 | 763 | 2 333 | 2 432 | 1 436 | 645 |
| 2007 | 17 255 | 6 125 | 1 330 | 959 | 857 | 3 154 | 2 654 | 1 412 | 764 |
| 2008 | 19 398 | 7 109 | 1 521 | 1 182 | 755 | 3 373 | 2 875 | 1 646 | 937 |
| 2009 | 20 992 | 7 345 | 1 593 | 1 365 | 1 002 | 3 499 | 3 139 | 1 913 | 1 136 |
| 2010 | 23 200 | 7 777 | 1 794 | 1 800 | 1 006 | 4 076 | 3 363 | 2 166 | 1 218 |

表 7-1-3 续表

单位：元

| 年 份 | 人均消费支出 | 按收入水平分 | | | | |
|---|---|---|---|---|---|---|
| | | 低收入户 | 中低收入户 | 中等收入户 | 中高收入户 | 高收入户 |
| 1978 | 357 | | | | | |
| 1979 | 429 | | | | | |
| 1980 | 553 | | | | | |
| 1981 | 585 | | | | | |
| 1982 | 576 | | | | | |
| 1983 | 615 | | | | | |
| 1984 | 726 | | | | | |
| 1985 | 992 | 724 | 870 | 973 | 1 123 | 1 309 |
| 1986 | 1 170 | 863 | 1 038 | 1 121 | 1 288 | 1 590 |
| 1987 | 1 282 | 949 | 1 114 | 1 203 | 1 459 | 1 789 |
| 1988 | 1 648 | 1 149 | 1 405 | 1 588 | 1 931 | 2 327 |
| 1989 | 1 812 | 1 299 | 1 625 | 1 743 | 2 079 | 2 428 |
| 1990 | 1 937 | 1 433 | 1 702 | 1 907 | 2 115 | 2 632 |
| 1991 | 2 167 | 1 524 | 1 866 | 2 295 | 2 348 | 2 968 |
| 1992 | 2 509 | 1 785 | 2 185 | 2 509 | 2 915 | 3 316 |
| 1993 | 3 530 | 2 407 | 2 967 | 3 416 | 3 895 | 5 061 |
| 1994 | 4 669 | 3 095 | 3 728 | 4 718 | 5 178 | 6 825 |
| 1995 | 5 868 | 3 700 | 4 696 | 5 497 | 6 601 | 8 911 |
| 1996 | 6 763 | 4 353 | 5 683 | 6 546 | 7 390 | 9 810 |
| 1997 | 6 820 | 4 533 | 5 624 | 6 659 | 7 395 | 10 072 |
| 1998 | 6 866 | 4 583 | 5 824 | 6 924 | 7 373 | 9 694 |
| 1999 | 8 248 | 5 987 | 7 011 | 7 623 | 8 966 | 11 911 |
| 2000 | 8 868 | 6 272 | 7 516 | 8 555 | 9 445 | 12 763 |
| 2001 | 9 336 | 6 900 | 7 647 | 8 473 | 10 010 | 13 666 |
| 2002 | 10 464 | 7 264 | 9 176 | 9 569 | 12 152 | 14 629 |
| 2003 | 11 040 | 6 481 | 8 931 | 10 060 | 12 569 | 17 427 |
| 2004 | 12 631 | 6 684 | 8 814 | 11 646 | 13 753 | 23 629 |
| 2005 | 13 773 | 7 698 | 9 807 | 11 524 | 15 024 | 25 470 |
| 2006 | 14 762 | 8 004 | 11 233 | 13 142 | 15 815 | 26 325 |
| 2007 | 17 255 | 9 217 | 12 959 | 15 468 | 18 993 | 30 820 |
| 2008 | 19 398 | 10 458 | 13 614 | 17 204 | 21 869 | 35 273 |
| 2009 | 20 992 | 11 654 | 16 155 | 18 487 | 24 253 | 36 063 |
| 2010 | 23 200 | 12 555 | 15 970 | 21 611 | 26 773 | 40 744 |

# 第二章　农村居民生活

改革开放后，上海农村居民家庭人均可支配收入从1978年的281元逐步增至2010年的13 746元，年均增长12.9%，扣除价格因素，年均实际增长6.5%；人均生活消费支出从1978年的193元逐步增至2010年的10 225元，年均增长13.2%，扣除价格因素，年均实际增长6.8%。

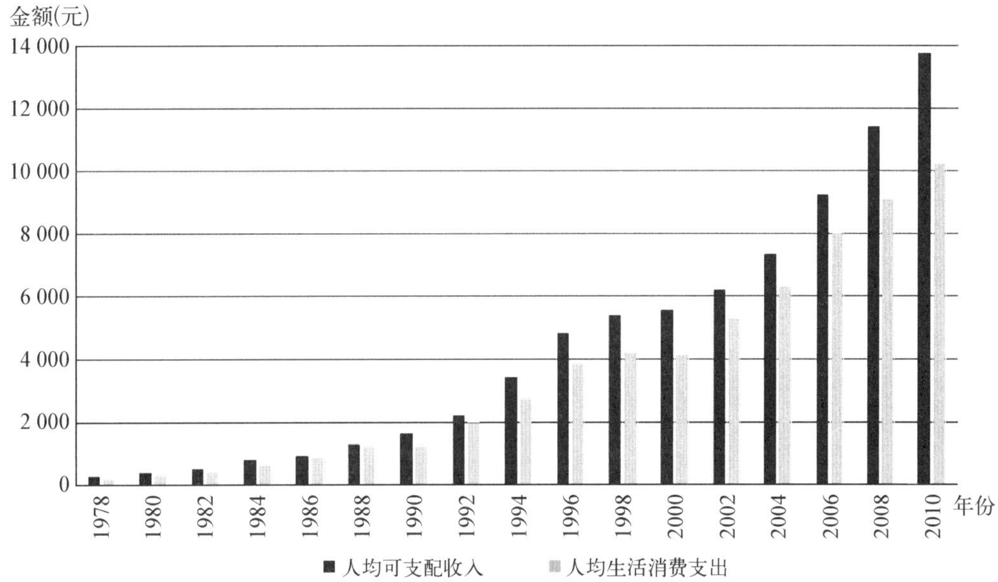


**图7-2-1　1978—2010年农村居民家庭人均收支情况**

上海农村居民的收入从几百元到万元以上，先后经历了快速增长期、徘徊期和稳定增长期三个阶段。

从收入水平来看，1978—1987年，上海农村居民家庭人均可支配收入跨上千元台阶，为1 059元，1987—1997年，人均可支配收入达5 277元，10年增长4倍；1997—2001年，人均可支配收入未突破6 000元。而后，2002—2007年，人均可支配收入连续闯过6 000元、7 000元、8 000元、9 000元关口，跃上万元空间；即从6 212元增至10 222元，增长64.6%，年均增长10.5%。

从收入增幅来看，1978—1996年，收入增长较快，平均增幅为17.1%；1996—2001年，收入增长徘徊，平均增幅为3.8%；2001—2010年，收入增长稳定，平均增幅为10%。

上海农村居民家庭收入四大来源，即工资性收入、家庭经营纯收入、财产性收入和转移性收入共同增长。收入结构以工资性收入为主保持不变，家庭经营纯收入比重由第2位退居第4位，财产性收入和转移性收入比重逐步增加。

工资性收入是主要来源。调查显示，2010年，上海农村居民家庭人均工资性收入为9 606元，比1978年增长41.3倍，年均增长12.4%；比1990年增长8倍，年均增长11.6%；比2000年增长1.2倍，年均增长8.3%。

1978—1985年，工资性收入占可支配收入的比重由80.8%降至53.3%；1986—2003年，该比重回升至79.4%；2004—2010年，缓落至69.9%。

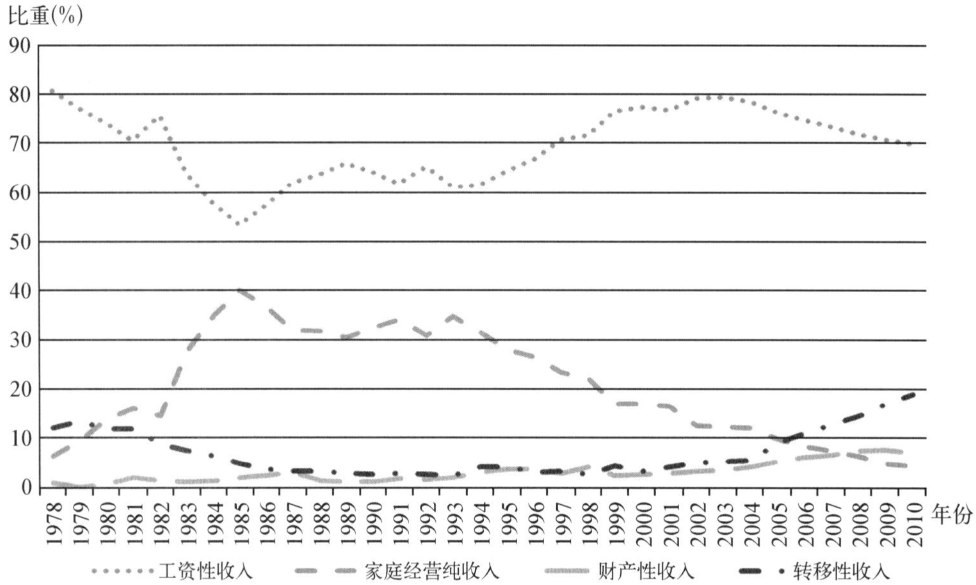


**图 7-2-2　1978—2010 年农村居民家庭收入构成变化**

家庭经营纯收入比重先升后降。自 1978 年起,随着农村家庭联产承包责任制的普及,农村居民家庭经营收入不断增加。1978—1985 年,农村居民人均家庭经营纯收入从 18 元增加至 323 元,增长 16.9 倍。1985—1994 年,家庭经营纯收入增加至千元以上;1996 年最高,为 1 278 元,此后逐步回落,2010 年仅为 589 元。

1985 年,家庭经营纯收入占可支配收入比重达到历史最高的 40.1%,比 1982 年上升了 25.5 个百分点。1985—1994 年,该比重保持在 30%以上;此后逐步回落,2010 年仅为 4.3%。

财产性收入增长最快。房屋租金收入、土地征用补偿收入、转让承包土地经营权收入等为财产性收入开辟了新的增收途径。1978 年到 80 年代初,上海农村居民家庭人均财产性收入仅几元,90 年代升至百余元;2000 年以后,农村城市化进程进一步加快,农村居民财产性收入大幅增长,至 2010 年,人均财产性收入达 970 元,比 2000 年增长 5.8 倍,年均增长 21.1%。

转移性收入稳步增长。1978 年至 90 年代初,上海农村居民家庭人均转移性收入一直在百元以内,90 年代中后期超过百元,多为家庭中外出人员的寄回和带回现金、城市亲友的接济和少量从国家财政得到的奖励收入等;2000 年以后,农村养老、医疗、低保等社会保障制度不断完善,"镇保""农村托底养老"等保障制度先后出台,增加了农村居民的保障性转移收入。2010 年,上海农村居民家庭人均转移性收入为 2 581 元,比 1978 年增长 74.9 倍,年均增长 14.5%;比 1990 年增长 57.7 倍,年均增长 22.6%;比 2000 年增长 13.5 倍,年均增长 30.7%。2010 年,转移性收入占可支配收入比重为 18.8%。

上海农村居民生活消费支出跨越百元、千元、万元门槛,消费水平不断提高。1978—1990 年,上海农村居民家庭人均生活消费支出的平均增幅为 16.9%;1990—2000 年,平均增幅为 12.6%;2000—2010 年,平均增幅为 9.5%。

上海农村居民在满足吃穿住等方面的消费后,消费需求从生存型逐步向享受型、发展型延伸。从消费结构来看,吃穿住的比重逐步下降,由 1978 年的 88.6%降至 2010 年的 62.9%;而交通和通信、文教娱乐等享受型、发展型消费的比重由 1980 年的 11.4%逐步上升到 2010 年的 37.1%,增加了 25.7 个百分点。

食品消费支出比重大幅降低。上海农村居民食品消费支出占生活消费支出的比重(即恩格尔系数),从 1978 年的 60.6%降至 2010 年的 37.2%,下降了 23.4 个百分点。其中,1982—2001 年恩格尔系数在 40%~50%,“吃饱”成为农村居民生活的第一要务。2002 年起,恩格尔系数持续降至 40%以下,表明上海农村居民已经进入较为富裕的生活状态。

衣着消费比重呈下降态势。上海农村居民衣着消费支出占生活消费支出的比重,从 1978 年的 15.0%降至 2010 年的 5.4%,下降了 9.6 个百分点。其中,1998 年以来,该比重一直保持在 5%左右。

居住消费比重稳居第二。上海农村居民居住消费支出占生活消费支出的比重,一直保持在食品消费之后,从 1978 年的 13.0%升至 2010 年的 20.2%,增加 7.2 个百分点。分时间段看,前 12 年比重在 13%~35%,呈倒“U”形;后 20 年以 20%为中轴,上下波动。从住房条件看,2010 年上海农村居民人均居住面积 59.7 平方米,比 1978 年增加 44 平方米,增长 2.8 倍;农户自来水普及率和水冲式卫生设备使用率均为 99.8%,居住条件有较大改善。从家庭设备用品及服务消费看,1978—1988 年,该比重从最低 6.2%增至最高 14.2%;1988—2000 年,逐步下降;2000—2010 年,在 5%上下波动。

交通和通信消费比重升幅最大。上海农村居民交通和通信消费支出占生活消费支出的比重,1983—2010 年增加了 14.1 个百分点。1990 年以前,该比重在 1%以下(1978—1982 年没有该支出分类);1990—2004 年,呈上升趋势;此后有所回落,2010 年为 14.3%,位列食品消费和居住消费之后,成为农村居民生活水平提高的标志之一。

文教娱乐用品及服务消费比重升势强劲。上海农村居民文教娱乐用品及服务消费支出占生活消费支出的比重,1983—1993 年,从 1.2%升至 10%(1978—1982 年没有该支出分类);1994—2010 年,在 7%~10%之间波动。此外,医疗保健消费比重从 1983 年的 0.8%逐步升至 2010 年的 5.7%,表明上海农村居民生活质量不断提高。

表 7-2-1 1978—2010 年农村居民家庭生活基本情况统计表

| 年 份 | 调查户数(户) | 平均每户人口(人) | 平均每户劳动力(人) | 平均每一劳动力负担人数(人) | 人均总收入(元) | 人均可支配收入(元) | 人均总支出(元) |
|---|---|---|---|---|---|---|---|
| 1978 | 96 | 4.38 | 2.74 | 1.60 | | 281 | |
| 1979 | 96 | 4.25 | 2.79 | 1.52 | | 360 | |
| 1980 | 280 | 4.28 | 2.84 | 1.51 | 430 | 401 | 375 |
| 1981 | 360 | 4.25 | 2.87 | 1.48 | 488 | 444 | 462 |
| 1982 | 360 | 4.18 | 2.84 | 1.47 | 587 | 536 | 530 |
| 1983 | 360 | 4.11 | 2.86 | 1.44 | 710 | 562 | 694 |
| 1984 | 360 | 4.09 | 2.80 | 1.46 | 953 | 785 | 825 |
| 1985 | 1 000 | 3.86 | 2.58 | 1.50 | 1 036 | 806 | 1 026 |
| 1986 | 1 000 | 3.83 | 2.59 | 1.48 | 1 185 | 936 | 1 152 |
| 1987 | 1 000 | 3.79 | 2.58 | 1.47 | 1 347 | 1 059 | 1 283 |
| 1988 | 1 000 | 3.73 | 2.61 | 1.43 | 1 585 | 1 301 | 1 510 |
| 1989 | 1 000 | 3.71 | 2.61 | 1.42 | 1 806 | 1 520 | 1 606 |
| 1990 | 1 000 | 3.68 | 2.46 | 1.49 | 1 990 | 1 665 | 1 592 |
| 1991 | 600 | 3.49 | 2.36 | 1.48 | 2 376 | 2 003 | 1 893 |
| 1992 | 600 | 3.43 | 2.36 | 1.46 | 2 581 | 2 226 | 2 322 |
| 1993 | 600 | 3.41 | 2.45 | 1.39 | 3 149 | 2 727 | 2 660 |
| 1994 | 600 | 3.41 | 2.51 | 1.36 | 3 940 | 3 437 | 3 320 |
| 1995 | 600 | 3.47 | 2.54 | 1.37 | 4 861 | 4 246 | 4 041 |
| 1996 | 600 | 3.40 | 2.54 | 1.34 | 5 506 | 4 846 | 4 581 |
| 1997 | 600 | 3.35 | 2.48 | 1.35 | 5 933 | 5 277 | 4 953 |
| 1998 | 600 | 3.33 | 2.50 | 1.33 | 5 965 | 5 407 | 4 924 |
| 1999 | 600 | 3.31 | 2.54 | 1.30 | 5 924 | 5 481 | 4 431 |
| 2000 | 600 | 3.31 | 2.53 | 1.31 | 6 400 | 5 565 | 5 578 |
| 2001 | 600 | 3.29 | 2.48 | 1.33 | 6 827 | 5 850 | 6 353 |
| 2002 | 600 | 3.33 | 2.52 | 1.32 | 7 080 | 6 212 | 6 988 |
| 2003 | 600 | 3.34 | 2.59 | 1.29 | 7 260 | 6 658 | 6 931 |
| 2004 | 600 | 3.33 | 2.54 | 1.31 | 7 994 | 7 337 | 7 580 |
| 2005 | 600 | 3.21 | 2.19 | 1.47 | 9 234 | 8 342 | 8 663 |
| 2006 | 600 | 3.20 | 2.24 | 1.43 | 10 225 | 9 213 | 9 344 |
| 2007 | 600 | 3.18 | 2.17 | 1.47 | 11 382 | 10 222 | 10 429 |
| 2008 | 600 | 3.15 | 2.15 | 1.46 | 12 662 | 11 385 | 10 840 |
| 2009 | 600 | 3.15 | 2.11 | 1.50 | 13 404 | 12 324 | 11 436 |
| 2010 | 600 | 3.11 | 2.11 | 1.48 | 15 346 | 13 746 | 11 988 |

说明：2000 年前，人均可支配收入按纯收入口径计算，人均总收入不包括内部亲友赠送。

表 7-2-1　续表

| 年份 | 人均生活消费支出（元） | 人均可支配收入指数（以1978年为100） | 人均生活消费支出指数（以1978年为100） | 人均年底居住房屋面积（平方米） | 平均每百户购买商品房面积（平方米） | 平均每百户购买商品房金额（万元） |
|---|---|---|---|---|---|---|
| 1978 | 193 | 100.0 | 100.0 | 15.70 | | |
| 1979 | 247 | 127.0 | 126.8 | 16.20 | | |
| 1980 | 323 | 133.5 | 156.6 | 17.09 | | |
| 1981 | 390 | 145.9 | 186.6 | 19.87 | | |
| 1982 | 444 | 175.5 | 211.6 | 21.95 | | |
| 1983 | 512 | 183.7 | 243.6 | 24.89 | | |
| 1984 | 619 | 251.0 | 288.2 | 26.30 | | |
| 1985 | 778 | 223.7 | 314.4 | 30.19 | | |
| 1986 | 896 | 244.4 | 340.6 | 33.36 | | |
| 1987 | 977 | 255.9 | 343.7 | 35.48 | | |
| 1988 | 1 229 | 261.7 | 360.0 | 38.06 | | |
| 1989 | 1 319 | 263.7 | 333.2 | 40.33 | | |
| 1990 | 1 262 | 271.8 | 299.9 | 42.00 | | |
| 1991 | 1 540 | 295.9 | 331.2 | 44.69 | | |
| 1992 | 1 967 | 298.9 | 384.6 | 42.07 | | |
| 1993 | 2 200 | 304.7 | 357.9 | 44.22 | | |
| 1994 | 2 715 | 310.0 | 356.5 | 44.15 | | |
| 1995 | 3 368 | 322.6 | 372.6 | 43.08 | | |
| 1996 | 3 868 | 337.2 | 391.8 | 45.47 | 159.20 | 8.27 |
| 1997 | 4 228 | 357.2 | 416.6 | 46.44 | 147.80 | 12.10 |
| 1998 | 4 207 | 366.0 | 414.6 | 47.24 | 128.70 | 12.10 |
| 1999 | 3 867 | 365.5 | 375.4 | 49.00 | 53.00 | 6.55 |
| 2000 | 4 138 | 362.1 | 392.0 | 53.58 | 48.30 | 5.30 |
| 2001 | 4 753 | 380.6 | 450.2 | 54.70 | 75.80 | 6.40 |
| 2002 | 5 311 | 402.1 | 500.5 | 57.08 | 196.80 | 20.90 |
| 2003 | 5 670 | 430.6 | 533.9 | 59.03 | 121.78 | 20.63 |
| 2004 | 6 329 | 464.4 | 583.3 | 59.84 | 126.50 | 23.84 |
| 2005 | 7 265 | 523.0 | 663.2 | 56.56 | 67.20 | 10.13 |
| 2006 | 8 006 | 570.7 | 722.1 | 59.99 | 57.80 | 17.64 |
| 2007 | 8 845 | 613.9 | 773.4 | 61.22 | 90.67 | 25.92 |
| 2008 | 9 115 | 646.4 | 753.5 | 62.30 | 79.33 | 23.36 |
| 2009 | 9 804 | 702.5 | 813.7 | 60.18 | 54.83 | 34.20 |
| 2010 | 10 225 | 760.1 | 823.2 | 59.68 | 62.45 | 31.18 |

说明：(1) 人均年底居住房屋面积1978—1991年包括生产用房面积，1992年起为生活用房面积。(2) 根据国家统计局抽样调查方案，2005年起，上海农村居民家庭抽样调查样本600户中，包括了由“农转居”进入郊区小城镇的150户居民家庭。

表 7-2-2 1978—2010 年农村居民家庭人均可支配收入(按收入来源分)情况统计表

| 年份 | 人均可支配收入(元) | 按收入来源分(元) | | | 构成(%) | | |
|---|---|---|---|---|---|---|---|
| | | 工资性收入 | 家庭经营纯收入 | 转移性和财产性收入 | 工资性收入 | 家庭经营纯收入 | 转移性和财产性收入 |
| 1978 | 281 | 227 | 18 | 36 | 80.8 | 6.4 | 12.8 |
| 1979 | 360 | 278 | 34 | 48 | 77.2 | 9.4 | 13.4 |
| 1980 | 401 | 297 | 55 | 49 | 74.1 | 13.7 | 12.2 |
| 1981 | 444 | 313 | 71 | 60 | 70.5 | 16.0 | 13.5 |
| 1982 | 536 | 405 | 78 | 53 | 75.6 | 14.6 | 9.8 |
| 1983 | 562 | 359 | 155 | 48 | 63.9 | 27.6 | 8.5 |
| 1984 | 785 | 451 | 275 | 59 | 57.5 | 35.0 | 7.5 |
| 1985 | 806 | 430 | 323 | 53 | 53.3 | 40.1 | 6.6 |
| 1986 | 936 | 536 | 344 | 56 | 57.3 | 36.8 | 5.9 |
| 1987 | 1 059 | 655 | 338 | 66 | 61.9 | 31.9 | 6.2 |
| 1988 | 1 301 | 829 | 412 | 60 | 63.7 | 31.7 | 4.6 |
| 1989 | 1 520 | 1 000 | 461 | 59 | 65.8 | 30.3 | 3.9 |
| 1990 | 1 665 | 1 066 | 539 | 60 | 64.0 | 32.4 | 3.6 |
| 1991 | 2 003 | 1 235 | 681 | 87 | 61.7 | 34.0 | 4.3 |
| 1992 | 2 226 | 1 454 | 685 | 87 | 65.3 | 30.8 | 3.9 |
| 1993 | 2 727 | 1 662 | 949 | 116 | 60.9 | 34.8 | 4.3 |
| 1994 | 3 437 | 2 112 | 1 084 | 241 | 61.5 | 31.5 | 7.0 |
| 1995 | 4 246 | 2 734 | 1 183 | 329 | 64.4 | 27.9 | 7.7 |
| 1996 | 4 846 | 3 240 | 1 278 | 328 | 66.9 | 26.4 | 6.7 |
| 1997 | 5 277 | 3 736 | 1 226 | 315 | 70.8 | 23.2 | 6.0 |
| 1998 | 5 407 | 3 869 | 1 185 | 353 | 71.6 | 21.9 | 6.5 |
| 1999 | 5 481 | 4 192 | 929 | 360 | 76.5 | 16.9 | 6.6 |
| 2000 | 5 565 | 4 310 | 934 | 321 | 77.4 | 16.8 | 5.8 |
| 2001 | 5 850 | 4 491 | 967 | 392 | 76.8 | 16.5 | 6.7 |
| 2002 | 6 212 | 4 920 | 774 | 518 | 79.2 | 12.5 | 8.3 |
| 2003 | 6 658 | 5 284 | 813 | 561 | 79.4 | 12.2 | 8.4 |
| 2004 | 7 337 | 5 757 | 886 | 694 | 78.5 | 12.1 | 9.4 |
| 2005 | 8 342 | 6 364 | 811 | 1 167 | 76.3 | 9.7 | 14.0 |
| 2006 | 9 213 | 6 892 | 766 | 1 555 | 74.8 | 8.3 | 16.9 |
| 2007 | 10 222 | 7 498 | 754 | 1 970 | 73.3 | 7.4 | 19.3 |
| 2008 | 11 385 | 8 182 | 711 | 2 492 | 71.9 | 6.2 | 21.9 |
| 2009 | 12 324 | 8 721 | 590 | 3 013 | 70.8 | 4.8 | 24.4 |
| 2010 | 13 746 | 9 606 | 589 | 3 551 | 69.9 | 4.3 | 25.8 |

表7-2-3　1978—2010年农村居民家庭人均生活消费支出(按支出类别分)统计表　　单位：元

| 年份 | 人均生活消费支出 | 按支出类别分 | | | | | | | |
|---|---|---|---|---|---|---|---|---|---|
| | | 食品 | 衣着 | 居住 | 家庭设备用品及服务 | 交通和通信 | 文教娱乐用品及服务 | 医疗保健 | 其他商品和服务 |
| 1978 | 193 | 117 | 29 | 25 | 12 | | | | 10 |
| 1979 | 247 | 137 | 37 | 50 | 13 | | | | 10 |
| 1980 | 323 | 167 | 35 | 82 | 5 | | | | 34 |
| 1981 | 390 | 198 | 43 | 96 | 11 | | | | 42 |
| 1982 | 444 | 221 | 39 | 128 | 13 | | | | 43 |
| 1983 | 512 | 241 | 46 | 165 | 43 | 1 | 6 | 4 | 6 |
| 1984 | 619 | 287 | 48 | 215 | 42 | 2 | 12 | 6 | 7 |
| 1985 | 778 | 341 | 67 | 254 | 65 | 2 | 34 | 8 | 7 |
| 1986 | 896 | 406 | 74 | 286 | 73 | 4 | 40 | 10 | 3 |
| 1987 | 977 | 450 | 81 | 287 | 94 | 3 | 39 | 9 | 14 |
| 1988 | 1 229 | 488 | 110 | 343 | 174 | 4 | 50 | 18 | 42 |
| 1989 | 1 319 | 558 | 111 | 344 | 159 | 4 | 68 | 23 | 52 |
| 1990 | 1 262 | 586 | 107 | 272 | 129 | 6 | 59 | 33 | 70 |
| 1991 | 1 540 | 739 | 134 | 324 | 151 | 15 | 85 | 35 | 57 |
| 1992 | 1 967 | 853 | 148 | 451 | 232 | 31 | 121 | 45 | 86 |
| 1993 | 2 200 | 1 022 | 157 | 357 | 259 | 65 | 220 | 50 | 70 |
| 1994 | 2 715 | 1 315 | 213 | 454 | 267 | 79 | 222 | 75 | 90 |
| 1995 | 3 368 | 1 491 | 233 | 761 | 284 | 159 | 256 | 73 | 111 |
| 1996 | 3 868 | 1 657 | 256 | 816 | 363 | 200 | 347 | 108 | 121 |
| 1997 | 4 228 | 1 756 | 267 | 921 | 338 | 240 | 414 | 174 | 118 |
| 1998 | 4 207 | 1 775 | 239 | 876 | 369 | 226 | 463 | 170 | 89 |
| 1999 | 3 867 | 1 669 | 202 | 681 | 389 | 197 | 474 | 160 | 95 |
| 2000 | 4 138 | 1 823 | 201 | 724 | 225 | 279 | 559 | 209 | 118 |
| 2001 | 4 753 | 1 915 | 226 | 890 | 294 | 340 | 673 | 265 | 150 |
| 2002 | 5 311 | 1 872 | 226 | 1 392 | 281 | 462 | 661 | 280 | 137 |
| 2003 | 5 670 | 2 004 | 250 | 1 437 | 297 | 587 | 676 | 333 | 86 |
| 2004 | 6 329 | 2 191 | 280 | 1 446 | 344 | 720 | 806 | 425 | 117 |
| 2005 | 7 265 | 2 676 | 367 | 1 323 | 458 | 739 | 936 | 562 | 204 |
| 2006 | 8 006 | 3 024 | 418 | 1 658 | 481 | 780 | 920 | 549 | 176 |
| 2007 | 8 845 | 3 259 | 476 | 2 097 | 452 | 884 | 857 | 571 | 249 |
| 2008 | 9 115 | 3 732 | 467 | 1 806 | 504 | 880 | 850 | 697 | 179 |
| 2009 | 9 804 | 3 639 | 496 | 2 103 | 481 | 1 212 | 943 | 739 | 191 |
| 2010 | 10 225 | 3 807 | 554 | 2 070 | 528 | 1 459 | 1 012 | 585 | 210 |

表7-2-4 1994—2010年农村居民家庭人均可支配收入(按收入水平分)统计表 单位:元

| 年份 | 人均可支配收入 | 按收入水平分 | | | | |
|---|---|---|---|---|---|---|
| | | 低收入户 | 中低收入户 | 中等收入户 | 中高收入户 | 高收入户 |
| 1994 | 3 437 | 1 693 | 2 488 | 3 181 | 4 091 | 6 050 |
| 1995 | 4 246 | 1 951 | 3 071 | 3 899 | 5 044 | 7 593 |
| 1996 | 4 846 | 2 228 | 3 504 | 4 399 | 5 546 | 8 760 |
| 1997 | 5 277 | 2 361 | 3 727 | 4 854 | 6 222 | 9 461 |
| 1998 | 5 407 | 2 385 | 3 849 | 4 965 | 6 392 | 9 738 |
| 1999 | 5 481 | 2 212 | 3 692 | 4 883 | 6 528 | 10 266 |
| 2000 | 5 565 | 2 330 | 3 906 | 5 264 | 6 725 | 10 405 |
| 2001 | 5 850 | 2 351 | 4 078 | 5 649 | 7 122 | 10 930 |
| 2002 | 6 212 | 2 429 | 4 266 | 5 701 | 7 513 | 11 989 |
| 2003 | 6 658 | 2 761 | 4 621 | 6 213 | 7 972 | 12 777 |
| 2004 | 7 337 | 3 122 | 5 148 | 7 006 | 8 775 | 13 652 |
| 2005 | 8 342 | 3 347 | 5 594 | 7 612 | 9 755 | 15 309 |
| 2006 | 9 213 | 3 830 | 6 194 | 8 412 | 10 714 | 16 843 |
| 2007 | 10 222 | 4 321 | 7 098 | 9 442 | 11 807 | 18 443 |
| 2008 | 11 385 | 4 690 | 8 065 | 10 487 | 13 094 | 20 748 |
| 2009 | 12 324 | 5 279 | 8 785 | 11 184 | 14 039 | 22 465 |
| 2010 | 13 746 | 5 968 | 10 107 | 12 929 | 16 327 | 24 536 |

表7-2-5 1994—2010年农村居民家庭人均生活消费支出(按收入水平分)统计表 单位:元

| 年份 | 人均生活消费支出 | 按收入水平分 | | | | |
|---|---|---|---|---|---|---|
| | | 低收入户 | 中低收入户 | 中等收入户 | 中高收入户 | 高收入户 |
| 1994 | 2 715 | 1 578 | 1 989 | 2 635 | 2 952 | 4 640 |
| 1995 | 3 368 | 1 813 | 2 680 | 2 704 | 3 408 | 6 546 |
| 1996 | 3 868 | 2 229 | 2 860 | 3 182 | 4 221 | 6 995 |
| 1997 | 4 228 | 2 558 | 3 334 | 3 986 | 4 866 | 6 532 |
| 1998 | 4 207 | 2 468 | 3 163 | 3 347 | 4 871 | 7 362 |
| 1999 | 3 867 | 2 275 | 2 940 | 4 181 | 4 279 | 5 909 |
| 2000 | 4 138 | 2 390 | 3 387 | 3 887 | 5 487 | 5 880 |
| 2001 | 4 753 | 2 921 | 3 250 | 4 334 | 5 356 | 8 449 |
| 2002 | 5 311 | 2 350 | 4 341 | 4 834 | 5 873 | 9 683 |
| 2003 | 5 670 | 2 886 | 3 681 | 5 363 | 6 286 | 10 769 |
| 2004 | 6 329 | 4 076 | 4 914 | 5 309 | 6 992 | 10 971 |
| 2005 | 7 265 | 4 618 | 5 690 | 6 317 | 7 059 | 12 975 |
| 2006 | 8 006 | 4 788 | 6 001 | 6 951 | 8 015 | 15 058 |
| 2007 | 8 845 | 4 890 | 6 077 | 7 305 | 9 541 | 17 317 |
| 2008 | 9 115 | 5 024 | 6 280 | 9 555 | 10 700 | 14 517 |
| 2009 | 9 804 | 5 472 | 6 266 | 9 026 | 12 843 | 16 035 |
| 2010 | 10 225 | 5 026 | 7 881 | 8 739 | 15 103 | 15 187 |

# 第八篇

## 社会事业

1978—1990年，上海各项社会事业逐步恢复发展。陆续恢复和新建一批高等院校，顺利渡过了20世纪80年代中期到90年代初期的入园高峰，普及郊县小学教育。城镇职工基本保险制度和农村社会养老保险建设起步。恢复和新建一批文艺机构和团体，举办一批大型文化活动，建设了宛平影剧院等文化设施。原有博物馆恢复开放，《新民晚报》等复刊。在上海举办的重要体育赛事逐步增加，一些来自上海的教练员、运动员参加了1984年洛杉矶奥运会。调整社会优抚政策，提高优抚标准，提高退伍军人、伤残军人、现役军人家属和为国捐躯军人家属等优抚保障对象生活质量。

上海社会科技统计也在这一时期得到恢复和发展。在市统计局正式恢复之前，市委组织部、市科委、市计委就以1978年6月30日24时为调查时点，对全市自然科学技术人员基本情况进行一次普查。1980年，根据职业学校发展的需要，上海开始职业学校统计。1980年开始福利机构统计。1980年和1982年，分别开始统计定期抚恤人数、复退军人定期补助人数和福利企业职工人数。1983年，上海第一次把社会领域各种统计指标有机联系起来组成一套指标体系，力图综合系统地描述社会发展全貌。1986年，进行了大中型工业企业技术开发基本情况调查。1990年开始卫生服务中心统计。

1990—2000年，各项社会事业提速发展。高等教育开启资源整合，上海普通高等学校撤减、合并。1997年，上海开始进入高中阶段入学高峰期。1993年起，通过撤并和调整，完善医疗机构布局。2000年底，全市机关事业单位和企业离退休人员全部实现养老金社会化发放。20世纪90年代起，上海开始对传统的社会救济制度进行改革。这一阶段，上海相继建成了东方明珠广播电视塔、上海大剧院等一批公共文化设施。1996年，举办第一届全民健身节。90年代，将大力发展高新技术产业作为科技的重点，着力构建城市创新体系。

社会科技统计进一步发展。1991年，上海根据国家统计局部署，在部门科技统计的基础上，建立起统一的科技综合统计年报制度。1994年，根据国家统计局部署，从当年年报起，执行包括卫生、体育和社会福利业，教育、文化艺术及广播电影电视业，科学研究和综合技术服务业在内的服务业综合统计报表制度。1998年开始享受最低生活保障人数统计，2000年开始社会保障最低标准统计，2000年开始研究与试验发展活动分类统计。

进入21世纪以来，上海社会科技进一步加速发展。实施深化高校布局改革，推进教育均衡发展和配套政策措施改革，全面推进素质教育。2009年10月，上海文广新闻传媒集团实施“制播分离”，形成事业性质的上海广播电视台和企业性质的上海东方传媒集团有限公司“一体两翼”的运营格局（统称“SMG”）。打造宝钢等一批先进制造业和高新技术产业品牌，建设上海光源等国家重大科学装置。

上海社会科技统计有了新发展。2003年，建立上海社会服务业全面调查和抽样调查相结合的统计制度，并在统计年报工作中实施。2005年，在国家科技综合统计制度的基础上增加地方财政科技经费支出情况等报表，形成覆盖全社会科技活动的报表体系。

# 第一章　教　　育

1978—2010年间，随着经济社会发展以及人口结构的变化，上海教育资源配置也有调整和优化升级，顺利解决了中小学入学高峰，扩大高等教育规模，形成多层次、开放式的教育发展格局。

1978年以来，上海高等教育历经了三个不同的发展阶段。一是成长阶段。为了弥补10年"文化大革命"动乱造成的人才严重短缺，上海陆续恢复和新建了一批高等院校。截至1990年末，上海共拥有普通高等学校50所，比1978年增长11.1%；教职员工7.06万人，增长78.7%，其中专任教师2.58万人，增长58.3%。二是资源整合阶段。到2000年，上海普通高等学校撤减、合并至37所，比1990年下降26%；教职员工6.08万人，下降13.9%，其中专任教师2.05万人，下降20.5%。三是快速发展阶段。进入21世纪，上海高校资源建设快速发展。2010年末，上海共拥有普通高等学校66所，比2000年增长78.4%；教职员工7.42万人，比2000年增长22%，其中专任教师3.92万人，增长91.2%。

上海是率先将学前教育纳入教育行政管理体系和教育督导范围的城市，顺利渡过了20世纪80年代中期到90年代初期的入园高峰。2010年，上海拥有幼儿园1 252所，比1978年下降67.4%；教职员工4.09万人，增长85.9%，其中专任教师2.67万人，增长79.2%。

1978年以来，上海推进义务教育均衡发展，根据工作重心的不同，总体上可以分为三个阶段：1978年始主要是普及郊县小学教育；1986年后重点实施薄弱学校改造工程和中小学标准化建设工程；"十五"规划以来重点加强学校内涵建设，提高均衡水平和教育质量。2010年，上海共有普通小学766所，比1978年下降79%；教职员工5.58万人，下降9.9%，其中专任教师4.52万人，下降8.1%。

1997年，上海开始进入高中阶段的入学高峰期。为了满足人们对高层次教育的需求，上海建设了10余所示范性寄宿制高中。上海还通过现代化寄宿制高中、实验性示范性高中建设，扩大高中优质教育资源，优化高中教育的布局。2010年末，上海共有普通中学755所，比1978年下降30.5%；共有教职员工6.73万人，下降16.6%，其中专任教师5.07万人，下降11.1%。

改革开放以来，上海中等职业教育发展主要经历了以数量规模发展为主的恢复性阶段、以调整为主的适应性阶段和以做精做强为主要目标的全面提高阶段，实现上海中等职业教育从粗放型发展向集约型和注重质量效益方向发展的过渡。2010年末，上海共有中等职业学校101所，比1980年下降83.4%(职业学校统计从1980年开始)，其中中等专业学校65所、职业学校26所和技工学校10所，分别下降16.7%、增长1.4倍和下降98.1%。通过"百个中等职业学校重点专业建设工程"建设了100个与上海产业结构相适应的重点专业。

1978年以来，上海平均每万人口在校生结构发生了变化。每万人口拥有更多大学生和中专生。2010年，平均每万人口拥有224名大学生，比1978年增加178名，增长3.9倍；平均每万人口拥有47名中专生，增加33名，增长2.4倍；平均每万人口拥有258名中学生，减少650名，下降71.6%；平均每万人口拥有305名小学生，减少484名，下降61.3%。

2010年，上海共有在校研究生11.17万人，比1978年增长85倍。获博士学位人数4 749人，比1983年增长677.4倍(恢复高考后第一批学生1983年博士毕业)。获硕士学位人数2.35万人，比 1981 年增长 21.4 倍(恢复高考后第一批学生 1981 年硕士毕业)。在校普通本专科学生 51.57 万人,比 1978 年增长 9.2 倍。

1990 年末,上海共有普通高中在校学生 9.80 万人,比 1978 年下降 75.4%。2004 年达到高峰,在校学生 31.07 万人,比 1990 年增长 2.2 倍。2010 年末,上海共有普通高中在校学生 16.89 万人,比 1990 年增长 72.3%。

2010 年末,上海共有义务教育在校学生 112.71 万人,比 1978 年下降 23.6%。其中,初中阶段在校生 42.55 万人,下降 29.6%;小学阶段在校生 70.16 万人,下降 19.4%。初中和小学阶段在校学生峰值分别为 1996 年的 61.82 万人和 1993 年的 116.7 万人,比 1978 年增长 2.3%和 34.0%。

2010 年,上海共有在园幼儿 40.03 万人,比 1978 年增长 75.0%,但平均每一专任教师负担幼儿数没有变化,都是 1 名教师负担 15 名幼儿。

2010 年末,上海共有中等职业在校学生 15.76 万人,比 1980 年增长 75.7%(职业学校统计从 1980 年开始)。其中,中等专业学校在校学生 10.91 万人,增长 2.9 倍;职业中学在校学生 3.77 万人,增长 12 倍;技工学校 1.08 万人,下降 81.6%。

2010 年末,上海共有特殊教育在校学生 5 036 人,比 1978 年增长 1.8 倍。

表 8-1-1　1978—2010 年各级各类学校数统计表

单位：所

| 年　份 | 普　通<br>高等学校 | 中等学校 | | | | | 小　学 | 特殊教育<br>学　校 |
|---|---|---|---|---|---|---|---|---|
| | | 合　计 | 中等专业<br>学　校 | 普通中学 | 职业学校 | 技工学校 | | |
| 1978 | 45 | 1 158 | 71 | 1 087 | | | 3 641 | 19 |
| 1979 | 48 | 1 650 | 76 | 1 024 | | 550 | 3 475 | 20 |
| 1980 | 49 | 1 595 | 78 | 986 | 11 | 520 | 3 356 | 20 |
| 1981 | 51 | 1 533 | 80 | 939 | 15 | 499 | 3 359 | 21 |
| 1982 | 51 | 1 470 | 86 | 916 | 16 | 452 | 3 328 | 21 |
| 1983 | 43 | 1 408 | 92 | 900 | 20 | 396 | 3 282 | 21 |
| 1984 | 45 | 1 315 | 95 | 868 | 29 | 323 | 3 239 | 21 |
| 1985 | 45 | 1 352 | 114 | 844 | 93 | 301 | 3 147 | 21 |
| 1986 | 48 | 1 352 | 116 | 806 | 99 | 331 | 3 056 | 22 |
| 1987 | 51 | 1 321 | 116 | 777 | 95 | 333 | 2 968 | 25 |
| 1988 | 51 | 1 287 | 115 | 741 | 103 | 328 | 2 871 | 28 |
| 1989 | 51 | 1 239 | 113 | 720 | 89 | 317 | 2 761 | 28 |
| 1990 | 50 | 1 219 | 110 | 712 | 80 | 317 | 2 630 | 29 |
| 1991 | 50 | 1 193 | 106 | 705 | 76 | 306 | 2 493 | 29 |
| 1992 | 50 | 1 195 | 103 | 711 | 82 | 299 | 2 279 | 33 |
| 1993 | 49 | 1 178 | 101 | 729 | 81 | 267 | 2 122 | 36 |
| 1994 | 46 | 1 100 | 100 | 741 | 81 | 178 | 1 962 | 36 |
| 1995 | 45 | 1 083 | 100 | 756 | 76 | 151 | 1 807 | 39 |
| 1996 | 41 | 1 093 | 99 | 784 | 71 | 139 | 1 671 | 39 |
| 1997 | 39 | 1 114 | 98 | 812 | 75 | 129 | 1 533 | 38 |
| 1998 | 40 | 1 132 | 87 | 846 | 77 | 122 | 1 382 | 36 |
| 1999 | 41 | 1 134 | 87 | 855 | 71 | 121 | 1 208 | 35 |
| 2000 | 37 | 1 120 | 84 | 861 | 60 | 115 | 1 021 | 34 |
| 2001 | 45 | 1 084 | 82 | 865 | 54 | 83 | 852 | 32 |
| 2002 | 50 | 1 070 | 82 | 857 | 48 | 83 | 751 | 32 |
| 2003 | 57 | 1 065 | 83 | 844 | 55 | 83 | 686 | 31 |
| 2004 | 59 | 990 | 82 | 822 | 42 | 44 | 648 | 29 |
| 2005 | 60 | 966 | 81 | 807 | 37 | 41 | 640 | 28 |
| 2006 | 60 | 945 | 81 | 794 | 37 | 33 | 626 | 28 |
| 2007 | 60 | 924 | 76 | 786 | 32 | 30 | 615 | 28 |
| 2008 | 61 | 903 | 73 | 774 | 28 | 28 | 672 | 29 |
| 2009 | 66 | 871 | 70 | 762 | 26 | 13 | 751 | 29 |
| 2010 | 66 | 856 | 65 | 755 | 26 | 10 | 766 | 29 |

说明：中等学校数未包括工读学校。

表8-1-2 1978—2010年各级各类学校招生数统计表

单位:万人

| 年 份 | 高等学校 | 中等学校 | | | | | 小 学 | 特殊教育学 校 |
|---|---|---|---|---|---|---|---|---|
| | | 合 计 | 中等专业学 校 | 普通中学 | 职业学校 | 技工学校 | | |
| 1978 | 2.47 | 41.90 | 1.15 | 40.75 | | | 20.92 | 0.03 |
| 1979 | 1.84 | 29.84 | 1.01 | 25.89 | | 2.94 | 13.84 | 0.03 |
| 1980 | 2.06 | 24.52 | 1.00 | 20.34 | 0.26 | 2.92 | 12.40 | 0.03 |
| 1981 | 1.86 | 23.23 | 1.11 | 19.30 | 0.26 | 2.56 | 12.01 | 0.04 |
| 1982 | 1.99 | 22.45 | 1.24 | 19.32 | 0.49 | 1.40 | 12.36 | 0.02 |
| 1983 | 2.45 | 20.40 | 1.36 | 16.29 | 1.01 | 1.74 | 13.47 | 0.03 |
| 1984 | 2.98 | 20.42 | 1.93 | 14.76 | 1.96 | 1.77 | 14.18 | 0.03 |
| 1985 | 3.75 | 24.06 | 2.56 | 17.14 | 2.55 | 1.81 | 14.81 | 0.05 |
| 1986 | 3.43 | 22.14 | 2.35 | 16.00 | 1.73 | 2.06 | 15.88 | 0.05 |
| 1987 | 3.70 | 21.09 | 2.18 | 15.49 | 1.47 | 1.95 | 15.90 | 0.05 |
| 1988 | 3.76 | 20.88 | 2.00 | 15.07 | 1.70 | 2.11 | 21.85 | 0.06 |
| 1989 | 3.18 | 21.48 | 2.00 | 16.18 | 1.61 | 1.69 | 20.93 | 0.06 |
| 1990 | 3.24 | 22.61 | 1.91 | 17.09 | 1.86 | 1.75 | 18.14 | 0.06 |
| 1991 | 3.26 | 23.83 | 1.97 | 17.95 | 2.11 | 1.80 | 16.07 | 0.06 |
| 1992 | 3.75 | 26.60 | 2.46 | 19.53 | 2.75 | 1.86 | 17.84 | 0.09 |
| 1993 | 4.36 | 28.21 | 3.02 | 19.87 | 3.43 | 1.89 | 19.37 | 0.09 |
| 1994 | 4.18 | 34.55 | 3.68 | 25.53 | 3.56 | 1.78 | 18.46 | 0.15 |
| 1995 | 4.43 | 35.24 | 4.12 | 25.94 | 3.56 | 1.62 | 17.09 | 0.11 |
| 1996 | 4.38 | 32.59 | 3.20 | 23.98 | 3.54 | 1.87 | 15.66 | 0.09 |
| 1997 | 4.51 | 33.65 | 3.67 | 23.70 | 4.31 | 1.97 | 12.46 | 0.08 |
| 1998 | 4.88 | 35.83 | 4.29 | 25.67 | 3.83 | 2.04 | 11.39 | 0.07 |
| 1999 | 6.32 | 35.48 | 3.53 | 27.24 | 2.87 | 1.84 | 10.49 | 0.09 |
| 2000 | 8.13 | 33.58 | 3.00 | 26.46 | 2.44 | 1.68 | 10.28 | 0.11 |
| 2001 | 9.86 | 33.88 | 3.48 | 26.42 | 2.58 | 1.40 | 10.27 | 0.07 |
| 2002 | 10.92 | 34.25 | 3.93 | 26.02 | 2.66 | 1.64 | 10.11 | 0.06 |
| 2003 | 12.03 | 31.13 | 4.34 | 23.04 | 2.11 | 1.64 | 10.05 | 0.07 |
| 2004 | 13.06 | 28.64 | 3.87 | 21.81 | 1.85 | 1.11 | 10.55 | 0.07 |
| 2005 | 13.18 | 26.67 | 3.33 | 20.90 | 1.84 | 0.60 | 10.36 | 0.07 |
| 2006 | 14.04 | 23.51 | 3.47 | 17.84 | 1.76 | 0.44 | 10.87 | 0.07 |
| 2007 | 14.46 | 21.94 | 3.23 | 16.72 | 1.53 | 0.46 | 11.00 | 0.07 |
| 2008 | 14.58 | 21.75 | 3.24 | 16.63 | 1.39 | 0.49 | 12.39 | 0.08 |
| 2009 | 14.35 | 21.10 | 2.98 | 16.50 | 1.25 | 0.37 | 13.86 | 0.08 |
| 2010 | 14.46 | 20.97 | 2.99 | 16.33 | 1.23 | 0.42 | 15.05 | 0.08 |

表 8-1-3　1978—2010 年各级各类学校在校学生数统计表

单位：万人

| 年　份 | 普　通<br>高等学校 | 中等学校 | | | | | 小　学 | 特殊教育<br>学　校 |
|---|---|---|---|---|---|---|---|---|
| | | 合　计 | 中等专业<br>学　校 | 普通中学 | 职业学校 | 技工学校 | | |
| 1978 | 5.06 | 101.81 | 1.55 | 100.26 | | | 87.06 | 0.18 |
| 1979 | 6.74 | 90.80 | 2.42 | 81.72 | | 6.66 | 88.00 | 0.18 |
| 1980 | 7.67 | 71.68 | 2.81 | 62.71 | 0.29 | 5.87 | 85.47 | 0.18 |
| 1981 | 9.11 | 58.82 | 2.94 | 49.93 | 0.45 | 5.50 | 83.22 | 0.16 |
| 1982 | 8.39 | 61.69 | 3.30 | 53.53 | 0.85 | 4.01 | 78.88 | 0.16 |
| 1983 | 7.87 | 60.53 | 3.61 | 52.04 | 1.71 | 3.17 | 79.82 | 0.23 |
| 1984 | 8.99 | 61.01 | 4.48 | 49.18 | 3.07 | 4.28 | 83.47 | 0.21 |
| 1985 | 10.79 | 63.50 | 5.92 | 48.23 | 4.69 | 4.66 | 84.18 | 0.23 |
| 1986 | 11.77 | 64.82 | 6.86 | 48.31 | 4.71 | 4.94 | 86.56 | 0.25 |
| 1987 | 12.25 | 64.50 | 7.03 | 48.21 | 4.08 | 5.18 | 89.35 | 0.28 |
| 1988 | 12.82 | 61.20 | 6.52 | 45.68 | 3.69 | 5.31 | 98.39 | 0.30 |
| 1989 | 12.61 | 61.01 | 6.45 | 46.10 | 3.54 | 4.92 | 106.02 | 0.32 |
| 1990 | 12.13 | 62.59 | 6.17 | 48.31 | 3.66 | 4.45 | 110.19 | 0.33 |
| 1991 | 11.69 | 65.92 | 6.01 | 51.24 | 3.97 | 4.70 | 111.38 | 0.35 |
| 1992 | 11.95 | 70.84 | 6.41 | 54.77 | 4.90 | 4.76 | 113.37 | 0.38 |
| 1993 | 13.10 | 76.54 | 7.58 | 57.69 | 6.39 | 4.88 | 116.70 | 0.44 |
| 1994 | 14.04 | 87.23 | 9.23 | 65.56 | 7.54 | 4.90 | 113.98 | 0.52 |
| 1995 | 14.41 | 96.38 | 10.85 | 72.40 | 8.64 | 4.49 | 109.78 | 0.57 |
| 1996 | 14.79 | 99.97 | 9.95 | 76.23 | 9.12 | 4.67 | 106.46 | 0.62 |
| 1997 | 15.38 | 100.81 | 11.10 | 74.43 | 10.29 | 4.99 | 102.44 | 0.63 |
| 1998 | 16.51 | 102.53 | 12.38 | 73.85 | 10.72 | 5.58 | 96.14 | 0.52 |
| 1999 | 18.63 | 105.66 | 13.06 | 76.69 | 10.21 | 5.70 | 87.16 | 0.53 |
| 2000 | 22.68 | 105.28 | 11.89 | 79.54 | 8.48 | 5.37 | 78.86 | 0.54 |
| 2001 | 28.00 | 104.41 | 12.12 | 80.23 | 7.52 | 4.54 | 72.28 | 0.55 |
| 2002 | 33.16 | 103.59 | 12.66 | 78.97 | 7.56 | 4.40 | 67.24 | 0.55 |
| 2003 | 37.85 | 100.71 | 13.69 | 75.47 | 7.04 | 4.51 | 64.83 | 0.55 |
| 2004 | 41.57 | 106.94 | 14.05 | 82.78 | 6.43 | 3.68 | 53.74 | 0.54 |
| 2005 | 44.26 | 99.24 | 13.67 | 77.02 | 5.76 | 2.79 | 53.50 | 0.52 |
| 2006 | 46.63 | 92.25 | 13.70 | 71.17 | 5.33 | 2.05 | 53.37 | 0.50 |
| 2007 | 48.49 | 85.17 | 12.81 | 65.60 | 5.20 | 1.56 | 53.33 | 0.50 |
| 2008 | 50.29 | 79.97 | 12.08 | 61.77 | 4.80 | 1.32 | 59.06 | 0.51 |
| 2009 | 51.28 | 77.07 | 11.50 | 60.37 | 4.14 | 1.06 | 67.12 | 0.50 |
| 2010 | 51.57 | 75.20 | 10.91 | 59.44 | 3.77 | 1.08 | 70.16 | 0.50 |

说明：(1) 高等学校学生数未包括研究生。(2) 中等学校合计数中未包括工读学校数据。(3) 特殊教育学校指盲聋哑学校及低能儿童班。

**表 8-1-4　1978—2010 年各级各类学校毕业生数统计表**　　单位：万人

| 年　份 | 普通高等学校 | 中等学校 | | | | | 小　学 | 特殊教育学　校 |
|---|---|---|---|---|---|---|---|---|
| | | 合　计 | 中等专业学　校 | 普通中学 | 职业学校 | 技工学校 | | |
| 1978 | 0.99 | 30.32 | 0.03 | 30.29 | | | 16.35 | 0.02 |
| 1979 | 0.04 | 36.93 | 0.01 | 33.92 | | 3.00 | 10.78 | 0.01 |
| 1980 | 1.18 | 35.77 | 0.60 | 31.68 | | 3.49 | 12.65 | 0.02 |
| 1981 | 0.36 | 27.91 | 0.95 | 24.08 | 0.01 | 2.87 | 13.25 | 0.04 |
| 1982 | 2.66 | 14.79 | 0.87 | 11.01 | 0.08 | 2.83 | 14.36 | 0.02 |
| 1983 | 2.91 | 16.38 | 1.11 | 12.84 | 0.10 | 2.33 | 10.86 | 0.01 |
| 1984 | 1.84 | 16.40 | 1.15 | 14.10 | 0.51 | 0.64 | 9.79 | 0.02 |
| 1985 | 1.93 | 18.46 | 1.14 | 15.29 | 0.91 | 1.12 | 13.09 | 0.02 |
| 1986 | 2.39 | 18.39 | 1.43 | 13.87 | 1.64 | 1.45 | 12.56 | 0.03 |
| 1987 | 3.09 | 18.44 | 1.91 | 13.12 | 1.85 | 1.56 | 12.33 | 0.01 |
| 1988 | 3.06 | 20.78 | 2.41 | 14.75 | 1.89 | 1.73 | 12.14 | 0.02 |
| 1989 | 3.25 | 18.84 | 2.06 | 13.56 | 1.57 | 1.65 | 12.93 | 0.03 |
| 1990 | 3.46 | 18.69 | 2.03 | 13.36 | 1.61 | 1.69 | 13.66 | 0.02 |
| 1991 | 3.39 | 18.88 | 2.02 | 13.43 | 1.58 | 1.85 | 14.51 | 0.03 |
| 1992 | 3.32 | 19.89 | 1.86 | 14.69 | 1.70 | 1.64 | 15.77 | 0.03 |
| 1993 | 3.16 | 20.45 | 1.73 | 15.53 | 1.59 | 1.60 | 15.91 | 0.03 |
| 1994 | 3.18 | 21.64 | 1.72 | 16.65 | 1.71 | 1.56 | 21.33 | 0.04 |
| 1995 | 3.96 | 23.92 | 2.26 | 18.38 | 1.83 | 1.45 | 21.02 | 0.04 |
| 1996 | 3.90 | 25.39 | 2.16 | 19.14 | 2.52 | 1.57 | 18.83 | 0.06 |
| 1997 | 3.90 | 30.67 | 2.29 | 24.46 | 2.89 | 1.03 | 16.48 | 0.07 |
| 1998 | 3.62 | 32.32 | 2.73 | 25.05 | 2.89 | 1.65 | 17.66 | 0.07 |
| 1999 | 4.03 | 30.42 | 2.59 | 23.28 | 3.04 | 1.51 | 19.19 | 0.08 |
| 2000 | 4.09 | 32.63 | 3.86 | 22.92 | 3.99 | 1.86 | 18.73 | 0.09 |
| 2001 | 4.28 | 32.46 | 2.94 | 24.91 | 3.36 | 1.43 | 17.43 | 0.06 |
| 2002 | 5.52 | 33.46 | 2.94 | 26.39 | 2.58 | 1.55 | 15.76 | 0.06 |
| 2003 | 7.12 | 32.88 | 3.39 | 25.77 | 2.20 | 1.52 | 12.87 | 0.08 |
| 2004 | 8.86 | 32.24 | 3.08 | 25.68 | 2.35 | 1.13 | 10.97 | 0.08 |
| 2005 | 10.34 | 32.55 | 3.39 | 25.39 | 2.34 | 1.43 | 10.93 | 0.08 |
| 2006 | 11.05 | 28.60 | 3.52 | 22.24 | 2.00 | 0.84 | 10.85 | 0.09 |
| 2007 | 11.85 | 27.40 | 3.86 | 21.23 | 1.52 | 0.79 | 10.55 | 0.09 |
| 2008 | 12.21 | 26.03 | 3.71 | 20.09 | 1.66 | 0.57 | 10.44 | 0.08 |
| 2009 | 12.69 | 22.51 | 3.39 | 17.03 | 1.73 | 0.36 | 11.36 | 0.09 |
| 2010 | 13.37 | 22.55 | 3.34 | 16.13 | 1.38 | 0.31 | 12.44 | 0.09 |

说明：高等学校招生数未包括研究生。

表 8-1-5　1978—2010 年普通高等学校基本情况统计表　　单位：人

| 年　份 | 学　校（所） | 毕业生数 | 招生数 | 在校学生 | 教职员工 | #专任教师 |
|---|---|---|---|---|---|---|
| 1978 | 45 | 9 932 | 24 731 | 50 584 | 39 481 | 16 309 |
| 1979 | 48 | 365 | 18 416 | 67 404 | 43 187 | 17 681 |
| 1980 | 49 | 11 780 | 20 610 | 76 731 | 46 800 | 18 624 |
| 1981 | 51 | 3 630 | 18 596 | 91 136 | 48 493 | 18 755 |
| 1982 | 51 | 26 610 | 19 928 | 83 918 | 52 356 | 20 510 |
| 1983 | 43 | 29 103 | 24 495 | 78 696 | 54 943 | 21 874 |
| 1984 | 45 | 18 353 | 29 818 | 89 879 | 58 084 | 22 169 |
| 1985 | 45 | 19 327 | 37 459 | 107 865 | 62 765 | 24 306 |
| 1986 | 48 | 23 907 | 34 326 | 117 664 | 66 860 | 25 664 |
| 1987 | 51 | 30 902 | 36 974 | 122 529 | 70 312 | 26 375 |
| 1988 | 51 | 30 581 | 37 572 | 128 163 | 71 353 | 26 603 |
| 1989 | 51 | 32 520 | 31 777 | 126 091 | 71 484 | 26 529 |
| 1990 | 50 | 34 585 | 32 352 | 121 251 | 70 565 | 25 788 |
| 1991 | 50 | 33 943 | 32 609 | 116 925 | 69 599 | 24 501 |
| 1992 | 50 | 33 246 | 37 458 | 119 532 | 69 505 | 23 866 |
| 1993 | 49 | 31 584 | 43 643 | 131 034 | 68 304 | 22 841 |
| 1994 | 46 | 31 771 | 41 830 | 140 396 | 67 501 | 21 863 |
| 1995 | 45 | 39 568 | 44 341 | 144 082 | 65 764 | 21 522 |
| 1996 | 41 | 39 043 | 43 841 | 147 926 | 63 988 | 21 018 |
| 1997 | 39 | 38 961 | 45 102 | 153 804 | 62 555 | 20 106 |
| 1998 | 40 | 36 203 | 48 845 | 165 123 | 62 145 | 20 071 |
| 1999 | 41 | 40 316 | 63 244 | 186 307 | 60 285 | 20 092 |
| 2000 | 37 | 40 929 | 81 328 | 226 798 | 60 799 | 20 491 |
| 2001 | 45 | 42 842 | 98 579 | 279 966 | 61 693 | 21 695 |
| 2002 | 50 | 55 198 | 109 184 | 331 649 | 61 776 | 22 949 |
| 2003 | 57 | 71 158 | 120 269 | 378 517 | 63 138 | 24 387 |
| 2004 | 59 | 88 645 | 130 579 | 415 701 | 68 257 | 28 737 |
| 2005 | 60 | 103 435 | 131 804 | 442 620 | 70 859 | 31 815 |
| 2006 | 60 | 110 520 | 140 448 | 466 333 | 71 651 | 33 873 |
| 2007 | 60 | 118 512 | 144 577 | 484 873 | 71 838 | 35 480 |
| 2008 | 61 | 122 069 | 145 774 | 502 899 | 73 068 | 36 854 |
| 2009 | 66 | 155 216 | 180 922 | 512 809 | 74 540 | 38 134 |
| 2010 | 66 | 133 716 | 144 649 | 515 661 | 74 161 | 39 170 |

说明：学生数中未包括研究生。

**表 8-1-6　1978—2010 年研究生人数统计表**

单位：人

| 年份 | 获博士学位人数 | 获硕士学位人数 | 研究生 | | | | | |
|---|---|---|---|---|---|---|---|---|
| | | | 招生数 | | 在读人数 | | 毕业生数 | |
| | | | 高等学校 | 研究所、院 | 高等学校 | 研究所、院 | 高等学校 | 研究所、院 |
| 1978 | | | 1 072 | | 1 253 | | 9 | |
| 1979 | | | 1 311 | | 2 363 | | 140 | |
| 1980 | | | 410 | | 2 696 | | 6 | |
| 1981 | | 1 051 | 881 | | 2 003 | | 1 553 | |
| 1982 | | 893 | 1 003 | | 2 915 | 50 | 105 | |
| 1983 | 7 | 448 | 1 559 | 25 | 3 605 | 63 | 841 | 12 |
| 1984 | 26 | 860 | 2 354 | 65 | 5 473 | 128 | 474 | |
| 1985 | 57 | 1 371 | 4 264 | 83 | 8 163 | 170 | 1 543 | 37 |
| 1986 | 37 | 1 243 | 3 933 | 88 | 10 195 | 238 | 1 642 | 27 |
| 1987 | 70 | 1 902 | 3 444 | 70 | 10 766 | 243 | 2 692 | 58 |
| 1988 | 249 | 3 196 | 3 406 | 374 | 10 332 | 1 354 | 3 524 | 474 |
| 1989 | 302 | 3 198 | 2 679 | 325 | 9 120 | 1 167 | 3 367 | 417 |
| 1990 | 300 | 2 746 | 2 803 | 324 | 8 533 | 1 035 | 2 953 | 369 |
| 1991 | 342 | 2 739 | 2 717 | 302 | 8 020 | 949 | 2 936 | 320 |
| 1992 | 343 | 2 124 | 3 323 | 345 | 8 858 | 997 | 2 262 | 264 |
| 1993 | 368 | 2 489 | 3 919 | 363 | 10 037 | 1 008 | 2 569 | 315 |
| 1994 | 442 | 2 363 | 4 665 | 465 | 11 905 | 1 185 | 2 608 | 251 |
| 1995 | 606 | 2 742 | 4 776 | 525 | 13 378 | 1 335 | 3 038 | 317 |
| 1996 | 627 | 3 233 | 5 915 | 592 | 15 307 | 1 528 | 3 537 | 323 |
| 1997 | 890 | 3 585 | 6 163 | 562 | 16 841 | 1 619 | 4 117 | 358 |
| 1998 | 1 090 | 3 552 | 7 281 | 593 | 19 499 | 1 663 | 4 253 | 389 |
| 1999 | 1 323 | 4 288 | 8 758 | 655 | 22 656 | 1 764 | 5 196 | 415 |
| 2000 | 1 307 | 4 546 | 11 796 | 856 | 28 582 | 2 032 | 5 435 | 433 |
| 2001 | 1 487 | 5 330 | 14 751 | 1 075 | 36 528 | 2 515 | 6 380 | 437 |
| 2002 | 1 655 | 6 067 | 17 848 | 1 363 | 45 713 | 3 183 | 7 481 | 445 |
| 2003 | 1 994 | 7 683 | 20 767 | 1 757 | 55 092 | 3 998 | 9 501 | 578 |
| 2004 | 2 678 | 10 580 | 23 545 | 1 789 | 64 747 | 4 690 | 12 788 | 681 |
| 2005 | 3 119 | 13 245 | 25 845 | 1 847 | 73 557 | 5 171 | 15 857 | 884 |
| 2006 | 3 772 | 15 957 | 28 250 | 1 849 | 81 487 | 5 419 | 18 833 | 1 098 |
| 2007 | 4 355 | 19 250 | 28 748 | 1 862 | 86 177 | 5 586 | 22 691 | 1 235 |
| 2008 | 4 483 | 20 734 | 30 195 | 1 947 | 89 778 | 5 720 | 24 431 | 1 322 |
| 2009 | 4 661 | 23 622 | 35 418 | 2 007 | 97 639 | 5 853 | 26 949 | 1 342 |
| 2010 | 4 749 | 23 458 | 36 619 | 2 024 | 105 711 | 6 006 | 26 843 | 1 364 |

表 8－1－7　1978—2010 年普通中学基本情况统计表　　单位：万人

| 年　份 | 学　校（所） | 毕业生数 | 招生数 | 在校学生 | #高　中 | 教职员工 | #专任教师 |
|---|---|---|---|---|---|---|---|
| 1978 | 1 087 | 30.29 | 40.75 | 100.26 | 39.85 | 8.07 | 5.70 |
| 1979 | 1 024 | 33.92 | 25.89 | 81.72 | 38.65 | 7.90 | 5.35 |
| 1980 | 986 | 31.68 | 20.34 | 62.71 | 23.16 | 7.85 | 5.09 |
| 1981 | 939 | 24.08 | 19.30 | 49.93 | 13.74 | 7.58 | 4.75 |
| 1982 | 916 | 11.01 | 19.32 | 53.53 | 14.04 | 7.48 | 4.71 |
| 1983 | 900 | 12.84 | 16.29 | 52.04 | 13.55 | 7.14 | 4.59 |
| 1984 | 868 | 14.10 | 14.76 | 49.18 | 12.77 | 6.99 | 4.33 |
| 1985 | 844 | 16.13 | 17.14 | 48.23 | 12.49 | 6.64 | 4.10 |
| 1986 | 806 | 13.87 | 16.00 | 48.31 | 11.84 | 6.56 | 4.03 |
| 1987 | 777 | 13.12 | 15.49 | 48.21 | 10.84 | 6.51 | 4.07 |
| 1988 | 741 | 14.75 | 15.07 | 45.68 | 9.76 | 6.59 | 4.13 |
| 1989 | 720 | 13.56 | 16.18 | 46.10 | 9.65 | 6.63 | 4.13 |
| 1990 | 712 | 13.36 | 17.09 | 48.31 | 9.80 | 6.62 | 4.13 |
| 1991 | 705 | 13.43 | 17.95 | 51.24 | 10.02 | 6.71 | 4.20 |
| 1992 | 711 | 14.69 | 19.53 | 54.77 | 10.65 | 6.77 | 4.18 |
| 1993 | 729 | 15.53 | 19.87 | 57.69 | 11.05 | 6.84 | 4.24 |
| 1994 | 741 | 16.65 | 25.53 | 65.56 | 11.84 | 7.00 | 4.43 |
| 1995 | 756 | 18.38 | 25.94 | 72.40 | 12.89 | 7.22 | 4.65 |
| 1996 | 784 | 19.14 | 23.98 | 76.23 | 14.41 | 7.38 | 4.81 |
| 1997 | 812 | 24.46 | 23.70 | 74.43 | 17.50 | 7.49 | 4.87 |
| 1998 | 846 | 25.05 | 25.67 | 73.85 | 20.72 | 7.58 | 4.93 |
| 1999 | 855 | 23.28 | 27.24 | 76.68 | 23.28 | 7.67 | 5.03 |
| 2000 | 861 | 22.92 | 26.46 | 79.54 | 23.95 | 7.66 | 5.01 |
| 2001 | 865 | 24.91 | 26.42 | 80.23 | 25.08 | 7.65 | 5.04 |
| 2002 | 857 | 26.40 | 26.02 | 78.97 | 27.22 | 7.63 | 5.07 |
| 2003 | 844 | 25.77 | 23.04 | 75.47 | 29.67 | 7.60 | 5.08 |
| 2004 | 822 | 25.68 | 21.81 | 82.78 | 31.07 | 7.53 | 5.13 |
| 2005 | 807 | 25.39 | 20.90 | 77.02 | 30.82 | 7.46 | 5.12 |
| 2006 | 794 | 22.24 | 17.83 | 71.17 | 27.17 | 7.33 | 5.14 |
| 2007 | 786 | 21.22 | 16.72 | 65.60 | 22.90 | 7.11 | 5.13 |
| 2008 | 774 | 20.09 | 16.63 | 61.77 | 19.26 | 6.89 | 5.03 |
| 2009 | 762 | 17.03 | 16.50 | 60.37 | 17.76 | 6.76 | 5.05 |
| 2010 | 755 | 16.13 | 16.33 | 59.44 | 16.89 | 6.73 | 5.07 |

表 8-1-8 1978—2010 年小学基本情况统计表

单位：万人

| 年 份 | 学 校(所) | 毕业生数 | 招生数 | 在校学生 | 教职员工 | #专任教师 |
|---|---|---|---|---|---|---|
| 1978 | 3 641 | 16.35 | 20.92 | 87.06 | 6.19 | 4.92 |
| 1979 | 3 475 | 10.78 | 13.84 | 88.00 | 6.06 | 4.60 |
| 1980 | 3 356 | 12.65 | 12.40 | 85.47 | 6.34 | 4.70 |
| 1981 | 3 359 | 13.25 | 12.01 | 83.22 | 6.52 | 4.84 |
| 1982 | 3 328 | 14.36 | 12.36 | 78.88 | 6.55 | 4.88 |
| 1983 | 3 282 | 10.86 | 13.47 | 79.82 | 6.35 | 4.87 |
| 1984 | 3 239 | 9.79 | 14.18 | 83.47 | 6.43 | 4.85 |
| 1985 | 3 147 | 13.09 | 14.81 | 84.18 | 6.45 | 4.97 |
| 1986 | 3 056 | 12.56 | 15.88 | 86.56 | 6.53 | 5.05 |
| 1987 | 2 968 | 12.33 | 15.90 | 89.35 | 6.61 | 5.23 |
| 1988 | 2 871 | 12.14 | 21.85 | 98.39 | 7.00 | 5.61 |
| 1989 | 2 761 | 12.93 | 20.93 | 106.02 | 7.27 | 5.73 |
| 1990 | 2 630 | 13.66 | 18.14 | 110.19 | 7.48 | 5.88 |
| 1991 | 2 493 | 14.51 | 16.07 | 111.38 | 7.51 | 5.82 |
| 1992 | 2 279 | 15.77 | 17.84 | 113.37 | 7.48 | 5.76 |
| 1993 | 2 122 | 15.91 | 19.37 | 116.70 | 7.38 | 5.64 |
| 1994 | 1 962 | 21.33 | 18.46 | 113.98 | 7.29 | 5.50 |
| 1995 | 1 807 | 21.02 | 17.09 | 109.78 | 7.16 | 5.45 |
| 1996 | 1 671 | 18.83 | 15.66 | 106.46 | 7.07 | 5.33 |
| 1997 | 1 533 | 16.48 | 12.46 | 102.44 | 6.92 | 5.18 |
| 1998 | 1 382 | 17.66 | 11.39 | 96.14 | 6.67 | 4.96 |
| 1999 | 1 208 | 19.19 | 10.49 | 87.16 | 6.40 | 4.68 |
| 2000 | 1 021 | 18.73 | 10.28 | 78.86 | 6.13 | 4.43 |
| 2001 | 852 | 17.43 | 10.27 | 72.28 | 5.87 | 4.23 |
| 2002 | 751 | 15.76 | 10.11 | 67.24 | 5.62 | 4.06 |
| 2003 | 686 | 12.87 | 10.05 | 64.83 | 5.34 | 3.88 |
| 2004 | 648 | 10.97 | 10.55 | 53.74 | 5.07 | 3.75 |
| 2005 | 640 | 10.93 | 10.36 | 53.50 | 4.94 | 3.74 |
| 2006 | 626 | 10.85 | 10.87 | 53.37 | 4.86 | 3.75 |
| 2007 | 615 | 10.55 | 11.00 | 53.33 | 4.84 | 3.85 |
| 2008 | 672 | 10.44 | 12.39 | 59.06 | 5.10 | 4.10 |
| 2009 | 751 | 11.36 | 13.86 | 67.12 | 5.48 | 4.43 |
| 2010 | 766 | 12.44 | 15.05 | 70.16 | 5.58 | 4.52 |

**表 8-1-9　1978—2010 年幼儿园、特殊教育学校基本情况统计表**

| 年份 | 幼儿园(万人) | | | | 特殊教育学校(人) | | | | | |
|---|---|---|---|---|---|---|---|---|---|---|
| | 幼儿园(所) | 幼儿数 | 教职员工 | #教师 | 学校数(所) | 毕业生数 | 招生数 | 在校学生 | 教职员工 | #专任教师 |
| 1978 | 3 843 | 22.88 | 2.20 | 1.49 | 19 | 186 | 347 | 1 764 | 541 | 338 |
| 1979 | 4 017 | 26.85 | 2.38 | 1.55 | 20 | 78 | 254 | 1 772 | 615 | 356 |
| 1980 | 4 599 | 26.30 | 2.24 | 1.57 | 20 | 195 | 271 | 1 812 | 621 | 358 |
| 1981 | 4 522 | 28.45 | 2.42 | 1.65 | 21 | 418 | 405 | 1 645 | 727 | 441 |
| 1982 | 4 664 | 30.67 | 2.57 | 1.75 | 21 | 209 | 225 | 1 586 | 749 | 452 |
| 1983 | 4 841 | 32.68 | 2.78 | 1.87 | 21 | 85 | 250 | 2 252 | 805 | 492 |
| 1984 | 4 961 | 34.56 | 2.81 | 2.01 | 21 | 211 | 277 | 2 148 | 839 | 514 |
| 1985 | 4 952 | 38.05 | 3.81 | 2.25 | 21 | 195 | 471 | 2 312 | 881 | 523 |
| 1986 | 5 630 | 46.18 | 3.93 | 2.55 | 22 | 323 | 463 | 2 484 | 938 | 568 |
| 1987 | 5 822 | 49.66 | 4.18 | 2.76 | 25 | 110 | 501 | 2 768 | 955 | 580 |
| 1988 | 5 631 | 45.69 | 4.32 | 2.83 | 28 | 247 | 570 | 2 986 | 1 030 | 643 |
| 1989 | 5 206 | 41.81 | 4.18 | 2.77 | 28 | 293 | 582 | 3 167 | 1 091 | 653 |
| 1990 | 4 774 | 41.75 | 4.35 | 2.79 | 29 | 237 | 561 | 3 341 | 1 053 | 613 |
| 1991 | 4 442 | 44.39 | 3.81 | 2.55 | 29 | 271 | 603 | 3 494 | 1 172 | 680 |
| 1992 | 4 315 | 43.38 | 3.82 | 2.59 | 33 | 306 | 854 | 3 820 | 1 240 | 720 |
| 1993 | 3 929 | 39.31 | 3.97 | 2.54 | 36 | 302 | 864 | 4 365 | 1 267 | 729 |
| 1994 | 3 422 | 34.61 | 3.42 | 2.18 | 36 | 355 | 1 476 | 5 161 | 1 347 | 770 |
| 1995 | 3 115 | 30.76 | 3.08 | 1.98 | 39 | 363 | 1 140 | 5 728 | 1 434 | 841 |
| 1996 | 2 576 | 26.82 | 2.95 | 1.83 | 39 | 620 | 910 | 6 164 | 1 512 | 929 |
| 1997 | 2 195 | 25.72 | 2.79 | 1.73 | 38 | 749 | 793 | 6 313 | 1 512 | 914 |
| 1998 | 1 947 | 24.91 | 2.60 | 1.60 | 36 | 656 | 722 | 5 168 | 1 580 | 953 |
| 1999 | 1 719 | 24.21 | 2.53 | 1.55 | 35 | 762 | 902 | 5 269 | 1 604 | 973 |
| 2000 | 1 616 | 24.12 | 2.52 | 1.50 | 34 | 868 | 1 141 | 5 407 | 1 584 | 943 |
| 2001 | 1 215 | 23.04 | 2.42 | 1.44 | 32 | 615 | 731 | 5 463 | 1 599 | 946 |
| 2002 | 1 176 | 24.21 | 2.42 | 1.46 | 32 | 639 | 641 | 5 529 | 1 653 | 987 |
| 2003 | 1 164 | 25.22 | 2.47 | 1.49 | 31 | 767 | 692 | 5 463 | 1 629 | 985 |
| 2004 | 1 017 | 26.58 | 2.56 | 1.55 | 29 | 809 | 650 | 5 358 | 1 597 | 978 |
| 2005 | 1 035 | 28.7 | 2.79 | 1.70 | 28 | 853 | 692 | 5 238 | 1 598 | 1 002 |
| 2006 | 1 057 | 29.98 | 3.04 | 1.88 | 28 | 869 | 675 | 5 043 | 1 614 | 1 047 |
| 2007 | 1 058 | 31.32 | 3.19 | 2.02 | 28 | 886 | 741 | 5 043 | 1 603 | 1 092 |
| 2008 | 1 058 | 32.88 | 3.36 | 2.17 | 29 | 828 | 752 | 5 131 | 1 612 | 1 115 |
| 2009 | 1 111 | 35.38 | 3.60 | 2.36 | 29 | 901 | 758 | 5 044 | 1 594 | 1 121 |
| 2010 | 1 252 | 40.03 | 4.09 | 2.67 | 29 | 918 | 776 | 5 036 | 1 596 | 1 143 |

# 第二章　卫生、社会保障和社会福利

1978年以来，上海加强医院和社区卫生服务中心建设，对医疗水平相对较低的门诊部所进行整合升级，逐步建立功能明确、技术支持有力、转诊合理有序的医疗服务体系。截至2010年底，上海共有各类卫生机构3 270个，比1978年下降32.2%。其中，医院306个，下降21.1%；卫生服务中心(站)931个，增长3倍；门诊部、所1 892个，下降54.9%。医疗机构构成：医院占卫生机构的9.4%，比1978年下降1.4个百分点；卫生服务中心(站)占28.5%，比1990年(卫生服务中心统计从1990年开始)上升23.6个百分点；门诊部、所占57.9%，比1978年下降29.1个百分点。上海卫生机构床位数达10.51万张，比1978年增长92.1%，其中医院床位数达8.48万张，增长81.2%。

2010年，上海共有卫生技术人员13.54万人，比1978年增长59.3%。其中，医生5.13万人，增长53.1%；护士5.59万人，增长1.5倍。另外，全科医生团队进社区家庭，是上海城市社区卫生服务推行的一种新模式。全科医生团队由社区全科医生、社区护士、预防保健人员、中医医生组成，为社区居民提供医疗、预防、保健、康复、健康教育、计划生育指导的“六位一体”综合服务。

改革开放以来，上海卫生部门整合市区之间、卫生系统自身和其他部门的医疗卫生资源，提高资源利用效率。截至2010年底，上海医院和卫生服务中心诊疗人次达1.84亿人次，比1978年增长1.6倍。其中，医院诊疗人次达1.10亿人次，增长2.3倍；卫生服务中心诊疗人次达0.73亿人次，增长93.9%。医院入院人数达230.85万人，比1978年增长4倍；每百诊次入院人数为2.1人，比1978年增长50%。

儿童死亡率和孕产妇死亡率是反映社会经济及卫生服务水平，尤其是妇幼卫生质量的重要指标。截至2010年底，上海地区婴儿死亡率为3.12‰，比1978年下降12.37个千分点；户籍人口新生儿死亡率为2.03‰，比1978年下降8.44个千分点；户籍人口孕产妇死亡率为5.30/10万，比1978年下降18.70/10万，低于发达国家的平均水平(8/10万)。

社会保障主要由社会保险、社会福利、社会救助和社会优抚四部分组成。

社会保险是全社会成员的生存保障，也是企业单位稳步发展的基础。按社会保险的作用以及适用对象，又可分为养老保险、医疗保险、失业保险、工伤保险和生育保险等。

2010年，上海参加城镇基本养老保险的人数达894.89万人，比2000年增长32.5%(社会保障统计从2000年开始)。其中，城镇职工522.44万人，增长21.1%；个体工商户和自由职业人员20.43万人，增长1.1倍。领取养老金的离退休人员352.02万人，比2000年增长50.3%。2010年，上海农村养老保险参保人数为69.06万人，比2000年下降42.9%，主要原因是自2003年起，为了解决城市化过程中各类失地农民(包括征地农民)的社会保障问题，上海探索建立小城镇社会保险，部分过去参加农村养老保险的城乡接合部人员改为参加小城镇社会保险。2010年，上海小城镇社会保险参保人数为114.44万人，比2003年增长54.3倍(小城镇社会保险统计从2003年开始)，其中被征地农民96.72万人，比2005年增长22.1%(被征地农民统计从2005年开始)。

2010年，上海参加城镇基本医疗保险人数为999.74万人，比2000年增长76.4%。其中，城镇职工608.41万人，增长66.9%；享受医保的离退休人员391.33万人，比2000年增长93.6%。此外，还有普通高等院校学生基本医疗保险、农村合作医疗、少儿住院基金等补充医疗保障和医疗救助制度。2010 年，上海共有 66.08 万人参加普通高等院校学生基本医疗保险，比 2007 年增长 16.8%（普通高等院校学生基本医疗保险统计从 2007 年开始）；共有 148.95 万人参加农村合作医疗，比 2003 年下降 49.1%（农村合作医疗保险统计从 2003 年开始）；共有 197.19 万人参加少儿住院基金，比 2000 年下降 7.2%。

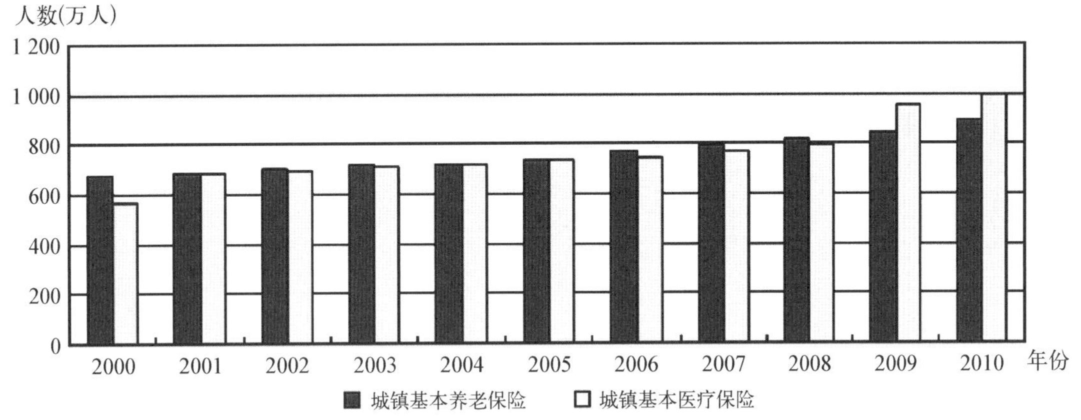


**图 8－2－1　2000—2010 年上海城镇基本养老保险和基本医疗保险情况**

2010 年，上海参加城镇职工失业保险人数为 556.2 万人，比 2000 年增长 27.9%（失业保险统计从 2000 年开始）；享受失业保险人数为 24.37 万人，比 2000 年下降 36.9%。

2010 年，上海参加城镇职工工伤保险人数为 556.12 万人，比 2004 年增长 26.9%；享受工伤保险人数为 1.66 万人，比 2004 年增长 32.2 倍。

2010 年，上海参加城镇职工生育保险人数为 657.30 万人，比 2001 年增长 48.2%；享受生育保险人数为 7.71 万人，比 2001 年增长 109 倍（享受生育保险人数统计从 2001 年开始）。

2010 年，上海共有各类社会福利机构 634 个，比 1980 年增长 10.3 倍（福利机构统计从 1980 年开始）；拥有床位 10.21 万张，比 1985 年增长 12.3 倍（老年福利机构床位统计从 1985 年开始）；年末在院人数达 6.69 万人，比 1980 年增长 16 倍。其中，社会福利院 25 个，比 1980 年增长 1.8 倍；拥有床位 0.79 万张，增长 4.1 倍；年末在院人数达 0.58 万人，增长 3.3 倍。儿童福利院 6 个，比 1980 年增长 2 倍；拥有床位 0.25 万张，增长 3.1 倍；年末在院人数达 0.24 万人，增长 3.4 倍。社会福利医院 3 个，与 1980 年持平；拥有床位 0.18 万张，增长 24.4%；年末在院人数达 0.18 万人，增长 26.4%。收养性老年福利机构 600 个，比 1980 年增长 13.3 倍；拥有床位 8.99 万张，比 1985 年增长 22.2 倍；年末在院人数达 5.69 万人，比 1980 年增长 89.3 倍，其中老人 5.51 万人，比 1985 年增长 18.8 倍（收养性老年福利机构入院老人从 1985 年有统计数）。从结构看，2010 年，收养性老年福利机构占最大比重，占各类社会福利机构 94.6%。

20 世纪 90 年代起，上海开始对传统的社会救济制度进行改革，努力探索与社会主义市场经济体制相适应、与上海国际化大都市社会发展功能相协调的新型社会救助制度。2010 年，上海职工工资最低标准为 1 120 元/月，比 2000 年增长 1.5 倍（社会保障最低标准统计从 2000 年开始）；城镇基本养老金最低标准为 460 元/月，与 2000 年持平；城镇居民生活保障最低标准为 450 元/月，比 2000 年增长 60.7%；生育生活津贴最低标准为 2 892 元/月，与 2008 年持平（生育生活津贴最低标准统计从 2008 年开始）；享受最低生活保障人数达 43.45 万人，比 1998 年增长 33.9 倍（享受最低生活保障人数统计从 1998 年开始）。

30 多年来,上海政府部门不断调整社会优抚政策,提高优抚标准,提高退伍军人、伤残军人、现役军人家属和为国捐躯军人的家属等优抚保障对象的生活质量。2010 年,上海复退军人定期补助人数为 0.40 万人,比 1982 年增长 83.6%(复退军人定期补助人数统计从 1982 年开始)。定期抚恤人数为 1.35 万人,比 1980 年增长 95.3%(定期抚恤人数统计从 1980 年开始)。其中,伤残抚恤 0.71 万人,增长 2.6%;烈属抚恤 0.64 万人,比 1982 年增长 1.7 倍。优抚和社会救济基金方面,2010 年,上海优抚总金额达 2.32 亿元,比 1980 年增长 26.3 倍。另外,2010 年,上海共有社会福利企业 1 375 个,比 1980 年增长 16.4 倍;职工人数达 9.24 万人,比 1982 年增长 5.4 倍(福利企业职工人数统计从 1982 年开始),其中残疾职工 3.18 万人,增长 3.7 倍。

表 8－2－1　1978—2010 年卫生机构数统计表　　单位：个

| 年　份 | 合　计 | #医　院 | #疗养院、所 | #门诊部、所 | #专科防治所、站 | #卫　生防疫机构 | #妇幼保健所、站 | #医学科研机构 | #高、中等医药院校 |
|---|---|---|---|---|---|---|---|---|---|
| 1978 | 4 823 | 388 | 53 | 4 195 | 52 | 31 | 21 | 11 | 37 |
| 1979 | 5 627 | 394 | 61 | 4 971 | 50 | 32 | 22 | 26 | 35 |
| 1980 | 6 067 | 399 | 62 | 5 397 | 49 | 35 | 21 | 15 | 36 |
| 1981 | 6 337 | 403 | 70 | 5 651 | 45 | 34 | 21 | 17 | 36 |
| 1982 | 6 445 | 408 | 70 | 5 756 | 44 | 34 | 22 | 16 | 35 |
| 1983 | 6 451 | 415 | 67 | 5 761 | 44 | 34 | 22 | 16 | 35 |
| 1984 | 6 318 | 420 | 63 | 5 626 | 42 | 35 | 23 | 16 | 35 |
| 1985 | 7 245 | 405 | 50 | 6 567 | 45 | 32 | 22 | 16 | 37 |
| 1986 | 7 306 | 419 | 47 | 6 610 | 47 | 32 | 22 | 17 | 38 |
| 1987 | 7 330 | 431 | 55 | 6 611 | 46 | 32 | 22 | 17 | 38 |
| 1988 | 7 471 | 444 | 46 | 6 738 | 42 | 32 | 24 | 17 | 39 |
| 1989 | 7 550 | 460 | 41 | 6 810 | 43 | 33 | 23 | 17 | 35 |
| 1990 | 7 690 | 462 | 40 | 6 947 | 41 | 33 | 23 | 17 | 33 |
| 1991 | 7 554 | 463 | 37 | 6 817 | 41 | 33 | 23 | 17 | 34 |
| 1992 | 7 363 | 454 | 31 | 6 644 | 40 | 33 | 23 | 17 | 32 |
| 1993 | 6 077 | 486 | 18 | 5 377 | 34 | 35 | 13 | 18 | 33 |
| 1994 | 5 606 | 497 | 13 | 4 909 | 32 | 33 | 12 | 17 | 32 |
| 1995 | 5 286 | 485 | 13 | 4 604 | 32 | 33 | 12 | 17 | 29 |
| 1996 | 5 200 | 477 | 4 | 4 537 | 29 | 31 | 12 | 17 | 29 |
| 1997 | 5 028 | 474 | 4 | 4 367 | 30 | 31 | 12 | 17 | 28 |
| 1998 | 4 637 | 473 | 4 | 3 988 | 24 | 33 | 11 | 15 | 26 |
| 1999 | 4 620 | 465 | 4 | 3 988 | 21 | 28 | 11 | 14 | 26 |
| 2000 | 4 400 | 459 | 5 | 3 769 | 16 | 28 | 10 | 14 | 24 |
| 2001 | 3 813 | 432 | 5 | 3 210 | 16 | 26 | 10 | 14 | 20 |
| 2002 | 2 422 | 436 | 3 | 1 851 | 17 | 23 | 12 | 12 | 4 |
| 2003 | 2 319 | 452 | 3 | 1 737 | 15 | 22 | 12 | 10 | 3 |
| 2004 | 2 577 | 489 | 2 | 1 972 | 13 | 22 | 12 | 10 | 3 |
| 2005 | 2 527 | 487 | 2 | 1 923 | 13 | 22 | 13 | 10 | 3 |
| 2006 | 2 519 | 505 | 2 | 1 895 | 14 | 22 | 13 | 10 | 3 |
| 2007 | 2 646 | 534 | 2 | 1 993 | 13 | 22 | 13 | 9 | 3 |
| 2008 | 2 809 | 580 | 3 | 1 932 | 14 | 22 | 14 | 9 | 3 |
| 2009 | 3 013 | 296 | 2 | 1 933 | 15 | 21 | 14 | 9 | |
| 2010 | 3 270 | 306 | 2 | 1 892 | 15 | 21 | 13 | 9 | |

说明：(1) 从 1996 年以后疗养院、所的统计数据中不包括无保健功能的疗养院、所，其列入门诊部、所之内。(2) 从 1999 年起，卫生防疫机构更名为疾病预防控制中心(包括企业)。(3) 本表 1978—2008 年医院数包括社区卫生服务中心、妇幼保健院和专科防治院。

表8-2-2 1978—2010年卫生机构人员数统计表

单位:万人

| 年份 | 人员数 | #卫生技术人员 | #医生 | #护师、护士 |
|---|---|---|---|---|
| 1978 | 11.91 | 8.50 | 3.35 | 2.23 |
| 1979 | 12.60 | 8.88 | 3.58 | 2.12 |
| 1980 | 13.19 | 9.41 | 3.92 | 2.24 |
| 1981 | 13.49 | 9.57 | 4.37 | 2.22 |
| 1982 | 13.88 | 9.88 | 4.72 | 2.29 |
| 1983 | 14.09 | 10.09 | 4.87 | 2.35 |
| 1984 | 14.35 | 10.24 | 4.84 | 2.44 |
| 1985 | 14.36 | 10.42 | 4.85 | 2.51 |
| 1986 | 14.74 | 10.71 | 4.91 | 2.66 |
| 1987 | 15.15 | 11.00 | 5.05 | 2.81 |
| 1988 | 15.49 | 11.46 | 5.40 | 3.00 |
| 1989 | 15.68 | 11.65 | 5.73 | 3.15 |
| 1990 | 15.85 | 11.84 | 5.82 | 3.27 |
| 1991 | 15.97 | 11.92 | 5.89 | 3.38 |
| 1992 | 15.93 | 11.82 | 5.88 | 3.39 |
| 1993 | 15.67 | 11.53 | 5.75 | 3.37 |
| 1994 | 15.33 | 11.20 | 5.52 | 3.35 |
| 1995 | 15.15 | 11.06 | 5.37 | 3.40 |
| 1996 | 15.04 | 10.95 | 5.24 | 3.45 |
| 1997 | 15.02 | 10.89 | 5.13 | 3.48 |
| 1998 | 14.94 | 10.84 | 5.03 | 3.57 |
| 1999 | 14.81 | 10.81 | 5.06 | 3.61 |
| 2000 | 14.67 | 10.71 | 4.99 | 3.68 |
| 2001 | 14.19 | 10.51 | 4.85 | 3.70 |
| 2002 | 13.34 | 10.16 | 4.38 | 3.71 |
| 2003 | 13.30 | 10.22 | 4.41 | 3.79 |
| 2004 | 13.08 | 10.17 | 4.38 | 3.81 |
| 2005 | 13.20 | 10.35 | 4.40 | 3.94 |
| 2006 | 13.80 | 10.90 | 4.55 | 4.22 |
| 2007 | 15.55 | 12.24 | 4.88 | 4.58 |
| 2008 | 16.25 | 12.77 | 5.12 | 4.88 |
| 2009 | 16.61 | 13.09 | 5.11 | 5.23 |
| 2010 | 17.00 | 13.54 | 5.13 | 5.59 |

表 8-2-3　1978—2010 年卫生机构床位数统计表

| 年　份 | 合　计（万张） | #医　院（万张） | #综合医院（张） | #中医医院（张） | #中西医结合医院（张） | #传染病院（张） |
|---|---|---|---|---|---|---|
| 1978 | 5.47 | 4.68 | | | | |
| 1979 | 5.56 | 4.78 | | | | |
| 1980 | 5.80 | 4.94 | 24 582 | 172 | | 1 599 |
| 1981 | 5.84 | 4.99 | 24 787 | 172 | | 1 746 |
| 1982 | 5.93 | 5.11 | 25 345 | 252 | | 2 059 |
| 1983 | 6.00 | 5.20 | 25 623 | 272 | | 2 084 |
| 1984 | 6.16 | 5.34 | 26 128 | 373 | | 2 134 |
| 1985 | 6.02 | 5.32 | 25 574 | 511 | | 2 316 |
| 1986 | 6.22 | 5.47 | 25 878 | 661 | | 2 436 |
| 1987 | 6.38 | 5.60 | 25 981 | 763 | | 2 440 |
| 1988 | 6.79 | 5.89 | 26 714 | 1 023 | | 2 576 |
| 1989 | 6.87 | 6.04 | 27 548 | 1 126 | | 2 395 |
| 1990 | 6.96 | 6.21 | 28 377 | 1 237 | | 2 365 |
| 1991 | 7.01 | 6.31 | 29 185 | 1 491 | | 2 100 |
| 1992 | 7.07 | 6.42 | 28 976 | 1 664 | | 2 253 |
| 1993 | 7.12 | 6.75 | 29 109 | 1 645 | 294 | 2 215 |
| 1994 | 7.20 | 6.81 | 29 478 | 1 548 | 726 | 1 913 |
| 1995 | 7.10 | 6.69 | 29 375 | 1 493 | 726 | 1 541 |
| 1996 | 7.00 | 6.73 | 28 769 | 1 742 | 926 | 1 511 |
| 1997 | 7.00 | 6.78 | 28 825 | 1 777 | 926 | 1 391 |
| 1998 | 7.02 | 6.83 | 28 781 | 1 955 | 902 | 1 563 |
| 1999 | 7.24 | 7.06 | 29 748 | 1 870 | 902 | 1 497 |
| 2000 | 7.53 | 7.31 | 30 515 | 2 004 | 917 | 1 507 |
| 2001 | 7.88 | 7.63 | 31 235 | 2 072 | 917 | 1 396 |
| 2002 | 8.15 | 8.13 | 41 787 | 3 588 | 1 405 | 1 046 |
| 2003 | 8.44 | 8.11 | 42 653 | 3 542 | 1 345 | 1 262 |
| 2004 | 8.64 | 8.50 | 42 531 | 3 689 | 1 311 | 1 248 |
| 2005 | 9.08 | 8.93 | 44 507 | 4 044 | 1 346 | 1 348 |
| 2006 | 9.44 | 9.28 | 45 702 | 4 033 | 1 534 | 1 112 |
| 2007 | 9.59 | 7.54 | 48 433 | 4 390 | 1 580 | 1 207 |
| 2008 | 9.78 | 7.78 | 49 373 | 4 405 | 1 572 | 1 328 |
| 2009 | 9.97 | 7.95 | 49 722 | 4 860 | 1 756 | 1 328 |
| 2010 | 10.51 | 8.48 | 52 335 | 4 987 | 1 894 | 1 328 |

**表 8-2-4 1978—2010 年每万人口卫生技术人员、医院床位数统计表** 单位：人

| 年 份 | 每万人口卫生技术人员 | 每万人口医生数 | 每万人口中医数 | 每万人口护士数 | 每万人口医院床位数(张) |
|---|---|---|---|---|---|
| 1978 | 77 | 30 | 6 | 20 | 42 |
| 1979 | 78 | 31 | 5 | 19 | 42 |
| 1980 | 82 | 34 | 6 | 19 | 43 |
| 1981 | 82 | 37 | 6 | 19 | 43 |
| 1982 | 83 | 40 | 6 | 19 | 43 |
| 1983 | 84 | 41 | 6 | 20 | 43 |
| 1984 | 84 | 40 | 6 | 20 | 44 |
| 1985 | 85 | 39 | 6 | 20 | 43 |
| 1986 | 86 | 39 | 6 | 21 | 44 |
| 1987 | 87 | 40 | 6 | 22 | 44 |
| 1988 | 89 | 42 | 5 | 23 | 46 |
| 1989 | 89 | 44 | 5 | 24 | 46 |
| 1990 | 89 | 44 | 5 | 25 | 47 |
| 1991 | 88 | 44 | 5 | 25 | 47 |
| 1992 | 87 | 43 | 5 | 25 | 47 |
| 1993 | 83 | 42 | 5 | 24 | 49 |
| 1994 | 80 | 39 | 5 | 24 | 49 |
| 1995 | 78 | 38 | 5 | 24 | 47 |
| 1996 | 75 | 36 | 4 | 24 | 46 |
| 1997 | 73 | 34 | 4 | 23 | 46 |
| 1998 | 71 | 33 | 4 | 23 | 45 |
| 1999 | 69 | 32 | 4 | 23 | 45 |
| 2000 | 67 | 31 | 4 | 23 | 45 |
| 2001 | 63 | 29 | 3 | 22 | 47 |
| 2002 | 47 | 26 |  | 22 | 50 |
| 2003 | 58 | 25 |  | 21 | 47 |
| 2004 | 55 | 24 |  | 21 | 49 |
| 2005 | 55 | 23 |  | 21 | 50 |
| 2006 | 55 | 23 |  | 21 | 51 |
| 2007 | 59 | 24 |  | 22 | 41 |
| 2008 | 60 | 24 |  | 23 | 41 |
| 2009 | 59 | 23 |  | 24 | 36 |
| 2010 | 59 | 22 |  | 24 | 37 |

表 8-2-5　1978—2010 年医院诊疗人次及入院人数统计表

| 年 份 | 医院诊疗人次(万人次) | #县及县以上医院 | #门、急诊 | 入院人数(万人) | #县及县以上医院 | 每百诊次的入院人数(人) | #县及县以上医院 |
|---|---|---|---|---|---|---|---|
| 1978 | 7 085.52 | 3 356.97 | | | 45.97 | | 1.4 |
| 1979 | 7 349.80 | 3 402.80 | | 79.44 | 52.68 | 1.1 | 1.5 |
| 1980 | 8 278.91 | 4 018.30 | 3 951.50 | 84.28 | 56.38 | 1.0 | 1.4 |
| 1981 | 8 521.62 | 4 306.00 | 4 236.60 | 86.28 | 59.38 | 1.0 | 1.4 |
| 1982 | 8 676.56 | 4 552.60 | 4 494.44 | 91.00 | 63.13 | 1.0 | 1.4 |
| 1983 | 8 864.92 | 4 743.93 | 4 690.42 | 94.63 | 62.48 | 1.1 | 1.3 |
| 1984 | 8 929.57 | 4 751.72 | 4 695.40 | 89.38 | 62.93 | 1.0 | 1.3 |
| 1985 | 8 504.31 | 4 507.56 | 4 436.74 | 88.00 | 61.02 | 1.0 | 1.4 |
| 1986 | 8 690.68 | 4 700.54 | 4 638.84 | 90.38 | 62.62 | 1.0 | 1.3 |
| 1987 | 8 932.69 | 4 889.46 | 4 826.63 | 94.42 | 64.79 | 1.1 | 1.3 |
| 1988 | 8 420.57 | 4 639.63 | 4 570.97 | 101.35 | 68.01 | 1.2 | 1.5 |
| 1989 | 8 127.67 | 4 623.55 | 4 550.16 | 94.33 | 63.96 | 1.2 | 1.4 |
| 1990 | 8 395.00 | 4 939.66 | 4 847.46 | 95.28 | 62.43 | 1.1 | 1.3 |
| 1991 | 8 419.71 | 5 056.62 | 4 935.37 | 94.00 | 61.78 | 1.1 | 1.2 |
| 1992 | 7 910.72 | 4 794.64 | 4 692.62 | 98.64 | 62.13 | 1.2 | 1.3 |
| 1993 | 6 876.86 | 4 204.42 | 4 094.70 | 97.76 | 59.95 | 1.4 | 1.4 |
| 1994 | 6 236.29 | 3 996.53 | 3 893.02 | 97.32 | 60.30 | 1.6 | 1.5 |
| 1995 | 5 851.15 | 3 861.76 | 3 782.06 | 96.31 | 59.44 | 1.6 | 1.5 |
| 1996 | 6 007.56 | 4 126.14 | 4 042.92 | 94.52 | 64.22 | 1.6 | 1.6 |
| 1997 | 6 033.70 | 4 262.84 | 4 175.82 | 99.91 | 68.15 | 1.7 | 1.6 |
| 1998 | 6 375.32 | 4 602.87 | 4 523.70 | 103.41 | 72.48 | 1.6 | 1.6 |
| 1999 | 7 310.88 | 4 993.08 | 4 917.21 | 113.19 | 78.11 | 1.5 | 1.6 |
| 2000 | 8 631.67 | 5 841.48 | 5 771.48 | 122.79 | 86.11 | 1.4 | 1.5 |
| 2001 | 7 568.59 | 4 912.44 | 4 857.88 | 125.02 | 89.55 | 1.7 | 1.8 |
| 2002 | 8 614.67 | 5 456.82 | 5 389.58 | 135.36 | 99.95 | 1.6 | 1.8 |
| 2003 | 8 761.49 | 5 651.41 | 5 590.69 | 132.92 | 105.16 | 1.5 | 1.9 |
| 2004 | 9 206.99 | 6 017.94 | 5 951.33 | 144.65 | 120.27 | 1.6 | 2.0 |
| 2005 | 10 379.79 | 6 758.48 | 6 689.35 | 170.20 | 146.50 | 1.6 | 2.2 |
| 2006 | 11 390.15 | 7 468.16 | 7 394.78 | 177.87 | 159.28 | 1.6 | 2.1 |
| 2007 | 12 901.46 | 8 161.93 | 8 097.99 | 178.37 | 163.67 | 1.4 | 2.0 |
| 2008 | 14 831.77 | 9 107.21 | 9 039.14 | 208.65 | 194.40 | 1.4 | 2.1 |
| 2009 | 16 697.20 | 10 074.52 | 10 074.52 | 225.32 | 211.26 | 1.3 | 2.1 |
| 2010 | 18 351.68 | 11 009.45 | 10 950.45 | 243.95 | 230.85 | 1.3 | 2.1 |

表 8-2-6 1978—2010 年婴儿死亡率、新生儿死亡率、孕产妇死亡率统计表

| 年 份 | 全市婴儿死亡率(‰) | | | 户籍新生儿死亡率(‰) | 户籍孕产妇死亡率(1/10 万) |
|---|---|---|---|---|---|
| | 全 市 | 男 性 | 女 性 | | |
| 1978 | 15.49 | 12.02 | 17.20 | 10.47 | 24.00 |
| 1979 | 14.43 | 11.14 | 16.08 | 9.37 | 27.00 |
| 1980 | 13.78 | 10.84 | 15.70 | 8.64 | 30.12 |
| 1981 | 12.20 | 9.73 | 14.03 | 8.35 | 22.50 |
| 1982 | 14.84 | 12.22 | 17.42 | 9.83 | 26.00 |
| 1983 | 15.14 | 12.83 | 18.47 | 9.69 | 24.60 |
| 1984 | 14.47 | 12.35 | 18.50 | 9.38 | 17.80 |
| 1985 | 13.78 | 12.59 | 15.89 | 9.23 | 24.20 |
| 1986 | 12.98 | 11.54 | 15.05 | 8.81 | 15.90 |
| 1987 | 14.00 | 12.28 | 16.40 | 9.38 | 21.60 |
| 1988 | 13.23 | 12.57 | 14.19 | 8.57 | 33.06 |
| 1989 | 12.42 | 11.68 | 13.62 | 8.08 | 30.46 |
| 1990 | 10.95 | 10.49 | 11.61 | 7.17 | 23.76 |
| 1991 | 11.37 | 11.50 | 11.22 | 7.09 | 23.42 |
| 1992 | 11.42 | 11.47 | 11.36 | 7.15 | 28.52 |
| 1993 | 9.91 | 9.98 | 9.79 | 6.17 | 27.34 |
| 1994 | 10.00 | 10.79 | 8.61 | 5.37 | 30.29 |
| 1995 | 10.08 | 10.90 | 8.63 | 6.27 | 24.03 |
| 1996 | 9.53 | 10.18 | 8.36 | 5.98 | 22.11 |
| 1997 | 6.47 | 6.53 | 6.38 | 4.07 | 12.48 |
| 1998 | 6.03 | 5.84 | 6.69 | 3.73 | 11.35 |
| 1999 | 5.53 | 5.62 | 5.26 | 3.54 | 13.74 |
| 2000 | 5.05 | 4.85 | 6.09 | 3.09 | 9.61 |
| 2001 | 5.71 | 5.62 | 7.95 | 3.12 | 8.95 |
| 2002 | 5.01 | 4.71 | 7.21 | 3.43 | 9.99 |
| 2003 | 5.52 | 5.88 | 5.15 | 3.61 | 11.99 |
| 2004 | 3.78 | 3.71 | 5.54 | 2.50 | 10.79 |
| 2005 | 3.78 | 3.70 | 5.78 | 2.47 | 1.40 |
| 2006 | 4.01 | 3.94 | 5.61 | 2.60 | 8.31 |
| 2007 | 3.00 | 2.89 | 5.97 | 1.88 | 6.68 |
| 2008 | 2.96 | 2.08 | 2.83 | 2.08 | 6.91 |
| 2009 | 2.89 | 3.40 | 2.36 | 1.94 | 7.08 |
| 2010 | 3.12 | 3.65 | 2.54 | 2.03 | 5.30 |

**表 8-2-7　2000—2010 年各类社会保险参保人数统计表**　单位：万人

| 指　　标 | 2000 年 | 2001 年 | 2002 年 | 2003 年 | 2004 年 | 2005 年 |
|---|---|---|---|---|---|---|
| 城镇基本养老保险 | | | | | | |
| 城镇职工 | 431.27 | 428.74 | 433.57 | 437.94 | 435.20 | 436.52 |
| 个体工商户和自由职业人员 | 9.82 | 14.93 | 19.28 | 23.12 | 20.20 | 18.26 |
| 领取养老金的离退休人员 | 234.23 | 239.87 | 246.92 | 254.57 | 264.87 | 279.72 |
| 城镇基本医疗保险 | | | | | | |
| 城镇职工 | 364.59 | 441.80 | 448.97 | 459.06 | 453.26 | 452.77 |
| 享受医保的离退休人员 | 202.14 | 239.00 | 245.86 | 253.98 | 264.16 | 279.11 |
| 城镇职工失业保险 | 434.86 | 430.71 | 436.01 | 441.14 | 488.32 | 466.06 |
| 城镇职工生育保险 | | 443.67 | 452.85 | 461.06 | 455.40 | 539.27 |
| 城镇职工工伤保险 | | | | | 438.16 | 523.71 |
| 农村社会养老保险 | 121.00 | 159.00 | 161.00 | 165.00 | 146.70 | 101.34 |
| 小城镇社会保险 | | | | 2.07 | 58.74 | 110.16 |
| #被征用土地农民参保人数 | | | | | | 79.22 |
| 来沪从业人员综合保险 | | | | 77.00 | 209.40 | 247.70 |
| 农村合作医疗 | | | | 292.64 | 234.08 | 203.74 |
| 少儿住院基金 | 212.47 | 194.84 | 195.17 | 186.60 | 183.14 | 181.09 |

**表 8-2-7　续表**　单位：万人

| 指　　标 | 2006 年 | 2007 年 | 2008 年 | 2009 年 | 2010 年 |
|---|---|---|---|---|---|
| 城镇基本养老保险 | | | | | |
| 城镇职工 | 460.75 | 467.45 | 478.59 | 489.06 | 522.44 |
| 个体工商户和自由职业人员 | 16.97 | 16.38 | 16.67 | 17.80 | 20.43 |
| 领取养老金的离退休人员 | 294.69 | 309.99 | 324.42 | 338.85 | 352.02 |
| 城镇基本医疗保险 | | | | | |
| 城镇职工 | 453.60 | 456.83 | 466.97 | 578.66 | 608.41 |
| 享受医保的离退休人员 | 294.04 | 309.30 | 323.69 | 372.54 | 391.33 |
| 城镇职工失业保险 | 476.41 | 491.54 | 511.83 | 523.53 | 556.20 |
| 城镇职工生育保险 | 555.09 | 591.96 | 609.89 | 625.14 | 657.30 |
| 城镇职工工伤保险 | 538.96 | 550.75 | 556.57 | 555.62 | 556.12 |
| 农村社会养老保险 | 83.71 | 74.16 | 76.89 | 72.31 | 69.06 |
| 小城镇社会保险 | 139.80 | 138.61 | 148.02 | 155.39 | 114.44 |
| #被征用土地农民参保人数 | 94.71 | 92.72 | 92.95 | 97.77 | 96.72 |
| 来沪从业人员综合保险 | 279.00 | 333.60 | 383.80 | 378.41 | 404.84 |
| 高龄无保障老人保险 | 6.28 | 6.13 | 5.71 | 5.62 | 5.22 |
| 普通高等院校学生基本医疗保险 | | 56.57 | 59.72 | 65.85 | 66.08 |
| 中小学生和婴幼儿住院门诊大病基本医疗保险 | 180.00 | 167.00 | | | |
| 农村合作医疗 | 190.56 | 186.81 | 177.40 | 166.55 | 148.95 |
| 少儿住院基金 | 180.13 | 181.29 | 185.61 | 188.38 | 197.19 |

说明：本表数据由市人力资源和社会保障局、市医疗保险局、市红十字会提供。

**表 8-2-8 2000—2010 年享受各类社会保险人数统计表**

单位：万人

| 指　　标 | 2000 年 | 2001 年 | 2002 年 | 2003 年 | 2004 年 | 2005 年 |
|---|---|---|---|---|---|---|
| 领取养老金的离退休人员 | 234.23 | 239.87 | 246.92 | 254.57 | 264.87 | 279.72 |
| 享受医保的离退休人员 | 202.14 | 239.00 | 245.86 | 253.98 | 264.16 | 279.11 |
| 享受失业保险人数 | | 40.95 | 170.92 | 168.67 | 26.33 | 26.74 |
| 享受工伤保险人数 | | | | | 0.05 | 0.46 |
| 享受生育保险人数 | | | | | 4.94 | 5.81 |
| 享受少年住院基金人数 | 8.01 | 8.00 | 7.93 | 7.44 | 7.02 | 8.40 |
| 获医疗救助人数 | | 2.70 | 5.72 | 5.82 | 10.74 | 7.70 |
| 农村领取养老金人数 | | | | | | 28.11 |

**表 8-2-8 续表**

单位：万人

| 指　　标 | 2006 年 | 2007 年 | 2008 年 | 2009 年 | 2010 年 |
|---|---|---|---|---|---|
| 领取养老金的离退休人员 | 294.69 | 309.99 | 324.42 | 338.85 | 352.02 |
| 享受医保的离退休人员 | 294.04 | 309.30 | 323.69 | 372.54 | 391.33 |
| 享受失业保险人数 | 27.40 | 27.45 | 25.39 | 27.02 | 24.37 |
| 享受工伤保险人数 | 0.71 | 0.94 | 1.16 | 1.30 | 1.66 |
| 享受生育保险人数 | 5.67 | 7.31 | 7.11 | 6.54 | 7.71 |
| 享受少年住院基金人数 | 8.29 | 7.93 | 8.56 | 8.53 | 8.99 |
| 获医疗救助人数 | 6.28 | 10.32 | 9.42 | 12.46 | 10.04 |
| 农村领取养老金人数 | 26.62 | 26.51 | 30.96 | 31.22 | 32.16 |

**表 8-2-9 2000—2010 年社会最低保障标准统计表**

单位：元

| 指　　标 | 2000 年 | 2001 年 | 2002 年 | 2003 年 | 2004 年 | 2005 年 |
|---|---|---|---|---|---|---|
| 职工工资月最低标准 | 445 | 490 | 535 | 570 | 635 | 690 |
| 城镇基本养老金月最低标准 | 460 | 460 | 460 | 460 | 460 | 460 |
| 城镇居民生活保障月最低标准 | 280 | 280 | 290 | 290 | 290 | 300 |

**表 8-2-9 续表**

单位：元

| 指　　标 | 2006 年 | 2007 年 | 2008 年 | 2009 年 | 2010 年 |
|---|---|---|---|---|---|
| 职工工资月最低标准 | 750 | 840 | 960 | 960 | 1 120 |
| 城镇基本养老金月最低标准 | 460 | 460 | 460 | 460 | 460 |
| 城镇居民生活保障月最低标准 | 320 | 350 | 400 | 425 | 450 |
| 生育生活津贴最低标准 | | | 2 892 | 2 892 | 2 892 |

表 8－2－10　1980—2010 年各类福利机构情况统计表

| 年　份 | 社会福利院 | | | 儿童福利院 | | |
|---|---|---|---|---|---|---|
| | 单　位（个） | 床位数（张） | 年末在院人数（人） | 单　位（个） | 床位数（张） | 年末在院人数（人） |
| 1980 | 9 | 1 555 | 1 337 | 2 | 600 | 559 |
| 1981 | 9 | 1 621 | 1 313 | 2 | 650 | 634 |
| 1982 | 9 | 1 525 | 1 495 | 2 | 650 | 672 |
| 1983 | 9 | 1 644 | 1 491 | 2 | 600 | 676 |
| 1984 | 10 | 1 948 | 1 635 | 2 | 600 | 633 |
| 1985 | 10 | 1 727 | 1 630 | 2 | 580 | 625 |
| 1986 | 10 | 1 697 | 1 648 | 2 | 550 | 612 |
| 1987 | 10 | 1 991 | 1 770 | 2 | 378 | 449 |
| 1988 | 13 | 2 189 | 1 790 | 2 | 387 | 458 |
| 1989 | 14 | 2 418 | 2 012 | 2 | 538 | 481 |
| 1990 | 15 | 2 679 | 2 019 | 2 | 589 | 586 |
| 1991 | 14 | 2 687 | 2 138 | 2 | 611 | 592 |
| 1992 | 14 | 2 776 | 2 431 | 2 | 665 | 651 |
| 1993 | 14 | 2 874 | 2 554 | 2 | 708 | 690 |
| 1994 | 15 | 2 931 | 2 648 | 2 | 878 | 862 |
| 1995 | 15 | 3 006 | 2 722 | 2 | 988 | 919 |
| 1996 | 17 | 3 294 | 2 866 | 2 | 988 | 943 |
| 1997 | 21 | 4 012 | 3 441 | 2 | 988 | 946 |
| 1998 | 24 | 4 596 | 3 678 | 2 | 1 004 | 984 |
| 1999 | 20 | 4 215 | 3 498 | 2 | 981 | 958 |
| 2000 | 23 | 4 884 | 4 137 | 2 | 1 100 | 1 092 |
| 2001 | 26 | 5 570 | 4 410 | 2 | 1 221 | 1 221 |
| 2002 | 27 | 5 590 | 4 760 | 3 | 1 491 | 1 429 |
| 2003 | 26 | 5 818 | 4 779 | 2 | 1 087 | 1 512 |
| 2004 | 26 | 5 876 | 4 848 | 6 | 1 300 | 1 893 |
| 2005 | 23 | 5 999 | 4 809 | 6 | 2 016 | 1 986 |
| 2006 | 25 | 6 583 | 5 024 | 6 | 1 252 | 2 142 |
| 2007 | 24 | 6 499 | 5 068 | 6 | 1 252 | 2 341 |
| 2008 | 26 | 6 864 | 5 215 | 6 | 2 490 | 2 454 |
| 2009 | 26 | 7 686 | 5 351 | 6 | 2 584 | 2 522 |
| 2010 | 25 | 7 944 | 5 774 | 6 | 2 454 | 2 432 |

**表 8-2-10　续表**

| 年份 | 社会福利医院 | | | 收养性老年福利机构 | | | |
|---|---|---|---|---|---|---|---|
| | 单　位(个) | 床位数(张) | 年末在院人数(人) | 单　位(个) | 床位数(张) | 年末在院人数(人) | #老　人 |
| 1980 | 3 | 1 475 | 1 424 | 42 | | 630 | |
| 1981 | 3 | 1 460 | 1 430 | 53 | | 762 | |
| 1982 | 3 | 1 490 | 1 422 | 58 | | 1 022 | |
| 1983 | 3 | 1 490 | 1 432 | 90 | | 1 402 | |
| 1984 | 3 | 1 460 | 1 380 | 135 | | 2 328 | |
| 1985 | 3 | 1 480 | 1 360 | 199 | 3 870 | 3 038 | 2 786 |
| 1986 | 3 | 1 510 | 1 354 | 249 | 4 655 | 3 446 | 3 100 |
| 1987 | 3 | 1 497 | 1 342 | 277 | 5 520 | 4 262 | 3 893 |
| 1988 | 3 | 1 497 | 1 313 | 322 | 5 969 | 4 754 | 4 429 |
| 1989 | 3 | 1 433 | 1 324 | 349 | 6 281 | 5 129 | 4 835 |
| 1990 | 3 | 1 497 | 1 298 | 332 | 6 275 | 5 031 | 4 452 |
| 1991 | 3 | 1 391 | 1 285 | 341 | 6 731 | 5 763 | 5 642 |
| 1992 | 3 | 1 510 | 1 404 | 351 | 7 002 | 6 035 | 5 655 |
| 1993 | 3 | 1 510 | 1 394 | 331 | 7 143 | 6 365 | 5 934 |
| 1994 | 3 | 1 510 | 1 392 | 333 | 7 533 | 6 838 | 6 541 |
| 1995 | 3 | 1 510 | 1 409 | 330 | 8 576 | 7 405 | 6 633 |
| 1996 | 3 | 1 510 | 1 429 | 333 | 10 270 | 8 361 | 7 867 |
| 1997 | 3 | 1 500 | 1 452 | 323 | 11 253 | 9 295 | 8 647 |
| 1998 | 3 | 1 500 | 1 455 | 339 | 13 958 | 11 122 | 10 826 |
| 1999 | 3 | 1 710 | 1 703 | 331 | 16 526 | 12 698 | 12 013 |
| 2000 | 3 | 1 840 | 1 779 | 398 | 22 244 | 16 988 | 16 541 |
| 2001 | 3 | 1 894 | 1 894 | 378 | 23 627 | 17 363 | 16 923 |
| 2002 | 3 | 1 917 | 1 901 | 417 | 33 413 | 20 900 | 20 309 |
| 2003 | 3 | 1 680 | 1 881 | 422 | 36 791 | 23 451 | 22 682 |
| 2004 | 3 | 1 780 | 1 829 | 414 | 33 891 | 26 993 | 25 902 |
| 2005 | 3 | 1 811 | 1 811 | 450 | 43 131 | 31 301 | 30 181 |
| 2006 | 3 | 1 860 | 1 796 | 479 | 52 427 | 35 946 | 34 447 |
| 2007 | 3 | 1 852 | 1 806 | 536 | 64 115 | 42 665 | 40 731 |
| 2008 | 3 | 1 851 | 1 809 | 556 | 72 365 | 46 107 | 44 226 |
| 2009 | 3 | 1 842 | 1 808 | 589 | 84 714 | 51 974 | 49 789 |
| 2010 | 3 | 1 835 | 1 800 | 600 | 89 897 | 56 860 | 55 118 |

**表 8 - 2 - 11　1980—2010 年抚恤、补助对象人数统计表**

单位：人

| 年份 | 合计 | 定期抚恤人数 | | 复退军人定期补助人数 | 享受国家定期救济人数 | | | |
|---|---|---|---|---|---|---|---|---|
| | | 伤残抚恤 | 烈属抚恤 | | | 社会困难户定期救助 | 精减退职老职工救济 | 最低生活保障人数 |
| 1980 | 14 369 | 6 894 | | | 7 475 | 3 769 | 3 706 | |
| 1981 | 16 030 | 7 018 | | | 9 012 | 4 631 | 4 381 | |
| 1982 | 19 759 | 7 408 | 2 392 | 2 161 | 7 798 | 4 244 | 3 554 | |
| 1983 | 19 899 | 7 636 | 2 556 | 2 421 | 7 286 | 3 991 | 3 295 | |
| 1984 | 20 468 | 7 837 | 2 863 | 2 732 | 7 036 | 3 853 | 3 183 | |
| 1985 | 21 023 | 7 836 | 2 272 | 3 651 | 7 264 | 4 258 | 3 006 | |
| 1986 | 25 905 | 8 031 | 2 559 | 4 887 | 10 428 | 7 570 | 2 858 | |
| 1987 | 25 040 | 8 199 | 2 511 | 5 879 | 8 451 | 5 534 | 2 917 | |
| 1988 | 25 045 | 8 203 | 2 437 | 6 207 | 8 198 | 5 372 | 2 826 | |
| 1989 | 27 595 | 8 365 | 2 326 | 6 505 | 10 399 | 7 592 | 2 807 | |
| 1990 | 28 029 | 8 642 | 2 183 | 6 755 | 10 449 | 7 669 | 2 780 | |
| 1991 | 27 112 | 8 256 | 2 066 | 7 102 | 9 688 | 6 975 | 2 713 | |
| 1992 | 31 036 | 8 292 | 1 965 | 7 144 | 13 635 | 10 988 | 2 647 | |
| 1993 | 31 137 | 8 289 | 1 946 | 7 015 | 13 887 | 11 349 | 2 538 | |
| 1994 | 31 223 | 8 250 | 1 810 | 7 025 | 14 138 | 11 735 | 2 403 | |
| 1995 | 31 158 | 8 218 | 1 724 | 6 902 | 14 314 | 11 869 | 2 445 | |
| 1996 | 31 980 | 8 096 | 1 675 | 6 843 | 15 366 | 13 094 | 2 272 | |
| 1997 | 26 849 | 8 002 | 1 523 | 6 902 | 10 422 | 8 386 | 2 036 | |
| 1998 | 32 325 | 7 943 | 1 531 | 6 568 | 16 283 | 3 834 | | 12 449 |
| 1999 | 68 725 | 7 694 | 1 243 | 6 472 | 53 316 | 7 448 | 1 902 | 43 966 |
| 2000 | 222 704 | 7 576 | 1 201 | 6 639 | 207 288 | 9 421 | 1 829 | 196 038 |
| 2001 | 362 877 | 7 527 | 1 148 | 6 340 | 347 862 | 7 638 | 1 723 | 338 501 |
| 2002 | 513 088 | 7 461 | 1 085 | 5 911 | 498 631 | | | 498 631 |
| 2003 | 565 058 | 7 320 | 1 134 | 5 931 | 550 673 | | | 550 673 |
| 2004 | 535 714 | 7 245 | 1 170 | 5 710 | 521 589 | | | 521 589 |
| 2005 | 492 357 | 7 118 | 3 648 | 5 209 | 476 382 | | | 476 382 |
| 2006 | 495 845 | 7 118 | 7 266 | 4 762 | 476 699 | | | 476 699 |
| 2007 | 476 895 | 7 111 | 7 437 | 4 618 | 457 729 | | | 457 729 |
| 2008 | 476 065 | 7 094 | 6 817 | 4 498 | 457 656 | | | 457 656 |
| 2009 | 482 031 | 7 069 | 6 245 | 4 239 | 464 478 | | | 464 478 |
| 2010 | 451 977 | 7 073 | 6 393 | 3 968 | 434 543 | | | 434 543 |

表 8－2－12　1980—2010 年优抚和社会救济金额及福利企业情况统计表

| 年　份 | 优抚和社会救济金额（万元） | #优抚对象集体优待金额 | 福利企业 企业数（个） | 职工人数（万人） | #残疾职工 |
|---|---|---|---|---|---|
| 1980 | 847.74 | 726.43 | 79 | | 0.47 |
| 1981 | 838.68 | 720.15 | 113 | | 0.59 |
| 1982 | 888.68 | 745.73 | 131 | 1.44 | 0.67 |
| 1983 | 874.05 | 699.89 | 163 | 1.61 | 0.73 |
| 1984 | 1 077.37 | 866.76 | 235 | 2.13 | 0.94 |
| 1985 | 1 703.80 | 997.80 | 430 | 2.55 | 1.01 |
| 1986 | 1 412.70 | 986.50 | 557 | 3.55 | 1.46 |
| 1987 | 1 368.80 | 864.20 | 888 | 6.20 | 2.71 |
| 1988 | 1 599.30 | 878.30 | 1 318 | 8.69 | 3.66 |
| 1989 | 1 737.40 | 937.50 | 1 685 | 10.03 | 4.18 |
| 1990 | 1 671.77 | 965.08 | 1 761 | 11.06 | 4.78 |
| 1991 | 2 529.18 | 1 677.35 | 2 243 | 13.67 | 5.89 |
| 1992 | 3 655.64 | 1 019.72 | 2 791 | 16.32 | 6.99 |
| 1993 | 2 592.00 | 1 212.00 | 3 097 | 17.28 | 7.48 |
| 1994 | 3 449.40 | 1 716.20 | 3 582 | 19.37 | 8.34 |
| 1995 | 4 803.00 | 2 674.40 | 3 771 | 20.73 | 8.55 |
| 1996 | 7 353.30 | 5 102.40 | 3 888 | 21.66 | 9.29 |
| 1997 | 14 381.30 | 11 314.00 | 3 814 | 20.74 | 8.89 |
| 1998 | 17 805.30 | 13 936.00 | 3 706 | 19.76 | 8.57 |
| 1999 | 17 766.00 | 14 994.50 | 3 677 | 18.96 | 8.17 |
| 2000 | 19 731.70 | 16 653.60 | 3 352 | 17.73 | 7.59 |
| 2001 | 24 793.80 | 22 955.10 | 3 034 | 15.90 | 6.79 |
| 2002 | 16 285.40 | 15 576.80 | 2 867 | 14.85 | 6.31 |
| 2003 | 17 696.70 | 17 016.80 | 2 661 | 13.49 | 5.81 |
| 2004 | 17 886.20 | 16 934.10 | 2 487 | 12.71 | 5.38 |
| 2005 | 17 668.30 | 16 811.10 | 2 230 | 11.12 | 4.62 |
| 2006 | 16 811.20 | 16 811.20 | 2 036 | 10.33 | 4.21 |
| 2007 | 19 508.30 | 19 508.30 | 1 849 | 10.88 | 4.37 |
| 2008 | 18 555.20 | 18 555.20 | 1 469 | 10.51 | 3.60 |
| 2009 | 21 769.10 | | 1 373 | 10.01 | 3.81 |
| 2010 | 23 173.50 | | 1 375 | 9.24 | 3.18 |

# 第三章　文化和体育

20世纪90年代，上海相继建成了东方明珠广播电视塔、上海图书馆、上海博物馆、上海大剧院、上海影城、上海马戏城、上海国际会议中心和上海艺海剧院等一批公共文化设施。进入21世纪，上海继续推进文化基础设施建设，新建、改造了一批文化设施，如上海东方艺术中心、上海音乐厅、徐汇区西南文化艺术中心、南汇区文化艺术中心等。

2010年，上海共有艺术表演场所97个，比1978年增长2.1倍，座席数达8.28万个，增长87.1%。全年演出场次达2.28万场，比1978年增长5.3倍，观众人数达785万人次，增长27%，演出收入达2.89亿元，增长184倍。

2010年末上海共有剧团89个，比1978年末增长4.2倍，拥有从业人员6 766人，增长59.4%。全年国内演出场次共计1.98万场，比1978年增长2倍，国内观众人数达1 037万人次，增长30.6%，演出收入达2.09亿元，增长98.4倍。

2010年，上海共有公共图书馆28个，比1978年末增长21.7%，总藏量达0.68亿册，增长5.4倍。全年读者人数达1 853万人次，比1978年增长3.4倍。

2010年，上海共有群众艺术馆、文化馆27个，比1978年末增长12.5%。

1992年和1993年，上海东方广播电台和东方电视台分别组建开播；1992年，上海有线电视台成立。至此，上海成为全国设立广播电视机构最多的城市。2009年10月，上海文广新闻传媒集团在全国率先实施"制播分离"改革，形成事业性质的上海广播电视台和企业性质的上海东方传媒集团有限公司"一体两翼"的运营格局(统称"SMG")。2010年，SMG旗下共拥有新闻综合频道等15个电视频道、上海人民广播电台等11个广播频率、都市剧场等16个SITV数字电视频道、SMGBB东方宽频(上海网络电视台)等5家新媒体，以及《每周广播电视报》等6家报纸杂志。

2010年，上海共制作广播节目时间8.53万小时，比1982年增长24.8倍(广播节目制作时间统计从1982年开始)；日均播出时间达360小时，比1980年增长3.6倍(广播日均播出时间统计从1980年开始)。全年共制作电视节目时间4.95万小时，比1980年增长99.8倍(电视节目制作时间统计从1980年开始)；周均播出时间达3 371小时，增长55.2倍。截至2010年末，上海广播人口覆盖率及电视人口覆盖率均达到了100%。

1978—2010年，上海电影工作者累计摄制故事片466部、美术片754本、科学教育片2 158本、译制片10 903本。2010年，上海电影放映场次达54.63万场，比1978年增长57%；观众人数2 288万人次，下降91.7%；票房收入达9.39亿元。

市文物管理委员会于1988年10月正式恢复机构设置，此后是文管委作为上海市政府主管文物工作的职能部门得到了进一步的加强。截至2010年，上海文物系统内保护机构35个，其中文物保护管理机构4个，博物馆、纪念馆27个，比1978年分别增加了4个和21个。文物系统外博物馆、纪念馆有87个，全市博物馆、纪念馆共有114个。其中，行业类博物馆有43个，占37.7%；人物类和历史类博物馆分别有18个和17个，占15.8%和14.9%。全市博物馆、纪念馆参观人次达1 114万人次，比1978年增长18.9倍，馆藏文物293.14万件。

2010年末，上海共有文化娱乐机构4 297个，比1995年末增长37.7%(文化娱乐机构统计从

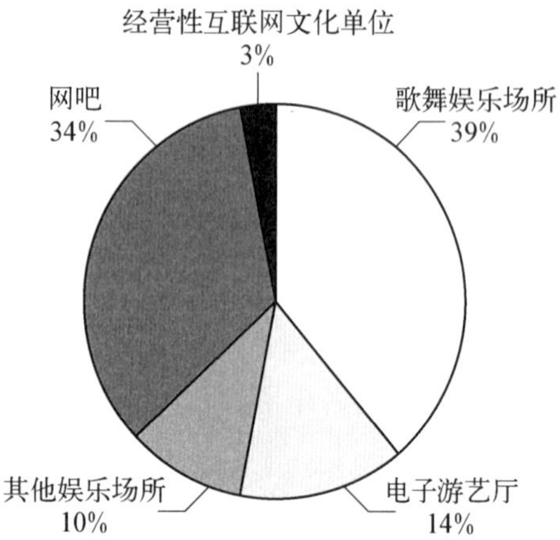


**图 8-3-1　2010 年上海文化娱乐机构分类构成**

1995 年开始)。其中,歌舞娱乐场所有 1 717 个,占 39%;网吧有 1 455 个,占 33.9%。

2010 年,上海共拥有 100 种报纸,比 1978 年增长 19 倍;报纸总印数达 15.9 亿份,增长 1.5 倍;出版图书 1.95 万种,增长 10.7 倍;图书总印数达 2.89 亿册、张,下降 26.4%;出版期刊 632 种,增长 14 倍;期刊总印数达 1.77 亿册、份,增长 2.8 倍。

2010 年,上海共有等级运动员 2 265 人,比 1979 年增长 15.7%。其中,健将级 88 人,增长 6.3 倍。上海还有等级裁判员 559 人。其中,国际级 5 人,国家级 18 人,一级 168 人,二级 368 人。

在第四届全国体育大会上,上海代表团获 57 个一等奖、116 个二等奖、133 个三等奖和体育道德风尚奖。2010 年,在广州亚运会上,上海代表团共获得 53 枚金牌。

从 1984 年美国洛杉矶奥运会,到 2008 年中国北京奥运会,上海体育健儿共有 12 人获得 11.5 枚奥运金牌,18 人获得 18 枚奥运银牌,12 人获得 12 枚奥运铜牌。

上海市第五次体育场地普查资料显示:2003 年末,上海共有各类体育场地 14 425 个,其中标准体育场地 6 451 个,非标准体育场地 7 974 个,比上海第四次体育场地普查增长 92.9%。体育场地面积 2 926.153 万平方米,累计投入体育产地建设的资金为 132.6 亿元。在上海的 6 451 个标准体育场地中,共有体育场 60 个,体育馆 30 个,游泳馆 24 个,室内游泳池 37 个,其他体育场地包括综合房馆 115 个、篮球房馆 153 个、乒乓球房馆 231 个、健身房馆 655 个、室外网球房馆 448 个、台球房馆 394 个、小运动场 731 个等。

表 8－3－1　1978—2010 年文化事业单位数统计表

单位：个

| 年　份 | 电影放映单位 | #影、剧院 | 剧院(场) | 书　场 | 艺术表演团体 |
|---|---|---|---|---|---|
| 1978 | 803 | 109 | 26 | 4 | 17 |
| 1979 | 799 | 115 | 32 | 5 | 45 |
| 1980 | 770 | 119 | 43 | 6 | 48 |
| 1981 | 804 | 127 | 56 | 6 | 49 |
| 1982 | 815 | 134 | 48 | 6 | 46 |
| 1983 | 822 | 140 | 49 | 8 | 46 |
| 1984 | 815 | 146 | 48 | 8 | 44 |
| 1985 | 847 | 156 | 47 | 8 | 44 |
| 1986 | 859 | 169 | 49 | 9 | 42 |
| 1987 | 890 | 199 | 48 | 8 | 42 |
| 1988 | 734 | 215 | 50 | 8 | 40 |
| 1989 | 579 | 213 | 49 | 8 | 37 |
| 1990 | 577 | 211 | 46 | 8 | 38 |
| 1991 | 548 | 229 | 47 | 9 | 38 |
| 1992 | 530 | 249 | 47 | 9 | 37 |
| 1993 | 462 | 254 | 40 | 9 | 34 |
| 1994 | 462 | 254 | 39 | 8 | 35 |
| 1995 | 452 | 249 | 35 | 7 | 31 |
| 1996 | 488 | 280 | 38 | 7 | 31 |
| 1997 | 466 | 263 | 38 | 7 | 31 |
| 1998 | 445 | 242 | 39 | 5 | 29 |
| 1999 | 445 | 242 | 41 | 4 | 29 |
| 2000 | 445 | 242 | 39 | 5 | 29 |
| 2001 | 370 | 273 | 35 | 3 | 28 |
| 2002 | 370 | 273 | 31 | 2 | 28 |
| 2003 | 328 | 238 | 174 | 4 | 72 |
| 2004 | 311 | 225 | 163 | 7 | 75 |
| 2005 | 236 | 193 | 150 | 5 | 85 |
| 2006 | 245 | 186 | 137 | 2 | 97 |
| 2007 | 233 | 175 | 140 | 6 | 103 |
| 2008 | 235 | 172 | 134 | 5 | 107 |
| 2009 | 226 | 169 | 100 |  | 77 |
| 2010 | 152 | 136 | 86 | 2 | 89 |

说明：影、剧院包括电影院、影剧院和向社会开放的礼堂俱乐部；剧院包括剧场、音乐厅、影剧场和杂技场。

表8-3-2 1978—2010年艺术表演团体演出情况统计表

| 年份 | 剧团数(个) | 从业人数(人) | 国内演出(场) | #在农村演出 | 国内观众人数(万人次) | 总收入(万元) |
|---|---|---|---|---|---|---|
| 1978 | 17 | 4 245 | 6 637 | 875 | 794 | 210 |
| 1979 | 45 | 5 672 | 31 182 | 11 808 | 1 951 | 556 |
| 1980 | 48 | 6 111 | 49 383 | 32 376 | 2 243 | 701 |
| 1981 | 49 | 6 089 | 47 002 | 31 374 | 1 818 | 696 |
| 1982 | 46 | 6 035 | 44 615 | 27 558 | 1 752 | 639 |
| 1983 | 46 | 5 846 | 42 985 | 27 455 | 1 592 | 635 |
| 1984 | 44 | 5 817 | 39 483 | 27 662 | 1 675 | 793 |
| 1985 | 44 | 5 606 | 34 353 | 21 840 | 1 337 | 805 |
| 1986 | 42 | 5 411 | 31 670 | 20 032 | 1 484 | 1 159 |
| 1987 | 42 | 5 433 | 32 263 | 16 301 | 1 441 | 1 391 |
| 1988 | 38 | 4 867 | 22 939 | 13 197 | 1 134 | 1 560 |
| 1989 | 35 | 4 309 | 21 826 | 10 039 | 944 | 1 575 |
| 1990 | 36 | 4 216 | 21 259 | 9 675 | 989 | 2 365 |
| 1991 | 36 | 4 182 | 18 177 | 6 168 | 872 | 2 028 |
| 1992 | 35 | 4 135 | 14 814 | 7 438 | 877 | 2 552 |
| 1993 | 34 | 3 543 | 11 490 | 2 820 | 510 | 3 522 |
| 1994 | 35 | 3 196 | 10 277 | 2 359 | 508 | 5 164 |
| 1995 | 31 | 3 156 | 10 228 | 2 173 | 506 | 6 507 |
| 1996 | 31 | 3 228 | 10 239 | 1 617 | 434 | 6 659 |
| 1997 | 31 | 3 102 | 12 329 | 4 034 | 547 | 6 363 |
| 1998 | 29 | 3 015 | 12 633 | 4 538 | 513 | 6 386 |
| 1999 | 29 | 2 771 | 13 440 | 5 034 | 510 | 7 164 |
| 2000 | 29 | 2 713 | 13 016 | 5 931 | 501 | 7 354 |
| 2001 | 28 | 2 681 | 11 283 | 2 460 | 475 | 7 447 |
| 2002 | 28 | 2 710 | 11 682 |  | 516 |  |
| 2003 | 72 | 3 384 | 14 929 |  | 711 | 8 869 |
| 2004 | 75 | 3 505 | 13 792 |  | 625 | 11 260 |
| 2005 | 85 | 3 602 | 15 322 |  | 687 | 12 412 |
| 2006 | 97 | 3 727 | 17 308 |  | 715 | 13 002 |
| 2007 | 103 | 3 877 | 19 594 |  | 788 | 12 924 |
| 2008 | 107 | 3 821 | 18 361 |  | 727 | 14 672 |
| 2009 | 77 | 6 258 | 15 763 |  | 1 012 | 18 551 |
| 2010 | 89 | 6 766 | 19 753 |  | 1 037 | 20 878 |

表 8－3－3　1978—2010 年艺术表演场所、戏剧演出情况统计表

| 年　份 | 艺术表演场所（个） | 座位数（个） | 演出场次（场） | 观众人数（万人次） | 演出收入（万元） |
|---|---|---|---|---|---|
| 1978 | 31 | 44 270 | 3 636 | 618 | 156 |
| 1979 | 46 | 56 640 | 11 150 | 1 106 | 503 |
| 1980 | 47 | 59 253 | 11 585 | 964 | 478 |
| 1981 | 60 | 73 155 | 12 405 | 750 | 144 |
| 1982 | 31 | 63 694 | 10 828 | 872 | 147 |
| 1983 | 54 | 64 340 | 11 783 | 925 | 160 |
| 1984 | 54 | 64 861 | 10 030 | 784 | 143 |
| 1985 | 52 | 63 084 | 9 157 | 708 | 161 |
| 1986 | 53 | 62 652 | 8 990 | 635 | 192 |
| 1987 | 51 | 60 587 | 7 917 | 550 | 238 |
| 1988 | 53 | 51 164 | 6 534 | 603 | 281 |
| 1989 | 52 | 46 147 | 6 699 | 425 | 294 |
| 1990 | 49 | 43 408 | 6 477 | 459 | 281 |
| 1991 | 51 | 43 203 | 6 664 | 450 | 325 |
| 1992 | 51 | 37 047 | 6 367 | 404 | 271 |
| 1993 | 49 | 35 918 | 6 683 | 400 | 348 |
| 1994 | 47 | 30 179 | 7 055 | 376 | 434 |
| 1995 | 43 | 23 393 | 6 369 | 286 | 509 |
| 1996 | 45 | 22 396 | 5 083 | 492 | 577 |
| 1997 | 45 | 23 461 | 5 472 | 291 | 668 |
| 1998 | 44 | 23 555 | 5 319 | 279 | 732 |
| 1999 | 44 | 22 938 | 4 623 | 228 | 691 |
| 2000 | 44 | 23 045 | 4 847 | 262 | 1 032 |
| 2001 | 41 | 20 608 | 4 776 | 208 | 952 |
| 2002 | 37 | 24 032 | 20 375 | 425 | 955 |
| 2003 | 180 | 146 401 | 36 128 | 815 | 9 281 |
| 2004 | 177 | 153 035 | 56 100 | 1 172 | 11 847 |
| 2005 | 160 | 122 866 | 46 486 | 1 068 | 24 374 |
| 2006 | 148 | 115 948 | 35 440 | 1 081 | 25 114 |
| 2007 | 150 | 123 613 | 38 871 | 985 | 29 622 |
| 2008 | 139 | 106 798 | 29 318 | 838 | 24 509 |
| 2009 | 105 | 84 305 | 19 893 | 756 | 23 810 |
| 2010 | 97 | 82 820 | 22 843 | 785 | 28 857 |

说明：2002 年前，未包括上海大剧院的数据资料。

**表 8-3-4 1980—2010 年广播电台情况统计表**

| 年 份 | 电 台(座) | 发射台(座) | 发射功率(千瓦) | 节 目(套) | 平均每日播出时间(小时) | 制作节目时 间(小时) | 广播人口覆盖率(%) |
|---|---|---|---|---|---|---|---|
| 1980 | 1 | 4 | 167.5 | 6 | 78 | | |
| 1981 | 1 | 4 | 107.5 | 6 | 77 | | 82.5 |
| 1982 | 1 | 3 | 107.5 | 6 | 83 | 3 307 | 63～100 |
| 1983 | 1 | 3 | 115.0 | 6 | 89 | 4 298 | 63～100 |
| 1984 | 1 | 4 | 122.5 | 7 | 103 | 4 274 | 63～100 |
| 1985 | 1 | 4 | 145.0 | 7 | 107 | 4 210 | 63～100 |
| 1986 | 1 | 3 | 145.0 | 7 | 105 | 4 722 | 100 |
| 1987 | 1 | 3 | 115.0 | 7 | 107 | 6 517 | 100 |
| 1988 | 1 | 3 | 160.0 | 9 | 116 | 9 518 | 100 |
| 1989 | 1 | 3 | 283.6 | 9 | 119 | 9 222 | 100 |
| 1990 | 2 | 4 | 195.0 | 10 | 123 | 9 222 | 100 |
| 1991 | 3 | 3 | 192.5 | 12 | 149 | 10 286 | 100 |
| 1992 | 4 | 3 | 195.0 | 12 | 180 | 13 494 | 100 |
| 1993 | 9 | 4 | 162.5 | 18 | 263 | 35 329 | 100 |
| 1994 | 9 | 4 | 192.5 | 18 | 281 | 44 445 | 100 |
| 1995 | 10 | 4 | 192.5 | 20 | 285 | 54 179 | 100 |
| 1996 | 10 | 4 | 337.5 | 20 | 298 | 58 055 | 100 |
| 1997 | 11 | 4 | 340.0 | 21 | 307 | 58 067 | 100 |
| 1998 | 2 | 4 | 390.0 | 21 | 305 | 56 744 | 100 |
| 1999 | 2 | 4 | 390.0 | 20 | 294 | 58 730 | 100 |
| 2000 | 2 | 4 | 390.0 | 20 | 297 | 64 903 | 100 |
| 2001 | 2 | 4 | 390.0 | 20 | 301 | 65 515 | 100 |
| 2002 | 2 | 4 | 390.0 | 20 | 306 | 72 863 | 100 |
| 2003 | 2 | 4 | 390.0 | 20 | 310 | 59 114 | 100 |
| 2004 | 2 | 4 | 390.0 | 20 | 329 | 85 125 | 100 |
| 2005 | 2 | 4 | 390.0 | 21 | 347 | 83 665 | 100 |
| 2006 | 2 | 4 | 440.0 | 21 | 356 | 90 582 | 100 |
| 2007 | 2 | 4 | 440.0 | 21 | 358 | 86 733 | 100 |
| 2008 | 2 | 4 | 440.0 | 21 | 361 | 86 466 | 100 |
| 2009 | 1 | 4 | 440.0 | 21 | 360 | 91 660 | 100 |
| 2010 | 1 | 4 | 440.0 | 21 | 360 | 85 262 | 100 |

说明：从 1998 年开始，区县办广播电台不作电台数统计。

表 8－3－5　1980—2010 年电视台情况统计表

| 年　份 | 电视台（座） | 发射台（座） | 发射功率（千瓦） | 节　目（套） | 平均每周播出时间（小时） | 制作节目时　间（小时） | 电视人口覆盖率（%） |
|---|---|---|---|---|---|---|---|
| 1980 | 1 | 1 | 18 | 2 | 60 | 491 | 82 |
| 1981 | 1 | 1 | 48 | 2 | 65 | 227 | 87 |
| 1982 | 1 | 1 | 48 | 2 | 61 | 305 | 87～96 |
| 1983 | 1 | 1 | 48 | 2 | 64 | 542 | 87～96 |
| 1984 | 1 | 1 | 48 | 2 | 111 | 949 | 87～96 |
| 1985 | 1 | 1 | 48 | 2 | 132 | 1 563 | 87～96 |
| 1986 | 1 | 1 | 90 | 3 | 246 | 1 700 | 96 |
| 1987 | 3 | 3 | 92 | 5 | 267 | 1 906 | 96 |
| 1988 | 3 | 3 | 92 | 6 | 277 | 2 393 | 96 |
| 1989 | 4 | 4 | 82 | 6 | 250 | 2 173 | 96 |
| 1990 | 4 | 4 | 82 | 5 | 251 | 2 172 | 96 |
| 1991 | 4 | 8 | 117 | 5 | 256 | 2 290 | 96 |
| 1992 | 10 | 9 | 118 | 11 | 512 | 2 065 | 96 |
| 1993 | 10 | 9 | 119 | 11 | 512 | 4 591 | 96 |
| 1994 | 10 | 10 | 119 | 11 | 586 | 5 649 | 96 |
| 1995 | 10 | 10 | 139 | 11 | 597 | 5 985 | 96 |
| 1996 | 10 | 10 | 169 | 11 | 662 | 8 788 | 100 |
| 1997 | 10 | 10 | 169 | 11 | 669 | 8 883 | 100 |
| 1998 | 3 | 10 | 169 | 12 | 890 | 9 734 | 100 |
| 1999 | 3 | 10 | 169 | 12 | 929 | 10 501 | 100 |
| 2000 | 3 | 9 | 169 | 13 | 1 095 | 10 383 | 100 |
| 2001 | 2 | 9 | 169 | 19 | 1 816 | 24 974 | 100 |
| 2002 | 3 | 9 | 169 | 20 | 2 067 | 33 190 | 100 |
| 2003 | 3 | 10 | 169 | 20 | 2 142 | 32 146 | 100 |
| 2004 | 3 | 11 | 170 | 25 | 2 606 | 44 766 | 100 |
| 2005 | 3 | 11 | 170 | 25 | 2 879 | 47 115 | 100 |
| 2006 | 3 | 11 | 170 | 25 | 3 068 | 66 275 | 100 |
| 2007 | 3 | 11 | 170 | 25 | 3 313 | 61 275 | 100 |
| 2008 | 3 | 11 | 170 | 25 | 3 302 | 53 358 | 100 |
| 2009 | 1 | 11 | 172 | 25 | 3 341 | 63 401 | 100 |
| 2010 | 1 | 11 | 172 | 25 | 3 371 | 49 507 | 100 |

说明：(1) 本表未包括教育电视台。从 1998 年开始，区县办电视台不作电视台数统计。(2) 2000 年以前，为无线电视台的统计数据。2001 年起，上海卫星电视台和上海有线电视台并入上海电视台，不再作为独立单位存在。

表 8-3-6 1978—2010 年电影摄制、译制和放映情况统计表

| 年份 | 摄制和译制电影片 | | | | 电影放映 | | | |
|---|---|---|---|---|---|---|---|---|
| | 故事片(部) | 美术片(本) | 科学教育片(本) | 译制片(本) | 放映场次(万场) | # 影、剧院 | 观众人数(万人次) | # 影、剧院 |
| 1978 | 10 | 24 | 84 | 275 | 34.80 | 16.70 | 27 405 | 15 291 |
| 1979 | 14 | 25 | 95 | 315 | 40.20 | 20.20 | 32 763 | 29 743 |
| 1980 | 17 | 30 | 105 | 382 | 39.10 | 19.70 | 29 304 | 18 039 |
| 1981 | 17 | 32 | 109 | 289 | 37.50 | 19.30 | 26 823 | 16 203 |
| 1982 | 19 | 35 | 112 | 604 | 37.80 | 19.80 | 25 828 | 15 586 |
| 1983 | 19 | 34 | 116 | 666 | 36.90 | 19.60 | 25 204 | 15 124 |
| 1984 | 19 | 40 | 117 | 633 | 35.90 | 20.70 | 24 149 | 15 539 |
| 1985 | 15 | 43 | 140 | 426 | 33.90 | 21.20 | 21 885 | 14 748 |
| 1986 | 19 | 38 | 150 | 450 | 35.80 | 24.00 | 23 220 | 16 720 |
| 1987 | 17 | 38 | 151 | 378 | 37.20 | 27.60 | 21 985 | 17 067 |
| 1988 | 13 | 29 | 156 | 501 | 37.60 | 29.80 | 20 461 | 16 742 |
| 1989 | 17 | 29 | 140 | 398 | 37.40 | 31.80 | 20 776 | 18 216 |
| 1990 | 16 | 47 | 142 | 340 | 37.90 | 32.50 | 19 351 | 17 021 |
| 1991 | 17 | 37 | 146 | 272 | 35.90 | 30.90 | 15 766 | 13 615 |
| 1992 | 17 | 42 | 146 | 325 | 28.70 | 25.40 | 9 145 | 8 089 |
| 1993 | 16 | 35 | 91 | 251 | 15.90 | 14.10 | 3 862 | 3 332 |
| 1994 | 14 | 13 | 69 | 162 | 21.50 | 19.50 | 4 001 | 3 617 |
| 1995 | 17 | 37 | 22 | 266 | 22.80 | 20.20 | 4 419 | 3 913 |
| 1996 | 10 | 58 | 6 | 283 | 27.30 | 24.80 | 4 420 | 3 783 |
| 1997 | 11 | 17 | 8 | 312 | 25.40 | 22.60 | 3 670 | 3 023 |
| 1998 | 4 | 16 | 6 | 271 | 23.40 | 21.40 | 2 924 | 2 451 |
| 1999 | 17 | 10 | 14 | 372 | 19.70 | 18.50 | 2 055 | 1 678 |
| 2000 | 10 | 20 | 12 | 438 | 17.87 | 16.85 | 1 794 | 1 452 |
| 2001 | 12 | 2 | 8 | 237 | 17.94 | 17.25 | 1 553 | 1 315 |
| 2002 | 10 | 2 | 11 | 204 | 20.2 | 16.52 | 1 198 | 921 |
| 2003 | 9 | 10 | 2 | 216 | 19.82 | 19.29 | 971 | 870 |
| 2004 | 12 | 1 | | 248 | 23.93 | 23.08 | 1 364 | 1 183 |
| 2005 | 13 | | | 183 | 27.60 | 26.10 | 1 509 | 1 323 |
| 2006 | 9 | | | 312 | 27.31 | 26.44 | 1 254 | 1 173 |
| 2007 | 9 | | | 211 | 33.38 | 32.11 | 1 385 | 1 277 |
| 2008 | 17 | 8 | | 248 | 35.46 | 34.30 | 1 456 | 1 381 |
| 2009 | 11 | | | 284 | 44.46 | 43.65 | 1 938 | 1 844 |
| 2010 | 19 | 2 | | 151 | 54.63 | 53.91 | 2 288 | 2 174 |

表 8-3-7　1978—2010 年图书馆、博物馆及文化馆情况统计表

| 年　份 | 公共图书馆 | | | 博物馆、纪念馆 | | 群艺馆、文化馆（个） |
|---|---|---|---|---|---|---|
| | 个　数（个） | 总藏量（万册） | 读者人数（万人次） | 个　数（个） | 参观人数（万人次） | |
| 1978 | 23 | 1 064 | 422 | 6 | 56 | 24 |
| 1979 | 23 | 1 107 | 455 | 8 | 66 | 23 |
| 1980 | 23 | 1 138 | 544 | 7 | 72 | 24 |
| 1981 | 23 | 1 163 | 638 | 7 | 75 | 24 |
| 1982 | 23 | 1 236 | 697 | 8 | 72 | 25 |
| 1983 | 40 | 1 814 | 814 | 8 | 102 | 42 |
| 1984 | 45 | 1 356 | 852 | 8 | 83 | 42 |
| 1985 | 46 | 1 430 | 797 | 8 | 98 | 43 |
| 1986 | 49 | 1 477 | 743 | 10 | 42 | 47 |
| 1987 | 50 | 1 519 | 704 | 10 | 70 | 47 |
| 1988 | 54 | 1 531 | 594 | 10 | 60 | 50 |
| 1989 | 52 | 1 545 | 691 | 10 | 69 | 49 |
| 1990 | 51 | 1 586 | 659 | 10 | 53 | 49 |
| 1991 | 31 | 1 803 | 748 | 10 | 78 | 41 |
| 1992 | 31 | 1 642 | 759 | 12 | 59 | 43 |
| 1993 | 31 | 1 572 | 702 | 12 | 60 | 43 |
| 1994 | 31 | 1 572 | 663 | 12 | 51 | 43 |
| 1995 | 31 | 1 586 | 687 | 12 | 74 | 43 |
| 1996 | 32 | 1 653 | 879 | 12 | 186 | 46 |
| 1997 | 32 | 4 780 | 1 103 | 12 | 171 | 47 |
| 1998 | 32 | 4 809 | 1 170 | 11 | 150 | 46 |
| 1999 | 32 | 4 856 | 1 253 | 11 | 202 | 46 |
| 2000 | 31 | 5 500 | 1 315 | 11 | 165 | 48 |
| 2001 | 32 | 5 668 | 2 234 | 11 | 409 | 46 |
| 2002 | 32 | 5 817 | 1 349 | 23 | 337 | 49 |
| 2003 | 35 | 5 894 | 1 204 | 23 | 217 | 34 |
| 2004 | 28 | 5 852 | 1 317 | 90 | 468 | 32 |
| 2005 | 28 | 6 049 | 1 249 | 100 | 576 | 32 |
| 2006 | 28 | 6 062 | 1 342 | 106 | 1 115 | 30 |
| 2007 | 30 | 6 254 | 1 323 | 106 | 1 057 | 30 |
| 2008 | 29 | 6 394 | 1 370 | 110 | 1 117 | 29 |
| 2009 | 29 | 6 593 | 1 460 | 111 | 1 117 | 29 |
| 2010 | 28 | 6 809 | 1 853 | 114 | 1 114 | 27 |

说明：(1) 1983—1990 年，图书馆及文化馆数包括分馆数据；1991 年以后，仅统计独立核算单位。(2) 1991 年以后，公共图书馆藏量中增加了缩微制品和视听文献等。(3) 博物馆、纪念馆参观人数中未包括自然博物馆的数据；2004 年起博物馆、纪念馆包括系统外数据资料，2006 年起参观人数包括系统外数据资料。

表8-3-8 1978—2010年图书、期刊和报纸出版情况统计表

| 年 份 | 图 书 | | 期 刊 | | 报 纸 | |
|---|---|---|---|---|---|---|
| | 出版种数(种) | 总印数(万册、张) | 出版种数(种) | 总印数(万册、份) | 出版种数(种) | 总印数(万份) |
| 1978 | 1 666 | 39 206 | 42 | 4 710 | 5 | 64 063 |
| 1979 | 2 040 | 45 815 | 90 | 7 278 | 8 | 73 249 |
| 1980 | 2 338 | 56 207 | 126 | 12 209 | 12 | 85 520 |
| 1981 | 2 801 | 60 149 | 266 | 20 331 | 15 | 102 780 |
| 1982 | 3 395 | 60 652 | 308 | 23 069 | 31 | 149 290 |
| 1983 | 3 653 | 46 510 | 349 | 25 144 | 34 | 181 289 |
| 1984 | 3 848 | 53 727 | 402 | 31 018 | 41 | 196 328 |
| 1985 | 4 176 | 49 598 | 491 | 34 503 | 89 | 195 383 |
| 1986 | 4 531 | 36 567 | 541 | 30 344 | 93 | 199 406 |
| 1987 | 5 103 | 42 624 | 546 | 31 324 | 90 | 224 511 |
| 1988 | 5 538 | 43 285 | 535 | 26 620 | 83 | 213 758 |
| 1989 | 6 765 | 32 843 | 527 | 18 609 | 81 | 158 545 |
| 1990 | 7 767 | 29 849 | 522 | 17 314 | 81 | 161 575 |
| 1991 | 8 141 | 31 097 | 504 | 17 939 | 75 | 184 792 |
| 1992 | 8 095 | 27 512 | 527 | 18 424 | 77 | 247 625 |
| 1993 | 7 721 | 22 599 | 535 | 18 187 | 81 | 322 744 |
| 1994 | 7 812 | 23 549 | 556 | 17 232 | 87 | 304 322 |
| 1995 | 8 338 | 24 438 | 565 | 17 846 | 86 | 190 372 |
| 1996 | 9 234 | 27 899 | 582 | 16 587 | 87 | 189 300 |
| 1997 | 9 928 | 27 023 | 587 | 16 623 | 87 | 193 431 |
| 1998 | 10 718 | 28 345 | 591 | 16 503 | 80 | 197 344 |
| 1999 | 11 381 | 26 820 | 606 | 17 778 | 75 | 184 158 |
| 2000 | 12 682 | 25 372 | 613 | 18 524 | 103 | 167 742 |
| 2001 | 14 000 | 26 757 | 616 | 18 529 | 101 | 169 784 |
| 2002 | 14 537 | 25 889 | 621 | 18 007 | 101 | 164 608 |
| 2003 | 15 636 | 27 412 | 626 | 18 281 | 101 | 170 466 |
| 2004 | 16 449 | 26 725 | 612 | 19 341 | 103 | 197 114 |
| 2005 | 16 504 | 25 947 | 612 | 19 005 | 102 | 190 633 |
| 2006 | 17 283 | 25 433 | 616 | 18 335 | 101 | 178 928 |
| 2007 | 16 958 | 23 968 | 624 | 18 266 | 101 | 170 372 |
| 2008 | 17 780 | 26 387 | 623 | 19 014 | 100 | 172 416 |
| 2009 | 18 873 | 27 434 | 621 | 17 888 | 100 | 163 266 |
| 2010 | 19 519 | 28 864 | 632 | 17 677 | 100 | 159 016 |

表 8-3-9　1978—2010 年公共体育场地统计表

单位：个

| 年　份 | 体育场 | 体育馆 | 有固定看台灯光球场 | 运动场 | 游泳池、场、馆 | #室　内 | 各　种训练房 |
|---|---|---|---|---|---|---|---|
| 1978 | 9 | 12 | 41 | 11 | 55 | | |
| 1979 | 9 | 10 | 41 | 11 | 55 | 16 | 62 |
| 1980 | 9 | 10 | 42 | 11 | 55 | 16 | 62 |
| 1981 | 9 | 10 | 42 | 11 | 57 | 16 | 64 |
| 1982 | 9 | 11 | 43 | 11 | 59 | 16 | 66 |
| 1983 | 11 | 13 | 14 | 15 | 52 | 16 | 76 |
| 1984 | 11 | 13 | 14 | 15 | 52 | 16 | 76 |
| 1985 | 30 | 18 | 11 | 60 | 43 | 14 | 67 |
| 1986 | 31 | 13 | 18 | 66 | 40 | 12 | 78 |
| 1987 | 32 | 13 | 18 | 74 | 46 | 13 | 84 |
| 1988 | 32 | 14 | 18 | 89 | 47 | 13 | 86 |
| 1989 | 32 | 14 | 18 | 89 | 50 | 15 | 87 |
| 1990 | 32 | 15 | 18 | 90 | 53 | 16 | 97 |
| 1991 | 32 | 17 | 18 | 91 | 53 | 16 | 101 |
| 1992 | 32 | 18 | 18 | 95 | 53 | 16 | 108 |
| 1993 | 32 | 18 | 18 | 95 | 54 | 16 | 113 |
| 1994 | 32 | 18 | 18 | 95 | 54 | 16 | 115 |
| 1995 | 11 | 14 | 4 | 11 | 36 | 13 | 77 |
| 1996 | 21 | 26 | 12 | 43 | 32 | 13 | 77 |
| 1997 | 21 | 26 | 12 | 43 | 32 | 13 | 77 |
| 1998 | 21 | 26 | 12 | 43 | 32 | 13 | 77 |
| 1999 | 21 | 26 | 12 | 43 | 32 | 13 | 77 |
| 2000 | 21 | 26 | 12 | 43 | 32 | 13 | 77 |
| 2001 | 21 | 26 | 12 | 43 | 32 | 13 | 77 |
| 2002 | 60 | 30 | 8 | 4 247 | 113 | 76 | 1 917 |
| 2003 | 60 | 30 | 8 | 4 247 | 113 | 76 | 1 917 |
| 2004 | 60 | 30 | 8 | 4 247 | 113 | 76 | 1 917 |
| 2005 | 60 | 30 | 8 | 4 247 | 113 | 76 | 1 917 |
| 2006 | 60 | 30 | 8 | 4 247 | 113 | 76 | 1 917 |
| 2007 | 60 | 30 | 8 | 4 247 | 113 | 76 | 1 917 |
| 2008 | 60 | 30 | 8 | 4 247 | 113 | 76 | 1 917 |
| 2009 | 60 | 30 | 8 | 4 247 | 113 | 76 | 1 917 |
| 2010 | 60 | 30 | 8 | 4 247 | 113 | 76 | 1 917 |

说明：全国体育场地普查每 10 年开展一次，故 2002—2010 年数据均为第五次全国体育场地普查数据。

**表 8-3-10　1979—2010 年等级运动员人数统计表**

单位：人

| 年　份 | 合　计 | 国　际<br>运动健将 | 运动健将 | 一　级<br>运动员 | 二　级<br>运动员 | 三　级<br>运动员 | 少年级 |
|---|---|---|---|---|---|---|---|
| 1979 | 1 957 | | 12 | 36 | 247 | 785 | 877 |
| 1980 | 1 899 | | 37 | 85 | 200 | 795 | 782 |
| 1981 | 1 871 | | 75 | 62 | 279 | 715 | 740 |
| 1982 | 1 447 | | 32 | 62 | 174 | 584 | 595 |
| 1983 | 1 367 | | 51 | 41 | 188 | 548 | 539 |
| 1984 | 1 056 | | 42 | 39 | 213 | 487 | 275 |
| 1985 | 2 635 | 4 | 45 | 77 | 618 | 1 426 | 465 |
| 1986 | 1 231 | 10 | 87 | 30 | 138 | 518 | 448 |
| 1987 | 1 412 | 17 | 46 | 48 | 274 | 486 | 541 |
| 1988 | 1 217 | 8 | 40 | 52 | 394 | 439 | 284 |
| 1989 | 1 100 | 7 | 64 | 77 | 324 | 370 | 258 |
| 1990 | 1 319 | | 41 | 70 | 377 | 475 | 356 |
| 1991 | 1 455 | 4 | 91 | 115 | 451 | 431 | 363 |
| 1992 | 1 601 | 8 | 20 | 122 | 566 | 485 | 400 |
| 1993 | 782 | | 39 | 64 | 316 | 179 | 184 |
| 1994 | 1 078 | 8 | 38 | 55 | 477 | 296 | 204 |
| 1995 | 1 570 | 12 | 39 | 175 | 833 | 210 | 301 |
| 1996 | 960 | 11 | 42 | 184 | 566 | 157 | |
| 1997 | 1 159 | 12 | 51 | | 834 | 262 | |
| 1998 | 1 235 | 8 | 23 | 246 | 689 | 265 | 4 |
| 1999 | 1 996 | 15 | 60 | 379 | 929 | 327 | 286 |
| 2000 | 1 903 | | 95 | 285 | 739 | 353 | 431 |
| 2001 | 1 338 | 8 | 65 | 188 | 650 | 314 | 113 |
| 2002 | 991 | 7 | 31 | 258 | 695 | | |
| 2003 | 1 189 | 18 | 127 | 191 | 853 | | |
| 2004 | 524 | 12 | 63 | 378 | 71 | | |
| 2005 | 793 | 5 | 120 | 332 | 336 | | |
| 2006 | 699 | 18 | 104 | 400 | 177 | | |
| 2007 | 841 | 23 | 37 | 77 | 13 | 692 | |
| 2008 | 1 016 | 68 | 799 | 131 | 11 | | 7 |
| 2009 | 1 641 | 19 | 76 | 244 | 1 302 | | |
| 2010 | 2 265 | 19 | 69 | 679 | 1 498 | | |

# 第四章　科学技术

1990—2010年(1990年建立科技统计制度),上海研究与试验发展(research and development,简称R&D)经费投入由10.13亿元增加至481.7亿元,年均增长21.3%,年均增速超过同期地区生产总值(现价)增速4.6个百分点。R&D经费相当于地区生产总值的比例由1.3%提升至2.81%,已经达到世界主要发达国家水平。上海科技活动人员由19.34万人增加至33.46万人,其中根据研究人员实际从事科技活动时间计算得到的R&D人员全时当量由2000年的6.31万人年增长至2010年的13.5万人年。上海科技经费投入结构变化表现出重基础、重市场的发展倾向。随着以企业为主体的科技创新体系的不断完善,企业在科技创新体系中的主体地位更加突出。

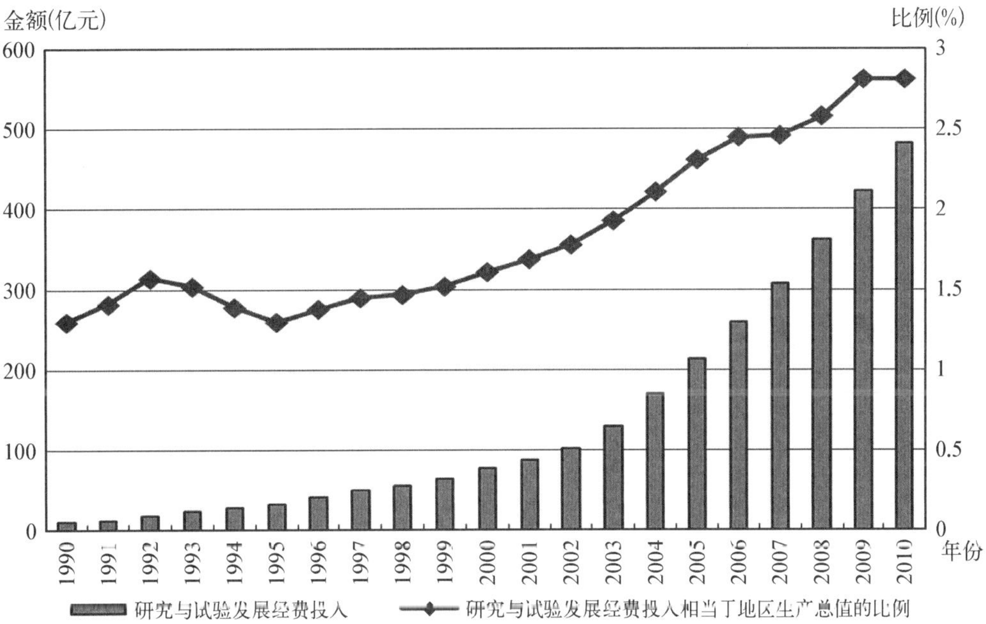


**图8-4-1　1990—2010年上海研究与试验发展经费投入**

分R&D活动类型看,由基础研究到应用研究,再到试验发展,是研发活动由理论研究向实际应用发展的一般路径。2010年,基础研究经费支出31.05亿元,比2000年增长5.2倍(R&D活动分类统计从2000年开始);应用研究经费支出68.99亿元,比2000年增长2.8倍;试验发展经费支出381.67亿元,比2000年增长6.1倍。在一手抓基础攻关获取核心竞争力,一手推进科技研发贴近市场需求的发展方针指导下,R&D经费呈现出向基础研究与试验发展两端集聚的趋势。

分R&D经费执行部门看,上海建立以企业为主体、产学研相互合作的科技创新体系,企业、政府属研究机构和高等学校是R&D经费的三个主要执行部门。2010年,企业经费支出321.31亿元,比2000年增长6.8倍;政府属研究机构经费支出105.35亿元,比2000年增长3.1倍;高等学校经费支出45.8亿元,比2000年增长5.2倍。企业R&D经费支出占全社会经费支出的比重由2000年的54%提升至2010年的66.7%,在区域创新体系中的主体地位更加突出。

科技活动人员中的高素质人才所占比重逐年增加。2008 年,上海科技活动人员中科学家与工程师人数(2009 年起不统计这个指标)达到 17.24 万人,比 1990 年增长 53.9%,占全部科技活动人员的比重达到 74.7%。同时,科技投入的增长使得分配到每一位科技人员的经费增加。R&D 人员人均 R&D 经费由 2000 年的 12.16 万元增加至 2010 年的 35.68 万元。

20 年间,上海年度专利申请数量由 1 526 项增加至 71 196 项,年均增长 21.2%;专利授权数量由 924 项增加至 48 215 项,年均增长 21.9%。专利申请与授权数量保持同步稳定增长。

在技术合同项目方面,2010 年,上海共达成技术合同项目 26 185 项,比 1991 年增长 4.6%(技术合同项目从 1991 年开始);技术合同成交金额 525.45 亿元,比 1991 年增长 55.3 倍。技术合同总量保持相对稳定,而成交金额大幅增长,技术合同的含金量上升。

2010 年,上海科技成果总数 2 318 项,仅比 1990 年增长 10.8%,而科技成果结构却在悄然发生变化。1990 年,上海达到国际先进水平或属国际领先的科技成果仅占科技成果总数的比重 22.2%;2010 年,这一比重已经上升至 38.2%。

在发明专利、实用新型专利和外观设计专利三类专利中,发明专利的创新含量显著高于其他两类专利。20 年间,上海发明专利申请数由 297 项增加至 26 165 项,占全部专利申请数的比重由 19.5%提升至 36.8%。随着现代科学技术的发展,科学研究对创新资源与创新规模的要求更高,表现为专利申请的组织化背景不断加强。1990 年,非职务专利申请是专利申请的主要来源,职务专利申请仅占专利申请量的比重 44.6%;2010 年,职务专利申请所占比重已上升至 87.8%。

技术合同项目分为技术开发、技术转让、技术咨询和技术服务四类,其中技术开发项目对于区域创新能力的促进作用最强。2010 年,上海达成的各类技术合同项目中,技术开发项目比 1991 年明显增长,其他三类项目均下降;技术开发项目占当年技术合同项目的比重由 1991 年的 12.1%上升至 34%。上海达成的各类技术合同成交金额中,技术开发合同成交金额所占比重由 1991 年的 23%上升至 50.4%。

**表 8－4－1　1978—2010 年研究与开发机构数及科技活动人员统计表**

| 年　份 | 机构数（个） | #科技机构 | #高等院校 | #大中型工业企业 | 科技活动人员（万人） | #科学家和工程师 |
|---|---|---|---|---|---|---|
| 1978 | 153 | 73 | | 80 | | |
| 1979 | 246 | 101 | | 145 | | |
| 1980 | 551 | 182 | | 369 | | |
| 1981 | 517 | 92 | 122 | 303 | | |
| 1982 | 610 | 100 | 101 | 409 | | |
| 1983 | 711 | 125 | 111 | 475 | | |
| 1984 | 803 | 131 | 133 | 539 | | |
| 1985 | 816 | 243 | 343 | 230 | 15.12 | 7.93 |
| 1986 | 907 | 285 | 320 | 302 | 18.88 | 8.45 |
| 1987 | 849 | 282 | 325 | 242 | 18.92 | 9.59 |
| 1988 | 949 | 286 | 365 | 298 | 22.62 | 10.95 |
| 1989 | 1 012 | 296 | 350 | 366 | 21.23 | 11.46 |
| 1990 | 1 053 | 300 | 370 | 383 | 19.34 | 11.20 |
| 1991 | 1 092 | 294 | 382 | 416 | 19.05 | 10.34 |
| 1992 | 1 043 | 295 | 375 | 373 | 18.88 | 11.75 |
| 1993 | 1 165 | 290 | 395 | 480 | 20.35 | 12.09 |
| 1994 | 1 148 | 288 | 389 | 471 | 19.50 | 11.84 |
| 1995 | 1 266 | 289 | 387 | 590 | 18.25 | 11.61 |
| 1996 | 1 018 | 290 | 368 | 360 | 19.11 | 12.73 |
| 1997 | 1 133 | 288 | 352 | 493 | 17.99 | 12.49 |
| 1998 | 1 022 | 285 | 328 | 409 | 18.72 | 11.76 |
| 1999 | 915 | 284 | 309 | 322 | 16.25 | 11.11 |
| 2000 | 1 232 | 304 | 326 | 264 | 20.17 | 13.36 |
| 2001 | 945 | 289 | 242 | 217 | 17.57 | 12.25 |
| 2002 | 1 127 | 281 | 454 | 247 | 17.89 | 12.56 |
| 2003 | 907 | 278 | 293 | 202 | 17.59 | 12.33 |
| 2004 | 1 050 | 273 | 229 | 234 | 18.25 | 12.23 |
| 2005 | 1 114 | 266 | 225 | 326 | 19.67 | 14.55 |
| 2006 | 1 162 | 262 | 237 | 361 | 20.07 | 15.04 |
| 2007 | 1 108 | 259 | 238 | 315 | 22.79 | 16.95 |
| 2008 | 1 314 | 135 | 245 | 381 | 23.08 | 17.24 |
| 2009 | 2 084 | 134 | 276 | 639 | 33.90 | |
| 2010 | 1 949 | 136 | 376 | 638 | 33.46 | |

说明：(1) 2000 年起，研究与开发机构和从事科技活动人员统计范围为全社会口径。(2) 2009 年起，科学家和工程师人数停止统计。

### 表 8-4-2 1985—2010 年科技活动经费筹集总额和内部支出统计表

单位：亿元

| 年份 | 科技活动经费筹集总额 | #科研机构 | #高等院校 | #大中型工业企业 | 科技活动经费内部支出 | 科研机构 | 高等院校 | 大中型工业企业 | 其他 |
|---|---|---|---|---|---|---|---|---|---|
| 1985 | 19.91 | 12.17 | 0.98 | 6.76 | 13.37 | 8.70 | 0.74 | 3.93 | |
| 1986 | 19.79 | 10.07 | 1.00 | 8.72 | 15.69 | 9.43 | 0.80 | 5.46 | |
| 1987 | 20.96 | 9.64 | 1.19 | 10.13 | 18.93 | 9.07 | 0.85 | 9.01 | |
| 1988 | 25.06 | 11.85 | 1.27 | 11.94 | 23.06 | 10.93 | 1.02 | 11.11 | |
| 1989 | 30.50 | 15.89 | 1.43 | 13.18 | 27.56 | 14.57 | 1.30 | 11.69 | |
| 1990 | 32.47 | 18.21 | 1.76 | 12.50 | 28.25 | 11.13 | 1.97 | 12.94 | 2.21 |
| 1991 | 42.72 | 22.64 | 2.32 | 17.76 | 37.62 | 15.14 | 2.39 | 17.15 | 2.94 |
| 1992 | 60.57 | 30.77 | 3.88 | 25.92 | 47.57 | 15.79 | 3.42 | 24.44 | 3.92 |
| 1993 | 72.57 | 39.54 | 4.55 | 28.48 | 64.65 | 19.55 | 4.39 | 30.31 | 10.40 |
| 1994 | 95.11 | 45.26 | 5.00 | 44.85 | 88.73 | 22.26 | 4.48 | 45.71 | 16.28 |
| 1995 | 122.49 | 54.06 | 5.83 | 62.60 | 114.22 | 26.60 | 5.18 | 54.61 | 27.83 |
| 1996 | 127.41 | 63.44 | 7.09 | 56.88 | 134.37 | 33.72 | 5.94 | 53.75 | 40.96 |
| 1997 | 153.77 | 69.61 | 9.46 | 74.70 | 165.61 | 37.20 | 8.06 | 77.08 | 43.27 |
| 1998 | 140.24 | 51.42 | 10.19 | 78.63 | 177.62 | 43.71 | 8.71 | 75.28 | 49.92 |
| 1999 | 153.05 | 52.96 | 11.46 | 88.63 | 198.00 | 44.36 | 10.58 | 81.89 | 61.17 |
| 2000 | 247.14 | 59.66 | 17.57 | 122.64 | 221.38 | 56.03 | 15.11 | 119.33 | 30.91 |
| 2001 | 259.94 | 63.05 | 22.78 | 128.55 | 237.13 | 59.30 | 18.96 | 111.12 | 47.75 |
| 2002 | 278.32 | 60.98 | 27.02 | 130.62 | 272.93 | 57.54 | 22.50 | 139.73 | 53.16 |
| 2003 | 305.57 | 61.31 | 33.04 | 150.86 | 304.48 | 59.14 | 29.89 | 173.81 | 41.64 |
| 2004 | 362.50 | 68.87 | 40.00 | 173.04 | 364.94 | 64.03 | 31.03 | 228.15 | 41.73 |
| 2005 | 453.94 | 81.65 | 49.24 | 221.27 | 419.34 | 68.25 | 39.61 | 269.28 | 42.20 |
| 2006 | 485.13 | 78.17 | 55.85 | 256.42 | 436.44 | 70.90 | 44.96 | 284.93 | 35.65 |
| 2007 | 561.27 | 99.79 | 66.07 | 221.27 | 528.72 | 86.79 | 54.51 | 338.65 | 48.77 |
| 2008 | 602.56 | 119.04 | 76.91 | 289.75 | 595.39 | 108.36 | 62.99 | 305.88 | 118.16 |
| 2009 | | | | | | | | | |
| 2010 | | | | | | | | | |

说明：(1) 2000 年起，科技活动经费筹集额统计范围为全社会口径。(2) 2009 年起，科技活动经费筹集总额停止统计。(3) 2009 年起，全社会科技活动经费内部支出停止统计。

表 8 - 4 - 3　1978—2010 年研究与试验发展经费支出情况统计表

| 年　份 | 研究与试验发展经费支出（亿元） | 研究与试验发展经费支出相当于上海市生产总值比例（%） |
|---|---|---|
| 1978 | 1.32 | 0.48 |
| 1979 | 1.57 | 0.55 |
| 1980 | 2.04 | 0.65 |
| 1981 | 2.28 | 0.70 |
| 1982 | 2.50 | 0.74 |
| 1983 | 2.77 | 0.79 |
| 1984 | 3.49 | 0.89 |
| 1985 | 4.62 | 0.99 |
| 1986 | 5.42 | 1.10 |
| 1987 | 6.54 | 1.12 |
| 1988 | 7.97 | 1.23 |
| 1989 | 9.52 | 1.37 |
| 1990 | 10.13 | 1.30 |
| 1991 | 12.64 | 1.41 |
| 1992 | 17.48 | 1.57 |
| 1993 | 23.04 | 1.52 |
| 1994 | 27.61 | 1.39 |
| 1995 | 32.60 | 1.30 |
| 1996 | 40.96 | 1.38 |
| 1997 | 49.76 | 1.45 |
| 1998 | 55.69 | 1.47 |
| 1999 | 63.75 | 1.52 |
| 2000 | 76.73 | 1.61 |
| 2001 | 88.08 | 1.69 |
| 2002 | 102.36 | 1.78 |
| 2003 | 128.92 | 1.93 |
| 2004 | 170.28 | 2.11 |
| 2005 | 213.77 | 2.33 |
| 2006 | 258.84 | 2.50 |
| 2007 | 307.50 | 2.52 |
| 2008 | 362.30 | 2.58 |
| 2009 | 423.38 | 2.81 |
| 2010 | 481.70 | 2.81 |

**表 8-4-4　1978—2010 年科技成果统计表**

单位：项

| 年　份 | 科技成果 | 按成果水平分 | | 按成果类别分 | | | | |
|---|---|---|---|---|---|---|---|---|
| | | # 达到国际先进水平或属国际领先 | # 达到国内先进水平或属国内领先 | # 基础理论成果 | # 新工艺、新兴技术成果 | # 医药卫生成果 | # 农业技术成果 | # 应用技术成果 |
| 1978 | 694 | 74 | 240 | 57 | 188 | | | |
| 1979 | 502 | 8 | 316 | 31 | 141 | 51 | 28 | |
| 1980 | 624 | | 551 | 20 | 155 | 57 | 28 | |
| 1981 | 559 | | | 17 | 133 | 40 | 44 | |
| 1982 | 650 | | | 18 | 174 | 66 | 32 | |
| 1983 | 736 | | | 34 | 181 | 85 | 39 | |
| 1984 | 1 585 | 167 | 479 | 102 | 498 | 137 | 18 | |
| 1985 | 1 957 | 253 | 1 439 | 125 | 472 | 145 | 97 | |
| 1986 | 2 123 | 400 | 1 388 | 87 | 198 | 215 | 98 | |
| 1987 | 1 955 | 427 | 1 521 | 20 | 294 | 130 | 123 | |
| 1988 | 2 062 | 446 | 1 616 | 29 | 133 | 159 | 157 | |
| 1989 | 1 855 | 423 | 1 405 | 24 | 144 | 199 | 118 | |
| 1990 | 2 092 | 465 | 1 597 | 44 | 179 | 219 | 118 | |
| 1991 | 2 588 | 640 | 1 483 | 36 | 324 | 352 | 107 | |
| 1992 | 2 557 | 463 | 1 634 | 43 | 239 | 190 | 239 | |
| 1993 | 1 995 | 401 | 1 212 | 62 | 206 | 160 | 153 | |
| 1994 | 1 715 | 390 | 1 039 | 46 | 198 | 151 | 100 | |
| 1995 | 1 350 | 332 | 802 | 31 | 155 | 123 | 79 | |
| 1996 | 1 094 | 358 | 711 | 67 | 280 | 177 | 72 | |
| 1997 | 1 193 | 442 | 719 | 118 | 97 | | | 978 |
| 1998 | 1 305 | 524 | 749 | 156 | 113 | | | 1 036 |
| 1999 | 1 252 | 498 | 729 | 80 | 118 | | | 1 054 |
| 2000 | 1 102 | 507 | 569 | 79 | 70 | | | 953 |
| 2001 | 1 338 | 620 | 560 | 81 | 61 | | | 1 196 |
| 2002 | 1 418 | 507 | 569 | 110 | 58 | | | 1 250 |
| 2003 | 1 508 | 603 | 636 | 97 | 130 | | | 1 281 |
| 2004 | 1 629 | 816 | 635 | 70 | 71 | | | 1 488 |
| 2005 | 1 701 | 752 | 777 | 61 | 85 | | | 1 555 |
| 2006 | 1 953 | 925 | 846 | 52 | 102 | | | 1 799 |
| 2007 | 2 396 | 941 | 1 192 | 139 | 95 | | | 2 162 |
| 2008 | 1 866 | 789 | 889 | 115 | 56 | | | 1 695 |
| 2009 | 2 166 | 911 | 1 078 | 94 | 63 | | | 2 009 |
| 2010 | 2 318 | 886 | 926 | 152 | 62 | | | 2 104 |

说明：1997 年起，"新工艺和新兴技术成果""医药卫生成果""农业技术成果"三个指标改为"软科学成果"。

表 8-4-5　1985—2010 年专利申请量统计表

单位：件

| 年份 | 专利申请量 | 按申请类别分 | | | 按申请人职务、非职务分 | | | | |
|---|---|---|---|---|---|---|---|---|---|
| | | 发明 | 实用新型 | 外观设计 | 职务发明创造 | #大专院校 | #科研单位 | #工矿企业 | 非职务发明创造 |
| 1985 | 806 | 374 | 406 | 26 | 417 | 119 | 159 | 127 | 389 |
| 1986 | 1 024 | 289 | 670 | 65 | 441 | 72 | 135 | 230 | 583 |
| 1987 | 1 546 | 262 | 1 183 | 101 | 596 | 89 | 160 | 278 | 950 |
| 1988 | 1 523 | 244 | 1 191 | 88 | 599 | 115 | 158 | 255 | 924 |
| 1989 | 1 142 | 229 | 801 | 112 | 483 | 82 | 149 | 184 | 659 |
| 1990 | 1 526 | 297 | 1 049 | 180 | 680 | 87 | 153 | 354 | 846 |
| 1991 | 1 778 | 293 | 1 274 | 211 | 788 | 100 | 161 | 417 | 990 |
| 1992 | 2 186 | 406 | 1 502 | 278 | 874 | 106 | 152 | 411 | 1 312 |
| 1993 | 2 294 | 360 | 1 598 | 336 | 871 | 97 | 135 | 349 | 1 423 |
| 1994 | 2 323 | 400 | 1 529 | 394 | 965 | 82 | 145 | 308 | 1 358 |
| 1995 | 2 456 | 350 | 1 518 | 588 | 1 098 | 72 | 148 | 622 | 1 358 |
| 1996 | 3 154 | 396 | 1 773 | 985 | 1 549 | 64 | 153 | 1 303 | 1 605 |
| 1997 | 3 119 | 483 | 1 670 | 966 | 1 587 | 98 | 193 | 1 281 | 1 532 |
| 1998 | 3 419 | 573 | 1 724 | 1 122 | 1 803 | 120 | 230 | 1 441 | 1 616 |
| 1999 | 4 602 | 1 044 | 1 950 | 1 608 | 2 849 | 220 | 208 | 2 381 | 1 753 |
| 2000 | 11 318 | 4 713 | 2 760 | 3 864 | 9 200 | 618 | 613 | 7 936 | 2 137 |
| 2001 | 12 777 | 3 268 | 3 610 | 5 899 | 8 101 | 630 | 585 | 6 846 | 4 676 |
| 2002 | 19 970 | 3 968 | 4 952 | 11 050 | 16 466 | 898 | 1 133 | 14 310 | 3 504 |
| 2003 | 22 374 | 5 936 | 5 992 | 10 446 | 18 566 | 1 784 | 1 348 | 15 289 | 3 808 |
| 2004 | 20 471 | 6 737 | 6 131 | 7 603 | 16 344 | 2 212 | 1 091 | 12 762 | 4 127 |
| 2005 | 32 741 | 10 441 | 8 711 | 13 589 | 27 912 | 2 955 | 1 522 | 22 880 | 4 829 |
| 2006 | 36 042 | 12 050 | 9 881 | 14 111 | 30 658 | 3 066 | 1 428 | 24 835 | 5 384 |
| 2007 | 47 205 | 15 212 | 12 112 | 19 881 | 41 149 | 5 604 | 1 601 | 30 643 | 6 056 |
| 2008 | 52 835 | 17 829 | 14 327 | 20 679 | 45 975 | 7 787 | 1 743 | 34 162 | 6 860 |
| 2009 | 62 241 | 22 012 | 19 650 | 20 579 | 54 951 | 8 699 | 1 950 | 41 628 | 7 290 |
| 2010 | 71 196 | 26 165 | 23 188 | 21 843 | 62 523 | 8 173 | 2 311 | 45 490 | 6 549 |

说明：1985 年，专利申请量为 4—12 月的统计数据。

**表 8-4-6　1985—2010 年专利授权量统计表**

单位：件

| 年份 | 专利授权量 | 按授权类别分 | | | 按授权人职务、非职务分 | | | | |
|---|---|---|---|---|---|---|---|---|---|
| | | 发明 | 实用新型 | 外观设计 | 职务发明创造 | #大专院校 | #科研单位 | #工矿企业 | 非职务发明创造 |
| 1985 | 2 | 1 | | 1 | 2 | | 1 | 1 | |
| 1986 | 220 | 3 | 208 | 9 | 94 | 22 | 25 | 46 | 126 |
| 1987 | 575 | 23 | 497 | 55 | 231 | 28 | 65 | 134 | 344 |
| 1988 | 909 | 60 | 808 | 41 | 351 | 52 | 104 | 184 | 558 |
| 1989 | 957 | 107 | 764 | 86 | 465 | 89 | 121 | 231 | 492 |
| 1990 | 924 | 99 | 769 | 56 | 422 | 81 | 145 | 156 | 502 |
| 1991 | 1 025 | 95 | 761 | 169 | 528 | 62 | 120 | 288 | 497 |
| 1992 | 1 215 | 98 | 979 | 138 | 599 | 75 | 125 | 310 | 616 |
| 1993 | 2 146 | 145 | 1 663 | 338 | 927 | 90 | 165 | 479 | 1 219 |
| 1994 | 1 454 | 84 | 1 172 | 198 | 559 | 48 | 97 | 214 | 895 |
| 1995 | 1 436 | 72 | 1 025 | 339 | 653 | 49 | 77 | 233 | 783 |
| 1996 | 1 610 | 74 | 1 024 | 512 | 816 | 34 | 75 | 526 | 794 |
| 1997 | 1 886 | 88 | 1 025 | 773 | 1 058 | 42 | 65 | 915 | 828 |
| 1998 | 2 334 | 97 | 1 219 | 1 018 | 1 336 | 54 | 109 | 1 154 | 998 |
| 1999 | 3 665 | 189 | 1 994 | 1 482 | 2 211 | 84 | 194 | 1 891 | 1 454 |
| 2000 | 4 050 | 304 | 2 083 | 1 663 | 2 534 | 183 | 215 | 2 101 | 1 516 |
| 2001 | 5 371 | 242 | 2 220 | 2 909 | 3 722 | 160 | 219 | 3 320 | 1 649 |
| 2002 | 6 659 | 341 | 2 805 | 3 549 | 4 424 | 179 | 253 | 3 952 | 2 271 |
| 2003 | 16 671 | 880 | 3 844 | 11 947 | 14 734 | 466 | 523 | 13 654 | 1 937 |
| 2004 | 10 625 | 1 687 | 4 040 | 4 898 | 8 634 | 837 | 621 | 7 099 | 1 991 |
| 2005 | 12 603 | 1 997 | 4 437 | 6 169 | 10 381 | 1 096 | 645 | 8 486 | 2 222 |
| 2006 | 16 602 | 2 644 | 6 739 | 7 219 | 14 242 | 1 586 | 864 | 11 503 | 2 360 |
| 2007 | 24 481 | 3 259 | 9 718 | 11 504 | 21 384 | 2 616 | 1 001 | 15 383 | 3 097 |
| 2008 | 24 468 | 4 258 | 11 973 | 8 237 | 21 123 | 3 318 | 1 088 | 14 946 | 3 345 |
| 2009 | 34 913 | 5 997 | 13 158 | 15 758 | 31 346 | 4 189 | 1 094 | 22 289 | 3 774 |
| 2010 | 48 215 | 6 867 | 21 821 | 19 527 | 43 617 | 5 897 | 1 226 | 34 151 | 2 343 |

说明：1985 年，专利授权量为 4—12 月的统计数据。

表 8-4-7　1991—2010 年技术合同项目和成交金额统计表

| 年份 | 项目（项） | 技术开发 | 技术转让 | 技术咨询 | 技术服务 | 成交金额（亿元） | 技术开发 | 技术转让 | 技术咨询 | 技术服务 |
|---|---|---|---|---|---|---|---|---|---|---|
| 1991 | 25 023 | 3 038 | 1 992 | 3 203 | 16 790 | 9.33 | 2.15 | 1.90 | 0.55 | 4.72 |
| 1992 | 32 731 | 3 501 | 2 159 | 4 200 | 22 871 | 15.25 | 3.56 | 1.33 | 0.99 | 9.37 |
| 1993 | 25 507 | 2 517 | 1 389 | 3 671 | 17 930 | 20.32 | 3.03 | 2.00 | 2.16 | 13.13 |
| 1994 | 25 099 | 2 368 | 941 | 4 215 | 17 575 | 22.09 | 3.31 | 1.08 | 2.08 | 15.62 |
| 1995 | 21 213 | 1 915 | 775 | 3 672 | 14 851 | 23.04 | 4.14 | 1.57 | 2.12 | 15.21 |
| 1996 | 20 074 | 1 841 | 823 | 3 821 | 13 589 | 25.65 | 4.38 | 1.50 | 2.81 | 16.97 |
| 1997 | 18 863 | 1 643 | 1 037 | 3 569 | 12 614 | 28.76 | 5.72 | 2.14 | 3.28 | 17.61 |
| 1998 | 18 364 | 1 206 | 919 | 3 235 | 13 004 | 31.41 | 4.55 | 2.58 | 2.44 | 21.85 |
| 1999 | 19 721 | 1 158 | 937 | 3 993 | 13 633 | 36.63 | 3.68 | 3.50 | 3.24 | 26.21 |
| 2000 | 20 974 | 1 561 | 888 | 3 905 | 14 620 | 73.90 | 9.96 | 36.44 | 3.51 | 23.99 |
| 2001 | 23 816 | 2 385 | 1 294 | 5 012 | 15 125 | 106.16 | 28.24 | 50.71 | 4.63 | 22.58 |
| 2002 | 26 010 | 2 984 | 1 156 | 4 983 | 16 887 | 120.22 | 45.40 | 46.18 | 4.63 | 24.01 |
| 2003 | 27 292 | 3 512 | 2 112 | 5 306 | 16 362 | 142.78 | 50.96 | 50.79 | 6.11 | 34.92 |
| 2004 | 27 327 | 4 398 | 2 453 | 4 814 | 15 662 | 171.70 | 61.31 | 42.32 | 6.00 | 62.07 |
| 2005 | 30 290 | 5 256 | 2 444 | 4 753 | 17 837 | 231.73 | 87.47 | 110.08 | 6.42 | 27.76 |
| 2006 | 28 191 | 6 165 | 2 172 | 3 592 | 16 262 | 344.43 | 142.79 | 165.18 | 7.60 | 28.86 |
| 2007 | 27 742 | 6 425 | 2 133 | 3 086 | 16 098 | 432.64 | 181.50 | 212.49 | 5.50 | 33.15 |
| 2008 | 28 713 | 7 145 | 1 749 | 3 873 | 15 937 | 485.75 | 213.24 | 229.53 | 6.41 | 36.57 |
| 2009 | 27 109 | 8 071 | 1 549 | 3 034 | 14 455 | 489.86 | 266.30 | 174.34 | 5.39 | 43.83 |
| 2010 | 26 185 | 8 894 | 1 370 | 2 685 | 13 236 | 525.45 | 264.68 | 213.86 | 4.93 | 41.98 |

**表 8-4-8　1985—2010 年自然科学研究与技术开发机构情况统计表**

| 年　份 | 机构数(个) | 课题数(项) | 投入经费(万元) | 投入人力(人年) | #科学家和工程师 | 科技著作(种) | 论　文(篇) | #国外发表 |
|---|---|---|---|---|---|---|---|---|
| 1985 | 220 | 6 398 | 21 235 | 22 349 | | | | |
| 1986 | 248 | 8 894 | 22 871 | 28 398 | 17 003 | | 4 258 | 651 |
| 1987 | 234 | 10 353 | 28 667 | 28 265 | 17 655 | 242 | 5 494 | 690 |
| 1988 | 223 | 8 689 | 34 034 | 27 267 | 17 741 | 210 | 4 225 | 720 |
| 1989 | 227 | 8 686 | 38 267 | 26 260 | 18 699 | 120 | 4 728 | 820 |
| 1990 | 229 | 8 339 | 33 061 | 23 279 | 16 292 | 132 | 5 003 | 852 |
| 1991 | 231 | 8 504 | 37 736 | 23 970 | 17 402 | 198 | 5 009 | 878 |
| 1992 | 232 | 8 909 | 53 501 | 23 924 | 17 487 | 74 | 5 615 | 828 |
| 1993 | 230 | 6 926 | 54 480 | 20 489 | 14 951 | 72 | 5 269 | 1 014 |
| 1994 | 229 | 6 268 | 66 158 | 17 023 | 13 275 | 53 | 5 269 | 961 |
| 1995 | 230 | 6 544 | 80 957 | 17 531 | 13 811 | 79 | 6 130 | 1 113 |
| 1996 | 233 | 5 538 | 90 504 | 17 434 | 14 465 | 85 | 5 394 | 1 015 |
| 1997 | 232 | 5 481 | 117 199 | 17 507 | 14 453 | 81 | 5 446 | 983 |
| 1998 | 230 | 5 554 | 122 513 | 16 713 | 13 466 | 83 | 5 280 | 1 128 |
| 1999 | 225 | 5 135 | 125 620 | 16 396 | 13 360 | 73 | 5 254 | 1 151 |
| 2000 | 229 | 4 879 | 148 846 | 17 104 | 13 569 | 82 | 5 159 | 1 151 |
| 2001 | 221 | 4 468 | 210 910 | 16 972 | 13 821 | 56 | 4 789 | 1 141 |
| 2002 | 218 | 4 393 | 251 837 | 15 523 | 11 710 | 101 | 4 778 | 1 234 |
| 2003 | 216 | 4 473 | 282 865 | 17 058 | 11 849 | 53 | 5 429 | 1 492 |
| 2004 | 212 | 4 540 | 330 064 | 17 299 | 12 045 | 58 | 5 631 | 1 866 |
| 2005 | 206 | 4 416 | 425 266 | 18 924 | 12 542 | 59 | 6 220 | 2 194 |
| 2006 | 202 | 4 585 | 494 657 | 19 008 | 12 905 | 88 | 6 659 | 2 166 |
| 2007 | 199 | 5 534 | 542 601 | 20 443 | 14 902 | 95 | 6 777 | 2 514 |
| 2008 | 194 | 6 006 | 719 082 | 21 111 | 15 974 | 106 | 6 886 | 2 922 |
| 2009 | 195 | 6 653 | 698 690 | 23 773 | | 110 | 7 544 | 2 760 |
| 2010 | 191 | 7 141 | 992 896 | 26 080 | | 120 | 8 007 | 2 865 |

说明：2009 年起，科学家和工程师人数停止统计。

# 第九篇

## 统计机构组织

政府统计系统由国家和地方各级政府统计机构组成。地方各级统计机构受同级政府和上级统计机构的双重领导，在统计业务上以上级统计机构领导为主。

1978年，市统计局恢复建制，市政府设置统计机构职能：统一组织与管理全市统计工作，充分依靠各业务部门力量开展各项统计调查。从1984年起，各县统计局陆续建立。各区起初只设置少数专职或兼职统计人员，以后根据统计工作的发展需要，设置统计科。区的街道设有专职或兼职统计人员。乡镇政府设由专门计划统计员牵头，逐渐形成纵横结合的统计网络。同年，按照国家统计局、国家计委、劳动人事部、财政部关于组建农村和城市两支抽样调查队的要求，上海市人民政府同意成立市城乡抽样调查队，下设城市抽样调查处和农村抽样调查处，分别与市统计局的城镇职工家计物价调查处和农业处合署办公。

在上海统计事业发展过程中，各级统计部门的机构职能和所属企事业单位也一直在不断调整完善。

1985—1986年，根据国家统计局县以上政府统计机构人员编制和业务经费上划给国家统计局实行统一管理的要求，市统计局分别将县以上统计事业费和县以上政府统计机构386名编制全部上划给国家统计局，同时市统计局所属的企事业单位也逐步建立起来。

1986年起，各县又先后成立县抽样调查队，负责粮食产量和农民收入抽样调查。各县抽样调查队受国家统计局农村抽样调查总队和市城乡抽样调查队、县统计局领导。

1996年，浦东新区综合规划土地局增挂浦东新区统计局牌子，实行一套机构、两块牌子。

2000年8月，市政府办公厅印发《关于上海市统计局职能配置、内设机构和人员编制的通知》，市统计局设12个职能处室。

2006年，为与统计管理体制的改革相适应，上海统计管理方式也相应发生变革，市统计局、上海调查总队实行合署办公的工作模式。

基层统计队伍建设也有很大提升。1986年，市编委发出《关于确定乡、镇党政机构人员编制的通知》，正式确定乡政府设置1名计划统计助理。到2008年底，上海共有230个乡镇、街道均建立形式不同的统计机构，统计业务经费基本得到保障。

2010年，静安区先行先试社区管理新机制。按照区政府统一安排，街道统计站编制、经费划归区统计局实施拉条管理，统计站编制并入统计管理中心。

在健全政府统计机构的同时，统计学术团体建设、民间统计学术交流也不断得到发展。

# 第一章　政府统计机构

1978 年 2 月，国务院批准国家计划委员会《关于加强统计工作的报告》，要求各地区、各部门、各单位健全统计机构，充实统计人员，加强统计队伍建设。同年，市统计局恢复，统一组织与管理全市统计工作。以后，各县统计局陆续建立，各区设置统计科，区的街道设有专职或兼职统计人员。乡镇政府设由专门计划统计员牵头，逐渐形成纵横结合的统计网络。市统计局所属的企事业单位也从 1984 年起陆续建立。

## 第一节　市 统 计 局

1978 年 7 月 5 日，中共上海市委决定恢复市统计局，核定编制 90 名。内设 1 室 5 处，即办公室、综合处、工业处、财贸劳动处、基本建设处、农业处。以后按干部管理权限规定，逐步任命各处室负责人。

1981 年 1 月，市机构编制委员会根据国务院《关于加强统计工作充实统计机构的决定》提出的“县以上统计部门原则上都恢复到 1965 年底的实际人数”的要求，重新核定市统计局编制为 150 名。同年 6 月，为成立人口普查办公室，又下达 20 名编制。11 月，根据业务发展需要，国家编委、国家统计局等联合发文再给市统计局增配编制 60 名。至此，市统计局的编制共 230 名。内部机构增设社会处、基层工作处和资料研究室，共 2 室 7 处。

1984 年 6 月 21 日，按照国家统计局、国家计委、劳动人事部、财政部关于组建农村和城市两支抽样调查队的要求，上海市人民政府同意成立市城乡抽样调查队，编制 136 名。同年 9 月 20 日，在资料研究室的基础上，市统计局建立市统计科学应用研究所，核定编制 20 名。

1985 年 1 月，经市工商行政管理局核准登记，设立市社会经济信息咨询服务部。同年 11 月，经市工商局核准登记，上海统计发行服务站开业。6 月 19 日，经国家统计局核准，中国统计干部电视函授学院上海分院成立，李懋欢兼任院长；11 月 20 日，中共上海市委组织部批复同意徐学贤任副院长（副局级）。

1986 年 8 月，《上海统计》杂志社成立，核定编制 10 名。另在杂志社内设《中国统计信息报》驻上海记者站。同年 11 月，建立市统计干部培训中心，核定编制 16 名，与函授分院合署办公。

1987 年 3 月，建立市统计信息计算中心，编制 35 名。

1988 年底，市统计局内部机构为 1 室 10 处，即办公室、组织人事处、综合统计处、平衡统计处、工业统计处、农业统计处、固定资产投资统计处、贸易统计处（外经统计处）、人口统计处、社会统计处、统计法规处（基层工作处）。市统计局机关行政编制共 303 名，其中包括 1988 年 6 月市编委下达的后勤编制 38 名。

1988 年 9 月 29 日，市统计局机关由外滩市政府大楼内迁移至东长治路 1008 号。

1989 年 1 月 20 日，国家统计局同意将市城乡抽样调查队分设为市城市社会经济调查队和市农村社会经济调查队（均为副厅局级机构）。城市社会经济调查队下设物价一处、物价二处、居民生活调查处、社会经济调查处、办公室。农村社会经济调查队下设综合处、农业产量调查处、农民生活调查处、办公室。

1989 年 2 月 18 日，市机构编制委员会核定市统计部门的编制共 834 名。其中，市统计局行政编制 303 名，市统计信息计算中心事业编制 30 名，市统计科学应用研究所事业编制 25 名，《上海统计》杂志社事业编制 11 名，市统计干部培训中心事业编制 16 名，市城乡抽样调查队事业编制 220 名，机动事业编制 15 名。7 月 1 日，市统计局贸易统计处增挂对外经济统计处牌子，即两块牌子、一套班子。

1991 年 6 月 20 日，市机构编制委员会确定市农村抽样调查队人员编制为 94 名。其中，市农调队 19 名，嘉定、南汇、崇明县各 9 名，川沙、奉贤、松江县各 8 名，上海、青浦、金山县以及宝山区各 6 名。

1992 年 2 月 26 日，市统计局内设部门社会统计处更名为社会科技统计处。

1994 年 11 月 16 日，市机构编制委员会同意建立上海现代统计产业发展中心，该中心为独立核算、自收自支的事业单位，人员编制为 4 名，所需编制从统计事业编制机动数中调剂解决。

1995 年 10 月 11 日，上海市人民政府办公厅印发通知，明确市统计局职能配置、内设机构和人员编制。要求统计工作必须准确、及时、全面、客观地反映国民经济发展和社会进步的各个方面，依法向市政府、国家统计局报送统计资料，提供统计分析和决策咨询报告，并对上海国民经济运行实施严格有效的监督。市统计局的职能必须从主要为产品经济、直接管理服务转变到为社会主义市场经济、宏观调控服务；从偏重反映物质生产活动，转变到全面反映包括一、二、三产业在内的全社会的生产经营活动；从偏重反映经济活动，转变到全面反映经济、社会、科技活动和居民生活质量，并使统计设计向国际标准靠拢。同时，要改革主要依靠全面报表的统计调查方法体系，建立以周期性普查为基础、经常性的抽样调查为主体、多种统计方法综合运用的统计调查方法体系；进一步加强定量和定性分析研究工作，充分发挥统计信息、咨询和监督的整体功能；加强统计法制建设，强化对统计法律、法规、制度、标准及规划执行情况的监督检查，保障统计机构和统计人员独立行使统计调查、统计报告和统计监督的职权，确保法定统计调查的有效实施和统计数据准确、及时、全面上报；加强对各区、县统计部门的业务指导，以适应“两级政府、两级管理”的需要。

明确市统计局的职责是：（一）贯彻执行国家和上海有关统计工作的法律、法规、规章、政策和计划；拟定上海统计工作规章草案、统计现代化建设规划和统计调查计划；组织和协调各区县、各部门的统计工作和国民经济核算工作。监督检查统计法律、法规、规章的实施。（二）根据国家宏观管理和科学决策的需要，以全国基本统计报表制度为基础，并结合上海特点，建立、健全国民经济核算体系和经济、社会、科技统计指标体系，制定全市统一的基本统计报表制度。（三）会同有关部门组织重大的市情市力普查；统一组织协调各区县、各部门的经济社会调查，审查各区县、各部门的统计调查计划、调查方案；负责全市统计报表的审批、管理工作。（四）搜集、整理、提供全市性的基本统计资料，并对国民经济、社会发展和科技进步情况进行统计分析、预测和监督，向市政府及有关部门提出咨询建议。搜集、整理、提供国家各省市和有关国家即其主要城市的基本统计资料、开展比较研究。（五）统一管理、审核、公布全市性的基本统计资料，定期发布全市经济和社会发展情况的统计公报；规划、协调全市社会经济统计信息咨询服务行业，积极培育和发展统计信息咨询服务市场。（六）组织协调各区县、各部门的统计数据库网络建设，建立、健全和管理全市统计信息自动化系统和各类统计数据库。（七）管理本市政府统计系统的统计事业费；受国家统计局委托，管理城市社会经济调查队、农村社会经济调查队，协助区县政府做好对区县统计部门主要负责人的管理工作。（八）组织指导全市统计科学研究工作；负责上海统计干部业务培训工作，协助市主管部门做好统计专业职务评聘及资格考试工作。（九）开展统计工作和统计科学的国际交流与合作。（十）承办市政府交办的其他事项。

根据职责规定，明确市统计局设14个职能处室，即办公室、统计制度方法处、综合统计处、国民经济核算处、工业交通统计处、农村统计处、投资建设统计处、贸易统计处、对外经济统计处、社会统计处、科技统计处、人口统计处、统计法规处、人事教育处（机关党委）。市统计局机关行政编制为310名（其中机关工勤编制28名）。

1996年4月24日，人事部同意国家统计局所属农村社会经济调查队、城市社会经济调查队、企业调查队及其派驻地方的调查队依照国家公务员制度进行管理。8月19日，国家统计局同意成立中国粮食及农业统计中心上海分中心，该中心主要负责组织实施上海地区的农村统计人员培训活动和农业普查等项工作，所需培训场所、人员编制和日常活动经费均由地方政府配套解决。经联合国粮农组织和国家统计局联合检查验收后，再正式批准立项，并给予硬件投入和准予开展各项活动。10月7日，市机构编制委员会批准中国粮食及农业统计中心上海分中心为事业单位，人员编制定为10名。

1996年11月1日，中央机构编制委员会办公室批准国家统计局在全国30个省（自治区、直辖市）以及210个中心城市建立企业调查队，共核批事业编制7 100名，上海地区分配编制60名，均为省级队编制。1997年3月20日，国家统计局同意上海市企业调查队设立综合处、二产企业调查处、三产企业调查处，机构规格与市统计局内设机构相同。12月18日，国家统计局批准市城市社会经济调查队事业编制86名，市农村社会经济调查队事业编制70名，市企业调查队事业编制60名。

1999年9月25日，市统计局机关本部搬迁至威海路48号。

2000年8月3日，上海市人民政府办公厅印发通知，明确市统计局职能配置、内设机构和人员编制规定。市统计局的主要职能明确为：（一）贯彻执行有关统计工作的方针、政策和法律、法规、规章；结合上海实际，研究起草有关统计工作的地方性法规、规章草案和政策，并组织实施有关法规、规章和政策。（二）结合上海实际，建立和完善统计指标体系，制定全市统一的基本统计制度；组织领导和监督检查各区县、各部门的统计和国民经济核算工作；审查各区县、各部门的统计调查计划和方案；负责统计调查的审批管理工作。（三）会同有关部门组织重大的国情、国力和市情、市力普查；收集、整理、提供全市性的基本统计资料；对国民经济、科技进步和社会发展等情况进行统计分析、统计预测和统计监督，及时向市委、市政府及有关部门提供统计信息和咨询建议；收集、整理并提供国内各省市和有关国家及其主要城市的基本统计资料，开展比较研究。（四）统一评估、核定、管理、公布全市性的基本统计资料，定期向社会公众发布国民经济、科技进步和社会发展情况的统计信息。（五）规划和管理全市统计信息自动化系统和统计数据库体系，组织协调各区县、各部门的统计数据库网络建设。（六）管理国家统计局拨给上海的统计事业费；受国家统计局的委托，领导和管理城市社会经济调查队、农村社会经济调查队、企业调查队；协助做好对区县统计部门主要负责人的管理工作。（七）指导组织统计教育和培训工作；指导、协调专业技术职务聘任制度和专业技术资格证书制度的组织实施。（八）负责有关行政复议受理和行政诉讼应诉工作。（九）承办市政府交办的其他事项。

根据职责规定，市统计局设12个职能处室，即办公室、统计法规处（统计执法检查大队）、统计设计管理处、综合统计处、国民经济核算处、工业交通统计处、投资建设统计处、贸易外经统计处、人口和就业统计处、社会和科技统计处、人事处、财务基建处。市统计局机关行政编制为180名。8月25日，市机构编制委员会同意建立市统计局机关服务中心，该中心为独立核算、实行企业化管理的事业单位，人员编制46名。

2001 年 2 月 13 日，市机构编制委员会同意建立市统计局普查中心，该中心为事业单位，人员编制 32 名。

2002 年 9 月 2 日，市机构编制委员会同意市统计局增设区县统计处，所需编制在机关现有行政编制中调剂解决。

2003 年 7 月 9 日，经国家统计局批准，上海新增企业调查队编制 25 名。

2004 年 7 月 14 日，市统计局干部培训中心更名为市统计教育中心，中国粮食及农业统计中心上海分中心更名为上海市统计资料管理中心。12 月 1 日，市统计局城市社会经济调查队、农村社会经济调查队依照国家公务员制度进行管理。

2005 年 11 月 8 日，国家统计局撤销市农村社会经济调查队、市城市社会经济调查队、市企业调查队。

2006 年 9 月 12 日，组建市服务业调查中心，该中心为事业单位，人员编制 28 名，所需编制从原市农村社会经济调查队使用的上海事业编制划转。

2007 年 3 月 14 日，市服务业调查中心列入参照《中华人民共和国公务员法》管理范围。7 月 4 日，上海现代统计产业发展中心更名为市统计局社情民意调查中心。11 月 22 日，市服务业调查中心人员编制调整为 48 名，市统计局普查中心人员编制调整为 42 名，所需编制从原市城市社会经济调查队使用的上海事业编制中划转。

2009 年 4 月 17 日，撤销市统计局机关服务中心，原核定的 46 名人员编制予以核销。6 月 19 日，撤销市统计信息咨询服务中心，核销原核定的 5 名人员编制。

2009 年 6 月 29 日，上海市人民政府办公厅印发通知，明确市统计局主要职责为：（一）贯彻执行有关统计工作的方针、政策和法律、法规、规章。结合上海实际，研究起草有关统计工作的地方性法规、规章草案，并组织实施有关地方性法规、规章；研究起草有关统计工作的规范性文件和政策、规划，并组织实施；组织领导和协调上海统计工作，确保统计数据真实、准确、及时。（二）建立健全上海国民经济核算体系，根据国家统一制度拟定和实施上海国民经济核算制度，核算上海地区生产总值，汇编提供国民经济核算资料。（三）会同有关部门组织实施国家统一部署部署的上海人口、经济、农业等重大国情国力普查，汇总、整理和提供上海有关市情市力方面的统计数据。（四）组织实施农林牧渔业、工业、建筑业、批发和零售业、住宿和餐饮业、房地产业、租赁和商务服务业、居民服务和其他服务业、文化体育和娱乐业以及装卸搬运和其他运输服务业、仓储业、计算机服务业、软件业、科技交流和推广服务业、社会福利业等统计调查，收集、汇总、整理和提供有关调查的统计数据；综合整理和提供地质勘查、旅游、交通运输、邮政、教育、卫生、社会保障、公用事业、金融、财政、税收等全市性基本统计数据。（五）组织实施能源、固定资产投资、消费、价格、收入、科技、人口、劳动力、社会发展基本情况、环境基本状况等统计调查，收集、汇总、整理和提供有关调查的统计数据，综合整理和提供资源、房屋、对外贸易、对外经济等全市性基本统计数据。（六）统一评估、核定、管理、公布全市性的基本统计资料，定期发布上海国民经济和社会发展情况的统计信息，建立服务业统计信息共享制度和发布制度。（七）对国民经济、社会发展、科技进步和资源环境等情况进行统计分析、统计预测和统计监督，向市委、市政府和有关部门提供统计信息和咨询建议；收集、整理并提供全国、国内各省（区、市）级主要城市的基本统计资料，开展比较研究。（八）依法开展统计法律、法规、规章执行情况的检查，查处统计违法行为；依法审批（备案）上海统计调查项目和监督管理上海涉外调查活动；指导专业统计基础工作和统计基层业务基础建设；建立健全统计数据质量审核、监控和评估制度，开展对重要统计数据的审核、监控和评估。（九）建立并管理上海统计信息自动化系统和统计数据库系统，组织制定上海各区县、各部门统计数据库和网络的基本标准和运行规则，指导区县统计信息化系统建设。（十）协助区县管理区县政府统计局局长、副局长；指导全市统计专业技术队伍建设；会同有关部门组织实施统计专业资格考试、职务评聘和从业资格认定工作；管理由中央财政提供的统计经费和专项基本建设投资。（十一）收集、整理国际统计数据，组织实施统计工作方面的国际交流合作项目，组织实施国际间统计资料交换和统计交流合作项目。（十二）承担有关行政复议受理和行政诉讼应诉工作。（十三）承办市政府交办的其他事项。

根据职责规定，市统计局设14个职能处室，即办公室、法规处（统计执法检查大队）、统计设计管理处、综合统计处、国民经济核算处（服务业统计处）、区县统计处（农村统计处）、工业交通统计处、能源资源统计处、投资建设统计处、贸易外经统计处、人口和就业统计处、社会和科技统计处、组织人事处、财务管理处。市统计局机关行政编制为180名。

2009年12月7日，市统计局普查中心列入参照《中华人民共和国公务员法》管理范围。

**表9-1-1　1978—2010年市统计局负责人情况表**

| 姓　名 | 职　务 | 任职时间 |
|---|---|---|
| 徐子陵（女） | 副局长 | 1978年7月—1984年1月 |
| 汪　涛（女） | 副局长 | 1978年7月—1984年1月 |
| 颜德纶 | 副局长 | 1978年7月—1991年11月 |
| 黄　璋（女） | 副局长 | 1984年2月—1999年10月 |
| 李懋欢 | 局　长 | 1984年3月—1992年9月 |
| 徐学贤 | 中国统计干部电视函授学院上海分院副院长（副局级） | 1985年11月—1989年10月 |
| 毛宗维 | 副局长 | 1986年8月—1992年8月 |
| 陈步林 | 副局长 | 1991年11月—1992年8月 |
|  | 局　长 | 1992年8月—1994年4月 |
| 吴振国 | 副局长 | 1992年8月—2001年7月 |
| 钟德浩 | 副局长 | 1992年8月—1996年8月 |
| 孙祖尧 | 局　长 | 1994年4月—1997年8月 |
| 李崇新 | 总统计师 | 1996年8月—2008年10月 |
| 郭栾佩 | 副局长 | 1997年4月—2003年1月 |
| 潘建新 | 局　长 | 1997年8月—2008年4月 |
| 龚梅华 | 副局长 | 2000年7月— |
|  | 党组书记、副局长 | 2008年4月— |
| 蔡旭初 | 总经济师 | 2002年1月— |
| 柳伟忠 | 副局长 | 2003年2月—2006年1月 |
| 朱章海 | 副局长 | 2006年1月— |
| 王志雄 | 副局长 | 2006年12月—2008年4月 |
|  | 局　长 | 2008年4月— |
| 吴　铭 | 副局长 | 2009年1月— |
| 赵江清 | 总统计师 | 2009年3月— |
| 杨　莉 | 副巡视员 | 2009年3月— |
| 蒋蔚超 | 纪检组长 | 2010年2月— |

# 第二节　国家统计局直属统计机构

## 一、国家统计局上海调查总队

2005年11月8日,根据国务院办公厅《关于印发国家统计局直属调查队管理体制改革方案的通知》和中央编办《关于国家统计局各级调查队机构设置和人员编制的批复》的两个文件精神,成立国家统计局上海调查总队。同时,撤销原上海市农村社会经济调查队、上海市城市社会经济调查队、上海市企业调查队三支调查队建制。上海调查总队是国家统计局的直属机构,行政级别为正局级。

2006年2月16日,国家统计局批准上海调查总队的职能配置、内设机构和人员编制情况。国家统计局上海调查总队既是政府统计调查机构,也是统计执法机构,依法独立行使统计调查、统计监督的职权,独立向国家统计局上报调查结果,并对上报的调查资料的真实性负责。同时,承担地方政府委托的各项统计调查任务:(1)组织实施城乡住户、国民经济主要行业生产价格、固定资产投资价格、居民消费价格、农产量、农业中间消耗、服务业、规模以下工业、规模以下固定资产投资和资质以外建筑业企业等国家抽样调查制度,以及国家统计局布置的有关企业景气、企业集团、现代企业制度跟踪监测、农村贫困监测、城乡社会经济基本情况等专项调查制度;(2)组织实施国家统计快速反应制度,组织开展经济社会重大问题专项调查,及时报告本地区的突发性经济事件和重大社会经济问题等方面信息;(3)参与组织实施国家有关普查项目;(4)根据国家统计局的授权,管理和公布有关统计调查数据;(5)依法查处调查队系统及其调查对象的统计违法案件;(6)与地方统计局一起完成统计信息化的有关工作;(7)负责调查总队机关人事、财务工作,管理下属各级调查队人事、财务工作;(8)负责调查总队机关党的建设、纪检监察工作,指导下属各级调查队纪检监察工作;(9)受国家统计局委托管理下属各级调查队;组织指导地方调查队的业务工作;(10)接受地方政府、有关部门的委托,开展统计调查,提供统计数据处理服务;(11)完成国家统计局交办的其他事项。根据以上职责,国家统计局上海调查总队设16个职能处(室),全单位编制为121名(含信息技术应用处8名,记者站1名)。总队领导职数45名,其中总队长1名,副总队长3名,纪检组长1名,正副处长职数40名(含机关党委专职副书记1名)。

2005年11月8日,国家统计局任命柳伟忠为国家统计局上海调查总队总队长。

2005年12月1日,国家统计局任命刘稚南、戎鲤城、吴展敏为国家统计局上海调查总队副总队长。

2006年3月17日,经国家统计局党组会议决定,任命柳伟忠为中共国家统计局上海调查总队党组书记;刘稚南、戎鲤城、吴展敏为中共国家统计局上海调查总队党组成员。

2006年3月23日,国家统计局任命沈炜珍为国家统计局上海调查总队巡视员。

2006年6月23日,国家统计局党组会议决定,任命岳钢为国家统计局上海调查总队党组成员、党组纪检组组长。

2006年12月12日,国家统计局免去沈炜珍国家统计局上海调查总队巡视员职务。

2007年5月29日,国家统计局党组会议研究决定,免去柳伟忠中共国家统计局上海调查总队党组书记职务,并同意柳伟忠辞去国家统计局上海调查总队总队长职务。

2009年4月30日,国家统计局党组会议研究决定,并征得上海市委组织部同意,由龚梅华兼任中共国家统计局上海调查总队党组书记。同日,国家统计局任命张严为国家统计局上海调查总队副巡视员。

2010 年 4 月 22 日，国家统计局党组会议决定，任命马俊贤为国家统计局上海调查总队总队长、党组副书记。

表 9－1－2　2005—2010 年国家统计局上海调查总队负责人情况表

| 姓　　名 | 职　　务 | 任职时间 |
|---|---|---|
| 柳伟忠 | 总队长 | 2005 年 11 月—2007 年 5 月 |
| 刘稚南 | 副总队长 | 2005 年 12 月— |
| 戎鲤城 | 副总队长 | 2005 年 12 月— |
| 吴展敏 | 副总队长 | 2005 年 12 月— |
| 沈炜珍 | 巡视员 | 2006 年 3 月—2006 年 12 月 |
| 岳　钢 | 纪检组长 | 2006 年 6 月— |
| 龚梅华 | 党组书记 | 2009 年 4 月— |
| 张　严 | 副巡视员 | 2009 年 4 月— |
| 马俊贤 | 总队长 | 2010 年 4 月— |

## 二、国家统计局上海区、县级调查队

2007 年前，国家统计局在嘉定、南汇、奉贤、松江、青浦、崇明等 6 个区县设有农村社会经济调查队。

2007 年 8 月，国家统计局批准设立以下 10 支调查队：闵行、宝山、嘉定、金山、松江、青浦、奉贤、崇明、浦东、南汇。首先，将原来的嘉定、南汇、奉贤、松江、青浦、崇明 6 支农调队改建为新的调查队；同时，新建闵行、宝山、浦东、金山 4 支调查队。这些调查队机构级别和内设机构级别与同级统计局相同，编制总数为 135 名，各队领导职数按 1 正 1 副配备，由国家统计局上海调查总队直接管理。国家统计局区县调查队的主要职责是：(1) 完成国家统计局布置的各项统计调查任务；(2) 接受区县政府交办的有关调查任务；(3) 完成调查总队交办的地方调查任务；(4) 协助地方统计局完成重大国情国力普查任务；(5) 组织指导区县调查队的相关业务工作；(6) 负责查处调查队所组织实施的统计调查中发生的统计违法行为；(7) 完成国家统计局和总队交办的其他事项。

表 9－1－3　2007 年上海地区国家统计局区县调查队机构设置和编制情况表

| 序　号 | 名　　称 | 级　　别 | 编制数(名) | 队领导职数(名) |
|---|---|---|---|---|
| 1 | 国家统计局闵行调查队 | 与同级地方统计局级别相同 | 13 | 2 |
| 2 | 国家统计局宝山调查队 | | 13 | 2 |
| 3 | 国家统计局嘉定调查队 | | 13 | 2 |
| 4 | 国家统计局浦东调查队 | | 15 | 2 |
| 5 | 国家统计局南汇调查队 | | 12 | 2 |
| 6 | 国家统计局奉贤调查队 | | 12 | 2 |
| 7 | 国家统计局松江调查队 | | 13 | 2 |
| 8 | 国家统计局青浦调查队 | | 12 | 2 |

表 9-1-3 续表

| 序号 | 名称 | 级别 | 编制数(名) | 队领导职数(名) |
|---|---|---|---|---|
| 9 | 国家统计局金山调查队 | 与同级地方统计局级别相同 | 12 | 2 |
| 10 | 国家统计局崇明调查队 | | 15 | 2 |
| 机动编制 | | — | 5 | — |
| 合计 | | — | 135 | 20 |

其中,在新建浦东调查队的过程中,浦东区与南汇区两者合并为浦东新区,国家统计局于 2010 年 7 月批复组建新的国家统计局浦东调查队。撤销国家统计局南汇调查队,南汇调查队编制、人员全部并入浦东调查队;国家统计局浦东调查队机构级别为副局级。浦东调查队核定编制 27 名,内设机构 5 个,国家统计局浦东调查队设队长 1 名(副局级),副队长 2 名(正处级),纪检组长 1 名(正处级)。

表 9-1-4 2010 年国家统计局上海区县调查队机构设置和编制情况表

| 序号 | 名称 | 级别 | 编制数(名) | 队领导职数(名) | 组建方式 |
|---|---|---|---|---|---|
| 1 | 国家统计局浦东调查队 | 副局级 | 27 | 4 | 合并组建 |
| 2 | 国家统计局闵行调查队 | 正处级 | 13 | 2 | 新建 |
| 3 | 国家统计局宝山调查队 | 正处级 | 13 | 2 | 新建 |
| 4 | 国家统计局嘉定调查队 | 正处级 | 13 | 2 | 改建 |
| 5 | 国家统计局金山调查队 | 正处级 | 12 | 2 | 新建 |
| 6 | 国家统计局松江调查队 | 正处级 | 13 | 2 | 改建 |
| 7 | 国家统计局青浦调查队 | 正处级 | 12 | 2 | 改建 |
| 8 | 国家统计局奉贤调查队 | 正处级 | 12 | 2 | 改建 |
| 9 | 国家统计局崇明调查队 | 副处级 | 15 | 2 | 改建 |
| 机动编制 | | — | 5 | — | — |
| 合计 | | — | 135 | 20 | — |

## 第三节 区、县政府统计机构

区、县统计局是主管本地区统计工作的职能部门,主要职责是:宣传贯彻有关统计工作的方针政策和法律、法规、规章,结合本地区实际,制定具体实施意见和办法;组织实施国家或地方统计调查,会同有关部门组织重大国情、国力普查;搜集、整理、提供本地区基本统计资料,对本地区经济和社会发展基本情况进行统计分析、统计预测和统计监督,及时向地方党政领导及有关部门提供统计信息和咨询建议;制订本地区统计调查计划,部署和检查本地区统计工作;审查本地区各部门的统计调查计划和调查方案,负责统计调查项目和统计调查表的审批管理工作;核定、管理和公布本地区基本统计资料,定期向社会公众发布国民经济和社会发展情况的统计公报;检查统计法律、法规和统计制度实施情况;负责组织领导、管理和协调区域内在地单位的统计工作等。

上海中心城区和郊区县统计部门设置模式不同。浦东新区成立后,其统计机构设置模式又有自身特点。

## 一、浦东新区统计机构

### 【浦东新区统计局】

1992 年 4 月 4 日，市统计局组建浦东工作组，筹建上海市统计局浦东分局。1993 年 1 月 21 日，国家统计局发出《关于同意组建上海市统计局浦东分局的复函》，同意组建上海市统计局浦东分局。1993 年 4 月 29 日，浦东新区机构编制办公室发出《关于建立浦东新区统计机构的通知》，正式同意在浦东新区综合规划土地局增挂浦东新区统计局牌子，实行一套机构、两块牌子。2000 年 8 月，浦东新区综合规划土地局改名发展计划局，浦东新区统计局与发展计划局合署办公。2009 年 11 月，浦东新区机构编制委员会发出《关于同意上海市浦东新区发展和改革委员会主要职责内设机构和人员编制规定的批复》，浦东新区统计局与发展和改革委员会合署办公。统计局下设综合和社会统计处、工业和投资统计处及服务业和农业统计处，统计机构行政编制定为 25 名。

### 【浦东新区统计事业单位】

1993 年 6 月 8 日，浦东新区成立调查所，第一统计调查所(川沙地区)、第二统计调查所(高桥地区)、第三统计调查所(陆家嘴地区)，上述机构隶属于新区综合规划土地局，事业编制为 50 名。2001 年 11 月 26 日，建立浦东新区社会经济调查中心，为全额拨款事业性质单位，配备事业编制 15 名。2005 年 6 月，撤销浦东新区农村发展局，其所属的农村统计事务所并入第一统计调查所。2005 年 8 月 1 日，撤销浦东新区第一统计调查所增挂的上海市浦东新区农村统计事务所牌子，并对统计条线各事业单位编制重新核定，编制总数为 73 名。2010 年 8 月，浦东新区机构编制委员会批复建立浦东新区经济统计调查中心。撤销浦东新区第一统计调查所、浦东新区第二统计调查所、浦东新区第三统计调查所、临港统计管理所事业单位建制，有关职能划入浦东新区经济统计调查中心。核定事业编制 82 名，部门领导职数 1 正 5 副，内设机构 6 个。浦东新区社会经济调查中心更名为浦东新区社会统计调查中心，核定事业编制 18 名，部门领导职数 1 正 2 副，内设机构 3 个。2010 年 10 月 21 日，国家统计局浦东新区调查队成立，南汇调查队同时并入，编制 27 名。

## 二、中心城区统计机构

### 【中心城区统计局】

中心城区是指黄浦、南市、卢湾、徐汇、长宁、静安、普陀、闸北、虹口、杨浦 10 区。

1983 年《中华人民共和国统计法》公布后，各区先后建立统计科(有的区政府办公室内设统计科，有的区计划经济委员会内设统计科)。1995—1998 年，10 个中心城区先后建立区统计局，与区计划委员会(后因政府机构改革，与区发展计划委员会、区发展和改革委员会)合署办公，增挂统计局牌子，实行两块牌子、一套班子的管理体制。2000 年 4 月，上海市人民政府决定撤销黄浦区、南市区，建立新的黄浦区。在黄浦区发展和改革委员会内挂黄浦区统计局牌子，实行一套机构、两块牌子。2002 年起，因实施“在地统计”，统计业务量增加，9 个中心城区统计局的内设机构、工作人员均有大的发展。

**【中心城区统计事业单位】**

1992 年,徐汇区建立区城乡抽样调查队,后于 1995 年更名为徐汇区城市社会经济调查队。1997—1998 年,长宁、静安、虹口区等统计局先后设立以调查队命名的下属事业单位。2000 年,黄浦区、南市区撤销,建立新的黄浦区。新的黄浦区统计局下设统计调查所。2002 年,因实施“在地统计”需要,长宁、静安、虹口区城市调查队先后更名为区统计调查(或管理、普查)中心。2002—2003 年,闸北、卢湾、普陀、杨浦区先后设立区统计(调查、信息)中心或统计调查所。

## 三、郊区县统计机构

**【郊区县统计局】**

郊区县包括闵行、嘉定、宝山、南汇、奉贤、松江、金山、青浦等区和崇明县。

1980 年,各县人民政府恢复县统计科,参照 1966 年以前确定的编制配备人员。在统计业务上贯彻以“条”为主的原则:一方面,担负本县管辖的经济、社会发展方面的基本统计任务;另一方面,加强条块间的协调,完成上级政府统计部门下达的统计任务,以及编印全县国民经济统计资料。1984 年 7 月 7 日,市政府转发市统计局《关于加强本市各级统计机构的意见》,10 个县统计科全部改为县统计局。至 2010 年,除崇明县外,其他郊县先后撤县建区,县统计局改为区统计局(其中,1993 年 4 月,上海县统计局与原闵行区统计科“撤二建一”,成立闵行区统计局)。

因机构改革,部分郊区县统计局曾与其他部门合署办公,后又根据《中华人民共和国统计法》规定,统计局重新单列。1993 年 5 月,崇明县统计局与县计委合并,成立计划统计局;2001 年 12 月,崇明县统计局与县计委分设,成为独立部门。1996 年 11 月 21 日,嘉定区统计局并入区计划经济委员会,仍保留嘉定区统计局牌子;2001 年 12 月 31 日,嘉定区统计局与区计划经济委员会分离,重新单列。1997 年 4 月,松江县统计局和县计划委员会合署办公;1998 年 7 月,松江撤县建区,县统计局相应改为区统计局,与区计划委员会合署办公;2002 年,区统计局从区发展计划委员会中分离出来,成为独立的职能部门(2001 年 10 月,区计划委员会更名为区发展计划委员会)。2007 年 6 月 6 日,奉贤区统计局从区发改委中分离出来,为政府直属机构。

2002 年起,为做好“在地统计”工作,郊区县统计局整合或建立新的事业单位。2002 年 3 月,宝山区统计调查中心和宝山区统计计算中心先后建立,隶属区统计局。同年,松江区普查中心、奉贤区统计信息中心相继建立。2003 年 6 月,嘉定区统计调查中心建立,与嘉定区农村抽样调查队合署办公,实行一套机构、两块牌子;嘉定区统计计算站建立,撤销嘉定区计算站。2005 年 11 月,金山区统计局计算机站与农调队机构和职能归并,整合后机构名称规范为金山区农村社会经济调查队。2006 年,松江区计算机管理站更名为松江区统计数据信息中心。2008 年 7 月,嘉定区统计局下属事业单位嘉定区农村抽样调查队更名为嘉定区能源统计中心。2010 年 2 月,金山区农村社会经济调查队更名为金山区统计局普查信息中心。

**【郊区县调查队】**

1986 年起,郊县先后成立县抽样调查队,负责粮食产量和农民收入抽样调查。撤县建区后,各县抽样调查队改为区抽样调查队,业务也不再局限于粮食产量和农民收入抽样调查。

2007 年,根据《国家统计局关于上海地区国家统计局区县调查队组建方案的批复》的文件要求,上海先后成立国家统计局区县调查队,撤销原郊区调查队建制。

# 第四节 乡镇、街道统计组织

1984年以后，各县为适应农村经济体制改革和农村经济发展的需要，开始撤社建乡，成立乡（镇）人民政府。随着乡、镇政权建设的完善，乡镇统计机构发生了明显变化：统计渠道重新组合，由过去公社直属单位为主牵线，改为以乡内部建立的工业公司、农业公司、副业公司、外贸公司、商业公司等兼有行政管理职能的企业公司为主，组织实施统计工作。乡统计人员职级提高，由专职统计员改为乡计划统计助理。1986年，市编委发出《关于确定乡、镇党政机构人员编制的通知》，正式确定乡政府设置1名计划统计助理，列入乡政府编制序列，经费由各县财政开支。1987年，全市210个乡镇，配备统计员207名，其中专职145名，国家干部60名；确定任计划统计助理的168名，其中有62名录用为国家干部，其余未录用为国家干部的也同样享受国家干部的待遇。乡、镇统计网络由松散型向实体型转化。为进一步加强乡的统计工作，各县、乡政府和统计部门认真探索组建农村统计网络，通过试点，建立了由分管乡长任组长、专职统计员任副组长、各公司有关统计员参加的乡统计领导小组、乡统计办公室等各种形式的统计网络组织。

1990年，国家统计局对农村统计网络建设提出“组建实体型、联合型和以实体型为核心的联合型统计站”的要求。当年12月，市农委、市统计局发出《上海市农村基层统计基础工作规范化标准试行办法（草案）》，提出按照组建实体型组织的目标和“成熟一批建一批，建一批巩固一批，充实一批”的原则，要求乡镇一级组建统计网络机构。对上海乡镇实体型统计组织的名称，考虑到与乡镇设置的计划统计助理的名称相一致，市统计局提出统一使用计划统计室（站）名称。实际执行结果：有的设置统计办公室，如南汇县航头乡统计办公室，由6人组成，成员以统计助理为主（兼综合统计），配1名综合统计干部（兼抽样调查员）、1名计算机操作员、1名工业统计（兼工业公司统计）、1名农业统计（兼农业公司统计）、1名副业统计（兼副业公司统计）。有的设计划统计站，如崇明县港沿乡计划统计站，由4人组成。其中，有1名统计助理，属行政编制；3人为集体事业编制，享受乡集体事业编制干部的待遇。

20世纪90年代初期，上海市区共有逾110个街道组织，街道办事处作为区政府的派出机构，承接着大量的社会经济管理职能。部分街道统计工作分散在各职能部门，由业务人员监管，未建立综合统计岗位或设置专职统计人员；部分街道开始设置专职统计人员，如1992年后，杨浦区把街镇原由条口统计的联社、民政、劳服三部分连同“三产”合并统计为街镇经济，由计经委（统计科）组织建立街镇经济统计网络和综合（部门）统计网络，配备3～4名专职统计人员。

2002年，上海进行统计管理制度改革，实施“在地统计”。7月16日，市政府办公厅转发《市统计局关于本市开展在地统计试点工作实施方案的通知》，要求各街道、乡镇要根据《中华人民共和国统计法》和《上海市统计管理条例》有关规定的精神，配备3名左右的专职统计人员。2002—2005年，各区县乡镇、街道陆续成立在地统计办公室、统计站等。

2007年8月21日，浦东新区政府办公室转发区统计局《浦东新区关于进一步加强部门统计和街镇统计工作的意见》，要求完善街镇统计机构设置，挂牌成立统计站作为统计归口管理部门，充实街镇统计力量，配备专兼职统计人员，明确街镇统计职责。2008年，浦东新区统计局出台《关于印发〈浦东新区镇级统计工作规范化意见〉的通知》和《关于印发〈浦东新区街道统计工作规范化意见〉的通知》，对街镇统计机构和统计人员、统计职责、统计业务流程、统计服务、专项调查等方面明确规范要求。

2008年以来,部分区县镇级机构进行改革,部分乡镇、街道统计站(办公室)并入经济管理部门(如经济发展办公室、经济管理事务所)。如2008年,宝山区根据编办通知,统计站编制取消;松江区将原来设立的统计站划归镇经济管理事务所,16个街镇中有4个街镇保留独立的统计站,其他街镇统计机构隶属于经济管理事务所,原统计站站长任经济管理事务所副所长,但在统计业务上独立开展工作。

2009年,上海开展对乡镇、街道统计工作的基本情况调查。调查结果显示:至2008年底,上海共有230个乡镇、街道;其中,内设独立统计机构的有26个,与其他部门合署办公的统计机构110个,无机构、有专职统计人员的77个,无机构、无专职统计人员的16个,派驻(垂直管理)的统计机构1个。统计业务经费基本得到保障。乡镇、街道统计业务经费列入区县财政预算的有7个,列入本级财政预算的有133个,由上级统计部门拨付的有44个,实行实报实销的有105个。

# 第二章　统计学术团体

1980年7月，上海市统计学会第一届理事会成立，该学会是全国各省、直辖市、自治区和上海社会科学联合会系统成立较早的学会之一。随着改革、开放的不断深入，学会认真贯彻理论联系实际和百花齐放、百家争鸣的方针，团结和组织全市统计工作者，围绕统计改革中面临的新问题，积极组织各种形式的统计学术活动，开展兄弟省市之间的横向交流和国际统计学术交流；同时，普及统计知识宣传教育，帮助会员不断更新知识。市统计学会受到国际统计界的关注，国际统计学会、美国统计学会、日本统计学会和印度统计学专家先后来沪访问，就共同感兴趣的统计实务与学术问题进行交流。市统计学会也派代表出国考察，学习国外的统计方法与经验，参加国际统计会议。

上海各区县也成立了统计学会。

## 第一节　市统计学会

### 一、机构沿革

1993年12月28日，市统计学会举行第四届全体会员大会。来自上海统计部门、科研机构、大专院校和各专业工作委员会的代表、个人会员300余人出席会议。会议审议并通过颜德纶代表第三届理事会所作的工作报告，选举产生市统计学会第四届理事会理事和领导成员。理事会由49名理事组成，选举陈步林为会长。

1998年11月11日，市统计学会召开会员代表大会进行换届改选。出席会员120人，会上宣布1998年上海统计科研成果奖名单。在理事会上，还选举产生17位常务理事、正副会长、秘书长，并决定聘请顾问名单。

2000年8月23日，市统计学会举行成立20周年纪念活动。中国统计学会常务副会长邰宗明专程来沪参加活动。活动回顾总结市统计学会成立20年来，在邓小平理论指引下的成长发展历程，分析当前面临的新形势，围绕“创新”主题，对今后学会工作献计献策。

同年10月20日，中共上海市社会科学联合会党组批复，同意建立中共上海市统计学会党的工作小组，孙祖尧任组长，颜德纶任副组长，成员有徐国祥、蔡旭初、胡忠良。

2003年2月10日，市统计学会第六次会员代表大会召开，近百名会员代表出席会议。大会选举产生由孙祖尧担任会长、由44名理事组成的新一届领导班子。

2008年5月23日下午，市统计学会第七届会员代表大会举行，近百名会员代表出席会议。市统计局局长王志雄、市社联学会处处长郝德良出席会议并致辞。会议选举产生以潘建新为会长的第七届理事会。在第七届会员代表大会上，还表彰了2004—2007年度市统计学会先进集体和优秀学会工作者。

1992年2月，批准上海石化总厂等8家企业的统计学组为市统计学会的团体会员。随后，市统计学会吸纳沪东造船厂、上海二纺机股份有限公司为团体会员。同年4月，市商业工作委员会成立。1993年，市统计学会化学工业工作委员会、港口工作委员会、工业股份制企业专业委员会成立。1995年,市统计学会物资工作委员会、市统计学会人事工作委员会、团体会员单位上海凤凰自行车股份有限公司统计学组相继成立。

2010年7月23日,市统计学会召开成立30周年座谈会。市统计学会的老领导、老同志以及来自各区县统计学会(学组)负责人、各工作(专业)委员会、各企业(集团)单位会员代表30余人参加会议。

学会按照章程开展活动,建立有效的联络机制,加强与会员的联系。为便于工作指导和与广大会员的沟通,做好上情下达,学会秘书处不定期编辑出版《上海市统计学会通讯》,侧重报道学会的重要活动。坚持每半年一次的例会制度,沟通情况,总结工作、交流经验。学会组织的各项活动中适当扩大会员参与面,做到横向到边、纵向到底,坚持群众性、广泛性,为广大的基层会员提供更多的学习、培训和交流机会。对区县学会、工作(专业)委员会和企业单位会员实行分类指导,开展活动,增强学会的凝聚力。

2004年7月,市统计学会被中国统计学会评为2002—2003年度全国先进统计学会,闵行区统计学会李世荣和市统计学会秘书处刘静被评为中国统计学会先进工作者。2006年10月,市统计学会在市社联召开的上海市第六次哲学社会科学学术团体工作会议上,被授予"2003—2005年上海市优秀社会科学学会"称号;闵行区统计学会李世荣、上海市投资与建筑业统计专业委员会俞岚被授予"优秀工作者"称号。2007年,市统计学会被中国统计学会评为"全国先进统计学会"。2009年12月,在市社联上海市第七次哲学社会科学学术团体工作会议上,市统计学会被授予"上海市优秀社会科学学会"称号,秘书长吴文杰被授予"上海市优秀社会科学学会工作者"称号。2010年1月,在中国统计学会第八次全国会员代表大会上,市统计学会获"全国统计学会先进单位"称号,市统计学会秘书长吴文杰、松江区统计学会会长姚明被授予"全国统计学会先进工作者"称号。

## 二、主要工作

### 【课题研究】

1992年,市统计学会申报承接"八五"时期国家哲学社会科学重点课题"中国特色社会主义的社会进步指标体系和社会模型"。该课题被全国哲学社会科学规划办公室批准列入1992年度国家资助的中华社会科学基金研究课题,于1994年底完成,1995年2月召开专家鉴定会。2001年,市统计学会承接中国统计学会城市统计研究会研究项目,组织华东师大、上海财大、上海社会科学院等有关专家学者共同编写《城市统计学》第三篇"城市生存发展条件统计"和第四篇"城市社会发展统计"共12个章节。2005年,市统计学会秘书处与上海财经大学统计系合作,承接完成市统计局重大课题"上海市混合经济的统计方法及其现状研究"的报告。

### 【科学研讨】

1980—1985年,市统计学会先后举行3次统计科学讨论会,接受全体会员和部分高等院校在校学生提供的论文200多篇。针对国民经济综合平衡统计、经济效益统计、物价统计以及数理统计在社会经济统计中的应用和抽样调查方法的推广应用展开研究讨论,部分会员还参与市科委组织的"社会、经济、科技统计指标体系"课题研究活动。1982年8月,市统计学会举办"数理统计在社会经济领域中的应用"专题讨论会;1984年11月,召开"统计史"专题研究会。市统计学会还加强与全国其他省市统计学会的联系与合作,先后在湖南、福建、吉林、新疆等省、自治区召开统计科学专题讨论会。1985年12月,市统计学会第二届理事会成立。根据中国统计学会常务理事会1986年2月提出的“要研究统计工作中带有长远性、方向性的重大问题”的要求，市统计学会承接“城市统计发展战略研究”课题，市统计局、市统计学会、市统计科学应用研究所共同组成课题组，联合攻关。

1989 年 4 月，市统计学会第三届理事会成立后，市统计学会每年召开全市统计科学讨论会，进行学术交流和学术研究成果评比工作。1992 年，召开第五次统计科学讨论会，会议围绕建立社会主义市场经济条件下的统计改革课题展开热烈讨论。1993 年，召开第六次统计科学讨论会，会议议题是社会主义市场经济条件下的企业统计改革与建设。1996 年，召开第八次统计科学讨论会，交流学术研究成果。2002 年，召开第九次统计科学研讨会，这次会议是上海统计实务工作者与统计科研、统计教育界的学者专家相聚一起的一次盛会，也是进入 21 世纪后第一次举办的大型科研交流活动，它展示了进入 21 世纪以来上海广大统计工作者和统计科研与教育工作者的统计科研成果。2006 年，召开第十次统计科学研讨会。会议特邀上海财经大学金融学院于研教授作题为“我国汇率制度改革的背景及经济影响”的专题报告。

**【六省一市统计学会联席会议】**

1994 年 6 月，华东六省一市统计学会联合举办的“企业统计改革与发展”研讨会在上海财经大学召开，入选论文的作者以及各地区统计学会负责人 40 余人参加会议。会议进行学术交流与评奖活动。2002 年 11 月，市统计学会主持召开华东六省一市统计学会联席会议暨“新世纪与加入 WTO 新形势下的统计改革”研讨会。参加会议的有各省市统计局、统计学会领导和秘书长共 50 人。会议采取小组交流与大会发言相结合的办法，有 35 位论文作者发言。会议还讨论并通过了对联席会议规则部分条款的修改，改进了统计科学讨论会的活动形式和方法。2009 年 9 月，市统计学会主办华东六省一市第 17 次统计学会联席会议暨统计科学讨论会，来自华东地区统计系统和高校的代表 50 余人参加会议，共收到学术论文 32 篇。

**【论文评比】**

统计论文评比活动是市统计学会的一项重要工作。1999—2010 年，共收到参评文章 1 632 篇，评出获奖文章 1 126 篇。学会每年对积极组织推荐工作且获得奖项的区县学会(学组)、工作委员会颁发优秀组织奖。评比活动为多渠道、多层面促进学术交流，为广大统计人员相互学习提供了交流的平台。出版《上海市统计学会统计论文、统计分析与调查报告评比获奖论文集》。为了进一步帮助广大会员提高撰写统计论文和统计分析的水平，学会经常组织统计论文写作讲评会，请获奖的论文作者代表介绍写作的背景、动机、选题与构思设计，以及搜集资料和运用技巧的过程，然后请专家进行讲评。

**【学术交流】**

2001 年 11 月，在中国统计学会举办的首届“露露杯”全国优秀论文评选活动中，市统计学会推荐 51 篇论文，其中获得二等奖 2 篇，三等奖 20 篇。2004 年 3 月，市统计学会选送 39 篇论文参加中国统计学会举办的“泰钢杯”全国优秀统计论文评比活动，经专家评审，获得二等奖 5 篇，三等奖 7 篇，优秀奖 6 篇。2009 年 12 月，在中国统计学会面向基层组织的“义乌杯”全国优秀统计论文征文活动中，市统计学会推荐了 32 篇，有 13 篇获奖，占全国总获奖文章数 8.3%。其中，2 篇文章获颁一等奖(全国共 15 篇获一等奖)，3 篇文章获二等奖，8 篇文章获三等奖，学会因组织工作出色获得优秀组织奖。

市统计学会积极推荐论文参加中国统计学会的第十二、十三次全国统计科学讨论会。2004 年

7月,市统计学会选送的《用“科学发展观”评价经济增长质量》《几何控制图改进及应用》和《现代服务业统计鉴定及应用研究》3篇文章,参加中国统计学会第十二次全国统计科学讨论会。2005年11月,中国统计学会第七次全国代表大会暨第十三次全国统计科学讨论会在广东东莞召开,市统计学会名誉会长潘建新当选为中国统计学会副会长,市统计学会副会长徐国祥连任中国统计学会常务理事。市统计学会推荐的《社会保障统计抽样方法研究》等3篇论文,在会上作交流。

参与市社联各年度的征文活动,均获得较好成绩。推荐的《对上海率先基本实现现代化的宏观特征判断》《上海市“科教兴市”统计监测评价指标体系研究》《上海从全面建设小康社会走向现代化》《发展第三产业,促进就业增长》《长三角区域金融合作发展研究》等文章获奖,并被收录在各年的《探索与争鸣》专刊中。

1990年和1991年,先后接待5批国外专家来访;1994年,美国俄亥俄大学福布莱特经济学教授爱德温·沙雷博士访问上海;1994年7月、1995年4月,分两批组织上海统计考察代表团访问泰国;1994年9月,日本东京筑波大学冰绝扬四郎教授访问上海。1995年8月,市统计学会派员参加国际统计学会在北京举行的第50届国际统计大会。

**【专题研究】**

2002年4月,市统计学会与浦东新区统计学会联合召开街道统计指标体系研讨会,探讨在全市社区建设和推行在地统计的形势下,如何加强街道统计指标体系的组织实施及具体方案和做法。

2005年7—12月,市统计学会与市统计局联合举办“贯彻落实科学发展观,推进统计改革与发展”主题研讨活动,在全市范围内开展新一轮统计制度方法改革研讨,从战略性、全局性和前瞻性视角出发,为谋划“十一五”统计改革与发展战略打好基础。这次活动共收到课题19项、论文30篇。经评审委员会审定,评出优秀课题研究报告和优秀征文各12篇。

2006年9月,市统计学会和浦东新区统计学会联合召开“现代服务业统计指标体系与调查方法研究”专题研讨会。会上,课题组成员对课题研究的工作情况、现代服务业的界定和统计调查方法、如何测算和实证分析等作专题介绍,市统计局和各区县统计学会负责人及从事此项统计业务工作的同志参加研讨。

2008年,市统计学会联合市统计局专业部门,召开统计基层基础工作规范建设研讨会。市统计局总统计师、市统计学会常务副会长出席会议并讲话,各区县分管统计基础工作的负责人、统计学会(学组)负责人以及市统计局设管处、法规处有关人员参加会议。与会者就进一步加强区县统计基础建设,探索基层统计管理的长效机制,结合统计工作的实际,从统计业务管理、统计服务、统计数据共享、统计信息建设以及统计监督与检查等多方面进行研讨。

同年,为纪念改革开放30年,学会于12月18日召开上海统计改革30周年座谈会。会议回顾总结30年来上海统计改革的历程、做法和成效,探讨深化统计改革与发展的思路。与会者就改革开放30年来,统计工作的社会关系关注度的提升、统计计算机技术的普及和统计信息化的迅猛发展、统计技术的手段的进步、统计服务观念的更新、统计方法制度对社会的透明度、统计法制建设、统计产品的质量、统计组织方式的转变进行认真讨论,对统计科学发展还存在的问题、统计制度规范化建设、统计研究方法创新等提出意见和建议。

**【学术报告】**

1992年,邀请上海市政协常委、上海社科院世界经济研究所北美经济研究室主任杨思正研究员作题为“关贸总协定与中国”的学术报告。1993年，邀请上海市人民政府经济研究中心主任王战教授作题为“当前全国与上海经济形势分析”的报告。1995年，市统计局副局长、市统计学会副会长黄璋作上海统计改革实务报告。2008年，举办主题为“贯彻落实科学发展观，促进国民经济又好又快发展”的经济形势报告会，特邀市委党校经济学部陈勇鸣教授主讲。

**【信息化建设】**

2001年11月，学会在市统计局内部网上建立的学会网页正式开通。主页设有统计科研、学术交流、宣传教育、评比奖励、咨询服务、学会简介、学会章程、学会通讯、学会领导机构和组织系统（结构）介绍等栏目。2002年2月，在市社联召开的各学会负责人会议上，学会作题为“探索新载体，适应信息化”的发言，介绍建立学会网页的情况和体会。学会网页在2004年12月、2007年4月进行改版，在2010年7月再次改版，设有学会简介、工作动态、统计论文、《上海统计》杂志电子版、区县学会等栏目，构建广大会员交流信息的平台。

**【统计刊物】**

《上海统计》1982年9月试刊，1985年5月，经市新闻出版局批准内部发行，1986年由双月刊改为月刊。1988年10月，经市新闻出版局批准，从1989年1月起由内部发行改为国内外公开发行。到1990年底共出版78期，发行量达87万余册。《上海统计》在编辑作业上实行责任编辑、副主编、主编三级审稿制度。作者遍布全国，其中有约45%是由外省市投稿。作者除全国统计工作者外，还有社会科学院、高等院校中的统计科研人员。

1982年9月—1986年9月，《上海统计》组织编辑委员会，徐子陵任主任，颜德纶、贾宏宇任副主任，颜德纶兼任主编。1986年9月，经市编委批准，《上海统计》杂志社成立，成为市统计局下属事业单位，由薛永源任副社长、副主编，加强杂志的采访、编辑、出版、发行工作，1987年起开辟广告经营业务。

**表9-2-1　市统计学会历届理事会领导名单情况表**

| 届　次 | 会　长 | 常务副会长 | 副会长 | 秘书长 | 名誉会长 | 顾　问 |
|---|---|---|---|---|---|---|
| 第一届理事会<br>（28人）<br>（1980年7月—1985年12月） | 姚　耐 | | 桂世祚<br>徐子陵<br>杨国璋<br>贾宏宇<br>陈善林<br>朱人秀 | 柴作楫 | | 肖　车<br>董家邦 |
| 第二届理事会<br>（43人）<br>（1985年12月—1989年4月） | 桂世祚 | | 徐子陵<br>颜德纶<br>蒋士驹<br>郑菊生 | 颜德纶<br>（兼） | | 许世瑾<br>汪　涛<br>汪道涵<br>肖　车<br>杨国璋<br>陈善林<br>邹依仁<br>赵章甫<br>贾宏宇<br>魏宗舒 |

**表 9-2-1 续表**

| 届　次 | 会　长 | 常务副会长 | 副会长 | 秘书长 | 名誉会长 | 顾　问 |
|---|---|---|---|---|---|---|
| 第三届理事会<br>(55 人)<br>(1989 年 4 月—<br>1993 年 12 月) | 颜德纶 | | 郑菊生<br>李懋欢<br>周　炜<br>吴宣陶 | 石良平 | | 汪　涛<br>陈善林<br>邹依仁<br>桂世祚<br>蒋士驹<br>贾宏宇<br>魏宗舒 |
| 第四届理事会<br>(49 人)<br>(1993 年 12 月—<br>1998 年 11 月) | 陈步林 | | 石良平<br>吴宣陶<br>吴振国<br>郑菊生<br>钟德浩<br>黄　璋<br>颜德纶 | 蔡旭初 | | 方名山<br>毛宗维<br>左昇群<br>李懋欢<br>汪　涛<br>侯树庭<br>徐子陵<br>屠德铭<br>谢淦怀 |
| 第五届理事会<br>(45 人)<br>(1998 年 11 月—<br>2002 年 11 月) | 孙祖尧 | | 颜德纶<br>石良平<br>郑祖康<br>徐国祥<br>王静龙<br>蔡旭初 | 胡忠良 | | 毛宗维<br>吴宣陶<br>汪　涛<br>李懋欢<br>茆诗松<br>郑菊生<br>徐子陵<br>潘建新 |
| 第六届理事会<br>(44 人)<br>(2003 年 2 月—<br>2008 年 4 月) | 孙祖尧 | 李崇新 | 郑祖康<br>石良平<br>徐国祥<br>汪荣明<br>刘季曾 | 吴文杰 | 潘建新 | 王静龙<br>毛宗维<br>吴宣陶<br>汪　涛<br>李懋欢<br>茆诗松<br>郑菊生<br>徐子陵<br>黄　璋<br>颜德纶 |
| 第七届理事会<br>(43 人)<br>(2008 年 4 月—<br>2013 年 9 月) | 潘建新 | 李崇新 | 石良平<br>徐国祥<br>汪荣明<br>郑方贤<br>李世荣<br>刘荣明 | 吴文杰 | | 毛宗维<br>孙祖尧<br>李懋欢<br>汪　涛<br>徐子陵<br>黄　璋<br>颜德纶 |

## 第二节　区县统计学会

市统计学会成立后，松江、金山、青浦、浦东新区、嘉定、闵行、宝山区于1991年起相继成立统计学会，2004年崇明县统计学会成立，2008年奉贤区统计学会成立，各区县统计学会均作为市统计学会的团体单位。

松江区统计学会成立于1991年11月。会长姚明。学会坚持组织会员开展统计学术研讨，每年组织学术交流评比并选送优秀统计论文参加市统计学会的交流评比。认真组织开展统计从业资格培训、统计人员继续教育、统计分析写作培训。

金山区统计学会成立于1991年。会长李永革。学会每两年组织一次统计研讨会和先进集体、先进个人评选活动。学会多次被区社团局评为“先进社团组织”。

青浦区统计学会成立于1992年10月。会长蒋晓红。学会下设16个学会学组，分别为夏阳街道学组、盈浦街道学组、香花桥街道学组、工业园区学组、张江学组、出口加工区学组、赵巷镇学组、徐泾镇学组、华新镇学组、重固镇学组、白鹤镇学组、朱家角镇学组、练塘镇学组、金泽镇学组、农业园区学组和区属学组。

浦东新区统计学会成立于1994年5月。会长刘荣明，副会长张俊民、武伟、袁世犁。学会围绕浦东的经济和社会发展的中心任务和统计改革，举办学术报告会，召开统计学术研究研讨会，组织统计课题研究。组织会员参加全国统计专业技术资格考试，举办初级职称考试培训班组织会员参加上海市统计从业人员资格考试及继续教育，举办从业资格考试和继续教育培训班。定期组织学会会员活动和出版统计学会通讯。

嘉定区统计学会成立于1997年12月。名誉会长王月新，会长朱青，副会长吴刚、郑东曙、陆国华。

闵行区统计学会成立于1998年7月。名誉会长项上桢，会长李世荣。学会“以学为主”，推动统计科讨活动，为统计事业和社会经济发展目标服务。获得国家、市级多个奖项。邀请高等院校、市委党校、业务主管单位的专家、学者作经济形势报告和统计知识讲座。制定统计科研指南。承办统计从业资格考试辅导和统计继续教育工作。

宝山区统计学会成立于1999年8月，会长牛长海。学会组织学术交流，创新统计论文评比工作。组织会员单位对社会热点和难点问题进行研究，紧密联系经济社会发展实际和统计工作实践，围绕单位、行业、地区统计工作，积极撰写调研文章，及时向区委、区政府提供全区经济运行情况。

崇明县统计学会成立于2004年6月。会长沈永国，副会长朱文华，秘书长张柳平。

奉贤区统计学会成立于2008年5月。会长陈建平。学会注册资金3万元。

# 第十篇

## 统计调查

改革开放以后，上海共实施国家统一部署的普查活动有人口普查、经济普查、农业普查、工业普查、第三产业普查、基本单位普查等。从2003年开始，国家将第三产业普查与工业普查、基本单位普查合并，同时将建筑业纳入普查内容，统称为经济普查。自此，人口普查、经济普查和农业普查共同成为三项全国性普查。

由于普查任务不同，各次普查之间的某些内容也会有所变化。比如和前四次人口普查不同，上海在进行第五次人口普查的同时，在全市开展外来流动人口全面调查。第六次人口普查中，上海首次将中国境内的境外人员作为普查对象。

定期统计报表有工业、建筑业、固定资产投资、房地产业、交通运输和邮电通信、能源、批发和零售业、住宿和餐饮业、科技、对外贸易、社会服务业、劳动工资、企业(集团)调查等统计报表。调查内容涵盖单位基本情况统计、生产经营情况统计、财务状况统计、劳动统计、能源统计、固定资产投资统计等。根据社会经济的发展，报表指标设计也从以往只反映法人企业状况到同时反映企业集团发展状况，从只反映企业经济运行结果的经济监测到同时反映企业景气状况的经济预警，从建立企业经济评价考核体系到进一步完善全面反映企业经济效益状况的考核指标和方法。定期统计报表通过年报、季报、月报等形式，完成对各种统计数据的收集与运用。

随着统计理论与实践的发展，对随机抽样调查有了新的认识，并逐渐普及，科学推算的方法也获得相应的应用。抽样调查方面，不仅有职工家计调查，而且扩大到非职工家庭，调查内容也逐步增加；同时积极开展农产量和农村住户抽样调查；随着经济形势发展，依据抽样原理，先后开展人口、非交通系统民用载货汽车运输情况、固定资产投资价格指数等调查。抽样调查方法也在工业、交通运输、物资能源、贸易、采购经理人指数、生产投资价格、居民消费价格等方面得到应用。

上海统计部门通过普查、定期报表、抽样调查等调查活动，取得大量的国民经济和社会发展的数据信息，将这些数据信息通过印成统计资料、发布统计公报、开展统计分析等形式，为党政机关和社会各界提供统计服务。

2010年，上海在国家统计局的统一部署下，结合本地的社会经济发展特点，通过发展、完善各种统计调查制度，已经形成“普查为基础，定期报表为主体，抽样调查为辅助”的统计调查体系。

# 第一章　普　　查

1978 年后，全国先后进行过人口、农业、经济等一系列重大国情国力普查。上海市人民政府专门设立普查领导小组及其办公室（普查办公室设在市统计局），负责组织实施各项普查工作。

1978—2010 年间，上海共实施国家统一部署的人口普查 4 次、经济普查 2 次、农业普查 2 次、工业普查 2 次、第三产业普查 1 次、基本单位普查 2 次。

## 第一节　人 口 普 查

中华人民共和国成立至 2010 年，共进行 6 次全国性的人口普查，1953 年、1964 年、1982 年和 1990 年 4 次人口普查标准时点为普查当年 7 月 1 日零时，2000 年和 2010 年人口普查标准时点为普查当年 11 月 1 日零时。人口普查对象是普查标准时点在中华人民共和国境内的自然人以及在中华人民共和国境外但未定居的中国公民，不包括在中华人民共和国境内短期停留的境外人员。中国人口普查采用全面调查的方法，以户为单位进行登记。

### 一、第三次人口普查

1982 年，上海进行第三次人口普查，普查时点为当年 7 月 1 日零时。第三次人口普查的特点有：一是普查内容更丰富。在第二次人口普查的基础上，人记录增加 13 项，包括在业人口行业、不在业人口状况、婚姻状况、育龄妇女生育状况等；户记录增加本户住址编码、本户人数、本户 1981 年出生人数、本户死亡人数、本住户已外出一年以上人口等 6 项。二是根据上海城市居民住房困难的实际情况，结合这次普查，增加一张住房登记表，调查市区居民的房屋居住状况。内容包括 20 岁以上未婚青年人数、12 岁以上大儿大女人数、住房结构类型、原始用途、产权性质、居住部位、居住面积、三代同室户、两对夫妻同室户等。三是运用电子计算机进行人口普查数据处理。将 1 100 多万人口的普查资料直接录入、汇总，不仅处理速度快，而且质量好，经国家统计局一次验收合格，比国家规定的上报时间提前一年多完成全部数据处理任务。

上海第三次人口普查领导小组，由副市长王鉴任组长，萧车、董家邦、徐子陵任副组长，成员有张充文、万景亮、田光、浦青、王永贤、汪力田、孔明、孔学哲、王洪珍、杨如阜等；林德明任上海第三次人口普查领导小组办公室主任，徐子陵（兼）、施国祥、徐耀祥任副主任。1982 年 3 月 8 日，上海市人民政府对上述机构的成员进行调整。调整后的领导小组由杨堤、萧车、王崇基、林德明、徐子陵、张振华、张充文、万景亮、杜信恩、李学广、林锦春、田光、王永贤、汪力田、赵茅兴、佘瑾、浦青、孔学哲、蒋新权、吴竞、孙平、杨如阜等 22 人组成，市委副书记杨堤任组长，萧车、王崇基、林德明、徐子陵任副组长，同时增补许克诚、蒋如高为办公室副主任。

上海 1982 年第三次人口普查结果：全市总户数为 315.16 万户，其中市区 164.35 万户，郊县 150.81 万户。全市总人口 1 185.97 万人，其中男性人口 591.00 万人，女性人口 594.97 万人。全市汉族人口 1 180.99 万人，占 99.6%；各少数民族人口 4.98 万人，占 0.4%。年龄构成：0～14 岁少年儿童所占比重为18.16%,15～64岁的人口占74.41%,65岁及以上老年人口占7.43%。

## 二、第四次人口普查

1990年,上海进行第四次人口普查,普查时点为当年7月1日零时。第四次人口普查共设置15项人记录栏目、6项户记录项目,比第三次人口普查增加人口的迁移情况调查。

上海第四次人口普查领导小组,由副市长倪鸿福任组长,胡正昌、李懋欢、潘洪萱、高岑、王明诚(前期)、毛瑞康(后期)、钱关林、黄荣魁、毛宗维任副组长,成员有郭苗钦、柴之豪、王相道、陈坚、孔长明、李涛、林发雄、张也福、范恒圣等。1990年1月6日,由于副市长倪鸿福工作变动,副市长刘振元接任组长。上海第四次人口普查领导小组办公室由毛宗维(兼)任主任,刘明浩、叶焕浩、黄明梯、沈为谦、周祖根任副主任。

上海1990年第四次人口普查结果:全市总户数为409.96万户,其中市区248.84万户,郊县161.12万户。全市总人口1 334.19万人,其中男性人口680.61万人,女性人口653.58万人。全市汉族人口1 327.97万人,占99.5%;各少数民族人口6.22万人,占0.5%。年龄构成:0～14岁儿童所占比重18.23%,15～64岁的人口占72.39%,65岁及以上老年人口占9.38%。

## 三、第五次人口普查

2000年,上海进行第五次人口普查,普查时点为当年11月1日零时。第五次人口普查的普查表与前四次不同,分短表和长表。根据《第五次全国人口普查普查表长表抽样工作细则》,在被调查户中抽取10%登记长表,长表调查项目有性别、年龄、民族、户口状况、受教育程度、迁移、就业状况、婚姻、生育、住房;另90%的被调查户登记短表,短表调查项目有性别、年龄、民族、户口状况、受教育程度。

改革开放以后,涌入上海的外来人口不断增加。为准确、及时地掌握来沪流动人口信息,为市政府及有关部门制定各项政策提供依据,上海在进行第五次人口普查的同时,在全市开展外来流动人口全面调查。调查主要内容姓名、性别、年龄、来沪时间、来沪原因、受教育程度、职业、居住状况、婚姻、生育情况等。

上海第五次人口普查领导小组,由常务副市长任组长,市政府秘书长任第一副组长,市统计局局长潘建新、市公安局副局长张声华、市计生委常务副主任周剑萍任副组长;上海第五次人口普查领导小组办公室主任由市统计局副局长郭奕侃担任。

上海2000年第五次人口普查结果:全市常住人口为1 640.77万人,其中男性人口占51.4%,女性人口占48.6%。全市0～14岁的人口占12.2%,15～64岁的人口占76.3%,65岁及以上的人口占11.5%。全市各少数民族人口为10.39万人。全市共有家庭户529.91万户,家庭户人口为1 478.72万人,平均每个家庭户的人口为2.8人。

上海外来流动人口全面调查登记结果:外来流动人口为387.11万人,其中男性占57.6%,女性占42.4%。

## 四、第六次人口普查

2010年,上海进行第六次人口普查,普查时点为当年11月1日零时。第六次人口普查主要调查人口和住户的基本情况，内容包括姓名、性别、年龄、民族、受教育程度、行业、职业、迁移流动、社会保障、婚姻、生育、出生、死亡、住房情况等。为了更加合理地安排有外籍人口居住地区的教育、住房、医疗以及公共设施的建设，第六次人口普查还首次将中国境内的境外人员作为普查对象。

上海第六次人口普查领导小组，由常务副市长杨雄任组长，市政府副秘书长、市发展改革委主任周波，市统计局局长王志雄，市公安局副局长江宪法，市人口计生委副主任赵勇任副组长；上海第六次人口普查领导小组办公室主任由市统计局副局长朱章海担任。

上海 2010 年第六次人口普查结果：全市常住人口为 2 301.92 万人，其中外省市来沪常住人口占 39%。全市常住人口中，男性人口占 51.5%，女性人口占 48.5%。全市 0～14 岁的人口占 8.63%，15～64 岁的人口占 81.25%，65 岁及以上的人口占 10.12%。全市各少数民族人口为 27.58 万人。全市共有家庭户 825.12 万户，家庭户人口为 2 058.14 万人，平均每个家庭户的人口为 2.5 人。在沪境外人口为 20.83 万人。

## 第二节　经 济 普 查

2003 年 8 月 11 日，国家统计局、国家发展改革委、财政部联合下发《关于调整国家普查项目和周期安排的通知》。经国务院批准，将原定于 2003 年在全国进行的第三产业普查，2005 年、2006 年分别进行的工业普查、基本单位普查合并，同时并入建筑业普查内容，统称为经济普查，定于 2004 年在全国进行第一次经济普查。之后，全国经济普查每 10 年进行两次，分别在逢 3、逢 8 的年份实施。

2004 年 9 月 5 日，国务院公布中华人民共和国国务院令《全国经济普查条例》，对经济普查的目的、对象范围和方法、组织实施、数据处理和质量控制、数据公布、资料管理和开发应用、表彰和处罚等作明确规定。

### 一、第一次经济普查

2003 年 12 月 2 日，国务院下发《关于开展第一次全国经济普查的通知》。普查目的主要是为全面掌握中国第二产业和第三产业的发展规模、结构和效益等信息，建立健全覆盖国民经济各个行业的基本单位名录库(含编码)及其数据库系统。普查对象是在中国境内从事第二产业和第三产业的全部法人单位、产业活动单位和个体工商户。普查的主要内容包括单位标志、从业人员、财务收支、资产状况，以及企业的主要生产经营活动和生产能力，主要原材料和能源消耗及科技开发的投入状况等。普查的标准时点是 2004 年 12 月 31 日，时期资料为 2004 年度。

2004 年 4 月 12 日，上海市人民政府成立以副市长周禹鹏为组长，市政府副秘书长李良园、市统计局局长潘建新、市发展改革委副主任祝兆松为副组长的第一次经济普查领导小组，领导小组成员由市经委、市民政局、市财政局(市地税局)、市外经贸委、市卫生局、市新闻出版局、市信息委、市质量技监局、市劳动保障局、市委宣传部、市教委、市建委、市文广影视局、市旅游委、市工商局、市农委、市科委、中国人民银行上海分行、市统计局、市编办等部门的有关领导组成。领导小组下设办公室，办公室设在市统计局，市统计局总经济师蔡旭初任办公室主任。

第一次经济普查期间，上海各级普查机构共选调普查指导员和普查员 1.8 万名。普查历经普查试点、普查培训、清查摸底、正式登记、数据处理和质量评估等阶段。2005 年 12 月，市经普办和市统计局联合向社会发布《上海市第一次经济普查主要数据公报(第一、二、三号)》。上海第一次经济普查基本摸清全市基本单位的数量、结构与分布,查实上海总体经济实力和三次产业比重,掌握反映经济可持续发展的重要资源信息,初步建立上海第二、三产业基本单位名录库及数据库系统。

2004 年末,上海从事第二、三产业的全部单位数为 41.1 万个。其中,法人单位 34.4 万个,法人单位的分支机构 6.7 万个。从所有制结构看,国有单位有 2.6 万个,集体单位 3.4 万个,股份制单位 3.5 万个,私营单位 27.4 万个,其他内资单位 1.4 万个,港澳台商投资和外商投资单位 2.8 万个;从行业分布看,第二产业单位 8.2 万个,第三产业单位 32.9 万个。在法人单位中,企业 32.2 万个,机关、事业单位 1 万个,社会团体 0.2 万个,其他单位 1 万个。从业人员总数为 911 万人(不包括个体从业人员)。其中,第二产业 444.5 万人,第三产业 466.5 万人。从业人员中女性 353.6 万人。企业法人单位的实收资本总额为 1.97 万亿元。其中,国家资本占 34.6%,集体资本占 6.6%,个人资本占 23.6%,港澳台资本占 9.2%,外商资本占 26%。上海从事第二、三产业的个体经营户有 33.1 万户,从业人员 49.1 万人。

市经普办和市统计局陆续编辑出版《上海经济普查年鉴——2004》《上海市第一次经济普查大事记摘要》《敬业·奉献——上海市经普人物风采录》;编印《上海市第一次经济普查资料提要(2004)》;开展上海市第一次经济普查优秀论文评选活动,并出版《盘点过去、指点未来——上海市第一次经济普查研究报告集》。

在全国经济普查评比中,上海第一次经济普查领导小组办公室被授予“第一次全国经济普查先进集体”称号,全市有 63 个单位被授予“第一次全国经济普查先进集体”称号,350 人被评为“第一次全国经济普查先进个人”。在市级评比中,共评选出 185 个先进集体、775 名先进个人。

## 二、第二次经济普查

2007 年 11 月 15 日,国务院下发《关于开展第二次全国经济普查的通知》,普查的主要内容包括单位基本属性、从业人员、财务状况、生产经营情况、生产能力、能源消耗、科技活动情况等。相比第一次经济普查,第二次普查内容增加水及能源消费、信息化等指标。普查的标准时点是 2008 年 12 月 31 日,时期资料为 2008 年度。

2008 年 5 月 27 日,上海市人民政府成立以常务副市长杨雄为组长,市政府副秘书长、市发展改革委主任周波,市统计局局长王志雄,市发展改革委副主任池洪,市政府新闻办副主任陈启伟为副组长的第二次经济普查领导小组,领导小组成员由市经委、市建设交通委、市农委、市外经贸委、市教委、市科委、市信息委、市监察委、市旅游委、市编办、市财政局、市工商局、市质量技监局、市房地资源局、市劳动保障局、市民政局、市规划局、中国人民银行上海总部、上海银监局、上海证监局、上海保监局、上海铁路局、市统计局等部门的有关领导组成。领导小组下设办公室,办公室设在市统计局,市统计局总经济师蔡旭初任办公室主任。

2008 年 9 月 23 日,上海第二次经济普查领导小组办公室印发《上海市第二次经济普查实施方案》,对普查各个阶段的组织实施全面部署。

第二次经济普查期间,上海各级普查机构共选调普查指导员和普查员 1.9 万名。第二次经济普查历经普查试点、普查培训、单位清查、正式登记、数据处理和质量抽查评估等阶段。普查原则由第一次经济普查的“条块结合、以块为主”调整为“以块为主、条块结合”,充分发挥属地普查机构的作用,广泛动员和组织社会力量积极参与普查工作。同时,第二次经济普查结合普查区划分和绘图工作，首次利用地理信息技术对全市普查区地图及地址信息进行数字化管理。

2010 年 1 月，市经普办和市统计局联合向社会发布《上海市第二次经济普查主要数据公报(第一、二、三号)》。截至 2008 年末，上海从事第二、三产业的全部单位数为 41.7 万个。其中，法人单位 36.1 万个，法人单位的分支机构 5.6 万个。按经济类型分，国有单位 2.3 万个，集体单位 1.8 万个，股份制单位 3 万个，私营单位 30.1 万个，其他内资单位 1 万个，港澳台商投资单位 1 万个，外商投资单位 2.5 万个；按行业分，第二产业单位 10.4 万个，第三产业单位 31.3 万个。在法人单位中，企业 33.8 万个，机关、事业单位 1 万个，社会团体 0.3 万个，其他单位 1 万个。上海第二、三产业法人单位从业人员总数为 1 041.5 万人。其中，第二产业 492 万人，第三产业 549.5 万人。从业人员中女性 398 万人。企业法人单位的实收资本总额为 2.6 万亿元。其中，国家资本占 19.2%，集体资本占 2.9%，法人资本占 30.9%，个人资本占 18.1%，港澳台资本占 8%，外商资本占 20.9%。上海从事第二、三产业有证照的个体经营户有 29.8 万户，从业人员 35.5 万人。

市经普办和市统计局陆续编辑出版《上海经济普查年鉴——2008》《上海市第二次经济普查大事记摘要》《平凡・可敬——上海市经普人物风采录》；编印《上海市第二次经济普查资料提要(2008)》；开展上海市第二次经济普查优秀论文评选活动，并出版《把脉经济、探索发展——上海市第二次经济普查研究报告集》。此外，按照《第二次全国经济普查方案》要求，以普查区划分工作中形成的全市综合地理信息数据为基础，建立"上海市第二次经济普查地理信息系统"。

在全国经济普查评比中，上海第二次经济普查领导小组办公室被授予"第二次全国经济普查先进集体"称号，全市有 63 个单位被授予"第二次全国经济普查先进集体"称号，481 人被评为"第二次全国经济普查先进个人"。在市级评比中，共评选出 147 个先进集体、740 名先进个人。

## 第三节　农 业 普 查

中华人民共和国成立以后，共进行了两次全国农业普查，国务院发起并建立全国农业普查领导机构及其办公室，办公室设在国家统计局。这两次农业普查，上海市人民政府均相应建立上海农业普查领导机构及其办公室，办公室设在市统计局。

### 一、第一次农业普查

1994 年 10 月 29 日，国务院发出《关于开展第一次全国农业普查的通知》，决定于 1996 年开展第一次全国农业普查。这是中华人民共和国成立后第一次全国农业普查。普查时点为 1996 年 12 月 31 日 24 时(1997 年 1 月 1 日零时)，普查时期为 1996 年 1 月 1 日到 12 月 31 日。普查的主要内容包括农业生产经营单位的数量、规模和结构，农业用地在各生产经营单位的分布和使用情况，农业生产性固定资产的数量、结构和性能，农村劳动力的数量、素质、从事的行业和流动情况，乡镇企业和建制镇的基本概况。在贯彻执行全国农业普查统一方案的基础上，上海农业普查补充调查三项内容，分别是农业规模化、集约化、设施化情况，乡镇社区经济发展与投资环境情况，城乡一体化建设情况。

上海第一次农业普查领导小组，由副市长孟建柱任组长，韩正、孙祖尧、许冠庠、潘龙清、任连友、周国祺任副组长，成员有张惠民、徐贯华、葛根庆、苗耕书、尹继佐、徐家树、钟德浩、陈科信、张万彬、吴赛珍、谢淦怀、张文蔚、李崇新等。领导小组成立办公室，办公室设在市统计局，钟德浩、李崇新先后任办公室主任。第一次农业普查共选聘3万名普查人员。

上海第一次农业普查结果：1996年末，上海实有农业用地515.64万亩，其中耕地面积450.87万亩，分别占全市土地总面积的54.2%和47.4%。农业用地面积占用情况是：国有农业单位占用11.3%，农村集体占用5.9%，农户及私人占用82.8%。上海农村实际从事农业生产经营户117.59万户，平均经营耕地面积为3.36亩。其中，经营耕地在5亩以下的农户有103.17万户，占农村总户数的87.7%；农业小规模、分散经营的农户数量多，比重大。1996年末，上海农村从业人员有286.10万人。其中，农业(农、林、牧、渔)从业人员86.05万人，占农村从业人员总数的30.1%；农业服务业从业人员3.20万人，占1.1%；工业从业人员137.04万人，占47.9%；建筑业从业人员12.96万人，占4.5%；交通运输业从业人员6.76万人，占2.4%；批零贸易餐饮业从业人员8.84万人，占3.1%；其他行业从业人员31.25万人，占10.9%。农村劳动者中，中、小学文化程度占较大比重。1996年末，上海农村劳动者中文盲、半文盲所占比重为13.8%，小学文化程度占28.4%，初中文化程度占49.4%，高中、中专文化程度占7.8%，大专及大专以上文化程度占0.6%。改革开放以来，上海农村小城镇建设得到加强，镇区呈一定规模，农村城市化水平提高。1996年，上海农村209个乡镇已建成小城镇镇区面积421平方公里，常住家庭40.87万户，人口116.40万人，占农村总人口的28.4%。乡镇企业是农村经济发展的支柱。1996年末，上海农村共有各类乡镇企业3.29万个，从业人员166.51万人，平均每个企业的从业人员为50.6人。农村社会福利也有较快发展。1996年末，享受领取退休金的老人为46.16万人；参加社会养老保险的人数为84.25万人，参加社会医疗保险的人数为138.68万人，分别占农村从业人员的29.4%和48.5%。

## 二、第二次农业普查

2006年，进行第二次全国农业普查，普查时点为2006年12月31日24时(2007年1月1日零时)，普查时期为2006年1月1日到12月31日。普查包括6项内容：(1)从事第一产业活动单位和农户的生产经营情况；(2)乡(镇)、村委会及社区环境情况；(3)农业土地利用情况；(4)农业和农村固定资产投资情况；(5)农村劳动力就业及流动情况；(6)农民生活质量情况。上海农业普查补充调查3项内容，分别是农户宅基地使用情况、农户家庭成员社会福利情况和农村居住向城镇集中情况。

上海第二次农业普查领导小组，由副市长胡延照任组长，徐建国、潘建新、王志雄、浦再明、施兴忠任副组长，成员有朱匡宇、倪蓉、俞恭庆、赵伟星、张剑萍、郑善和、沈振新、彭靖、王为人、沈兰全、李崇新等。领导小组成立办公室，办公室设在市统计局，李崇新兼任办公室主任。第二次农业普查共选聘3.5万名普查人员。

上海第二次农业普查结果：2006年末，上海实际经营耕地151.41千公顷。其中，农户实际经营耕地108.46千公顷，农业生产经营单位实际经营耕地42.95千公顷。2006年末，上海共有农业生产经营户64.04万户，平均经营耕地面积2.54亩。其中，本地户平均每户为2.18亩，外来户平均每户为7.88亩，外来户户均经营规模大于本地户。从规模上来看，上海经营耕地面积在10亩以上的农户仅为1.4%，规模经营的比重仍然较低。2006年末，上海农村从业人员349.59万人。其中，在第一产业就业的占11.3%，在第二产业就业的占60.8%，在第三产业就业的占27.9%。农村城镇化建设有大发展，乡镇撤并，使镇区呈一定规模，农村城市化水平提高。2006年末，上海农村有108个乡镇(不包括街道及具有乡镇行政管理职能单位)，每个乡镇镇区平均占地面积为8.97平方公里，平均总人口3.33万人。从镇区总人口看，镇区人口在1万人以下（不包括1万人）的乡镇有35个，占32.4%；1万～5万人的乡镇有51个，占47.2%；5万～10万人以上的有15个，占13.9%；10万人以上的有7个，占6.5%。2006年末，上海130个乡镇级单位年末实有企业数为14.15万个，平均每个乡镇有1 088个。农村居民生活情况和社会保障情况：2006年末，上海经各级土地部门批准的农村宅基地面积为20 001.49万平方米，平均每户为173.66平方米；房屋建筑面积20 603.65万平方米，户均178.89平方米。农村常住居民平均每户实际拥有住宅面积182.2平方米，96.5%的住户拥有自己的住宅。2006年末，上海参加农村社会医疗保险的人数为258.86万人，参加农村社会养老保险的人数为183.93万人，占农村人口的67.2%和47.8%。

## 第四节　工 业 普 查

### 一、第二次工业普查

1983年11月，国务院发出《关于认真做好第二次全国工业普查准备工作的通知》。普查对象是全部工业企业，普查时点为1985年底。第二次工业普查具有范围广、指标多、数据量大、逻辑关系复杂、业务性强、涉及部门多等特点。普查的指标体系由以下6个方面组成：(1) 从工业经济的综合平衡出发，全面反映工业再生产过程的主要活动，包括基本条件、生产活动和生产成果，即通常所说的产、供、销、人、财、物以及在此基础上产生的各工业企业之间、行业之间、工业与其他国民经济部门之间的生产、流通、分配和消费活动。其中不少指标既有实物量，又有价值量，形成相互衔接、配套成龙的指标体系。(2) 反映工业内部的结构，为制定行业规划、进行工业调整提供比较详细的资料。第二次工业普查采用新的行业分类，共有41个大类、204个中类、549个细类，比原有工业行业的164个细类增加2.3倍，对冶金、机械、纺织等11个行业制定企业生产结构分类目录，以便对同类生产结构企业的生产活动和经济效益进行分析对比。从产品结构来说，这次普查重新编制工业产品分类目录，有5万～7万种，比原工业产品分类增加4倍左右。(3) 反映工业技术进步的指标。包括新产品和产品质量，工业生产设备，工业生产的机械化、自动化、电气化，以及企业综合能耗。(4) 反映工业企业专业化和协作的指标。(5) 反映职工素质的指标。(6) 反映工业经济效益的指标。

上海在组织实施中还增加有关计算投入产出要求的一些主要指标。根据上述要求，第二次工业普查分甲、乙、丙三类表：甲类表，内容比较详细，包括12个部分，共34张表、307个指标，由全部大中型工业企业和全民所有制独立核算工业企业填报；乙类表，由集体所有制独立核算工业企业填报，内容比甲类表简单，有7个部分，共17张表、122个指标；丙类表，由非独立核算的工业生产单位填报，内容更简单，包括4个部分，共4张表、29个指标。

乡镇工业（不包括原公社工业，原公社工业填乙类表）和城镇个体工业，不发普查表式。市、县工业普查办公室根据全国统一制发的综合表式和估算办法，组织乡镇工业、工商行政、税务等部门根据有关资料进行填报。

1984年5月，上海成立以副市长朱宗葆为组长，裴静之、潘学敏、鲍友德、石圣珏、颜德纶为副组长的第二次工业普查领导小组，成员有耿心、李涛、朱云泉、周晓华、沈瑞云、沈言洪、梅鹤钧、余永梁、王浩养、秦炳权、吴承璘、刘勤、傅鹤鸣、沈惠民、陈松泉、董云焕、谢金怀、张文楷、季明兴、刘仲权、须仁福、石礼文、黄汉文、董绍诚、朱景辉、陈振康、罗志勤、廉洁、江洁心、陆关宝、徐志超、蔡君时、袁恒权等共 39 人。领导小组下设办公室,裴静之、颜德纶兼任正副主任。8 月,又增加段金平、李薰陶为副主任。上海 86 个区、县、局级工业主管部门和各公司、乡、镇一级都相应建立工业普查领导小组和办事机构。各工业企业也成立工业普查小组。各级工业普查办事机构的人员来自统计、财务、供销、劳资、设备等各业务部门,上海参加工业普查的人员达 10 万人。

从 1984 年 5 月到 1987 年底,上海第二次工业普查历经准备、调查和资料汇总及分析研究三个阶段,摸清了全市工业家底。普查结果表明,1985 年底,上海共有工业企业和单位 29 522 个,其中大中型工业 570 个。在全部工业企业和单位中,全民所有制工业企业有 2 685 个,集体所有制工业企业 5 504 个。全部工业企业和单位共有劳动者人数为 421.80 万人。其中,全民所有制职工 214.22 万人,集体所有制职工 108.23 万人。工业总产值(按当年价格计算)为 867.02 亿元,实现利税 229.55 亿元;占有资金 477.08 亿元。

各级工业普查机构共撰写 6 000 多篇统计分析资料。在全国工业普查评比中,上海市工业普查领导小组及其办公室被授予"全国工业普查先进单位"称号,获金杯奖。全市有 76 个单位被授予国家级先进单位称号,240 人评为国家级先进工作者。

## 二、第三次工业普查

1995 年 1 月,国务院发出《关于进行第三次全国工业普查的通知》。普查对象是全部工业企业,普查时点为 1995 年底。普查的范围是全部工业企业和附营工业单位,采用条块结合、分工协作的原则,实行统一方案设计、统一调查表式、统一指标目录、统一分类标准和统一数据处理标准。普查的基本内容由 5 个方面组成:(1) 反映工业企业生产要素的指标。第三次工业普查设置了劳动情况普查表、主要工业生产设备普查表,完善原材料、能源消费与库存统计,通过对生产力三要素的统计,来反映工业企业从事生产经营和业务活动所具备的基本生产条件,以及各要素之间相互联系而又相互制约的关系。(2) 反映工业企业生产、消费、交换、分配的指标。通过设置工业产品生产、销售、库存总值,主要工业产品产、销、存,主要工业产品生产能力,大型联合企业主营业务活动基本情况卡片,来反映企业内外部各种经济关系、经济总量,并完整揭示企业的生产结构。(3) 反映工业企业基本经营状况的指标。通过设置一系列财务状况指标群实现,包括资产、负债、所有者权益、收入、费用、利润等会计要素,来反映工业企业的经营条件、经济实力、经营状况和经营效益,并为计算工业增加值和编制国民账户提供依据。(4) 反映工业企业技术进步的指标。第三次工业普查采用 4 类指标,包括技术开发和技术创新、高技术产品生产和收入、工业产品质量和主要工业生产设备。(5) 反映工业企业市场竞争行为的指标。利用主要工业产品产销存,从各种经济类型和经济规模企业的生产份额和市场占有份额入手,结合科技投入与开发、质量与价格、成本与盈利水平等,完整分析企业竞争行为和竞争手段,研究竞争行为中向内与向外的关系。

全国工业企业普查表分为甲、乙、丙三类报表,私营工业企业卡片,简易综合表。甲类表共 17 张表,400 多个指标,为大中型工业企业填报;乙类表共 11 张表,200 多个指标,为村及村以上小型工业企业填报;丙类表共 2 张表,40 多个指标,为附营工业单位填报;私营工业企业卡片 1 张,约 16 个指标,为私营工业企业填报;合作经营、个体工业填报简易综合报表 1 张,约 9 个指标。上海在组织实施过程中,为实施中长期工业发展规划,增加调查境外工业企业及上海工业企业在市外投资的工业企业基本情况。对私营工业、村及村以上工业企业及生产单位采取直接发表调查的方式;对合作经营工业、个体工业等,不发企业普查表,采取简易调查上报综合表式。

第三次工业普查共有8个分类目录：主要工业产品产销存目录，4 700多种；主要工业技术经济指标目录，1 700多种；主要工业产品生产能力目录，800多种；主要原材料、能源目录，260多种；主要工业生产设备目录，3 000多种；主要工业产品质量目录，共13类，1 000多种；主要工业产品销售收支目录，1 200多种；主要工业生产设备技术水平分等办法，500多种。合计13 100多种。

1995年3月，上海成立以副市长蒋以任为组长，孙祖尧、徐志毅和郁子冲为副组长的第三次工业普查领导小组，后增加朱晓明为副组长；成员包括黄瑋、胡延照、王国雄、张祥、张龙海、张文蔚、杨小林、王耀羲、张成均，后增加吴承璘为成员。领导小组下设办公室，黄瑋任主任，戎鲤城、赵江清、杨莉、沈为谦任副主任。办公室下设综合组、调查组、方案组、劳动科技组、数据处理组和法制组共6个组，负责组织和布置实施工业普查工作。上海各区、县、局及下属各综合单位均于6月底前建立普查组织机构，落实人员及办公条件。

上海第三次工业普查历经2年时间，经过准备，资料的填报、审核和上报，资料的汇总分析和成果发布，以及总结四个阶段，圆满完成普查任务，摸清了全市工业的家底。普查结果表明，1995年末，上海共有工业企业和生产单位39 908个。其中，共有大中型工业企业1 297个，“三资”企业单位为3 912个，乡镇工业共计29 772个。全市工业企业和生产单位的从业人员416.43万人。其中，“三资”工业从业人员57.33万人，乡镇工业从业人员154.76万人。工业总产值为5 349.53亿元，上缴税金319.65亿元，产品销售收入4 575.26亿元，实现利税517.37亿元。

## 第五节　第三产业普查

1993年，国务院发出《国务院关于开展全国第三产业普查工作的通知》。同年，上海市人民政府发出《上海市人民政府办公厅关于开展本市第三产业普查工作的通知》，对上海第三产业进行普查。

同年5月，上海成立副市长徐匡迪任组长，市政府副秘书长蔡来兴、市计委主任华建敏、市统计局局长陈步林任副组长的第三产业普查领导小组。领导小组下设办公室（设在市统计局），陈步林兼任办公室主任，负责上海第三产业普查工作的组织和实施。

上海第三产业普查以1992年为调查年度，普查范围包括在上海从事经营或业务活动的第三产业独立核算和单独核算的企业、事业、机关、个体户等。调查工作以行政区划和主管部门相结合、全面调查与抽样调查相结合的方式进行。

普查内容由两部分组成：(1) 分类指标，包括单位所在地、核算形式、经济类型、行业分类、开工(业)年月、隶属关系、单位类别等；(2) 以增加值为核心内容的价值量指标及人员状况统计指标，包括总产出、增加值及构成要素、固定资产原值、流动资产总额、金融资产及金融负债、从业人员等。

按照上海第三产业普查方案确定的原则，各独立核算及单独核算的企业、事业和机关为基层起报单位，居委会、村委会及居委会和村委会开办的第三产业小单位和个体户采取按行业归类填报的办法，实际填报单位有62 558户，单位覆盖率达到98%。

上海第三产业普查结果：1992年，上海第三产业总产出为856.21亿元，中间投入为453.44亿元，全年创造增加值402.77亿元。第三产业共拥有固定资产928.81亿元，占全市的41.6%；全年共创利、税总额192.36亿元，占全市的36.3%；从业人员245.74万人，占全市的31.3%。

1992年，上海市生产总值（简称GDP）按普查结果调整后为1 114.32亿元，第三产业增加值的比重达到36.1%。与常规统计相比，第三产业普查的增加值多出48.38亿元，第三产业增加值在全市生产总值中的比重增加 2.9 个百分点。

为了使这次第三产业普查结果直接为市政府宏观决策服务,市统计局在原已建立的月度 GDP 测算的基础上,以 1992 年度第三产业普查资料为依据,对上海 1993 年月度 GDP 的总量及增长速度进行调整,从而反映经济实际运行情况。

## 第六节　基本单位普查

基本单位普查的对象,是中国境内的所有法人单位及所附属的产业活动单位。调查范围包括各类企业法人、事业单位法人、机关法人、社会团体法人和其他法人,及其所附属的农业、工业、建筑业、交通运输业、批发零售贸易业、餐饮业、服务业等产业活动单位。

### 一、第一次基本单位普查

为如实反映中国各类基本单位的变化情况,全面掌握中国基本单位的行业、经济类型、规模结构和地区分布的情况,为国家制定产业政策、调整生产力布局和规划城市建设提供依据,并为改革统计调查体系,有效地提高统计数据的准确性和时效性打下基础,1996 年 1 月 25 日,国务院下发《关于开展第一次全国基本单位普查的通知》,决定于 1996 年进行第一次全国基本单位普查。

1996 年 7 月 29 日,上海市人民政府办公厅下发《关于做好本市第一次基本单位普查工作的通知》,成立副市长华建敏任组长,市政府副秘书长韩正,市统计局局长孙祖尧,市编委办公室副主任、市人事局副局长吕凤太任副组长,由市计委、市经委、市科委、市建委、市外经贸委、市商委、市农委、市政府协作办、市财政局、市工商局、中国人民银行上海分行、市技术监督局、市统计局有关领导组成的第一次基本单位普查领导小组。领导小组下设办公室,办公室主任由市统计局副局长黄璋担任。

第一次基本单位普查对象为上海行政区域范围内所有的法人及法人单位所附属的产业活动单位。普查的内容为 1996 年法人单位、产业活动单位以及个体工商户的基本情况。普查目的是查清上海各行业的单位底数,为观察和分析上海基本单位的地区、行业、所有制、经济类型、企业规模构成分布与发展变化情况提供基本统计信息,同时也为建立上海基本单位名录库、各项抽样调查的样本框和建成上海经济社会地理信息系统(GIS)打下基础。普查的标准时点为 1996 年 12 月 31 日,时期资料为 1996 年。

上海第一次基本单位普查主要数据:截至 1996 年末,上海现有单位(含个体工商户)数总量为 42 万个。其中,法人单位 200 761 个,多产业法人单位开设的产业活动单位 51 308 个,个体工商户 162 604 户。在法人单位总数中,企业法人 176 075 个,事业法人 11 885 个,社会团体法人 3 412 个,行政法人(国家机关和政党机关)2 895 个,社区管理型机构(居委会和村委会)6 494 个。将全部法人单位按照活动的性质和地点来划分,上海共有 252 069 个产业活动单位。

从行业分布情况来看,企业法人占全部法人单位和营利性产业活动单位占全部产业活动单位的比重分别为 87.7%和 87.9%。上海的单位,相对集中于制造业,批发零售贸易、餐饮业,以及社会服务业。这三个行业集中全市 76.1%的企业法人、84.9%的营利性产业活动单位和 98.5%的个体工商户。

## 二、第二次基本单位普查

2001 年 9 月 1 日，国务院办公厅下发《关于认真做好第二次全国基本单位普查的通知》，决定于 2001 年在全国进行第二次基本单位普查。

2001 年 9 月 5 日，上海市人民政府批转市统计局等十一部门《关于开展上海市第二次基本单位普查的意见》，成立常务副市长任组长的第二次基本单位普查领导小组。领导小组下设办公室，办公室设在市统计局。

第二次基本单位普查对象为上海各类法人单位、法人单位所属的产业活动单位以及个体工商户，包括各类企业法人、事业单位法人、机关法人、社会团体法人和民办非企业等其他法人，及其法人单位所属的农业、工业、建筑业、交通运输业、批发零售贸易业、餐饮业、服务业等产业活动单位。普查的内容包括各类单位的基本标识、主要属性、基本状态和主要总量指标。普查目的是查清上海各类单位的底数，反映上海第一次基本单位普查以来各类单位的发展变化情况，重点掌握上海基本单位的地区分布、行业分布、组织形式、经济结构、规模结构以及生产要素的配置等情况，逐步建立部门间相互衔接、互为补充、信息共享、动态更新的基本单位名录库系统，为调整经济结构、规划城市建设、提高城市综合竞争力等提供基础信息，并为开展其他普查和各类抽样调查工作奠定基础。普查的标准时点为 2001 年 12 月 31 日，时期资料为 2001 年。

上海第二次基本单位普查主要数据：截至 2001 年末，上海除个体工商户外，拥有各类法人单位 25.92 万个。其中，企业法人 23.52 万个，事业法人 1.09 万个，社会团体法人 0.26 万个，机关法人（国家机关和政党机关）0.25 万个，其他法人 0.8 万个。在全部法人单位中，共有 23.25 万个法人单位是从事一种社会经济活动，并只有一个活动地点的单位（简称单产业法人）；另有 2.67 万个法人单位是从事多种社会经济活动，或者具有多个活动地点的单位（简称多产业法人）。

与 1996 年上海第一次基本单位普查结果相比，5 年来，全市各类法人单位和产业活动单位分别净增 5.85 万个和 8.39 万个，分别增长 29.1％和 33.3％。

# 第二章　专业统计

改革开放以来，通过不断的改革，上海综合统计的总量指标由以工农业总产值为主要内容的总量指标统计，改为以国民收入和国民生产总值的价值量统计；工业统计由生产型向生产经营型转变；建筑业统计由施工企业统计，扩大到对建筑业包括具备建筑业资质和不具备建筑业资质的所有主营业务统计；房地产业统计由购买方填报的商品房购置统计，并纳入固定资产投资统计范围，改为从固定资产投资统计中分离出来，单独制定房地产开发的标准表式，正式建立房地产开发经营统计；服务业统计由“条块结合”的统计模式，转变为全面调查和抽样调查相结合的服务业重点行业的定期统计制度；商业统计由部门统计发展成为全社会统计；外贸统计由进出口统计发展为包括利用外资和引进技术在内的对外经济统计。为反映企业(集团)的发展情况，新建企业(集团)统计报表制度。

## 第一节　工　　业

1986 年，市统计局会同有关部门组织研究工业统计中亟需解决的几个制度方法问题，开展工业品价格统计工作和编制。1990 年，会同市经济研究中心、复旦大学，选择 200 个左右重点企业，建立主要统计指标数据库，对重点企业开展定期跟踪调查。在此期间，工业统计报表内容增添工业净产值、工业增加值、财务成本、科技活动、工业经济效益等指标。

1990 年，上海工业企业统计年度报表的表式共 13 张，计有：(1) 工业企业基本情况；(2) 工业企业工业总产值及职工人数(各种经济类型的工业总产值、直接出口产值及从业人员)；(3) 独立核算工业企业净产值(分别按生产法和分配法计算，并可换算为工业增加值)；(4) 独立核算工业企业主要财务成本(资产负债、损益、利润分配等方面的主要指标，有固定资产、流动资产、负债、所有者权益，销售费用、销售收入、销售成本、各项税金、利润等投入和产出的经济效益指标)；(5) 主要工业产品产量；(6) 主要专业生产设备(已安装数)；(7) 金属切削机床及锻压设备；(8) 动力设备；(9) 技术革新完成项目；(10) 独立核算工业企业科技开发统计(各系统下达的新产品开发、新产品投产、消化吸收项目、新技术推广等投资额，新品种、新规格、新花色、新包装的开发，科技项目开发已形成的经济效益)；(11) 独立核算全民所有制工业企业全员劳动生产率(以月报代年报)；(12) 主要工业产品出厂价格统计(每年 3、6、9、11 月各报一次)；(13) 主要原材料、燃料、动力购进价格统计(每年 3、6、9、11 月各报一次)。

1995 年，第三次全国工业普查提出将“工业普查与工业统计改革结合起来”的指导思想，奠定了工业统计改革的坚实基础。

工业统计改革内容：(1) 从以工业总产值转变为以工业增加值为主的总量指标；(2) 从改变工业总产值的计算原则到全面试算工业生产指数，探索工业发展速度计算方法；(3) 从按企业隶属关系划分统计范围到按企业规模划分统计范围；(4) 从小企业全面调查到逐步推行小企业抽样调查，积极探索工业统计调查方法的改革；(5) 从实行数据逐级汇总到逐步实施数据超级汇总，积极探索数据综合汇总方法的改革；(6) 从只反映法人企业状况到同时反映企业集团发展状况；(7) 从只反映企业经济运行结果的经济监测到同时反映企业景气状况的经济预警；(8) 从一般反映国有企业改革的经营状况到全面反映国有企业改革目标——建立现代企业制度的跟踪调查；(9) 从建立工业经济评价考核体系到进一步完善全面反映工业经济效益状况的考核指标和方法；(10) 从单机的数据处理方式到数据处理、传输、存储网络化。

## 一、工业统计主要报表制度

**【月报分企业报送制度】**

1998 年，国务院办公厅转发国家统计局、国家经贸委《关于做好工业统计制度改革的意见》，要求：建立国有及国有控股工业企业主要经济指标月报分企业报送制度，并逐步推行非国有工业企业主要经济指标月报分企业报送制度。从 1999 年起，全部国有及国有控股工业企业和年销售收入在 500 万元以上的非国有工业企业，应将主要经济指标月报分企业逐月报送。建立 5 000 家工业企业信息联网直接报送制度。从 1999 年起，选择 5 000 家工业企业，通过联网向国家统计局定期直接报送企业生产经营过程中的各种信息，通过网上反馈，为企业提供宏观经济政策信息。

**【统计分类】**

按照国家统计局的规定，工业的调查单位分为规模以上工业和规模以下工业两部分，对规模以上工业实行全面调查，规模以下工业实行抽样调查。1998 年，国家统计局将全面调查范围由乡及乡以上企业改为全部国有工业企业和年产品销售收入 500 万元及以上的非国有工业企业，称为规模以上工业，年产品销售收入 500 万元及以下的非国有工业企业和个体工业经营户称为规模以下工业。2006 年，对这一标准进行修订，规模以上工业的范围改为年主营业务收入 500 万元以上的工业企业，其余为规模以下工业。2010 年，第三次修订规模的划分标准，规模以上工业界定为年主营业务收入 2 000 万元以上的工业企业，其余为规模以下工业。

**【一套表试点】**

2010 年，按照国家统计局的工作要求，上海开展“一套表”试点工作，工业统计正式纳入市统计局联网直报平台。2010 年，上海工业统计报表中，年报由法人基本情况等 12 张表组成，定报由工业企业生产、销售总值等 4 张表组成。

## 二、工业统计主要指标

工业增加值是以货币形式表现的、工业企业在报告期内工业生产活动的最终成果，是企业生产过程中新增加的价值，工业增加值是国内生产总值(GDP)的组成部分，也是计算工业发展速度所依据的总量指标。工业增加值不是直接统计的指标，而是通过相关统计指标计算出来的，是一个核算指标。

工业增加值有两种计算方法：

一是“生产法”，从工业生产过程中产品和劳务价值形成的角度入手，剔除生产环节中间投入的价值，从而得到新增加值。计算公式：工业增加值＝(工业总产值＋应交增值税)－工业中间投入。

二是“收入法”，从工业生产过程中创造的原始收入初次分配角度入手，对工业生产活动最终成果进行核算。计算方法：工业增加值＝固定资产折旧＋劳动者报酬＋生产税净额＋营业盈余。

在实际统计工作中，由于受到统计调查频率、时效性和企业财务核算的制约，年度和月度的工业增加值采用不同的计算方法。年度增加值采用“收入法”计算，月度采用推算的方法计算工业增加值。

### 三、工业生产增长速度指标的演化

中华人民共和国成立以来，一直采用不变价格工业总产值增长速度来反映工业生产增长速度。到1994年，为了与国民经济核算衔接，更好地反映工业生产增长速度，国家统计局用工业增加值增长速度替代不变价格工业总产值增长速度。1994—2003年，计算工业增加值增长速度使用的是不变价增加值法，即在不变价格总产值增长速度基础上计算取得。2004年至今，使用的是价格指数缩减法。两种方法均是反映工业生产增长的速度，因此方法改革前后数据是可比的。

## 第二节　建 筑 业

1953年，上海与全国同步建立建筑施工统计制度。建筑业统计是通过对建筑业生产经营活动价值量和实物量的统计，全面反映整个行业的生产经营活动的条件、过程及成果，以及单个建筑企业的生产经营成果、人力、物力的投入和财务状况。建筑业统计一方面为国民经济核算提供大量的基础资料，另一方面也为各级政府和主管部门进行宏观决策和管理提供重要的决策依据，为社会各界和企业决策者分析研究建筑业行业提供具体数据。1982年，按照国家统计局统一部署，上海承接由原国家建委系统管理的施工企业统计，在政府统计系统重新恢复建筑业统计。1985年，上海建筑业统计扩大到城镇集体所有制建筑业企业。1996年，建筑业统计的范围由原来的城镇及城镇以上各种经济类型的建筑业企业改为建筑业资质等级四级及四级以上的各种经济类型的建筑业企业。2002年起，根据建设部新的资质管理办法，建筑业统计范围确定为具有建筑业资质的所有独立核算建筑业企业。2004年和2008年，开展两次全国经济普查工作，对建筑业全行业进行统计调查，普查范围为从事建筑生产经营活动的全部建筑业企业和产业活动单位，包括具备建筑业资质和不具备建筑业资质的所有主营业务为建筑业的单位。

## 第三节　固定资产投资

上海从1950年开始建立基本建设统计，并得到初步发展。固定资产投资统计是通过对固定资产再生产过程数量方面的统计，反映一定时期内固定资产投资活动的规模和速度、固定资产投资过程中的结构和比例关系，及固定资产投资的经济效果。同时，通过对固定资产投资过程中数量的研究，揭示固定资产投资活动的发展规律。1978年，建立城镇集体固定资产投资统计。1980年，建立更新改造投资统计。1981年，建立农村集体所有制投资、农村个人投资和城镇个人建房投资统计制度。自此，上海全面建立按计划管理渠道进行固定资产投资统计的制度。1993年，上海全社会固定资产投资统计范围扩大，外商及港澳台独资企业纳入统计范围，同时报表种类中的“其他投资”统计范围从国有其他投资扩大到所有未列入基本建设和更新改造计划项目的固定资产投资，包括国有单位其他固定资产投资，城镇集体固定资产投资，联营经济、股份制经济、外商投资经济、港澳台投资经济及其他经济单位的固定资产投资。1999 年,将城镇私营、个体投资纳入全社会固定资产投资统计范围。2004 年,为适应市场经济发展,取消按计划管理渠道分组统计。

同时,为了减轻基层统计工作压力,按照国家统计局规定,上海先后 3 次提高投资统计起点。1988 年,固定资产投资统计调查范围为基本建设投资、全民所有制和事业单位更新改造投资及全民所有制其他固定资产投资,投资统计起点由计划总投资 2 万元提高到 5 万元。1997 年,固定资产投资统计调查范围为基本建设投资、更新改造投资、其他固定资产投资(包括私营经济、个体投资)及城镇集体固定资产投资,投资统计起点由 5 万元提高到 50 万元。2011 年,固定资产投资统计调查范围为城镇建设项目投资和农村非农户建设项目投资,投资统计起点由 50 万元进一步提高到 500 万元。

2004 年开始,市统计局、市发展和改革委员会每年联合开展一次上海固定资产投资意向调查。该调查采用抽样调查的方法进行。根据行业分布、单位规模和经营情况等条件,按照分层随机抽样的原则,从全市法人单位中抽取 1 600 家单位作为调查对象。调查内容包括单位基本情况、本年固定资产投资预计完成情况和下一年固定资产投资情况展望。调查结果对判断当年及下一年上海固定资产投资形势起到了积极作用。

## 第四节　房 地 产 业

1986 年,建设主管部门率先建立房地产开发统计制度。房地产业统计主要立足于房地产开发经营统计,通过对房地产开发经营活动价值量和实物量方面的统计,全面反映整个房地产开发经营业的投资和资金运行、建设和销售规模及资产经营活动,以及单个房地产开发企业的投资、销售及经营成果和财务状况。根据国家统计局统一要求,上海于 1988 年建立由购买方填报的商品房购置统计,并将之纳入固定资产投资统计范围。1990 年,建立由商品房开发公司填报的商品房建设统计,统计范围为经过资质审查批准、有资格的商品房屋开发公司为出售目的而建造的全部商品房屋。1993 年起,国家统计局对统计方法制度进行整体配套改革,商品房建设统计扩大为房地产开发统计,房地产开发单位进行的土地开发工程纳入固定资产统计范围内,且进一步增加商品房开发有关指标的统计分组。

1995 年,上海与全国同步进行房地产开发建设及经营情况快速调查;同年,房地产开发统计从固定资产投资统计中分离出来,单独制订房地产开发的标准表式,正式建立房地产开发经营统计制度。统计范围为"从事并有房地产开发或经营活动的各种经济类型的房地产开发公司、商品房建设公司及其他房地产开发单位,非房地产企业实际从事房地产开发或经营活动的也包括在内,但不包括单纯的土地交易活动"。填报单位是房地产开发企业和单位,包括独立核算的具有法人资格的房地产开发企业和附营房地产开发单位。按所在地区进行统计。

1999 年,市统计局会同市财政局、市房屋土地管理局和市工商行政管理局联合发布《关于开展本市现有房屋及其占用土地情况抽样调查的通知》,决定对上海现有房屋以及占用土地情况进行一次抽样调查。调查的实施范围为 1999 年 6 月 30 日所有已经建成和正在使用的房屋及其占用土地情况。主要填报单位,城镇为拥有房屋使用权的行政、企业、事业单位(城镇法人单位)和城镇住户,农村为村集体单位和农村住户。

2004 年,根据《全国经济普查条例》和《上海市第一次经济普查实施方案》,开展房地产业普查,普查范围是各种登记注册类型的法人房地产开发经营企业和其下属的产业活动单位。法人单位填报法人单位普查表,并负责组织下属的产业活动单位填报产业活动普查表。以后,年度房地产开发经营统计范围与第一次经济普查保持一致。

2009 年起,为进一步完善房地产市场信息,动态了解上海存量住房(已竣工交付使用,但不包括农民住房,下同)的空置情况,为决策部门做好住宅产业发展规划和调控房地产市场提供决策依据,促进房地产市场健康发展,市统计局每年开展存量住房空置情况的抽样调查。调查以上海全部存量住房为调查总体,根据住房特征和区域进行抽样,抽取一定数量的住房作为调查对象。

## 第五节　交通运输、邮政业

### 一、交通运输、邮政业统计变革

1978 年,上海恢复建立包括海、陆、空等多种运输方式在内的交通运输邮政统计方法制度。根据运输方式的不同,采用不同的统计调查手段。上海铁路局恢复运输、安全、基建和工业等统计指标和统计报表,并运用抽样调查和一次性调查等方法收集统计资料。上海港务局推进规范化,并加速统计计算手段的现代化建设。1987 年开始,港口吞吐量统计从基层到局汇总采用计算机盘片来传递信息。上海邮电管理局充实各级统计机构力量,并开始运用计算机进行统计数据处理。

1990 年以后,上海交通运输和邮政业统计制度逐步发展成为一套包括水路、道路、铁路、航空、管道等多种运输方式,覆盖全社会,涵盖丰富的生产指标和财务指标的规范的统计制度。

当年,上海交通运输、邮电通信年度统计报表有民用车辆拥有量、民用运输船舶拥有量、全社会客货运输(吞吐)量、独立核算运输邮电单位产值等。上述年度报表由上海各交通运输、邮电通信部门和有关部门填报并报送市统计局。

上海交通运输、邮电通信的主要指标由各运输方式的专业指标体系组成,包括铁路运输、公路运输、水路运输、民用航空运输、港口码头及装卸和邮电通信的相关指标。

市统计局根据国家统计局布置,参照联合国"国际海运统计体系方案"进行上海国际海运统计体系试点工作,把上海的国际海运事业发展、对外贸易活动、港口建设、造修工业规模以及其他有关各行各业作为一个系统工程进行研究,探索建立包括船、货等各项指标在内的立体经济模型的方法。主要收集以下方面的指标:特征指标、行动指标、货品指标和作业指标。设计按港口和船型分类的进出口货物流向、按船舶营运方式分类的进出口货物动态、按国籍和载重定额分类的进出港船舶、按装卸货港口和承运船舶分类的进出口货物统计表。

1995 年起,市统计局编印的《上海工业物资能源交通统计年鉴》,增加交通、邮电系统独立核算单位主要经济指标。1996 年起,公路货物运输量由原来专业运输部门的数据,改为全社会运输量。1998 年起,码头长度、泊位由原来港务局数据,改为全港数据。2001 年起,旅客发送量由原来专业运输部门的数据,改为跨省市旅客运输的行业统计数据。2004 年,上海铁路分局改为上海铁路局,货物周转量数据有所调整。2005 年起,民航货物吞吐量不包括旅客行李。

### 二、"在地统计"管理制度下的交通运输和邮政业统计

根据市人民政府办公厅《关于本市全面实行区县在地统计管理制度的通知》精神,从 2005 年年报起,上海全面实行"条块结合,以块为主"的区县在地统计管理制度。即按照单位经营地统计原

则，对上海各区县行政区域内的各类单位，除部分不宜按区域划分其经营活动的单位外，不论其行政隶属关系、所有制性质、经营方式，均由其所在区县的政府统计机构依法行使统计职能。

由于交通运输和邮政业的行业特殊性，生产指标和财务指标的统计方法不同。客货运输量、港口货物吞吐量、邮政业务量等反映生产情况的指标仍然从相关专业主管部门获取；而资产总计、营业收入、利润总额等财务指标，则由区县的政府统计机构从基层企业进行数据汇集。

从行业上看，道路、水上、航空、邮政企业按照在地原则在各区县政府统计机构统计。而东方航空集团、中远集团、中海集团、中波轮船、市邮政公司等大型国有企业的统计属于上海市直管，以主管企业的身份直接向市统计局报送数据；铁路由于其运输不可分割的特殊性，由上海铁路局进行统计。

### 三、构建上海国际航运中心建设统计指标体系

2009 年 4 月 14 日，国务院下发《关于推进上海加快发展现代服务业和先进制造业建设国际金融中心和国际航运中心的意见》。《意见》明确指出，到 2020 年，上海要基本建成航运资源高度集聚、航运服务功能健全、航运市场环境优良、现代物流服务高效，具有全球航运资源配置能力的国际航运中心。

2009 年开始，上海交通统计制度在年报的基础上，提高调查频率，建立定期报表制度，改善上海交通运输统计缺乏基层数据资料的状况。开展上海国际航运中心建设统计指标体系的构建和编纂工作，这一套指标体系不仅包括传统的公路、水路、铁路、航空运输的相关生产指标，如客货运输量与周转量，还包括内河航道及码头建设、海铁联运、集疏运保障体系，是包括航运金融、航运保险、海事法律、海事仲裁、航运教育在内的丰富的现代航运服务体系。

## 第六节　能　　源

### 一、能源统计的建立

1981 年，市统计局联合市计划委员会下发《关于布置〈能源平衡表〉定期报表的通知》，从当年三季度起，向华电、化工、公用、冶金局、石化总厂等工业主管部门布置能源统计定期报表，填报的范围包括全市主要能源生产企业。

1982 年，国家经委、国家统计局下发《关于修改重点工业、交通运输企业能源统计报表制度的通知》，对年耗 5 万吨及以上标准煤的重点工业和运输企业正式进行季度能耗统计。季报分为基层表（企业能源平衡表）和综合表（参考表）两部分。基层表是企业填报用表，省、市、区按季审转国家统计局；省、市、自治区经委、统计局按季进行汇总的，参照综合表（参考表）的表式，分别报送国家经委、国家统计局各一份。同时规定了企业综合能源消耗（简称企业综合能耗）的计算方法。

1986 年，国家统计局建立能源平衡统计制度，市统计局根据国家要求，按年度编制地区能源平衡表，并上报国家统计局。能源平衡表包括供应、加工转换、终端消费等三部分，品种主要包括原煤、洗精煤、其他洗煤、原油、汽油、柴油、煤油、燃料油、液化石油气、热力、电力等 21 个。终端消费分物质生产部门和非物质生产部门两部分：物质生产部门下设农业、工业、建筑业三小类，非物质

生产部门下设交通运输、商业、其他、生活四小类。数据来源主要包括工业、建筑业、交通运输业物资报表中的能源消费资料,油品、煤炭、电力等供销企业的销售资料。

20 世纪 90 年代起,上海的产业结构发生较大变化,第三产业占全市比重日趋提高,旅游宾馆、大型商业集团耗能量急剧上升,致使全市能源消耗结构发生变化。

1994 年,市统计局下发《关于建立重点商业、宾馆企业能源统计调查工作的通知》,决定从 1994 年底起建立部分重点商业单位及宾馆服务行业的能源统计调查系统,将能源消费统计的企业范围从工业、交通、建筑扩展到第三产业。

## 二、第一次经济普查中的能源统计

2004 年,根据《上海市第一次经济普查实施方案》要求,市统计局首次将能源调查范围扩大到全市所有工业企业,交通运输及电信业企业,具有建筑企业资质等级的建筑业企业,年主营业务收入 2 000 万元及以上、年末从业人员 20 人及以上的批发企业,年主营业务收入 500 万元及以上、年末从业人员 60 人及以上的零售企业,主营业务收入 200 万元及以上、年末从业人员 40 人及以上的餐饮企业、星级宾馆、饭店、研究与试验发展、公共设施管理业、教育、卫生、体育场馆、室内娱乐活动和游乐园等行业的企业。

按照“条块结合、以块为主”的原则,对法人单位采取全面调查的方法。普查内容包括企业所有的能源消耗、工业企业主要原材料及水消费。这是第一次从消费端全方位了解上海各行业能源消费的具体情况。

## 三、能源消费专项调查

2006 年,根据《上海市人民政府印发关于进一步加强本市节能工作若干意见的通知》要求,在全市范围内开展能源消费专项调查。此次专项调查目的主要是确保实现 2010 年上海单位生产总值综合能耗比“十五”期末下降 20%左右的目标,全面掌握建筑业、第三产业的能源使用状况和结构,同时为各级政府落实节能降耗目标提供基础数据。

专项调查按照“条块联动”的方式组织实施,即市有关主管部门和区、县统计局分别负责对其下属和辖区内从事建筑业、第三产业活动的法人单位进行调查。

按照调查分工,百联集团、水产集团、良友集团、光明食品集团、市供销合作社负责下属商业企业的调查;市建设交通委负责上海建筑业企业,外地在沪施工的建筑业企业,城市公共交通业、道路运输业企业的调查;市旅委负责全市星级宾馆饭店的调查;市教委负责全市小学以上各类学校的调查;市卫生局负责全市一级(含一级)以上医院的调查;市政府机关事务管理局负责市级机关和社会团体的调查;市统计局负责部分不列入上海区县在地统计实施范围单位的调查;各区县负责除上述主管部门调查范围以外的第三产业法人单位的调查。

能源消费专项调查表的设计原则是,既要保证所需数据的采集和逻辑审核的需要,又要便于调查对象的填报。为此,针对交通运输业、建筑业、教育系统、卫生系统以及其他第三产业法人单位分别设计 5 张调查表,突出不同的行业特征,便于不同调查对象填报。能源消费专项调查共调查 25 万余家非工企事业单位,涉及能耗 2 046.6 万吨标准煤,约占当年非工业能耗的 85%。

### 四、节能降耗跟踪监测，完善能源统计

2007 年，根据国家发展和改革委员会、国家能源领导小组办公室和国家统计局联合印发的《关于建立 GDP 能耗指标公报制度的通知》的要求，国家统计局决定建立单位 GDP 能耗等相关指标的报送制度，并对“能源统计报表制度”进行修订。对 2000 年以来的单位 GDP 能耗、单位工业增加值能耗以及其他能源数据（包括能源平衡表等方面的数据）进行一次认真核算，对各行业单位 GDP 等相关指标的计算方法做了详细规定。市统计局自此开始按季度试算能源消费总量单位 GDP 能耗及其降低率。

2009 年 6 月，根据《中共中央办公厅、国务院办公厅关于印发〈上海市人民政府机构改革方案〉的通知》，上海市人民政府办公厅下发《关于印发上海市统计局主要职责内设机构和人员编制规定的通知》，重新制定市统计局三定方案。方案对市统计局职责做了调整，增加能源统计方面的职责，要求市统计局建立和完善节能减排指标体系。同时，增设能源资源统计处，将工业交通处承担的能源、资源统计职责划归给新的能源资源统计处，工业交通处不再负责该项工作。

## 第七节　批发和零售业、住宿和餐饮业

### 一、批发和零售业、住宿和餐饮业统计制度

批发和零售业、住宿和餐饮业统计制度是在商业统计和国内贸易统计基础上发展起来的。早在 20 世纪 50 年代初期，国内贸易统计就逐步建立国营商业、合作社商业和私营商业企业统计报表制度。

改革开放后，由于流通体制改革，贸易统计由计划经济向市场经济过渡。1978 年，市统计局恢复，加强商业统计的业务建设，对原市革委会综合计划统计组制定的商业统计制度进行增补、修订。中共十一届三中全会后，为了适应多渠道流通新变化，上海在贯彻全国统计制度的同时，建立工业部门商品购、销、存，非商业系统商品购、销、存总值和数量，国营商业和供销合作社主要经济效益指标 3 项统计制度，比较全面地反映商品流通的规模、结构和效益，并为建立社会商业商品流转统计创造条件。1981 年，市统计局牵头和协调，联合市第一商业局、第二商业局、粮食局、水产局、医药管理局、供销合作社、农场管理局、对外贸易管理局等部门共同制发《上海市商品统计流转制度》，确立根据“谁经营、谁填报、谁主管、谁汇总”的原则，组织有关部门填报和汇总。1985 年，市人民政府办公厅转发市计委、市经委、市财贸办、市统计局《关于建立社会商业统计工作的通知》。1986 年，上海在全国率先建立社会商业商品流转统计制度，商业统计的范围由原商业部门统计扩大到全社会。在强化社会消费品零售总额指标的基础上，开展社会商业商品购销存统计，增加主要商品产销平衡、国合商业经济效益、城镇集体个体商业购销存、农副产品收购及集贸市场等相关统计报表及其分组指标。1988 年，根据国家统计局和商业部商品流转统计的要求，结合上海特点，市统计局会同第一商业局、第二商业局、市供销合作社、新亚集团（联营）公司，联合制发《上海市商业统计制度》，于 1989 年 1 月 1 日起执行。

20 世纪 90 年代以后，中国经济市场环境发生根本性的变化，上海贸易统计制度及统计指标按照国家统计局要求进行了一系列改革。1990 年，将商品纯销售额改为商品销售总额。1993 年，为

适应社会主义市场经济的要求,国家统计局制定新的国家统计报表制度。按照国家统计局新的国家统计报表制度要求,批发零售贸易、餐饮业统计报表制度分为基层表和专业综合表两部分。基层表以法人企业和行政事业单位为基本统计调查单位,分为企业(单位)基本情况标志,主营活动指标,财务状况指标,原材料、能源消费和库存指标,劳动情况指标,企业技术开发基本情况指标,附营业务活动情况指标7个指标群。专业综合统计报表主要以基层统计报表为基础,对基层统计报表中的各项资料进行多重开发、分析,并按宏观管理的要求进行分组统计,如按企业单位的经济类型分组,按国民经济行业分组等。同年,将社会商品零售额改为社会消费品零售额。1998年,为完善国民经济核算体系,国家统计局对原有的统计制度进行较大修订。按照国家统计局《贸易统计制度方法改革总体方案》的要求,重新修订批发零售贸易、餐饮业统计制度,完善批发零售贸易、餐饮业统计标准和填报目录,精简统计报表,取消商业机构网点、人员、主要商品产销平衡等统计报表,强化企业财务状况统计,将原大中小型批发零售贸易、餐饮业企业所有报表名称改为限额以上和限额以下批发零售贸易、餐饮业统计报表,增加反映零售企业经营方式的业态表。2000年,抽样调查方法开始在限额以下的批发零售贸易、餐饮企业中得到运用,亿元以上商品交易市场成交情况统计报表开始填报。

进入21世纪,批发零售贸易、餐饮业统计报表制度基本围绕1998年统计报表制度的基本框架进行调整和修订。2001年,加报重点企业(指年销售额1亿元以上的零售企业、5亿元以上的生产资料批发企业和进出口贸易企业)销售库存情况表,增加连锁店(连锁公司)经营情况表及基本情况相关指标;调整合并批发零售贸易、餐饮业报表及相关指标。其间,上海在执行国家制度的基础上,不断完善批零餐饮业统计报表制度。从2005定报开始,调整批发业、零售业、餐饮业统计限额标准,即批发企业年销售额(含税)1 000万元及以上,零售企业年销售额(含税)200万元及以上,餐饮企业年营业额(含税)100万元及以上;2005年起,全面推行"条块结合,以块为主"的区县在地统计管理制度。同年,上海率先在全国建立电子商务统计、购物中心统计报表制度。2007年,国家将成品油批发和零售统计报表制度纳入批发零售餐饮业统计报表制度。

住宿业统计报表制度是在原旅馆业统计报表制度基础上建立的。1997年,上海率先建立旅馆业年、定报方法制度,经过3年的过渡和完善,2002年改为住宿业统计报表制度。2006年年报开始,批零餐饮业统计报表中住宿业经营情况归入住宿业统计报表制度。2007年,将住宿业企业报表归入住宿业统计报表制度。2008年,第二次经济普查,住宿业统计报表制度与批零餐饮业统计报表制度合并为批发和零售业、住宿和餐饮业统计报表制度。

## 二、批发和零售业、住宿和餐饮业主要报表

### 【贸易统计报表制度】

改革开放以来,流通体制改革取得重大进展,贸易统计制度不断修订和完善,在社会商品零售总额和国营商业、供销合作社商品购、销、存指标的基础上,建立社会商业商品购、销、存统计,增加主要商品产销平衡、国营商业和供销合作社商业经济效益、城镇集体个体商业购销存、农副产品收购及集贸市场等相关统计报表及其分组指标。1993年,国家统计局修订新的统计报表制度,将统计报表分为基层表和专业综合表两部分。涉及主要报表有批发零售贸易、餐饮业企业基本情况以及批发零售贸易企业商品销售、库存情况、餐饮企业商品销售情况、财务状况、职工人数、工资及职工变动情况表。

【报表类型】

1988年后，国家统计局对统计报表做了较大调整。主要统计报表有围绕社会消费品零售总额统计的限额以上批发和零售业商品购进、销售、库存和销售类调查表，限额以上餐饮业经营情况表以及限额以下批零、餐饮业抽样调查表；反映企业财务状况的限额以上批发和零售业主要经济指标，限额以上住宿和餐饮业企业主要经济指标，重要商品购进、销售和库存，反映特定商业经营形式商品交易市场成交情况和连锁经营状况，成品油批发和零售业流通统计报表。在执行国家统计制度的基础上，上海建立电子商务企业和购物中心企业经营情况统计表。

## 第八节　科　　技

### 一、科技综合统计

1991年，国家统计局在部门科技统计的基础上，建立起统一的科技综合统计报表制度。该报表制度中的数据由国家统计局、科技部、教育部以及国防科工委等部门的年报数据汇总得到，进一步规范各部门的统计指标，可得到更多的综合信息以反映中国科技活动的总体情况。科技综合统计报表制度建立，使中国科技统计基本的总量指标得到规范，并成为中国科技管理和宏观决策的重要工具。当年，还首次公布中国研究与试验发展(R&D)数据。这一指标不仅反映中国研发活动投入情况，分析研发投入的规模、分布情况和投入的强度，还能够在国家层次上进行国际比较。

上海于2005年在国家科技综合统计报表制度的基础上增加地方财政科技经费支出情况、专利、论文、版权、商标、技术合同、信息化基础建设、科教设施、两院院士、“973”首席科学家、长江学者及优秀学科带头人、科普活动、科技协会、科技学会、民营科技企业、孵化基地、高新技术企业与高新开发区、科技成果、科技成果奖励等25张报表，涉及市统计局、市科委、市教委、市经信委、市发改委、市商务委、市工商局、市知识产权局、市创业投资行业协会、市新闻出版局、市技术市场管理办公室、市高新技术产业开发区管委会、市科技成果转化服务中心以及市科技协会等14个部门，形成覆盖全社会科技活动的报表体系。

### 二、创新调查

1994年，国家统计局与国务院发展研究中心组织实施中国首次工业企业技术创新活动问卷调查。调查问卷参照欧盟创新调查(CIS)问卷进行设计。调查内容包括企业概况、企业技术水平、影响企业利润的因素、企业技术创新活动情况、推动技术创新活动开展的因素、技术创新活动的目标及方式、技术创新活动中的研究与试验发展(R&D)活动、技术获取、技术转让、技术创新经费，以及技术创新活动的结果和影响等11个部分。

1996年，国家科委、国家统计局下发《关于开展部分省市企业技术创新调查和分析研究的通知》，在北京、上海、广东、江苏、辽宁、哈尔滨六省市开展企业技术创新调查，调查问卷开始分为企业问卷和企业家问卷两类。

2006年，国家统计局主持实施首次全国范围的工业企业创新调查，此次创新调查以欧盟第四次创新调查(CIS4)问卷为基础进行问卷设计，分为企业调查问卷及企业家调查问卷两部分。在调查范围上，对大中型工业企业实施全数调查，规模以上小型工业企业进行抽样调查。抽样工作在国家一级进行。

## 三、工业企业科技活动统计

1988年,市统计局率先在全国范围内着手建立工业企业常规年报制度,并于1989年首次编辑《上海市大中型工业企业技术开发统计资料汇编》。1990年,工业企业科技活动统计范围由大中型工业企业扩展到全部独立核算工业企业。1993年,统计范围扩展至全部工业企业。考虑到在工业企业范围中,规模以上工业企业承担绝大部分科技活动,为了提高统计效率、降低统计成本,规模以上工业企业科技统计年报作为常规年报制度执行,而规模以下工业企业仅在普查年份进行统计,其余年份则采用推算的方式获得数据。通过该制度报表中的代码对数据进行分类汇总,可以同时满足对高技术产业、高新技术产业、六个重点发展工业行业、战略性新兴产业等产业分类统计的需求。

## 四、非工业企业和事业单位科技活动统计

非工业企业和事业单位科技活动统计最早开始于2000年的全国R&D资源清查。调查范围为在调查年度有科技活动的各类非工业企业及事业单位,具体包括大中型建筑企业,大中型交通运输企业,区(县)级以上邮电通信企业,乡(镇)级以上农林牧渔业(包括农林牧渔服务业)的企事业单位,市级及以上地质勘查业和水利管理业的企事业单位,区(县)级以上城市综合医院及专科医院,市级及以上金融、保险、证券机构,市级城市公交公司(包括地铁公司),园林绿化管理单位,市政工程管理单位,市级电视台、广播电台和电影制片厂,软件和网络开发单位等。

2009年,第二次R&D资源清查增加的非工业企业调查范围包括农林牧渔业,建筑业,交通运输、仓储和邮政业,信息传输、计算机服务和软件业,金融业,租赁和商务服务业,水利、环境和公共设施管理业,卫生、社会保障和社会福利业,文化、体育和娱乐业。

## 五、医疗卫生单位科技活动统计

1999年,为测算全社会科技投入总体情况,上海对当时科技统计数据中缺失的重要一块卫生行业数据进行专项调查。统计范围包括省(部)属医院、上海市属医院、不包括城市范围内的区属医院、医学院校附属医院、企业附属医院和军队医院。该调查原定调查频率为5年一次。之后,随着有科研活动的各大医院逐渐附属于各大高校,科研数据可以从教委统计中获取,该调查不再实施。

## 六、上海人才流动、科技投入情况调查

2000年7月,为进一步摸清工业企业、科研机构、高等院校以外有关行业科技投入情况,更加全面地掌握并反映上海科技投入的人才资源、R&D资源情况,市统计局联合市科委组织实施包括上述"三大块"以及金融保险业和信息服务业在内的"人才流动、科技投入情况调查"。该调查的主要特点表现为:一方面,将科技统计范围首次扩展到金融保险业和信息服务业;另一方面,增加反映

从业人员流入流出情况的指标。该项调查在全国范围内属于首创，从人才流动角度丰富了上海科技统计资料。

## 七、全国 R&D 资源清查

2000 年，为落实“科教兴国”战略，制订“十五”科技发展计划，满足国家和地方宏观决策与科技管理的需要，经国务院批准，科技部、国家统计局牵头，财政部、国家计委、国家经贸委、教育部、国防科工委等部门参加，联合在全国进行首次全社会 R&D 资源清查工作。上海根据国家部署，成立上海全社会 R&D 资源清查工作组织，成员单位包括市科学技术委员会、市统计局、市财政局、市发展计划委员会、市经济委员会、市教育委员会、市建设和管理委员会、市农业委员会等 8 个部门。上海全社会 R&D 资源清查领导小组由市科委副主任丁薛祥、市统计局副局长郭奕侃任组长。此次清查工作实施后，R&D 相关指标开始列入上海市常规科技统计年报。

2000 年，R&D 资源清查结果显示，上海 R&D 经费总支出达到 76.73 亿元，R&D 经费总支出相当于国内生产总值(GDP)的比重为 1.61%。

2009 年，为全面掌握中国 R&D 活动情况，更好地适应新形势下宏观管理的需求，由国家统计局牵头，科技部、国家发改委、教育部、财政部、国防科工局等部委联合开展第二次全国 R&D 资源清查。上海 R&D 资源清查领导小组由市统计局局长王志雄任组长。此次清查在常规科技统计报表基础上进行了较大改动，将 R&D 相关指标从报表中删去，改为以科技指标和科技项目表为基础，通过公式计算 R&D 相关指标，进一步增强了 R&D 指标数据的科学性和准确性。经修改后的制度报表作为常规科技统计年报沿用至今。

2009 年 R&D 资源清查结果显示，上海开展 R&D 活动的单位共有 1 986 个，R&D 人员 17.05 万人，R&D 经费支出 423.38 亿元，相当于上海市生产总值的比重为 2.81%，开展各类 R&D 项目 5.06 万项，各类研究开发机构 2 084 个。清查工作完成后，国家对清查工作进行总结评比。上海有 19 个单位获“第二次全国 R&D 资源清查先进集体”称号，63 人获“第二次全国 R&D 资源清查先进个人”称号。

## 八、软件开发单位科技活动情况统计

2002 年，为全面掌握全社会科技投入数据，上海依照国家统计局制度要求开展上海软件开发行业科研与技术开发情况统计。统计表式仿照工业企业统计年报设计，统计结果作为行业滚动调查数据对 2000 年 R&D 资源清查数据进行更新。

## 九、国家级企业技术中心研发及相关情况统计

2005 年，为配合科技部与国家发改委更好地监督管理国家级企业技术中心研发活动进行情况，国家统计局建立针对国家级企业技术中心所在企业的“重点企业研发及相关情况统计报表制度”。报表中的指标分为技术中心以及技术中心所在企业两栏。调查名单由国家统计局统一下发。调查频度为年报。2009 年，因填报时间与第二次 R&D 资源清查冲突，暂停一年。

## 十、外资研发机构研发及相关情况统计

2006年，为了解上海外资研发机构开展科技活动的情况，为市政府制定科技政策和科技发展规划提供可靠的数据信息，上海在全国率先着手开展外资研发机构研发及相关情况调查。调查范围为经市外国投资工作委员会等部门认定的外资研发机构，具体包括外商投资和港澳台投资的在沪独立核算和非独立核算的研发机构。外资研发机构研发及相关情况统计持续到2008年。自2009年第二次R&D资源清查开始，外资研发机构统计工作整合纳入市科委的统计调查范围，市统计局不再另行调查。

# 第九节　对 外 贸 易

## 一、海关统计

1978年，上海海关恢复海关统计，并开始自行汇总编制经过上海海关的进出口货物统计资料。1980年，海关总署经国务院批准，重新制定《中华人民共和国海关统计制度》，自1980年1月起在全国实施。新制定的海关统计制度，为了适应对外开放的需要，以联合国《国际贸易标准分类》第二次修订本为基础，结合中国实际情况，制定了新的《海关统计商品目录》，同时还修订了统计原始凭证——进出口货物报关单。从该年起，上海海关统计也按全国统一的新制度执行。然而，上海海关的进出口货物，不仅有本地区的进出口货物，还包括外省市经上海海关进出口的货物。为了能切实反映上海地区的进出口货物情况，上海海关单独汇总编制上海地区各单位进出口总值和主要商品数量统计报表。这是上海海关在统计改革中迈出的重要一步。1982年，上海海关从国外引进的电子计算机调试成功，于次年1月正式投入运转。从此，上海海关统计部门充分运用现代化设备，将上海地区进出口货物进行详细分类单独统计，并按月编印《上海海关统计》(月刊)，内容包括进出口总值、国别(地区)、贸易方式、经营单位、主要商品数量等。1987年颁布实施的《中华人民共和国海关法》明确规定，编制海关统计是海关的四大任务之一。

国家海关总署以《海关统计条例》确定的统计范围为判断依据，在全国海关统计基础数据库中逐条筛选符合纳入对外贸易统计的报关记录，采集进出口标志、统计人民币值、统计美元值、贸易方式、运输方式等指标，按“超级汇总”方式直接得出进口总额和出口总额，并衍生计算进出口总额和进出口差额等指标。各省、自治区、直辖市的进出口总额也采用同样的方法计算。通过“超级汇总”的方法，还可以按照商品、关别、贸易方式、运输方式等统计指标对原始统计数据进行分类汇总，编制相关统计资料。同时，海关总署每月将超级汇总后的各省市数据进行反馈。

根据《海关统计条例》，进出口统计数据及相关综合统计资料由海关负责对外公布。海关总署统一管理全国进出口统计资料公布工作，直属海关负责公布地方进出口统计资料。各级海关统计部门对经汇总加工编制的海关统计资料，通过举行新闻发布会、出版发行统计书刊、电子数据交换、新闻稿等形式，定期向社会各界公布。

作为地方性海关，上海海关每月定期将海关总署反馈的上海进出口货物贸易统计数据以及自行收集汇总的关区进出口货物贸易统计数据抄送市统计局。市统计局对上海海关的统计数据，在双方约定的年度统计公报、新闻发布会、统计年鉴、上海统计网、月度小手册上发布，并在统计进度

分析时使用。

## 二、服务贸易统计

2006 年 4 月，商务部服务贸易司成立之后，立即着手进行中国的服务贸易统计工作。经过反复研究、论证，商务部与国家统计局于 2007 年联合制定《国际服务贸易统计制度》，以科学、有效地组织中国的服务贸易统计工作。《统计制度》以《中华人民共和国对外贸易法》和《中华人民共和国统计法》及《统计法实施细则》为依据，按照国际规范与标准，并结合中国实际情况，设定中国服务贸易统计范围和内容。《统计制度》同时采纳了联合国等六大国际组织共同编著的《国际服务贸易统计手册》中所建议的服务贸易统计基本框架。2010 年，联合国统计司颁布实施新修订的《国际服务贸易统计手册》；同年，商务部颁布实施新修订的《国际服务贸易统计制度》。2012 年，商务部再次修订《统计制度》。

根据《国际服务贸易统计手册》建议的基本原则，国际服务贸易统计遵循《服务贸易总协定》关于国际服务贸易的定义，确定以四种供应模式，即跨境提供、境外消费、商业存在和自然人移动，作为服务贸易统计的范围。具体操作上，以居民与非居民之间的服务贸易（即国际收支项下的服务贸易 BOP）和通过外国附属机构实现的服务贸易（即 FATS）两条主线进行服务贸易统计。

《统计制度》规定，中国服务贸易统计数据的来源分为两个主要渠道：(1) 服务贸易相关部门依照本部门职能分工向商务部提供相关数据；(2) 各省（市、区）商务部门向商务部核转上报部分数据，商务部负责全国服务贸易总体统计数据的汇总和反馈。

商务部负责中国服务贸易总体统计数据的发布。其中，以年度《中国服务贸易统计》报告形式公布服务贸易统计数据，以年度《中国服务贸易发展报告》形式公布中国服务贸易发展的总体情况。

上海服务贸易统计数据以商务部反馈作为全市总体数据，而根据商务部《统计制度》对部分行业重点企业进行的直接统计和对商业存在的外国附属机构实现的服务贸易（即 FATS）数据测算，则作为上海服务贸易统计数据的有效补充。

市商务委以年度《上海服务贸易发展报告》形式公布上海服务贸易发展的总体情况。

市统计局作为综合统计部门将上海服务贸易 BOP 和 FATS(2008 年前，为市统计局测算）统计数据用于上海国民经济核算、统计分析等。

## 三、外商直接投资统计

外商直接投资，指外国企业和经济组织或个人（包括华侨、港澳台胞以及中国在境外注册的企业）按中国有关政策、法规，用现汇、实物、技术等在中国境内开办外商独资企业、与中国境内的企业或经济组织共同举办中外合资经营企业、合作经营企业或合作开发资源的投资（包括外商投资收益的再投资），以及经政府有关部门批准的项目投资总额内企业从境外借入的资金。

1978 年以来，随着改革开放和利用外资进程的推进以及利用外资统计的建立，它与对外借款统计、商品信贷统计和“94 专项”统计共同组成利用外资统计。上海外商直接投资统计遵循商务部制定、国家统计局批准的《外商投资统计制度》原则进行。

外商投资统计工作由各级商务主管部门组织、协调、管理，并接受同级政府统计机构的业务指导。按照国务院授权，商务部负责全国外商投资统计资料的汇总、发布和对外交流工作。

外商投资统计的基本任务是：及时、准确、全面地反映全国吸收外商投资情况，对国家批准的外商投资协议、合同和实际执行情况，以及由此产生的经济效益和已设立外商投资企业运营等方面的情况进行系统的统计调查、统计分析，实行统计监督。为国家和各级政府部门经济管理和宏观决策提供统计信息、统计咨询，并为对外交流提供服务。

外商投资统计工作实行统一领导、分级管理。全国性的外商投资统计报表格式、指标设置、计算口径等必须按制度的规定统一执行。各地方、部门如需对外商投资企业进行本制度规定以外的专项的统计调查，须经同级政府统计机构批准，并报商务部和国家统计局备案。外商投资审批数据和外商投资企业运营状况数据(含外商投资企业联合年检数据)可作为外商投资统计的基础数据。

根据中国现行利用外资的政策、法规，外商投资统计的范围包括外商直接投资和外商其他投资。上海外商直接投资是全国外商直接投资的重要组成部分，更是上海外商投资的主体。

外商投资，是指国外及港澳台地区的法人和自然人在中国大陆地区以现金、实物、无形资产、股权等方式进行投资。其中，外商直接投资是外国投资者在非上市公司中的全部投资及在单个外国投资者所占股权比例不低于10%的上市公司中的投资。

按照投资者所注册的国别(地区)确定外商投资的来源，自由港投资按实际投资者国别(地区)确定来源地。

外商投资统计报表包括外商投资统计基层报表和外商投资统计综合报表。外商投资统计基层报表的主要内容为：外商投资企业基础信息表，包括外商投资企业的各种属性，合同投资资金及其来源状况；外商投资企业实际投资统计表，包括当期发生的实际投资及其详细分类；外商投资企业经营状况统计表，包括企业资产负债、经营收益、人员、进出口等方面的指标。

2009年之前，上海外商直接投资实际到位资金统计由市统计局负责。2009年，作为部门报表的实到外资统计回归市商务委。合同外资统计则一直由市商务委承担。多年来，上海外商直接投资数据(实到外资、合同外资)不管由哪方统计，都严格按照商务部《外商投资统计制度》原则进行，双方秉承信息及时沟通、数据互为共享的合作原则。市统计局还在《上海市外商直接投资统计制度》的审定、批复以及市外商投资企业联合年检工作中与市商务委紧密合作。市统计局取得的外商直接投资统计数据，为市政府决策提供了翔实的信息。

## 四、对外承包工程统计

1978年改革开放以前，上海对外承包工程和劳务合作主要是对第三世界国家进行经济援助。1978年后，遵循国家政策，逐步开展有进有出的经济技术合作商务活动。20世纪90年代后期，国家“走出去”战略逐渐形成，上海对外直接投资开始推进。

对外承包工程是指中国的企业或者其他单位承包境外建设工程项目的活动。对外承包工程业务统计由商务部实行统一领导，分级管理。商务部负责全国对外承包工程业务统计工作，管理各省、自治区、直辖市、计划单列市商务主管部门，有关中央管理的企业(不包括在地方的中央管理的企业，以下简称中央企业)的对外承包工程业务统计工作，审核、汇总、编制全国对外承包工程业务统计资料。地方商务主管部门负责本行政区域内对外承包工程业务统计工作，管理本行政区域内企业(包括在该行政区域内中央管理的企业，以下简称地方企业)的统计工作，审核、汇总并向商务部上报本行政区域内对外承包工程业务统计资料。企业负责本单位的对外承包工程业务统计工作，编制统计资料并上报地方商务主管部门或商务部。

企业承揽的下列业务纳入对外承包工程业务统计：承包国（境）外工程项目，指企业按照国际上通行的做法，在国外及港澳台地区承揽和实施的各类工程项目。承包我国对外经济援助项目，指企业以投标、议标等方式承揽和实施的中国对外经济援助项目。承包我国驻外机构工程项目，指企业以投标、议标等方式承揽和实施的中国驻外使（领）馆等工程项目。企业自带设备，以收取设备使用费、技术服务费等形式承揽和实施的国外及港澳台地区工程项目。企业为实施承包工程项目出口的大型成套和机电设备，并负责安装和调试。企业在国外及港澳台地区承担地形地貌测绘，地质资源普查与勘探，建设区域规划，工程设计、生产工艺、技术资料和工程技术咨询，工程项目的可行性考察、研究和评估，工程监理，技术指导等经济活动。

对外承包工程业务统计的主要指标包括新签合同额、完成营业额、外派人数、月末在外人数、雇佣项目所在国人员数量等。

对外承包工程业务统计报表报送渠道：地方企业报地方商务主管部门；中央企业报商务部；地方商务主管部门审核本行政区域内企业的报表后报商务部，同时抄报同级统计部门；商务部汇总全国数据后报国家统计局。

## 五、劳务合作统计

对外劳务合作是指以收取工资的形式向业主或承包商提供技术和劳动服务的活动。对外劳务合作业务统计由商务部实行统一领导，分级管理。商务部负责全国对外劳务合作业务统计工作，管理各省、自治区、直辖市、计划单列市商务主管部门，有关中央管理的企业（不包括在地方的中央管理的企业，以下简称中央企业）的对外劳务合作业务统计工作，综合编制、汇总全国对外劳务合作业务统计资料。地方商务主管部门负责本行政区域内对外劳务合作业务统计工作，管理本行政区域内企业（包括在该行政区域内中央管理的企业，以下简称地方企业）的统计工作，综合编制、汇总并向商务部上报本行政区域内对外劳务合作业务统计资料。企业负责本单位的对外劳务合作业务统计工作，编制统计资料并上报地方商务主管部门或商务部。

对外劳务合作统计范畴：企业与境外中资企业（包括中国企业为承揽境外承包工程项目而设立的境外企业）签订劳务合作合同，按照合同约定派人员赴境外工作的活动纳入对外劳务合作统计。

对外劳务合作业务统计的主要指标包括派出人数、期末在外人数、新签劳务人员合同工资总额、劳务人员实际收入总额。

对外劳务合作业务统计报表报送渠道：地方企业报地方商务主管部门；中央企业报商务部；地方商务主管部门汇总本行政区域内企业的报表并报商务部，同时抄报同级统计部门；商务部汇总全国数据后报国家统计局。

## 六、对外直接投资统计

对外直接投资是指中国国内投资者以现金、实物、无形资产等方式在国外及港澳台地区设立、购买国（境）外企业，拥有该企业10%或以上的股权，并以控制企业的经营管理权为核心的经济活动。

对外直接投资统计的范围主要包括境内投资主体通过直接投资方式在境外拥有或控制10%或以上投票权或其他等价利益的各类公司型企业和非公司型企业（以下简称境外企业）。境外企业按设立的方式主要分为境外子公司、联营公司和分支机构。

对外直接投资统计的内容主要包括境内投资主体的基本情况,境外企业的基本情况,境内投资主体与境外企业间的投资、收益分配情况,通过境外企业实现的货物进出口情况,境外企业通过避税地再投资情况。

对外直接投资统计的指标主要包括协议投资额、实际投资额、对外直接投资额、对外直接投资净额、股本、利润再投资、反向投资额、汇回利润、资产总额、负债总额、所有者权益、实收资本、销售(营业)收入、利润总额、年末从业人数、境内投资主体通过境外企业实现的出口额、境内投资主体通过境外企业实现的进口额等。

对外直接投资统计报表报送渠道:境内投资主体为中央企业、团体的,直接向商务部报送统计报表;其他境内投资主体向所在地省级商务主管部门报送统计报表;各省级商务主管部门汇总本行政区域内的统计资料并上报商务部,同时抄送同级统计部门;商务部汇总全国对外直接投资统计资料后报国家统计局。

## 第十节　社 会 服 务 业

1994 年,国家统计局决定从当年年报起,在全国范围内执行服务业综合统计报表制度。服务业综合统计报表制度属于国家调查,调查范围为各种经济类型的独立核算的服务业企业和行政事业单位,具体包括的国民经济行业有地质勘查业、水利管理业,金融、保险业,房地产业,社会服务业,卫生、体育和社会福利业,教育、文化艺术及广播电影电视业,科学研究和综合技术服务业,国家机关、政党机关和社会团体。按照国家统计局要求,服务业综合统计报表只要求汇总上报卫生、体育和社会福利业,教育、文化艺术及广播电影电视业,科学研究和综合技术服务业,国家机关、政党机关和社会团体,以及居民服务业的资料。统计内容包括两大部分,即单位的基本情况和财务状况。

1995 年,服务业财务统计年报采用“条块结合”的渠道上报。中央在沪单位由市统计局直接布置,市级单位由市有关主管部门负责上报,外省市在沪单位、无主管部门的单位及区县属单位由所在区县统计部门负责上报。

根据国家统计局“三个统一,一个灵活”的精神,分综合表和基层表,分全额单位、差额单位、自收自支单位、服务企业以及企业化管理的事业单位。

同时,按照国家统计局对财务报表综合上报的要求,对服务业行业年报实施扩大范围:公共设施服务业、居民服务业、旅馆业、租赁服务业、娱乐服务业、信息咨询服务业、计算机应用服务业,卫生、体育、社会福利保障业,教育、文化艺术、广播电影电视业,科学研究和综合技术服务业,国家机关、政党机关和社会团体。统计年报调查单位是具有法人资格的独立核算行政事业单位或企业。统计内容包括两大部分,即单位的基本情况和财务状况。

1999 年,根据国家统计局的要求,服务业综合统计报表制度仍采用“条块结合”的渠道布置及上报。同时,为改革现有统计调查方法,逐步过渡到以周期性普查为基础、抽样调查为主、全面调查为辅、重点调查和科学推算为补充的多种统计调查方法体系,有重点、有步骤地增加服务企业的统计调查单位数。

从 2002 年起,为贯彻落实市政府在上海开展“在地统计”试点工作的部署,推进统计管理制度的改革,根据试点工作按照“双轨制”运行方法,仍采用“以条为主,条块结合”的统计渠道布置和上报。对凡是执行《企业会计制度》的服务业企业或企业化管理的事业单位,一律填报企业单位财务表,凡是执行《事业单位会计制度》的事业单位填报事业单位财务表,凡是执行《行政单位会计制度》

的行政单位仍暂免报。

2003年，在已掌握的社会服务企业及行政事业单位约有9万多家的基础上，对当年社会服务业年度统计采取抽样调查办法。第一次建立适合上海社会服务业经营特点的、全面调查和抽样调查相结合的统计制度，并在此统计年报工作中实施。

2004年，以基本单位普查提供的社会服务业名录库为样本框，研究建立适合社会服务业经营特点的、全面调查和抽样调查相结合的统计制度，对限额以上的社会服务业企业进行全面调查。对社会服务业的限额以下的企业实行抽样调查的统计调查方法，并在第一次服务业经济普查统计年报工作中，结合"在地统计"试点工作，实施新的调查方法，尝试社会服务业"以块为主，条配合"的资料搜集渠道。

在经济普查的基础上，根据上海发展现代服务业的要求，第一次建立上海社会服务业全面调查和抽样调查相结合的服务业重点行业的定期统计制度，并在2005年年报和2006年定报工作中实施。同时，为了全面掌握上海个体服务业的发展规模、结构和效益等情况，决定开展个体户服务业抽样调查工作。

2008年，根据《上海市第二次经济普查实施方案》的有关要求，对加强服务业统计工作进行相关细化。(1) 建立科学完善的服务业统计调查体系。进一步完善覆盖国民经济各行业，以周期性普查为基础，以全面调查和抽样调查相结合为主，以满足政府、社会对服务业数据需求为目标的科学、统一、全面、协调的服务业统计调查体系。(2) 建立和健全服务业统计综合和信息发布制度。充分利用服务业统计调查数据，根据《加快发展现代服务业实施纲要》的主要内容以及上海服务业发展的目标和特点，建立和完善反映包括航运业、物流业、金融业、房地产业、旅游业、信息服务业、文化服务业、会展业、中介服务业、创意产业、生产性服务业等现代服务业和各类服务产业发展水平、规模、结构情况的统计综合制度。在此基础上，加强服务业统计信息发布，提高服务业统计数据的社会应用程度。(3) 加强部门及行业协会服务业统计工作的协调，加强服务业统计机构建设。围绕上海服务业发展的总体规划和发展目标，市统计局进一步加强对部门服务业统计工作的协调和支持，积极推进有条件的行业协会开展相关的服务业统计工作，并加以指导。

2009年起，按季编印反映上海社会服务业总体发展水平和分行业发展特点的《上海市社会服务业统计手册》。

同年，按照《国家统计局关于布置2010年统计年报和2011年定期统计报表制度的通知》精神，对部分服务业抽样调查工作进行以下修订：扩大调查行业范围，在原有的11个行业调查基础上，增加对物业管理、房地产中介服务两个行业中类的调查；增加调查频率，调查报告期由一年2次改为一年3次，增加年报；增加基层企业调查表，基层企业调查表由原来的1张服务业企业调查表增加为6张表；增加财务指标及业务量指标，财务指标从原有的18个指标增加到22个，增加物业管理企业、房地产中介服务业企业的业务量指标；推行企业联网直报制度，从2010年年报开始，基层调查表采用企业联网直报的方式。

## 第十一节　劳 动 工 资

### 一、劳动工资统计

**【从业人员】**

1978年以前，中国仅有国有单位职工统计。1978年，国家统计报表中增加城镇集体所有制单位,但未明确为“职工”,而称之为“城镇集体所有制(不包括农村人民公社)单位使用的全部人员”。1982 年,国家统计报表制度将城镇集体所有制中的“全部人员”改为“全部职工”,统计制度对“社会劳动者”指标做了明确规定:社会劳动者指从事一定社会劳动并取得劳动报酬和经营收入的全部劳动力,包括年末有固定性、临时性工作的人员,不包括待业人员、在校学生和家务劳动者等其他劳动力。就业人员统计扩大到全社会。1992 年的劳动统计报表中,首次增加“从业人员”指标,职工只是“从业人员”的其中数。这也是就业人员统计从计划经济向社会主义市场经济过渡的重要体现。

1984 年 9 月 30 日,上海对全市全民所有制和城镇集体所有制职工的年龄、参加工作的年限、工资水平、文化程度,机关事业单位职工的职务和职称以及离退休人员的人数、年龄、原来工作职务、离退休金等进行一次性调查。

**【工资总额】**

所包括的项目,是将企业在基本工资以外增发的奖金、津贴、补贴、加班加点工资等计入工资总额。1978 年以后,工资总额构成主要分为计时工资,计件工资,附加工资,各种奖金,各种津贴、加班加点工资,其他工资。

经国务院批准,1990 年 1 月,国家统计局发布新的《工资总额组成规定》,对工资总额的性质、所包括的项目都做了具体而详细的规定。自 1990 年起,工资总额的统计口径都按此规定执行,只是针对一些新的情况作了补充规定。1990 年及以后,工资总额构成为计时工资、计件工资、奖金、津贴和补贴、加班加点工资、特殊情况下支付的工资。

**【从业人员劳动报酬】**

20 世纪 90 年代,国有企业改革不断深入,国有企业因计划经济体制下存在的富余人员不断分流出去,出现离开本单位仍保留劳动关系的职工。1998 年 3 月,劳动部下发《关于布置国有企业职工分流及下岗情况统计表的紧急通知》,指出:为适应劳动制度改革的需要,根据国务院领导的指示精神,经与国家经贸委、国家统计局等部门共同协商,制定“国有企业职工分流及下岗情况统计表”。1998 年 10 月 7 日,国家统计局办公室下发《关于印发 1998 年年报劳动统计新增指标解释及问题解答的通知》。根据其要求,市统计局从 1998 年统计年报和 1999 年定期报表起,在报表制度中把全部职工年末人数拆分为在岗职工和离岗职工两部分;从业人员统计口径随之调整,由原来的职工加其他从业人员调整为在岗职工加其他从业人员,而离岗职工从从业人员中剥离出来。与人员指标对应的平均人数和报酬指标也作相应调整:职工平均人数等于在岗职工平均人数加离岗职工平均人数,从业人员平均人数等于在岗职工平均人数加其他从业人员平均人数;职工工资总额等于在岗职工工资总额加离岗职工生活费,从业人员劳动报酬等于在岗职工工资总额加其他从业人员劳动报酬。

**【私营单位的劳动工资统计】**

2005 年,为更准确地反映职工实际的工资水平,上海率先全国开展私营单位劳动工资统计。市统计局下发《私营从业人员和劳动报酬抽样调查方案》,开展私营从业人员和劳动报酬抽样调查。调查采取抽样方法,样本量共 3 000 个,指标有从业人员期末人数、从业人员平均人数、从业人员劳动报酬。在抽样调查基础上,2005 年,上海公布的职工工资总额和职工平均工资包含 150 人及以上的私营单位。2006年起，上海私营单位的劳动工资统计范围放宽到120人及以上。2009年10月19日，国家统计局下发《关于进一步推进工资统计制度改革工作的意见》，规定扩大工资统计单位的范围。从2009年年报起，正式建立私营单位工资统计抽样调查制度。2009年11月19日，市统计局印发《关于进一步加强私营单位劳动工资统计调查工作的通知》，规定从2009年起，上海进一步加强私营单位工资统计工作，对私营单位实行按人员规模分层抽样方式进行在地调查，调查的样本量在6 000个以上，抽样调查范围有所扩大。指标比2005年增加女性、外省市从业人员、聘用的退休人员、使用的外单位离岗职工、津贴和补贴，以及从业人员增加人数和减少人数的变动情况。私营调查频率都是一年两次。2009年起，上海公布的职工工资总额和平均工资包括城镇私营企业职工工资。2010年，劳资制度中的从业人员"劳动报酬"改为"工资总额"，不再使用"劳动报酬"的概念。增加"在岗职工工资总额"的内部分组：基本工资、津贴和补贴、奖金、绩效工资、加班工资、补发工资。增加单位代扣代缴的社会保险费用、住房公积金及个人所得税总额指标。

## 二、劳动力需求预测

1999—2000年，上海市政府提出年内力争净增就业岗位10万个的目标。为了验证目标实现情况，市统计局对全市4万余家企事业、机关单位开展"劳动力需求预测"调查。调查结果对市政府及有关部门了解上海各行业、各单位实际的劳动力需求，确保年内净增10万个就业岗位，提供一定的参考价值。"劳动力需求预测"指标有全部职工的年末人数、其他从业人员年末人数和单位劳动力需求情况等指标。1999年，市统计局对全市城镇、街道及以上的具有法人资格的独立核算企事业、机关实行调查。2000年，调查范围扩大到区县下属的村办工业和私营企业等。劳动力需求预测调查频率是年报。

## 三、劳动统计年报联合审核

1991年9月1日，国家统计局、国家计委、劳动部等6个部委联合下发《关于贯彻实施〈劳动统计联合审核暂行规定〉的通知》。《暂行规定》自1991年劳动统计年报起贯彻实施。凡中国境内的全民所有制、城镇集体所有制、各种合营和外资经营及私营的全部独立核算单位报送的劳动统计年报表均应接受所在地有关部门的联合审核。1991年10月15日，市统计局会同市劳动局、市财政局等6个委办局和6家银行联合印发《关于开展劳动统计年报联合审核的通知》，目的是进一步完善劳动统计工作，杜绝瞒报、漏报现象，严肃统计纪律，使劳动统计数据更具科学性、准确性和及时性，更好地为计划服务。

1998年5月11日，根据《中共中央、国务院关于治理向企业乱收费、乱罚款和各种摊派等问题的决定》文件精神，经市减轻企业负担协调小组审查同意并报市人民政府批准，公布上海第二批取消收费项目，涉及统计部门的一项是"劳动统计年报联合审核费"。即日起，对劳动统计年报联合审核费每户10元予以取消。但是，联合审核工作对保障劳动统计数字质量、减少漏报漏统单位数量、加强宏观调控有着十分重要的作用，各单位应继续认真负责地做好劳动统计年报联合审核工作。

2002年12月24日，根据《国务院关于取消第一批行政审批项目的决定》的文件精神，市统计局印发《关于取消本市劳动统计年报联合审核的通知》，决定上海自2003年起取消劳动统计年报联合审核这一项目。

### 四、金融从业人员情况调查

2007年11月9日,市金融办和市统计局联合印发《关于开展金融行业从业人员情况调查的通知》,开展金融从业人员情况调查,首次比较全面、准确地掌握上海金融从业人员的规模和结构,取得较好效果。2009年10月12日,中共上海市金融工作委员会、市金融办、市统计局等7家单位联合印发《关于开展金融行业从业人员情况调查的通知》,开展第二次金融行业从业人员情况调查统计。采用报表形式进行全面调查。调查对象为上海从事金融监管及银行、证券、基金、期货、保险、信托、资产管理、集团财务等金融业务的中、外资金融机构及其从业人员。

### 五、单位用工调查

2008年年报开始,上海率先开展单位用工状况调查。单位用工调查采取抽样调查的方法,全市共抽样单位600家左右。涉及的行业有制造业,电力、热力、燃气及水生产和供应业,建筑业,批发和零售业,交通运输、仓储和邮政业,住宿和餐饮业,信息传输、软件和信息技术服务业,金融业,房地产业,租赁和商务服务业,居民服务、修理和其他服务业等行业。调查内容为单位的基本情况、生产经营状况和用工情况等。调查频率为季报。

## 第十二节　企业(集团)统计调查

1994年7月20日,国务院批准国家统计局建立全国企业调查队。1995年8月7日,中央机构编制委员会办公室批准在全国建立30个省(自治区、直辖市)企业调查队。1998年,市企业调查队成立。上海按照国家统计局规定的方法制度开展企业调查。2006年,市企业调查队撤销,其原有职责由上海调查总队承担。

### 一、企业(集团)统计报表制度的建立

1998年,国家统计局企业调查总队为了反映中国企业(集团)的发展情况,为国家组织与指导企业(集团)工作提供科学依据与咨询建议,更好地满足国家宏观管理的需要,开展企业(集团)统计报表制度工作。

企业(集团)是指以母子公司为主体,通过投资及生产经营协作等多种方式,与众多的企事业单位共同组成的经济联合体。企业(集团)不具有企业法人资格。

企业(集团)统计报表采用全面调查。企业(集团)的统计范围包括:中央企业,由国务院批准的国家试点企业(集团),国家重点企业,国务院确定的建立现代企业制度原百户试点企业,由国务院主管部门批准的企业(集团),由省、自治区、直辖市人民政府及其主管部门批准的企业(集团)。企业(集团)的统计调查单位是以母子公司为整体的企业(集团),即包括企业(集团)的母公司、在中国境内和境外的全资子公司(单位)、绝对控股子公司(单位)和相对控股子公司(单位),不包括参股和协作企业(单位)。

企业(集团)统计报表制度分为两部分:一是企业(集团)统计年报、企业(集团)调查问卷(年

报)、企业(集团)统计半年报;二是成员企业(单位)统计年报、成员企业(单位)统计半年报。企业(集团)统计报表是在成员企业(单位)统计报表的基础上进行汇总(合并)填报。

## 二、上海企业(集团)统计报表制度的改革与创新

**【完善上海企业(集团)统计报表制度】**

为全面了解上海企业(集团)成员企业、参股情况、对外(包括对境外)投资等发展状况,在国家企业(集团)统计报表制度的基础上,市企业调查队对报表制度做了相应补充与完善。1998 年,增加成员企业统计年、定报表式。2003 年,增加企业(集团)参股情况调查表。2005 年,增加企业(集团)境外投资调查表与成员企业参股情况调查表。

**【完善上海企业(集团)统计年、定报程序】**

国家企业(集团)统计年、定报程序下发时间一般较晚,且无汇总目录。为方便基层企业(集团)的实际操作需求,企业(集团)集团程序全部由市企业调查队自己编辑(主要运用 FOXPRO 语言编辑),并在程序中增加成员企业叠加汇总功能。

2004 年,国家统计局下发"专项调查通用系统"企业(集团)统计年、定报程序参数。由于国家下发的程序不能覆盖上海企业(集团)统计年报数据处理的全部需求,因此市企业调查队通过久其公司上海分公司进行了必要的修改。

**【深化数据资料开发工作】**

为全面反映上海企业(集团)现状,更好地为各级政府和企业(集团)服务,自 2003 年起,市企业调查队、上海调查总队(2006 年后)每年编辑出版《上海市企业集团统计年鉴》。

2007 年,上海调查总队编辑出版《上海市企业集团发展报告》。

**【企业(集团)年、定报评比工作】**

2003 年起,市企业调查队根据各企业(集团)统计年、定报数据质量,上报时间,统计分析等情况进行考核评比,并评出企业(集团)统计报表工作的先进单位。

## 三、上海企业(集团)统计调查制度的延续

国家统计局自 1998 年起开展"企业(集团)统计报表制度"工作。至 2009 年,国家统计局由于相关统计业务工作调整,取消"企业(集团)统计报表制度",不再作为全国常规性统计工作。但为掌握上海企业(集团)经济运行状况,更好地满足地方政府宏观管理的需要,也为了上海企业(集团)统计调查的连续性,从 2009 年开始,上海调查总队与市发展和改革委员会合作开展"企业(集团)统计调查方案"工作。

# 第三章 抽样调查

上海从1980年6月1日起恢复职工家计调查，正式定户记账。以后调查范围由城市扩大到县城，由职工家庭扩大到非职工家庭，调查内容也逐步增加。农村住户调查也同期开展。1981年，国务院批转国家统计局《关于加强和改革统计工作报告的通知》，要求"在搞好全面统计报表的同时，大力开展抽样调查"。通知下发以后，上海抽样调查项目不断增加。粮食作物抽样调查的有大麦、小麦、单季稻、后季稻等4个品种。经过不断实践，全面统计的粮食实际产量等数字，实际上已为抽样推断数所代替。人口统计在做好定期统计和普查的同时，采用抽样调查方法进行全市人口变动、计划生育、残疾人口、老龄人口、郊区劳动力结构、人才结构等方面调查。采购经理指数采用国际通行统计指标，通过抽样调查，对国民经济活动进行监测与预警。专项调查主要采用问卷、电话、访问等多种调查形式，对社会经济活动的热点进行调查。企业景气调查是对所有大型企业和部分中小型企业采取抽样方法统计。规模以下工业统计将年产品销售收入在限额以下的非国有工业企业和个体工业经营户称为规模以下工业，采取目录抽样方法统计，抽样调查结果成为中国规模以下工业抽样调查的基年数据。规模以下商业企业统计将企业、个体户按批发、零售、住宿、餐饮4个行业分为8个域，根据自身对抽样精度的要求确定样本单位数，在8个域中等距抽取样本。通过各个样本的环比增减生成每个域的变动系数，从而生成整体变动系数，并最终推断出各区县的零售、销售数据。

## 第一节 规模以下工业企业调查

1996年12月—1997年4月，国家统计局在全国范围内进行工业统计抽样调查试点，调查范围分两部分：第一部分是工业总产值500万元以下的乡及乡以上独立核算工业企业，实施《工业统计定期抽样调查试点方案》；第二部分是村及村以下和城镇联营(合作经营)、个体工业，实施《村及村以下和城镇联营(合作经营)、个体工业年度抽样调查试点方案》。1997年，国家统计局对工业年度抽样调查方案进行修订，并在年报中试行。

1998年，国家统计局将年产品销售收入500万元及以下的非国有工业企业和个体工业经营户称为规模以下工业，并采取目录抽样方法统计。调查单位是上海全部乡及乡以上、年工业总产值500万元以下的工业企业。调查内容以工业总产值为核心指标，相关的调查指标与工业统计报表制度一致。1998年的规模以下工业抽样调查结果成为中国规模以下工业抽样调查的基年数据。

从1999年开始，规模以下工业抽样调查改为每年两次：一次为1—9月调查；一次为年度调查。从2000年年报开始，规模以下工业抽样调查制度正式纳入国家统计局统计报表制度。从2002年开始，规模以下工业抽样调查改为每年4次，分为年报和定报，并从2003年年报起在全国实施。

2007年，国家统计局为提高规模以下工业企业样本的代表性，利用国家统计局普查中心2006年年报的规模以下工业企业名录库，开展规模以下工业样本轮换工作。一方面，不改变原有老企业的"永久随机数"；另一方面，通过随机数产生过程给新增企业赋予"永久随机数"，在重新分层、重新抽取样本过程中实现样本自然轮换的工作原理。以最大相对误差不超过10%的简单随机抽样样本量确定各大类行业的样本量基数。范围为全部年主营业务收入 500 万元以下的工业企业，包括企业名称、企业法人代码、企业所在地及行政区划、联系方式、行业类别、登记注册类型、产品销售收入等指标。本次样本轮换满足了企业总体以省为总体抽样精度的要求和以全国为总体分行业大类抽样精度的要求。

2010 年，第三次修订规模的划分标准，规模以下工业界定为年主营业务收入 2 000 万元以下的工业企业，仍采取抽样调查方法统计。调查内容分成企业调查内容和个体调查内容两部分。企业调查内容由企业基本情况、企业经济指标和企业问卷三部分组成。个体调查内容由样本村（居委会）基本情况、个体经营工业单位基本情况、个体经营工业单位经济指标三部分组成。主要指标包括单位名称、主要业务活动、行业代码、营业收入（主营业务收入）、营业利润、从业人员期末人数等。指标解释与规模以上工业指标相同。2010 年，上海规模以下工业企业数 42 826 个，完成工业总产值 924.16 亿元，从业人员 76.01 万人。

## 第二节　规模以下商业企业调查

改革开放后，上海小型商业企业抽样调查经历了分层目录抽样、整群抽样、按域分层抽样三个阶段，从无到有、不断完善，已形成一套结果较为准确、方法制度稳定、操作简便易行的方案，为全社会商业统计数据测算提供了翔实的统计资料。

1995 年，上海开始试行分层目录抽样的调查方案。该方案以 1994 年小型商业企业全面统计报表覆盖的所有企业作为总体，以销售额分层，根据抽样精度要求计算样本数量，利用最优配置中耐曼（Negman）配置的方法计算出各层的样本数量分配。每个层中的具体样本单位使用计算机产生的随机数来确定。上海编制相应的计算机程序与之配套，用于样本录入、上报、接收、汇总、推算等整个抽样调查过程。

这一抽样方案从 1996 年开始正式实施。为此，市统计局下发了《关于认真做好小型批发零售贸易业和餐饮业企业抽样调查工作的通知》。

这一抽样方案在实施的 5 年间大大减轻了基层统计工作人员的工作强度，但也存在一些问题：分层仅依据销售额，未考虑其他指标的精度；小型商业企业新增、停业、歇业、转业等情况愈加频繁，样本框的来源成为一大问题。在实际工作中，上海利用条块年度汇总的中小型贸易企业数据对抽样结果进行了验证和必要的修正。

为进一步提高抽样结果的准确性，上海在 2000 年对小型商业企业抽样调查方案进行改革，以整群抽样方法替代原有的分层抽样。该方案将行政区划作为抽样单元进行二阶整群抽样，对二阶分别采用不等概率等距抽样、随机抽样的方法，最终抽选出居（村）委会抽样单元，对居（村）委会内的所有小型商业企业进行全数调查。这一方案以行政区划作为样本框，既解决了小型商业企业特有的抽样框问题，又不增加基层工作量。其间，随着计算机网络技术的发展，各级统计部门之间的数据上报接收工作从人工软盘收送逐渐过渡到拨号互传、电子邮件等网络方式。

2006 年，根据国家统计局《关于印发〈限额以下批发和零售业、住宿和餐饮业月度抽样调查方案〉的通知》要求，上海对小型商业抽样方案进行改革，并更名为“限额以下批发和零售业、住宿和餐饮业抽样调查方案”。该方案与前述的整群抽样方案有多处不同：以第一次经济普查限额以下企业、个体户作为总体，采用按域分层，等距抽样的方法；将个体户纳入统计范围；采用环比系数推算的方法；采用久其软件开发的专业抽样调查平台；修改了限额标准。该方案系统地提供了限额以下行业资料，满足了各级统计部门统计社会消费品零售额的需求，同时解决了整群抽样中基层统计机构忙闲不均的问题。方案将企业、个体户按批发、零售、住宿、餐饮4个行业分为8个域，各区县根据自身对抽样精度的要求(不得低于推算上海全市数据的要求)确定样本单位数，在8个域中等距抽取样本。通过各个样本的环比增减生成每个域的变动系数，从而生成整体变动系数，并最终推断出各区县的零售、销售数据。2006年以来，该方案经历数次微调，但整体框架未发生变化，沿用至2010年。

## 第三节　采购经理调查

采购经理指数(简称PMI)是国际上通行的宏观经济监测指标，是衡量经济发展的重要指针，也是全球备受关注的先行指标之一。开展采购经理调查的目的是加强对国民经济活动的监测与预警能力，为国家和地区宏观调控、为企业生产经营提供参考依据及咨询建议。上海PMI指标体系，在指数调查与编制方法方面，既遵循国际通行的做法，又兼顾本地的具体实际。

### 一、上海制造业采购经理调查制度

2005年，上海按照国家统计局规定的方法制度开展采购经理调查，按照循序渐进原则，首先在制造业领域开展采购经理调查。2008年，上海着手编制全市制造业采购经理指数。

**【调查内容】**

主要为制造业企业的采购(或供应)经理对企业采购及相关业务活动情况的判断，包括对企业生产、订货、采购、价格、库存、人员、供应商配送、采购方式等情况的判断，以及企业采购过程中遇到的主要问题及建议。

**【调查方法】**

根据上海制造业的整体结构情况，根据行业结构、大型企业及六大重点发展的支柱行业的分布情况，2008年抽选样本企业150家。

**【指数编制】**

开展基础指数编制、指数季节调整和建立宏观经济数据台账对比制度。在编制基础指数时，由于PMI指标体系由先行、同步和滞后三种指标均成，以客观经济综合状态为测度对象，采用扩散指数(DI)作为构建指标体系的基础。根据各指标对GDP的先行影响程度，选取新订单(权重占30%)、生产(权重占25%)、从业人员(权重占20%)、供应商配送时间(权重占15%)和原材料库存(权重占10%)5项指标，分别赋予上述不同的权数来加权计算，得到上海制造业PMI综合指数。在季节调整方法上，采用基于工作日调整的X-13-ARIMA的NBS-SA的直接调整方法。

**【填报方式】**

采购经理调查采用网上直报方式。

【数据开发】

2007年1月起，每月编入《采购经理调查》(《PMI Rpt》)手册；2009年1月起，每月撰写专报或要情报送市领导，作为宏观经济运行的参考决策依据。

### 二、上海非制造业采购经理调查制度

为适应服务业发展的需要，进一步拓展采购经理调查行业覆盖面，充分发挥PMI经济预测和预警作用，2007年1月，根据国家统计局制度要求，上海正式开展非制造业采购经理调查。

【调查内容】

主要为非制造业企业主管企业运营的负责人或采购经理对企业经营活动、采购及相关业务活动情况的判断，包括对业务总量、新订单(客户需求)、存货、投入价格、从业人员、供应商配送等情况的判断，以及企业生产经营和采购过程中遇到的问题及建议。

【填报方式】

在填报方式上，采用网上直报。

【数据开发】

2007年1月起，每月编印《采购经理调查》(《PMI Rpt》)手册。

### 三、上海区县产业采购经理调查制度

2009年以来，上海区县产业采购经理调查制度逐步建立。建立上海区县产业PMI，既要吸收、借鉴国外成熟经验，又要结合上海的具体实际。一方面，构建区县PMI也要选择样本较为集中的特色区县；另一方面，构建产业PMI要符合上海的行业特征，以满足采购经理调查对于区县产业经济整体发展状况进行监测预警的需求。

在构建上海区县PMI时，根据不同区县的特点，选择样本规模集中、适宜进行产业经济分析的区县开展采购经理调查制度的建立。如：宝山区作为以钢铁行业为主的工业产业典型区域，2009年开始编制宝山钢铁行业PMI，其调查样本企业充分考虑了区域行业分布，包括通用设备制造业、金属制品业、化学原料及化学制品制造业、有色金属冶炼及压延加工业、黑色金属冶炼及压延加工业，占区域制造业产值比重超过六成；非制造业包括建筑业、房地产业和钢材批发业，建筑业调查样本企业的产值以及房地产业、钢材批发业样本企业销售额均达到总量的九成以上。

## 第四节　居民消费价格调查

1982年，国家统计局开始在全国各地组建城市抽样调查队。1984年，市城市和农村抽样调查队正式成立。上海按照国家规定的方法制度开展物价调查，直接从零售商店取得第一手资料，用以编制零售物价指数和职工生活费用价格指数。

## 一、居民消费价格指数统计调查制度

1994 年 9 月,国家统计局对物价统计调查方法制度进行改革,实施新的价格统计报表制度。改革的主要内容是:省级和全国价格指数汇总由价格法改为指数法;县及县级市仅编制农村价格指数,不再编制城镇价格指数;年度价格指数依据 1—12 月各月指数简单平均计算取得;将餐饮业价格指数作为居民消费价格指数的一部分纳入汇总计算。

从 1995 年起,居民消费价格指数取代商品零售价格指数作为国家调控价格指标,居民消费价格指数统计调查制度正式建立。究其原因,商品零售价格指数是从商品售方角度反映价格动态及其对商品售方影响的相对数,居民消费价格指数则是从购方角度观察商品及服务项目价格动态及其对居民生活影响的相对数,与居民生活和货币购买力直接相关,是世界各国均关注的价格指数。鉴于各级党政部门已习惯应用零售价格指数,故暂不取消零售价格指数,而采取对外发布总指数的办法逐步淡化商品零售价格统计。且商品零售价格指数中不再包括农业生产资料。农业生产资料价格指数单编,编制方法不变。

## 二、居民消费价格指数编制方法

居民消费价格指数受到社会各界的广泛关注和重视,各级政府、管理部门和研究机构对价格统计工作的科学性、适用性提出了更高的要求。2000 年 3 月,国家统计局、国家发展计划委员会、国家国内贸易局联合发文,决定从 2001 年 1 月起,对各省(自治区、直辖市)居民消费价格指数的编制方法进行重大修改,开始编制固定基期的定基指数,首轮基期为 2000 年。随后,每 5 年调整一次,2006 年和 2011 年分别调整固定基期,编制以 2005 年和 2010 年为基期的定基指数。

定基指数编制方法是:将居民消费按用途划分为 8 个大类,即食品、烟酒及用品、衣着、家庭设备用品及维修服务费、医疗保健及个人用品、交通和通信、娱乐教育文化用品及服务、居住;在 8 个大类之下确定 263 个基本分类,每个基本分类下设置 1～36 个规格品,每个规格品至少保证 3 个调查网点作为价格来源。

**【基本分类指数的计算】**

先根据所属代表规格品价格变动相对数,采用几何平均法,计算出月环比指数;再将基期至报告期之间各期的月环比指数连乘,计算出基本分类指数。

**【类别及总指数的计算】**

基本分类及以上类别设定权数,一年内固定不变。将本期环比指数按设定好的权数逐级加权平均,计算出类别指数和总指数。

**【全国指数的计算】**

根据全国城市和农村指数和设定的权数,加权平均计算出全国定基指数。再根据定基指数,换算出全国环比指数、同比指数和年度指数。

定基指数的编制,是指数编制方法的重大改进,提高了指数编制的科学性和数据准确性。

### 三、上海低收入居民消费价格指数

2008年，上海调查总队开始对城镇20%低收入居民(按城镇住户处的标准划分)的消费价格进行调查，试编制低收入居民消费价格指数。

城镇低收入居民基本生活费用价格是指城镇低收入居民基本生活费用涵盖的主要生活消费品和服务的价格。城镇低收入居民基本生活费用价格调查是指，在一定的经济社会发展水平下，对城镇低收入居民维持社会普遍认可的日常生活消费所需要的基本费用进行的统计调查。

开展城镇低收入居民基本生活费用价格调查，目的是及时准确地反映主要生活消费品和服务价格变动对城镇低收入居民基本生活的影响，为建立健全社会救助和保障标准与物价上涨挂钩的联动机制，保证低收入群众基本生活，提供科学适用的统计数据。

### 四、上海居民消费价格调查区域

2010年11月，市统计局、上海调查总队决定将上海居民消费价格调查由市中心城区扩展到所有郊区、县。从2011年起，正式编制覆盖全市所有区、县的居民消费价格指数。上海调查总队按照国家统一的调查制度，负责组织、实施上海范围内的居民消费价格调查统计工作。调查区域覆盖全市。居民消费价格调查网点由2009年的300多个增加到近1 000个，代表规格品由2 500多种增加到6 000多种，每月调查的时点价格由11 000多笔增加到35 000多笔。居民消费价格调查网点区域覆盖全市，进一步加强价格指数的代表性。

## 第五节　生产投资价格调查

1984年底，国家统计局利用全国第二次工业普查机遇，组织力量建立工业品价格统计制度。当时，选择100种产品，在50个大中城市选择500个企业，开始试编工业品价格指数，供内部研究分析时参考。

1986年，国家统计局决定继续试编工业品价格指数，并正式提供价格指数资料。当年工业品价格调查产品增加到400多种(780个规格)，调查范围扩大到78个城市的3 000家企业；每年开展4次调查，调查月为3、5、8、11月；调查价格为混合平均价(产品销售总额除以销售总量)，价格形式有国家定价、浮动价格、市场价格。调查方式是调查企业以报表形式经所在调查城市的统计局上报国家统计局，国家统计局相关部门对资料进行审核并汇总出全国的工业品价格指数资料。1988年，上海第一次将调查资料汇编成册。之后，工业品价格调查制度方案经历4次大的修订。

### 一、调查范围

1990年，国家统计局城市调查总队制定中国第二版工业品价格调查方案，调查产品增加到800种(1 500多个规格)；调查频率仍为每年4次(3、5、8、11月)。1991年，国家统计局正式推出新的调查方案，令各地区城市调查队认真执行。城市调查队陆续编制本地区的工业品价格指数。全国工业品价格调查范围逐步扩大到114个城市，调查企业增加到5 000多家。1992年，一些省(自治区、直辖市)开始编制月度工业品价格指数。1993年,全国及各省(自治区、直辖市)全部执行工业品价格月度报表制度。

## 二、指数法编制

1996年,国家统计局制定中国第三版工业品价格调查方案。调查产品增加到1 140种(3 120个规格品);调查范围扩大到约200个城市,调查企业近10 000家;执行月度报表制度;数据上报方式由上报原始数据报表改为远程传输原始数据的方式;调查表式中取消国家定价、浮动价格、市场价格的内容,只上报调查产品混合平均价;规格品价格指数的计算方法由平均价格法(即先计算出规格品报告期、基期平均价,再计算指数),改为指数法(即利用各个调查企业上报的相同规格品的出厂价格指数,以其销售量为权数,加权平均计算出该代表规格品的价格指数)。

## 三、时点价采价

2001年,国家统计局制定中国第四版工业品价格调查方案。该方案着眼于计算工业发展速度的目标,对原来的调查方案进行重大技术修订和改进,主要内容包括:取消每月调查混合平均价的方法,改为每月调查2次时点价;采用几何平均法计算规格品价格指数;从2003年起,执行《国民经济行业分类》(GB/T 4754-2002);调查产品增加到4 000多种(近7 500个规格);调查范围扩大到410多个城市,调查企业近50 000家。新方案覆盖186个工业中类行业,在有产值的197个中类中,行业个数占94%,销售产值占95%;报告月后3日前,汇总计算出全国工业品价格指数。

2009年,上海工业品价格调查涵盖上海全部大类行业,调查产品中类覆盖率95%以上;工业品出厂价格指数选用近900种产品(1 500个规格品),原材料、燃料、动力购进价格指数选用近670种产品(1 080个规格品)。调查企业1 100余家。

在此期间,市统计局、上海调查总队对上海工业品价格调查做了许多有益尝试,总结调查采价方法,明确月报及年报的填报要求及审核方法,于2009年11月编制《上海工业品价格统计调查手册》。

## 四、定基改革

2010年,国家统计局对工业生产者价格方法制度进行重大改革,统一编制以2010年为基期的定基价格指数,自2011年起实行。这次改革,是为与国际接轨、规范名称:将原来的“工业品价格统计”改称为“工业生产者价格统计”;将原来的“工业品出厂价格”改称为“工业生产者出厂价格”;将原来的“原材料、燃料、动力购进价格”改称为“工业生产者购进价格”;按照新的国民经济行业分类和《统计用产品分类目录》,规范和完善产品分类,引入基本分类的概念;重新编制调查产品目录,规范调查产品和规格品;重新测算权数构成,建立新的基期,增加指数系列。

2010年第四季度,在充分肯定上海权数调查方法和经验的基础上,国家统计局首次在全国范围内推行上海的工业生产者价格权数调查方法,下发《国家统计局关于开展工业生产者价格统计权数调查与测算工作的通知》。

为做好工业生产者价格权数调查工作,上海召开5场培训会,对全市1 000余家调查企业进行权数调查和新制度培训。于11月下旬完成基本分类权数上报和数据、信息审核等工作,并再次核对确认企业次年上报代表产品及规格品情况。根据上海经济结构、产品结构和企业选报产品等情况，上海编制工业生产者出厂价格指数选用 600 多种基本分类（1 100 个产品），工业生产者购进价格指数选用 500 种基本分类（900 个产品）。

## 第六节　农产量调查

1978 年前，全面统计是上海农业统计的基本方法，统计报表指标设置以满足上报国家统计局为主，较少考虑地方实际需要。在规定时间内，报表层层下达、逐级上报，所获资料不仅缺乏时效性，而且不能计算统计误差。

1978 年以后，上海农业统计方法中系统地引入了科学抽样调查技术。国家统计局制定的农产量抽样调查制度规定，国家农产量调查网点的抽样采用五阶段抽样法：第一阶段，省抽县。第二阶段，在抽中的县中再抽乡（村）。第三阶段，在抽中的乡（村）中再抽村民小组（生产队）。这三个阶段的抽选采用按有关标志排队、随机起点、对称等距抽样法，样本单位抽选出来后几年时间内不变。第四阶段，在抽中的村民小组（生产队）中再抽地块。第五阶段，在抽中的地块中再抽实测样本。这两个阶段根据当地实测作物的长势而定。五阶段抽样法的抽样总误差在概率度为 2% 的情况下，不得超过 ±2%，对整体的代表性误差也不得超过 ±2%。

2010 年，国家统计局将五阶段抽样法改为四阶段抽样法，原第一、第二阶段合二为一，由省直接抽乡（村）。

上海的粮食作物单产实割实测有小麦和单季稻 2 个品种，其播种面积占全市粮食播种面积的 95% 以上。按照国家统计局规定，上海农产量抽样调查报送的报表有"全年农作物播种面积调查表""秋冬播农作物面积安排调查表""夏收、早稻、秋收粮食实测产量表""全年粮食、棉花、油料、原料预测产量""全年实测粮食产量"等。

上海粮食产量调查采用全面调查与抽样调查相结合的方法，即稻谷、小麦的产量由全面调查与抽样调查配合得出，其他作物产量由全面调查得出。根据《上海市农作物调查样本轮换实施细则》的要求，稻谷、小麦产量实行全面调查的区和相关单位有闵行区、宝山区、嘉定区和市属单位，总产量由基层全面统计后层层上报加总获得。稻谷、小麦产量实行抽样调查的区县有浦东新区、松江区、金山区、青浦区、奉贤区和崇明县。

由于各区县抽中的调查网点只对市、区县具有代表性，无法满足乡、村两级的需要，各区县还分层开展农产量抽样调查。因此，全市全面统计的粮食实际产量等数字，实际上已被抽样推断数所代替。实践证明，上海在抽样调查推算的全年的农产量数字误差也都在 ±2% 以内。

## 第七节　城市居民调查

### 一、城镇住户调查

城镇住户调查是为了解城镇居民收支情况和生活状况而开展的政府调查，调查内容主要包括家庭人口、就业、收入、消费、储蓄、耐用消费品和住房情况等。

中国城镇住户调查始于 1955 年，当时称为职工家庭生活调查，全国调查户有 6 000 户。1956 年，上海根据国家统计局 1955 年制定的《全国家计调查方案》，在全市范围内抽取 650 户职工家庭作为调查对象，并于1956年4月1日起正式开始调查。1962—1966年，上海的抽样方法由直接抽取职工家庭改变为“二相抽样”的方法，即先在全市范围内开展一次“万户职工家庭基本情况”的一次性调查，然后在此基础上，抽选500户职工家庭作为调查户进行调查。“文化大革命”期间，上海职工家庭生活调查被迫中断。

1980年，全国恢复职工家庭生活调查，当年国家汇总的调查户数为15 000户，上海为500户职工家庭调查户。1984年，经国务院批准，城市社会经济调查队成立，调查对象由“职工家庭”扩大为“城镇家庭住户”，并将个体户纳入调查范围，“职工家庭生活调查”也更名为“城镇住户调查”。

1992年，城镇住户调查开始与国际接轨，城镇居民消费支出采用联合国“住户能力调查方案”的分类标准。1992年指标体系是现代城市居民收支调查指标体系的雏形。尤其是1992年开始引进“可支配收入”概念，成为对外发布数据的一个重要指标。

2002年，借鉴国际住户调查方法的先进经验，全国采用住宅框选取调查户样本，抽样方法采取二相抽样和多阶段抽样相结合，并确定每3年进行一次“大样本调查”，获得一相样本，作为二相样本的抽样框。调查对象涵盖居住在城镇区域内的所有住户，不仅包括非农业户籍的城镇居民，也包括在城镇区域内有固定居所的农业户籍居民。一些具有固定住宅的非本地户籍居民也纳入调查范围。2004年起，上海城市居民收支调查样本由500户增至1 000户。

**【调查对象】**

1984年前，上海职工家庭生活调查的调查对象是在全民所有制和集体所有制单位工作的职工家庭。1984—2001年，职工家庭生活调查改为城镇住户调查，调查对象由单一的全民和集体所有制单位的职工家庭扩大为市区居民委员会行政管理区域内的全体非农业家庭。2002年以来，调查对象进一步扩大为全市市区居委会的住户，包括户籍在上海的常住居民户和户籍在外地、居住在上海半年以上的非农业户和农业户。

**【样本轮换】**

1980年，中国恢复职工家庭生活调查后，基本采用固定调查户进行连续调查。这种方法的好处是，资料可比性强，调查费用低。而随着时间的推移，固定调查户的弊端也日益显现：会出现样本老化和调查户不合作等情况，长期调查还会改变部分调查户的某些行为和习惯。这使得对固定住户进行连续调查的方法，在超过一定的记账期限后，样本对总体的代表性逐渐降低，调查数据质量难以保证。因此，为了提高样本的代表性，上海从1984年起试行样本轮换制，全国从1990年起实行样本轮换制，每隔一定期部分或全部地轮换调查户。

**【抽样方法】**

上海城镇住户调查的抽样方法分为以下几个发展阶段：

1984年前，调查对象为职工家庭，调查户从单位组织选户。选调查户采取二相抽样法，先进行内容简单、规模较大的一次性抽样调查，取得一些必要的辅助资料后，利用调查资料进行分组，从中再选出有代表性的户进行经常性调查。

1984年起，因调查对象变为市区居委会内的非农居民家庭，上海选取调查户采用三阶段、随机等距的抽样方法：第一阶段抽选街道，第二阶段在抽中的街道中抽选居委会，第三阶段再从抽中的居委会中抽选调查户。

2002年以来，随着调查对象的扩大，抽样方法也有所改变。调查户的抽选工作分两步进行。第一步，进行一次性的“大样本调查”；第二步，从“大样本调查”中抽出一个小样本，作为经常性调查户，开展记账工作。“大样本调查”每3年进行一次，其目的主要是为经常性调查提供抽样框，同时也为经常性调查数据评估提供基础资料。“大样本调查”先采取分层、多阶段、与大小成比例(PPS)、随机等距等方法抽选调查样本，即先按区(县)分层，在层内按照PPS方法随机等距抽选调查社区/居委会，在抽中社区/居委会内随机等距抽选调查住宅。对抽中的大样本(一相样本)开展调查，取得调查户家庭人口、就业人口、收入等辅助资料后，根据这些资料进行分组，从中按比例抽出一个小样本(二相样本)作为经常性调查户，开展日记账工作。

**【调查内容】**

上海城镇住户调查内容包括：居民家庭人口和劳动就业状况，收入和现金支出状况，消费水平和消费结构状况，购买主要商品数量及变化情况，耐用消费品拥有量及变化情况，家庭食品消费及营养状况，家庭住房情况，实物收入状况，货币流动、储存、债权债务情况，各类居民家庭之间收入、消费差异情况等。1985年之前，上海城镇住户调查仅有全市平均水平的城市居民家庭收支统计；1985年之后，可以按不同收入水平家庭进行分组统计。

**【调查方法】**

2002年之前，由于入户调查表式较少，调查方法主要采用记账户对其家庭的各项收支逐笔收账，然后由调查员定期整理，按月汇总。其中，收入账和非消费支出账由家庭中每个有收入者分别单独进行记账，消费支出则以家庭为单位记账。2002年之后，入户调查表式逐渐规范和细化，按入户表式不同、调查频率不同，具体调查方法是：城市居民家庭成员基本情况、就业情况、现金收支、消费支出、非现金(实物及服务)收入等内容采用日记账方法搜集；城市居民家庭主要耐用消费品拥有情况年初一次性填写，以后每季更新一次；城市居民家庭住房基本情况年初一次性填写；城市居民家庭食品细项消费情况每3年采用日记账方法搜集一次。

## 二、家政社区化调查

随着经济的快速发展和社会的不断进步，上海居民家庭对家政服务的需求也越来越多。为了解上海家政服务业的现状，研究家政服务社区发展前景，2003年，市统计局城调队对上海1 200户城市居民家庭和10个街道社区的家政服务机构进行家政社区化调查。

该调查结束后，相关人员撰写统计报告《本市家政服务社区化发展前景研究》。

## 三、城市居民消费倾向专项调查

20世纪90年代中期以来，中国消费市场逐渐从卖方市场转向买方市场，上海最终消费率(消费在国内生产总值中所占比重)连年下降，城市居民消费倾向也从1995年的81.8%下滑至2002年的70.4%。为了改善消费市场的疲软状态，保持经济较快增长的良好势头，国家把扩大内需、促进经济发展作为宏观调控的重要任务。为了解在社会商品95%以上的品种供大于求的市场经济形势下，城市居民的消费预期和消费意愿如何，2003年，市统计局进行“城市居民消费倾向”专项调查。

调查在市中心和浦东、闵行、宝山等 12 个区进行,共抽取 1 265 户城市居民家庭进行问卷调查。调查内容包含居民家庭的收入支出、住房现状与消费、出行模式与汽车消费、金融财产与投资意向、旅游计划、教育消费、休闲娱乐服务消费、主要家用电器的使用期限与购买意向、家庭收入预期、消费预期等十大方面。

调查结束后,相关人员撰写 7 篇城市居民消费倾向专项调查系列报告,分别为《解读城市居民的消费预期——"城市居民消费倾向专项调查"总报告》《城市居民家庭现有住房状况与购房意向》《家电产品消费面临新一轮扩张》《城市居民家庭金融资产状况与投资意向》《城市居民家庭的教育消费预期》《城市居民家庭旅游消费状况与预期》《汽车进入居民家庭步伐加快》。

## 四、城镇住户基本情况抽样调查

2004 年起,根据国家统计局要求,上海每 3 年开展一次城镇住户基本情况抽样调查(以下简称"大样本调查")。

### 【2004 年大样本调查】

调查范围为上海 19 个区(县)共计 120 个街道和镇。在每个街道、镇按人口规模抽取 2～5 个居委会。在每个居委会抽取 15 个调查样本户。其中,最终访问成功户约为 3 200 户。调查内容涉及住房情况、耐用品拥有情况、家庭成员基本情况、居民家庭收入及支出情况、社会热点、旅游意向等。调查结束后,相关人员撰写 7 篇城镇居民基本情况调查系列报告,分别为《上海市城镇居民生活状况研究分析——城镇居民基本情况调查综合报告》《本市不同收入水平家庭的特征分析——城镇居民基本情况调查系列报告之一》《本市居民居住质量跃上新台阶——城镇居民基本情况调查系列报告之二》《要重视教育资源的均衡配置——城镇居民基本情况调查系列报告之三》《居民家庭就医状况及医疗保健支出分析——城镇居民基本情况调查系列报告之四》《本市居民旅游浪潮方兴未艾——城镇居民基本情况调查系列报告之五》《营造公平合理的社会机制,构建和谐社会——城镇居民基本情况调查系列报告之六》。

### 【2007 年大样本调查】

调查范围与 2004 年大样本调查基本一致,仍为 19 个区县。全市的设计样本量比 2004 年大样本调查更多,为 10 000 户。抽样方法比 2004 年大样本调查更科学,采用分层、二阶段、与大小成比例(PPS)的随机等距法选取调查样本。其中,分层:全市以区(县)为单位进行分层,19 个区(县)共分为 19 层。样本抽选工作在每一层内独立进行。二阶段抽样:首先将每区(县)的居委会集中起来,进行第一阶段抽样。在第一阶段抽样中,采用与户数大小成比例的随机等距法抽选调查居委会。然后进行第二阶段抽样,在抽中的调查居委会内画住宅分布图,统计住宅总数,编制住宅抽样框表,用随机等距方法抽选调查住宅。调查内容比 2004 年大样本调查略为简单,除调查住户及其成员基本情况外,增加教育专题调查。调查结束后,相关人员撰写 2 篇统计报告,分别为《本市城镇不同收入居民家庭住房状况分析与思考》《本市城镇居民子女教育支出状况的调查分析》。

### 【2010 年大样本调查】

随着上海常住居民户数逐年上升,与 2004 年和 2007 年相比,2010 年大样本调查的样本量有较大增加。全市设计样本量为 12 150 户，实际共调查 13 258 户城镇区域范围内的常住户居民家庭。调查方法仍沿用分层、二阶段、与大小成比例(PPS)的随机等距抽样法。调查内容精简为住户及其家庭成员的基本情况。调查结束后，相关人员撰写 3 篇城镇居民大样本调查系列报告，分别为《本市城镇就业者收入特征分析——"城镇居民大样本调查"系列报告之就业者收入篇》《城市居民家庭能源消费情况分析——"城镇居民大样本调查"系列报告之能源消费篇》《总体良好，仍需完善——"城镇居民大样本调查"系列报告之社会保障篇》。

**【城镇居民家庭财产抽样调查】**

为准确了解上海城镇居民家庭财产情况，并为研究上海的收入分配政策提供基础资料，2005 年，市统计局城调队在市中心 9 个区的所有街道、镇和浦东、闵行、宝山、嘉定、松江、青浦 6 个区的所有街道、区政府所在镇及部分居民住宅比较集中的镇，共计 118 个街道下属 300 个居委会内的 3 000 户城镇居民家庭中，开展上海城镇居民家庭财产抽样调查。调查内容主要涉及家庭基本情况、家庭住房状况、家庭金融资产拥有现状、家庭其他财产和家庭经营资产和投资意向五方面。调查采用二次分层、二阶段、与大小成比例(PPS)的随机等距抽样法选取样本。该方法先以区为单位进行第一次分层，再在各区的调查范围内，按居委会住宅情况进行第二次分层。然后在每一层内按比例抽选调查居委会(第一阶抽样)，再在抽中调查居委会内统计总住宅数，编制住宅框表，随机等距抽选调查住宅(第二阶抽样)。数据采集方法以家庭主要经济支撑者作为户主回忆填报，调查员入户访问和留置收回形式进行调查；调查完成后，当着调查户的面，调查员将调查问卷装入保密袋内，封存带回。调查结束后，相关人员撰写《本市城镇居民家庭财产调查报告》。

**【全国城镇劳动力流动和生活质量调查】**

全国城镇劳动力流动和生活质量调查是通过对部分城市住户的抽样调查，了解城镇劳动力流动的现状及对家庭、社会的影响，深入研究城镇劳动力市场问题。调查在上海、南京、无锡、杭州、宁波等 19 个城市进行。样本总规模为 5 000 个住户。其中，上海样本量为 500 个城镇住户。主要内容包括住户成员基本特征、健康状况、成人教育和培训、子女教育、就业情况、社会关系等情况。此次调查采取抽样调查的方式，采用调查问卷通过入户访问的方式进行调查。

城镇劳动力流动和生活质量调查是为期 5 年的追踪调查，调查期限为 2008—2012 年，每年调查一次。2009—2012 年的调查是在 2008 年度调查基础之上继续跟踪进行，因此调查样本应与 2008 年调查抽中的住户样本保持一致。为保证样本的稳定性，每年调换户的比例不能超过 5%。如已抽中调查户因各种原因拒绝接受调查从而导致样本流失，不足部分应在 2009 年度城镇住户调查样本中按照随机抽样方法抽取补充。

**【家电"以旧换新"政策调查】**

2009 年，上海调查总队在上海 900 户城市居民家庭中开展家电"以旧换新"专项调查。样本总量为 900 户，主要调查对象为有经济决策权的户主或其他家庭成员。调查采用调查员入户访问的方式进行。调查内容包括居民家庭对"以旧换新"政策的知晓度及支持度、居民家庭开展"以旧换新"的行动及影响因素、居民对"以旧换新"政策的看法与期望，以及居民家庭以往处理废旧家电的习惯等。调查结束后，相关人员撰写统计专报《城市居民对家电以旧换新意愿积极》。

【2009 年城市居民消费意向调查】

2009 年,上海调查总队在上海 1 000 户城市居民家庭中开展城市居民消费意向调查。此次调查的主要对象为有经济决策权的户主或其他家庭成员;个性化消费部分的调查对象为消费较为活跃的 18～50 岁家庭成员,符合条件的家庭每户随机抽取 1 人。调查采用调查员入户访问的方式进行。调查内容包括金融危机的影响及对宏观经济形势和家庭收支的预期,住房、汽车、耐用消费品等消费意向,时尚消费、互联网使用、在外就餐、旅游、储蓄与信用等热点问题。调查结束后,相关人员撰写 6 篇城市居民消费意向调查系列报告,分别为《定位消费热点　释放消费潜力——"城市居民消费意向调查"综合报告》《城市居民家庭住房刚性需求不减——"城市居民消费意向调查"系列报告之一》《城市居民家庭汽车消费潜力较大——"城市居民消费意向调查"系列报告之二》《城市居民家庭耐用品消费发展趋势分析——"城市居民消费意向调查"系列报告之三》《个性化消费成居民消费新增长点——"城市居民消费意向调查"系列报告之四》《居民家庭储蓄倾向与信用消费——"城市居民消费意向调查"系列报告之五》。

# 第八节　农村居民调查

1990—2010 年,上海实施的农村居民调查主要包括农村住户调查和农民工监测调查(2009 年新增),调查方案由国家统计局统一制定。其间,在农村住户调查网点,开展新增就业、农村居民国内旅游、ICP 国际比较项目等多项专题调查。根据国家统计局住户调查方案,于 1990 年、1995 年(样本轮换约 30%)、2000 年、2004 年、2010 年实施样本轮换。

## 一、调查目的和主要内容

农村住户调查是通过对农村居民家庭的生产、收入、消费、积累和社会活动的调查,全面反映农村居民的收入和生活质量的变化,对农村居民摆脱贫困和实现小康的进程进行监测。调查主要内容包括农村居民收入支出情况以及所在村的发展情况、家庭基本情况、居住情况、住户成员与劳动力从业情况、农业生产结构调整与技术应用情况等。

2009 年起,国家统计局开展农民工(输出地)调查。调查使用农村住户调查样本,包括常住人口和外出从业人口(举家外出调查单位为调查村)。

上海作为全国农民工主要输入地之一,2009 年起,每年组织开展"上海外来农民工情况调查"。调查对象是户籍身份在外省市农村但在沪主要从事非农产业、依靠工资收入生活的劳动力。调查内容涉及在沪农民工的总量、就业、收入、居住、与城市融合等情况,客观反映农民工的生活状态、就业诉求、文化需求、城市融合、价值观等变化情况。

## 二、调查对象和分布范围

农村住户调查的填报对象为农村常住户中的常住人口,即指全年经常在家或在家居住 6 个月以上,而且经济和生活与本户连成一体的人口,外出从业人员在外居住时间虽然在 6 个月以上,但收入主要带回家中,经济与本户连为一体,仍视为家庭常住人口。在家居住,生活和本户连成一体的国家职工、退休人员也为家庭常住人口。但现役军人、中专及以上(走读生除外)的在校学生,以及常年在外

(不包括探亲、看病等)且有稳定的职业和居住场所的外出从业人员,不应当算作家庭常住人口。

农村住户调查对象是按国家统计局《统计上划分城乡的规定》所确定的农村范围。1990 年,调查分布在宝山、上海、嘉定、川沙、南汇、奉贤、松江、金山、青浦和崇明 10 个区县的 100 个调查村中,调查户 1 000 户。1991—2004 年,调查范围缩小,分布在嘉定、松江、青浦、南汇、奉贤、崇明 6 个区县的 60 个调查村中,调查户为 600 户农村居民家庭。2005—2010 年,调查范围增加闵行、宝山和金山 3 个区;调查户 600 户,其中 450 户在行政村,150 户在居委会。

## 三、调查方法和样本抽选

1990 年后,农村住户调查采用农村居民记账与一次性调查(年度报表)结合的方法采集数据。农村居民的现金收入与支出、实物收入与支出通过调查户记账取得,其他调查内容的数据采用访问调查的方式,在季末或年底由调查员对调查户进行一次性访问调查取得。调查户按照国家统计局统一编制的账本和要求记账,由区县调查员每月收取调查户的账本。现金收支账、实物收支账发生一笔记一笔。2009 年新增的农民工监测调查,使用农村住户调查样本,采用访问员上门面访的方式,定期收集农民工相关统计信息。

1990—1998 年,农村住户调查网点是采用多阶段、随机起点对称等距抽样方法抽选确定的。1999—2010 年,采用多变量与规模成比例的概率(MPPS)抽样方法。样本确定标志是村级经济收益分配水平和人口指标。网点抽选实行国家统一方案、统一审批、统一管理的原则。上海根据统一方案和实施细则制定实施细则,在得到国家批准后负责具体实施。

## 四、数据处理与报表指标

为确保调查数据的质量,对调查数据的处理有一套严格的制度规定,处理程序由国家统计局统一研制。在现场调查结束后,数据由区县调查员进行编码并录入计算机。采取三种方法对调查资料进行审核:一是人工审核;二是计算机审核;三是数据评估。原始数据经审核后上报国家,并实行国家级账页超级汇总(1994 年),并由国家将汇总结果反馈给各省。

农村住户调查报表体系涵盖农村居民的家庭基本情况(家庭成员情况、居住、拥有耐用消费品、资产与负债等)、收支情况(总收入和总支出、现金收支、纯收入和可支配收入)、家庭经营情况(农业生产、二三产经营、产品出售情况)、食品购买和消费情况等。2005 年,增加农村小康监测相关指标。1990—2010 年,报表指标不断丰富细化,从 1 000 多个增加到 3 700 多个。

农村住户既是一个消费单位,又是一个生产单位;既有生活消费支出,又有生产投入;既有现金收入,也有实物收入。收入是对农民生产经营活动的全面反映,因此,为了准确反映农民的生产经营活动,在调查方案和分析中设计了较多的概念,如总收入、纯收入、现金收入、实物收入、现金纯收入、实物纯收入和可支配收入等。公布的主要指标是纯收入和生活消费支出(季度是现金支出,不包括实物支出),而上海农村住户调查为更好地服务地方政府,于 2000 年公布使用可支配收入指标,缩小与城镇居民收入口径的差异。

**【纯收入】**

1978—2000 年,农村住户调查中,初期的“纯收入”概念与“农村经济收益分配”统计中的概念是一致的,随着中国社会主义市场经济的发展和收入分配政策的调整,农村住户调查“纯收入”指标的口径有所调整,主要是包含了部分再分配的收入。“纯收入”指的是农村居民当年从各个渠道得到的总收入,相应地扣除获得收入所发生的费用后的收入总和。“农民人均纯收入”指的是按农村人口平均的“农民纯收入”,反映的是一个国家或地区农村居民收入的平均水平。计算方法:农民人均纯收入=(农村居民家庭总收入-家庭经营费用支出-生产性固定资产折旧-税金和上交承包费用-调查补贴)/农村居民家庭常住人口。

农民收入是由两部分组成的,一部分是现金收入,另一部分是实物收入。农村住户调查方案规定,实物收入的计算方法是将农户当年生产的农产品产量扣除出售部分,分品种作价后计算得出。对各品种农产品的作价执行的是与市场挂钩的原则,即以农民在市场出售农产品的价格为基础,粮食、肉类打九折,其他农产品打八五折。如果在下年出售上年的结余农产品,根据出售价格与上年实物作价的高低,将出售结余农产品的损益计入下年收入。对农作物副产品计算收入的原则是,只有用于生产和生活或明确用于出售的农作物副产品才计算收入,用于生产的农作物副产品在计算收入的同时也要计入生产费用中。农作物副产品作价计算收入的方法,原则上按实物折算收入的作价方法执行。

**【可支配收入】**

可支配收入是将农村居民家庭总收入扣除各类相应的支出后,得到的初次分配与再分配后的收入。通常是指居民家庭可用于最终消费、非义务性支出以及储蓄的收入,包括工资性收入、家庭经营纯收入、财产性(纯)收入和转移性(纯)收入。农村居民家庭人均可支配收入是按家庭常住人口计算的一个平均指标,是指家庭成员的平均收入。而上海自2000年公布使用的可支配收入与国家方案在计算口径上略有差异。计算方法:农村居民家庭人均可支配收入=(总收入-家庭经营费用支出-税费支出-生产性固定资产折旧-财产性支出-转移性支出)/家庭常住人口。

**【生活消费支出】**

生活消费支出指农村居民家庭用于物质生活和精神生活方面的支出,包括食品、衣着、居住、家庭设备用品及服务、交通和通信、文化教育娱乐用品及服务、医疗保健、其他商品和服务等八大类消费支出。对农村居民来说,年度生活消费支出既有现金支出,又有实物支出,如自己种植吃掉的粮食、蔬菜等也是生活消费的一部分,同样应作价计入。

农村居民家庭人均生活消费支出是按家庭常住人口计算的一个平均指标,是家庭成员平均分摊的数值。计算方法:农村居民家庭人均生活消费支出=(食品+衣着+居住+家庭设备、用品及服务+交通和通信+文化教育娱乐用品及服务+医疗保健+其他商品和服务)/家庭常住人口。

## 第九节　人口调查

### 一、全国1%人口抽样调查

1987—2010年,中国分别进行了三次全国1%人口抽样调查。

1987年7月1日零时为上海第一次1%人口抽样调查标准时点。调查采取分层、三阶段、整群抽样的方法。这次1%人口抽样调查保留1982年人口普查的全部调查项目,同时增加反映人口迁移状况和死亡人口等有关项目。

1995 年 10 月 1 日零时为上海第二次 1%人口抽样调查标准时间。调查采取分层、多阶段、整群概率比例的抽样方法，最终样本单位为调查小区。这次调查的样本量为 30.7 万人，占全市常住人口的 2.17%。调查结果：全市常住人口为 1 413.5 万人，其中外来常住人口占 10.74%。全市汉族人口为 1 406.1 万人；各少数民族人口为 7.4 万人，占总人口的比重为 0.52%。全市共有家庭户 439.4 万户，家庭户人口为 1 375.4 万人，平均每个家庭户的人口为 3.13 人。

2005 年 11 月 1 日零时为上海第三次 1%人口抽样调查标准时间。调查采取分层、多阶段、整群概率比例的抽样方法，最终样本单位为调查小区。这次调查的样本量为 53 万人，占全市常住人口的 3%。调查结果：全市常住人口为 1 778 万人，其中外来常住人口占 24.63%。全市常住人口中，男性占 50.22%，女性 49.78%。全市 0～14 岁的人口占 8.88%，15～64 岁的人口占 79.17%，65 岁及以上的人口占 11.94%。全市各少数民族人口为 16 万人。全市共有家庭户 627 万户，家庭户人口为 1 667 万人，平均每个家庭户的人口为 2.66 人。

## 二、人口变动情况抽样调查

人口变动情况抽样调查自 1983 年开始执行。

调查项目：(1) 按户填报的项目有户编号、户别、应在本户登记的人数、出生人口、死亡人口、住宅类型和住房来源共 7 个。(2) 按人填报的项目有姓名、与户主关系、性别、出生年月、民族、调查时点居住地、户口登记地及居住时间、离开户口登记地时间、离开户口登记地原因、户口性质、承包土地情况、一年前常住地及类型、是否识字、受教育程度、学业完成情况、一年内工作状况、参加社会保险情况、婚姻状况、与 18 岁以下未成年子女居住状况、生育情况等共 22 个。

抽样方法为以全国为总体，各省(自治区、直辖市)为子总体，按照多阶段、分层、整群、概率比例的方法进行抽样设计，根据样本按比例轮换的要求选取调查的样本。调查小区样本由国家统一抽取下发，上海样本约 1 万户。调查标准时间为每年 11 月 1 日零时。

## 三、月度劳动力调查

劳动力调查制度是国家统计局从 2004 年开始建立。

劳动力调查采用抽样调查方式，对 16 岁及以上人口的就业状况进行调查，既调查家庭户，也调查集体户。首次调查于 2005 年 11 月进行。为积累经验，稳步推进建立劳动力调查制度，2006 年，调查增加到两次，分别于 5 月和 11 月进行。2007 年，调查每季度进行，分别于 2 月、5 月、8 月和 11 月进行。2009 年，在全国各直辖市和省会城市开展月度劳动力调查。

调查项目分为按户填报的项目和按人填报的项目。按户填报的项目有户编号、户别、调查时点居住在本户的人口数、调查时点居住在本户已满 16 周岁的人口数、本户人口中离开本乡镇街道不满半年且已满 16 周岁的人口数 5 个。按人填报的项目有姓名、与户主关系、性别、出生年月、户口登记地、住本户时间、离开户口登记地原因、户口性质、受教育程度、婚姻状况、是否为取得收入而工作、工作单位或经营活动类型、就业身份、是否签订劳动合同、未工作原因、是否想工作、是否寻找工作、未寻找工作原因、当前能否工作、不能工作的原因、行业、职业、参加社会保险情况等 25 个。

调查时点：10 月的调查时点为 15 日零时，其他各月的调查时点均为每月 10 日零时。

抽样方法和样本量：按照多阶段、分层、概率比例抽样的办法抽取调查样本。上海的样本约3 600户，每月调查约1 200户。季度样本按照更换20%的比例进行轮换。

## 四、流动人口抽样调查

上海流动人口抽样调查制度自1984年起建立，为不定期调查，以获取上海流动人口较为详细的数据记录。1984年8月10日、1985年8月10日、1986年9月12日和1988年10月20日上海已陆续开展4次流动人口抽样调查。

1993年12月10日，上海进行第五次流动人口调查，由市公安局、市统计局牵头，上海社会科学院人口研究所参加。调查内容包括上海流动人口的总量、结构、成因、素质和流向。调查对象是外省市、港澳台、国外与上海之间，市中心区、新市区(宝山、闵行、嘉定区和浦东新区)及郊县之间，郊县与郊县之间的流动人口。不包括市中心区内、新市区内以及县内跨乡镇的流动人口，也不包括现役军人。

调查结果：1993年12月10日，全市流入人口为281万人，流出人口为47万人。在流入人口中，来自外省市、港澳台和国外的为251万人；在流出人口中，去外省市、港澳台和国外的为17万人。按行政区域分，在流入人口中，市中心10个区流入人口为125万人，新市区流入人口为109万人，郊区6个县流入人口为47万人。在流出人口中，市中心区流出人口为18.5万人，新市区流出人口为7.8万人，郊县流出人口为20.7万人。通过陆路、水路、航空等出入上海市境的人口流量为50万人次。按过去的统计上报口径计算，即把调查的流入人口加上人口流量，作为流动人口量，上海的流动人口为331万人。

1997年9月16日，上海进行第六次流动人口调查，由市公安局会同市统计局组织实施。调查对象包括流入人口、流出人口和过往本市的人口流量。与第五次流动人口调查相比，第六次流动人口调查在调查项目上增加8项内容，即民族、生育状况、来沪途径、办就业证状况、健康检查状况、计划生育验证状况、月平均收入、对今后去向的意愿。在调查内容上也作了相应的补充，如为了解当时“外来妹”婚嫁沪上的情况，在调查栏目“婚姻状况”的“配偶”一项中，又具体分为配偶为上海常住户口或配偶为非上海常住户口。最终确定为第六次流动人口调查的流入人口的调查项目共有22个：户主姓名、与户主关系、性别、年龄、民族、文化程度、婚姻状况(15岁以上者填写)、生育状况(15～49岁育龄妇女填写)、常住户口所在地或境外居住地、来沪途径(从事务工、经商等经济活动的填写)、已在沪居住的时间、居住状况、来沪前在业或不在业状况、来沪从事的主要活动、来沪工作单位性质(从事经济活动的填写)、暂住登记与申领暂住证状况、办就业证状况、健康检查状况、计划生育验证状况(15～49岁育龄妇女填写)、月平均收入(从事经济活动的填写)、对今后去向的意愿(从事经济活动的填写)、一年来来沪次数。流出人口的调查项目共有11个：本人姓名、与户主关系、性别、年龄、文化程度(6岁及以上者填写)、婚姻状况(15岁以上者填写)、去往何处、离开本地时间、离本地区前在业或不在业状况、离本地区前工作单位性质、离开本地区原因。

调查结果：1997年9月16日，全市流入人口为276万人，其中来自外省市、港澳台和国外的为237万人；全市流出人口为48万人，其中流向市外的为9万人；当天经陆路、水路、航空等出入上海市境的人口流量为65万人次。按过去的统计上报口径计算，即把调查的流入人口加上人口流量，作为流动人口量，上海的流动人口总规模为341万人。

2000年11月1日，上海在开展第五次人口普查的同时，开展外来流动人口普查。此次的外来流动人口是指在沪居住一天以上的外来流动人口(不包括外籍人口)。调查项目共有 13 个：姓名、性别、年龄、常住户口所在地、何时来沪、居住类型、来沪原因、持证状况、从事的职业、社区服务、受教育程度(6 岁及以上填报)、婚姻状况(15 岁及以上填报)、生育状况(15～50 岁的妇女填报)。

调查结果：2000 年 11 月 1 日，上海普查登记的外来流动人口为 387.11 万人。其中，男性为 223.02 万人，占 57.6%，女性 164.09 万人，占 42.4%，性别比为 135.9(以女性为 100)。上海外来流动人口来自全国各省市(不含港、澳、台)，其中来自华东地区的占 77.1%。外来流动人口主要分布在上海的城郊接合部。其中，浦东新区、闵行区、宝山区、嘉定区的外来流动人口占全市外来流动人口总量的 47.4%。

2003 年 8 月 15 日，上海开展外来流动人口抽样调查。此次调查对象是指在调查的标准时点上，在抽中居(村)委会所辖范围内(包括在地域范围内的各种企事业单位)，居住或逗留一天以上、非上海户籍的外省市人口(不包括在沪的外籍和港澳台人员，也不包括驻沪中国人民解放军现役军人和中国人民武装警察)。抽样调查表的内容主要分两部分：一是外来流动人口的户信息，包括户编号、住户类别、本户外来人口数及居住类型等；二是外来流动人口个人信息，包括姓名、与户主关系、性别、出生年月、户口所在地、何时来沪、来沪原因、持证状况、工作场所性质及月收入、从事职业、受教育程度及婚姻和生育状况等。

调查结果：2003 年 8 月 15 日，上海外来流动人口总数为 499 万人，占上海常住人口总量 1 745 万人的 28.6%。全市登记的居住半年以上的常住流动人口 412.6 万人(其中男性 254.8 万人，女性 157.8 万人)，占上海常住人口总量的 23.6%。

## 五、老年人口统计

2006 年起，上海建立《上海市老年人口和老龄事业监测统计调查制度》。

本项制度为综合统计制度，由市民政局和市老龄工作委员会负责组织实施，委托市统计局对有关综合部门或单位进行培训、布置，并负责调查数据处理。统计范围为上海涉及 60 岁及以上老年人服务的单位(机构)。统计内容主要包括人口年龄构成、各区县老年人口数、领取养老金情况、养老服务机构情况、老年医疗设施情况、老年教育情况、老年文化娱乐情况和老年维权工作情况等。调查时间为每年年底。

截至 2010 年末，60～64 岁人口比 2006 年末增加 36.49 万人，增长 53.6%；65～69 岁人口增加 9.78 万人，增长 18.7%；70～79 岁人口减少 3.92 万人，减少 3.6%；80 岁及以上人口增加 13.05 万人，增长 27.9%；100 岁及以上人口增加 317 人，增长 46.6%。

**表 10-3-1　2006—2010 年分年龄段老年人口统计表**

| 年　份 | 60 岁及以上(万人) | 65 岁及以上(万人) | 70 岁及以上(万人) | 80 岁及以上(万人) | 100 岁及以上(人) |
|---|---|---|---|---|---|
| 2006 | 275.62 | 207.58 | 155.20 | 46.78 | 680 |
| 2007 | 286.83 | 211.18 | 158.74 | 50.24 | 758 |
| 2008 | 300.57 | 214.50 | 160.65 | 53.44 | 836 |
| 2009 | 315.70 | 221.00 | 162.55 | 56.65 | 903 |
| 2010 | 331.02 | 226.49 | 164.33 | 59.83 | 997 |

表 10-3-2 2006—2010 年老年人口数量及占总人口比重统计表

| 年 份 | 总人口(万人) | 60 岁及以上 | | 65 岁及以上 | | 80 岁及以上 | |
|---|---|---|---|---|---|---|---|
| | | 人数(万人) | 比重(%) | 人数(万人) | 比重(%) | 人数(万人) | 比重(%) |
| 2006 | 1 368.08 | 275.62 | 20.1 | 207.58 | 15.2 | 46.78 | 3.4 |
| 2007 | 1 378.86 | 286.83 | 20.8 | 211.18 | 15.3 | 50.24 | 3.6 |
| 2008 | 1 391.04 | 300.57 | 21.6 | 214.50 | 15.4 | 53.44 | 3.8 |
| 2009 | 1 400.70 | 315.70 | 22.5 | 221.00 | 15.8 | 56.65 | 4.0 |
| 2010 | 1 412.32 | 331.02 | 23.4 | 226.49 | 16.0 | 59.83 | 4.2 |

## 六、居民出行调查

1981—2010 年,上海先后开展五次全市性的居民出行调查。除 1981 年第一次是独立进行之外,1986 年、1995 年、2004 年和 2009 年四次均是综合交通调查中的单项调查。

1981 年第一次居民出行调查人数为 21 万人,样本率为 3%。

1986 年第二次居民出行调查(即第一次综合交通调查之居民出行调查)调查人数为 24 万人,样本率为 2%。

1995 年开展的第三次居民出行调查(即第二次综合交通调查之居民出行调查)标准时间为 1995 年 11 月 22 日凌晨 2 时至 11 月 29 日凌晨 2 时。调查对象为常住或暂住在被抽中户 6 周岁及以上的居民。这次调查,以被抽中的乡、镇、街道为单位,采取随机等距的抽样方法,即每隔 100 户抽 1 户。被抽中的样本数量为 13 万人,约占全市总人口的 1%。这次调查的项目包括户调查内容 8 项、家庭户个人基本情况调查填写项目 9 项、家庭个人出行情况调查内容 9 项。

2004 年开展的第四次居民出行调查(即第三次综合交通调查之居民出行调查)标准时间为 2004 年 6 月 20 日凌晨 2 时至 6 月 27 日凌晨 2 时。调查对象为常住或暂住在被抽中户 6 周岁及以上的居民。调查范围分布在全市 19 个区、县的 161 个镇、街道,样本数量为 8.3 万人。调查项目包括户调查项目 7 项、本户个人基本情况 9 项、本户个人出行情况调查内容 10 项。

2009 年开展的第五次居民出行调查(即第四次综合交通调查之居民出行调查)标准时间为 2009 年 9 月 18 日凌晨 2 时至 9 月 25 日凌晨 2 时。调查对象为所有在被抽中户的住宅单位中居住、共同生活的 6 周岁及以上的现有人口(包括保姆、雇用者、寄居者),调查范围分布全市所有区县(18 个区 1 个县)的 203 个乡镇街道,1 072 个居(村)委,约 6 万户。调查内容方面,在延续以往调查基本内容基础上,根据交通发展新特点扩充大量调查内容,涉及 24 个具体调查项目。为确保历次数据的可比性,主要指标的选取基本保持延续,同时指标定义严格保持一致。对"一次出行"的定义,自 1986 年以后,严格规定为单程 400 米以上或步行时间 5 分钟以上,利用城市市政实施(城市道路与公路、公共交通设施)实现某一主要目的的单向出行活动。此外,为了反映时代变化特征和满足交通模型技术开发需要,对部分指标进行改进。例如:为了反映小客车在家庭中的使用特征,将原交通方式中的小客车方式分解为驾驶小汽车和乘坐小客车两项;为了更好地反映出行链的活动特征,增加轨道交通方式出行中轨道交通车站起讫点及前后交通接驳情况的调查内容;同时,增加有关世博参观意愿的调查内容等。

### 七、群众安全感调查

2001 年，建立群众安全感调查制度，每年开展一次，公安部委托国家统计局组织调查。根据 2009 年 11 月上海对全市 6 000 户家庭开展的“群众安全感调查”结果，上海群众安全感持续上升。2009 年，上海群众的安全感系数（即被调查市民对目前社会治安环境感受“安全”或“基本安全”的人数比重）为 91.4%，比 2008 年上升 0.2 个百分点。

## 第十节　景 气 调 查

### 一、全国企业景气调查制度的建立

20 世纪 90 年代初期，中国开始借鉴国外的经验开展企业景气调查，国家信息中心、中国人民银行、国家统计局等部门进行企业景气调查尝试，调查样本局限于工业企业。1998 年，国家统计局系统企业调查队成立，开始大规模开展景气调查，在德国 IFO 经济研究所的帮助下，形成一套既有中国特点，又适合国际一般规则的景气调查体系。调查对象包括所有大型企业和部分中小型企业，涉及工业、建筑业、交通运输仓储邮电业、批发和零售业、房地产业、社会服务业六大行业。2003 年，国家统计局统一部署，增加信息传输、计算机服务和软件业，住宿和餐饮业，形成八大行业并存的样本格局。企业景气调查以 3 个月作为一个调查期，全年共调查 4 次。

### 二、上海企业景气调查的开拓创新

市企业调查队自 1998 年开始在全市范围内进行企业景气调查。2006 年，上海调查总队接手企业景气调查工作。在国家制度的基础上，完善调查体系，逐步形成与上海建设“四个中心”更加适应的景气监测制度。

调整优化样本框结构。将过去以工业企业为主的调查样本，逐年更新轮换为工业、服务业并重，现代服务业适度扩充的样本结构。

建立六大支柱产业景气指数。配合上海产业优势大力发展的六大支柱产业进行景气监测，反映其变化需求。

建立区县特色产业景气调查制度。指导区县推进区域特色产业的景气调查工作，建立起青浦制造业、松江电子产业、浦东高科技产业、嘉定汽车产业等区域景气调查制度。

着力发挥企业监测功能。利用企业景气调查网络平台，抓住当前热点和焦点问题，组织策划数十项与上海社会和经济发展息息相关的专项调查。部分调查结果形成《统计信息》《统计报告》《统计要情》，及时为政府决策提供参考依据；部分分析报告为《中国信息报》等媒体广泛采用，在社会上取得较好反响。

### 三、上海企业景气调查方法和主要调查结果

完善调查制度，优化样本结构。在国家企业景气调查制度的基础上，结合上海的实际情况，编

制《上海市企业景气调查制度》,对样本结构不断优化与完善,既保持调查样本的统一性与完整性,又保证规模和行业分布上的连贯性和代表性,确保历年景气数据的平稳衔接。

分层调查和直接调查相结合。对于上海企业景气调查网络,不断进行规范和完善,建立企业集团、区县统计局、直属单位三个层次的统计调查网络,实行总队统计监测处直接调查和委托、聘用有关单位统计人员调查相结合的组织实施办法。与此同时,进一步加强与企业的联系交流。通过几年来的运作和磨合,建立了一个顺畅、稳定、健全、有序的企业景气调查统计网络结构和信息交流平台,获得了企业的理解和认可。

狠抓源头数据,强化数据质量控制。为保证调查配合程度,不断开发完善面向基层和区县使用的数据处理软件。针对部分区县景气调查的需求,及时向区县反馈调查数据,提供分析软件,提高他们参与调查的积极性和的调查水平。同时强化报表跟踪管理。在调查期前,提前联系,预先提醒;在上报期间,及时进行跟踪、查访工作。并且加强对各主管单位调查人员的培训。通过对源头数据的把关,控制数据质量。

明确职责分工,提高业务水平。年初制订工作计划,明确工作人员的职责,从各个时间节点来细化工作任务和完成要求。根据工作安排,合理调配任务,做到职责有分工、实施讲协作。在加强业务学习的同时统筹安排,确保整个调查工作的顺利进行。

## 四、景气指数的编制方法

景气指数,又称为景气度,是对企业景气调查中的定性指标通过定量方法加工汇总,综合反映某一特定调查群体或某一社会经济现象所处的状态或发展趋势的一种指标。景气指数的数值介于0和200之间,100为景气指数的临界值。景气指数大于100时,表明经济状况趋于上升或改善,处于景气状态;景气指数小于100时,表明经济状况趋于下降或恶化,处于不景气状态。

景气指数的计算方法是,按照回答某指标处于"好转"或"上升"状态的企业所占的比重,减去回答该指标处于"恶化"或"下降"状态的企业所占的比重。计算行业的景气指数要根据企业的规模进行加权,中小企业不加权,之后通过大型企业与中小型企业的样本比例再进行加权,总加权后得到行业景气指数;计算全市宏观景气指数要根据各行业的增加值在国内生产总值中所占的比重进行加权。

## 五、景气调查的指数含义及上海的实践应用

企业家信心指数,也称为宏观经济景气指数,是根据企业决策者对企业外部市场经济环境与宏观政策的认识、看法和对本行业发展状况的判断及其未来走势的预期而编制的指数,反映企业决策者对国家宏观经济发展的信心和预期,是企业决策者对当前宏观经济状况及未来走势的一种感觉、体验与期望,用以综合反映企业家对宏观经济环境的感觉与信心。企业景气指数,也称企业综合生产经营景气指数,是根据企业决策者对本企业当前生产经营情况的判断及未来企业生产经营状况的预期而编制的指数,是企业决策者对企业生产经营现状及未来景气动向的一种综合评价和判断,用以综合反映企业的生产经营状况。

2008年后,由于全球金融危机的蔓延,中国经济也受到冲击和影响。政府出台一系列扩内需、保增长的政策措施。根据频频出现的经济热点、难点问题,上海调查总队有针对性地自主开发了三

个季度的补充调查问卷，主题分别为本市企业劳动力需求的现状、当前工业企业的效益影响因素、政府刺激经济的政策对企业的惠及面等，并据此撰写多篇分析报告、统计专报。

# 第十一节　专项调查

## 一、专项调查制度

2006年，国家统计局上海调查总队成立，建立专项调查处，开展专项调查。统计专项调查以问卷、电话、面访等为主要调查形式，特点是调查周期短、针对性强、实施快速、决策时效好。调查包括专项调查设计、专项调查资料搜集和整理、专项分析研究、专项调查报告撰写等多个过程。调查任务包括：满足当代国民经济和社会发展重要活动及有关项目的需求，承担地方政府委托的各项统计调查任务，自行根据社会经济民生发展需要组织专项调查等。

## 二、专项调查项目介绍

上海调查总队组织的专项调查包括国家统计局布置的各项专项调查工作，如"全国未成年人思想道德建设情况和大学生思想政治教育情况调查""全国城市环境公众评议调查""高校招生制度改革调查""城市农民工生活质量状况调查"和"全国组织工作满意度民意调查"等。

完成市委、市政府下达的专项调查任务，有"上海市政府实事市民评议调查"和"2007年上海世界特殊奥运会调查"等。

完成委办局委托的调查，有"36个行业社会公众评议调查""执法机构调查数据录入处理和查询系统的编制""绿化行业社会公众评议调查""市民食品安全感调查""市民'双拥'意向调查""15家银行公众评议调查""市政道路社会公众评议调查""全国50个城市世博会意向民意调查""国内旅游调查""上海交通出行状况调查""入境旅游花费调查""上海地区仲裁意识和需求调查""上海市民对红十字会组织认知程度调查"和"窗口行业精神文明创建社会公众满意评价调查"等。

自行开展的调查有"市居民生活质量调查"和"市消费者信心调查"等。

## 三、市政府实事项目调查

上海调查总队自2006年来一直承接上海市政府实事项目调查，用具有说服力的数据反映市民对市政府十件实事（多项具体实事项目）的满意评价。

调查覆盖全市各个区，采用入户和拦截访问相结合的方式，每年总有效样本5 000个左右，包括部分入户样本以及部分拦截样本。在调查抽样方案设计中，充分考虑实事项目的具体内容和调查实施的可操作性，调查对象为实事受益群体。实事满意评价采用李克特量表形式，设有"很满意""较满意""一般""不满意"和"很不满意"5个选项，按5级评分计算，"很满意"为100分，"较满意"为80分，"一般"为60分，"不满意"为40分，"很不满意"为20分。

从实事项目件数来看，每年实事项目稳定在11个方面左右。从具体实事项目数量来看，每年的具体实事项目都稳定在20多项。其中，最多的是2009年和2010年，有28项具体实事项目；最少的是2006年和2008年，具体实事项目数都为22项。

市政府实事调查涵盖养老服务、环境保护、公共设施完善等各具特色的实事项目,深受市民欢迎和肯定。市民希望在养老、环境和公共服务方面有更进一步的提升。

2006—2010年,上海市政府实事项目调查满意度稳定在80多分。其中,2006年满意度85.7分,2007年84.0分,2008年83.7分,2009年82.5分,2010年85.1分。

得分最高的三项具体项目是"完成2.5万名'红十字'救护员和25万人的群众性现场初级急救培训"(93.8分,2010年),"免费为30万台家庭用水银血压计进行校准和小修"(93.4分,2010年),以及"完成2 500户低收入农户危旧房改造"(91.4分,2010年)。得分最低的三项具体项目是"新增就业岗位50万个,其中农村富余劳动力非农就业10万个"(72.0分,2010年),"在5家蔬菜批发市场和100家标准化菜市场建设蔬菜流通信息追溯体系"(77.3分,2010年),以及"完成100万个家用液化气等危险化学品气瓶的电子标签标识"(77.3分,2009年)。

# 第十一篇

## 统计制度方法

1978 年以来，为适应计划经济向市场经济转变的要求，市统计局对现行统计制度不断进行改革和充实，统计内容不断拓展，指标设置不断纳新，统计分组不断调整。从 90 年代开始，根据联合国新国民经济账户体系(SNA)核算原则，建立核算制度，探索地区国民经济核算体系，全面编制新国民经济核算体系的 5 个基本账户(上海 1990 年度国内生产总值及其使用账户、资金流量账户、资产负债账户、投入产出表、国际收支平衡账户)。经过探索、实践、改进，逐步由物质产品平衡表体系向新国民经济核算体系转轨过渡。以后，市统计局还对历年 GDP 总量进行分所有制的核算，测算信息产业、旅游产业、文化产业等重点产业增加值，建立金融、保险业统计制度等。1996 年，市统计局初步探讨“净要素收入”核算方法，完善国民生产总值(GNP)的测算制度。

上海在贯彻执行国家统计标准(统计分类标准)的基础上，根据上海产业结构特点和发展需要，制定了一系列地方统计标准。上海按国民经济各行业的单位规模(限额)确定统计调查范围，对不同规模的单位采取不同的调查方式。逐步制定上海现代制造业、现代服务业、会展及相关产业、体育及文化创意产业、生产性服务业、信息服务业等统计分类办法，建立上海统计数据标准体系。

为满足区域经济发展的需要，改革调查管理制度，上海实行两次“在地统计”改革。2002 年第一步“在地统计”改革，在部分地区已先行试点的基础上，进一步开展区县“在地统计”试点工作。用 3 年时间，实现从“以条为主”转向“以块为主”统计管理制度的改革目标。2005 年第二步“在地统计”改革，从当年报送月度统计资料起，用两年时间，按照“双轨制”运行方法，完善区县在地统计管理制度。

按照《上海市统计管理条例》，上海先后出台统计调查项目管理和建立统计登记制度等文件。文件规定了上海新建或作较大修改的统计调查项目的管理范围、管理机构及权限、审批原则、审批程序、审批周期及检查监督的实施细则。要求在上海范围内的国家机关、社会团体、企业、事业单位、经济联合组织、个体工商户以及其他有关组织均需进行统计登记。

# 第一章 统计制度

1983年12月8日，第六届全国人民代表大会常务委员会第三次会议通过的《中华人民共和国统计法》规定，统计调查项目必须按照经过批准的计划进行。统计调查计划按照统计调查项目编制。上海经济、社会发展需要新开展的全市性统计调查项目，由市统计局决定执行，报市人民政府备案；重大的统计调查项目，由市统计局报市人民政府批准后执行。

1995年6月15日，上海市人民政府颁布《上海市统计登记办法》，明确统计登记是指统计机构对上海范围内国家机关、社会团体、企业、事业单位、经济联合组织、个体工商户以及其他有关组织（以下统称单位）的基本情况进行登记注册活动。

从2002年起，在上海部分地区已先行试点的基础上，进一步开展区县"在地统计"试点工作。用3年左右的时间，基本实现从"以条为主"转向"以块为主"统计管理制度的改革目标。

## 第一节 在地统计

2001年3月，市统计局分别与黄浦区人民政府、闸北区人民政府、徐汇区人民政府联合印发《关于在黄浦区开展在地单位统计试点工作的通知》《关于在闸北区不夜城地区开展在地单位统计试点工作的通知》《关于在徐汇区开展在地单位统计试点工作的通知》。

2002年7月16日，上海市人民政府办公厅转发市统计局《关于本市开展"在地统计"试点工作的实施方案》。文件提出实施"在地统计"工作的目标：按照"精心试点、平稳过渡、全面推进"的要求，从2002年起，在上海部分地区已先行试点的基础上，进一步开展区县"在地统计"试点工作，积极探索按区县行政区域进行统计核算的所需条件和实施途径。争取用3年左右的时间，基本实现从"以条为主"转向"以块为主"统计管理制度的改革目标。试点时间暂定为3年，即从2002年到2004年。其中，2004年为上海实现"以块为主"统计管理制度的过渡期。

同年8月12日，市政府工作会议提出："要推进统计制度改革，扩大'在地统计'试点，逐步实现以条为主、以全面调查为主的传统统计方式，转向以块为主、以全面调查与抽样调查相结合的新型统计方式，更好地反映上海经济和社会运行的实情。"

同年8月19日，市统计局印发《上海"在地统计"试点工作实施细则》，将试点工作的职责分工、试点的方法和内容，以及对试点数据的管理和使用作出统一规定，并对各区县试点抄送报表目录、抄送时间、质量控制等均作具体规定。按照全市试点工作《实施方案》和《实施细则》规定，要求区县结合本地区实际，制定区县试点工作实施方案和实施细则，规范试点工作。

同年9月6日，上海市人民政府成立"在地统计"工作领导小组，副市长冯国勤任组长，市政府副秘书长杨雄任第一副组长，市统计局局长潘建新任副组长；领导小组由市编办、市计委、市经委、市商委、市教委、市科委、市建委、市农委、市外经贸委、市旅游委、市民政局、市财政局、市国税局、市工商局、市质量技监局、市统计局等部门组成。市"在地统计"工作领导小组办公室（简称市"在地统计"办公室）设在市统计局，市统计局副局长郭奕侃任办公室主任。

同年9月20日，市"在地统计"工作会议在上海图书馆召开。市委常委、副市长、市"在地统计"

工作领导小组组长冯国勤出席会议并讲话。冯国勤要求统一思想认识,加强组织领导,全面推进区县"在地统计"工作,并就为什么要推行"在地统计"工作,如何推行"在地统计"工作,提出六个方面具体要求:提高认识,增强信心;加强领导,精心组织;明确分工,落实责任;加强宣传,依法统计;加强部门协作,实现信息共享;加大统计改革力度,提高统计管理水平。

同年11月5日,市"在地统计"办公室印发《关于对抓好在地统计试点工作进行督促检查的通知》,要求各区县将在地统计工作领导机构成立和运行情况,区县在地统计工作实施方案制定和落实情况,区县、街道(乡镇)两级在地统计网络组建、人员编制落实情况,在地统计工作宣传情况,规定的统计年、定报表抄送工作情况(包括抄送覆盖率和质量),按时报市"在地统计"办公室。

同年12月13日,市"在地统计"办公室、市统计局向副市长、市"在地统计"工作领导小组组长冯国勤汇报开展在地统计工作报表抄送情况。12月16日,冯国勤批示:建新同志可将各区县关于2001年度年报抄送进度按信息列表通报并送各区县主要领导参阅,以推动此项工作。

2002年12月,市"在地统计"办公室根据《上海"在地统计"试点工作实施细则》规定的报表抄送范围,制订"区县在地统计报表抄送情况表"下发区县,由区县填报,市统计局进行核对,并做好2001年年报和2002年下半年定报的报表抄送和数据"双轨制"比较。

2003年,市"在地统计"办公室根据市领导对《关于本市开展在地统计工作报表抄送情况的汇报》材料的批示精神,统一组织市统计局和各区县统计局对试点报表抄送情况进行两次检查与核对,主要内容为2001年统计年报、2002年统计年报和2003年上半年统计定报,并分别于1月17日和8月20日,将区县试点报表抄送结果以列表形式向各区县主要负责人通报,同时将该材料抄报分管市领导。

根据在地统计试点工作要求,为保证区域增加值的测算质量,市统计局制定《上海市区(县)区域增加值统计报表制度》,并建立质量评估制度,于6月底前顺利完成2002年年度区县总产出、增加值、从业人员和固定资产原值等指标的测算试点工作。

市"在地统计"办公室根据试点工作情况,先后两次对试点实施细则进行修订与完善,于2003年2月20日和12月11日印发《上海在地统计试点工作实施细则(修订稿)》和《上海在地统计试点工作实施细则(2004)》:对试点实施细则进行修订与完善,对试点的总体要求、职责分工、内容与方法及试点数据的使用和管理均作进一步的明确规定;并对各区县试点抄送报表目录、抄送时间、质量控制也作进一步的具体规定。在此基础上,各区县紧密结合本地区实际,分别制订本区县的试点工作计划。

2004年,市统计局建立区县在地统计试点工作例会制度,不定期地召开区县在地统计工作协调会,重点检查、协调和落实试点报表同步抄送与上报工作。

同年12月1日,上海市人民政府办公厅印发《关于本市全面实行区县在地统计管理制度的通知》,要求从2005年起,在全市范围内全面实行"条块结合,以块为主"的区县在地统计管理制度。即按照单位经营地统计原则,对各区县行政区域内的各类单位,除部分不宜按区域划分其经营活动的单位外,不论其行政隶属关系、所有制性质、经营方式,均由其所在区县的政府统计机构依法行使统计职能。对部分不宜按区县行政区域划分其生产经营活动情况的单位和项目,经市统计局确认,不列入区县在地统计实施范围,由市统计局直接负责统计并测算后,按期反馈有关区县统计局。不宜按区县行政区域划分的单位和项目主要是指生产经营业务不能按区域划分、财务上实行统一核算的单位和跨越区县范围的城市建设项目。从2005年报送月度统计资料起,争取用两年左右的时间,按照"双轨制"运行方法,进一步完善区县在地统计管理制度。在此期间,各有关中央所属、市属单位将市统计局指定的统计报表报送有关区县政府统计机构，以有关区县统计局为主汇总数据并报送市统计局，同时按规定抄送市主管部门，由市主管部门汇总、审核后，报送市统计局。

2004 年 12 月 15 日，市“在地统计”办公室印发《不列入 2005 年本市区县在地统计实施范围的单位和建设项目名单》《由有关区县统计局直接收集统计报表的大型企业名单》《2005 年实施区县在地统计的统计报表目录》三个文件。根据在地统计工作情况，市“在地统计”办公室于 2005 年 12 月印发《不列入 2006 年本市区县在地统计实施范围的单位和建设项目名单》《由有关区县统计局直接收集统计报表的大型企业名单》《实施区县在地统计的 2005 年统计年报和 2006 年统计定报目录》三个文件，于 2006 年 12 月印发《不列入 2007 年本市区县在地统计实施范围的单位和建设项目名单》《实施区县在地统计的 2006 年报和 2007 年统计定报目录》两个文件。

从 2005 年起，上海采用实行“以块为主”的方式采集、汇总全市主要总量统计数据，不再对按条与按块采集的企业数据进行逐一核对，而改为重点对区域总量数据进行核对与审核。从 2005 年、2006 年的在地统计运行情况看，按“以块为主”采集的总数据与以往“以条为主”的总量数据基本相衔接，报表报送的及时性和准确性基本符合统计方法制度的规定。

## 第二节　统计调查项目管理

### 一、统计调查项目管理的法律依据

1983 年 12 月 8 日，第六届全国人民代表大会常务委员会第三次会议通过的《中华人民共和国统计法》规定：统计调查必须按照经过批准的计划进行。统计调查计划按照统计调查项目编制。1993 年 12 月 15 日上海市第十届人民代表大会常务委员会第六次会议通过，1997 年 8 月 13 日上海市第十届人民代表大会常务委员会第三十八次会议修改的《上海市统计管理条例》规定：根据本市经济、社会发展需要新开展的全市性统计调查项目，由市统计局决定执行，报市人民政府备案；重大的统计调查项目，由市统计局报市人民政府批准后执行。国家规定的、常规性的统计调查项目除外。全市性统计调查表，由市统计局制订，或者由市统计局会同有关主管部门共同制订。市和区、县人民政府其他各部门下发的专业性统计调查表，调查范围属部门管辖的，由该部门制订，报本级人民政府统计机构备案；调查范围超出本部门管辖的，由该部门拟定，报本级人民政府统计机构审批。地区性统计调查表，由区、县人民政府统计机构制订，或者会同有关部门共同制订。市和区、县非常设机构需要制发统计调查表的，应当报本级人民政府统计机构审批。

### 二、上海统计调查项目管理推进过程

1997 年 1 月 10 日，国家统计局印发《统计调查项目审批管理规定》的管理范围，凡以国家统计局批准文件正式布置，由国家统计局的司、队、中心、普查办公室等单位组织实施的统计调查，以及由国家统计局与国务院有关部门共同组织实施的统计调查。《规定》明确国家统计局设立统计调查项目审议小组，负责审议新建或作较大修改的统计调查项目。

同年 10 月 10 日，市统计局印发《统计调查项目审批管理规定》（以下简称《规定》）。《规定》分管理范围、审查机构及审批权限、审批原则、审批程序、监督管理五个部分。《规定》明确，拟新建统计调查项目，应在拟实施前提出立项计划，并填写新建统计调查项目审批表，概要说明立项的主要

依据、调查目的、调查范围、主要指标、报告频率、经费预算与来源等情况。立项时应附送设计方案,包括总说明、报表目录、基层表、综合表、调查方法、填报要求、分类标准、指标解释、逻辑关系及实施方案等。市统计局对立项申请和调查方案的科学性、可行性做出初步审查意见,进入报批流程:(1)根据初步审查意见,由分管局长对统计调查项目进行审定。(2)经主管局长签发后,由相关业务处室办理统一编号的批准文号,由立项单位以市统计局名义统一发文,并印发统计调查制度。

2005年6月21日,市统计局印发《关于报送〈统计调查项目审批(备案)立项情况表〉及统计调查项目备案的通知》,要求从2005年7月起,各区、县统计局于次月5日前(节假日顺延)将本月的统计调查项目审批(备案)立项情况表和经审批(备案)的统计调查项目的方案、表式等复印件及Word文档报市统计局业务处室备案。若本月无审批(备案)项目,应电话告知市统计局。市统计局将定期在"上海统计网"上把各区、县统计局统计调查项目审批(备案)立项情况予以公布,以接受社会公众的监督。

2006年2月13日,国家统计局印发《关于加强对地方统计调查项目管理的通知》,要求各级统计局要从统计工作的大局和长远利益出发,进一步加强对统计调查项目的管理。除必要的内容外,要严格控制对国家统计调查内容的调整。确需开展的地方统计调查项目,应按以下原则进行:统筹安排,制定年度计划并上报上级统计局;统计调查必须有明确的调查目的和服务对象,所需的调查人员和经费要有相应的保障;调查方法要力求科学合理。应充分利用现有资料,最大限度地减少调查频率,缩小调查规模,降低调查成本;所涉及的统计指标、统计标准和分类等必须符合国家标准或国家统计局的相关规定。

同年4月7日,国家统计局办公室印发《地方统计调查项目管理工作流程(试行)》,对地方统计调查项目进行界定:地方统计调查项目是指地方人民政府统计机构开展的地方性统计调查项目。国家统计局负责省级地方统计调查项目的审批、备案工作,统计设计管理司为具体承办机构。审批类项目管理工作流程包括申请、审批、管理。备案类项目管理工作流程包括申请、备案、管理。

同年11月20日,市统计局印发《关于加强区县统计调查项目管理的通知》,明确要求各区、县统计局应严格执行国家统计局、市统计局、上海调查总队统一制发的各类统计报表制度,对统计报表制度中规定的填报范围、统计表式、指标设置及统计口径,不得作任何更改。各区、县统计局对中央属、市属等单位除市统计局明文规定的报表外不得另行制发统计调查项目(制度)。各区、县统计局在本区范围内开展普查、重大调查必须经市统计局审批。各区、县统计局在原区级范围内的统计调查项目仍按《关于报送〈统计调查项目审批(备案)立项情况表〉及统计调查项目备案的通知》要求向市统计局备案。

2009年6月27日,经第十一届全国人民代表大会常务委员会第九次会议通过的《中华人民共和国统计法(2009年修正)》规定:

统计调查项目包括国家、部门和地方统计调查项目。

国家统计调查项目是指全国性基本情况的统计调查项目。部门统计调查项目是指国务院有关部门的专业性统计调查项目。地方统计调查项目是指县级以上地方人民政府及其部门的地方性统计调查项目。

国家统计调查项目、部门统计调查项目、地方统计调查项目应当明确分工,互相衔接,不得重复。

国家统计调查项目由国家统计局制定,或者由国家统计局和国务院有关部门共同制定,报国务院备案;重大的国家统计调查项目报国务院审批。

部门统计调查项目由国务院有关部门制定。统计调查对象属于本部门管辖系统的，报国家统计局备案；统计调查对象超出本部门管辖系统的，报国家统计局审批。

地方统计调查项目由县级以上地方人民政府统计机构和有关部门分别制定或者共同制定。其中，由省级人民政府统计机构单独制定或者和有关部门共同制定的，报国家统计局审批；由省级以下人民政府统计机构单独制定或者和有关部门共同制定的，报省级人民政府统计机构审批；由县级以上地方人民政府有关部门制定的，报本级人民政府统计机构审批。

2010 年 12 月 14 日，市统计局、上海调查总队《上海市统计调查项目审批管理工作规程》，对上海的统计调查项目管理范围、管理机构及权限、审批原则、审批程序、审批周期、检查核监督管理等方面进一步加以明确。

管理的地方统计调查项目范围包括：上海调整国家统计调查制度，上海建立(修订)普查项目、常规统计调查项目、专项统计调查项目、试点统计调查项目等。上述统计调查项目按建立(修订)主体可分为市统计局、上海调查总队单独建立(修订)或者与市人民政府有关部门共同建立(修订)的统计调查项目；区(县)统计机构单独建立(修订)或者与区(县)人民政府有关部门共同建立(修订)的统计调查项目；市、区(县)人民政府有关部门单独建立(修订)的统计调查项目。

市统计局负责上海本地区统计调查项目管理工作，具体负责统计调查项目的日常审批和协调管理工作。各区(县)统计机构指定统计调查项目的管理部门，负责本地区统计调查项目的审核、报批和协调管理工作。各级人民政府有关部门应指定统计调查项目的综合管理部门，负责本部门统计调查项目审核、报批和协调管理工作。

市统计局、上海调查总队单独建立(修订)或者与市人民政府有关部门共同建立(修订)的统计调查项目，经市统计局核准，报国家统计局审批；市人民政府有关部门单独建立(修订)的统计调查项目，报市统计局审批；区(县)统计机构单独建立(修订)或者与区(县)人民政府有关部门共同建立(修订)的统计调查项目，经区县统计调查项目管理部门核准，报市统计局审批；区(县)人民政府有关部门单独建立(修订)的统计调查项目，报同级人民政府统计机构审批。

## 第三节　统 计 登 记

1993 年 12 月 15 日，上海市第十届人民代表大会常务委员会第六次会议通过的《上海市统计管理条例》规定，各部门、各社会团体、企业、事业单位、各种经济联合组织和个体工商户，在开业或者发生行政区划变动、管理体制变化、机构调整等情况时，应当在决定或者被批准之日起 30 日内到有关的统计机构登记或者更改统计登记，并按照规定的统计范围和报送渠道报送统计资料，做好有关统计档案的管理或者移交工作。

1994 年 8 月 22 日，市财政局、市物价局联合发文，核定统计登记证工本费为每证收取 50 元。(根据市财政局、市物价局《关于取消和调整本市部分行政事业性收费的通知》精神，2004 年 12 月 6 日起，统计登记证工本费收费标准由原 50 元调整为 20 元。根据市财政局、市物价局《关于做好 2010 年行政事业性收费清理后续管理工作的通知》精神，上海统计登记工本费自 2011 年 1 月 1 日起取消。)

1995 年 3 月 21 日，根据《上海市统计管理条例》有关规定，市统计局成立市统计登记办公室，组织开展全市统计登记工作。

同年 6 月 15 日，上海市人民政府颁布《上海市统计登记办法》。《办法》明确，统计登记是指统计机构对本市范围内国家机关、社会团体、企业、事业单位、经济联合组织、个体工商户以及其他有关组织(以下统称单位)的基本情况进行登记注册活动。《办法》规定：本办法实施以前已经设立的单位，应当在本办法实施之日起的四个月内办理统计登记手续；本办法实施以后新设立的单位，应当在设立之日起30日内办理统计登记手续。对已办理统计登记证的单位，在发生下列变更情况之一时，应在变更后的30日内向原负责登记的统计机构申请变更登记：(1)单位名称变化的；(2)单位地址变化的；(3)单位合并或者分立的；(4)单位性质变化的；(5)单位经济类型变化的；(6)单位从属关系变化的。

同年7月21日，市统计局发布公告，定于当年8月1日起在全市进行统计登记工作，要求全市范围内国家机关、社会团体、企业、事业单位、经济联合组织、个体工商户以及其他有关组织均需进行统计登记。

1999年3月3日，国家统计局下发《关于在上海市开展利用IC卡进行统计登记试点工作的通知》。为进一步搞好基本单位统计工作，规范基层统计调查单位，及时对基本单位名录库进行动态维护，国家统计局决定在上海(结合统计登记证)开展利用IC卡进行统计登记的试点工作。

IC智能型统计证是可以储存和提供企业(单位)基本名录信息、主要属性以及基本经济活动信息，并对这些信息进行自动采集、处理的统计智能卡。

1999年9月17日，市统计局发文，决定在徐汇区、浦东新区、青浦县等区县开展利用基本单位统计卡(简称IC统计卡)应用试点工作。经国家统计局和市国民经济和社会信息化领导小组批准，2000年1月起，IC智能统计证在上海统计登记工作中全面推广使用。

2004年4月22日，市统计登记办公室下发《关于调整本市统计登记项目的通知》，对上海市统计登记规定进行部分调整。自2004年4月30日起，停止IC统计卡收费办理工作，IC统计卡实行自愿免费办理。

# 第二章　国民经济核算制度

作为一种统计核算制度，中国从20世纪50年代初到1984年的国民经济核算体系，是按计划经济体制需要建立的物质产品平衡表体系。1992年，国务院发布《关于实施新国民经济核算体系方案的通知》，要求到1995年基本实现新国民经济核算体系的全面过渡。1996年下半年开始，市统计局按月向市领导提供各区、县增加值数据。同年，市统计局初步探讨"净要素收入"核算方法，完善国民生产总值(GNP)的测算制度。

2005年，上海建立区(县)定期测算增加值制度，规定区县季度GDP由市统计局统一测算后反馈给各区(县)。

市统计局联合有关大专院校，针对社会经济运行中的难点热点，研制出一些专题指标体系，并在工作中应用，如宏观经济景气监测和预警系统、非公有制经济发展统计指标体系和国有经济控制力核算方法等。

## 第一节　国民经济核算制度的沿革

国际上曾经同时存在两大国民经济核算体系：一是产生于苏联、东欧高度集中的计划经济国家的物质产品平衡体系(简称MPS)；二是产生于西方发达市场经济国家的国民经济账户体系(简称SNA)。从20世纪50年代初到1984年，中国国民经济核算基本属于MPS体系，它与高度集中的计划经济体制相适应。随着改革开放的逐步发展，经济体制和经济运行机制发生深刻变化，MPS的核算指标已不适应发展社会主义商品经济的要求，无法整体上反映经济运行状况。1992年，国务院发布《关于实施新国民经济核算体系方案的通知》，要求在全国分两步实施新国民经济核算体系方案：第一步，从1992到1993年建立国家和省两级新核算体系基本框架，实现初步过渡；第二步，到1995年基本完成新国民经济核算体系的全面过渡。

### 一、MPS和SNA共存阶段(20世纪80年代中期—1993年)

20世纪80年代中期至1990年，国民经济核算核心指标仍然是MPS体系的国民收入，国内生产总值只是附属指标，计算方法处于探索之中。市统计局于1984年在全市范围开展国民生产总值普查，于1985年试编资金流量表，于1987年试编投入产出表。自1987年开始，计算按生产部门分组的社会总产出、中间消耗等指标。进入90年代，国家统计局加大改革力度，在1992年《国民生产总值、国民收入统计主要指标解释及测算方案》中，国内生产总值由附属地位变成核心地位。1993年《国内生产总值指标解释及测算方案》取消国民收入核算方法，标志中国国民经济核算实际上已经从MPS体系和SNA体系并存阶段，进入到SNA体系阶段。

根据国家统计局统一安排，上海积极稳妥推进国民经济核算制度的过渡。1990年2月，上海市政府批准成立由市计委、市科委、市财政局、市经济研究中心、市经济体制改革办公室、市工商行政管理局、中国人民银行上海分行、市统计局共同组成的市国民经济核算协调小组，市计委副主任潘洪萱任组长,市统计局局长李懋欢,副局长颜德纶、黄璋任副组长。

同年,市统计局在全市开展增加值试点,根据上海具体情况拟订详细的资料收集方案,编制数据处理程序,并承接国家统计局下达的任务,探索建立非物质生产部门价值量统计问题。1991 年,市统计局完成国民经济核算体系中国内生产总值的生产与使用,资金流量和资产负债等账户(1989 年度)编制工作,这是上海首次较全面地编制国民经济账户;完成 1990 年投入产出延长表的编制,为保证编表质量,专门组织重点单位调查,收集基础资料。

1992 年 4 月,为了加强上海国民经济核算体系改革工作的统一领导,市政府调整市国民经济核算协调小组组成人员。副市长庄晓天任组长,市人民政府副秘书长陈祥麟、蔡来兴,市统计局局长李懋欢任副组长。国民经济核算协调小组的主要任务是根据国家统一部署,协调各部门与国民经济核算有关的各项工作,开展有关国民经济核算的理论与实践的科学研究。当年起,上海按月测算生产总值,开展生产总值的短期和中长期预测等,以满足政府部门宏观调控的需要。1993 年,为了调控上海产业结构,贯彻实施"三、二、一"的产业发展方针,在市政府的领导下,市统计局进行第一次第三产业普查,为各级党委、政府提供上海第三产业发展状况的数据资料。在此基础上,市统计局还对历年 GDP 总量进行分所有制的核算,测算信息产业、旅游产业、文化产业等重点产业增加值,建立金融、保险业统计制度等。

1993 年,上海首次参加市统计局与日本的双边国际比较项目(简称 ICP)工作,试算出上海与日本的购买力平价,进而推算出人民币与美元的购买力平价。市统计局在国际比较项目的统计分析中,撰写多篇分析文章,如《关于人民币与美元比价计算 GDP 方法的研究》《上海与日本消费水平比较研究》等,均受到社会的高度重视,并获得有关部门的奖励。《上海经济实力的重新评价》获得 1995—1996 年度市统计局决策咨询研究成果奖二等奖。

## 二、SNA 体系发展阶段(1994—2002 年)

1995 年,中国基本实现新国民经济核算体系全面过渡。市统计局完整地编制新核算体系的全部表式和账户,根据国家统计局要求,将按"国民收入"口径核算的历史数据调整为"国内生产总值"口径的数据。当年,市统计局建立统一规范的地区核算制度,初步开展对各区、县增加值的规范工作,拟订并布置区、县增加值年报、月报制度。1996 年下半年开始,市统计局按月向市领导提供各区、县增加值数据。同年,市统计局进一步扩大金融市场统计范围,建立全市金融保险企业年报统计制度。同时,市统计局初步探讨"净要素收入"核算方法,完善国民生产总值(GNP)的测算制度。

在此期间,市统计局组织技术力量,对 GDP 核算方法制度集中开展研究。2000 年,开展"关于构建上海信息产业核算制度的研究"。2001 年,开展"国有经济控制力核算的方法研究"和"上海市城镇居民住宅资产核算"。2002 年后,陆续完成"90 年代以来上海资金投入对经济增长的影响研究""上海地区间经济流量的核算研究"和"经济循环指标的研究"等课题。《构建反映本市金融业地位和作用的评价指标体系》(2002 年)获得全国统计制度方法改革研究优秀论文一等奖。

## 三、SNA 体系完善阶段(2003 年—　)

国家统计局总结前期改革成果,形成《中国国民经济核算体系(2002)》,在核算框架、指标概念和分类标准等方面进一步与最新国际标准(SNA 1993)衔接。

2003年起，国家统计局利用第一次经济普查(2003年)和第二次经济普查(2008年)的成果，健全统计报表制度，完善国民经济核算方法，在2005年、2010年修改GDP核算方案和组织修订历史数据，同时参照国际惯例，对GDP核算和数据发布程序进行改革。上海国民经济核算工作也做出相应调整：(1) 在2006年和2010年根据经济普查数据修订历史数据；(2) 2003年，市统计局取消GDP月度核算，规范市、区(县)两级GDP数据核算、修订和发布程序，按照常住人口计算人均GDP；2004年，“上海市国内生产总值”正式更名为“上海市生产总值”，简称为“上海GDP”。(3) 2005年，国家统计局建立地区GDP数据联审制度和统一发布制度。上海季度GDP数据须经国家统计局统一联审确认后才可对外发布。(4) 2004年，国家统计局要求各省(自治区、直辖市)逐步建立地区GDP核算“下算一级”的制度。上海建立区(县)定期测算增加值制度，规定2005年起，区县季度GDP由市统计局统一测算后反馈给各区(县)。

上海参加2002年和2007年全国年投入产出调查，并编制上海地区投入产出表。在两次投入产出调查中，市统计局在国家布置的调查点数的基础上，不同程度增扩地区调查单位数量，适当增加基层调查表，以加强地区投入产出表的数据基础。市统计局还编制2005年和2010年投入产出延长表。同时，市统计局参加了2003年、2004年和2005年国际比较项目的研究活动。在2004年和2005年国际比较项目中，GDP支出总量被要求拆分为155个细分项目。除上述核算工作，市统计局加强与市金融办、银监局、证监局等部门合作，扩展金融统计覆盖范围，探索如何科学核算银行总部对上海GDP的影响、完善金融业增加值的核算方法。完成《上海国民经济核算资料(1949年—2000年)》和《上海国民经济核算资料(1978年—2005年)》的汇编。

2006年，国家统计局正式实施《海洋生产总值核算制度》，规定11个沿海省(自治区、直辖市)和53个沿海城市按照半年、全年计算海洋生产总值。上海作为沿海城市参加该项活动，定期向市海洋局提供相关核算数据。2005年起，联合国统计司与中国水利部、国家统计局合作开展“中国水资源统计核算”项目，该项目为“水资源环境经济核算体系(SEEAW)”在中国的应用。2007年，上海被确定为2个试点核算行政区域之一后，市水务局和市统计局联合成立领导小组和工作小组，历时3年，最后完成1篇总报告、5个账户研究报告和6个专题研究报告，顺利通过由中国工程院院士王浩担任组长的专家组验收。其中，市统计局为主完成《市统计局水资源核算混合和经济账户技术规程》和《市统计局水资源核算混合和经济账户报告》两篇研究报告，并协助完成《市统计局涉水对象分类名称及代码》等专题及账户报告。

在国民经济核算研究方面，市统计局采取自主研究和合作研究相结合的方式。一方面，市统计局承担的课题主要有GDP收入分配研究、GDP环比统计研究、GDP与税收收入关系研究、资产负债表和金融业投入产出表的编制方法研究等，每年均完成多篇统计专报、信息和报告，为各级领导和相关部门提供信息和决策依据。另一方面，就是在投入产出研究的对外合作。2002年和2007年，上海投入产出研究课题采用定向招标，与复旦大学、上海财经大学和上海社会科学院等单位签订合同，立项研究，最后分别完成24篇和7篇课题研究报告。

## 第二节 专题统计指标体系

在统计研究中，任何一个统计指标只能从某一个侧面来反映现象总体的特征。客观存在的现象总体是多方面相互联系的复杂的整体，要反映总体的特征，就只能依赖于统计指标体系，以反映其全貌，说明现象间的依存关系、因果关系、平衡关系等。

20 世纪 90 年代以来,市统计局、上海调查总队及有关大专院校教师根据市委、市政府的重点工作和社会经济运行中的难点热点,研制出一些专题指标体系,并在工作中应用。

## 一、宏观经济景气监测和预警统计指标体系

1993 年,市统计局研制出宏观经济景气监测和预警统计指标体系。开展宏观经济景气监测和预警,是运用一系列统计指标和统计方法进行量化分析,确定宏观经济调控的适度界限,通过经济运行的即期和未来不同状态的描述,为决策者实施调控提供依据。

宏观经济景气监测和预警系统主要包括两个部分:一是监测预警指标方法,包括指标选择、指标体系设计、指标分类等;二是监测预警综合分析方法,包括宏观计量经济模型方法、预警灯号方法等。

整个指标体系由 17 项景气指标构成,分别为国内生产总值、工业总产值、固定资产投资总额、社会消费品零售总额、外贸出口总额、外贸进口总额、地方财政支出总额、地方财政收入总额、金融机构贷款余额、金融机构企业存款余额、居民消费价格指数、工业产品产销率、货物运输总量、股票交易额、外商直接投资合同金额、月末商品库存总额、城市居民家庭人均可支配收入。

## 二、非公有制经济发展统计指标体系

2001 年,市统计局研制出非公有制经济发展统计指标体系,以系统反映非公有制经济在国民经济中地位和作用,反映国民经济运行过程中所有制结构变化。

整个指标体系由综合统计指标体系、专业统计指标体系和统计分析指标体系三大类组成。综合统计指标主要包括非公有制经济增加值总量及结构(如三次产业或各行业的增加值)、增长率、实收资本金、利税总额、从业人数、固定资产投资额、固定资本原值年末占用数等。专业统计指标主要包括工业总产值、建筑施工产值、商品销售总额、服务业营业额等。统计分析指标主要包括非公有制经济增加值对全市经济的贡献(对三次产业或各行业的贡献)等经济贡献率指标,人均创造的增加值(利税、工业产值、商业销售额、服务业营业额)等劳动生产率指标,每百元资本金(或固定资产等)提供的增加值(利税、工业产值、商业销售额、服务业营业额)等资产利用效益指标,从业人员人均占用的固定资产(资本金)等人均装备系数指标。

## 三、国有经济控制力核算方法

2001 年,市统计局研制出国有经济控制力核算方法,为党政部门决策提供依据,以实现国民经济稳定协调发展和长期动态平衡。

核算方法主要内容:(1) 国有经济总量规模。通过核算国有经济总量及其在国民经济中的比重,反映国有经济对整个社会经济的控制程力。(2) 国有经济的行业分布。通过核算国有经济在国民经济各行业中的分布状况,研究其分布的科学性及合理性,并可反映国有经济在关系国民经济命脉的重要行业中是否占有支配地位。(3) 国有资本对社会资本的调动力。通过核算国有资本金的规模和分布状况,可以掌握国有资本金对社会资本金的调动能力,尤其是在国有经济必须控制的行业中对社会资本金的调动能力。(4) 国有经济控制力的实现方式。通过核算国有经济控制力结

构,可以了解国有经济主要是依靠国有独资公司,还是依靠控股方式(包括绝对控股和相对控股)来实现其控制力,从而反映国有经济控制力实现方式是否科学。

指标体系的基本框架包括投入指标、产出指标、效益指标和综合指标四类。投入指标：实收资本金、实收资本金占全市实收资本金比重、固定资产原价、固定资产原价占全市固定资产原价比重、固定资产净值、固定资产净值占全市固定资产净值比重、从业人数、从业人数占全市从业人数比重、劳动者报酬、劳动者报酬占全市劳动者报酬比重、企业单位数、企业单位数占全市企业单位数比重。产出指标：增加值、增加值占全市 GDP 比重、工业产品销售收入、工业产品销售收入占全市工业产品销售收入比重。效益指标：劳动生产率、百元资本金创造的增加值、百元固定资产创造的增加值。综合指标：人均装备系数、国有资本调动系数。

## 四、郊区现代化统计指标体系

上海郊区现代化的实质是消除农业与工业的、城市与农村之间的基本差别,最终全面实现农业现代化、郊区城市化。2001 年,市统计局研制出郊区现代化统计指标体系,从上海的实际出发,借鉴世界上发达国家的成功经验,为指导上海农村工作提供依据。

整个指标体系由两大部分组成：一是农业现代化指标体系,主要从农业生产的质量出发,由农业生态环境、农业装备、农业经营管理、农业科学应用和农业结构与增长 5 个子系统、16 个指标组成;二是郊区城市化指标体系,由郊区经济发展和效益、郊区社会发展、郊区城镇基础设施及环境保护、郊区居民生活质量 4 个子系统、28 个指标组成。

## 五、现代物流产业统计方法制度

“十五”规划中,上海将发展现代物流产业作为新兴支柱产业之一。2001 年,市统计局针对上海实际情况,开展对现代物流产业统计的研究,力求全面客观地反映上海物流产业发展的轨迹及对上海经济所做的贡献。

现代物流统计的行业涉及交通运输、仓储、工业、批发零售贸易、金融等系统。根据国家行业标准分类,物流主体产业范畴可定为铁路运输业、公路运输业、水上运输业、航空运输业、港口及交通运输辅助业、交通仓储业、批发零售贸易业、餐饮业、物流广告业、物流计算机应用服务业等;物流相关产业统计范畴可定为与物流相关的包装装潢印刷业、与物流相关的交通运输设备制造业、修理业、集装箱制造业、交通设施工程建筑业、仓储租赁业、物流邮电通信业、与物流有关的金融业、与物流有关的保险业、物流教育及培训业、与物流相关的国家机关、与物流相关的社会团体等。

整个指标体系由两大部分组成：一是产业核算指标,包括总产出、增加值、劳动者报酬、营业税金、固定资产当年折旧、营业利润、中间消耗、固定资产平均占用余额、平均从业人数;二是主要业务指标,包括货运量、货物周转量、集装箱吞吐量、港口货物吞吐量、批发销售额、配送中心销售(营业)额、电子商务。

## 六、科教兴市指标体系

科教兴市是上海经济与社会发展主战略,是根据自身发展水平、发展阶段和发展目标确立的,是落实科学发展观的核心举措。2003年,市统计局副局长柳伟忠为组长的课题组研制出科教兴市指标体系,进行定量评价,以全面、客观、综合地反映上海科教兴市发展主战略实施的效果和进程。

整个指标体系由核心指标、评估指标、比较指标和监测指标4个相对独立的子指标体系组成,分别体现导向性、针对性、可比性和系统性。其中,核心指标由全社会R&D投入相当于GDP比例、劳动力人口中接受过高等教育的比重、每十万人口发明专利、高技术产业自主知识产权拥有率、高技术产值占工业总产值比重、知识服务业增加值占服务业增加值比重、科技进步贡献率、每万元GDP综合能耗、环境质量指数、张江创新指数等10个指标构成。评估指标根据不同评估对象,分别由区县评估指标、企业评估指标、科研院所评估指标、高校评估指标组成。比较指标由国内比较指标、国际比较指标组成:国内比较指标包括4个大类、11个中类、40项指标,兼容国家统计局、科技部、教育部等相关部委的相关统计指标体系;国际比较指标从4个角度选取19项指标进行评价分析。监测指标由科教投入水平指标、科教发展基础指标和科教发展绩效指标组成,具体包括科技投入、教育投入、人力资源、信息化程度、科教基础设施、经济增长水平及质量、高技术产业产出、自主创新能力、新兴产业培育、知识产出水平、科技成果转化、产业结构升级、环境保护成效等13类,共86项指标。

## 七、城市综合竞争力评价指标体系

2000年,上海市委把“增强城市综合竞争力”确定为上海“十五”发展的主线。2003年,市统计局总经济师蔡旭初为组长的课题组研制出城市综合竞争力评价指标体系,以合理的统计指标体系和评价方法,开展城市综合竞争力的测算与评价,从量化的角度来反映上海提升综合竞争力的动态过程,为实现“十五”发展战略目标提供科学的量化依据。

整个指标体系由6个大类、21个中类、共88项指标构成。经济运行与城市综合实力指标群由经济总量、经济结构和综合效益等指标构成。开放程度与综合服务功能指标群由集聚辐射功能、信息服务功能、金融服务功能、口岸服务功能、对外服务功能等指标构成。基础设施与综合发展环境指标群由人口发展、基础设施、生态环境和资源保护等指标构成。科技开发与技术创新能力指标群由开发投入、成果产出和技术转化等指标构成。社会发展与综合管理水平指标群由公共管理、社会治安和社区建设等指标构成。人民生活与市民综合素质指标群由健康水平、文化素质和生活质量等指标构成。

## 八、率先基本实现现代化指标体系

为了全面反映上海现代化建设的进程和特征,客观衡量上海现代化实现程度及与世界先进水平的差距,2003年,市统计局总经济师蔡旭初为组长的课题组研制出率先基本实现现代化指标体系,在比较借鉴国内外研究的基础上,通过实证分析,对上海城市现代化实现程度作出判断和描述。

整个指标体系由6个大类、4个层次、24项指标构成。6个大类包括经济发展类、城市功能类、科技与信息化类、人口与教育类、市民生活环境类、社会安全与公平类。第一层次为城市现代化实现程度;第二层次为反映城市现代化实现程度的6个大类要素;第三层次为反映各类要素发展水平的14类子要素;第四层次为24项评价指标。

## 九、社会消费购买力平衡指标体系

国民经济运行，从总体上体现为实物运动与价值运动的统一，表现在市场上就是总供给与总需求的对立与统一的运动过程。随着经济发展、市场繁荣，资金融通的数量和方式、居民收入来源的渠道和使用方向会发生变化，并从多方面影响整个国民经济的运行。2003 年，市统计局开展与国民经济核算体系相适应的社会消费购买力平衡指标体系的研究。

整个指标体系划分为可支配货币收入总额和货币收入支配总额两大部分，从当年形成的购买力、已实现的购买力和未实现的购买力三者的平衡进行统计，编制平衡表式。具体指标包括可支配货币收入额、货币收入总额、劳动报酬、财产收入、转移收入、房屋置换、出售(租)收入、其他货币收入、税费支出总额、货币收入总额、消费性支出、购买消费品支出、文化生活服务支出、保险支出、转移支出、直接投资支出、居民投资支出、金融性投资、年末结余货币总额。

## 十、和谐社会统计评价指标体系

构建社会主义和谐社会是中共中央顺应历史发展变化，为推进中国特色社会主义事业做出的重大战略举措。在上海实现构建社会主义和谐社会的目标的进程中，2005 年，市统计局根据上海的实际，研究出和谐社会统计评价指标体系，来描述和谐社会的目标，反映和谐社会建设的进程，为宏观部门决策咨询提供依据。

整个指标体系由 6 个大类、3 个层次、26 项指标构成。第一层次：和谐社会综合评价总指数。第二层次：反映和谐社会特征的 6 项分类指数，包括民主法治、公平正义、诚信友爱、充满活力、求适有序、人与自然和谐相处 6 个方面。第三层次：反映各大特征发展水平的评价指标。6 个大类分别选取 4～5 项统计指标，整个评价指标体系拟选 25～30 项指标。

## 十一、可持续发展统计指标体系

2005 年，复旦大学教师以上海为实证研究对象，研究并构建可持续发展统计指标体系，目的是在科学的基础上，全面反映可持续发展的各个方面，反映可持续发展的内在机制和能力。

整个指标体系由三个层次构成：第一层为可持续发展指标体系；第二层由经济指标、社会指标、生态环境指标三大要素构成；第三层由 25 项指标组成，包括生产总值、财政收入、生产总值增长率、第三产业比重、经济外向度、财政收入占生产总值比重、投资率、人均生产总值、全员劳动生产率、年末人口、科技人员、教育经费投入、平均期望寿命、环境保护投入、工业废水处理率、大气总悬浮微粒、二氧化硫和区域环境噪声平均值等指标。

## 十二、利用外资质量评价统计指标体系

利用外资，不仅要考虑利用外资数量，更要考虑利用外资质量。2005 年，市统计局研制出利用外资质量评价统计指标体系，用于评价利用外资质量，有利于调整上海的产业结构。

根据中国现行利用外资政策、法规的有关规定，利用外资统计由对外借款、外商直接投资和外

商其他投资三部分组成。对外借款按其来源和性质分类,主要分为外国政府贷款、国际金融组织贷款、外国银行商业贷款、出口信贷以及对外发行债券等。外商直接投资是指外国投资者在中国境内通过设立外商投资企业,与中方投资者共同进行石油资源的合作勘探开发以及设立外国公司分支机构等方式进行的投资。外国投资者可以用现金、实物、技术等投资,还可以用从外商投资企业获得的利润进行再投资。外商其他投资包括补偿贸易、加工装配(来料加工、来件装配等)、国际租赁、对外发行股票等。

整个指标体系由基础性指标,产业结构指标,集聚辐射功能指标,科研开发与技术创新能力指标,经济社会发展贡献指标,资源消耗、环境保护指标 6 个子系统、56 项指标构成。

## 十三、循环经济统计指标体系

2008 年,副总统计师赵江清为组长的市统计局、上海调查总队课题组研制出循环经济统计指标体系,以资源开发、消耗、排放、治理、再利用和资源化的循环为特征,从微观、宏观两个方面用量化的系列指标组成指标体系。

整个指标体系由综合评价指标和基本统计指标构成。综合评价指标包括万元生产总值综合能耗、万元生产总值用地、工业固体废物综合利用率、生活垃圾综合利用率、环保投资占 GDP 比例、循环经济综合评价指数、能源消费弹性系数、电力消费弹性系数。基本统计指标以能源、木材、水等主要统计指标为主,同时反映耗能大行业的 5 个层面实物量指标,具体为资源的开发利用、消耗、排放、治理(资金投入)、回收。

## 十四、城市居民生活质量评价指标体系

2010 年,上海调查总队研制出城市居民生活质量评价指标体系,目的是全面反映城市居民的生活水平、生活质量状况和提高程度,并通过与国内主要城市和亚洲部分国际性大都市的比较,反映存在的差距与问题。

整个指标体系由客观评价指标和主观评价指标两部分组成。客观评价指标包括收入类、消费类、教育类、文娱休闲类、健康类、居住类、生活设施类、生态环境类和社会保障类共 9 类、36 项指标。主观评价指标借助主观指标,并通过问卷调查方式,反映人们的社会参与程度和公共意识状况,以及对生活的认知程度和满意程度。

## 十五、新农村建设统计监测指标体系

社会主义新农村是指在社会主义制度下,反映一定时期农村社会以经济发展为基础、以社会全面进步为标志的社会状态。2010 年,上海调查总队开展研究,研制出新农村建设统计监测指标体系,以判断上海新农村建设的发展状况。

整个指标体系由社会主义新农村建设评价为总目标。以新农村建设基本特征"生产发展、生活富裕、乡风文明、村容整洁、管理民主"5 个子系统、21 个一级指标构成。生产发展子系统由财政总收入、各级财政支持本区县三农发展力度、城镇化水平、非农就业比重 4 个指标构成。生活富裕子系统由城乡居民收入之比、城乡居民养老保障之比、农村居民居住质量指数、村村通公交比重、农村

居民平均预期寿命 5 个指标构成。乡风文明子系统由农村居民平均受教育年限，市、区(县)级文明创达标率，农村居民文化娱乐支出比重，农村居民社会安全满意度 4 个指标构成。村容整洁子系统由自然村归并率、自然村改造率、生活垃圾集中处理率、农村污水处理率、千人拥有清洁人员数 5 个指标构成。管理民主子系统由农村居民对村政务公开满意度、行政村集体资产处置的公开程度、村管理费支出占村级经济总支出比重 3 个指标构成。

# 第三章　统计数据采集

统计数据采集是根据统计研究的目的和要求，有组织、有计划地向调查对象搜集原始资料和次级资料的过程。过去，统计数据的采集渠道是，最基层的企业将它的统计报表送到乡级、县级，由这些统计机构进行录入采集后层层上报。统计数据经过乡、县、地(市)、省四级加工处理才能最终上报到国家。

统计系统的网络建设为联网直报系统提供了可能。统计系统的数据报送方式发生变化：从20世纪80年代初的人工电话报数、人工送报表、传真报数，逐步发展过渡到80年代后期磁介质报送，以微机点对点通信方式的电话线路传输报送，90年代中期的FTP方式网络传输报送。在"九五"国家统计信息工程奠定统计系统的网络基础之后，利用网络报送数据的方式自上而下地在全国逐步展开。尤其是进入21世纪后，利用互联网技术的电子邮件方式报送，以及以互联网技术、数据库技术、加密技术为基础的网络在线直报等，提高数据报送的时效性、准确性、安全性和可靠性，提高工作效率，减轻基层统计部门的负担，已成为统计系统数据报送的主要方式。

国家统计局于1999年建立5 000家工业企业和3 000家重点房地产企业联网直报制度，2002年修订3 000家重点房地产企业联网直报制度，2005年扩大联网直报工业企业范围，2007年开展批发和零售业、住宿和餐饮业重点企业联网直报和大中型工业企业联网直报并轨工作，2012年全面实施企业一套表联网直报工作。

上海根据国家统计局要求，实施统计"四大工程"建设，设置统一的基本单位名录库中的法定调查单位，按照企业一套表制度规定的调查内容，采用统一的数据采集处理软件，将原始数据通过互联网直接报送至全国统一的数据中心，实现各级统计机构在线同步接收、审核和共享原始数据，确保数据的真实准确、完整及时。

## 第一节　网 上 直 报

### 一、1999年后国家统计局执行的联网直报制度

1999年3月23日，国家统计局、国家经贸委印发《关于做好工业企业主要经济指标月报分企业报送及5 000家工业企业信息联网直报工作的通知》，规定从1999年起，建立5 000家工业企业的联网直接报送制度。5 000家大型工业企业联网直报制度，是利用现代信息技术，在国家经济管理部门和信息部门与企业之间，建立起一条全新的信息互通渠道，使国家有关部门可以直接从企业快速、便捷地搜集反映经济运行动态的各种信息资料，及时了解企业在经济发展中出现的新情况、新问题，为国家制定政策，进行宏观调控提供依据。同时，企业也可以通过这个网络，及时、准确地了解国家宏观经济形势、相关行业的经济运行情况以及各类经济政策等大量经济信息，增强企业在市场经济中科学决策的能力。5 000家工业企业实施联网直报制度报送内容，要能反映企业生产经营的全过程。具体包括以下几个方面：(1) 企业基本情况及主要经济指标。(2) 产、销、存及订货指标。(3) 投资、科技开发及劳动情况。(4) 针对工业经济发展中的热点、难点问题，组织定期或不定

期的问卷调查。报送方式以统计系统现有数据通信网络为基础，通过一定的硬件和软件投入，实现与重点企业的网络联接工作。

1999年8月，国家统计局、国家发展计划委员会、建设部印发《关于建立全国重点房地产开发企业联网上报制度的通知》，对全国3 000家资质为二级以上的重点房地产开发企业建立统计调查联网上报制度。2002年8月，国家统计局印发《关于修订全国3 000家重点房地产企业联网直报制度的通知》。本次修订主要是精简与月报不一致的指标，以减轻企业负担，统计范围不变。

2005年3月10日，国家统计局、国家发展改革委印发《关于做好扩大工业企业联网直报工作的通知》，将工业企业联网直报的范围扩大到全部大中型工业企业。

2007年2月26日，国家统计局印发《关于开展批发和零售业、住宿和餐饮业重点企业联网直报工作的通知》，其范围具体为：(1) 年销售额在8亿元以上的批发业企业。(2) 年销售额在2亿元以上的零售业企业。(3) 年营业收入在2 000万元以上的住宿业企业。(4) 年营业收入在3 000万元以上的餐饮业企业。联网报送方式为：联网报送系统已为每家企业确定了上网方式，含有初次上网时的用户端配置及用户名和用户初始口令，企业用户名由国家统计局统一规定，企业不能更改；批发和零售业、住宿和餐饮业重点企业联网直报系统的域名为commerce. stats. gov. cn，入选企业可直接利用IE浏览器输入上述域名进入重点企业联网直报系统。

2007年5月8日，国家统计局办公室印发《关于试行大中型工业企业联网直报并轨工作的通知》，规定从2007年6月“工业企业主要经济指标”季报开始，试行大中型工业企业联网直报报送时间并轨，即大中型企业的进度报表，统一按照“工业统计报表制度”(2006年统计年报和2007年定期报表)要求的报送时间，通过联网直报系统上报。

## 二、上海统计数据网上直报工作

2006年12月11日，市统计局发布《关于印发〈上海市统计信息化“十一五”建设规划纲要〉的通知》。上海统计信息化“十一五”建设规划纲要总体目标是：以“电子统计”工程(以下简称“114”工程)为主线，通过统计设计的标准化、系统建设的网络化、资源整合的共享化，分阶段、有重点地开展系统建设和资源开发，完善“114”工程项目，即建成一个统计数据中心，形成一个统计数据综合处理大平台，实现制度方法、网上直报、综合处理和数据仓库、信息安全四个体系。在统计信息的采集、处理和发布的准确性、及时性、系统性方面进一步提高和完善。

2009年9月22日，上海市人民政府办公厅转发市统计局制定的《上海市实施统计数据网上直报工作管理办法》，明确从2009年年报起，全市范围内依照《上海市统计管理条例》规定的统计调查对象，通过计算机网络实施统计数据网上直报。上海网上直报对象：(1) 工业统计，年主营业务收入500万元及以上的工业企业。(2) 批发零售和住宿餐饮业统计，年主营业务收入2 000万元及以上的批发企业，年主营业务收入500万元及以上的零售企业，年主营业务收入200万元及以上的住宿和餐饮业企业。(3) 社会服务业统计，年营业收入1 000万元及以上的社会服务业企业，从业人员年平均人数100人及以上的事业单位和社团及其他单位，根据社会服务业抽样方法选中的调查样本企业(单位)。(4) 建筑业统计，具有资质的建筑企业。(5) 固定资产投资统计，有500万元及以上固定资产投资项目的单位。(6) 房地产统计，房地产企业、物业管理企业和中介机构。(7) 劳动统计，各类法人单位。(8) 国家和上海年、定报统计制度方法规定的其他单位。(9) 市和区、县政府统计机构开展的并具备网上直报条件的专项调查和一次性调查所涉及的单位。同时，也进一步明确市政府统计机构、区县政府统计机构、街道乡镇政府、有关主管部门和网上直报单位依法统计的职责。

## 第二节 一套表

企业一套表由政府统计部门会同有关部门统一制订,由企业填报。企业一套表采用统一的基本表式、口径范围、计算方法、分类标准,并通过这套统一的、具有内在联系的统计指标体系和基本表式,比较全面、系统地反映企业经济、社会、科技活动全貌,以满足政府统计和部门统计对基本统计信息的需求。

实施企业一套表的目的,是以一套表为突破口,加快现行统计制度方法的改革。具体内容有以下几个方面:全面反映企业的基本情况;协调各项统计调查,理顺政府统计与部门统计,政府统计内部综合统计与专业统计以及各专业统计之间的关系,减轻企业负担;加强统计报表管理工作;推动企业统计基础工作建设;适应统计现代化的要求。

中国"一套表"统计改革最早可以追溯至1990年。当时,为了配合新国民经济核算体系(SNA)的实施,消除日益严重的重复统计,国家统计局提出对统计制度方法进行重大改革,实施"一套表"统计制度试点。它主要具有以下特点:以满足新国民经济核算体系的需要为目的,统一设计反映企业(单位)生产经营基本情况的调查指标;按通用化、板块式结构组成七个模块,并根据各种综合统计资料的要求,制定以法人单位为基本报告单位的统计报表体系,避免不同专业向同一调查对象重复布置任务;通过建立基本调查单位统计,采用统一数据处理软件,以提高数据处理自动化水平。

1990年,全国统计制度方法工作会议决定,以一套表为突破口,加快统计制度方法改革,并决定首先从工业企业抓起,取得经验后再逐步铺开。国家统计局先后研制、试点工业企业一套表、农村统计一套表和建筑企业一套表三个基层统计一套表。

以工业企业一套表为例,一套表内容主要包括:反映工业企业生产经营活动的基本条件;反映工业企业经济活动的过程及其最终成果和分配情况;反映企业固定资产再生产及活动情况;反映价格变动对企业生产经营活动的影响;反映企业技术进步、科技开展方面的情况;反映企业安全生产、环境保护、职工教育等方面的情况。

国家统计局制订的工业企业一套表,通过政府统计系统向下贯彻执行,做到"统一设计、统一布置、统一上报、统一汇总",即各地统计部门按照国家统计局统一设计的一套表的要求,结合地方实际,做适当补充后布置辖区内独立核算的县及县属以上工业企业填报。工业企业应对一套表进行统一管理,即由企业综合统计机构或综合统计人员根据企业内部有关部门提供的资料,统一加工填报,或者按照一套表的不同内容,组织有关部门分别填写,由企业综合统计机构或综合统计人员审核后,按照一套表对每个表规定的上报日期上报。企业资料由主管业务部门审核或综合汇总后报当地政府统计局。一套表的资料由地、市统计局计算站用计算机统一加工处理,分别满足有关专业统计汇总上报的要求,实现"下去一把抓,上来再分家"。

市统计局在1993年统计年报进行"一套表"改革。年报工作大致分为5个阶段:(1)准备阶段(10—11月),各专业将表式设计及填报说明送审,同时确定软件编制标准。(2)布置培训阶段(11—12月),正式布置前,召开区县统计局年报工作会议。(3)采集审定阶段(1993年12月—1994年2月底),分专业进行,收表及软盘。(4)处理阶段(1994年2—3月),分专业进行。(5)拼接转换及上报阶段(1994年3—4月),拼接由计算中心与专业处共同完成,转换由计算中心负责。

年报上报标准为：工业为按工业标准划定的大中型企业；商业零售业固定资产原值400万元与年销售额为500万元的企业，批发企业为1亿元以上；外贸企业为17家外贸公司；物资企业暂定1亿以上的企业；建筑业为大中型企业（约100家），投资项目为3 000万限额以上；交通为交运局、港务局及专业运输公司；农业为水产总公司及14个农场。

2010年12月，国家统计局局长马建堂提出“四大工程”设想。经过一段时间的酝酿，2011年6月1日，市统计局、上海调查总队印发《上海统计系统推进“四大工程”建设总体方案》。该《总体方案》是根据国家统计局加快建设基本单位名录库、企业一套表制度、数据采集处理软件系统和联网直报系统的总体要求和部署，结合上海地方统计工作情况，研究部署新形势下推进上海统计“四大工程”建设而制定的。

上海统计“四大工程”建设的总体目标是：建设真实完整、及时更新的基本单位名录库，建立统一规范、方便填报、适应上海经济社会发展需要的一套基层企业（单位）统计报表制度（以下简称“一套表”），建设功能完善、统一兼容的“一套表”信息化工作平台，有效整合统计资源，提高统计工作整体效率。

纳入“一套表”的行业范围：农业、工业、建筑业、交通运输业和邮政业、批发和零售业、住宿和餐饮业、房地产业、金融业以及其他服务业。

纳入“一套表”的统计调查对象主要包括：规模以上工业法人，有资质建筑业法人，规模以上交通运输和邮政业企业，规模以上批发和零售业、住宿和餐饮业的法人、产业活动单位和个体经营户，全部房地产开发经营业法人和产业活动单位，从事银行业、证券业、保险业和其他金融业务的金融业单位，其他服务业限额以上企业，规模以上事业单位和社团及其他单位，物业管理及房地产中介服务业重点调查企业，以及上述行业中限额、规模以下的列入重点（抽样）调查范围的企业，农业法人单位和产业活动单位。

“一套表”的统计内容：第一阶段，上海“一套表”统计调查制度根据国家统计局“一套表”及年报、定报制度内容，结合地方统计需求，共设置调查单位基本情况、从业人员及工资、财务状况、业务情况、能源和水消费、科技活动、信息化情况等方面的统计报表。第二阶段，增加农业统计、专项调查内容，包括消费价格、工业品价格、投资价格、房产价格、运输价格和景气调查等纳入统计调查制度的调查内容。

# 第十二篇

## 统计信息化建设

1978—1987 年，市统计局的数据处理工作主要在市计委计算站完成（计算站由市统计局代管）。1987 年 2 月，市计委计算站更名为市经济信息中心，与统计局脱离行政关系；3 月 4 日，经市编委批复同意，市统计局建立市统计信息计算中心。

1978 年，上海启动统计系统信息化建设，经历“微机起步，由小到大，逐步发展”的建设过程，经过“八五”引进 VAX 6220 小型机、“九五”统计信息工程、“十五”电子统计工程，以及各年度信息化项目的建设，初步实现统计数据采集、处理、存储、传输、分析、发布、出版和信息服务的现代化，建立反映上海经济社会发展状况的统计数据库，建成包括办公自动化在内的上海统计信息管理系统，形成标准化、系统化、多功能、开放型的现代经济社会信息体系。

1987 年，市统计局计算中心除有计划地为市统计局有关处室和区县统计部门配置微机外，在 10 个县统计局安装 2 400 波特率调制解调器，初步实现市统计局与国家统计局、市统计局与区县统计局之间的点对点通信。1997 年，依托计算机网络和第三期日元贷款采购的设备，建立基于客户机/服务器结构的月度、年度综合统计数据库，并引进 Intranet（内联网）和 Internet（国际互联网）技术，建立面向各级政府和社会公众的网络站点。2000 年，建立包括数据、图像、声音的多媒体统计数据库应用系统和无纸化办公环境，实现与国家统计局、兄弟省（市）统计局、市政府各主要职能部门、2 000 多户大中型企业以及市信息港社区服务网的网络互联。2008 年，“电子统计”工程建设完成，初步构建“上海统计数据中心”框架；市统计局、上海调查总队与区县统计局、调查队实现网络宽带互联，统计报表网上直报工作全面推进，基于网络平台的协同办公逐步展开。2010 年，为配合国家统计局宏观经济数据库建设，市统计局按照国家统计局、上海市政府要求，与市发改委等宏观经济管理部门共同建设“上海市宏观经济数据库”，并建立市统计局数据仓库系统，通过引进统计分析工具、联机在线查询（OLAP）等技术，对统计信息资源进行挖掘、分析和加工，进一步提高统计信息服务的水平和能力。

# 第一章　统计计算工具

1978年以来，上海统计系统的计算工具历经机械卡片计算机、微型计算机、计算机服务器、小型计算机和以计算机网络为依托的统计信息化工作平台的演变。数据采集和处理方式从采用单机版程序由统计部门逐级处理、层层上报，转变为由企业通过互联网直接填写、上报，数据采集的及时性、准确性提高，基层统计人员的工作量明显减少。

1981—1984年，为做好第三次人口普查和第二次工业普查的数据处理工作，分别引进2台不同型号的IBM中型计算机，标志上海统计信息数据处理进入一个新阶段。1984年，市统计局筹建机房，引进包括IBM－PC/XT、意大利产OLIVETTI M24微机一批。1986年，联合国人口活动基金第二期援助项目向市统计局提供1台高性能的多用户超级微机，为全市10个县的统计局各提供微机1台。

1989年，市统计局引进小型机和网络系统，在市统计局机关大楼敷设粗缆以太网，并与细缆微机网络联接，实现微机与小型机之间的数据传输。1990年，全市21个区县统计部门全部配置HP 386多用户微机。截至1992年，全市政府统计系统电子计算机拥有量比1986年增长3.5倍。

1992—1999年，上海统计系统的计算机设备有了大发展，实现人手一机，统计报表实现计算机处理，实现了纸质报表的数字化。

2008年，"电子统计"项目建设完成，上海统计系统拥有各类计算机设备1 240台。

## 第一节　微型计算机

### 一、市级统计部门微机配置

1984年9月，市统计局成立市统计科学应用研究所，内部设电脑室，开展电脑应用业务，引进意大利OLIVETTI公司的M24微机5台，IBM－PC及PC/XT机各2台。市城乡抽样调查队引进IBM－PC和PC/XT各2台。1985年底，政府统计系统拥有各类微机31台，其中市统计局有17台。1984年8月—1985年3月，市统计局共完成汇总任务30项，农产量预测应用课题4项，局本部工资结算1项。运用1011型喷墨式汉字打字机，直接得到汉字输出结果，形成初具规模的"电脑群"。

1986年初，联合国人口活动基金第二期援助项目向市统计局提供1台高性能的多用户超级微机。1987年，市统计局计算中心成立后，硬件设备拥有量逐步增加，内外存容量不断扩大。全市政府统计系统电子计算机拥有量1987年比1986年增长1.7倍，1988年比1986年增长2.4倍，1989年比1986年增长2.7倍，1992年比1986年增长3.5倍，机种也不断向高档发展。

1992年，市统计局计算机工作楼竣工启用。工作楼设有计算中心主机房和市统计局计算机培训基地，各楼面均设有微机房。此后，市统计局逐年将M24微机更新为386以上机型。1996年，市统计局拥有IBM RS 6000/J40小型机1台、小型工作站1台、局域网专用微机服务器3台、多媒体开发机1台、网络工作站微机25台和系统内计算机培训用的微机25台，政府统计部门共有微机近

300台,有力支撑历年统计年报、第四次人口普查、第三产业普查、第三次工业普查等大型调查的数据处理工作。仅第四次人口普查的数据处理工作,全市就投入数据处理人员718名、微机197台、HP 386机26台和VAX 6220小型机1台。1999年,市统计局搬迁至威海路48号办公大楼,计算机设备第一次全面更新,实现人手一机。市统计局全部统计报表实现计算机处理,解决了纸质报表的数字化问题。2004年,市统计局全面更新计算机设备,以支持办公自动化和其他统计应用。同年,获得市财力支持的"电子统计"项目经批复启动。2008年,"电子统计"项目建设完成,上海统计系统拥有台式计算机、笔记本电脑等各类微型计算机1 240台。

### 二、区县统计部门微机配置

1984年,各区县统计部门引进微机14台。1986年初,联合国人口活动基金第二期援助项目向全市10个县的统计局各提供1台微机,用于市、县间的远程计算机通信和小地区人口统计分析试点。1990年,为满足第四次人口普查数据处理工作要求,为各区县统计部门配备HP 386微机1台,并对其计算机工作人员进行XENIX操作系统、C语言、硬件维护等方面的培训。1991年,为缓解各区县统计部门计算机设备少、数据处理量大的困难,市统计局又为各区县统计部门配备386SX微机和打印机各1台。1993年,市统计局为黄浦区等10个中心区的统计部门进行设备更新,用NEW386计算机替换M24微机。1997年,各区县统计局(科)均设立了计算机站(室),设有专门的计算机房,配备专职或兼职的计算机应用开发人员。部分区县已建立微机局域网络。区(县)政府统计部门共有微机近300台。

2003年,市统计局印发《关于印发区县信息化建设有关文件的通知》,提出2003—2005年区县统计信息化建设的主要任务,按照市统计局"十五"规划和各区县信息化发展的要求,区县统计人员要在全国范围的统计业务网上协同办公,区县统计局业务网要按政务外网要求建立网络工作平台。根据"在地统计"改革的实际需求,对原有网络进行扩充、重建,2003年末各区县统计局基本建成业务局域网,实现统计业务人员人手一机。

## 第二节 小型计算机

1981年12月29日,联合国人口活动基金用于援助第三次人口普查工作的IBM 4331中型计算机(内存1兆,外存500兆)运抵上海,经安装调试,于1982年3月投入运行。1984年,引进1台IBM 4381机,作为全市第二次工业普查数据处理机型。1989年,市统计局从美国DEC公司引进VAX 6220小型机和网络系统,在市统计局机关大楼敷设粗缆以太网,并与细缆微机网络联接,实现了微机与小型机之间的数据传输。1995—1996年,市统计局分别引进DEC ALPHA工作站和IBM RS 6000/J40小型机各1台,用于统计数据处理、数据库建设、网络建设和统计信息交换等。1999年,配备HP K380作为数据库服务器以支持办公自动化和其他统计应用,其内存达到1G,硬盘80G,速度比IBM 4331提高40倍。2008年"电子统计"工程建设完成,市统计局新增8台小型机,其中2台是具有8个CPU、16G内存,带有2个73G系统硬盘的高性能小型机,公共磁盘阵列空间从1999年以前的60G提升到7.2T,使上海统计信息处理能力得到极大提高。2010年,市统计局拥有专用机房60平方米、各种型号的小型机8台、服务器37台,基本满足统计数据的采集、处理、传输、存储、信息服务以及国家统计局"四大工程"(一是建立真实完整、及时更新的调查单位名录库，二是建立统一规范、方便填报的企业一套表制度，三是建立功能完善、统一兼容的数据采集处理软件系统，四是建设安全畅通、便捷高效的联网直报系统）建设的需要。

## 第三节　计算机网络

1993 年，市统计局完成办公楼网络综合布线，每个楼面安装一个集线器（hub），各办公室提供 1～2 个网络接口，建立市统计局局域网，为局内各处室传输信息提供通道。通过网络提供月度库查询、市政府及新华社信息查阅等应用。1994—1995 年，在连接市统计局局、处长网络的基础上，开通市统计局机关本部与在他处办公的城调队等下属单位，以及市计委、市委研究室等相关部门的网络远程工作站，开通京、津、沪、穗四大城市月度经济统计信息交换网，为四城市统计局交换信息和相互查询资料提供方便。1996—1998 年，以计算机网络为依托，在市统计局 1998 年以前原有共享的月度综合数据库的基础上，引进 Intranet（内联网）和 Internet（国际互联网）技术，建立面向各级政府和社会公众的网络站点，市统计局与各区县统计部门开通基于 Internet/Intranet 环境的电子邮件（Email）系统。

1999 年，市统计局搬入威海路办公楼，通过 384K 帧中继线路接入全国统计信息网，可与国家统计局及各省（市）统计局进行信息报送和交换，为区县统计部门提供 30/60 路 ISDN/PSTN 接入线路。开通面向全市的“上海市统计信息”网站，以发布统计信息、公开政务、提供各类信息服务；启用统计信息管理系统，建立内部办公和业务处理网站；开发一批包括上海市年度、月度统计数据库系统和综合统计地理信息系统在内的统计应用系统，并陆续投入使用。

市统计局网络具有专线接入、ISDN 自动接入、普通 ISDN/PSTN 接入、市政府 ISDN 专网接入、市委专网接入、为市经委提供的全国经委系统虚拟网接入、全国统计信息网接入和国家统计局加密网接入等多种接入方式，内部开通处室虚拟网。2003 年，市统计局向市有关部门报送《上海市统计局公务网接入建议方案》和《上海市统计局涉密计算机系统安全保密方案》。2004 年，市国家保密局对市统计局的公务网接入网安全保密测评进行批复，同意 7 个信息点运行。2007—2008 年，市统计局网络新增 41 个公务网接入点和 4 台网络交换机，公务网接入点总数达到 61 个，各区县统计局以统一方式接入国家统计信息网。2008 年，“电子统计”工程完成后，核心内网实现双链路、双核心（华为 8512 交换机）冗余架构。交换机互联达到万兆，各楼层接入采用交换机堆叠矩阵实现，每个矩阵中第 1 台交换机通过万兆光纤互连核心交换机 A，最后 1 台采用千兆光纤互连核心交换机 B，构成双链路 Active-Active 方式冗余架构系统自动选择优先通过万兆光纤传输数据。采用 2 根线路接入 Internet，分别为 4 兆电信线路和 20 兆政务外网线路，通过 F5 公司的 4～7 层交换机实现 Internet 线路的冗余，保证 Internet 互访业务的可靠运行。2010 年，市统计局基本形成业务网（国家统计局网）、政务外网（上海市政府网）、公务网（上海市党委网）的三网运行格局，推进统计设计、发布、报送、催报、处理、综合管理等统计业务流程的网络化，实现统计信息处理现代化。

# 第二章　统计信息处理自动化

市统计局从上海统计工作实际出发，把握信息化发展趋势，应用现代信息技术改造传统的统计工作流程，以信息化推动统计体制、制度方法的改革创新，提高统计数据质量，推进统计工作现代化，提高统计信息为政府、为社会服务的能力。市统计局在承担各类统计报表及历次普查数据处理工作的基础上，在“十五”期间建成市统计局政府“电子统计”工程，在已有统计网络基础平台上，采用现代信息技术，利用信息港宽带网成果，构筑以企业统计报表网上申报系统、统计数据仓库应用系统和统计信息 ASP 在线服务系统为主体的统计应用基础平台，在数据处理、软件开发、数据库建设、数据传输和管理方面进行开拓。

## 第一节　统计数据处理

1978 年，统计系统使用机械卡片计算机，承担全市重要的统计数据汇总。1983 年，机械卡片计算机停止使用。此后，市统计局使用电子计算机对统计数据进行处理，数据处理方式经历集中式处理、分布式处理和利用网络平台的联网直报三个阶段。1987 年以前，主要采用集中式处理方式，即市统计局收集企业纸质报表后集中录入计算机系统；1987—1999 年，开始采用分布式处理方式，即市统计局业务人员编制数据处理软件，下发给基层统计部门用于录入和处理数据，逐层上报，市统计局汇总后上报国家统计局；20 世纪 90 年代末，开始探索企业联网直报方式，即企业统计人员直接通过互联网报送统计数据，政府统计人员在线审核、验收数据。数据处理量也大幅增长，从 20 世纪 80 年代初的每年 100 万笔(18 兆字节)发展到 2000 年的 35 000 万笔(700 兆)，此后仍以每年 4%递增，其中还不包括各种普查和一次性快速调查的数据，仅第五次人口普查数据量就达到 700 兆以上。

1999 年，“上海市统计信息系统工程”建设完成，构建市统计局计算机网络框架，实现局机关内部办公自动化，建立连接全国统计系统的内部办公网络和为上海企业及社会服务的“上海市情”信息网站，推进一批网上统计项目的应用，统计报表处理全面实现自动化。同年，市统计局建立网络统计报表系统试验平台，首批 200 多家房地产企业的部分抽样调查报表通过网络直接报送。

2004 年获正式批复、2008 年完成建设的市统计局政府“电子统计”工程，利用互联网平台开展网上统计报表申报工作，数据采集的及时性、准确性提高，基层统计人员的工作量减少。通过联网直报平台，市统计局业务人员在线设计并发布报表，统计调查对象在网上填报、审核、上报统计数据，各级政府统计人员在线了解进度、催报、再审核、验收企业数据，并实现与国家统计局平台的实时数据同步。2010 年，上海统计单位达 40 万家以上，其中联网直报覆盖全市所有 3 万多家“三上”企业和数万家“非三上”企业，每年系统原始数据处理量超过 5 亿笔，还不包括各种普查数据、相关部门导入的数据和大量一次性快速调查数据等。

在历次大型普查调查中，市统计局均建立专用业务网站。2000 年，第五次人口普查数据处理在技术手段上利用国家统计局信息工程建设成果，采用现代信息技术，实行“光电录入、图像存储、建立网站、三级处理”的工作模式。市统计局与区县人口办联接“上海市人口普查数据处理”网站，发挥实时调度和管理作用，提高上海人口普查数据处理进度和质量，先于国家10个月完成人口普查数据的净化处理和汇总。在以后的经济普查、农业普查、第六次人口普查数据处理的过程中，市统计局基本沿用这套工作模式，大大提高普查数据处理进度和数据质量。在每次普查数据采集完成后，均采用市统计局自行开发的通用数据汇总查询系统，进行后期资料加工，缩短普查资料汇编的工作周期。此外，市统计局还分别建立人口普查、经济普查地理信息系统，实现对普查数据直观查询和展示。

## 第二节　软件开发与引进

1984年上海统计系统根据各种统计报表的不同要求，把数据录入、编辑、汇总、分析、制表等数据处理过程编制成一套数据处理专用软件，开始用COBOL语言编写，以后逐步在微机上使用DBASE Ⅲ和FOXBASE语言。1982年的全国第三次人口普查，根据上海地区补充的住房调查要求，在家庭住户记录上增加该户住房情况的若干项目，自编程序(COBOL)，对全市市区180万户的住房数据进行加工处理，获得成功。同时，试用电子计算机处理统计年报数据，把年报中数量最多、处理难度最高的工业统计年报超级汇总作为目标，经过一段探索，成功研制出生成型制表软件TAB 828。该软件以COBOL为宿主语言，读取报表分组的外部参数，生成以报表汇总打印为主要特色的RPG源程序，经联接编辑后成为可执行程序。该软件一次可以编制层次多达9层的复合分组报表，经过1983年工业统计年报试点，于1984年正式投入使用，解决了全市8 000多个工业企业超级汇总的难题。此外，还用COBOL语言编制"上海市1982年实物型投入产出调查"数据处理软件(包括数据录入、编辑、处理和建立投入产出模型)，编制1套上海市500户家计抽样调查数据处理专用软件，陆续编制各类月报统计用软件。

1984年，从美国引进大型统计分析软件SAS(Statistical Analysis System)，利用多元统计分析方法，对企业效益进行评估取得成果，这是在电子计算机上利用分析软件对统计信息作深度加工首次尝试。同年，与江南造船厂合作，利用气象学中等高线方法，通过经济信息与地理位置的拟合，编制"上海市社会经济圈"，获市科委颁发的技术进步三等奖。

1987年起，市统计局陆续编制工业、劳动工资等大规模超级汇总专用软件。1989年后，为实现工业、劳动工资、投资等年报分布式处理、设计开发成套专用下发软件，供区、县、局统计部门使用。

1987年，引进微机上使用的SAS，汉化更方便；TPL通用报表生成软件，在全市第二次工业普查数据处理中应用。尤其是DBASE Ⅲ、FOXBASE数据库管理系统，适合计算机处理，被统计系统广泛用于统计信息采集、处理、加工，易学易用，为1987年后在统计系统流行最广、使用最多的软件。在微机软件中还自编通用汇总程序。程序用C语言编写，采用在内存中建立二叉树数据结构，把外部文件数能读入节点累加，然后用遍历该树的办法输出汇总结果，从而解决了微机处理超级汇总数据处理出表太慢的技术难题。由于可以快速解决多达4个层次的复合分组报表汇总，广泛用于大数据量处理的出表汇总。

在处理统计信息的数据采集、传输、交换、审核、汇总、加工等环节，市统计局开发引进一系列数据处理专用软件及一些数据库软件，如上海市1987年人口抽样数据库、1990年人口普查宏观数据库、上海市月度投资完成情况数据库等。"八五"期间，开发半自动化的局公文处理系统和用于记录大事记的软件；1993年，采用国家统计局SARP和MITT两套软件，实施当年新统计报表制度的年报表数据处理业务；1995年，用多媒体开发上海市情数据库和小区配套数据库，在局域网上开发分布式月度综合统计数据库及应用系统。

1999年前,统计部门对调查数据的采集,主要是通过下发录入程序,主管部门使用盘片和网络传输上报的方式。这种方式从纸质报表发展到使用计算机录入,并通过网络传输,但整个工作流程仍采用传统的方法。计算机技术只是用于机械地的模拟,在数据传输和处理的各个环节上仍需要大量的人工干预;数据处理没有标准通用的软件,统计业务人员只管方法制度,由计算机人员从事统计数据处理。整体工作流程效率较低,数据采集周期长,而且容易产生差错。随着主管单位弱化和无主管单位的迅速增加,市统计局直接面对众多企业,数据采集成为制约统计发展的瓶颈,传统的数据采集方式不适应国民经济和社会信息化的需求。

1999年,市统计局初步建成上海统计系统计算机网络平台框架。改变此前传统的数据处理模式,该系统利用网络平台和计算机系统,开展网上统计报表申报工作试验。市统计局业务人员通过网络在线设计并发布报表,统计报表申报单位在网上下载、填报、审核、上报的统计报表网上处理的工作模式形成。2004—2008年,"电子统计"工程建成,在原有统计网络基础平台上,采用现代信息技术,在一定的安全保密体系下,利用信息港宽带网成果,构筑上海以企业统计报表网上申报系统、综合统计信息"数据仓库"应用系统和统计信息ASP在线服务系统为主体的统计应用基础平台。2010年,按照国家统计局的统一要求,市统计系统采用清华同方公司的软件,建立国家局联网直报平台的上海分节点,成为上海第二套联网直报系统,接收"三上"企业网上直报数据;其他企业仍通过原先的北京和利时公司HiIAP 2.0系统报送数据。

根据各类统计报表、历次普查活动的不同业务要求,市统计系统的软件开发人员陆续编制开发统计专业年报、定报、各类普查和大量抽样调查等一批数据处理应用软件,供市、区县和相关单位的统计人员使用,其中以下软件分别获得国家和地方政府颁发的奖项:"人口普查宏观数据库"获得国家统计系统优秀软件成果一等奖,在全国地市级推广使用;"上海市经济动员辅助决策系统"软件荣获上海市经济动员委一等奖,并被全军总后勤部定为全国推广软件,在济南、成都、沈阳等军区推广应用;"上海市人口预测和分析"和"国民经济核算体系数据处理系统"软件分别获得国家统计局软件类三等奖。在国家统计局表彰2010—2011年度全国统计信息化建设先进单位的活动中,市统计局获"统计信息化建设综合先进单位"称号。

## 第三节　数据库建设

1983年,上海统计系统基本实现EDP系统后,开始尝试建立数据库系统。同年,从美国IBM公司引进层次结构型数据库管理系统DL/1,安装于IBM 4331机,关系数据库管理系统安装于IBM 4381机。1986年,由联合国资助从加拿大统计局引进该局自行开发的RAPID关系数据库管理系统,安装于IBM 4381机。1987年,从美国DEC公司引进RDB/VMS关系式数据库,安装于MICRO-VAX Ⅱ机。1988年从美国ORACLE公司引进ORACLE关系数据库,安装于3B2机。1989年从美国DEC公司引进的RDB/VMS关系数据库,安装于VAX 6220机。

1983—1990年,上海先后建立的数据库有全市9 123家企业事业单位的能源数据库系统、上海市工业企业能源数据库、上海市综合统计指标管理分析系统、上海市1%人口抽样调查数据库、上海市1990年人口普查宏观数据库等。

1991年,为完善统计系统数据库建设环境,市统计局安装由国家统计局统一向ORACLE公司订购的,适用于VAX 6220超级小型机的ORACLE数据库软件一套,并投入开发应用。此后市统计系统使用的数据库应用软件工具，基本上是此款软件的系列升级产品。在数据库应用软件工具的支持下，1995 年，用多媒体开发上海市情数据库和小区配套数据库，在局域网上开发分布式月度综合统计数据库及应用系统等一批数据库应用系统。1999 年，市统计局完成综合统计信息库建设，初步形成“标准统一、分工合作、信息共享”的数据管理体系，在市统计局综合处管理下，统计业务人员在完成年度、月度统计报表处理后，按统一的指标体系要求加载数据入库。同年，已成功地存储 50 年的年度综合数据和 106 个月的月度综合数据，保证信息的全面性、及时性、准确性和时序性。

2008 年，“电子统计”工程建成，数据库系统功能进一步完善，基本单位名录库实现“一库制”管理，专业处室的年、定报基本情况表和普查中心的基本单位名录库在格式上建立对应关系，可以相互导入导出，内容实现互补，保持基本单位数据的及时性和完整性。综合数据库涵盖市统计局已有的月度库、年度库的所有功能，更贴近实际工作流程，界面更加直观。在操作流程方面，各专业处的统计业务人员在月报完成后以 b/s 方式上报数据，局综合处审核并加载入库。另外，该系统还拥有根据预先设定的分析文章模板和实际统计数据，智能化生成一篇初步的统计分析文章的功能。

2010 年，“电子统计”中数据仓库子系统升级改造完成，主要是对在获取多种数据来源、建立操作型数据存储(ODS)存放细节数据、在数据仓库的基础上建立数据集市及个性化展现四个方面进行升级改造。

同年，市统计局对历年各专业统计数据，包括年报、定报、普查、宏观数据和市有关部门的共享数据，实行标准化整合处理，建立统计数据仓库和各类数据集市，具有元数据管理、基础数据管理、综合查询、专业查询、专题分析、指标监测等功能。统计局领导、专业人员和普通人员根据权限在线查询和分析统计数据。分批分专业历史数据加载并投入使用，已涵盖 2006—2010 年的基本单位名录数据和分专业数据。市统计局年度、月度综合信息库系统存储 60 多年的年度综合数据和 230 个月的月度综合数据。

**表 12-2-1　2010 年市统计局各系统中数据存储量情况表**

| 系　　统 | 存 储 量 |
|---|---|
| 60 年的历史年报数据 | 500G |
| 20 年的历史月报数据 | 2.5T |
| 历次普查数据、电子档案数据 | 10T |
| OLAP 统计分析数据 | 15T |
| 未来 5 年的存储空间增加需求 | 20T |

## 第四节　信 息 编 码

1982 年第三次全国人口普查，市统计局参与资料电子计算机超级汇总应用的 4 种通用代码目录编制工作。1984 年，市统计局草拟《上海市街道、乡(镇级)行政区划代码》《上海市经济类型代码》和《上海国家党政机关、人民团体以及其他机构名称代码》。1989 年，建立工业企业代码数据库。1991 年，颁布并推行 13 个上海市统计信息分类编码，上海所有专业统计年报用工业企业唯一码作为关键字，成功地把 1990、1991 两年的工业、物资、劳动工资、科技、投资年报有关工业企业的数据自动串成大中型工业企业综合数据库。1993 年，国家统计局颁发《关于为全面实施新的统计报表制度,加快〈单位代码证书〉发放的通知》,决定在新国家统一报表制度中采用全国统一代码标识。同年,市统计局印发《经济类型与代码(JB010-93)》的通知,并在当年的年报中贯彻执行。当年统计年报处理按"一套表"进行基层数据的录入、审核、查询和修改,实现代码、指标等"七个统一"。1993—1996年,市统计局负责年报数据处理计划的编制和进度管理,制定统计分类标准和数据汇总标准,并对数据进行统一上报、管理和存储,在市统计局内部率先实施统一的统计分类标准(局标)。2008年完成的上海市政府"电子统计"系统的统计设计管理子系统,按照国家统计局元数据标准和编码规则,梳理指标体系、分类代码并重新编码,实现对统计元数据即分类代码和指标体系的管理,并在统计元数据的基础上建立统计报表制度,通过报表编辑器功能对报表制度进行编辑处理,实现对分类代码、指标体系、报表制度的流程化审批管理。具备实现元数据批量导入导出功能,与联网直报等子系统实现无缝对接。

## 第五节 人员培训

1987—1991年,市统计局举办各种计算机培训班58期,参加人员达1 899人次。1992年,在国家统计局的支持下,市统计局计算机培训基地正式建成,对局内处级领导和区县统计局(科)负责人进行计算机管理培训,对局内统计人员进行计算机初级培训,并对基层统计人员进行计算机应用培训。截至1994年,已培训各类统计人员1 500人,培训内容涵盖各种应用软件的能力、多种操作系统环境的能力、网络通信、办公自动化和电子印刷。"十五"期间,按照《国家统计信息工程实施方案》和《上海市国民经济和社会信息化规划》的要求,有计划地对统计工作人员进行有关操作系统、数据处理软件、硬件维护、通信网络、数据管理和数据库等内容的计算机应用基础培训。截至1999年,市统计局95%的工作人员能使用计算机处理业务。

在针对统计人员进行计算机应用基础培训的同时,市统计局计算中心还分别通过历次的人口普查、经济普查、工业普查和农业普查等普查活动,专门对各区县计算机技术骨干进行技术培训,由参加培训的技术骨干负责建立和维护本区县的计算机及网络运行环境。在市统计局对各区县和各相关主管单位数据处理人员进行技术培训后,各区县和各相关主管单位均自行组织对下属单位数据处理人员的技术培训。

2009—2010年,根据国家统计局布置的统计"四大工程"建设要求,上海统计系统的网上直报平台开始启用。在此项工作开展期间,市统计局计算中心通过技术培训、讲课、上机实习与考试等方式,分别对专业处室和区县人员进行有针对性的培训,再由区县对下属单位进行培训。

# 第十三篇

## 统计科研与教育

1978年，为了适应统计教学的需要，上海出版了一些统计著作。上海财经学院恢复后，一批统计学专业工作者编辑出版许多专著、教材和工具书，承担国家下达的课题研究任务，还参与国际合作的研究项目。1979年，上海社会科学院恢复后，重建统计理论研究室，后又与从事数量经济研究的科研人员组合，改为数量经济与统计理论研究室，对统计基础理论方法与统计工作实际问题进行研究，并结合统计与数量经济方法开展定量分析研究，参与有关课题研究和政府决策咨询。1980年7月，市统计学会成立，开展各种形式的统计学术活动。1981年4月，市统计局成立资料研究室，紧密结合实际工作进行专题研究和综合分析。1982年初，开始承接市科委下达的重大科研项目，探索统计研究与统计应用相结合、定量研究与定性研究相结合的道路。1984年9月，在资料研究室的基础上成立市统计科学应用研究所，开展以应用研究为主体的统计科学活动，探索数量经济方法、数理统计方法应用于经济、社会研究的新路子。

1980—1990年间，上海财经学院(上海财经大学)完成或主编公开出版的统计专著有40部，上海社会科学院统计研究室编写出版的专著、教材有13部，上海社会科学院统计研究室与其他院校及研究单位合著了包括《国民经济综合平衡统计》在内的教材10部。

上海统计系统围绕经济社会建设和改革开放后统计领域的新课题，开展基础理论、统计方法、数理统计应用、统计改革、国内外统计资料的开发应用等研究，交流出版科研成果，对社会经济重大问题以及热点、难点问题进行研究。每年都有篇幅不等的统计论文发表，有一定数量的统计课题获奖。自1998年起，上海分阶段实施和推进统计制度方法改革。研究方向围绕经济和社会发展的总体目标和任务，从创新的角度不断寻求统计发展的突破口，增强统计指标体系的实用性、统计调查方法的科学性、统计分类标准的规范性和政府综合统计管理的权威性。截至2010年，《上海统计制度方法改革研究文集》累计收录和发表了107篇优秀研究报告。

《上海统计》《统计应用研究》和《统计科学与实践》是上海地区公开或内部发行的统计专业学术刊物，刊物以立足统计理论与实务并重，集学术性、知识性、实用性于一体。通过研讨统计科学、探索统计实践、传播有关知识，帮助广大统计工作者提高理论与业务水平；通过介绍基层统计工作经验，指导基层统计工作。除了探索统计改革途径，展开东西方统计理论、方法和制度的比较研究之外，刊物还着力开展经济体制改革、宏观经济、财政金融等方面的研究，尤其突出统计方法在经济研究中的应用。统计刊物的发行成为加强长三角地区统计合作与交流的平台，并积极推动全国统计理论和实践相结合，加大统计科研力度。

上海重视统计队伍建设，注重人才培养，采取多种形式开展专科以上学历教育和在职培训、岗前培训，还在全市实行统计继续教育，采用网上和网下相结合的教学模式，对统计人员进行继续教育。截至2010年，有2.6万人通过考试和换证取得统计从业资格证书。

# 第一章　统计科学基础研究

自20世纪80年代以来，随着数理统计方法的改进与发展，面对社会经济发展中新情况、新问题的涌现，上海统计科研机构和实务部门以重大课题研究为导向，积极开展部门间交流与合作，加强社会经济热点研究，注重自身研究队伍建设，运用数理统计方法分析国内外经济形势、社会经济现象、热点问题等，取得显著的成绩。在宏观经济运行、行业发展、统计制度方法等方面，涌现出一批研究成果，并多次获得各类奖项，为进一步推进统计科研工作开展提供基础。

## 第一节　理 论 研 究

改革开放以来，上海统计学研究得到了长足发展。结合国外先进理论基础与应用研究经验，上海统计学界以政府、高校、研究机构等为代表，在基础理论探索、应用研究方面都取得了显著的进步，涌现出一批在统计科研与应用研究方面成绩卓著的专家学者与科研人员。

### 一、上海社会科学院

1980—1990年，上海社会科学院统计研究室编写出版的专著、教材有《统计工作手册》《投入产出入门》《国民经济统计学》《统计学与质量管理》《统计抽样法》《企业管理线性规划方法》《工商企业市场预测》《市场调查预测》《经济统计学辅导教材》《外国经济统计(讲义)》《满负荷工作法理论与应用》《乡镇企业经济活动分析》《乡镇企业经营管理》等。上海社会科学院统计研究室与其他院校及研究单位合著的有《国民经济综合平衡统计》《经济效益统计学》《工业企业统计学》《概率论与数理统计》《中国经济统计实用大全》《中国企业会计统计全书》《当代经济管理新方法大全》《续10新经济学科》《区域经济研究——战略、规划与模型》《A战略：人与效益的关系》(译)等。

1990—2010年，上海社会科学院统计学与数量经济研究室在国外权威SSCI和SCI期刊*Journal of Finance and Economics*(《金融和经济学学刊》)、*China Economic Review*(《中国经济评论》)和*Economics Letters*(《经济学通信》)上发表论文3篇，在《经济研究》上发表论文3篇，在《数量经济技术经济研究》和《统计研究》等国内权威经济学刊物上共发表论文50余篇。获得国家自然科学基金面上项目3项，获得市哲学社会科学优秀成果论文二等奖2项，获得市哲学社会科学优秀成果论文三等奖2项，获得国家统计局各项研究成果奖4项。

### 二、复旦大学

复旦大学统计系始建于1938年，改革开放后于1983年恢复建立数理统计专业，是全国最早进行数理统计本科专业教育的高校之一。在理论研究方面取得显著的进步，并涌现出一批优秀的统计学家和教学科研工作者，比如郑祖康、张新生、郑明、黎德元、朱仲义、沈家、肖志国、徐勤丰、郁文、周健等。近年复旦大学统计系的主要学术著作包括*Survival Analysis*(《生存分析》)、《寿命估计》、

《例解回归分析》、《数理统计讲义》等。主要学术论文包括《多参数一致椭圆扩散的一个比较定理及其应用》、《非时齐 Poisson 过程 MLE 的重对数律》、《关于两类污染数据回归分析的参数估计》、《中国通货膨胀成因的实证研究》、《随机截断模型下生存函数的一个估计》、《GDM 模型及 2000 年中国人口生存函数预测》、《定数截断寿命试验中污染指数分布数据的统计分析》、Estimation of An Autoregressive Semiparametric Model with Exogenous Variables(《带外生变量的半参数自回归模型的估计》)、《连续时间下非参数回归模型的误差密度估计》、《对使用 C. R. 衡量互反矩阵一致性的统计解释及探讨》、《群组决策的加权对数最小二乘法》、《关于 Gamma 分布的秩序统计量的随机比较》、《截段情况下线性回归模型响应变量均值的经验似然》、《半参数广义线性模型的影响分析与异常点检验》、《随机阵列部分和高阶矩的上界》、Approximations to the Tail Empirical Distribution Function with Application to Testing Extreme Value Conditions(《尾经验分布函数近似以及极值条件检验》)、Modeling Panel Time Series with Mixture Autoregressive Model(《用混合的自回归模型对面板时间序列数据建模》)、《上海市居民生活情况抽样调查中指标的估计》、《基于隐马尔可夫模型对 LIBOR 序列的贝叶斯分析》、《应用分类树模型筛选 logistic 回归中的交互因素》、《在区间截断的情况下,两点分布估计及其收敛速度》、On the Probability of Being Maximal(《纵小数据部分广义线性模型的稳健检验》)、A class of Estimators of the Mean Survival Time from Interval Censored Data with Application to Linear Regression(《区间截断下平均生存时间的一类估计量及其在线性回归中的应用》)、《分组数据下线性回归模型的参数估计》、《基于离散观测的 OU 型过程的经验似然估计》、Empirical Likelihood Method for Censored Median Regression Models(《截断中位数回归模型的经验似然方法》)、Bias Reduction for High Quantiles(《高分位数无偏修正》)、《销售扩散曲线及其数学分析》、Moment Estimation of Parameters for Discretely Sampled OU-Compound Poisson Processes(《基于离散抽样的 OU -复合泊松过程参数的矩估计》)、Efficient Inference Based on Block Empirical Likelihood for Longitudinal Partially Linear Regression Models(《基于分块经验似然的纵小部分线性模型的有效推断》)、Median Regression for Left and Right Censored Data(《双侧截断数据的中位数回归》)等。

## 三、上海财经大学

上海财经大学统计与管理学院于 2009 年 6 月在原上海财经大学统计学系的基础上创建,主要的学科专业是统计学,包括经济管理统计、金融统计、统计理论与方法、数量金融与风险管理等多个学科方向。上海财经大学统计学科作为上海财经大学最早设立的系科之一,始建于 1946 年,并一直延续至今。1978 年以后,统计学科在陈善林、郑德如、贾宏宇、胡国华、马家善、田竞和、黄树颜、郑菊生等众多教授的悉心培育和努力开拓下得到迅速的发展,在理论研究方面取得显著的成果。1980—1990 年,独立完成或主编并公开出版的有 40 部著作,其中有《社会经济统计学原理》《工业统计学》《商业统计》《工业管理统计》《国民经济综合平衡统计》《综合平衡统计学》《资本主义国家经济统计》《西方经济统计》《抽样调查基础理论》《因素分析的理论和方法》《回归分析和相关分析》《经济预测法》《工业经济预测方法》《固定资产投资经济效果和决策统计》《预测和决策》《基层单位统计分析》《统计发展史》《统计辞典》《英汉统计词汇》等。1990—2010 年,完成的主要学术著作与教材包括《经济理论概述》、《国民经济核算体系原量——宏观经济统计学》、《统计学》、《投资统计学》、《社会经济统计学原理、西部开发与中国的现代化》、《上市公司综合评价:方案设计与应用研究》、《应用多元分析》、《商业统计》、《统计指数理论及应用》、《工商统计学》、《概率论与数理统计》、《商业银行信贷风险管理——模型、方法与建议》、《区域经济协调发展：理论与实践》、《统计预测和决策》、《国民经济核算概论》、《人类行为管理研究——非数值型变量的筛选及综合评估》、《简明经济辞典》、《社会经济统计学原理》、《SAS 数据分析系统教程》、《经济指数时间序列季节调整与 Demetra 软件的应用》、《现代企业制度概论》、《金融统计学》、《股指期货投资指南》、《风险投资与区域创新》、《财务金融建模——用 EXCEL 工具》、《蒙特卡罗方法》(译)、《理工科数理统计》(译)、《商务统计》(译)等。

### 四、华东师范大学

华东师范大学数理统计系于 1984 年成立，是全国最早成立的数理统计系之一，1994 年更名为统计系，2007 年院系调整后更名为统计与精算学系。在魏宗舒、茆诗松、何声武、王静龙和郑伟安等教授的带领下，该系茁壮成长。经过 20 多年的努力，该系在培养高层次人才方面积累了丰富的经验，已建立起一个完善的本科生、硕士生、博士生和博士后的培养体系，是中国概率统计与保险精算人才培养和科学研究的重要基地之一。1975 年以来的主要著作与教材包括《概率初步》、《正交试验设计法》、《回归分析及其试验设计》、《概率论与数理统计教程》、《随机过程导论》、《实用回归分析方法》、《数理统计》、《回归分析》、《抽样调查的方法与原理》、《高等数理统计》、《贝叶斯统计》、《统计学案例教材》、《质量管理统计方法》、《试验设计与分析》、《风险理论与非寿险精算》、《随机过程》(译)、《应用线性回归》(译)、《寿命数据中的统计模型与方法》(译)等。

这一时期，市统计局下属的市统计科学应用研究所以理论为基础，侧重应用研究，结合社会经济发展中的问题与现象，适应政府决策需求，重点开展重大课题研究、热点问题研究，积极推进合作交流。

## 第二节　基础工作研究

### 一、重大课题研究

1984 年 10 月，市统计科学应用研究所(简称科研所)开展研究市科委的重点项目“上海市‘七五’期间经济发展规划模型”，打破了长期以来习惯从社会经济发展总速度出发制订各部门计划的方法，探索运用各种数学模型和优化运算方法结合起来制订计划。模型设计了经验方法与经济数学方法相互渗透的人机对话应用系统。这个应用系统，使产品部门计划与行政主管部门计划相吻合，将计划工作者的经验和对政策的理解与现代化的决策方法紧密结合起来。首先，将原来建立在 IBM 4331 中型计算机上的模型移植到微型机上，使决策者随时根据经验与政策对决策过程进行调整和控制。其次，将整套决策程序存放在微型机的软盘上，配备汉字输出格式的方案生成系统，便于计划者直接与计算机对话制订规划。这一开创性研究项目，实用性强，得到计划、科研等部门的好评。1986 年，该研究项目被评为上海自新中国成立以来首届哲学社会科学优秀论文奖(1979—1986 年)。

1985 年 8 月，科研所利用投入产出分析法研究上海环境污染问题，于 1986 年 3 月建立“上海环境-经济模型”。该模型以分块运行的方式，设计经济发展综合平衡、环境状况预测、结构优化决策、治理投资预测等基本模块,从多方面模拟分析经济发展与环境的相互关系,定量地预测不同发展时期的各种环境指标,提出治理投资的预测系统以及以结构优化为目标的决策系统,为实施环境的科学管理、制定上海经济发展规划与环境对策提供参考数据。

1986年,科研所承接市质监局委托的科研项目,研制《企业代码》《行政区划代码》《经济类型代码》《机构代码》等4项地方标准分类代码,为全市实行各行业统计指标分类标准化,加强统计基础建设奠定了基础。

1987年,科研所开始研究和设计“上海宏观经济短期监测预警和调检系统”。该系统根据上海宏观经济运行的轨道,从短期监测预警的目的出发,运用现代方法,选择敏感性指标,进行重新分类与组合,用数量特征划出上海经济发展过程中曾出现过的7种经济状态,并且通过ARIMA模型建立短期预测方程,进行3个月的短期预测。该系统还可以评判政府各项经济政策的量化值,以模拟各种政策方案。1988年11月,该课题组与市政府研究室合作,将课题列为市科委重大决策咨询研究项目。经过1年的设计和调试,项目成果于1990年5月通过鉴定,由市计委综合处使用,成为综合管理部门实际操作的决策工具;被评为首届全国统计科学研究优秀成果三等奖。

1990年,中国市场出现持续疲软,成为经济研究和决策管理的“热点”和“难点”问题。科研所紧紧把握这一经济发展中的重大问题,开展市场疲软的特征、因素分析和解决市场疲软的政策研究,建立“紧缩条件下的市场问题研究”课题组。课题运用函数分析法、弹性分析法,对经济变量间相互影响的程度、滞后的效应作出判断,研究上海市场疲软的基本特征,提出需求总量约束的观点,详细分析需求疲软的因素,以定量化方法提出投资对生产和消费的乘数效应,并提出增加投资来刺激经济复苏,使经济迅速走出低谷的政策措施,一些观点引起市政府的重视。课题完成后,科研所又同华东化工学院经济发展研究所、《文汇报》理论部联合召开“紧缩条件下的市场波动”研讨会。上海经济界和政府管理部门的专家学者参加研讨会,对于上述研究成果予以充分肯定。

1991年,科研所围绕“坚持实证研究道路、参与社会经济问题研究,坚持为局中心工作服务、解决统计实务中的难题,坚持定量研究的特色、运用现代方法开展定量研究”的科研目标,积极开展科研工作,承接和完成各项科研项目。这些项目结合社会和经济发展中的重大问题,运用统计方法进行决策研究、政策研究和管理研究,其中《上海产业结构研究》一文被市领导批转。

1992年,科研所承接上海市委研究室的重大咨询项目“上海地方大中型工业企业技术进步评价研究”,以及市科学委员会的重大决策咨询课题“地区科技实力评价研究”。

1995年,科研所完成市重大决策咨询课题“上海国民收入再分配问题研究”。承接和参与市级和局级课题研究,包括“上海全社会科技投入统计指标体系与科技能力评价体系研究”“上海要素市场:态势、作用和发展对策”“有中国特色的社会进步指标体系与社会模型”“上海环境历史数据库系统研制报告”“企业统计信息管理系统的构造”“上海城市总体规划修订的经济社会条件研究”“上海养老保险基金支付能力预测及对策措施”等。

1997年,科研所完成市科委重大决策咨询课题“上海经济增长方式转变的评价指标体系研究”,在该课题中运用多元分析方法,处理多变量数据关系,运用多种综合评价方法,比较客观地分析上海经济增长方式转变状况,扩大了统计方法应用领域,提高了定量分析水平。

1998年,科研所完成市重大决策咨询课题研究“上海改革、开放、发展进程实证分析”。这项课题全面回顾党的十一届三中全会以来20年上海改革、开放、发展的历程,深刻揭示上海由高度集中的计划经济体制走向社会主义市场经济体制的发展变化轨迹,客观反映上海改革开放20年取得的辉煌成就,系统总结20年的经验与启示,概括描述上海面向21世纪的发展前景。完成市计委“十五”计划分课题“上海‘九五’计划执行情况预测与经济社会发展特征分析”的研究报告。

1999 年，科研所完成投入产出课题“上海第三产业各行业的产出结构分析”，以及局重点研究课题“上海扩大内需、拉动经济增长的对策研究”。

2000 年，科研所完成市政府重点专题调研“上海扩大内需政策”分报告《上海居民消费现状》，该报告被总课题组采用。完成市重大决策咨询研究课题“上海可持续发展评价体系研究”和市统计局重点研究课题“我国产业结构的变动趋势与上海的选择”。还参与重点课题“上海都市型农业和农村现代化评价体系研究与实证分析”和“国有经济控制力量化方法研究”。

2002 年，国家统计局全国统计科研计划项目领导小组办公室公布 2002 年度全国统计科学研究计划项目课题，科研所申报的“长江三角洲区域经济发展协调性的综合评价研究”被确定为重点项目。

2003 年，科研所的课题研究报告《长三角：迎接大上海时代的来临——长江三角洲经济增长新格局研究》受到多方关注与肯定，市委领导前来调研，市领导作出批示，市工商联领导与研究人员座谈。申报的“长江三角洲区域经济联动发展的综合评价研究”课题被列为 2003 年度市政府决策咨询研究定向重点课题。

2004 年，科研所完成市统计局重大研究立项课题“上海城市功能指标体系评价体系研究”“上海发展混合所有制经济问题研究”“上海发展知识服务业问题研究”。

2005 年，科研所完成市政府决策咨询课题“90 年代以来上海发展动力机制演进实证研究”。完成决策咨询委员会立项课题“上海经济增长动力与可持续问题研究”，以及重大研究立项课题“服务业研究体系及其与现代服务业关系研究”“上海经济安全问题研究”。

2006 年，科研所参与承接并完成市政府政策咨询课题“上海与北京第三产业发展比较研究”。完成重大研究立项课题“上海发展第三产业的现状、战略及比较研究”“把握先发优势拓展上海服务业发展空间”“公共服务型政府与统计服务转型研究”，完成上海第一次经济普查课题“上海能源供给消费结构探析”。

2007 年，科研所完成市哲学社会科学规划课题子课题“上海信息服务业发展研究”。完成国家发改委小康项目管理办公室课题“上海市全面建设小康社会指标体系研究”，该课题由市发改委承接和负责，科研所承担其中“国家和兄弟省市全面建设小康社会指标体系的经验借鉴”和“上海市全面建设小康社会指标体系设计”部分的研究。并完成重大研究立项课题“长江流域生产性服务业整合战略研究”。

2008 年，科研所承担国家统计局全国统计科研重大项目“服务业统计标准、指标体系和调查方法”的研究任务。

2009 年，科研所完成市统计局重大课题，分别为“上海国际商贸中心建设问题研究”和“上海 GDP 和财政收支关系研究”。同时，还自主完成“上海社会事业财政投入与经济增长的关系分析”“技术模仿、自主创新与上海经济增长——基于上海制造业数据的考察”“长三角区域金融合作发展研究”等 3 项研究课题，就上海经济发展中的重大问题进行深入剖析。

## 二、合作交流研究

1985 年，科研所与市统计学会联合进行工业企业统计报表改革的探索，以上海电视机厂、上海照相机总厂、上海高桥化工厂 3 家为调查、试点单位，对“工业企业统计一套表”进行构思、设计。经过一年半的研制，在摸清企业推行各种统计报表现状的基础上，编制统计核算、会计核算与业务核算协调统一的表式，建立企业统计决策指标、生产指标、经营指标、主要指标以及其他指标5个方面的指标体系，并且编制适用于IBM-PC/XT微型计算机的“工业企业统计一套表”的软件，初步形成基层统计信息管理体系。

1985年3月，市科委下达一项科技决策咨询软科学研究课题“上海市区社会经济图研究”，由市计委预测处等7个单位承担；科研所承担课题的技术方法研究，又一次拓展了统计应用的领域。该课题通过描绘上海市区社会经济地形图，对上海市区的人口、商业、工业和交通、住宅等要素的地理分布进行定量研究，采用的主要技术方法是已被广泛应用于地质、气象、物探、医学等领域的趋势面分析法，通过构造函数、拟合曲面、等值点列投影，绘制出拟合趋势面。趋势分析法大量运用经济数学、数量统计，把现代统计方法引进到经济分析研究中。该项课题研究成果被评为1987年度市科学技术进步三等奖。

1985年，科研所与市科学学研究所、上海社会科学院、上海财经学院等单位共同承接国家科委的重点科研项目“社会、经济、科技指标体系研究”，在国内创先完成“三位一体”统计指标体系的理论模式、设计框架与中心指标群。这些研究成果逐步为有关实际工作部门所运用。上海社会科学院统计研究室还同时发表《社会经济指标体系的内容和结构探讨》《经济机制转变与统计指标改革》《参数指标争议》等论文。

1986年，科研所承接市质监局委托的科研项目，研制《企业代码》《行政区划代码》《经济类型代码》《机构代码》等4项地方标准分类代码，为全市实行各行业统计指标分类标准化，加强统计基础建设奠定了基础。

1987年1月，市统计局、市统计学会、科研所联合召开上海城市统计发展战略研究课题发布会，副市长叶公琦出席会议并讲话，国家统计局统计科学研究所所长、中国统计学会副秘书长马安受国家统计局和中国统计学会委托，专程来沪参加课题发布会并讲话。会上印发了包括总体战略布局、统计工作历史沿革和发展、国民经济指标体系和核算体系、统计方法与调查体系、统计计算体系、统计管理体系、国内外统计网络体系、统计教育体系、统计法制体系、统计科研体系、基层统计与基础建设、统计服务体系12个方面100个课题的研究参考提纲。会议动员全市统计理论、教育和实际工作者以及社会各界分别参加各个课题的研究。科研所为了探索统计基础理论和发展规律，成立“统计理论新思维”课题组，邀请国家和部分省市及地方统计系统的专家、学者对中国统计基本理论问题、农村统计、城市统计、统计法制、基层统计等论题进行广泛深入的研讨，对一些改革专题进行科学与可行性的探讨。

1987年3月，根据国家体改委布置，科研所参加市体制改革委员会关于上海体制改革回顾报告的起草工作。与此同时，考察改革8年来上海经济体制改革和宏观经济运行，用大量的统计数据和定量分析方法，对上海宏观经济振荡、市场体系形式和社会各阶层收入分配3个问题进行实证性研究，形成题为《历史关头的抉择——八年来上海经济体制改革与宏观经济运行考察》的研究报告。该报告在社会上引起较大反响，被市经济体制改革委员会评为1986—1987年度优秀学术成果特等奖，同时也被评为国家统计局1987年度优秀统计分析报告一等奖。

1987年，“上海城市统计发展战略研究”大型课题经过1年的研究探讨，先后收到85篇论文，完成1篇综合研究报告和11篇分报告，文字量达56万字。综合研究报告提出上海统计发展总体目标是：立足上海，面向全国，面向世界，面向现代化，到2000年建立一个指标体系完整、计算技术先进、统计方法科学、网络结构合理、信息准确灵敏，并与上海战略地位相适应的现代化统计信息中心，成为中共上海市委、市人民政府和各级决策机构的智囊团和思想库，成为全社会的信息库和咨询部，走在国内统计工作现代化的前列。1987 年 12 月，在国家统计局和市人民政府的重视与支持下，市统计局、市统计学会、市统计科学应用研究所联合召开大型研讨会，邀请国务院经济技术社会发展研究中心、国家统计局、中国统计学会和各兄弟省、直辖市、自治区、计划单列市统计局局长以及有关科研单位、大专院校的专家学者和新闻单位的代表 200 余人到会进行论证，并由市科委组织专家鉴定组进行评审和鉴定。最后形成《上海统计改革与发展的总体规划报告》，经市统计局报请市人民政府和国家统计局批准，作为上海统计工作的长期规划逐步付诸实施。

1990 年，科研所参与“上海城市经济功能合理化研究”，探讨灰色模型的应用，对上海产业结构进行预测分析；参与市科委“九十年代上海农业技术选择及其对策研究”课题，建立农业技术模型；参与国家经委的“中国宏观经济季度模型”课题研究等。

1991 年，科研所加强横向协作，与市经济研究中心、市统计局综合处联合研究“1990 年国民经济形势分析”，对全年的经济发展、结构和效益等方面展开实证研究；与市计划经济研究室共同进行“上海工业经济效益指标体系研究”，形成一套评价工业经济效益的指标体系和方法；与市委研究室共同研究“上海地方工业大中型企业技术进步状况”，对改革开放以来工业经济效益连年增长作深层次的分析，从技术投入角度分析工业经济效益状况。

1992 年，科研所与市经济研究中心共同研究上海经济 20 年发展的潜力展望，最后以《上海 20 年经济增长的潜力展望》的报告形式报送有关方面。

1997 年，科研所与上海财经大学合作开展“上海经济增长”课题研究，利用市统计局的基础数据，充分发挥上海财经大学拥有数量经济学人才和研究方法的优势，进行深入分析研究，课题研究成果《上海经济增长》一书出版发行。

1997—1998 年，科研所积极开展学术交流活动，加强横向合作，利用市政府发展研究中心常务干事的有利条件，参与全市范围重大科研活动；参加市政府综合系统研究部门联席会议，与有关高校开展联合攻关；并与上海市委研究室、市政府研究室、市政府经济发展研究中心以及政府系统其他科研部门、上海社会科学院、上海高等院校建立广泛的学术交流关系。

1999 年，科研所与上海信息中心合作完成“上海‘九五’计划执行情况与 2005 年、2015 年主要目标预测”，与综合经济研究所合作完成“上半年上海经济运行分析”“上海中等收入阶层分析”，与市计委长期规划处合作完成“市场经济条件下制定中长期计划的方法研究”。

2000 年，科研所参加面向新世纪的国家统计发展战略研讨会和第十届全国统计科学讨论会，获得很大的教益。还同上海的一些科研机构保持较好的合作关系，同局内大部分业务部门联系也比较密切。

2004 年，科研所与统计设计管理处、普查中心合作课题“现代服务业的统计研究”；参与市综合经济研究所课题“长三角产业结构调整与防治重复建设”研究，承担第一部分“长三角产业同构现状与成因分析”；与宝山区政府政研室、宝山区统计局合作，完成“宝山区经济社会协调发展评价与检测体系”课题；与核算处、市经委合作，完成“上海市制造业投入产出分析与趋势研究”课题。

2005 年，科研所与综合处合作完成 2005 年局重大研究立项课题“长江三角洲区域产业结构问题研究”，该课题也成为长江三角洲统计网络联席会议研究成果；与企调队合作完成局重大研究立项课题“上海投资发展环境实证研究”。

与此同时，科研所参与完成局重大研究立项课题“上海城市居民收入差距研究”，该课题为城调队与有关部门合作的全市性课题；完成市计委委托课题“上海市‘十一五’规划指标体系”；与杨浦区发改委、宝山区统计局合作完成“杨浦区‘知识创新区’经济社会和谐发展评价指标体系”课题;与长宁区统计局合作,完成“长宁区现代服务业发展现状及十一五发展展望”等研究项目。

2006年,科研所完成奉贤区统计局委托课题“奉贤区规模以下工业抽样调查方案设计及实证研究”,完成浦东新区统计局委托课题“浦东新区专业中介服务业发展现状、特点、问题及对策研究”,完成国家统计局委托课题“上海进一步参与国际经济竞争问题研究”。

2007年,科研所与上海调查总队合作完成局重大研究立项课题“上海企业集团发展的现状和展望”,完成奉贤区统计局委托课题“奉贤区推进‘三区一基地’功能开发统计指标体系研究”,完成长宁区统计局委托课题“长宁区‘走在四个前列’评价参考指标体系研究”;完成上海综合经济研究所承接市政府政策咨询课题“‘十一五’中后期提高上海发展质量的动力机制研究”,科研所作为合作单位负责其中的实证体系设计。

2008年,科研所与长宁区统计局开展合作研究项目“长宁区‘四个走在前列’评价监测指标体系”,撰写系列研究报告;与市发改委合作,就国家发改委承接的世界银行研究项目的子课题“上海全面建设小康社会指标体系研究”进行第二阶段的研究,承担课题指标体系的评估和修改、数据的收集和整理,撰写分析评估报告。

2009年,为及时掌握上海经济运行中的实际状况,为各方面提供决策参考,科研所赴松江区高新技术开发区等就外贸企业生产状况和“腾笼换鸟”意愿等进行调研。及时撰写的调研报告《区别对待 引导扶持——对松江区部分经济区园区和外贸生产企业的调研报告》发表在《上海统计报告》上,调研短讯被市政府门户网站“中国上海”转载。

2010年,科研所继续加强与区县的科研协作,积极为区县“十二五”规划和转型发展提供服务和支持,探索上下联动的科研模式,其中包括:与杨浦区发改委共同研究完成“杨浦区建设‘国家创新型试点城区’评价体系研究”;与宝山区统计局联合开展调研,共同完成“宝山区现代服务业集聚区综合效益监测评价体系”和“宝山区现代服务业集聚区综合效益实证分析”;受长宁区发改委委托,完成“长宁区现代服务业税收情况分析及相关建议”。

长期以来,科研所按照实际工作要求,采取“请进来”的形式,邀请局外专家来所内进行座谈,其中包括市政府发展研究中心、市经委、市委研究室、上海社会科学院世界经济研究所、中国人民银行上海分行、上海发展改革研究院、上海财经大学、市发改委综合处等的专家学者,分别就上海服务经济发展状况、国内国际经济形势和金融发展等议题进行研究和探讨。

## 三、热点问题关注与探索

1988年,科研所参与上海“七五”课题之一“社会主义生产力标准问题研究”,发表论文《关于社会生产力描述指标体系的探讨》。此外,还撰写《怎样编制我国物价指数》《我国和西方产值综合指标的区别》《产值指标运用问题浅谈》《从国民收入的计算探讨统计、会计核算的改进》《关于建立第三产业统计的几个问题》《联系经济实际、改革核算体系》《重视对于浪费的统计》《论企业经济核算体系》《架起全国统一市场之桥——关于构建省际经济统计学的思考》等论文。

1989年,科研所根据市统计局关于开展数字质量问题的调查要求,对全市有关党政机关、高等院校、科研机构、新闻单位及基层企业的有关领导、教学科研人员和统计工作者1 500余人进行一次有关统计数字质量问题的问卷调查。调查对象主要有中共上海市委、市政府及各委办局有关领导,厂长、公司经理、教学及科研人员、新闻工作者、主管基层计划统计工作的干部,以及各行业的统计工作者。问卷共发放 3 000 份，回收一半以上。被调查者对上海统计数字的基本评估是：(1) 统计数字应用较广泛，统计数字资料有较强的应用性。(2) 认为统计数字基本上是准确的，但结构上不平衡仍然存在。主要表现在：不同专业的统计数字准确程度差别较大，源于不同渠道的统计数字准确程度也不平衡。多数调查者认为出自统计部门的数字准确性较高。(3) 现行统计制度不科学。主要表现在：指标口径范围、计算方法不科学，指标不完整配套，历史资料不全。被调查者对提高数字质量的希望和建议：(1) 关于影响统计数字质量的因素分析。各层次的看法不完全相同，多数被调查者认为，统计人员调动频繁，业务水平不高，以及统计分类没有统一标准。其次是各种干涉和原始记录不全的影响。(2) 关于提高统计数字质量的措施，比较集中的是努力提高统计人员业务水平(占 41.1%)，其次是加强基础工作规范化建设(占 22.1%)，深化统计体制改革，强化统计队伍独立性，健全组织，稳定队伍(占 20.5%)等。(3) 要切实做到及时、全面、准确、真实，完善统计指标体系，强化统计服务意识，编制统计指标口径目录和说明，公布统计数字资料要定期也要有可比性，进一步开发应用统计数字，统计出版物尽可能提供基础资料，满足多层次需要。

科研所成立至 1990 年，在经济研究中运用经济数学原理，丰富现代统计分析方法。主要论文有《经济结构的静态和动态模型》《当代经济结构模型的应用》《线性规则原理和应用》《动态回归分析及其应用》《经济效果指标的主成分分析》《我国人口增长曲线分析》《增长曲线预测法及其应用》《结合预测法及其应用》《技术进步分析及其效果测定》等。以后，则基本转向应用研究。

1998 年，科研所完成 4 项市统计局研究任务，具体内容是《上海推进现代企业制度的调查与思考》《上海经济需求与 GDP 增长的关系分析》《上海统计科研与统计分析的现状与对策》和《上海氯碱化工股份有限公司统计信息数据库方案》。

2000 年，科研所撰写《对本市近年来收入分配格局变化的综合分析》《增加投资是上海扩大内需的当务之急》和《C4ISR 与统计信息的高效化管理》等文章。整理《抓住机遇，领先发展》《上海第三产业的产出结构分析》等有关资料，供领导参阅。

2005 年，科研所重视研究分析国家宏观政策变动对上海经济的影响，先后撰写《人民币升值对上海经济的影响》《从全国两会看 2005 年宏观调控及对上海的影响》《上海经济增长的“新内涵”》等一系列反映经济运行中新变化、新问题、新特点的分析报告。

2006 年，科研所先后撰写《人民币利率调高对上海经济的影响》《上海进一步参与国际经济竞争问题研究》《近几年上海农民增收因素简析》《上海城镇居民服务性消费结构分析》《上海消费性服务业发展分析》等反映经济运行热点问题的研究报告。

2007 年，科研所组织撰写《积极化解六大压力　避免房价过快上涨》《长江三角洲经济一体化与政府职能改革》《上海经济进一步实现“又好又快”发展的增长模式研究》《世博会与上海经济发展影响浅析》等一系列相关分析，厘清观点、探究原委、提供思路，获得较好的社会反响。撰写《长江经济带生产服务业发展现状简析》；在价格问题还没有形成热点的时候，研究价格传导机制问题，撰写《我国价格运行方式的几点判断》；在国家宏观调控力度不断加强的状况下，及时探讨宏观调控常态化的问题，撰写《宏观调控常态化下的上海经济》等分析报告。

2008 年，科研所完成一季度形势分析报告《外围环境与上海近期发展空间思考》、二季度形势分析报告《精准调控，缓解上海经济短期下滑压力》、三季度形势分析报告《上海近期经济形势分析》。完成研究报告《长三角和珠三角经济发展历程回顾与比较》《珠三角经济发展对长三角的八大启示》《宏观调控对上海经济影响及趋势》《浅议上海节能降耗的短期抓手》《保持房地产市场活力的十条建议》《上海改革开放以来技术创新与 FDI 技术溢出分析》《上海服务业竞争力的评价与比较》

《上海加快服务业发展的问题和瓶颈》《大城市统计体系的发展》等，受到有关方面的好评。完成市委有关部门委托分析报告《关于"上海经济活力问题研究"中指标体系科学性的评估意见》。

2009年，科研所撰写10篇上海经济形势分析报告，从国际、国内、上海三个层次对经济形势发展进行跟踪分析。包括《不确定因素增加——一季度分析》《上海正处于企稳复苏的关键时期——上半年分析》《复苏 调整 转型——全年分析》等，并被编入市统计局和上海调查总队形势分析会参考材料。此外，还编写4期《世界经济核心指标观察》月度简报，提供及时性的经济信息。

2010年，国内地产市场争议不断，科研所撰写论文《新加坡与上海保障性住房建设对比分析与经验借鉴》供各方参考，并发表在《上海城市发展》杂志上。下半年，国内通货膨胀压力骤起，美国量化宽松货币政策产生较大国际影响，科研所及时跟踪，推出论文《透视通胀下的暗潮——对当前流动性过剩的认识和建议》，深入剖析当前流动性过剩产生的原因和解决思路。科研所撰写10篇经济形势分析报告，包括3篇综合性季度分析和7篇月度分析，并被编入市统计局和上海调查总队形势分析会参考材料，供有关方面参考。根据信息需求的变化，对国外经济形势简报《世界经济核心指标观察》进行内容和形式的调整。

## 四、获奖情况

1987—2010年，科研所在课题研究方面获得一系列奖项，包括部门颁发的、市级评选的和国家统计局授予的主要奖项，具体内容见表13-1-1。

表13-1-1 1987—2010年市统计科学应用研究所论文、课题等获奖情况表

| 年 份 | 获 奖 项 目 | 奖 励 名 称 |
|---|---|---|
| 1986 | 上海市"七五"期间经济发展规划模型 | 市首届哲学社会科学优秀论文奖(1979—1986年) |
| 1987 | 上海市区社会经济图研究 | 市科学技术进步三等奖 |
| 1987 | 上海宏观经济短期监测预警和调检系统 | 首届全国统计科学研究优秀成果三等奖 |
| 1987 | 历史关头的抉择——八年来上海经济体制改革与宏观经济运行考察 | 1986—1987年度优秀学术成果特等奖(市经济体制改革委员会) |
| | | 国家统计局1987年度优秀统计分析报告一等奖 |
| 1991 | 上海统计发展战略 | 市科委科技成果三等奖 |
| 2004 | 非均衡：上海商务成本的现状及其控制途径 | 国家统计局全国统计分析评比一等奖 |
| 2004 | 长三角经济联动：当务之急与上海的选择 | 市政府重大决策咨询课题评审B等评级(市政府发展研究中心) |
| 2004 | 长三角：迎接大上海时代的来临——长江三角洲经济增长新格局研究 | "泰钢杯"全国统计论文评比二等奖(中国统计学会) |
| 2004 | 香港经济发展概述及与上海的比较 | "泰钢杯"全国统计论文评比三等奖(中国统计学会) |
| 2004 | 上海与国际性大城市经济指标的年度比较 | "泰钢杯"全国统计论文评比三等奖(中国统计学会) |
| 2006 | 上海与北京第三产业发展比较研究 | 市政府重大决策咨询课题评审A等评级(市政府发展研究中心) |
| 2006 | 上海城市功能提升评价监测指标体系研究 | 第八届全国统计科研优秀成果奖课题论文类三等奖 |

表 13-1-1　续表

| 年　份 | 获　奖　项　目 | 奖　励　名　称 |
|---|---|---|
| 2006 | 90年代以来上海发展动力机制演进实证研究 | 市政府重大决策咨询课题评审 B 等评级（市政府发展研究中心） |
| 2007 | 上海与北京第三产业发展比较研究 | 全国优秀统计分析报告评比一等奖 |
| 2007 | 上海经济增长方式：运行判断和路径突破 | 市哲学社会科学界联合会征文活动优秀论文奖 |
| 2008 | 我国地区发展差异成因的实证分析、对我国当前物价形势的基本判断和对策建议 | 全国统计建模大赛三等奖 |
| 2009 | 四大变化提升上海城乡宜居水平 | 市社联"纪念新中国成立 60 周年"理论研讨会优秀论文奖 |
| 2009 | 上海社会事业财政投入与经济增长的关系分析 | "义乌杯"全国统计论文比赛三等奖（中国统计学会） |
| 2010 | 上海经济总量及经济结构研究 | 市第二次经济普查优秀论文一等奖 |
| | | 第二次全国经济普查优秀论文一等奖 |
| 2010 | 长三角区域金融合作发展研究 | 市哲学社会科学界联合会征文活动优秀论文奖 |

1992 年，在全国统计科研所所长会上，科研所被评为全国先进单位。2003 年，科研所被授予"全国统计科研工作先进单位"称号。2009—2010 年，科研所在国家统计局统计科学研究所组织的地区经济监测工作中成绩显著，先后两次被评为全国先进单位。

## 五、科研管理

科研所在加强自身建设、提高分析研究水平的同时，还积极承担起市统计局的科研管理工作，完善科研管理制度，组织协调市统计局年度重大课题立项工作，推动统计部门将理论与实践相结合。加强方法制度研究，提高应用研究水平，从统计角度分析社会经济问题，为政府决策提供帮助。

1997—1998 年，根据《上海市统计局统计科研管理的暂行规定》，从课题立项、费用管理、成果登记等方面用协议书的方式把管理者和研究者的权利和义务固定下来，使科研管理做到目标明确、权责分明、工作规范，从制度上保证课题研究的正常进行，促进研究水平的提高。

2002 年，科研所在课题研究立项时采取两项措施：(1) 增加两项由局领导牵头的重点课题；(2) 在立项时就与各承接单位反复研讨、认真协商，对各个课题的研究目的、研究内容进行初步的定位。在课题立项和签约时就增加有关检查监督条例，具体采取两项措施：(1) 从时间进度上确定"三步走"的要求，组织召开"中期研究成果汇报"会，沟通和了解课题研究的进度；(2) 在课题研究经费的核定与发放方面制定管理措施。为了保证全局重大研究课题管理工作优质、高效地进行，使课题管理工作制度化、规范化，拟定《上海市统计局重大研究课题管理办法》。

2003 年，科研所邀请局外的政府部门、理论研究部门和高等院校的有关资深专家、学者、教授组成课题评审小组，评委分别来自市计委、市科委、市政府研究室、市政府发展研究中心，以及上海社科院、复旦大学、上海财经大学、华东理工大学等单位。在评审小组专家点评及全体专家讨论的基础上，各位专家当场对每项研究课题成果从理论应用、实用价值、创新程度、分析水平、文字表达五方面打分，并根据得分情况评出各项课题的等级序列。

2004—2006 年，市统计局重大研究课题都顺利开题，并组织专家评审小组进行评审，对评审结果进行通报。2003—2010年,为加强课题成果应用,扩大课题成果影响,分别编辑出版《上海市统计局重大研究课题成果汇编(2002—2003)》《统筹协调发展:科学发展观指导下上海的战略选择——上海市统计局重大研究课题成果汇编(2004)》《构建和谐城市:上海经济、社会和安全的理性思考——上海市统计局重大研究课题成果汇编(2005)》《城市发展创新:上海经济增长的产业、能源与市场——上海市统计局重大研究课题成果汇编(2006)》《城市功能推进:上海人口、经济与民生的深度思考——上海市统计局重大研究课题成果汇编(2007)》《城市财富分配:上海财政、居民收支格局的再研究——上海市统计局重大研究课题成果汇编(2008)》《城市发展调控:世博机遇与金融危机下的上海策略——上海市统计局重大研究课题成果汇编(2009)》《融合与发展——上海市统计局重点研究课题成果汇编(2009年度区县篇)》《城市转型发展:控物价与保增长策略下的上海经济——上海市统计局重大研究课题成果汇编(2010)》。

2008年,科研所进一步完善相关科研规章制度,研究拟定"研究所与区县统计局开展科研合作的联系人制度"和"研究所与专业处室建立合作机制办法"等,为科研工作服务局队处室、服务区县部门创造新的环境。2009年,为了配合市统计局、上海调查总队加强服务区县统计工作的指导精神,科研所还开展区县重点课题的招标工作,受到各区县的广泛支持。2010年,为加强局重大课题研究反映经济形势和统计改革的能力,进一步提升研究的针对性、时效性和指导性,科研所在听取有关领导和部分处室意见的情况下,对市统计局重大课题研究立项的内容和方法进行调整和完善。

2008年,国家统计局承办的国际官方统计学会年会在上海召开,科研所及时组织专业人员翻译大会学术资料,不仅撰写《2008年国际官方统计学会年会研讨论文综述》,还编辑出版论文集《2008年国际官方统计学会年会研讨论文荟要》,供局领导及各处室内部参考。

2008—2010年,科研所完成市统计局和上海调查总队共同编撰、公开出版的年辑的组稿、编辑、出版联络等事务,先后组织出版《2008—2009上海经济形势——回顾与展望》《2009—2010上海经济形势——回顾与展望》。

# 第二章 统计制度方法研究

1978年改革开放以后，中国基本建成与社会主义市场经济发展要求相适应的统计方法制度体系，为统计工作开展提供制度性的保证。但是在一些领域、一些方面，还存在着统计工作不能有效满足社会经济发展对其提出的整体要求。比如，统计调查内容还不能较好反映科学发展的要求；统计调查过多依赖于全面报表，调查内容多，信息量小，整体效率低；调查项目过多，基层负担过重；统计调查的管理机制不健全，重复调查时有发生，分工合作关系需进一步理顺等。

自1998年起，上海统计制度方法改革纳入常规化管理，全面实施和滚动推进四轮的统计制度方法改革计划。上海统计制度方法改革与研究，紧紧围绕经济和社会发展的总体目标和任务，从创新的角度不断寻求统计发展的突破口，增强统计指标体系的实用性、统计调查方法的科学性、统计分类标准的规范性和政府综合统计管理的权威性，整体推进统计事业的发展。

## 第一节 研 究 项 目

1998年4月2日，市统计系统成立统计改革领导小组和统计改革办公室。由市统计局局长潘建新任组长，市统计局副局长黄璋任副组长，副局长吴振国、郭奕侃，总统计师李崇新为成员。下设办公室，李崇新兼任办公室主任。

1999年11月18日，市统计局发布《关于印发〈上海统计改革方案实施意见〉的通知》。《实施意见》将改革方案所确定的重点项目按照研究的进度，分成四种类型，即已经完成或实施的改革项目、正在进行的改革项目、即将进行的改革项目、长期进行的改革项目。根据不同类型，提出不同的要求。

已经实施的改革项目，主要是指近年来开展的重点改革项目，这部分项目已经作为正常的工作制度，应用于统计工作实践中。对于这类已经完成的项目，工作的重点是放在完善和巩固上，即必要时在内容和方法上进行补充和调整，使现有的改革成果更趋完善。

对于正在进行的改革项目，要继续加强研究和论证，在保证质量的前提下，确保各项改革项目的顺利完成。要把改革与实际工作结合起来，边改边试，真正付诸实践。

对即将进行的改革项目，要抓紧进行前期研究准备工作，制订计划、明确任务、落实措施。部门负责人要作为项目责任人，组织实施项目研究。对部分研究难度较大的项目，要本着实事求是的精神，根据现有的条件，先进行初步的探索，研究一些过渡性的措施，先改后补，再不断充实，逐步改进。

长期性的改革项目，虽然暂时没有时间性的限制，但从改革的要求来说，长期性改革项目必须不断出新，要体现在内容上的新意、形式上的新颖。要从总体上考虑，牢牢抓住机遇，每个阶段要有新的目标，新的进展，新的成果。

《实施意见》附发的上海统计重点改革项目有：

已经完成或实施的改革项目：

国民经济核算体系项目。完善全社会资金、资产核算内容，建立产业经济增加值核算制度，建立国民经济总体循环试算制度。

统计指标体系项目。建立所有制结构统计指标体系，建立和完善投资统计指标，完善企业集团“一套表”的年度统计，建立现代企业制度试点统计指标，建立高新技术产业的统计制度，建立科技创新统计指标体系，建立科技进步监测统计指标体系，探索和建立现代农业、都市农业的统计指标体系，完善商品流通统计指标，建立居民生活水平、生活质量的统计指标，建立宏观经济政策和改革措施出台的政策效应跟踪指标，建立产业经济统计指标体系，完善国民经济运行状况的监测指标，建立都市型工业发展的指标体系，建立都市型旅游配套产业的旅馆业指标体系，研究上海经济辐射力和集聚力的统计指标，建立特大型国际中心城市指标体系，建立国际城市综合竞争力评价指标体系。

统计调查方法项目。小企业发展调查，开展工业企业抽样调查试点，城镇私营经济投资调查，国内旅客来沪情况调查，现代企业制度改革的企业跟踪调查，完善基本统计单位名录库。

统计管理体系项目。统计标准化管理，统计信息管理，统计法规管理。

统计服务体系项目。完善《上海市情网》，宏观经济监测预警分析。

正在进行的改革项目：

国民经济核算体系项目。建立和完善价格统计体系。

统计指标体系项目。建立大市场体系的统计指标体系，建立国际服务贸易统计指标，建立劳动与就业统计指标体系，建立上海经济增长方式转变的评价指标，建立宏观经济运行质量指标体系，建立新的工业指数体系，建立社会发展监测指标体系，完善城市建设统计指标，建立城市环境与保护方面的统计指标，建立产业经济统计指标体系，建立都市型旅游配套产业的旅行社指标体系，小型批发零售贸易业抽样调查，小型建筑业抽样调查，开展失业和下岗职工情况抽样调查，信息服务业的现状调查，入驻上海的外省市企业发展对上海经济的影响，开展重点企业经济总量与财税指标关系调查，统计信息管理，建立数据质量监测报告制度。

统计服务体系项目。加大投入产出、资金流量等资料的开发力度，完善地理信息系统。

统计信息自动化建设项目。信息网络体系建设，统计报表网上报送系统，建立综合年度统计信息库，办公自动化系统建设。

即将进行的改革项目：

统计指标体系项目。建立非公经济指标体系，建立可持续发展评价指标体系。

统计管理体系项目。统计数据质量管理，统计行政管理。

统计信息自动化建设项目。建立专业数据库。

长期性的改革项目：

统计管理体系项目。统计信息管理，统计科研课题管理。

2002年6月21日，市统计局印发《上海市统计局2003—2005年统计制度方法改革重点项目》。新确定的三年统计制度方法改革重点项目分为六部分；其中，国民经济核算体系项目5项、统计指标体系项目28项，统计调查方法项目8项，统计服务体系项目1项，统计管理体系项目4项，统计信息自动化建设项目3项，共49项。需进一步完善的三年统计改革重点项目分为三部分；其中，国民经济核算体系项目2项，统计指标体系项目8项，统计调查方法项目2项，共12项。

2003—2005年新确定的三年统计制度方法改革重点项目有：

国民经济核算体系项目。实验测算绿色GDP的基本数据，研究按常住人口核算的人均GDP

水平，建立为地区政府服务的资金核算框架和本市资金流量数据库，区县在地区核算方法研究，部分社会服务业专项调查。

统计指标体系项目。建立国际大都市现代化程度比较指标体系，建立“1＋3＋9”工业统计指标体系，建立城市停车场统计指标体系，建立航空售票代理统计指标体系，建立公路集装箱统计指标体系，建立仓储业统计指标体系，建立“新材料”统计制度方法，研究计算主管单位及企业工业增长速度的方法，建立社会统计综合制度方法研究，上海社会统计国际比较指标体系研究，社会保障统计制度方法研究，建立妇女、儿童监测统计指标体系，建立“常住人口”统计制度方法，建立城市居民生活质量评价指标体系，建立消费者信息监测体系，建立“窗口”行业规范服务达标评价指标体系，建立和完善价格指标体系，建立现代物流产业统计制度方法，建立国际服务贸易统计制度方法，建立商贸产业统计制度方法，建立房地产中介服务统计报表制度，构建固定资产投资指标体系，编制上海房地产景气指数，建立劳务分包企业统计制度方法，研究建立农业生产增长速度的计算方法，建立上海农业现代化指标体系，建立郊区城市化指标体系，研究乡镇、村综合经济实力评价方法。

统计调查方法项目。建立跟踪固定资产投资重大项目效益情况的专项统计调查制度，建立“失业率”抽样调查（试点）制度，建立居民家庭类型、收入层次及消费特征的总体框架，建立多主题城市居民专项调查样本框，建立宏观经济政策和改革措施出台政策效应跟踪统计指标，建立高效能、复合型的郊区统计调查方法体系，建立动态更新的基本单位名录库管理系统，社会服务业抽样调查统计制度方法研究。

统计服务体系项目。人口地理信息系统服务功能开发。

统计管理体系项目。建立规范的统计信息发布制度，建立本局重点重大问题研究的管理机制，研究建立、完善适应市场经济发展需要的上海统计标准体系，统计法规管理。

统计信息自动化建设项目。建立上海市统计数据中心，建立投资统计数据质量自动监控、评估系统，建立市统计局统计科学研究网页和数据库。

2003—2005年需进一步完善的三年统计改革重点项目有：

国民经济核算体系项目。制定GDP核算操作规范，改进投入产出核算方法。

统计指标体系项目。完善上海工业企业科技投入统计核算体系，完善企业集团调查，完善景气调查，完善工业生产指数，完善工业增加值统计指标体系，完善销售库存指数，完善高新技术产业统计指标体系，上海地区能源平衡表编制方法研究。

统计调查方法项目。建立覆盖全市城镇住户调查统计制度，大中型工业企业计算机联网直报试点。

2007年5月22日，市统计局发《关于印发〈上海续三年（2007—2009年）统计制度方法改革计划〉的通知》。根据国家统计局统计制度方法改革三年滚动计划的重点，结合上海“十一五”发展规划，上海“续三年”统计制度方法改革重点放在巩固、完善现行国民经济核算体系、统计指标和统计指标评价体系、统计调查方法（重点调查和抽样调查以及抽样调查方法的筛选）、统计标准、信息化管理等方面，结合各专业统计的特点、重点以及空白点有侧重地推进研究。

上海“续三年”统计制度方法改革基本框架是：

国民经济核算体系方面。完善GDP核算，完善上海市国民资产核算方法，完善投入产出核算方法；

统计指标及统计指标评价体系方面。研究建立节能降耗政策措施的跟踪评价体系，研究建立重点耗能企业监测体系，研究完善循环经济统计指标体系及测评方法，完善上海构建社会主义和谐社会统计指标体系，进一步完善科技创新统计指标体系，研究编制上海张江创新指数，研究建立重点产品单耗指标体系，建立工业短期经济运行预警指数体系，研究完善商品房价格统计指标体系，研究上海妇女、儿童发展“十一五”监测统计体系，并建立上海妇女儿童发展“十一五”监测统计制度，研究都市农业的统计指标体系，研究郊区基本要素统计指标体系，完善城市建设综合统计指标体系；

统计调查方法方面。研究建立能源综合消耗核算方法，研究完善能源统计调查制度，实施全市GDP能耗指标通报制度，探索研究类似EMS生产模式的企业统计方法，研究完善社会服务业统计制度，研究建立上海劳动力的就业与失业调查制度方法，研究完善上海外来流动人口抽样调查方法，研究建立上海市常住人口社区统计制度方法，探索研究上海“劳务工”统计调查方法，研究建立上海中介服务业统计调查体系，研究建立上海社会保障综合统计方法体系，进一步完善工业发展速度计算方法，研究规模以下固定资产投资抽样调查方案，上海房屋租赁价格调查统计方法研究，进一步完善文化产业统计制度和研究创意产业统计方法，研究建立上海环境统计综合制度，研究完善物流业统计制度方法，进一步完善国际服务贸易、消费市场、社会消费购买力平衡和电子商务统计方法制度，进一步完善房地产开发企业联网直报制度，研究建立建筑业企业联网直报制度，研究完善编制上海消费者信心指数制度方法；

统计标准方面。研究完善统计上划分城乡的办法及城乡划分更新维护机制；

统计管理方面。研究建立上海基本单位名录库管理系统，研究建立区县统计基层基础建设规范，研究完善区县统计调查项目管理办法，研究完善部门统计管理办法，完善固定资产投资项目信息库建设，研究推进上海市政府“电子统计”建设系统。

2010年7月12日，市统计局、上海调查总队印发《关于印发〈上海统计制度方法改革三年滚动计划(2010—2012年)〉的通知》。这轮改革目的，旨在贯彻国家统计制度标准的基础上，按照“企业(单位)一套表”改革的精髓，在实践中不断探索提高统计指标的实用性与可操作性，增强统计调查的适用性与时效性，提高统计数据的科学性与准确性，使统计工作能够及时反映上海经济发展方式转变与产业结构调整的成效，更好地适应政府宏观管理以及社会公众对统计信息的需求。

2010—2012年统计制度方法改革项目有：

国民经济核算体系项目。完善上海生产总值统计核算方法研究，进一步完善区县GDP核算制度方法。

统计指标及指标评价体系项目。研究和完善高新技术产业化统计指标体系，研究和完善中介服务业统计指标体系，开展循环经济统计评价指标研究，探索建立居民生活质量总体评价指标体系，编制高新技术产业企业景气指数，编制制造业采购经理行业指数。

统计调查方法体系项目。建立上海工业生产环比速度计算方法，研究完善生产、销售和库存指数计算方法，研究完善建设领域综合信息统计制度，进一步完善上海存量住房空置情况统计调查制度，开展办公楼市场情况统计调查制度研究，研究完善物业管理和房产中介服务统计制度，研究完善建筑业企业“在地”统计方法，开展上海第三产业固定资产投资统计方法研究，进一步完善商贸统计制度方法，完善劳动工资统计调查方法，完善月度劳动力调查统计方法，研究完善社会统计制度，研究完善社会服务业统计制度，研究完善上海科技统计制度，进一步完善上海文化、体育产业统计方法，开展碳排放测算方法和统计体系研究，研究非化石能源统计方法，建立和完善生产性服务业统计制度方法，开展自然资源和生态环境统计监测调查，研究完善主要农作物抽样调查方法，完善农业经济核算体系和方法，建立和开展新农村建设统计监测工作，研究完善农业合作社统计方法，研究完善财政支持“三农”资金调查，研究建立农业生产及农村发展政策效应跟踪统计体系，建立上海外来农民工监测调查制度，建立低收入农户调查制度，探索研究农村住户调查数据下管一级统计方法，开展城乡一体化住户调查改革研究，研究完善房地产价格统计调查制度，研究运输业价格统计调查制度，季节调整方法在指数编制中的应用研究，统计数据质量监控和评估方法研究。

统计管理体系项目。研究完善规范统一的调查单位信息库，建立建设领域数据质量智能审核体系，研究完善地方统计调查项目管理办法，研究完善部门统计管理办法，研究推进本市统计信息化建设。

统计标准项目。完善上海产业统计分类规范，开展中小企业统计分类标准研究。

统计服务体系项目。做好上海航运中心建设统计服务工作。

## 第二节　研 究 成 果

2002 年 9 月，市统计局编印《上海统计制度方法改革研究文集(2001 年)》。在统计制度方法改革取得的一批新的研究成果中，精选出 9 篇研究报告：

上海城市综合竞争力研究

国有经济控制力核算的方法研究

构建上海非公有制经济发展统计指标体系的设想

构建反映本市金融业地位和作用的评价指标体系

国际服务贸易统计方法制度研究及其应用

现代物流产业统计方法制度研究及其应用

关于完善上海房地产业统计方法制度的研究

上海市信息化统计指标体系研究

上海郊区现代化指标体系研究

2004 年 7 月，市统计局编印《上海统计制度方法改革研究文集(2003 年)》，收录 9 篇优秀研究报告：

上海地区间经济流量核算的研究

关于民营经济统计方法的研究

探索行业协会开展统计调查之路

新材料产业统计方法的探索及实证分析

上海社会消费购买力平衡指标体系研究

社会服务业抽样调查方法研究

工业销售指数的方法研究和思考

上海市消费者信心指数编制方法研究

大城市郊区统计调查指标体系与方法研究

2005 年 12 月，市统计局、市统计学会编印《贯彻落实科学发展观推进上海统计改革与发展优秀论文选编》，收录 24 篇优秀课题研究报告和征文：

上海可持续发展评价指标体系研究

中外统计法律比较研究

科教兴市指标体系及测算方法研究

中介服务业的界定和统计调查方法研究

构建和谐统计,探索政府统计协调发展机制

透视统计数据,展望上海经济发展潜力

社会保障体系统计方法研究

普查制度与常规统计制度衔接方法研究

企业统计改革方向研究

民间统计组织管理模式

发展认识问题思考改革对策

统计数据质量控制和评估机制的研究

价格指数计算方法研究

城市、农村可支配收入比较研究

科学发展观与统计改革的关系研究

农村居民住户抽样调查方法在实践中的应用和研究

上海制造业投入产出分析和趋势分析

拓展民间统计途径,编织规范有序的统计网络

论样本不对称性对房价指数估计的影响

加强合作服务全国实现协调发展

SPC 在数字化企业管理中的应用研究

科技进步贡献率与科教兴区战略的探讨

从经济学及博弈角度研究环境污染与治理

国际上季节调整方法的最新发展及对我国的思考

2007 年 2 月,市统计局编印《上海统计制度方法改革研究文集(2006 年)》,收录 20 篇优秀研究报告:

上海实施环境资源核算的实践探索

进一步改进地区 GDP 核算方法的研究

上海可比价投入产出序列表编制方法研究

关于建设统计标准化管理系统的探索

构建和谐统计探索政府统计协调发展机制

行业协会开展统计调查可行性研究

高技术与高新技术产业统计测算体系研究与实践

工业订货指数的研究与思考

上海构建社会主义和谐社会统计评价指标体系研究

上海市科技创新统计指标体系研究

改进和完善劳动统计方法制度及其应用研究

上海老年人口与老龄事业发展统计监测制度研究

构建上海消费市场统计指标体系研究

上海商贸产业统计方法制度研究及其应用

完善物业管理业统计制度与建立房地产中介服务业统计制度方法研究
现代服务业统计制度方法研究
郊区“三个集中”评价指标体系研究
关于农村劳动力统计方法研究
上海市、区两级城镇住户抽样调查方法探讨及实证研究
“混合经济”统计方法及其现状研究

2008 年 5 月，市统计局、上海调查总队编印《上海统计制度方法改革研究文集(2007 年)》，收录 13 篇优秀研究报告：

能源统计指标体系研究
社会保障统计指标体系研究
本市房屋租赁价格调查方法研究
上海市循环经济统计指标体系研究
中介服务业统计调查方法初探
探索本市服务外包统计调查方法
私营单位劳动统计制度方法研究及其应用
完善上海市国民资产核算方法研究
农产品生产价格调查研究
上海社区人口统计体系研究
浦东新区自主创新指标体系研究
服务业统计制度方法研究
完善徐汇区旅游产业统计探讨

2009 年 5 月，市统计局、上海调查总队编印《上海统计制度方法改革研究文集(2008 年)》，收录 8 篇优秀研究报告：

上海市生产总值历史数据修订方法研究
探索本市统计基层基础建设规范化研究
统计上城乡分类应用研究
类似 EMS 生产模式企业统计方法研究
关于完善上海房产价格统计指标体系的探索
固定资产投资项目统计调查方法改进研究
财政支持“三农”发展资金统计调查方法研究
本市郊区“新农村建设”评估体系研究

2010 年 8 月，市统计局、国家统计局上海调查总队编印《上海统计制度方法改革研究文集(2007—2009 年)》，收录 15 篇优秀研究报告：

上海市季度 GDP 环比统计方法的研究
工业企业库存指数研究及思考
上海市现有存量住房空置情况调查设计
关于完善商贸统计体系的研究
上海农民专业合作社统计方法研究
上海工业品价格统计调查方法研究

上海外来农民工抽样调查方案研究及应用

生产性服务业统计方法研究

社会保障统计指标体系研究

完善上海市国民资产核算方法研究

上海市循环经济统计指标体系研究

农产品生产价格调查研究

统计上城乡分类应用研究

浦东新区自主创新指标体系研究

服务业统计制度方法研究

2011年9月,市统计局、上海调查总队编印《上海统计制度方法改革研究文集(2010年)》,收录9篇优秀研究报告:

统计数据质量监控和评估方法研究

高新技术产业化统计方法研究

中介服务业统计方法研究

办公楼市场统计调查方法研究

上海温室气体排放测算及实证分析

上海自然资源和生态环境统计监测评价指标体系研究

上海城乡住户调查一体化改革初探

X-12-ARIMA季节调整方法在指数编制中的应用研究

统计产业分类规范以及应用研究

# 第三章　统 计 刊 物

自1982年起，上海陆续出版《上海统计》《统计应用研究》和《统计科学与实践》等反映统计理论和实务的学术刊物。

《上海统计》于1989年由内部发行改为国内外公开发行，2004年改为内部出版，最高发行数量突破1万份。刊物由市统计局和市统计学会联合主办。

《统计应用研究》是市统计科学应用研究所创办并延续至今的刊物，以应用研究为主，将统计基础理论与统计工作相结合，充分发挥统计数据、统计资源优势，以统计系统内部研究力量为主，面向政府部门、研究机构发行，为政府决策建言献策。截至2010年，《统计应用研究》作为内部刊物，已发行398期。

《统计科学与实践》是由浙江省统计研究与信息发布中心主管主办，江苏省统计科学研究所、市统计科学应用研究所协办的研究刊物。经苏浙沪两省一市统计部门协商，由国家新闻出版总署批准，原《浙江统计》扩版更名为《统计科学与实践》，2010年起以月刊方式公开发行。

## 第一节　《上海统计》

《上海统计》是市统计局和市统计学会联合主办的业务指导性刊物，1982年9月试刊，1985年5月，经市出版局批准在内部发行，1986年由双月刊改为月刊。1988年10月，经市新闻出版局批准，从1989年1月起由内部发行改为国内外公开发行。2004年1月，根据中央宣传部、新闻出版总署发出的《关于对管办分离和划转报刊加强管理的通知》要求，刊物改为内部出版。2003年2月，《上海统计》订阅数达到10 900多份，这是自1989年向国内外公开发行后，首破1万份大关。2004年1月改为内刊后，每期印刷3 500份，向有关部门及基层统计工作者赠阅。刊物自创刊起到2010年12月，共出版309期。

1982年9月—1986年9月，《上海统计》组织编辑委员会，徐子陵任主任，颜德纶、贾宏宇任副主任，颜德纶兼任主编。1986年9月，经市编委批准，《上海统计》杂志社成立，成为市统计局下属事业单位，薛永源任副社长、副主编，加强杂志的采访、编辑、出版、发行工作。1987年起，开辟广告经营业务，增加了刊物的美感，又减少了印刷成本，为刊物的生存提供支柱。在编辑作业上实行责任编辑、副主编、主编三级审稿制度。力求新颖活泼，具有可读性、知识性、趣味性，真正成为统计工作者的良师益友。稿源主要来自编辑部的约稿、采访稿和读者的来稿。1990—2010年，先后由颜德纶、吴振国、李崇新、赵江清担任《上海统计》主编工作。2000年，入选北京大学图书馆出版社公开发行的《中文核心期刊耀目总览(2000年版)》统计学类全国中文核心期刊。

《上海统计》对市统计学会与广大会员的联系也起到了桥梁作用。为了广泛进行学术交流，对统计学会会员撰写的课题研究报告或学术论文，用《上海统计》增刊的形式汇编一些专题小册子(如经济效益、基础工作规范化、经济管理研究、统计科学论文集)。在纪念市统计学会成立十周年时，还编印《上海市统计学会成立十周年成果荟萃》，汇集广大会员1980—1990年的学术研究成果，这不仅是对会员从事统计科研成果的一次检阅，同时也便于互相了解学习，加强协作，更好地发挥统计科研的集团优势。

《上海统计》坚持正确的舆论导向，宣传报道党和国家的大政方针；以事实为依据，用数据说话，客观反映上海社会经济生活中取得的成绩与不足；紧紧围绕各个时期统计工作的重点，积极报道上海统计改革成果，直面统计工作中遇到的困难和问题，大力弘扬广大统计工作者的敬业奉献精神。在办刊中力求学术性、实用性和可读性相结合，兼顾普及与提高，使刊物特色鲜明，具有自己的风格。在广大作者、读者的关心支持下，《上海统计》关注社会经济热点、交流统计科研成果、推动实际工作的窗口作用得以充分发挥。

《上海统计》注重反映经济、服务社会，除了刊登上海国民经济和社会发展的年度统计公报，定期发布月度上海主要经济统计指标外，辟有经济快报、区县经济、调查报告等栏目，紧密联系时事，运用统计资料发表、反映全市和各区县在社会经济发展中的新成就和出现的新情况、新问题，是广大读者获取市情市力的平台。

《上海统计》立足统计理论与实务并重，集学术性、知识性、实用性于一体。通过研讨统计科学、探索统计实践、传播有关知识，帮助广大统计工作者提高理论与业务水平；通过介绍基层统计工作经验，指导基层统计工作。《上海统计》设有本刊特稿、统计工作、统计分析、课题研究、问题研究、区县统计、各抒己见、不妨一读等栏目，是基层统计工作者学习和开展统计科研的理想园地。

另外，《上海统计》作为市统计学会的会刊，发表了不少学会会员撰写的课题研究报告或学术论文。2003 年，《上海统计》以增刊形式，编印华东六省一市统计学会召开的“新世纪与加入 WTO 新形势下的统计改革”科学讨论会论文专辑，23 万字，辑入论文 33 篇。《上海统计》广泛宣传研究成果，扩大社会影响，进一步激发统计工作者参与统计科研活动的积极性，更好地服务于统计改革和社会主义现代化建设。

## 第二节 《统计应用研究》

《统计应用研究》是市统计科学应用研究所创办的重要刊物。杂志 1985 年创刊，1988 年从内部资料转成国内发行的刊物。1992 年，经市统计局党组决定，《统计应用研究》转为内部不定期刊物，科研所继续主持编辑。

1985 年 1 月，市统计科学应用研究所创办《统计应用研究》理论刊物，不定期反映所内的研究动向。1987 年 1 月开始，由不定期改为 32 个版面的月刊。阅读对象扩大到上海区、县、局、公司级综合统计部门以及部分大专院校统计系。在内容上，突破原有的界面，除探索统计改革途径，展开东西方统计理论、方法和制度的比较研究之外，还着力开展经济体制改革、宏观经济、财政金融等方面的研究，尤其突出统计方法在经济研究中的应用。经过一年半的试刊，广大统计研究工作者、经济研究工作者、统计和经济教学工作者、统计专业的学生以及对统计科学应用问题存有兴趣的人士，给予积极的支持和密切的配合，并在刊物上发表了一批有理论深度、有应用价值、有较大反响的文章。

1988 年 4 月，经市新闻出版局批准，由原来的内部资料改为正式内部刊物，在国内发行。改版后以综合性学术研究刊物出版，宗旨以应用研究为主，面向社会实际，为改革和振兴上海献计献策；以定量与定性研究相结合为特色，把现代化科学方法应用于战略性和对策性的研究，繁荣统计科研，推动理论研究，提高统计工作的科学水平。同年 5 月，市统计局批准市统计科学应用研究所成立《统计应用研究》编辑部，并组成《统计应用研究》编辑委员会。颜德纶任主编，石良平任副主编；聘请李成瑞、李家镐、邓伟志、钱伯海等任编辑委员会顾问。《统计应用研究》改刊后，坚持统计理论与实践的结合研究、统计方法的应用研究、经济运行与改革的实践研究三大特点，逐步形成创新、求实、严谨、应用的办刊特色，逐渐形成一个比较稳定的读者群、作者群，读者、作者遍及全国统计界和经济界。刊物发行量日渐增长，北京图书馆、上海图书馆等均收藏该刊物。改刊后的该刊物已经成为一份理论性的学术刊物，在统计界、经济界均有一定影响。

《统计应用研究》以应用研究为主，将统计基础理论与统计工作相结合，充分发挥统计数据、统计资源优势，以统计系统内部研究力量为主，面向政府部门、研究机构发行，为政府决策建言献策。《统计应用研究》一方面从统计工作自身发展出发，重视统计方法制度建设；另一方面关注国内外经济形势、热点问题研究，针对上海经济发展中不同阶段出现的新情况、新问题进行研究。

《统计应用研究》自创刊以来，历任领导、主编、责任编辑都严把审稿关，力求呈现出统计研究精品，贴合实际工作，以期达到通过统计研究分析角度分析问题、解决问题的目的。《统计应用研究》还是市统计局重大课题、重点课题的发表平台，历年市统计局重大立项课题、专项课题、获奖课题都有机会通过《统计应用研究》的发行在更广范围内得到了解与认可，为各方工作提供有益参考。

《统计应用研究》的编辑发行，为扩大统计科研影响创造条件，使统计科研成果能够更加广泛地推向社会，促进统计科研成果价值的发挥，取得了比较好的社会效益。截至 2010 年，《统计应用研究》作为内部刊物已发行 398 期，发行面覆盖上海主要政府部门、相关研究机构，以及国家统计局和其他各省市统计部门，受到各方关注，取得良好的效果，发挥了统计这门学科科学分析、解决社会经济问题的重要作用。

## 第三节　《统计科学与实践》

《统计科学与实践》是由浙江省统计研究与信息发布中心主管主办，江苏省统计科学研究所、市统计科学应用研究所协办的研究刊物。刊物经苏浙沪两省一市统计部门协商，由国家新闻出版总署批准，2010 年起以月刊方式公开发行。

《统计科学与实践》是中国学术期刊(光盘版)全文收录期刊、中国期刊全文数据库全文收录期刊、中国学术期刊综合评价数据库来源期刊、中国核心期刊(遴选)数据库收录期刊、中文科技期刊数据库全文收录期刊。刊物成为加强长三角地区统计合作与交流的平台，并积极推动全国统计理论和实践相结合，加大统计科研力度。

加强统计合作，是推动长三角区域统计工作发展的重要内容。《统计科学与实践》本着“围绕大局、关注大势、立足统计、服务社会”的宗旨，接受浙江省统计局、江苏省统计局、市统计局的业务指导，集合长三角两省一市的统计科研力量，关注长三角区域社会经济发展情况，研究各省市发展中出现的新情况，聚焦经济热点，推进统计制度、统计方法改革，健全统计信息交流机制，分享统计先进实践成果，为广大统计工作者提供交流学习的平台。《统计科学与实践》包括的栏目有长三角瞭望、特别关注、长三角调研、研究探索、区域发展、行业聚焦、统计实务、统计采风等，内容丰富，涵盖面较广，及时反映统计部门主要工作，聚焦社会经济问题，是统计部门区域间横向交流与合作的重要成果。市统计科学应用研究所主要承担刊物供稿、审稿的编辑工作。2010 年起，保持充分的供稿量，涉及栏目包括长三角调研、研究探索、局长访谈、统计采风等。稿件内容丰富，与浙江、江苏两省刊物编辑部门合作顺利，共同提升刊物水平、扩大刊物影响力。

# 第四章 统 计 教 育

1978 年以来，上海统计部门有组织、有计划、有步骤地加速统计专业人才的培养，发展以统计函授为主体的多种教育培训。一是学历教育，二是多种形式的在职培训，并与虹口区教育局联办市统计职业技术学校。1986 年 11 月，市统计干部培训中心成立，在全市逐步形成培养统计专业人才的网络，并建立一支师资队伍。1990 年底，上海统计人员中被聘任高级、中级、初级统计专业职务的有 1 588 人，成为统计队伍中一支骨干力量。1995 年，国家统计局制定“统计人员持证上岗制度”，市统计局根据要求逐步在全市范围内开展统计人员岗前培训。2004 年 12 月，市统计干部培训中心正式更名为市统计教育中心。

## 第一节 学 历 教 育

### 一、高等院校

1950 年 8 月，上海商学院更名为上海财政经济学院。1952 年，高等学校院系调整，华东地区先后有 20 所高等院校的商学院和财经系科并入上海财政经济学院，形成国内一所规模较大、系科设置较齐全、师资力量较强的高等财经学院。1981 年，设置统计学硕士点。1985 年 9 月，上海财经学院改名为上海财经大学。1986 年，经国家教育委员会批准，设置统计学博士点。2009 年 6 月，上海财经大学在原上海财经大学统计学系的基础上创建统计与管理学院，主要的学科专业是统计学，包括经济管理统计、金融统计、统计理论与方法、数量金融与风险管理等多个学科方向。

此外，华东师范大学数学系于 1978 年设立概率统计教研室，并有概率统计硕士学位授予权。1983 年 8 月，概率统计教研室改为数理统计专业。1984 年，成立数理统计系。

到 2010 年底，上海地区设立统计专业的高等院校还有复旦大学、上海大学、上海立信会计学院等。

### 二、专科学校

**【上海商业学校统计班】**

1960 年，上海商业学校设立计划统计教研室。1963—1988 年，其中有 11 年举办商业统计班，共招生 500 多人。1982 年，接受市统计局和市纺织局委托，举办工业统计班，招收 91 人。1983 年，接受市卫生局委托，举办卫生统计班，招收 45 人。

**【上海物资学校统计班】**

1978 年，上海物资学校开设中专计划统计班，学制 2 年。到 1988 年，共招收 742 名学员。学员毕业后由市物资局负责分配到局及所属单位、物资部华东一级站，也有的分配到有关机关和企事业单位，从事统计、会计等工作。

**【上海立信会计学校统计大专班】**

上海立信会计学校于1982年开设统计大专班，向社会招收应届高中毕业自费生。学制2年，学员毕业后国家不包分配，面向社会推荐，由用人单位择优录用。

## 三、统计干部专修班

1982年，市经委委托华东师范大学举办数理统计干部专修科。1983—1984年，市统计局委托上海教育学院举办干部专修科，由市统一招生，统一入学考试，共计招收85名学员。经过2年培训，学员考试合格获得大专毕业证书，回原单位工作。

1984年，经市教育局同意，市统计局委托闸北区业余大学举办学制2年、全脱产的统计专修科和学制3年、基本业余的统计专修科，学员考试合格获得大专毕业证书。

1985年秋，市统计局委托上海财经大学举办学制2年、全脱产的干部专修科；经全国统一考试，录取29名学员。同时，上海电视大学和各区职工业余大学也先后开设工业统计大专班和学分制统计大专班；市轻工局、市纺织局职工业余学校也开设会统班，培训在职统计人员。

市统计局还委托普陀区和徐汇区职工中专举办统计班，至1987年共举办6期、9个班，经市统考，录取327名学员；其中，学制2年、全脱产的1个班27人，学制3年、基本业余的8个班300多人(1984年改为学制2年半)。学完规定全部课程考试合格者，由市教育局统一颁发中专毕业证书，回原单位工作。另外，立信会计学校、普陀、黄浦、南市、闸北区和市轻工局、市化工局等职工中专学校也相继开设统计班，学制3年。

1988年，市教育局和市统计局联合举办统计干部中专教育训练班，实行岗位证书、专业证书、毕业证书等制度，在校学生发展到3 000多人。

## 四、自学考试

1982年，国务院批准教育部制定的高等教育自学考试办法，先在上海和北京、天津试点。1985年1月，国家统计局和全国高等教育自学考试指导委员会在京、津、沪试点基础上于长沙召开统计教育会议，决定在全国统计系统举办大专学历的统计专业基础科自学考试。

市教育局决定由上海财经学院主考统计学专修科自学考试。规定13门必修课程，当年举行2次考试。单科考试成绩合格者，由学校发给成绩合格证明书；对按规定课程考试及格满76学分者，发给大学专科毕业证书。至1990年，自上海财经大学自学考试取得专科以上毕业证书的有2 381人；其中，取得学士学位的有16人，取得硕士学位的有7人。

1997年11月，全国高等教育自学考试指导委员会受国家统计局的委托，决定在全国开考经济学专业(独立本科段)。该专业为大学本科学历，设置公共基础课、专业基础课和专业课共11门课程。学员凡持有大专毕业学历证书，通过规定课程考试，毕业论文成绩合格，思想品德鉴定符合要求，即可获得国家承认的大学本科毕业证书。1999年，市统计局与华东师范大学合作，开展此项工作，华东师大作为主考学校，负责考试、论文和毕业等工作。

2004年，国家统计局联合教育部开展调查分析师的认证考试项目。2005年，市统计局和上海自学考试办公室联合下发《关于本市合作开考高等教育自学考试调查与分析专业(独立本科段)和调查分析师证书考试的通知》，并与上海财经大学联合办班。10月，在上海首次开展调查分析师证书考试。截至2010年,已有多名学员取得毕业文凭。

## 五、函授学院、电大和党校

### 【统计干部电视函授学院】

1985年3月,国家统计局成立中国统计干部电视函授学院。6月,上海成立分院,市统计局局长李懋欢兼任院长,徐学贤为副院长。下设办公室,与市统计局基层工作处合署办公,负责日常教学管理工作。各区、县、局相应成立办学和辅导班子,分院与63个单位联系,下设141个辅导班,聘请辅导教师1 000多人次担任教学任务。统计干部电视函授学院学制3年,每周脱产2个半天,学满76学分,可获得大专毕业证书。

### 【统计专业基础科自学考试】

1988年8月,全国高等教育自学考试指导委员会和国家统计局决定设置中国革命史、外语(英、日、俄任选一门)、高等数学(二)、数据处理概论、市场学、经济法概论、外国经济统计、国民经济综合平衡统计、工业会计学9门课程,学制2年半。凡全部课程及格、撰写毕业论文成绩合格,经过思想鉴定符合要求的本科毕业生,按照《中华人民共和国学位条例》的规定,由主考学校授予经济学学士学位。1989年10月,开始举行中国革命史和经济学概论的考试。1991年,举办第二轮统计专业基础科自学考试,考试课程由原来的11门调整到12门,增设经济法考试。

### 【中共中央党校经济信息管理函授】

1993年7月,中共中央党校函授学院与国家统计局统计干部培训中心联合发出《关于联合招收经济信息管理专业1993级大专班和本科班学员的通知》,专业学制为5年半两段制。即大专班学制3年,本科班以大专毕业为起点,学制2年半。学员学完必修课程,经全国统一考试成绩合格者,由中共中央党校函授学院颁发经济信息管理专业毕业证书。1994年,市统计局开始与中央党校合作,联办经济管理(经济信息方向)本科、大专生班。

### 【上海电视大学经济信息方向大专班】

1993年4月—1999年12月,国家统计局与中央广播电视大学联合发布《关于联合开设经济信息管理专业的通知》,专业为2年制大学专科。学员修完规定课程和达到总的学分,鉴定符合要求,准予毕业并发给毕业证书,国家承认其大专学历。市统计局于1994年开始与上海电视大学联合举办经济信息方向大专班(基础段),同时还联合开办培养统计、会计、金融等专业人才的经济信息专业,当时在上海属首次,在华东地区也仅上海一家。

为了适应社会主义市场经济和建立新国民经济核算体系的需要,培养统计与会计的复合型人才,1998年7月,在合作开设经济信息管理专业基础上,国家统计局统计教育中心与中央电大联合发文,文件明确两家正式开办注册视听生会计与统计核算专业大专班。1998年,市统计局随之与电大合作,开设会计与统计核算专业,招收大批电大注册视听生。

1999年起,市统计局与市教委联合相继开设会计学专业(会计与统计核算方向)本科、会计学专业(会计与统计核算方向)专科等专业。

2010年起,随着国家统计局培训学院的撤并,以统计系统为主开办的会计学专业(会计与统计核算方向)本科、会计学专业(会计与统计核算方向)专科等专业,逐步进入过渡阶段,教学周期结束后将自然终止。截至2010年,市统计局共培养了各类电大生近千名。

### 六、研究生班

为了提高市、区统计局业务骨干的综合素质,给统计系统高层次人才创造学习与提高的机会,2004年9月,市统计局与上海财经大学联合开办经济管理统计专业研究生课程进修班。市、区统计局有28位学员参加为期2年的学习,其中60%的学员获得硕士文凭。

## 第二节　在职培训

### 一、统计学原理电视讲座

**【“统计学原理”电视广播讲座】**

1980年,市统计局在全市范围内广泛开展统计业务培训工作。为解决师资不足的困难,先举办统计学原理师资短训班,从全市各部门(局、公司)现职统计干部中挑选具有大专学历或具有一定业务经验的53名干部参加。初步形成师资骨干力量后,经市政府批准,市统计局、上海财经学院和市统计学会联合举办“统计学原理”电视广播讲座。于1981年4月19日开课,9月27日举行期末考试。每周上课2次(每次90分钟),重播2次,由上海财经学院统计系教授郑德如、马家善主讲。参加学习的有各委、办、区、县、局和企事业单位及国务院部、委在沪企事业单位的学员3.07万人,旁听学员1.9万人。毗邻上海的苏、浙两省的无锡、苏州、昆山、嘉兴等地区也组织1万多名学员进行学习。各主管局都成立中心辅导组(站),对学员进行辅导。“统计学原理”电视讲座产生了较好的社会效应。市长汪道涵在全市区、县、局长会议上对这次讲座予以肯定。1982年底,国家统计局在石家庄召开全国电视讲座会议,推广上海电视教育经验,并向全国发出《关于举办〈社会经济统计学原理〉电视讲座的通知》。市统计局按照国家统计局的通知要求再组织招生,报名参加学习的有6 944人。从1983年7月25日开始,用中央电视台二频道每周播讲3次,每次1个课时,到1984年1月9日结束,共72课时。最后有3 845人考试及格,占实考人数4 805人的80%。

**【统计基础知识讲座】**

1982年2月8日,市统计局、市人事局联合发出《关于举办专业统计基础知识讲座的通知》,决定在年内陆续举办工业统计、劳动工资统计、商业统计、物资统计4门专业统计基础知识讲座,使学员能基本掌握1门专业统计基础知识,达到相当中专单科水平,考试及格发给单科结业证书。4个专业报名参加学习的共2.51万人。同时,委托上海《世界经济导报》开辟专业统计讲座辅导专栏。2.22万人参加闭卷统考,2.05万人及格,获得结业证书。

同年,市人事局、市企业管理协会联合举办“经济管理基础理论”电视讲座,开考政治经济学、经济管理概论。市统计局会同市人事局组织动员正在进行专业培训的2万多名统计人员参加政治和管理数学基础学习,为广大统计人员争取获得中专毕业证书提供条件。

1984年下半年,国家统计局与中央电视台联合举办“统计数学基础知识”电视讲座。上海市有4 197人参加学习,7月25日开学,12月23日进行期末考试,及格人数为2 059人,占实考2 350人的 87.6%。

## 二、统计专业证书学习班和统计专业技术资格制度

1987 年,经市人民政府同意,上海成人高等教育试行“专业证书”教育实施办法。市统计局于 6 月进行摸底调查;10 月,委托市经济管理干部学院举办统计专业专业证书班,学制 2 年,基本业余(每周 2 个半天,2 个晚上)。招生对象为:1949 年 12 月 31 日前出生者;具有高中毕业或相当于高中同等学力者;确实是单位工作需要而又尚未取得大专学历者;从事统计工作,工龄在 10 年以上的业务干部。入学后,进行文化测试。课程有政治经济学、哲学、统计学原理、工业统计、会计学原理、经济统计学、数理统计、电子计算机及其应用等 8 门课。此外,举办大专统计班、统计专题讲座,招收 50 人编一个班。同年,参加大专职称考试的学员,继续参加专业证书学习班的有 87 人。1989 年,先后结束学业,获得专业证书。

1988 年 1 月,市统计局和市教育局联合组织实施中专学历教育与岗位培训相结合的教育制度。为避免学员重复学习,试行一整套计划:把中等专业教育的学历教育(全科班)、干部专修班和非学历教育(岗位培训班),都纳入教育计划,形成岗位培训、专修、全科相衔接 3 个层次的教育制度。学制分别定为:全科班 2 年半;专修班 1 年半;岗位培训 1 年。教学时数分别为 1 700 学时、900 学时、450 学时。在课程设置上,文化课、专业基础课和专业课分别为 12 门、8 门、4 门。12 门课是哲学、政治经济学、语文、数学、统计学原理、专业统计(工业、商业等)、国民经济计划管理、统计分析、计算机应用、经济法和统计法、财政与信贷、会计学原理,另加毕业实习。学员每修完一门课程,考试合格发给单科合格证书。学员取得岗位培训规定的政治经济学、统计学原理、专业统计、会计学原理 4 门课程合格证书,发给岗位证书。学员取得计划规定的 8 门课程(其中岗位培训的 4 门课程为必修课)合格证书,发给专业证书。学员取得计划规定的 12 门课程合格证书,发给中专毕业证书。

1988 年 7 月,中共上海市委组织部、市人事局、市高等教育局和市教育局联合发出《关于贯彻国家教委、人事部印发关于成人高等教育试行〈专业证书〉制度的若干规定的通知几点意见》,招生对象的年龄由 1949 年 12 月底以前出生改为年满 35 周岁以上,专业工龄由 10 年改为 5 年以上,入学条件放宽。委托上海大学商学院举办统计专业合格证书班。经考试,录取 73 人,学制 1 年半,基本业余,课程为 8 门,总教时在 840 学时以上。学员读完教学计划内全部课程,并经考试合格颁发上海市高等教育局统计专业合格证书。获得统计专业证书者,在统计部门或统计岗位上,其证书可作为评定专业技术职务或管理职务任职资格的依据。

举办统计干部中专教育,有分有合,灵活多样,考试不合格者可参加岗位培训班学习,凡取得岗位证书需继续学习,可在第二年入学考试,政治经济学及格可免考政治。合格者学完规定课程,考试及格,发给毕业证书。共招收 3 018 名学员,其中全科生 660 人,专业证书生 483 人,岗位证书 1 875 人。为适应统计业务和满足首次评定统计技术职称的需要,按“急需先学”原则将岗位培训 4 门课程提前到第一学期学习。为了确保教学质量,采取两项措施:一是两局建立联合教务处;二是各课程均组织全市统考,统一阅卷评分。举办这类学校有 40 所,其中有第二轻工业学校、集体事业职工中专、纺织局职大附设中专班、第二商业局职工中专、化工局财经职工中专、煤气公司职工中专、港湾学校、环卫学校、船舶工业公司职工中专、交通学校、塑料中专、家具中专、家电中专、日用五金职工中专、黄浦区职工中专、普陀区职工中专、徐汇区职工中专、闸北区职工中专、静安区职工中专、统计干部职工中专、闵行区业余中学、上海县工农教师进修学校、青浦县工农教师进修学校、宝

山县工农教师进修学校、金山县工农教师进修学校、南汇县工农教师进修学校、崇明县供销职工中专、松江县工农教师进修学校、嘉定县工农教师进修学校、奉贤县供销中专、川沙县农民中专。到1993年联合教务组结束，5年共有全科毕业生1 570人。

1990年1月，国家统计局与人事部联合印发《统计员岗位专业知识培训试行办法》。据此，大规模的统计人员岗位专业知识培训开始起步。统计员岗位专业知识培训开设社会经济统计学、统计法和专业统计等3门课程。上海有近万人报名参加，其中绝大部分是来自基层企业的统计人员，也有来自机关、事业单位的统计人员。

1991年，根据国家统计局的通知，上海发出《助理统计师岗位专业知识培训实施办法的通知》；以及根据上海市人民政府办公厅转发市职改办《关于对不具备规定学历的专业技术人员进行统一考试》通知，在全市开展助理统计师岗位培训和不具备规定学历的专业技术人员的培训与考试。并根据申报中级专业职务必须考8门科目、助理统计师必须考5门的规定，分设科目有社会经济统计学原理、会计学原理、统计法、财经应用文、专业统计、统计分析或统计预测、计算机应用、综合平衡统计等。至1994年，已有4 200人次完成考试并取得相应证书。

1995年，全国开展统计专业技术资格考试。至2010年，上海约有2万名学员参加了各类全国统计专业技术资格考试考前培训。

## 三、短期培训

1978—1986年，市统计局先后选送8人(其中，县统计局局长3人)参加中国人民大学计划统计系统计进修班、四川财经学院统计进修班和四川统计学校统计进修班为期半年到1年的学习。同时，还举办劳动工资、农业、固定资产投资等专业统计知识讲座，以实用为主，并安排一定统计基础理论知识，培训提高统计人员实际技能。

1983年起，市统计局先后选送9人参加西安统计学院英语强化班、上海外国语学院、国家轻工部日语强化班训练。1987年，选送40人参加市人事局培训中心电视英语授课班学习。

1984年，市统计局选派1人参加亚太统计研究所在日本东京举办的第十四届“普通统计”培训班学习。1986年，选派1人参加国际研究中心在日本举办的统计科研班进修。

1984年3月，市统计局委托普陀、徐汇、南市、黄浦和闸北区职工中专学校举办“统计学原理”培训班。招生对象为具有初中毕业文化水平、从事统计工作2年以上的统计人员。经过入学考试，共招收学员463人，学制为半年(20周)，基本业余，每周上课1天及2个晚上。培训班按照业余中专的规定，实行分班面授。这期学员实考人数428人，及格人数423人，及格率高达98.8%。成绩合格者由各学校发给单科合格证书。从1990年起，为配合以考代评的统计资格考试，市统计干部培训中心每年组织考前培训，每期4个月，每周1～2天，培训课时不少于150课时，最多达到280课时。

上海统计系统结合每年一次的统计年报工作布置，进行长会短训。以会代训，以讲解统计指标和填报方法为主，适当讲授统计基本理论知识。每年召开一次主管区、县、局(公司)会议，统计互助组长和大中型企业会议，组织年报汇审汇编，交流经验，提高统计技能。

1994年，市统计局举办高级统计师英、俄语培训班，并经过两个月的培训，有多人通过考试，获得单科结业证书。

1995年，市统计局根据市统计职改办的意见，在全市范围内第一次举办以高级统计师为主要学习对象的研修班，为期 4 个月，每周 8 课时，开设新国民经济指标原理、计算机技术、统计与会计等 3 门课程，聘请高校优秀教师及市有关部门的高级经济师授课。

2005 年，为培养一批有技术的调查员队伍，积极配合上海调查总队的工作，首次开展“社会调查员”的培训，开设调查理论、调查实务等课程，近 200 名调查员接受培训。

## 第三节　岗前培训和持证上岗制度

### 一、岗前培训

1985 年，根据教育部门关于进一步改革中等教育结构，发展职业教育若干问题的精神，市统计局与虹口区金沙中学联合创办市统计职业技术学校，与卢湾区东风中学（改名为卢湾区教育中心）联合举办统计职业班。分别签订为期 15 年和 5 年的协议，培养初级统计管理人才。职业技术学校毕业生，具有中专同等学历，但不包分配。同年秋季，两校向各区招收应届高中毕业生 6 个班 242 人，学制 1 年，加实习 2 个月；招收应届初中毕业生 6 个班 275 人，学制 4 年。职业技术学校到 1991 年共招收学生 2 000 余人，有教职员工 110 人，初步形成一支统计专业师资队伍。

1985—1986 年间，南汇县统计局与南汇县老港中学联合举办会统职业班，学制 3 年，国家承认其中专学历。学生来源由各乡推荐，经县初中升学统一考试录取；其间，共招收两届学生，第一期招收学员 40 人，第二期招收 29 人。

### 二、持证上岗

1995 年，国家统计局制定“统计人员持证上岗制度”，按照国家统计局关于做好统计上岗培训的要求，从 1996 年开始，市统计局在全市统计人员中开展统计基本知识岗位培训，并制定《上海市统计基本知识岗位培训实施暂行办法》。至 2006 年，全市通过培训考试取得该证书的有 7 万余人。2006 年后，国家统计局颁布关于《统计从业资格认定办法》；同年 11 月，上海统计从业资格认定工作正式起步，并在首次开考前做了大量的登记换证工作，组织全市符合直接换发证条件的统计人员换取统计从业资格证。截至 2010 年，有 2.6 万人通过考试和换证取得统计从业资格证书。

2010 年起，市统计局在全市全面实行统计继续教育，并采用网上和网下相结合的教学模式，对持证人员每两年进行一次 32 课时的继续教育。此模式在全国属首创，当年就有 1 万多名统计人员接受培训。

# 第十四篇

## 统计管理

为加强和改革统计工作，实现统计现代化建设，上海通过加强统计法制建设、改革统计职务评聘制度等措施，推动和完善统计管理工作，优化上海统计人才结构，使依法管理统计迈出新步伐。

1983 年，全国人大常委会通过《中华人民共和国统计法》后，结合上海实际，制定规范统计工作的文件和地方法规；同时，着手进行基层统计建设和统计基础工作。通过组织试点、总结、交流经验、制定统计工作规程、开展评比和达标升级等，不断促进统计工作规范化。组织广大统计人员学习，并通过报刊、电台、电视台等各种宣传工具广泛宣传《统计法》的基本内容和重要意义。

通过不定期进行统计法规执行情况检查，上海在各系统自行组织自查、互查、抽查的基础上进行全市抽查。要求统计工作必须以统计法规为准绳，建立良好的统计工作秩序。统计法规执行情况检查的目的是强化统计监督职能，保障统计数字的准确性和及时性，深入贯彻《统计法》及其《实施细则》，进一步提高统计工作水平。

1978 年后，为适应改革开放的新形势，上海编撰的统计资料形式多样化、系列化：既有综合统计资料汇编，也有专业、专题统计资料汇编；既有进度分析，也有专题分析、预测分析。这些资料分门别类以《上海统计资料》《统计报告》《国内外统计信息》《情况反映》《增刊》《重要统计信息》《专送统计分析》等书面载体印发有关单位，受到各级领导部门和社会各界的重视与关注。陆续恢复编印出版《统计公报》《上海统计年鉴》《上海统计资料摘要》《上海市情市力》《上海浦东统计年报》等统计资料。《上海市国民经济和社会发展统计公报》通过新闻发布会发布，并在《解放日报》全文刊登，便于公众查询。《统计公报》多次被列为市人民代表大会参阅材料。《上海统计年鉴》正常年度每年一刊，收录经济和社会各方面大量的统计数据及历史重要年份的主要统计数据；在全国地方年鉴评比中屡次获得各种奖项。

1990—2010 年，统计分析工作进一步加强，统计分析资料数量和质量同步提升，形式多样，涉及分析领域与题材广泛：既有时效性强的热点问题分析，也有深入理论实践的全面系统分析；对常规统计数据分析的同时，也逐步增加对抽样和随机调查为专题的新兴热点问题的统计分析等。在此期间，撰写的统计专报超过 600 篇；报送市委和市政府领导班子及相关的委办局等的统计要情有 200 篇左右；印发至市委、市政府、市人大、市政协领导和相关部门部分研究机构、新闻机构等的统计报告，年度撰写超过 1 000 篇，统计信息年度撰写超过 1 300 篇。

随着信息时代到来，统计信息通过各报社、电台、电视台等新闻媒介发布的频率越来越高，社会接受面也越来越广。为全面、准确、客观地反映上海经济社会发展情况，维护统计数据的统一性和权威性，更好地为政府和社会公众服务，市统计局加强统计新闻宣传，规范新闻宣传制度，统计新闻宣传逐步成为沟通内外、媒介社会、内聚合力、外树形象的重要途径。市统计局是上海首批产生的委办局新闻发言人单位之一。

实施统计干部技术职称制度改革，确定和晋升统计干部技术职称，以工作能力、业务水平和工作贡献为主要依据，适当考虑学历和资历。此项工作开展以来，经历职称评定、以考代评、考评结合等阶段，现除高级统计师任职资格执行考评结合外，其余统计职称实行以考代评。截至 2010 年底，高级统计师任职资格评审工作走过了 23 年历程，上海共有 548 人获得高级统计师任职资格。

# 第一章　统计法治

新中国成立到80年代初，统计工作主要依靠行政手段进行组织管理。1983年，中华人民共和国第一部《统计法》的诞生，标志统计工作步入法治的轨道。1984年12月，上海市政府批准《关于本市贯彻〈统计法〉的若干意见》，上海在地方统计法规规章、统计法律法规宣传、统计违法行为查处等方面进行积极探索。

通过颁布《上海市统计管理条例》等一批相关的统计法规文件，编印《统计行政执法相对人权益》中英文手册，在上海全面实施统计行政执法相对人权益告知制度。

1996年12月24日，市统计执法检查大队成立。同年，全市查处的统计违法案件有15起，其中上海立邦涂料有限公司被处罚款，是上海统计执法历史上第一起因统计违法而被罚款。1996—2010年，上海共查处统计违法案件593起。

1997年，上海首起统计执法引起的行政诉讼案二审开庭审理，维持统计违法案件的行政处罚决定。上海相关部门通过新闻媒体对此案作了采访报道，引起全市社会各界对统计执法的关注。

## 第一节　地方统计法规制定

1984—1989年，上海采取多种措施深入贯彻执行《统计法》及其《实施细则》，并建立相关配套规章制度。1984年2月10日，国家统计局发出《关于认真执行〈统计法〉开展统计数字质量检查的通知》，市统计局把检查《统计法》执行情况与检查统计数据质量相结合，明确每年11月为统计数字质量检查月。1985年4月15日，国务院办公厅转发国家统计局《统计资料保密管理办法》。市统计局结合上海具体情况于8月16日向市人民政府报送《关于贯彻执行〈统计资料保密管理办法〉报告》；9月4日，市人民政府办公厅转发市统计局报告，要求各区、县人民政府，市政府各委、办、局按照执行。1986年12月23日，市人民政府办公厅向各区、县和市政府各委、办、局以及各出版、宣传、新闻单位印发《关丁加强本市重要统计数字管理》通知。1987年5月，市统计局为提高全局汇总统计数据的质量，制定《关于切实提高统计数字质量的规定(10条)》，对统计工作的全过程采取切实有效的措施。1988年10月，市统计局贯彻全国统计法制工作会议精神，根据国家统计局统一部署的7项统计指标数字质量检查工作(粮食产量、农民收入、固定资产投资额、楼堂馆所项目、工业产值、物价指数、社会集团购买力)，增加工资总额检查指标，将虚报、瞒报以及其他违反《统计法》和《实施细则》的行为列为重点检查目标。1989年10月21日，市统计局发出《关于修订现行统计制度和做好1989年统计年报工作的通知》，要求组织实施各项统计年报同时，与加强各项基础建设结合起来，在调查研究、总结经验基础上，逐步建立、健全统计数字全面质量管理制度和推进基础工作规范化。

1993年12月15日，上海市第十届人大常委会第六次会议审议通过《上海市统计管理条例》，并于1994年4月1日起实施。这是新中国成立以来上海第一部地方统计法规。

1994年6月6日，上海市人民政府第66号令颁布《上海市统计违法行为处罚办法》。1994年6月20日，市统计局发布《上海市统计调查表管理暂行办法》。1994年7月14日，市统计局发布《上海市统计检查及统计违法行为查处工作的暂行规定》。

1995 年 6 月 15 日,上海市人民政府发布《上海市统计登记办法》,自 1995 年 8 月 1 日起施行。1995 年 6 月 30 日,市统计局发布《关于组织实施〈上海市统计登记办法〉的若干规定》。

1996 年 5 月 15 日,根据第八届全国人民代表大会常务委员会第十九次会议《关于修改〈中华人民共和国统计法〉的决定》,《统计法》作了修正,重新发布。1997 年 8 月 13 日,上海市第十届人民代表大会常务委员会第三十八次会议审议通过《关于修改〈上海市统计管理条例〉的决定》,《上海市统计管理条例》据此作了修正。1997 年 12 月 19 日,根据上海市政府第八十九次常务会议决定,对《上海市统计违法行为处罚办法》作了修正,并以市政府第 54 号令重新发布。

1998 年 11 月 12 日,市统计局和市纪委、市监委联合发布《关于统计违法行为行政处分的若干规定(试行)》。1998 年 11 月 10 日,市统计局和市信息办联合发布《上海市利用计算机公众信息网络发布统计信息管理办法》。该《办法》自 1999 年 1 月 1 日起施行,2004 年 6 月 30 日失效。

根据国家统计局制定的《统计执法检查规定》,市统计局于 2001 年 12 月 19 日发布《上海市统计执法检查和查处统计违法行为的规定》,1997 年 12 月 31 日印发的《上海市统计检查及统计违法行为查处工作的暂行规定》同时废止。

2002 年 4 月 15 日,市统计局发布《上海市统计执法检查证管理办法》。同年,上海开展"在地统计"试点工作,市统计局围绕"在地统计"工作中可能遇到的有关问题,分别走访市政府法制办和市人大法工委,为完成《上海市统计管理条例》修改做好准备。

2005 年 5 月,国家启动《中华人民共和国统计法》修改工作,上海也开始地方统计法规修改调研准备工作。2008 年 3 月,市统计局拟写《上海市统计局关于拟将本市地方性统计法规修改列入五年立法规划项目的函》报市人大财经委;4 月,又拟写《关于拟将本市地方性统计法规修改列入五年立法规划项目的补充说明》报市人大财经委,进一步阐述《上海统计管理条例》的修改背景、需解决的主要问题和修改的内容;6 月,拟写《关于开展〈上海市统计管理条例〉全面后评估的情况汇报》,向市人大法工委汇报《上海统计管理条例》贯彻落实的基本情况,并对《条例》提出修改意见和建议。同年,《条例》正式列入上海市人大常委会五年立法规划(2008—2012 年)。

2009 年 9 月 8 日,市统计局发布《上海市实施统计数据网上直报工作管理办法》。9 月 22 日,上海市人民政府办公厅转发该办法。

2010 年 5 月 13 日,根据监察部、人力资源社会保障部和国家统计局联合发布的《统计违法违纪行为处分规定》,为依法查处统计违法违纪行为,规范统计违法违纪案件移送,保障法律法规的贯彻实施,市统计局、市监察局和上海调查总队联合制定并印发《统计违法违纪案件移送制度》。原《上海市统计违法行为处罚办法》由上海市人民政府第 53 号令宣布废止。同时,《上海市统计登记办法》根据上海市人民政府第 52 号令修正并重新发布。

2010 年,市统计局和上海调查总队梳理、编印《统计行政执法相对人权益》中英文手册,在上海全面实施统计行政执法相对人权益告知制度。11 月,市委、市政府领导分别就统计局实施告知制度做出重要批示。

## 第二节　统计法律法规宣传

### 一、"二五"普法(1991—1995 年)

由于地方统计立法体系到 1995 年才基本完成,上海"二五"统计普法集中于 1994—1995 年进行。在“二五”普法期间，上海组织发行全国统编教材《统计法制建设若干问题讲座》《统计普法宣传必读》等材料。

## 二、“三五”普法(1996—2000年)

“三五”普法期间，上海共有16万人(其中各级领导干部和企业负责人4万人)参加统计普法，普法工作在数量和形式多样化方面均超过“二五”普法。

1996年5月15日，《中华人民共和国统计法》修订后重新发布。为全面贯彻新《统计法》，上海决定在全市范围开展推进普法教育活动。1996年8月14日，市统计局、市司法局、市法宣办联合印发《关于本市开展统计普法教育活动的通知》。

1997年初，市统计局会同市司法局、市法宣办联合印发《关于本市开展统计法制宣传教育第三个五年规划实施意见》，对上海统计普法工作出具体部署。同年，正值全国统计执法大检查，大检查期间，上海首起因统计执法而引起的行政诉讼案二审开庭审理，该案经二审审理，最终维持统计机关行政处罚决定。市统计局抓住这个契机，通过新闻媒体对此案作了采访报道，引起全市社会各界对统计执法的关注。

1998年2月16日，中共中央办公厅、国务院办公厅下发《关于坚决反对和制止在统计上弄虚作假的通知》(以下简称《两办通知》)。为推动全市深入贯彻《两办通知》精神，市统计局组织了一次全市性的统计法律法规知识竞赛活动，共有4万余人参加。同年，根据《两办通知》和市委、市政府关于贯彻《两办通知》的文件精神，市统计局会同市司法局、市法宣办联合下发《关于对领导干部进行统计法制教育的通知》，要求各单位采取多种形式，对各级领导干部和有关人员普遍进行一次统计法制教育。根据市政府常务会议决定，市统计局向出席市政府全体会议的近300位市领导和各委、办、局、区、县主要领导干部作《统计法》和《两办通知》精神的宣传。这是上海开展统计普法教育活动以来出席对象层次最高的一次活动。

1999年上半年，上海以纪念《统计法》实施15周年、《上海市统计管理条例》实施5周年为主题，组织20个区县开展统计法制宣传日活动。市统计局和各区县统计局的领导参加宣传活动，电视台作了采访报道。1999年3月，市统计局编印通俗易懂、内容包括统计法律法规知识和案例摘编的普法教材《统计ABC》。同时，结合上海发布的《关于统计违法行为行政处分的若干规定(试行)》《上海市利用计算机公众信息网络发布统计信息管理办法》和国家统计局发布的《涉外社会调查活动管理暂行办法》，通过报纸杂志进行宣传。

“三五”普法期间，市统计局根据国家统计局的要求，结合地方统计法规和多年来上海统计执法检查的实际情况，组织编写普法教材和宣传提纲。5年来，全市共组织编印和发放各种统计普法教材近20万册(份)。

“三五”普法期间，上海针对不同普法对象，采取多种形式开展统计法律法规宣传：(1)采取结合工作会议宣讲，举办法制讲座、报告会、座谈会等多种形式进行统计法制教育。市统计局先后举办6期全市性的统计法制讲座，参加听讲的企事业单位领导和统计负责人达千余人。全市有4万名各级领导干部通过各种形式接受统计普法教育。(2)采取集中面授形式组织普法培训。市统计局先后举办50多期统计法制培训班，参加培训的统计普法骨干近1万人。(3)采取面授、工作会议宣讲、利用互助形式自学统计普法教材等形式进行普法。上海对已具备规定学历、资历，需补“三五”普法后方能领证上岗的统计人员，实行统一教材、统一试题、集中培训考试、统一阅卷颁证。在此期间,全市共有4万多名专兼职统计人员通过培训考试,并取得统计上岗证。

2000年2月,根据国家统计局《全国统计"三五"普法考核验收办法》精神,上海下发《关于认真做好本市统计"三五"普法考核验收工作的通知》,要求各区、县人民政府和市政府各委、办、局认真做好总结验收工作。7月中下旬,在各区、县和各委、办、局总结验收基础上,市统计局组成抽查组,分别对普陀区、崇明县、市房地局等单位进行抽查验收。

2000年6月,修订后的《统计法实施细则》重新发布,市统计局组织召开电视电话会议,下发《关于认真做好〈统计法实施细则〉宣传贯彻工作的通知》,与市经委联合下发《关于工业系统认真抓好宣传贯彻工作的通知》,积极部署全市的学习宣传贯彻工作。通过主要新闻媒体及上海市情网、《上海法制报》和《上海统计》杂志进行宣传,在上海市情网、上海统计信息网全文刊载《实施细则》及宣传口号,在《上海统计》杂志上组织笔会和专栏作连续宣传,组织发放《统计法实施细则》宣传手册9 000余册。同时,继续做好《涉外社会调查活动管理暂行办法》的宣传,向1 000多家社会调查和咨询机构发出《涉外社会调查活动管理暂行办法》和市统计局《公告》。

## 三、"四五"普法(2001—2005年)

"四五"普法期间,上海共有11万余人参加普法,并经考核取得"四五"统计普法合格证,有近万名领导干部和企事业单位法定代表人、统计负责人接受统计普法教育。

2001年,市统计局制定并下发《本市实施统计法制宣传教育第四个五年计划的意见》,对上海"四五"统计普法的对象、内容和要求、步骤与方法、保障措施、时间安排等做出具体部署。市统计局成立由局长潘建新任组长的"四五"普法领导小组,法规处具体负责普法的组织协调工作。

2002年初,市统计局、市司法局和市法宣办联合下发《关于加强本市"四五"普法期间统计法律法规宣传教育工作的通知》,要求各区县、委办局和有关单位加强对统计普法工作的领导。同年,根据国家统计局《关于做好2002年统计法制宣传教育工作的通知》要求,市统计局又印发《关于下达本市"四五"统计法制宣传教育目标的通知》,对各区县、委办局、集团(公司)下达"四五"统计普法目标任务。2002年上半年,市统计局采用多媒体教学方式,对全市140余名统计普法骨干进行培训。

2002年,市统计局在上海统计网开设"法制园地""四五普法动态"等栏目,内容包括法律法规、典型违法案例剖析、统计法制建设、普法信息等。同年,市统计局在采用国家统计局统一普法教材的基础上,组织编写《上海市统计普法教育读本》及普法ABC试卷,并制作多媒体教学软件。同时,结合统计人员上岗培训和年检工作,编写《统计法律法规知识讲义》,组织有关人员进行学习。"四五"普法期间,市统计局结合统计人员持证上岗制度举办16期普法培训班,对符合直接换证条件的3 000余名统计人员进行培训。

2003年,上海以纪念《统计法》颁布20周年为契机,积极组织开展系列宣传活动:(1)组织各有关单位、各级领导干部、企业事业单位法定代表人和专兼职统计人员参加全国纪念《统计法》颁布20周年知识竞赛和征文活动,其中市统计局向中国信息网投稿5篇。(2)组织召开纪念《统计法》颁布20周年座谈会和学习报告会,出席对象为区县统计局局长和主管部门统计负责人。(3)利用各种新闻媒体开展纪念活动。通过《解放日报》、《上海法治报》、上海统计网和《上海统计》杂志等媒体发表纪念文章、报道纪念活动;制作宣传《统计法》的电视公益广告,分别在上海电视台和上海东方娱乐台的黄金时段播放。(4)组织评选全国依法统计先进单位、先进个人活动。(5)结合2003年统计人员持证上岗工作,组织编写《统计法律法规知识讲义》及试卷。(6)对符合直接换取统计上岗证的500多名统计人员进行统计法律法规知识培训。(7)在《上海统计》杂志开辟“法律点通”专栏,内容包括统计法律法规和行政法规基础知识、统计违法案例解析和统计法制工作中的难点、热点问题等内容的研究等。

市统计局于2004年4月30日正式启动市统计局信息公开网,以满足社会各界对统计信息的需求。同时,市统计局又结合现行国家统计方法制度和上海统计工作实际,编发《统计工作实务与统计指标解读》一书,该书由“基础问答”“指标解读”“统计导航”三部分组成,内容包括统计职能、统计调查、统计制度、统计法规等,是一本集基础性、普及性和应用性于一体的工作学习手册。

2004年,上海结合正在开展的全国经济普查,把宣传贯彻《全国经济普查条例》作为当年统计普法的主要任务。市经普办组织有关单位认真学习《全国经济普查条例》,广泛动员组织市统计局、区县、街道(乡镇)及部分特殊行业单位普查办的工作人员、普查指导员、普查员参加第一次全国经济普查知识竞赛,全市共下发竞赛答卷近1.8万份。11月底,市统计执法检查大队开展贯彻《全国经济普查条例》执法检查,向普查对象宣传《统计法》和《全国经济普查条例》,撰写《贯彻全国经济普查条例,依法开展经济普查工作》等文章,向全社会宣传《全国经济普查条例》。

2005年8月,市统计局根据国家统计局下发的《全国统计“四五”普法考核验收办法》和中共上海市委宣传部、市司法局、市法宣办《关于对本市“四五”普法规划和决议贯彻执行情况进行总结验收的通知》的要求,制定并下发《关于印发本市统计“四五”普法考核验收办法的通知》,要求各区县统计局、市政府各委办局及有关单位结合实际,认真做好总结验收工作。在各单位总结验收的基础上,市统计局分别对静安、青浦、黄浦区和宝钢集团企业开发总公司等单位进行抽查验收。

## 四、“五五”普法(2006—2010年)

“五五”普法期间,上海通过多种形式的普法宣传,统计普法人数总计超过20万人次。

根据《中共上海市委、上海市人民政府批转〈市委宣传部、市司法局关于在本市开展法制宣传教育的第五个五年规划〉的通知》和《国家统计局关于印发〈全国统计法制宣传教育第五个五年规划〉的通知》要求,2006年9月,市统计局、上海调查总队联合制定《本市统计法制宣传教育第五个五年规划》,对统计“五五”普法的对象、内容与要求、步骤与方法、时间安排、保障措施等做出具体安排部署,并成立市统计局领导任组长的“五五”普法领导小组,同时落实办事机构,完善各项普法工作机制。

2006年,根据《中共中央宣传部、司法部、全国普法办关于开展2006年“12·4”全国法制宣传日宣传活动的通知》和《关于开展“12·4”全国法制宣传日和统计法宣传旬活动的通知》要求,市统计局与市第二次农业普查领导小组办公室联合举办普及《宪法》《统计法》和《全国农业普查条例》知识为主题的自行车宣传活动。12月8日,《解放日报》经济新闻版刊登纪念《统计法》修改十周年的宣传文章。

2007年,市统计局结合国家统计执法检查证换证工作,举办两期统计执法人员培训班,有200余人参加培训考试。对考试合格者换发统计执法检查证。同时,配合统计从业资格培训工作,编写《地方统计法规基础知识》教材,并对参加统计从业资格考试的统计人员讲授统计法律法规基础知识。截至2007年11月底,全市共有3万多名统计人员参加普法培训。

2008年,市统计局和上海调查总队下发《关于进一步加强本市统计法制宣传工作的通知》。为纪念《中华人民共和国统计法》颁布25周年,8—9月和11—12月,国家统计局分别举办全国统计法制宣传作品征集和《统计法》知识竞赛活动。这两项活动得到上海统计系统各有关单位及离退休老同志的积极响应。在统计法制宣传作品征集活动中,市统计局共收到投稿的书画作品23幅(其中书法20幅,绘画3幅),纪念文章及诗歌9篇。经过初评,共向国家统计局推荐书画作品10幅,纪念文章及诗歌8篇,其中共有7幅书画作品和3篇纪念文章获奖。在《统计法》知识竞赛活动中,市、区(县)统计局及调查队认真参与并发动街道、乡镇统计人员和经济普查人员、经济普查对象积极参赛,有近3 000人次参加比赛。12月,市统计局抓住全国统计法制宣传日、统计法制宣传旬和第二次全国经济普查宣传月等契机,召集部分委办局和集团公司统计负责人召开纪念《统计法》颁布25周年座谈会,结合《统计法》和《上海市统计管理条例》修改进行研讨。

2009年3月25日,监察部、人力资源社会保障部和国家统计局联合发布《统计违法违纪行为处分规定》,上海认真做好学习宣传和贯彻落实工作,市纪委办公厅、市监察局办公室和市统计局办公室联合行文,就全市学习宣传和贯彻落实《处分规定》有关要求专门发出通知。5月27日,在《解放日报》专版面向社会大众宣传《处分规定》、统计法制工作和统计工作等相关内容。

2009年6月27日,修订后的《中华人民共和国统计法》颁布,上海认真做好新《统计法》的学习宣传和贯彻落实工作:(1)市统计局和上海调查总队联合印发《关于认真学习贯彻〈中华人民共和国统计法〉的通知》。(2)特邀国家统计局政策法规司副司长刘恒作专题学习辅导报告,市统计局、上海调查总队,各区(县)统计局、调查队共150余人参加报告会。(3)市统计局分别组织召开区(县)统计局和委办局、(集团)公司学习培训会议专题学习新法规。(4)认真开展以"学习贯彻新《统计法》,全面推进依法统计,保障数据真实可信"为主题的新《统计法》宣传月活动。在新《统计法》宣传月活动期间,各单位充分利用电视、广播、报纸、杂志、网络等大众媒体,通过研讨会、法制讲座、征文、法律咨询、发放宣传资料、张贴宣传画等方式,开展丰富多彩的宣传活动。

2009年12月,上海举办为期一个月的统计法律法规网络知识竞赛。参赛者通过登录"上海统计"门户网站参加竞赛,共有近2 000人参加竞赛。

2010年,上海统计系统共举办三期统计法知识讲座,培训内容主要以解读新颁布的《统计法》为主,同时采取授课和随堂测试相结合的方式。市统计局和上海调查总队系统共有265名干部参加培训,参训率为88%,考核合格率达到100%。同年,借助"上海干部在线学习"平台,将《统计法》知识课程列入干部在线学习项目。上海统计系统结合国家统计执法检查证换证工作,先后举办7期统计执法人员培训班,市统计局、上海调查总队,各区(县)统计局(队),有关委办局、(集团)公司共计500余人参加培训。

"五五"普法期间,市统计局结合统计从业资格培训和统计人员继续教育,组织编写《地方统计法规基础知识》和《统计法知识讲义》等教材,对新增和换证统计人员分别开展普法培训。全市共有38 400余名统计人员参加统计从业资格培训及全国统考,共有9 500余名统计人员接受继续教育培训。

## 第三节　统计违法行为查处

1996年12月24日,上海召开市统计执法检查大队成立大会,市政府副秘书长韩正代表市政府就市统计执法检查大队的成立讲话。

同年,全市查处统计违法案件15起;其中,逾期不作统计登记的6起,屡次迟报统计资料的5起,虚报统计资料的3起,拒报统计资料的1起。办结的案件均作了处理。其中,罚款12起,罚款额3.7万元;通报批评2起;自查自报免于处理1起。上海立邦涂料有限公司被罚款2万元,这是上海统计执法历史上第一起因统计违法而被罚款的案例。

1997年,根据国家统计局、监察部、国务院法制局《关于开展全国统计执法大检查的通知》精神,市统计局、市监察局和市司法局于6—9月联合组织开展统计执法大检查工作。上海共有7万家单位开展自查,自查面超过95%,自查中发现各类问题的单位有2 914家,占自查单位数的4.2%。在自查的基础上,又对部分单位进行重点抽查,查处统计违法行为75起;其中,虚报33起,瞒报19起,拒报或屡次迟报23起。立案查处41起,其中行政处罚14起。

同年,上海沪光制革厂因屡次迟报统计资料被罚款1 000元,该企业不服处罚,向虹口区人民法院提起行政诉讼,虹口区人民法院作出维持上述处罚决定的判决。该企业就此判决向市第二中级人民法院提起上诉,市二中院作出终审判决,支持市统计局的行政处罚。这是上海首起由统计执法引起的行政诉讼案件。

1998年,上海市和区县统计局直接检查的企事业单位达600家,其中由市统计行政执法大队直接检查和会同11个区县联合检查的单位达200家。这一年共处理60余起统计违法行为。其中,通报批评29起,罚款25起。

1999年,全市共查处统计违法行为205起。其中,罚款21起,通报批评23起。罚款金额26.96万元。

2000年,全市统计执法抽查的单位数达到4 000余家,查处违法行为58起。

2001年6—9月,根据国家统计局、监察部、司法部《关于开展〈统计法〉和"两办通知"执行情况大检查的通知》文件精神,联合开展《统计法》和"两办通知"执行情况大检查。上海共有近6万个单位开展自查,自查面超过95%。在自查中发现各种问题的单位1 719家,占自查单位的3%。在整个大检查中,查处统计违法行为124起;其中,虚报51起,瞒报71起,拒报或屡次迟报2起。立案查处70起。其中,行政处罚19起,罚款金额18.8万元;责令整改46起;警告1起。

2002年,根据《中华人民共和国统计法》《中华人民共和国统计法实施细则》和《上海市统计管理条例》,结合上海实际情况,市统计局印发《上海市统计执法检查证管理办法》。该办法明确统计执法检查证颁发的范围和对象以及统计检查员应具备的条件,进一步加强对执法证颁发、使用、更换和收回的管理,规范统计执法工作,提高执法的严肃性。

2003年6—9月,市统计局直接检查57家单位,立案查处统计违法行为13起。其中,罚款3起,罚款金额共计8.3万元;警告10起。上海世纪之门置业发展有限公司对处罚结果不服,要求举行听证会,听证会由市统计局于当年的9月30日组织举行,这是上海第一例实行听证程序的统计违法案件。

2004年,市统计局印发《关于本市开展统计巡查工作的通知》,并于第二年印发《上海市统计局巡查工作暂行办法》,确定每年有计划地选择一部分区县统计局进行巡查的工作原则。统计巡查工作重点检查以下6项内容:(1)统计法律、法规、规章的执行情况;(2)国家统计制度和上海统计制度的执行情况;(3)区县统计调查项目审批与管理的执行情况;(4)统计队伍和行业作风建设情况;(5)统计数据质量和统计基础工作情况;(6)市统计局认为应巡查的其他内容。

2006年,市、区县两级政府统计机构抽查1 139家单位,查出统计违法行为37起。立案查处26起。其中,警告17起;罚款7起,罚款金额共计8.2万元;书面责令整改2起。

2007年,市统计局直接检查116家单位,立案查处统计违法行为12起。其中,警告2起;罚款2起,罚款金额共计1万元;责令整改8起。

2008年,市统计局、上海调查总队和区县统计局、调查队抽查1 847家单位,立案查处统计违法行为39起。其中,警告15起;罚款2起,罚款金额共计4万元;责令整改14起。

2009年,市统计局、上海调查总队和区县统计局、调查队抽查3 907家单位,立案查处统计违法行为7起。其中,警告4起;罚款1起,罚款金额为5 000元;责令整改1起。

2010年1月,市统计局和上海调查总队梳理、编印《统计行政执法相对人权益》中英文手册,在上海实施统计行政执法相对人权益告知制度。将统计执法对象的权益事先告知对方,主动接受监督,这是上海统计部门寻找制度创新、推进政府职能转变、提高公共服务水平的尝试,也是统计部门贯彻落实市委、市政府关于加强依法行政要求的尝试。

2010年6月起,根据国家统计局、监察部、司法部《关于联合开展统计法和统计违法违纪行为处分规定贯彻执行情况大检查的通知》要求,上海联合开展历时4个月的《中华人民共和国统计法》和《统计违法违纪行为处分规定》贯彻执行情况大检查,分宣传动员和自查、重点抽查、处理和总结三个阶段。在自查阶段,全市共有近3万家单位开展自查,自查中发现问题的单位有1 715家,占自查单位的6%。在抽查阶段,全市参加重点抽查人员达2 847人次,重点抽查770个单位,发现违法行为122起,立案13起。

# 第二章 统计分析

1978年后，全国工作重心转移到经济建设上，各级领导都在集中精力研究推进经济建设，研究国民经济调整和改革开放过程中出现的新情况和新问题。上海的统计工作不仅及时、准确地提供全面的统计数字，而且运用统计数字，结合调查研究，编写统计分析报告，提供给政府各部门和各级领导参考。从1979年开始，市统计局撰写《上海统计资料》等内部报告和各种统计分析资料，每年都有200多篇，有的年份多达300多篇。80年代中期，各郊县统计局每年写的分析报告在100篇左右。全市统计分析资料的数量增加，形式多样，题材广泛，针对性和时效性普遍提高。

90年代以来，为更好履行政府统计服务社会需求与服务管理决策的职能，统计分析工作进一步加强，统计分析资料数量和质量同步提升，形式多样，涉及分析领域与题材非常广泛，既有时效性强的热点问题分析，也有深入理论实践的全面系统分析；对常规统计数据分析的同时，也逐步增加对抽样和随机调查为专题的新兴热点问题的统计分析等。

统计分析在编印形式上主要有四种类型：一是统计专报，为主要报送专门的市领导或抄送相关委办局的重要分析报告，针对性和实效性强。二是统计要情，主要报送市委和市政府领导班子及相关的委办局等。三是统计报告，主要印发至市委、市政府、市人大、市政协领导及相关部门，各委办局，各区县党委、政府等部门，部分研究机构、新闻机构等。一般来看，统计报告的分析内容更深入、更全面，有明确的观点和判断。四是统计信息，印发范围与统计报告一致，信息的内容主要为对统计数字的描述，分析方面比较简洁。

## 第一节 进度分析

1978年，市统计局创办《上海统计资料》，将编写的各种进度分析资料刊登于此，印发中共上海市委、市政府，市政府各委、办，以及各主管局等单位。1988年起，扩大发放范围，发到县、团级单位和大中型企业，实行有偿发放。进度分析资料在市统计局全年编写统计资料中占60%～70%。

20世纪90年代以后，以国家统计报表年定报制度为基础，逐步形成完善的月度、季度和年度经济运行监测分析体系，涵盖了宏观经济、工业生产、交通运输、能源消费、固定资产投资、房地产投资、社会消费品零售、对外贸易、利用外资、人口、劳动工资、社会事业发展、农业、城乡居民家庭收支、工业品价格、房地产价格、居民消费价格、社会发展、妇女儿童发展等各个统计领域，根据不同特点和时间节点编印在统计专报、统计要情、统计报告和统计信息等资料上，印发相关部门。（其中，2008年增加以年度为频率的文化创意产业分析，2009年增加以月度为频率的采购经理指数分析，2010年开始增加以季度为频率的社会服务业分析等。）

1990年以后，引起重大关注、产生较大影响力的统计分析主要有：《1998年上海信息产品制造业发展状况》反映上海经过三个五年计划的培育发展，逐步形成的新经济增长点；《1998年上半年上海经济运行情况分析》深入分析当时上海经济运行情况，整体水准高；《上海经济：1999年运行特征与2000年增长力点》分析得到市领导观点清晰，判断合理，政策分析，深思熟虑的评价；《2000年1—3月份本市信息产品制造业继续快速增长》和《一季度本市六大支柱工业继续保持快速发展》等反映信息产业和支柱工业持续快速增长的新态势;《经济运行平稳,入世效应显现——2002年上半年上海经济运行状况及全年走势判断》《2002年上半年城乡居民收入增长差距分析及全年走势判断》等分析报告产生较好反响;《直面非典两手抓,经济发展势头稳——2003年上半年上海经济运行特点及全年走势判断》和《2003年本市农村居民增收形势的预测分析》,由于所列数据全面、准确,观点判断和对策建议符合客观实际,得到市领导的充分肯定;《2007年前三季度上海经济运行情况分析及全年走势判断》引起领导和相关部门对金融业发展趋势和房地产发展供给、价格、政策、需求等方面的关注和重视;受2008年国际金融危机影响,上海经济增速明显下滑,为配合市领导及时掌握上海经济运行趋势,市统计局提高形势分析的频度,连续编发18篇《当前上海经济发展形势分析专刊》供领导参阅;《总体经济企稳回升　发展转型任重道远——2009年上海经济运行情况分析及2010年形势判断》获国家统计局优秀分析报告一等奖。

同期,市统计局形成定期召开形势分析会议的工作制度,并根据形势变化,不断完善和改进。2008年,开始以季度为周期的全市经济形势分析会议工作制度,为统计进度分析提供良好的讨论和交流的平台。

## 第二节　专题分析

专题统计分析是主要围绕经济社会发展中普遍关注的热点与难点问题、党和政府工作重点、经济社会运行中出现的新情况与新矛盾等,从统计的角度进行的深入全面分析。专题分析是一种不定期进行的针对特定领域特殊现象的统计分析。

1978—1989年,上海各级统计部门围绕改革开放总方针,结合各部门、各行业、各单位的具体情况,编写了大量的专题分析统计报告,有产业结构、产品结构的调整分析,增产节约、节约原材料、节约能源的分析,有关提高产品质量、降低成本的分析,业务主管部门联系本部门的产、供、销和人、财、物等各个要素、各个环节的全过程进行的分析研究等。各级综合统计机构发挥掌握全面资料的优势,着重从宏观角度,从生产、建设、流通、分配、消费各个领域综合分析国民经济发展形势,研究国民经济如何保持持续稳定增长;分析研究消费同积累的比例关系;分析评估国民收入在国家、集体和个人三者之间的分配关系的新变化;研究增强农业后劲,郊县肉、禽、蛋、菜生产供应与市区"菜篮子"的需要,稳定市场等问题。

1990年以来,统计部门在专题分析方面不断增加统计分析的深度与广度,时效性和针对性进一步提高。从分析内容看,除了常规的统计领域外,专项调查和社情民意调查得到加强,很多专题研究取得良好的社会效应,参考意义重大。

1991年,市统计局撰写的《上海人民生活研究》《制止效益滑坡是当前经济工作的一项重要任务》得到各方高度认可。

1992年,市统计局撰写的《改革开放推动上海经济跃上新台阶——1986—1992年上海国民经济和社会发展的回顾》报告,被指定为市第六次党代会参阅文件。

1994年,市统计局为纪念上海解放45周年,编发《上海辉煌的四十五年》统计分析资料专辑。撰写的《沪郊生猪生产形势不容乐观》引起市领导对相关工作的重视。

1997年,市统计局为迎接中共十五大召开,编发《上海社会经济发展》系列统计分析报告15篇,上海各主要新闻媒体对此作详细报道,《解放日报》作系列转载。

1998年,市统计局撰写的《上海经济增长方式转变的统计评价指标体系》与《上海区县经济社会发展评价指标体系》获得全国第四届统计科技进步三等奖。《"八五"期间工业投资对上海工业经济发展的影响》获优秀论文三等奖。

2000年，市统计局撰写的《上海大中型工业企业科技进步成效显著》和《上海大中型工业企业技术创新现状》以鲜明观点、丰富内容和翔实数据，分析上海工业技术创新活动的新特点。

2002年，市统计局加强与国内的地区或城市之间的比较分析，并注重反映上海经济社会发展水平与发达国家、地区和世界级城市的差距和不足。撰写的《城际次区域合作：推动长江三角洲区域经济合作的新支点》《上海已进入高收入发展水平的地区行列》和《他山之石可以攻玉——一些国家地区房地产市场简况》等分析报告，受到有关部门的关注；撰写的《上海郊区九大市级工业园区开发建设速度加快》，对全市镇工业园区的统计分析起到重要的指导作用。

2003年，市统计局撰写的《出口退税政策调整对本市外贸出口的影响分析》分析问题透彻，引起有关方面对退税政策改革中上海工商企业面临困难和机遇的思考。《5月份非典对本市部分服务行业全面影响显现》分析"非典"对上海服务业的影响情况。

2004年，市统计局在专项调查的基础上撰写的《参保人员对"三医"联动改革政策效应的评价》涉及百姓切身利益，尤其是低收入人群对事关切身利益的政策执行的反应，成为相关部门的重要工作内容。

2005年，市统计局撰写的《关于当前本市房地产市场发展情况的调查报告》运用翔实数据，为相关政府部门在经济管理中提供重要的信息参考。为"上海市民对纪念抗日战争胜利60周年活动关注情况"的调查而撰写的《纪念抗战胜利60周年活动对弘扬爱国主义精神、引导群众正确认识历史作用显著》分析报告，被中宣部9月份《舆情专报》全文采用，并报送至中共中央政治局各常委。

2006年，统计部门撰写的《上海和谐社会建设薄弱环节研究》《京、津、沪、渝投资与经营环境比较》，分别获得国家统计局优秀统计分析报告二等奖和国家统计局调查总队优秀统计分析报告一等奖。

2007年，统计部门撰写的《上海浦东新区经济发展与产业结构调整分析及相关对策研究》《上海民营经济发展现状及特征研究》等报告引起高度关注。《上海与北京第三产业发展比较研究》获国家统计局全国优秀统计分析报告评比一等奖，《关于推进上海新郊区新农村建设的思考》获三等奖。

2008年，正值中国改革开放30年，统计部门编写《改革开放30年上海社会发展报告》。在深入开展调研和数据分析的基础上，编发《学习实践科学发展观调研专辑》，加强宏观经济运行和行业热点、难点问题的研究判断，涉及上海如何应对金融危机的若干政策建议、工业运行趋势的判断及建议、就业状况楼宇经济现状及进一步发展的对策建议等，取得较好的反响。针对物价水平的较快持续上涨，撰写《如何看待当前的价格形势》，分析当时物价上涨的宏观因素与环境，为各方了解物价形势提供全面参考。

2009年，统计部门针对经济运行中出现的增长趋缓、效益下滑等新情况、新问题，编写《对2008年上海经济增速回落的思考》等多篇形势分析报告，报送市委、市政府领导及有关部门，取得较好的反响。积极反映加快推进结构调整、促进经济发展方式转变的先进典型。跟踪各区县及各条线政策落实情况，完成《加强创新体系建设，转变经济发展方式》等区县贯彻"四个确保"的专题分析系列报告。撰写《增长与危机：90年代以来上海经济发展的阶段分析与趋势判断》，以上海两轮高速增长和两次金融危机为出发点，综合判断金融危机后发展形势。撰写《关于衡量消费需求的指标分析》澄清消费需求的指标和概念，为社会和相关部门使用数据提供参考。

2010年,收入分配成为全社会关注的焦点,统计部门撰写《对当前上海收入分配格局与问题的初步分析》。针对2008年国际金融危机的影响,统计部门撰写的《金融危机对上海工业影响的发展后劲研究》产生良好的社会效应。

## 第三节 专送统计分析

专送统计分析是专送市领导和相关部门的统计资料,主要内容涉及常规进度分析、专题性分析,以及统计工作性质的报告等,具有实效性和针对性强的特征。20世纪90年代以来,专送统计分析的数量和质量同步提升,为市委、市政府社会经济管理提供重要的参考信息和数据。

1995年,市统计局报送《关于停编消费品价格指数的请示》《上海关于反映工业生产总量及其增长的统计指标的报告》和《关于按新规定计算工业产值指标的情况报告》等统计工作情况的专报。

1996年,市统计局撰写的《城市间居民消费价格水平的比较研究》和《我国东部10省市GDP比较资料——本市明年GDP值预测》得到市领导的好评,《关于报送上海与日本购买力平价研究报告的请示》和《关于继续开展国际比较项目(ICP)工作的请示》也得到市领导的重视。

1997年,市统计局根据上海现代企业制度试点企业专项调查情况报送相关分析专报。

2000年,市统计局撰写的《上海国有及国有控股工业经济效益在全国名列前茅》分析上海工业与全国工业之间的全局关系,明确下一步上海工业发展措施的重点。

2001年,市统计局撰写的《关于郊区农民对土地使用权流转意向的调查》对农民愿望反映得很全面,引起有关部门的重视。

2002年,市统计局撰写的《上海城市居民对医保改革的总体评价》对深化医保改革的研究具有重要意义。

2003年正值"非典"时期,市统计局紧扣当时中心工作开展统计调查,及时反映社情民意,报送《关于"非典型肺炎"民情民意追踪调查情况》,得到市领导高度重视,并被《人民日报》《解放日报》《文汇报》《新闻晨报》《新民晚报》和上海电视台新闻综合频道在晚间新闻、上海人民广播电台990早新闻节目等有关新闻媒体采用。

2005年,市统计局针对农村宅基地置换和土地流转这两个突破口,及时开展调查,并报送《宅基地置换颇受欢迎 资金需求须未雨绸缪》和《土地流转总体规范有序 流转质量值得引起关注》两篇调查专报。由于既有翔实情况,又有符合实际的问题反映和对策建议,引起主管部门的重视。围绕房地产调控政策出台后上海房地产市场的走势,市统计局进行多次专项调查,在调研基础上报送《关于当前本市房地产市场发展情况的调查报告》,得到市政府主要领导的批示。

2006年,统计部门完成国际服务贸易、电子商务、物流产业、知识服务业、文化产业、创意产业的统计测算工作,报送《2005年本市知识服务业实现快速增长》《2005年上海生产性服务业发展状况》等反映服务业现状的统计专报。

2007年,统计部门为了解沪上企业的现行税率及应对新税法举措,在上海1 400户企业中开展专项调查,并报送专报《沪上企业积极面对"新税法"》,引起市领导重视,市领导要求相关部门妥善做好过渡工作。

2008年,统计部门参与市委确定的大力发展非公有制经济调研项目,撰写《上海非公有制经济发展与有关省市比较分析》,市委主要领导批示印发全市四套班子领导和委办局党政主要负责人。撰写的《关于当前本市工业生产增幅急剧回落的分析》和《第三产业及财政金融情况简析》等分析报告引起市委领导的重视。

2009年，统计部门撰写《关于2009年本市GDP及相关指标完成情况的简要分析》和《关于本市GDP中"净流出"的简要分析》等关于GDP核算的专送稿。对上海104家工业出口企业经营形势专题调研，并完成《本市工业出口形势略有回暖》《上海市民热议开征物业税》和《前三季度本市城乡居民增收形势的分析与建议》等专报。

## 第四节　统计分析获奖

1979年后，上海各主管部门、郊县统计机构、各基层单位努力运用统计数字，开展统计分析。与此同时，全市多层次、多类型地开展统计分析评比活动。1985年起，市统计局按照国家统计局的优秀统计分析报告评选标准，每年从近400篇各种类型的统计分析报告中评选出一些作品，同时推荐一等奖作品参加全国优秀统计分析报告评选活动。1985—1990年，参加全国优秀统计分析报告评选，市统计局共获一等奖5篇，二等奖10篇，三等奖25篇。

20世纪90年代后，市统计局进一步加强统计分析工作，统计分析的数量和质量不断提升。尤其是围绕全市中心工作，抓住重点、难点、热点问题，形成的一批有深度、有价值的分析，得到市领导的批示，并在国家统计局等开展的各类统计分析评比中获奖。

2008年11月，国家统计局办公室通报，市统计局综合处获"统计分析工作先进单位"称号。

2009年，国家统计局办公室下发《关于2009年度综合统计系统工作评比的通报》，市统计局在2009年度全国综合统计系统工作评比中获全国综合统计工作二等奖、统计进度和专题分析工作一等奖。

# 第三章　统计新闻宣传

1955 年，上海以《统计公报》形式反映国民经济发展及国家计划执行情况，以后逐渐推出统计年鉴、综合统计资料汇编和专业统计资料汇编等，作为统计信息发布的重要渠道。20 世纪 90 年代以后，市统计局通过例行新闻发布会，建立一年两次的新闻发布会制度。2002 年，上海开始组建新闻发言人队伍，市统计局是首批产生的委办局新闻发言人单位之一。

上海统计系统通过新闻媒体完成有关上海经济增长方式转变、企业创新等方面的宣传任务。通过上海统计网、媒体专访等形式解读统计数据，普及常用统计指标等。通过召开新闻发布会、组织记者实地报道、现场宣传咨询、张贴宣传画、撰写新闻稿、发布统计公报等多种形式做好统计宣传，做到"报纸有字、电视有影、广播有声、网络有名"，使公众了解统计工作在社会经济生活中所承担的任务和发挥的作用。

## 第一节　统 计 公 报

1955 年 10 月 5 日，市统计局在《解放日报》发表第一份《统计公报》，题为《上海一九五四年度国民经济发展情况及国家计划执行结果》，内容包括工业生产计划执行情况、工业生产的增长和社会主义经济成分的增长、工业生产中试制新产品，推行新技术和节约原材料的成就及劳动生产率的提高、基本建设的增长、农业生产及合作化、国内贸易的发展、文化教育卫生事业的成就等方面。之后，《统计公报》发布工作中断 20 多年。1981 年，市统计局恢复发布《统计公报》。至 1988 年，市统计局每年发布中英文版《统计公报》。

1989—2010 年，市统计局规范《统计公报》标题和发布形式，标题统一为《××年上海市国民经济和社会发展统计公报》，均通过新闻发布会发布，并在《解放日报》全文刊登，便于公众查询。同时，取消英文版《统计公报》。

《统计公报》内容有调整的时间段是：

1990 年发布的《上海市国民经济和社会发展统计公报》主要内容包括工业、农业、运输邮电、固定资产和建筑业、市场物价、对外经济贸易和旅游业、城市建设、科技教育文化、卫生体育和人口与人民生活等十个部分。

1995 年发布的《上海市国民经济和社会发展统计公报》主要内容调整为第一产业（农业）、第二产业（工业、建筑业）、第三产业（交通运输业、邮电通信业、国内贸易、金融保险、对外经济、国际旅游、科技、教育、文化、卫生、体育）、浦东开发、固定资产投资、城市建设、环境保护、物价、人口与人民生活等九个部分，部分地方增加统计图。

1997 年发布的《上海市国民经济和社会发展统计公报》主要内容调整为经济发展（经济总量、农业、工业、建筑业、金融保险业、商业、邮电通信及交通运输业）、改革开放（现代企业制度试点、资产重组、社会保障、再就业工程、市场培育和建设、国内经济协作、进出口贸易、利用外资、引进技术和国际劳务合作、旅游、浦东开发开放）、社会事业（科技、教育、文化、卫生、体育）、人民生活（人口、就业、城乡居民收入、住宅建设）、城市建设（城市建设投资及重大项目、公用事业）、城市环境（城市环境保护和治理、城市绿化）等六个部分，更突出改革开放的成就。

为突出上海信息化建设情况，2001 年发布的《上海市国民经济和社会发展统计公报》在经济发展一节中增加信息产业的内容。2002 年发布的《上海市国民经济和社会发展统计公报》单独增加城市信息化一节，内容有信息产业、信息技术应用、信息化环境。

2006 年，市统计局对发布的《统计公报》进行大幅度的调整，按照国家统计局的标准调整结构和内容，并增加 20 多张统计图表。《2006 年上海市国民经济和社会发展统计公报》内容主要包括综合，农业，工业和建筑业，批发和零售业，交通、邮电和旅游，金融和保险，对外经济，浦东改革开放，城市基础设施和房地产，城市信息化，教育和科学技术，文化、卫生和体育，人口、人民生活和社会保障，环境保护和安全生产等十四个部分。2007—2010 年发布的《上海市国民经济和社会发展统计公报》结构、统计图表形式类似。

《上海市国民经济和社会发展统计公报》多次被列为市人民代表大会参阅材料。

## 第二节　统 计 资 料

统计资料汇编形式多样化、系列化。既有综合统计资料汇编，也有专业、专题统计资料汇编；既有一年一度的统计资料汇编，也有特定历史时期的统计资料汇编。

### 一、统计年鉴

1982 年，市统计局内部试编《1982 年上海统计年鉴》以来，伴随政府统计的恢复、改革和发展，《上海统计年鉴》从无到有，不断完善，成为一本全面、权威的综合统计年鉴，在宏观调控、社会管理、科学研究、生产经营，以及公众参与经济社会事务等方面发挥重要作用。

1983 年，市统计局公开出版《上海统计资料摘要——1982》，受到各界读者的重视和欢迎。在此基础上，1984 年，市统计局公开出版《上海统计年鉴——1983》，此后逐年编辑并不断完善，在内容、形式、体例，以及介质等各方面进行持续更新与调整。

1986 年起，按照国际出版惯例，《上海统计年鉴》以年鉴出版年份标书名、编入新中国成立以来历年数据；1988 年起，首次公开出版英文版《上海统计年鉴》（简编本），并改由中国统计出版社出版。

《上海统计年鉴——2000》在原有基础上进行综合改版，围绕新国民经济核算体系的基本框架，删除一些陈旧的指标，增加国内生产总值所有制构成，信息产业、旅游产业的增加值，以及各商业业态、城市环境绿化等方面的资料；更新要素市场资料，较大篇幅地收录反映金融市场、资金市场、股票证券市场、生产资料和商品交易等方面的资料。

《上海统计年鉴——2001》增加以 1995 年为基期的各类价格指数、非国有经济固定资产投资情况、规模以上工业企业主要指标，以及固定资产投资价格指数、房地产投资价格指数等内容，同时在装帧设计上进行改版，由原来 32 开纸面精装本改成国际通用的大 16 开硬面精装本，并首次增加只读光盘（CD－ROM）。光盘设有中、英文双语版本，浏览时可随时实现中、英文切换，不同章节之间的切换和打印输出等功能。为方便读者使用，还特别设计将表格转换为 Excel 文件的功能。

《上海统计年鉴——2004》在原有框架的基础上，新增加有关国民经济核算、外来人口、环境保护、批发贸易、档案机构、社会保险、检察院、法院立案办案等方面的统计数据。页数比上年增加

30页。

《上海统计年鉴——2006》在版式尺寸、装帧设计等方面显著变化的同时,在保持原有框架结构的基础上,调整内容,页数增加近50页。增加有关安全事故、常住人口、区县财政收支、能源、规模以上工业企业技术开发情况、网络教育,以及第一次经济普查资料等内容。同时,年鉴根据第一次经济普查的结果,调整1993年以来有关国民经济核算、能源生产和消费、工业、建筑、批发和零售、科学技术等部分指标的历史数据和与生产总值相关的部分指标。

《上海统计年鉴——2007》在保持原有框架结构的基础上,增加常住人口,上海证券交易所市场概况,上海股份制企业在境外首次发行股票一览,信息化基础设施情况,信息服务业经营情况,信息技术应用,国家级、市级工业园区主要指标,查处广告违法情况,商标认定情况,查处商标违法情况,博物馆、纪念馆情况,文物保护维修情况,第五次体育场地普查情况,第一次和第二次国民体质监测指标均值等。年鉴正式出版后,还制作完成年鉴网络版,极大地方便广大社会公众的查询。

《上海统计年鉴——2008》充实增加按美元计算和按常住人口计算的上海市人均生产总值、建筑业签订合同情况、建筑业承包工程完成情况、按内外贸航线分的集装箱吞吐量、电力建设情况等。

《上海统计年鉴——2010》根据统计方法制度及有关专业部门统计指标的口径变化,相应调整部分指标;同时根据第二次经济普查结果,相应调整2005年以来的上海市生产总值、消费品零售总额等数据;还领先于全国其他省市充实增加一些新的内容。

多年来,《上海统计年鉴》力求精益求精,从形式到内容不断创新,编辑质量不断提升,在各项评比中连年获奖。《上海统计年鉴——1990》改版后获全国地方统计年鉴评比一等奖;《上海统计年鉴——1998》获1998年全国统计年鉴评比甲组一等奖及装帧设计奖;《上海统计年鉴——1999》获1999年全国地方统计年鉴评比甲组二等奖和装帧设计奖;《上海统计年鉴——2000》获2000年全国地方年鉴评比甲组一等奖;《上海统计年鉴——2001》获2001年全国地方年鉴评比甲组一等奖;《上海统计年鉴——2002》获上海市第一届年鉴优秀成果(专业年鉴)三等奖;《上海统计年鉴——2003》在全国地方统计年鉴评比中获甲组一等奖第一名、时间效益和装帧设计三个全部奖项,这是参加统计年鉴评比以来获奖级别最高、奖项最多的一次,也是全国唯一获得全部奖项的省、市(直辖市);《上海统计年鉴——2004》获2004年全国地方年鉴评比甲组一等奖和时间效益奖、装帧设计奖,这是《上海统计年鉴》连续第二年囊括全部最高等次奖项;《上海统计年鉴——2005》获2005年全国地方年鉴评比甲组一等奖和装帧设计奖;《上海统计年鉴——2006》获2006年全国地方年鉴评比甲组一等奖和装帧设计奖;《上海统计年鉴——2007》获2007年全国地方年鉴评比甲组一等奖和装帧设计奖;《上海统计年鉴——2008》获2008年全国地方年鉴评比甲组一等奖和时间效益奖;《上海统计年鉴——2009》获2009年全国地方年鉴评比甲组一等奖和时间效益奖,这是《上海统计年鉴》连续第七年获得一等奖。

## 二、综合统计资料汇编

改革开放后,为了适应国内外了解上海的需要,市统计局为各级领导部门做好服务工作的同时,在统计信息社会化方面也作了积极尝试。

1985年,市统计局开始逐年编辑内部发行《上海统计手册》。

2002年,根据市领导"政府部门必须加强和牢固树立国情市情意识"的讲话精神,市统计局编印《上海市情市力》手册,以更好地满足各级领导和社会各界对市情市力分析和研究的需要。

2002年起，为全面系统反映改革开放以来上海民营经济发展的轨迹，市统计局与市工商联、工商局等部门每年联合编辑出版《上海民营经济年鉴》。

2004—2009年，为配合市领导年初参加全国“两会”，市统计局编印《上海统计提要》，在第一时间为市领导提供便捷服务。

1998年起，市统计局每年编辑《今日上海》。1998年11月17日，《’97今日上海》在全国对外宣传品评比中，获银鸽奖二等奖。

在各个特定的历史关键时期，市统计局编印国民经济综合性统计资料汇编。

1978年，市统计局恢复后，着手搜集中断和散失的统计资料，对前30年的历史资料进行重新整理，在各专业统计汇编的基础上，汇编综合性的《1949—1978年国民经济统计资料》(提要本)，为恢复经济，制定切实可行的国民经济计划发挥重要的作用。

1989年，市统计局编辑出版的《新上海四十年》，在全国“奋进四十年”系列资料书评比中获得一等奖。

2002年，市统计局编辑出版《上海市国民经济和社会发展历史统计资料(1949—2001)》只读光盘，收到良好的社会效益。

“十五”时期是上海国际经济、金融、贸易、航运中心建设取得重要突破、城市综合竞争力显著增强、国际影响力明显提升的五年。为了宣传“十五”时期上海国民经济和社会发展成就，更好地为各级党政领导服务，2006年，市统计局编辑出版《新世纪的跨越——“十五”时期上海经济社会发展取得辉煌成就》一书。该书内容主要反映“十五”时期上海国民经济和社会发展主要指标完成情况，并通过对不同时期的比较，描述上海经济、科技、文化、教育等各个领域的发展状况和基本特征。

2008年，市统计局和上海调查总队编辑出版《辉煌的三十年——上海改革开放以来经济和社会发展历史资料汇编》。该书以丰富的数据资料，全面、系统地记录改革开放以来上海的成长历程。全书内容共分18个篇目，400多张数据统计表、40多幅统计图。该书是上海统计系统纪念改革开放30周年活动的一项重要成果。

2009年，为庆祝新中国成立60周年，市统计局和上海调查总队编辑出版《光辉的六十载——上海历史统计资料汇编(1949—2009)》。这是一本反映新中国成立60年来上海经济和社会发展的历史统计资料书，通过翔实的统计数据，多角度、全方位、深层次地反映新中国成立以来上海在经济、社会、科教文卫等方面发展的新成就、新变化、新面貌，折射60年来上海发展不平凡的轨迹，为各级党政领导和有关部门全面、系统地了解上海各个时期经济和社会发展情况，研究经济和社会发展，制定科学发展规划提供数据支撑。

2009年，市统计局和市委宣传部联合编辑出版《六十年数字看上海——庆祝新中国成立60周年专辑》。该书围绕60年来上海经济社会发展和人民生活领域的若干关键词，用直观数字和图片形式，辑录上海这座城市腾飞的脚步。在铭记历史中，与人民群众分享发展的荣光；在开拓进取中，展望上海更美丽的容颜。

市统计局还与外省市统计部门共同建立统计信息网络，编印跨省市、跨地区的综合统计资料汇编，有《长江沿岸城市统计资料汇编》《长江和珠江三角洲及港澳特别行政区统计年鉴》《沿海开放城市、经济特区、计划单列市统计资料汇编》《华东统计年鉴》等，为各地领导及读者研究地域经济、进行决策提供大量统计信息。

各区、县统计部门和市人民政府有关局根据统计报表资料，每年编制一本综合统计资料汇编或统计手册，全面反映区、县、局地区或部门的发展情况。浦东新区建立后，1990年7月23日，市统计局与市浦东新区开发办公室、中国工商银行浦东分行联合编辑出版综合性的《上海浦东统计年报》。

## 三、专业统计资料汇编

上海解放后编印的国民经济各部门的专业统计资料汇编主要有《工业》《基本建设》《交通运输》《贸易》等。“文化大革命”期间，专业统计资料汇编工作基本停顿。1978年市统计局恢复后，市统计局在恢复编印以上汇编同时，增加农业、劳动力等定期的专业统计资料汇编。

市统计局各专业处在编印专业汇编的基础上，逐渐形成制度化，改成各专业的统计年鉴。每年编印的有《上海投资建设统计年鉴》(1978年起)、《上海工业交通统计年鉴》(1988年起)、《上海投资报告》(1997年起)、《上海贸易外经统计年鉴》(2002年起)、《上海文化统计概览》(2004年起)、《上海市科技创新统计手册》(2005年起)、《上海能源统计年鉴》(2009年起)、《上海社会发展指标》(2010年起)。

上海农业统计资料汇编从20世纪50年代起以当年农业统计调查内容为主。进入80年代后，随着社会各界对农业统计资料加工要求的不断提高和农业统计向农村统计拓展，统计指标体系的日臻丰富、完善，上海农村统计资料汇编形成了《上海郊区统计资料汇编》、郊县《统计年鉴》和《上海农村乡镇经济概况》3个系列。

市统计局在重大的市情市力普查后及时进行资料汇编：

1986年，上海第二次工业普查资料就有18册，包括综合篇、大中型工业企业概况、工业生产规模和经济效益篇、行业篇(一)(二)，工业企业设备拥有量、主要工业新产品、主要工业设备技术状况、主要工业技术经济指标、上海市工业企业普查名录、大事记、1985年上海市第二次工业普查公报等大量统计资料，系统地反映这次工业普查的成果。

1998年6月12日，副市长冯国勤为《上海市农业普查资料汇编》作序指出，上海第一次农业普查工作已经顺利结束，这是全市各级领导、各有关部门和各级普查机构高度重视的结果。

2001年4月，上海第五次人口普查数据处理基本结束，市统计局开始人口普查资料的开发工作，完成《上海市第五次人口普查地图集》，这也是省市级的第一本人口地图集。出版《上海市第五次人口普查资料汇编》上、中、下三册。

2004年，为配合市委、市政府召开的全市文化工作会议，首次编印《上海文化统计概览——2004》，得到市委领导的表扬。

2006年，为加强“十五”时期统计资料和经济普查、1%人口抽样调查资料的开发应用，由市经普办、市统计局编辑的《上海经济普查年鉴——2004》正式出版。此外，还编印《上海市第一次经济普查资料提要》和1%人口抽样数据小汇编。在“上海市科教兴市指标体系”基础上，及时收集补充资料，编印《上海科教兴市统计手册(2006)》和《上海市科教兴市统计指标解读》。

2007年，上海调查总队编印《上海城市居民家庭收支和价格统计年鉴2007》。市统计局与市科委共同编印科技统计数据工具书《上海科技统计年鉴2007》。

2008年，市农普办编印《上海市第二次农业普查资料提要》。

2009年，市统计局编印反映上海社会服务业总体发展水平和分行业发展特点的《上海市社会服务业统计手册》。编印《上海文化创意产业统计概要》和《上海文化产业统计概览》。

2010年，为及时反映经济普查主要成果，方便社会公众、市领导和相关主管部门使用，市经普办编印《上海市第二次经济普查年鉴》《上海市第二次经济普查资料提要》。市统计局首次编制《上海能源统计月报》和《上海能源统计年鉴》。

## 第三节　新闻发布

1988年起，统计部门通过各报社、电台、电视台等新闻媒介发布统计信息的频率越来越高，影响也越来越大。20世纪90年代以后，为全面、准确、客观地反映上海经济社会发展情况，维护统计数据的统一性和权威性，更好地为政府和社会公众服务，市统计局进一步加强统计新闻宣传，规范新闻宣传制度，开创上海统计新闻宣传工作新局面。统计新闻宣传逐步成为沟通内外、媒介社会、内聚合力、外树形象的重要途径，推动统计工作的发展和统计职能的发挥。

### 一、新闻发布会

**【例行新闻发布会】**

上海市政府办公厅成立新闻处后，每年通过新闻发布会发布统计公报，发布会均由市政府办公厅新闻处出面主持，邀请主要新闻单位参加，市统计局局长直接同新闻记者见面，双方加强了联系，加快了统计信息的传播速度。1989年起，市统计局建立一年两次的新闻发布会制度，即在每年的年初(1月或2月)和7月召开新闻发布会，分别向社会各界发布上一年和半年度的上海国民经济和社会发展情况。

1990—1998年，市统计局一年两次的新闻发布会由统计局邀请中外媒体参加，发布上一年和半年度的上海市国民经济和社会运行情况，并回答记者提问。

1999年起，市统计局一年两次的新闻发布会均通过市政府例行新闻发布会发布，内容同上。发布会地点在市政府发布厅。

2002年4月，上海开始组建新闻发言人队伍，市统计局是首批产生的委办局新闻发言人单位之一。市统计局总经济师蔡旭初是局首任新闻发言人。

**【专题新闻发布会】**

对于正在开展的重大统计工作和统计改革工作，市统计局通过邀请新闻媒体，用召开专题新闻发布会的形式，向媒体公布数据、介绍已开展或准备开展的工作和改革情况、重要意义等，请媒体予以宣传。

1993年4月6日，市统计局、市公安局、市计生委联合召开人口新闻发布会，介绍1992年上海人口的主要特点和基本情况、人口与计划生育管理、户籍管理等。

1994年4月14日，市统计局、市公安局、市计生委联合召开上海人口形势新闻发布会，发布有关人口信息。

1994年8月8日，市统计局和市经委召开新闻发布会，公布“关于改进国有经济评价方法研究”的报告。

1997年12月29日，市外来流动人口管理协调小组召开上海第六次流动人口抽样调查结果新闻发布会，发布市公安局、市统计局1997年9月16日零点对上海流动人口抽样调查的结果。

1998年12月11日，市统计局、市教委、市财政局联合发布1997年上海教育经费执行情况监测公报。

2001年5月31日,市统计局、市妇儿委和市新闻办联合召开新闻发布会,公布上海实施妇女儿童两个规划"九五"终期成果。

2010年2月,市统计局召开新闻通气会,向新华社、人民网、《解放日报》、《文汇报》等媒体记者通报市统计局成立公共关系协调委员会、实施统计行政执法相对人权益告知制度等事项。

2010年9月,市统计局召开上海开展第六次人口普查新闻通气会。

## 二、普查工作宣传

### 【普查宣传】

普查是重大的国情国力调查。中华人民共和国成立至今,共开展6次人口普查、3次工业普查、2次农业普查、2次基本单位普查、2次经济普查和1次第三产业普查(例如,1993年的第一次第三产业普查,1995年的第三次工业普查,1996年的第一次基本单位普查、2001年的第二次基本单位普查,1996年的第一次农业普查、2006年的第二次农业普查,1990年的第四次人口普查、2000年的第五次人口普查、2010年的第六次人口普查,2004年的第一次经济普查、2008年的第二次经济普查)。1995年9月27日,上海开展1%人口抽样调查宣传咨询日活动。副市长、市人口抽样调查领导小组组长华建敏向全市人民发表电视讲话,市统计局副局长钟德浩和黄浦区副区长沈立恭参加市人口抽样调查办公室与黄浦区人口办在外滩陈毅广场联合举办的大型宣传活动。2010年11月1日,中共中央政治局委员、中共上海市委书记俞正声接受第六次人口普查现场登记。

新闻宣传能在各次普查开展的各个阶段,通过召开新闻发布会、组织记者实地报道、现场宣传咨询、张贴宣传画、撰写新闻稿、发布统计公报等不同形式做好相关宣传,使公众了解每次普查的意义,从而配合普查,使普查工作顺利开展。

### 【普查发布会】

2001年4月18日,市人口普查办公室召开上海第五次人口普查主要数据新闻发布会,介绍2000年上海第五次人口普查情况。2004年8月19日,市经济普查办公室召开第一次经济普查工作新闻发布会,通报上海开展第一次经济普查的准备工作情况。

### 【公布普查结果】

1998年2月11日,上海第一次农业普查主要结果公报发布。2008年,《上海市第二次农业普查主要数据公报》在《解放日报》全文刊登。

## 三、宣传上海经济社会发展成果

市统计局围绕各个重要时期或历史阶段,通过专访、系列报道、在上海统计网设置专栏、出版书籍等形式,宣传上海经济社会发展成就。

1986年,市统计局与中共上海市委宣传部联合组织编写出版《上海胜利的十年(1976—1986)》(上海人民出版社出版)。

1988年配合宣传中共十三届三中全会精神,纪念中共十一届三中全会召开10周年,出版《上海:改革、开放与发展(1979—1987年统计资料)》(上海三联书店出版)。

1989年，为纪念上海解放40周年和新中国成立40周年，编写《新上海四十年》和《上海解放四十年(宣传图片)》，分别由中国统计出版社和上海社会科学院出版社出版。《新上海四十年》以大量丰富、翔实的统计数据为基础，首次采用文字条目并配统计表、统计图和照片的形式，如实地记述上海解放40年来经济和社会各个领域的发展变化，以及在前进道路上几经曲折的历史过程。

1996年起，市统计局和市政府新闻办联合编辑，每年出版主要介绍上海经济社会发展情况的中、英文版《上海概览》。该书图文并茂，开本889毫米×1 194毫米，1/32，是市政府对外宣传的主要资料之一。1998年11月17日，《'97上海概览》在全国对外宣传品评比中，获银鸽奖三等奖。2000年2月21日，《'99上海概览》获上海市第五届外宣品“银鸽奖”“简介”作品特别奖，获1999年全国外宣品“金桥奖”一等奖。2002年2月7日，《2000年上海概览》获上海市第六届优秀对外宣传品“银鸽奖”出版类一等奖第一名。2004年3月5日，《2003年上海概览》获上海市第七届优秀外宣品评比“银鸽奖”出版类(简介)一等奖。2006年4月30日，《2005年上海概览》获上海市第八届优秀外宣品评比“银鸽奖”出版类(简介)一等奖。2008年3月18日，《2007年上海概览》获上海市第九届优秀外宣品“银鸽奖”出版类(简介)一等奖。2009年出版的《上海概览》，在内容上对相关章节进行调整，即由原来的18个章节调整为14个部分，结构编排更加简练。在语言表达上更贴近国外读者，通俗可读。《2010年上海概览》(中、英、日、俄文版)被作为世博会期间介绍上海经济社会、文化发展的资料送给外国参观者，深受国外读者的喜爱。

1997年8月上旬，为迎接中共十五大召开，市统计局向各主要新闻媒体发送15篇上海社会经济发展系列新闻稿。各媒体对此作详细报道，《解放日报》作系列转载。

2005年，市统计局配合电视台、《解放日报》等新闻媒体完成有关上海经济增长方式转变、企业创新等方面的宣传任务。

2008年，为纪念改革开放30周年，市统计局和上海调查总队编辑《春华秋实三十年——上海人民生活(1978—2008)》一书，并与《解放日报》《东方早报》合作，开展纪念改革开放30周年宣传。2008年12月1日，《解放日报》刊登《上海经济“五大跨越”书写巨变》一文；《东方早报》刊登“改革开放30年，上海经济社会变化”专栏。

2009年9月，为庆祝新中国成立60周年，市统计局和上海调查总队在上海统计网设置“统计数据看上海60年巨变”专题栏目，市统计局与市委宣传部联合编辑的《六十年数字看上海——庆祝新中国成立60周年专辑》正式出版。与新华社合作开展上海解放60年经济发展成果宣传，2009年10月7日，新华社刊登《上海60年：经济总量比解放初增287.5倍》一文。

2009年12月，《经济参考报》专访市统计局局长王志雄，内容为2009年上海经济形势和2010年上海经济走势，于2010年1月刊登。

2010年12月，市统计局协同《解放日报》、《文汇报》、《新民晚报》、上海电视台、上海广播电台、相关网络等主要媒体，宣传上海“十一五”时期改革开放和经济社会发展成果。

## 四、统计指标和数据解读

市统计局加大对统计指标和数据解读的力度，通过上海统计网、媒体专访等形式解读统计数据，普及并解读常用统计指标、统计标准及常用统计口径和方法、统计调查方法、普查和重点调查项目等。

1994年3月14日，上海电视台国际部播放由市统计局城调队等单位供稿的四集纪实片《话说高消费》。

1995 年 11 月,为方便公众掌握统计理论及其应用方法,市统计局编辑出版《统计 ABC》。

1996 年 11 月,为方便公众掌握新国民经济核算体系的有关知识、动态和内容,市统计局编辑出版《统计 ABC——新国民经济核算体系篇》。

2005 年 11 月,为方便公众使用了解统计数据,市统计局编辑出版《统计工作实务与统计指标解读》,其内容通过上海统计网信息栏目公开。国家统计局领导对《统计工作实务与统计指标解读》一书给予高度评价:上海市所编《统计工作实务与统计指标解读》一书很好,寓科普与实务一体,有益于读者理解统计,熟悉数据,方便工作。

2008 年 2 月,上海调查总队协同上海广播电台《记录 2009》栏目,制作报道"居民人均可支配收入数据是如何统计的",记录城市居民人均可支配收入数据从调查户记录、调查员上门收集数据、录入数据、汇总数据,到最后统计出数据的过程。

2010 年 4 月,市统计局、上海调查总队将统计指标解释和统计知识条目以专题形式,在上海统计网上登载,进一步加大对统计指标和数据解读力度。

2010 年 11 月,为解读统计热点,方便公众使用统计数据,市统计局、上海调查总队编辑出版《统计热点问题解读》。该书被国家统计局评选为"统计从业人员读本"。

## 五、宣传统计工作

1999 年 4 月 1 日,上海开展大型统计法制宣传日活动,纪念《上海市统计管理条例》实施 5 周年。市统计局副局长郭奕侃、黄浦区有关领导参加主会场活动。上海电视台、东方电视台和上海有线电视台记者到主会场进行采访。各区、县也在各自区域内开展丰富多彩的宣传活动。

2000 年 7 月 5 日,上海统计信息网与东方网合作,在《东方网》的"东方财经"栏目中建立"财经经济数据动态"专栏,提供"国内统计""上海统计"和"百姓关注"等三个栏目信息。

2000 年 11 月 7 日,市统计局对外宣布"上海市科教兴市指标体系"研究成果。《解放日报》为此专门发表评论员文章《落实主战略的标志性工程》。

2006 年 3 月 31 日,国家统计局上海调查总队成立大会暨揭牌仪式在上海大剧院隆重举行,新华社、《解放日报》等媒体出席并报道。

2009 年 5 月 27 日,结合上海解放和《解放日报》创刊 60 周年纪念活动,市统计局在《解放日报》专版面向社会大众宣传统计工作和统计法制工作。

2010 年 11 月 23 日,中共上海市委书记俞正声在《统计行政执法相对人权益》上批示予以肯定,并建议法制办总结其经验,争取更多的部门能参照学习。俞正声还要求报纸调查此事。2010 年 12 月 11 日,《解放日报》在一版刊文《送上一本告知册请您监督我执法》,《文汇报》在一版刊文《送本小册子 化解执法难》。

## 六、统计专题宣传

市统计局将新闻宣传与正在开展的统计调查工作相结合、与各级领导关注的热点相结合,根据现有资源内容,有针对性地选择媒体,通过专访或新闻稿的形式,开展统计专题宣传。

2003 年 5 月,市统计局撰写一系列文章分析"非典"影响,其中有的受到市委、市政府领导重视,有的被《人民日报》《解放日报》《文汇报》《新闻晨报》《新民晚报》等新闻媒体采用。

2010 年，配合上海世博会召开，根据上海调查总队撰写的《世博在即，市民对城市环境保护满意度首次达到国家环境保护模范城市标准》《迎世博 600 天行动获市民高度认可》《市民积极评价迎世博 8 项民生工程》《中国 2010 年上海世博会参观者调查》的调查内容，联系媒体开展不同形式的上海世博会宣传。

2010 年 9 月，配合国家统计局在上海举办的"中国统计开放日"和"世界统计日"活动，开展上海统计开放日活动，宣传上海统计特色。

## 七、新闻管理制度

市统计局通过不断完善新闻管理制度，进一步规范全市性数据发布和统计新闻发布工作。

### 【规范全市性数据发布】

1996 年 2 月 27 日，经市政府同意，市统计局向各区、县政府，市政府各委、办、局及有关新闻单位发出通知，重申上海进一步加强对外公布全市性统计数字管理的若干意见。

2002 年 3 月 19 日，市统计局和市劳动保障局联合印发《关于公布上海市 2001 年度职工平均工资和国有企业职工平均工资及增长率的通知》。

2003 年 3 月 25 日，市统计局和市劳动保障局联合印发《关于公布上海市 2002 年度职工平均工资和国有企业职工平均工资及增长率的通知》。

2009 年 1 月 22 日，市政府办公厅向各区、县政府，市政府各委、办、局印发《关于加强全市性重要经济社会统计数据管理与发布工作的通知》。2009 年 5 月，根据市政府办公厅《关于加强全市性重要经济社会统计数据管理与发布工作的通知》文件精神，市统计局和上海调查总队制定《2009 年上海市统计局、国家统计局上海调查总队统计数据信息发布计划》，并向社会公布。

### 【规范统计新闻采访和新闻发布制度】

1988 年，根据市政府有关部门的规定，确定市统计局局长、办公室主任和综合处处长为市统计局的对外介绍情况发言人，负责对外介绍情况和接待外国人的采访。1989 年，市统计局还被市政府列为上海可直接接受外国记者采访的单位之一。1991 年 2 月 9 日，市统计局提出《关于接待外国驻沪记者采访工作的实施意见》。

1996 年 4 月 23 日，市统计局印发《关于统计新闻工作管理的暂行规定》。2002 年 9 月，市统计局印发《统计新闻工作管理规定》，同时废止 1996 年 4 月 23 日文件。2006 年 8 月，因国家统计局上海调查总队成立，市统计局和上海调查总队重新制定并印发《统计新闻工作管理规定》。

2009 年，市统计局和上海调查总队印发《关于加强统计数据信息发布与管理工作的通知》，进一步规范统计数据发布制度。

## 八、与媒体合作交流

市统计局结合统计工作实际，通过不定期召开主要媒体培训班或座谈会，请媒体记者讲课、开展合作宣传等多种形式，加强与新闻媒体沟通，提高记者对统计工作和统计指标的了解程度，减少媒体对统计指标、统计数据的误读,并在相互交流中,培养长期稳定的理解信任关系。

1997 年 2 月 4 日,市统计局与部分新闻单位记者举行联谊会。市统计局局长孙祖尧希望上海的新闻工作者在宣传上海改革开放成就时能够多用统计数据说话,在宣传统计执法方面给予充分的合作。

2003 年 12 月 30 日,市统计局总经济师蔡旭初主持召开新闻媒体记者座谈会。《解放日报》、《文汇报》、上海电视台、SMG 广播新闻中心和东方网等主要新闻媒体记者及局综合处有关同志参加会议。

2004 年 12 月 16 日,市统计局举办“新闻稿写作讲座”,邀请《文汇报》经济部主任强荧主讲。市统计局总经济师蔡旭初主持讲座并讲话,市统计局各处室(单位)60 多位同志参加。

## 第四节　上海统计网建设

1998 年 11 月 16 日,市统计局正式向社会推出全面反映上海经济社会发展情况的“上海市情”信息网,时任常务副市长出席网站开通新闻发布会,并题词:“让世界了解上海。”2001 年 9 月,上海市政府门户网站“中国上海”正式开通,“上海市情网”更名为“上海统计网”,纳入市政府网站系列,成为“中国上海”门户网站的重要子网站。2003 年 10 月,根据统计改革与建设需要,市统计局党组决定,成立市统计局网络信息管理中心,全面负责“上海统计网”的建设、管理和维护。2004 年,遵循“努力建设服务政府、责任政府、法制政府”目标,“上海统计网”改版,重点是建设“政府信息公开”专栏。结合市政府信息公开规定的具体要求,制定上海统计网信息公开目录,并根据目录列出的具体内容策划设计相应功能模块。在“信息公开”的广度与深度方面,“上海统计网”处在全国统计系统网站的前列。从 2004 年开始,为方便公众查询有关数据,“上海统计网”设计专门窗口接受咨询,回答提问。《上海统计年鉴——2005》在出版后半个月上网,打破《统计年鉴》出版后一年上网的惯例,深受社会各界的欢迎。市统计局领导针对《统计年鉴》上网工作明确表示,“重要的是要注重社会效益”。2005 年 7 月 22 日,“上海统计网”首页累计浏览人次突破 100 万。2006 年起,设立“市民热点”等栏目,对于社会关注的热点问题专门设立解答,根据不同时期市民关心的不同热点及时更新、调整,上网市民普遍感到满意。2008 年,为了适应国家关于“长三角”发展战略的需要,网站建立“今日长三角”栏目,为长三角地区统计信息的集中展示提供了很好的平台。2009 年,网站进行改版,进一步加强在信息公开、网上办事方面的建设,对信息资源进行重组,增加信息关联,提供网站人性化服务,进一步提升网站的公众亲和度,加强互动交流。新版“上海统计网”于首页醒目位置设置“数据信息”“月度数据”与“发布计划”,并按《上海市统计局、国家统计局上海调查总队统计数据信息发布计划》和《上海市统计局、国家统计局上海调查总队统计数据发布目录》的规定,及时通过网站向社会发布全市性重要统计数据信息。2010 年,对于网站平台进行整体升级改造,网站基于 J2EE 进行开发,采用 Linux 平台,进一步提升网站作为信息平台、服务平台、宣传平台的三大功能。

在市统计局和上海调查总队领导的高度重视和网站建设部门的努力下,“上海统计网”历经多次改版,不断地成熟与完善,信息公开深入开展,网上办事有序推进,专题专栏丰富多样,内容保障稳步提高,从单一的政务信息发布平台逐步发展为集信息公开、网上办事、公共服务和互动交流为一体的电子政务综合平台。“上海统计网”先后获得中国特色政府网站品牌栏目奖、卓越创新奖,上海市优秀网站,上海市政府网站优秀案例,上海市政府网站优秀集体等荣誉。

“上海统计网”作为提供信息公开和统计公共服务的平台，主要体现五大特点：

网站设计以用户为中心。网站以满足社会公众对统计信息的需求作为出发点，全面梳理网站海量信息，有针对性地按服务对象进行大区划分，分类设置栏目、组织内容，使特定用户群在浏览时可迅速定位，通过简单的栏目层次即可找到对应信息。借鉴优秀网站的经验，网站界面设计为用户提供更为友好的浏览体验，在布局风格与色彩应用上给人焕然一新的视觉冲击。

网上办事全面融合。开设办事大厅栏目，通过技术手段优化统计工作流程，提高统计工作效率，强化统计公共服务职能，打造“一站式”统计综合服务平台，用户进入办事大厅栏目即可办理统计部门所有事项。栏目对于统计调查项目审批、统计从业资格认定、统计登记、涉外调查管理等事项提取其共性，在办事大厅栏目首页统一设置办事指南、网上申报、状态查询、疑问解答、政策法规等板块。办事大厅通过不断完善各类服务事项的指引指南和答疑解读，类聚服务功能、汇聚服务入出口，对各办事事项进行服务整合，逐步形成外网受理、内网办理、外网反馈的工作模式。

互动交流加强统计工作宣传。统计资讯栏目作为本网站互动交流的主要平台，内容涉及统计问答、法律法规、热点解读、互动反馈。为了突出互动栏目的效果，通过页面优化，提供更加直接的展现方式，把比较集中的咨询问题在栏目首页突出位置展示，力图实现一种面对面的效果。统计资讯栏目通过宣传政策法规、答疑释惑、解读统计数据等形式，通过网站互动管理平台协调各职能部门及时回答群众关心的问题，与公众形成良性互动，为公众提供方便、优质、高效的咨询互动服务，积极宣传统计工作，强化公众对统计工作的正确认识，为统计工作创造和谐的环境。

构建网站数据信息报送平台。为保障网站数据信息发布的规范高效，搭建统一的网站信息报送平台。面向市统计局、上海调查总队各部门，各区县统计局提供网站信息报送入口，不同用户登录系统后，根据权限的不同，可实时快捷地进行政务动态、统计分析、月度数据等信息的报送。通过信息报送发布各环节的审核、签发及备案，确保网站信息发布的安全。同时，构建统一的信息资源库，全方位实现外网、内网与公务网的三网信息资源共享，大幅减轻信息上报人员与相关部门的工作负担。

网站平台全方位提升。网站采用 Linux 操作系统、Oracle 数据库与 Apache 服务器软件；开发上基于 J2EE 平台，应用三层体系结构、XML 数据交换标准、Ajax 交互等技术；整个系统采用模块化设计，为系统功能扩展留下足够的空间；通过网络监测和网站恢复技术，提高网站防攻击、防篡改能力；网站的硬件资源也得到较大的补充和提升，网站性能大为提高。

# 第四章　统计专业职务评聘

1980年5月16日，国务院同意并批转国家统计局制定的《统计干部技术职称暂行规定》。自此，以工作能力、业务水平和工作贡献为主要依据的统计干部技术职称评聘工作逐步走向规范。

1990年1月10日，市统计局和市人事局联合转发国家统计局和人事部联合颁发的《统计员资格考试暂行规定》及其《实施办法》。从当年4月1日起，已经在岗的统计人员，未评定统计员任职资格的，应参加全国统一考试取得统计员资格。

1992年起，在全国实行助理统计师资格考试制度。同年3月1日起，助理统计师这一技术职称开始实行以考代评。

1995年4月5日，市统计局和市人事局联合转发国家统计局、人事部颁发的《统计专业技术资格考试暂行规定及其实施办法的通知》，中级统计师资格实行以考代评。同年，统计专业技术资格实行全国统一考试制度，实行全国统一组织、统一大纲、统一考试用书、统一试题、统一评分标准。

2009年开始，上海开展高级统计师资格考评结合试点工作，申请高级统计师任职资格需通过全国统一考试并通过高评委评审。

## 第一节　职 称 考 试

1980年5月16日，国务院同意并批转国家统计局制定的《统计干部技术职称暂行规定》，将统计干部的技术职称定为高级统计师、统计师、助理统计师、统计员。规定要求，确定和晋升统计干部技术职称，以工作能力、业务水平和工作贡献为主要依据，并适当考虑学历和资历。见习一年期满的中等专业学校毕业生或具有同等学历的统计干部，具备一定条件，确定为统计员。见习一年期满的高等院校本科毕业生、具有同等学历的统计干部，或担任统计工作三年以上的统计员，具备一定条件，确定或晋升为助理统计师。统计师和高级统计师不能直接确定，必须经过考核才能晋升。确定和晋升统计干部技术职称，必须经过考核。在平时考绩的基础上，每两至三年进行一次考核。对有突出成就的，可随时考核，破格晋升。对各级统计干部的考核，主要根据他们的工作成果、工作报告或统计学术论著进行评议。对其中具有同等学历的，还应当对统计理论知识和有关的业务知识进行测验。晋升高级统计师的，还应当对外语程度进行测验。

1983年4月，市统计局根据1966年底以前从事统计工作，不具备规定学历，又不符合评定技术职称免试条件的统计干部的实际情况，为了帮助他们评定技术职称创造条件，发出《关于举办统计干部培训班的通知》，提出通过培训，使学员掌握3门本专业必需的基础理论和专业知识，每门科目达到相当于大学单科水平，作为申请助理统计师以上技术职称学识水平的依据。培训班采取半脱产学习，每周3个半天，2个晚上，4月28日开学，11月27日结束。开考4门课程，选用统计学原理、政治经济学、工业统计学或商业统计学全国统编大学教材。经过7个月学习，报名参加统一考试的有2 124人次，实考1 610人次，及格766人次，及格率47.6%。其中，考3门课有305人，全部及格113人。年龄50岁以上80人。

1987年7月，市经委劳动人事处、教育处和市统计干部培训中心、上海经济管理干部学院联合举办政治经济学、统计学原理、工业统计学和会计学原理4门专业课程的培训，每门课程80课时，学习时间4个月，每周2个半天、1个晚上。参加学习经考试合格者，发给单科合格证书，作为首次评聘专业职务的依据之一。第一期参加学习190多人，第2期参加学习80人。1987年底，市统计局、市职称改革办公室、市统计干部培训中心联合发出《关于配合统计专业职务评审组织考试》的通知，对企事业和机关中尚不具备相应学历、属干部编制的现职统计人员，统一组织相当大专和中专水平的考试。经考试合格者发给单科合格证书，作为首次评聘统计专业职务的依据之一，不作为学历依据。大专考试科目为政治经济学、统计学原理、专业统计(工业、交通运输、物资、劳动工资、农业、商业、基本建设、卫生、教育、人口和综合统计任选1门)。中专考试加1门会计学原理。统一印发提纲，每门课辅导8课时。于1988年4月分4周进行考试，参加考试的有1 497人次，及格人数1 009人，平均及格率67.4%。随着职改工作的全面铺开，有的区、县、局和大型企业也自行组织职称考试，作为首次评聘统计专业职务的依据。

1990年4月30日，市职称改革领导小组办公室经市政府批准制定《关于对不具备规定学历的专业技术人员进行统一考试的实施意见》，规定参加统计系列统一考试的对象为：年龄在35周岁以上，高中(或中等职业技术学校)毕业，从事本专业工作10年以上；初中毕业，从事本专业或相近专业工作15年以上；同时担任统计员职务4年以上，方可申报评聘助理统计师。高中(或中等职业技术学校)毕业，从事本专业工作20年以上，同时担任助理统计师职务4年以上，方可申报评聘统计师。申报中级统计师职务必须考8门科目：社会经济统计学原理、会计学原理、统计法、财经应用文、专业统计(分工业、商业、固定资产投资任选1门)、统计分析或统计预测、计算机应用、国民经济综合平衡统计。申报助理统计师，只需考前5门科目。

1992年7月30日，市职称改革领导小组考虑到与全国统一的以考代评资格考试相衔接，发出逐步停止对不具备规定学历的专业技术人员进行统一考试的通知，1994年上半年停止。

## 第二节 以考代评资格考试

1990年1月10日，市统计局和市人事局转发国家统计局和人事部联合颁发的《统计员资格考试暂行规定》及其《实施办法》，联合成立上海市统计专业技术职务资格考试工作领导小组，负责全市统计专业技术职务资格考试工作。从1990年4月1日起，实行除统计专业大、中专毕业生外，凡是准备进入统计岗位的人员，都应先参加统计员资格考试，合格者才有资格从事统计工作。已经在岗的统计人员，未评定统计员任职资格的，应参加全国统一考试取得统计员资格。考试科目为3门；其中，社会经济统计学原理和统计法基础知识为所有参加统计员资格考试人员的必修课，另外1门部门统计基础知识，分7个专业(农村社会经济统计、工业统计、运输统计、商业统计、物资统计、固定资产投资与建筑业统计和社会统计)，任选1门。3门科目考分为：社会经济统计学原理55分，统计法基础知识20分，部门统计基础知识25分。全市报名参加考试的有7 140人，考试于1990年11月25日进行，实考人数5 645人，及格人数4 235人，及格率为76.6%。

1991年统计员考试，全市报名参加考试的有2 687人，实考人数2 272人，及格人数1 258人，及格率为55.4%。

1992年2月14日，市统计局和市人事局联合转发国家统计局、人事部颁发的《助理统计师资格考试暂行规定》及其《实施细则》，将助理统计师资格考试内容定为社会经济统计学原理、政治经济学、专业统计、会计学基础知识、计算机基础知识。专业统计设置7个专业：工业、农业、商业、物资、交通运输、固定资产投资与建筑、社会。合格标准除计算机基础知识得分不低于40分外,其他4科得分均不得低于60分。

1992年3月1日起,各单位统计专业初评委均予撤销,不再采用统计初级职务的评审办法。

当年,助理统计师资格考试出考1 691人,出考率为68.7%;符合合格标准的有843人,合格率为49.9%。统计员资格考试出考1 059人,出考率为69.4%;合格549人,合格率为51.8%。

1993—1994年两次统计员考试,全市报名参加考试的有689人,实考人数474人,及格人数267人,合格率为56.3%。两次助理统计师考试,全市报名参加考试的有1 305人,实考人数858人,及格人数269人,合格率为31.4%。

1995年4月5日,市统计局和市人事局联合转发国家统计局、人事部颁发的《统计专业技术资格考试暂行规定及其实施办法的通知》,将中级统计师资格也纳入以考代评范畴。原各单位统计专业技术任职资格中级评委会一律自行解散,由市统计局组建一个统计中评委,1995年1月24日前已符合中级评审条件的人员可在5月底前将材料送市统计局统计中评委评审,之后不再进行统计专业中级职务任职资格的评审工作,各地区、各部门为评定相应统计专业职务任职资格而组织的考试也不再进行。当年,统计专业技术资格实行全国统一考试制度,实行全国统一组织、统一大纲、统一考试用书、统一试题、统一评分标准。资格考试设置统计专业初级资格和统计专业中级资格两个级别,通过全国统一考试获得统计专业初、中级资格的人员,同时表明具备担任相应职务的专业技术水平和能力。

统计专业中级资格考试分甲、乙两种。甲种考试为统计师资格应具备的专业水平和业务能力的考试,考试合格者,获得统计师资格。乙种考试为统计基础理论和专业知识的考试。不具备甲种考试规定学历的人员,必须取得乙种考试合格证书后,再参加甲种考试科目中《统计工作实务》的考试,成绩合格者,获得统计师资格。统计专业初级资格考试只设一种,为该资格应具备的专业水平和业务能力的考试。统计专业初级资格考试科目为:(1) 统计学和统计法基础知识;(2) 专业知识和实务(新的国家统计报表制度)。统计专业中级资格甲种考试科目为:(1) 统计基础理论及相关知识;(2) 统计工作实务。统计专业中级资格乙种考试科目为:(1) 统计学原理;(2) 经济学;(3) 会计基础知识;(4) 国民经济核算基础知识;(5) 统计分析;(6) 计算机基础知识与应用。统计专业初级资格和中级资格的甲种考试每年举行一次,全部考试科目合格者,授予由人事部统一印制、人事部和国家统计局用印的统计专业技术资格证书,全国范围内有效。统计专业中级资格乙种考试的开考计划,以两年为一周期循环安排。考试成绩采用单科积累的方式,每门科目考试合格,由省(自治区、直辖市)统计专业资格考试办公室颁发单科合格证明。规定的科目全部合格后,由国家统计局颁发统计专业中级资格乙种考试合格证书。乙种考试各单科合格证只在四年内申办合格证书有效,逾期该科目必须重考。

**表14-4-1 1995—2010年获初、中级统计证书人数统计表**

单位:人

| 年份 | 合计 | 获得初级证书人数 | 获得中级证书人数 |
|---|---|---|---|
| 1995 | 1 051 | 756 | 295 |
| 1996 | 656 | 386 | 270 |
| 1997 | 447 | 217 | 230 |
| 1998 | 396 | 213 | 183 |
| 1999 | 349 | 212 | 137 |

表 14-4-1　续表

| 年　份 | 合　计 | 获得初级证书人数 | 获得中级证书人数 |
|---|---|---|---|
| 2000 | 269 | 79 | 190 |
| 2001 | 340 | 192 | 148 |
| 2002 | 369 | 163 | 206 |
| 2004 | 231 | 80 | 151 |
| 2005 | 300 | 69 | 231 |
| 2006 | 213 | 76 | 137 |
| 2007 | 177 | 53 | 124 |
| 2008 | 156 | 51 | 105 |
| 2009 | 208 | 92 | 116 |
| 2010 | 214 | 61 | 153 |

2003 年 6 月 11 日，因受“非典”疫情影响，全国统计专业技术资格考试办公室印发《关于暂停 2003 年度统计专业技术资格考试的通知》，暂停 2003 年度统计专业技术资格考试。2003 年已经报名的考生，可以直接参加 2004 年度统计专业技术资格考试或办理退考手续。

2005 年 1 月 14 日，人事部印发《关于做好香港、澳门居民参加内地统一举行的专业技术人员资格考试有关问题的通知》，规定自 2005 年度起，凡符合统计专业技术资格考试相应规定的香港、澳门居民，均可按照规定的程序和要求，报名参加考试。

2009 年开始，上海开展高级统计师资格考评结合试点工作，申请高级统计师任职资格需通过全国统一考试并通过高评委评审。2009 年，高级统计师资格考试报考人数 54 人，通过人数 14 人，最终评审通过人数为 11 人。2010 年，高级统计师资格考试报考人数 68 人，通过人数 23 人，最终评审通过人数为 7 人。

## 第三节　技术职务评聘

### 一、高级统计职务评聘

1980 年 5 月 16 日，国务院批转国家统计局制定的《统计干部技术职称暂行规定》。统计干部的技术职称定为高级统计师、统计师、助理统计师、统计员。确定和晋升统计干部技术职称，以工作能力、业务水平和工作贡献为主要依据，适当考虑学历和资历。市机电一局、市纺织局、市商业一局、市公用局、南汇县等 14 个单位和六机部在沪船舶工业公司进行统计干部技术职称评定试点，摸索经验，由点到面，逐步铺开。市机电一局和船舶工业公司的试点工作于 1981 年 1 月底基本结束。这两个单位有 1 735 人评定职称，其中统计师 101 人，助理统计师 443 人，统计员 1 191 人。

1981 年 5 月 14 日，市人事局、市统计局联合召开市冶金局、市公用局等 7 个局人事、计划处负责职称工作干部座谈会，明确牵头单位市统计局的职责任务。10 月 20 日，市统计局成立市评定统计技术职称办公室，负责全市统计干部职称评定工作。12 月 29 日，市统计局统计干部技术职称评定委员会成立，汪涛任主任，颜德纶任副主任。

1981 年 11 月 17 日，市人事局转发国家人事局《关于贯彻执行国务院颁发的七种业务（统计、编辑、外语翻译、新闻记者、经济、图书档案资料和会计)技术职称规定若干问题的说明》和《关于国务院颁发的七种业务技术职称评定工作试点情况和今后工作的意见》的通知。7种业务技术职称是从学识水平、业务能力和工作成就3个方面进行全面考核。12月14日,市人事局和市统计局联合印发《关于贯彻执行〈统计干部技术职称暂行规定〉的试行细则的通知》和《关于贯彻执行〈统计干部技术职称暂行规定〉和试点细则》。

1982年2月13日,市社会科学业务技术职称评定委员会召开全市社会科学技术职称评定经验交流会,中共上海市委副书记杨士法到会讲话,有7个单位介绍经验,市统计局颜德纶作了《关于评定统计干部职称试点工作的情况汇报》。3月7日,市人民政府批准《关于本市高级统计技术职称评定委员会组成人员的通知》,决定由汪涛、张耀祥、颜德纶、柴作楫、陈善林、桂世祚、章以珏7人组成高级统计技术职称评定委员会,由汪涛任主任,张耀祥、桂世祚任副主任。5月17日,市人事局、市财政局、市统计局联合发出《关于评定会计、统计干部技术职称有关平衡问题的补充通知》,要求"对各区、县、局一级和市级公司的干部,拟评为会计师、统计师的,应分别报送市财政局、市统计局会同市人事局进行平衡"。

1982年10月18日,市人事局转发劳动人事部关于印发《全国会计、统计等业务技术职称评定试点工作经验交流会议纪要》通知,提出"在评定职称时,对不具备规定学历的,必须按照规定,对本专业必需的基础理论和专业知识进行测验,达到同等学历的条件,再经过同行专家组成的评定委员会考核评定,确定职称","分级把关,综合平衡","晋升中级业务技术职称(即'师'一级职称)必须将评审材料送省一级业务主管部门,会同同级评定委员会和人事部门综合平衡后,才能授予"。

1983年2月2日,市政府办公厅转发市人事局《关于贯彻执行〈全国会计、统计等业务技术职称评定试点工作经验交流会议纪要〉的意见》。3月7日,市统计局发出《关于评定统计业务技术职称几点具体补充意见的通知》,规定申请助理统计师以上职称测验科目(大学)为3门(统计学原理、政治经济学、专业统计、管理数学和会计学原理)。并于3月28日召开各区、县、局评定统计干部技术职称人事、计划统计干部负责人会议,传达和部署上海市开展评定统计干部技术职称工作,要求在全市分期分批开展职称评定工作。4月7日,市评定统计师技术职称平衡小组成立,对各区、县、局申报的267人,经过平衡同意201人,占84.1%。

1983年9月17日,市人事局按照中共中央办公厅、国务院办公厅《关于整顿职称评定工作的通知》精神,提出"四不要"(不要考核、不要评定、不要平衡、不要发证),进行到哪一阶段,就在哪一阶段停下来。1984年1月5日,市统计局接到中央职称评定领导小组《关于整顿职称评定工作有关问题的通知》,检查上海统计技术职称评定工作,于1月18日写出《关于评定统计干部技术职称工作检查、总结和意见》。截至1984年9月底,经不完全统计,全市已评定统计技术职称2 182人,占全部统计干部总数7.1%。其中,统计师201人(已发证168人),助理统计师629人,统计员1 352人。

1986年2月18日,国务院发布《关于实行专业技术职称聘任制度的规定》。4月28日,市职称改革工作领导小组印发《上海市关于专业技术职务任职条件评审组织的有关规定(试行)》和《上海市实行技术职务聘任制的组织实施意见》。1987年4月15日,国家统计局专业技术职务评审委员会通过上海市统计局徐学贤、叶绍骅、徐秉训、周炜4人具有高级统计师任职资格评审。4月24日,市职称改革工作领导小组转发市统计局制定的《上海市贯彻〈统计专业职务试行条例〉的实施细则(试行)》。从此,全市企事业单位统计系列专业技术职务的评聘工作,由点到面逐步展开。5月26日,市统计局成立职称改革工作领导小组及其办公室。李懋欢任职称改革领导小组组长,成员有颜德纶、毛宗维、黄璋、徐学贤、钟德浩。徐学贤、钟德浩兼任办公室正副主任。领导小组及其办公室负责全市统计系列专业技术职务聘任制工作的指导、协调、检查和督促。6 月 12 日，市职称改革工作领导小组批复市统计局《关于组建市统计专业高级职务评审委员会的报告》，同意评委会由 9 人组成。李懋欢任主任委员，毛宗维、徐学贤任副主任委员，钱志坚、田竞和、葛霖生、王建民、叶绍骅、徐秉训为委员。7 月 17 日，市计委批复市统计局组建统计专业中级职务评审委员会由 9 人组成，毛宗维任主任委员，徐学贤、钟德浩任副主任委员。在此期间，各区、县、局也都先后成立统计专业中、初级职务评审委员会，或与经济系列、会计系列成立联合评审委员会。12 月 30 日，市职称改革工作领导小组印发《上海市全民企业开展专业技术职务聘任制工作的实施办法（试行）》，企业的专业技术聘任制工作，由区、县、局提出实施计划，有领导、有步骤地相继展开。

1988 年，市统计系列高级职务评审委员会评审通过全市 43 名高级统计师的任职资格，连同中央驻沪单位通过的高级统计师 17 名。至 1988 年底，全市共有高级统计师 72 人。根据市职称改革工作领导小组通知，全市企事业单位的专业技术职务评审工作，1988 年下半年起逐步转入经常化、制度化。2009 年，上海实行高级统计师资格考评相结合试点工作。

**表 14－4－2　1990—2010 年高级统计师获评人数统计表**　　单位：人

| 年　份 | 评审通过数 | 年　份 | 评审通过数 |
|---|---|---|---|
| 截至 1990 年 | 209 | 2002 | 14 |
| 1991 | 10 | 2003 | 14 |
| 1993 | 42 | 2004 | 9 |
| 1994 | 65 | 2005 | 8 |
| 1995 | 34 | 2006 | 9 |
| 1996 | 20 | 2007 | 13 |
| 1998 | 34 | 2008 | 9 |
| 1999 | 17 | 2009 | 11 |
| 2000 | 10 | 2010 | 7 |
| 2001 | 13 | | |

截至 2010 年底，高级统计师任职资格评审工作走过了 23 年历程，上海共有 548 人获得高级统计师任职资格。

## 二、初、中级统计职务评聘

1990 年 1 月 10 日，市统计局和市人事局转发国家统计局和人事部联合颁发的《统计员资格考试暂行规定》及其《实施办法》，联合成立上海市统计专业技术职务资格考试工作领导小组，负责全市统计专业技术职务资格考试工作。从 1990 年 4 月 1 日起，实行除统计专业大、中专毕业生外，凡是准备进入统计岗位的人员，都应先参加统计员资格考试，合格者才有资格从事统计工作。已经在岗的统计人员，未评定统计员任职资格的，也应参加全国统一考试，取得统计员资格。自此，统计员这一技术职称开始实行以考代评，停止评审工作。

继 1990 年、1991 年两次全国统计员资格考试后，国家统计局和人事部决定从 1992 年起在全国实行助理统计师资格考试制度。根据这一规定，从 1992 年 3 月 1 日起，各单位统计专业初级评委均予撤销,不再采用统计初级职务的评审办法。自此,助理统计师这一技术职称也开始实行以考代评,停止评审工作。

1995年4月5日,市统计局和市人事局联合转发国家统计局、人事部颁发的《统计专业技术资格考试暂行规定及其实施办法的通知》,将中级统计师资格也纳入"以考代评"范畴,之后不再进行统计专业中级职务任职资格的评审工作,各地区、各部门为评定相应统计专业职务任职资格而组织的考试也不再进行。1995年起,统计专业技术资格实行全国统一考试制度,实行全国统一组织、统一大纲、统一考试用书、统一试题、统一评分标准。资格考试暂设置两个级别:统计专业初级资格、统计专业中级资格。统计师资格由过去的统计中评委会评审,改为实行全国统考制度并停止评审;助理统计师和统计员资格考试,由过去分别进行合并为初级资格考试。

# 附　录

# 上海市统计管理条例

（1993年12月15日上海市第十届人民代表大会常务委员会第六次会议通过 根据1997年8月13日上海市第十届人民代表大会常务委员会第三十八次会议《关于修改〈上海市统计管理条例〉的决定》修正）

**第一条** 为了适应社会主义市场经济和社会发展的需要，加强对本市统计工作的管理和监督，保障统计资料的准确性和及时性，真实反映本市经济、社会的发展状况，根据《中华人民共和国统计法》及其实施细则，结合本市实际情况，制定本条例。

**第二条** 本市范围内的国家机关、社会团体、企业、事业单位、各种经济联合组织和个体工商户，必须依照国家统计法律、法规和本条例的规定，准确及时地提供统计资料。

基层群众性自治组织和公民有义务如实提供国家和本市统计调查所需要的情况。

**第三条** 各级人民政府应当加强对统计工作的领导，保证统计工作的正常进行。

市统计局是本市统计工作的主管机构，对本市统计工作行使管理、协调、监督、检查的职权。市人民政府其他各部门根据各自的职责设置统计机构或者指定兼管统计业务的机构，配合市统计局做好统计管理工作。

区、县人民政府应当设立独立的统计机构，对本区、县的统计工作行使管理、协调、监督、检查的职权，在统计业务上以市统计局的领导为主。区、县人民政府其他各部门可以设立统计机构或者配备统计人员做好统计管理工作。

乡、镇人民政府根据需要配备统计人员，并指定助理主管统计业务。街道办事处设专职或者兼职统计人员。

各企业、事业单位根据需要设立统计机构，或者在有关机构中配备统计人员，并指定统计负责人。

**第四条** 市统计局和区、县人民政府统计机构及人民政府其他各部门应当定期组织统计人员进行业务学习和岗位培训。

**第五条** 统计机构和统计人员依法独立行使统计调查、统计报告、统计监督的职权，依照统计法律、法规和统计制度的规定，如实提供统计资料，准确及时地完成统计任务，保守国家机密。

**第六条** 市、区、县人民政府统计机构和其他各部门可以设置统计检查机构，或者配备统计检查员，履行统计检查职责。

统计检查员由市统计局培训后发给《统计检查证》，持证开展统计检查工作。

统计检查机构、统计检查员在执行统计检查时，有权发出《统计检查查询书》，被检查单位的领导人员或者有关责任人员应当如实提供资料，按期据实答复。

**第七条** 本市各地区、各部门、各单位的领导人或者统计负责人发现统计机构和统计人员提供的统计资料数据不实，应当责成统计机构、统计人员复核。统计机构、统计人员应当进行复核，并提出修改或者不予修改的报告。

**第八条** 根据本市经济、社会发展需要新开展的全市性统计调查项目，由市统计局决定执行，报市人民政府备案；重大的统计调查项目，由市统计局报市人民政府批准后执行。国家规定的、常规性的统计调查项目除外。

全市性统计调查表,由市统计局制订,或者由市统计局会同有关主管部门共同制订。

市和区、县人民政府其他各部门下发的专业性统计调查表,调查范围属本部门管辖的,由该部门制订,报本级人民政府统计机构备案;调查范围超出本部门管辖的,由该部门拟定,报本级人民政府统计机构审批。

地区性统计调查表,由区、县人民政府统计机构制订,或者会同有关部门共同制订。

市和区、县非常设机构需要制发统计调查表的,应当报本级人民政府统计机构审批。

**第九条** 制订统计调查表应当附有说明书,明确调查目的、调查内容、调查对象、调查方式、调查时间、分类目录、指标涵义、计算方法、统计编码、填报单位、完成期限等。

**第十条** 统计调查表应当简明扼要,统计分类和编码必须按国家标准或者市统计局标准执行。

经批准或者备案的各类统计调查表,均应当在右上角标明制表机关名称、表号、批准或者备案机关名称、批准文号等。

**第十一条** 人民政府各部门对市统计局制发的统计调查表需补充调查项目的,应当报市统计局备案。

**第十二条** 市统计局和区、县人民政府统计机构对送审的统计调查表应当进行审查。对符合规定的,应当及时予以批准。

任何单位或者个人有权拒绝填报未经批准的统计调查表,并向人民政府统计机构举报。人民政府统计机构有权制止擅自制发统计调查表的行为。

**第十三条** 市统计局和区、县人民政府统计机构和其他各部门,应当定期清理本地区、本部门制发的统计调查表,已不适用的,应当及时修订或者废止,并将清理结果报上级统计机构备案。

**第十四条** 市统计局和区、县人民政府统计机构负责审定、公布、出版本市或者本地区的基本统计资料,并以各种形式及时发布统计公报及其他各类统计资料。

人民政府其他各部门公开发布本系统的统计资料,应当与本级人民政府统计机构认可的有关资料相一致。

新闻、出版单位需要发表尚未公布的经济、社会发展基本统计资料,全市性的,应当经市统计局核准;地区性的,应当经有关的区、县人民政府统计机构核准。

**第十五条** 任何单位和个人在公布或者使用统计资料时,必须遵守国家有关保密的规定。

各级统计机构和统计人员对属于个人、家庭或者法人的单项调查资料,应当予以保密。

**第十六条** 各部门、各社会团体、企业、事业单位、各种经济联合组织和个体工商户,在开业或者发生行政区划变动、管理体制变化、机构调整等情况时,应当在决定或者被批准之日起三十日内到有关的统计机构登记或者更改统计登记,并按照规定的统计范围和报送渠道报送统计资料,做好有关统计档案的管理或者移交工作。

**第十七条** 中央和外地设在本市的单位向其主管部门报送的统计资料,应当根据规定同时抄送市统计局或者本市有关统计机构。

**第十八条** 人民政府其他各部门评价地区、部门或者企业发展水平、工作实绩等各项统计资料,应当以本级人民政府统计机构认可的统计资料为准。

**第十九条** 各社会团体、企业、事业单位或者个人需要了解本市有关统计资料的,可以向市统计局或者区、县人民政府统计机构查询或者委托调查。

各级人民政府统计机构必须做好统计信息咨询服务工作,充分利用可以公开的统计信息为社

会公众服务。

符合国家有关规定，在统计法律、法规和统计制度规定之外提供的统计信息咨询，实行有偿服务，具体办法由市统计局会同市物价主管部门规定。

**第二十条** 市统计局和区、县人民政府统计机构及各部门、各单位对统计工作成绩显著、执行统计法律、法规表现突出的单位和个人，应当给予奖励。

**第二十一条** 对有下列行为之一的，由市统计局或者区、县人民政府统计机构责令改正，予以通报批评；情节较重的有关领导人员或者直接责任人员，其所在部门、单位或者其上级机关、监察机关应当给予行政处分。

（一）虚报、瞒报、伪造、篡改统计资料的；

（二）违反国家统计管理规定，拒报或者屡次迟报统计资料的；

（三）利用统计调查损害社会公共利益或者进行欺诈活动的；

（四）利用职权授意、强迫统计人员按其意图修改统计资料的；

（五）阻挠统计机构、统计人员依法行使职权，或者对检举人进行刁难、打击报复的；

（六）未经批准，擅自制发统计调查表的；

（七）未经认可或者批准，自行公布统计资料的；

（八）违反统计法律、法规有关保密规定的。

企业事业组织、个体工商户有前款之(一)、(二)、(三)项所列违法行为的，由市统计局或者区、县人民政府统计机构予以警告，也可以处以一千元以上五万元以下的罚款，有违法所得的，予以没收。

处罚办法由市人民政府制定。

**第二十二条** 当事人对行政处罚决定不服的，可以依法申请复议或者向人民法院提起诉讼。

当事人逾期不申请复议也不向人民法院起诉、又不履行处罚决定的，作出处罚决定的机关可以申请人民法院强制执行。

**第二十三条** 人民政府统计机构工作人员有玩忽职守、徇私舞弊、滥用职权等违反统计法律、法规和统计制度的行为，尚未构成犯罪的，其所在部门或者上级主管机关应当给予行政处分。

**第二十四条** 违反统计法律、法规，构成犯罪的，由司法机关依法追究刑事责任。

**第二十五条** 本条例由市统计局组织实施，具体应用问题由市统计局解释。

**第二十六条** 本条例自一九九四年四月一日起施行。

# 上海市统计违法行为处罚办法

（1994 年 6 月 6 日上海市人民政府第 66 号令发布
根据 1997 年 12 月 19 日上海市人民政府第 54 号令修正并重新发布）

**第一条（制定依据）**

根据《上海市统计管理条例》（以下简称《条例》）第二十一条的规定，制定本办法。

**第二条（适用范围）**

本市范围内的国家机关、社会团体、企业事业组织、各种经济联合组织和个体工商户，凡有统计违法行为的，市统计局和区、县人民政府统计机构可以依照本办法予以处罚。

**第三条（统计违法行为的种类）**

本办法所称的统计违法行为包括：

（一）虚报统计资料。指违反统计制度，多报统计数字。

（二）瞒报统计资料。指违反统计制度，少报或者不报统计数字。

（三）伪造统计资料。指没有任何客观事实根据，捏造虚假的原始资料或者统计资料。

（四）篡改统计资料。指利用职权或者便利条件，擅自修改符合统计制度的统计资料。

（五）拒报统计资料。指明确表示不上报统计法规、制度规定应当上报的统计资料，或者不按期据实答复统计检查查询，或者不在《统计报表催报单》规定期限内报送统计资料。

（六）屡次迟报统计资料。指同 1 个填报单位在 1 个统计年度内，逾期上报统计资料累计发生 3 次以上。

（七）利用职权授意、强迫统计人员按其意图修改统计资料。指领导人以书面或者口头形式指示统计人员修改统计资料，致使统计资料不符合统计制度的规定。

（八）阻挠统计机构、统计人员依法行使职权。指由于人为的原因，致使统计机构、统计人员无法正常执行职务，不能按期完成上级统计机构或者统计检查机构下达的统计调查、统计报告和统计检查等任务。

（九）对检举人进行刁难、打击报复。指对举报统计违法行为的人进行责难，或者将其调离岗位、降低其待遇等。

（十）未经批准，擅自制发统计调查表。指未按《条例》规定的程序制发统计调查表，或者未按《条例》规定在统计调查表上标明制表机关名称、表号、批准或者备案机关名称、批准文号等。

（十一）未经认可或者批准，自行公布统计资料。指发布未经统计机构认可或者批准的统计资料，或者发表尚未正式公布的经济、社会发展基本统计资料。

（十二）逾期不作统计登记、变更手续。指未按《条例》的规定按期到统计机构办理统计登记或者统计变更登记手续。

（十三）违反统计法律、法规有关保密规定。指公布或者使用统计资料时，泄露了国家秘密和应当予以保密的属于个人、家庭或者法人的单项调查资料。

**第四条（虚报、瞒报、伪造、篡改统计资料的处罚）**

对虚报、瞒报、伪造、篡改统计资料的，其中，对企业事业组织、个体工商户，可以按下列规定予

以处罚：

(一) 统计违法数额占应报数1%以上不到5%，或者总人口统计违法数额占应报数3‰以上不到10‰，出生、死亡统计违法数额占应报数1%以上不到3%的，可处以1 000元以上1万元以下罚款；

(二) 统计违法数额占应报数5%以上不到10%，或者总人口统计违法数额占应报数10‰以上不到20‰，出生、死亡统计违法数额占应报数3%以上不到5%的，可处以1万元以上2万元以下罚款；

(三) 统计违法数额占应报数10%以上不到20%，或者总人口统计违法数额占应报数20‰以上不到30‰，出生、死亡统计违法数额占应报数5%以上不到10%的，可处以2万元以上3万元以下罚款；

(四) 统计违法数额占应报数20%以上不到30%，或者总人口统计违法数额占应报数30‰以上不到40‰，出生、死亡统计违法数额占应报数10%以上不到15%的，可处以3万元以上4万元以下罚款；

(五) 统计违法数额占应报数30%以上，或者总人口统计违法数额占应报数40‰以上，出生、死亡统计违法数额占应报数15%以上的，可处以4万元以上5万元以下罚款。

本条前款各项所称的应报数均按统计制度的规定计算。

一种违法行为涉及两项以上指标数据的，按统计违法数额占应报数比例最大的一项予以处罚。

**第五条(拒报统计资料的处罚)**

拒报统计资料的，其中，对企业事业组织、个体工商户可处以5 000元以上5万元以下罚款。

**第六条(屡次迟报统计资料的处罚)**

屡次迟报统计资料的，其中，对企业事业组织、个体工商户可处以1 000元以上1万元以下罚款。

**第七条(利用统计调查损害社会公共利益或者进行欺诈活动的处罚)**

利用统计调查损害社会公共利益或者进行欺诈活动的，由市统计局或者区、县人民政府统计机构责令改正，予以通报批评；情节较重的，其所在部门、单位或者其上级机关、监察机关应当给予有关领导人员或者直接责任人员行政处分；其中，对企业事业组织、个体工商户可处以1万元以上5万元以下罚款，有违法所得的，予以没收。

**第八条(逾期不作统计登记、变更手续的处罚)**

逾期不作统计登记、变更手续的，由市统计局或者区、县人民政府统计机构责令改正，对企业事业组织、个体工商户可处以1 000元以下罚款。

**第九条(两种以上统计违法行为的处理)**

对有两种以上统计违法行为的，应当分别予以处理。

**第十条(执法监督权)**

上级统计机构或者其统计检查机构有权改变下级统计机构或者其统计检查机构作出的处罚决定和处分建议，必要时可以直接查处所属各级统计机构或者其统计检查机构管辖范围内的统计违法案件，并直接作出处罚决定，提出行政处分建议。

**第十一条(统计查询权)**

统计机构及其统计检查机构、统计检查员开展统计检查时，有权发出《统计检查查询书》，对统计违法行为可以责令其停止、限期改正。

被检查部门或者单位应当根据查询书的要求组织自查，按期据实答复，并采取补救措施。

**第十二条(行政处分建议权)**

对有统计违法行为的有关领导人员、直接责任人员，市统计局或者区、县人民政府统计机构可以建议其所在部门、单位或者上级主管机关、监察机关对其予以行政处分。

**第十三条(奖励和荣誉称号的撤销)**

因上报统计数据不实而骗取经济奖励或者荣誉称号的，经查实，由授予部门或者单位撤销所给予的奖励或者荣誉称号。

**第十四条(行政处罚程序)**

市统计局和区、县人民政府统计机构作出行政处罚，应当出具行政处罚决定书。收缴罚没款，应当出具市财政部门统一印制的罚没财物收据。

罚没收入按规定上缴国库。

**第十五条(行政处分程序)**

按本办法需由有关部门、单位或者其上级主管机关、监察机关对有关领导人员、直接责任人员进行行政处分，或者撤销奖励和荣誉称号的，由负责查处的统计机构发出《统计违法行为处理意见通知书》，连同有关材料送交被处分者所在部门、单位或者上级主管机关、监察机关。有关部门、单位或者其上级主管机关、监察机关应当在收到通知书之日起 30 日内作出答复。

**第十六条(行政补救)**

被处罚者对行政处罚决定不服的，可以按《行政复议条例》和《中华人民共和国行政诉讼法》的规定申请行政复议，或者向人民法院提起诉讼。

当事人逾期不申请复议，不向人民法院起诉，又不履行行政处罚决定的，作出行政处罚决定的机构可以依法申请人民法院强制执行。

**第十七条(执法要求)**

统计机构、统计执法人员应当遵守法纪、秉公执法，不得徇私舞弊、滥用职权。

**第十八条(统计制度的标准)**

本办法所称统计制度，均以国家统计局和上海市统计局规定采用的正式文本或者有关资料为准。

**第十九条(具体应用解释)**

本办法的具体应用问题由市统计局负责解释。

**第二十条(施行日期)**

本办法自发布之日起施行。

# 上海市统计登记办法

（1995年6月15日上海市人民政府第5号令发布）

**第一条（目的和依据）**

为了加强对本市统计工作的管理和监督，确保统计资料的准确性，根据《上海市统计管理条例》的规定，制定本办法。

**第二条（定义）**

本办法所称的统计登记，是指统计机构对本市范围内国家机关、社会团体、企业、事业单位、经济联合组织、个体工商户以及其他有关组织（以下统称单位）的基本情况进行登记注册的活动。

**第三条（主管部门）**

市统计局是本市统计登记工作的主管部门，负责本市统计登记工作的组织实施和监督检查。

**第四条（统计登记工作的分工）**

区、县人民政府统计机构按照职责分工负责本区、县范围内的统计登记工作。

市统计局可以委托有关主管部门负责该系统内的统计登记工作。

本市统计登记工作的具体分工，由市统计局确定。

**第五条（登记日期）**

本办法实施以前已经设立的单位，应当在本办法实施之日起的四个月内办理统计登记手续。

本办法实施以后新设立的单位，应当在设立之日起30日内办理统计登记手续。

**第六条（申请要求）**

办理统计登记，应当提交单位代码证书或者有关证明文件，并填写《上海市统计登记申报表》。

**第七条（统计登记证）**

市统计局或者区、县人民政府统计机构及有关主管部门对核准办理统计登记手续的单位，应当发给由市统计局统一印制的《上海市统计登记证》。

**第八条（变更登记）**

凡已办理统计登记的单位在发生下列变更情况之一时，应在变更后的30日内向原负责登记的统计机构申请变更登记：

（一）单位名称变化的；

（二）单位地址变化的；

（三）单位合并或者分立的；

（四）单位性质变化的；

（五）单位经济类型变化的；

（六）单位从属关系变化的。

单位因发生前款所列变更情况，超出原负责登记的统计机构管辖范围的，应在变更后的30日内向原负责登记的统计机构办理转移手续，由原负责登记的统计机构收回《上海市统计登记证》，并开具统计管辖转移证明。单位凭转移证明及有关文件，向有管辖权的统计机构申请办理统计登记。

**第九条(注销登记)**

单位破产、歇业或者被撤销的,应当在终止之日起 30 日内,向原负责登记的统计机构办理统计登记注销手续。

**第十条(统计登记资料的报送)**

区、县人民政府统计机构及有关主管部门应当按照市统计局规定的日期和要求,将单位的统计登记资料报送市统计局。

**第十一条(统计登记证的有效期)**

《上海市统计登记证》自颁发之日起 4 年内有效。已办理统计登记的单位应当在有效期届满之日起 30 日内,持《上海市统计登记证》向有管辖权的统计机构办理换证手续。

**第十二条(禁止行为)**

任何单位和个人不得擅自印制、涂改《上海市统计登记证》。

**第十三条(行政处罚)**

市统计局或者区、县人民政府统计机构对违反本办法的规定逾期不办理统计登记、变更手续的单位和个人,可以依照《上海市统计违法行为处罚办法》的有关规定予以处罚。

**第十四条(复议与诉讼)**

当事人对行政处罚决定不服的,可依照《行政复议条例》和《中华人民共和国行政诉讼法》的规定,申请复议或者向人民法院提起诉讼。

当事人对行政处罚决定逾期不申请复议、不起诉又不履行的,作出处罚决定的机构可依照《中华人民共和国行政诉讼法》的规定,向人民法院申请强制执行。

**第十五条(收费标准)**

统计登记的收费标准,按市财政局、市物价局的规定执行。

**第十六条(应用解释部门)**

本办法的具体应用问题,由市统计局负责解释。

**第十七条(施行时间)**

本办法自 1995 年 8 月 1 日起施行。

# 上海市统计执法检查和查处统计违法行为的规定

（2001年12月19日上海市统计局发布）

## 第一章　总　　则

**第一条**　为了有效地开展统计执法检查，查处统计违法行为，保障统计法律、法规、规章和统计制度的贯彻实施，根据《中华人民共和国统计法》及其实施细则、《统计执法检查规定》、《上海市统计管理条例》和《上海市统计违法行为处罚办法》，结合本市实际情况，制定本规定。

**第二条**　本市范围内的国家机关、社会团体、企业事业组织、各种经济联合组织、基层群众性自治组织、个体工商户和公民，均应接受依法开展的统计执法检查工作。

**第三条**　市、区、县人民政府统计机构是统计执法机关，负责贯彻并监督执行统计法和统计制度，统一领导、组织实施本级人民政府管辖范围内的统计执法检查和统计违法行为的查处工作。市、区、县人民政府其他各部门在本级人民政府统计机构的组织指导下，负责监督检查本部门管辖系统内的统计违法行为。

**第四条**　统计执法检查应当贯彻有法必依、执法必严、违法必纠的方针，坚持预防、查处和整改相结合，处罚与教育相结合原则。

## 第二章　统计检查机构和统计检查员

**第五条**　市、区、县人民政府统计机构可依法设置统计检查机构，配备统计检查员，按规定权限履行统计执法检查和查处统计违法行为的职责。市、区、县人民政府其他各部门可依法配备统计检查员，按规定权限履行统计执法检查，协助政府统计机构查处统计违法案件。市农村社会经济调查队、市城市社会经济调查队、市企业调查队可以根据工作需要，配备统计检查员。乡镇统计机构应配备统计检查员，按规定权限履行统计执法检查，协助区县人民政府统计机构查处统计违法案件。

**第六条**　统计检查机构的主要职责：

（一）宣传贯彻统计法律、法规；

（二）监督检查统计法律、法规和统计制度的贯彻实施情况，依法查处统计违法行为；

（三）对违反统计法律、法规的人员和单位，依法进行处罚或向有关单位、部门提出处罚意见；

（四）对违反统计法律、法规，涉嫌犯罪的，依法提请司法机关追究刑事责任；

（五）办理因不服具体行政行为提起统计行政诉讼的应诉事项；

（六）完成上级统计机构下达的统计执法检查和案件查处任务；

（七）法律、法规和规章规定的其他职责。

**第七条**　统计检查员应当具备下列条件：

（一）坚持原则、作风正派、忠于职守、遵纪守法；

（二）具有大专以上学历；

（三）从事统计工作满两年以上并熟悉统计业务；

(四)参加统计检查员资格培训并取得合格证书。

**第八条** 统计检查员由市统计局按照国家统计局的统一要求,培训合格后发给《统计执法检查证》。《统计执法检查证》由国家统计局统一印制,市统计局负责核发和管理。

**第九条** 市、区、县人民政府统计机构应当加强对本级人民政府管辖范围内统计检查员的职业道德教育和业务培训,健全管理、考核和奖惩制度。

**第十条** 市人民政府各主管部门和区、县人民政府统计机构应将本部门、本地区统计检查员新增、免职、调离的名单及变动原因及时报市统计局。统计检查员免职、调离的,应将《统计执法检查证》交回发证机关妥存。

## 第三章 统计执法检查规定

**第十一条** 市、区、县人民政府统计机构和市人民政府各主管部门应当建立统计执法定期检查制度,综合运用全面检查、专项检查、重点检查、委托检查等方式,开展经常性的统计执法检查工作。

**第十二条** 统计执法检查事项包括:

(一)有无侵犯统计机构和统计人员独立行使统计调查、统计报告、统计监督职权的行为;

(二)是否存在违反统计制度和法定程序修改统计数据的行为;

(三)是否存在虚报、瞒报、伪造、篡改、拒报和迟报统计资料的行为;

(四)是否依法设立统计机构或配备统计人员;

(五)是否设置原始记录、统计台账;

(六)统计人员是否持证上岗;

(七)是否依法办理了统计登记、变更手续;

(八)统计调查项目是否依法报经审批、备案;是否在统计调查表的右上角标明法定标识;

(九)是否严格按照经批准的调查方案进行调查,有无随意改变调查内容、调查对象和调查时间等问题;

(十)统计资料的管理和公布是否符合有关规定,有无泄露国家秘密、统计调查对象的商业秘密和私人、家庭单项调查资料的行为;

(十一)从事涉外社会调查是否具备法定资格,是否依法报经审批,是否在调查表首页显著位置标明法定标识;

(十二)法律、法规和规章规定的其他事项。

**第十三条** 实施统计执法检查,应提前通知被检查单位,告知检查机关的名称,检查的依据、时间、内容、方法和对被检查单位的具体要求等。对未发现违法嫌疑的单位,同一检查机关每年对其实施统计执法检查不得超过一次。

**第十四条** 执行统计执法检查和查处统计违法行为任务时,统计检查员应向被检查单位出示《统计执法检查证》。未出示《统计执法检查证》的,有关单位和个人有权拒绝接受检查。

**第十五条** 实施统计执法检查时,检查人员有权:

(一)查阅、审核、复制被检查单位的原始记录、统计台账、统计报表以及与统计有关的其他资料;

(二)向有关单位和个人调查询问,要求如实提供情况;

(三)经检查机关负责人批准,可以向有关单位发出《统计报表催报单》和《统计检查查询书》。统计检查员对涉及国家秘密、商业秘密和个人隐私的证据,应当保密。

**第十六条** 被检查单位和有关人员在接受统计执法检查时不得拒绝提供情况或提供虚假情况,不得使用暴力或威胁的方法阻挠、抗拒检查,对《统计报表催报单》和《统计检查查询书》应按期据实答复,并采取补救措施。

## 第四章 统计违法案件的查处

**第十七条** 统计违法案件由市、区、县人民政府统计机构负责查处。市农村社会经济调查队、市城市社会经济调查队、市企业调查队受市统计局的委托,可以查处本队组织实施的统计调查活动中发生的统计违法行为。

**第十八条** 市、区、县人民政府统计机构及其直属事业单位工作人员的统计违法行为,由本级监察机构依照干部管理权限负责处理。

**第十九条** 市、区、县人民政府其他各部门对在统计执法检查中发现的统计违法行为,应当给予行政处罚的,应及时移交给本级人民政府统计机构处理。

**第二十条** 根据分级管理、分工负责的原则,查处统计违法行为,按下列分工组织实施:

(一) 进行涉外社会调查活动的机构的统计违法行为,由市统计局负责查处;

(二) 市属单位和中央在沪单位的统计违法行为,由市统计局负责查处;

(三) 区属单位、外地在沪单位、无上级主管部门的企业事业组织、各种经济联合组织、基层群众性自治组织、个体工商户和公民的统计违法行为,由所在地的区、县人民政府统计机构负责查处,或者由区、县人民政府统计机构会同有关部门查处;

(四) 各级主管部门、社会团体的统计违法行为,由本级人民政府统计机构负责查处,或者由本级人民政府统计机构会同有关部门查处;

(五) 政府统计机构的统计违法行为,由上一级人民政府统计机构负责查处。经市统计局授权,区、县人民政府统计机构可对所在区域的市属单位和中央在沪单位行使统计检查权、统计违法案件查处权。对市统计局交办的检查和查处任务,区、县人民政府统计机构应当认真组织完成。

**第二十一条** 上级人民政府统计机构有权改变下级人民政府统计机构作出的不当的行政处罚决定和行政处分建议。必要时可以直接查处所属各级统计机构管辖范围内的统计违法案件,并直接作出行政处罚决定,提出行政处分建议。

**第二十二条** 上级人民政府统计机构对交由下级人民政府统计机构查处的统计违法案件,必要时可以督促办理。上级人民政府统计机构发现下级人民政府统计机构对依法由其管辖的统计违法案件不查处或者不及时认真查处的,可以发出统计违法案件查处督办通知书,必要时也可以直接依法查处。

**第二十三条** 查处统计违法行为,应当以事实为根据,以《中华人民共和国统计法》、《上海市统计管理条例》、《上海市统计违法行为处罚办法》和其他有关法律、法规为准绳,做到事实清楚,证据确凿,定性准确,处理恰当,适用法律正确,符合法定程序。

**第二十四条** 查处统计违法行为的基本程序为:立案、调查、处理、结案。对在统计执法检查中发现并已调查清楚的统计违法行为,需要立案查处的,应当补充立案。

**第二十五条** 对下列统计违法行为,应当进行查处:

(一) 领导人自行修改统计资料、编造虚假数据或者强令、授意统计机构、统计人员篡改统计资料、编造虚假数据的;

(二) 对统计人员进行打击报复的;

(三)虚报、瞒报、伪造、篡改统计资料的;

(四)拒报、屡次迟报统计资料的;

(五)在接受统计检查时,拒绝提供情况、提供虚假情况或者转移、隐匿、毁弃原始记录、统计台账、统计报表以及与统计有关的其他资料的;

(六)使用暴力或者威胁的方法阻挠、抗拒统计检查的;

(七)未经批准,擅自制发统计调查表的;

(八)违反统计法和统计制度规定,泄露国家秘密、统计调查对象商业秘密或者私人、家庭单项调查资料的;

(九)利用统计调查窃取国家秘密、损害社会公共利益或者进行欺诈活动的;

(十)非法进行涉外社会调查的;

(十一)未依法办理统计登记、变更手续的;

(十二)法律、法规和规章规定的其他违法行为。

**第二十六条** 统计机构和统计检查机构发现统计违法嫌疑的单位后,应当在3日内填写《统计违法行为登记、立案审批表》,经本单位主管领导审批同意,进行初步审查,并确定是否立案。

**第二十七条** 有下列情形之一的,不予立案:

(一)不属于本单位管辖或查处分工范围的;

(二)违法情节轻微,不须追究法律责任的。统计机构及其统计检查机构初步审查时,凡确认为不属于本单位管辖或查处分工范围的统计违法行为,应当填写《统计违法行为查处转办单》,连同有关材料移送有查处权的统计机构或其统计检查机构,并函告提供情况的单位或具名的举报人。

**第二十八条** 对统计违法行为的调查取证不得少于2人,必要时组成调查组。调查组由3人以上单数组成,实行集体办案、领导负责的工作制度。实施调查前应制定调查方案,经主管领批准后实施。

**第二十九条** 调查人员有下列情况之一者,应当回避:

(一)调查人员和被调查人有亲属关系;

(二)调查人员和被调查人有利害关系;

(三)调查人员和被调查人员、被调查单位有其他关系,可能影响公正查处的。

**第三十条** 调查人员在调查取证过程中,应当做好《调查询问笔录》。《调查询问笔录》应有2名以上调查人员和被调查人的签名或盖章。

**第三十一条** 任何人不得涂改或毁弃证据材料。被调查人要求部分或全部更改证言,应当允许,但同时要写明更改原因,原证不得涂改或毁弃,也不退还。故意毁弃证据材料或出具伪证的,负责查处的统计机构应当建议有关部门依法严肃处理。

**第三十二条** 调查结束后,负责查处的统计机构应组织调查人员将认定的事实同当事人见面。如拟作出行政处罚的,应送达《行政处罚事先告知书》,告知当事人作出行政处罚决定的事实、理由及依据,并告知当事人依法享有的权利。当事人应当在《行政处罚事先告知书》的《送达证》上签名或盖章。

**第三十三条** 直接送达有困难的,可用挂号邮寄送达,当事人的签收日期即为送达日期。

**第三十四条** 当事人有权进行陈述和申辩,调查人员应当充分听取当事人的意见,对当事人提出的事实、理由和证据,应当进行复核;当事人提出的事实、理由或证据成立,应当采纳。当事人陈述和申辩的内容,调查人员应当记录在案,并经当事人签名确认。

**第三十五条** 调查结束后，调查人员应分别以下情况作出处理，并填写《案情调查终结报告》：

（一）违反统计法律、法规、规章证据不足，或者违法事实情节轻微，依法不需追究法律责任的，即行销案；

（二）违反统计法律、法规、规章事实清楚、证据确凿，尚未构成犯罪的，由人民政府统计机构依法作出处理；

（三）违反统计法，涉嫌犯罪的，移送司法机关依法追究刑事责任。

**第三十六条** 市、区、县人民政府统计机构在作出对当事人的罚款处罚符合听证规定数额的，应向当事人送达《行政处罚听证告知书》。当事人应当在《行政处罚听证告知书》的《送达证》上签名或盖章。

**第三十七条** 当事人要求听证的，应当举行听证。统计机构应当在当事人提出听证要求之日起 2 日内确定举行听证的时间、地点和方式，并在听证举行的 7 日前，将《行政处罚听证通知书》函告当事人，挂号凭证妥存备查。听证按《上海市行政处罚听证程序试行规定》的要求进行，并做好《行政处罚听证笔录》。

**第三十八条** 调查人员确定统计违法行为性质和提出处理意见，实行少数服从多数的原则，不同意见应记录在案，然后填写《统计违法行为处理意见审批表》，并附全部材料报主管领导审批。举行过听证的，将听证记录及听证主持人的听证意见书一并报主管领导。主管领导应当在收到审批表之日起 10 日内作出批示。审批时如发现有不足之处，应责成调查人员作补充调查。

**第三十九条** 经调查确认统计违法事实清楚、证据确凿的，应按《上海市统计违法行为处罚办法》分别处理：

（一）需给予行政处分或者撤销奖励和荣誉称号的，由负责查处的统计机构签发《统计违法行为处理意见通知书》，连同有关材料送被处理者所在部门、单位或者其上级主管机关、监察机关。有关部门、单位或者其上级主管机关、监察机关应在收到处理意见通知书之日起 30 日内作出处理，并将处理结果书面回告原签发处理意见通知书的统计机构；对处理意见有异议的，应在此期限内提出书面意见。签发处理意见通知书的统计机构有权查询或者申请上级有关部门督促执行。

（二）需处以行政处罚（警告、罚款、没收非法所得）的，由市统计局和区、县人民政府统计机构发出《行政处罚决定书》。被处罚的部门、单位和个体工商户应在收到《行政处罚决定书》之日起 15 日内予以履行，到指定的银行缴纳罚款。决定罚款额、实收罚款额均应逐笔登录记账，将有关凭证妥存备查。各级主管部门在查处统计违法行为时，除在职权范围内给予有统计违法行为的有关领导人员、直接责任人员行政处分外，另需处以行政处罚的，可签发《统计违法行为处理意见通知书》提请市、区、县人民政府统计机构进行处罚。负责查处的统计机构签发的《统计违法行为处理意见通知书》和《行政处罚决定书》，应由被送达当事人或单位在《送达证》上签名或盖章，并注明签收日期。

**第四十条** 市、区、县人民政府统计机构应当在立案之日起 3 个月内作出决定。有特殊情况需要延长的，应经本级人民政府统计机构主管领导批准，但延长期不得超过 3 个月。

**第四十一条** 被处罚者对行政处罚决定不服的，可以按《中华人民共和国行政处罚法》的规定申请行政复议，或者根据《中华人民共和国行政诉讼法》的规定向人民法院提起诉讼。当事人逾期不申请复议，也不向人民法院起诉，又不履行行政处罚决定的，作出行政处罚决定的统计机构可以依法申请人民法院强制执行。

## 第五章 结案与备案

**第四十二条** 查处的统计违法案件,在作出行政处罚、提出行政处分意见并已执行完成后,由负责查处的统计机构填写《结案报告表》,报经主管领导审批同意,予以结案。

**第四十三条** 已立案的案件,经调查确认证据不足或违法情节显著轻微,不予追究法律责任的,应写明情况,予以销案。

**第四十四条** 下列统计违法案件应在立案后5日内报上一级统计行政机关:

(一)对拒绝、抵制篡改统计资料、编造虚假数据行为的统计人员进行打击报复的;

(二)使用暴力或威胁的方法阻挠、抗拒统计执法检查的;

(三)群众署名举报或新闻媒体公开报道,在社会上造成较大影响的。

**第四十五条** 下列案件应当在结案后10日内向上一级人民政府统计机构备案:

(一)给予领导干部行政处分的;

(二)经人民政府统计机构举行听证会的;

(三)经复议变更或撤销具体行政行为的;

(四)统计行政诉讼案件。

**第四十六条** 对查处结案的案件材料应立卷归档。案卷中包括下列原件:

(一)《统计违法行为登记、立案审批表》;

(二)《调查询问笔录》、《案情调查终结报告》及有关证据;

(三)当事人的检查材料及其对核查事实的意见;

(四)审查结论及处理决定;

(五)《结案报告表》及其他与本案有关的重要材料。

**第四十七条** 区、县人民政府统计机构应当按照要求,准确、及时地向市统计局报送《上海市统计执法情况统计表》等有关报表。

## 第六章 附则

**第四十八条** 本规定由上海市统计局负责解释。

**第四十九条** 本规定自发布之日起施行,1997年12月31日印发的《上海市统计检查及统计违法行为查处工作的暂行规定》同时废止。

# 上海市统计执法检查证管理办法

（上海市统计局于 2002 年 4 月 15 日发布）

**第一条** 为有效管理《统计执法检查证》，确保统计执法检查工作合法、高效地开展，根据《中华人民共和国统计法》、《中华人民共和国统计法实施细则》和《上海市统计管理条例》，结合本市实际情况，制定本办法。

**第二条** 《统计执法检查证》由国家统计局统一印制，市统计局具体负责对本市《统计执法检查证》的颁发和管理工作。

**第三条** 《统计执法检查证》颁发的范围：

（一）市统计局和区、县人民政府统计机构，乡镇人民政府、街道办事处；

（二）市、区、县人民政府各职能部门及有关（集团）公司。

**第四条** 《统计执法检查证》颁发的对象：

（一）专职和兼职统计检查员；

（二）受市、区、县人民政府统计机构的指派或者委托从事统计执法检查工作的人员。

**第五条** 统计检查员应具备以下条件：

（一）坚持原则、作风正派、忠于职守、遵纪守法；

（二）具备大专以上学历；

（三）从事统计工作满两年以上、熟悉统计业务并已取得统计上岗证；

（四）参加统计检查员资格培训并取得合格证书。

**第六条** 统计检查员必须参加市统计局统一组织的统计检查员资格培训，经考试成绩合格者发给《统计执法检查证》。市统计局对取得统计执法检查员任职资格的人员，实行年度培训制度并建立统计执法检查人员培训档案。

**第七条** 市、区、县人民政府统计机构的统计检查员，依法对本级人民政府管辖范围内统计调查对象的统计法律法规和统计制度执行情况进行监督检查，并查处统计违法案件。

市、区、县人民政府各职能部门及有关（集团）公司的统计检查员，应当按照规定权限履行统计执法检查，协助政府统计机构查处统计违法案件。

乡镇人民政府、街道办事处的统计检查员，应当按照规定权限履行统计执法检查，协助区县人民政府统计机构查处统计违法案件。

**第八条** 《统计执法检查证》是实施统计执法检查的有效证件，统计检查员应当妥善保管《统计执法检查证》，不得转借、涂改、复制。如有遗失，必须及时报告市统计局。

统计检查员在开展统计执法检查工作时，必须出示《统计执法检查证》，未出示的，有关单位和个人有权拒绝检查。

**第九条** 统计检查员有下列情况之一的，应由所在单位收回《统计执法检查证》，并及时交回市统计局：

（一）已办理退休手续的；

（二）调出统计机构或脱离统计工作的；

(三)因违纪违法受到开除处分或刑事处罚的;

(四)擅自涂改、转借《统计执法检查证》的;

(五)其他依法需要收回证件的。

**第十条** 统计检查员变动后应当及时按照规定程序办理《统计执法检查证》。

**第十一条** 《统计执法检查证》的有效期为五年,到期由原发证机关收回证件,并按照规定换发新证件。原《统计检查证》废止。

**第十二条** 区、县人民政府统计机构和各职能部门应当对《统计执法检查证》的核发情况统一制册,并报市统计局备案。

**第十三条** 本办法由上海市统计局负责解释。

**第十四条** 本办法自公布之日起施行。

# 上海市人民政府办公厅关于转发市统计局制订的《上海市实施统计数据网上直报工作管理办法》的通知

沪府办发〔2009〕34 号

各区、县人民政府，市政府各委、办、局：

市统计局制订的《上海市实施统计数据网上直报工作管理办法》已经市政府同意，现转发给你们，请按照执行。

二〇〇九年九月二十二日

## 上海市实施统计数据网上直报工作管理办法

**第一条** 为进一步健全统计调查体系，加强统计服务和统计能力建设，提高统计数据质量和工作效率，及时分析本市重大经济社会发展形势和现状，为政府科学决策和管理提供准确的信息、科学的判断和政策依据，根据本市信息化建设推进的实际需要，制定本办法。

**第二条** 本办法所称的统计数据网上直报，是指依照《中华人民共和国统计法》和《上海市统计管理条例》规定的统计调查对象，通过计算机网络，按现行报送渠道，向各级政府统计机构直接报送统计数据。

**第三条** 下列统计调查对象（以下称“网上直报单位”）应按照国家和本市统计制度方法规定的内容，进行网上直报。

（一）工业统计：年主营业务收入 500 万元及以上的工业企业；

（二）批发零售和住宿餐饮业统计：年主营业务收入 2 000 万元及以上的批发企业；年主营业务收入 500 万元及以上的零售企业；年主营业务收入 200 万元及以上的住宿和餐饮业企业；

（三）社会服务业统计：年营业收入 1 000 万元及以上的社会服务业企业；从业人员年平均人数 100 人及以上事业单位和社团及其他单位；根据社会服务业抽样方法选中的调查样本企业（单位）；

（四）建筑业统计：具有资质的建筑企业；

（五）固定资产投资统计：有 500 万元及以上固定资产投资项目的单位；

（六）房地产统计：房地产企业、物业管理企业和中介机构；

（七）劳动统计：各类法人单位；

（八）国家和本市年、定报统计制度方法规定的其他单位；

（九）市和区、县政府统计机构开展的并具备网上直报条件的专项调查和一次性调查所涉及的单位。

**第四条** 市和区、县政府统计机构应整合现有的业务处理系统，建立本市统一的网上直报平台，实施统计数据网上直报工作。

**第五条** 市政府统计机构依法履行下列职责：

（一）负责网上直报推行的组织工作和业务管理；

(二) 负责网络系统和相关应用软件的日常维护;

(三) 负责对区、县政府统计机构及有关主管部门的培训和指导;

(四) 负责网上直报系统数据库的整理、维护和更新;

(五) 负责为市政府统计机构直接管辖的网上直报单位提供技术指导、报表催报和数据验收;

(六) 依法做好网上直报单位统计资料的保密工作。

**第六条** 区、县政府统计机构依法履行下列职责:

(一) 负责本行政区域内网上直报推行的组织工作和业务管理;

(二) 负责对网上直报单位有关人员的培训和指导;

(三) 负责为网上直报单位提供技术指导;

(四) 负责为区、县政府统计机构直接管辖的网上直报单位的报表催报和数据验收;

(五) 负责收集不具备网上直报条件的基层单位的统计报表并进行代报;

(六) 依法做好网上直报单位统计资料的保密工作。

**第七条** 街道、乡镇政府应当设置统计工作岗位,配备专职或者兼职统计人员,依法履行下列职责:

(一) 协助区、县政府统计机构,搞好网上直报单位有关人员的培训;

(二) 负责收集不具备网上直报条件的基层单位的统计报表并进行代报;

(三) 负责网上直报单位的报表催报;

(四) 依法做好网上直报单位统计资料的保密工作。

**第八条** 有关主管部门依法履行下列职责:

(一) 负责本系统网上直报推进的组织工作和业务管理;

(二) 协助市政府统计机构搞好本系统网上直报单位有关人员的培训;

(三) 负责本系统内网上直报单位的报表催报和数据验收;

(四) 负责收集不具备网上直报条件的基层单位的统计报表并进行代报;

(五) 依法做好网上直报单位统计资料的保密工作。

**第九条** 网上直报单位依法履行下列职责:

(一) 配备统计数据网上直报所需的计算机和统计人员按照国家和本市统计制度方法规定,真实、准确、完整、及时地提供统计调查所需的资料,不得提供不真实或者不完整的统计资料,不得迟报、拒报统计资料;

(二) 搞好本单位的电子备份,建立统计资料的原始记录、统计台账和审核、交接、档案等管理制度,并对统计资料妥善保管,确保网上直报的统计数据与统计原始资料一致。

**第十条** 区、县政府统计机构、乡镇(街道)统计机构和有关主管部门为不具备网上直报条件的基层单位进行代报时,应以基层单位纸介质统计报表为准,不得擅自修改统计数据。

**第十一条** 属于网上直报范围但暂不具备网上直报条件的基层单位,应尽快配备本单位统计数据网上直报所需的计算机设备及统计人员,确保网上直报工作顺利进行。

**第十二条** 市和区、县政府统计机构应加强对网上直报系统安全管理,使用电子签名,建立健全系统安全管理制度,明确责任,落实到人。

**第十三条** 市和区、县政府统计机构应定期做好数据备份,数据必须备份在离线的介质上或与直报系统无关的安全的计算机上,确保数据的安全。

**第十四条** 市政府统计机构、区、县政府统计机构、乡镇(街道)统计机构及有关主管部门和网上直报单位应加强网上直报系统密码管理。各级操作人员必须根据用户名和密码访问系统，并妥善保存密码，防止泄露。

**第十五条** 通过网上直报系统报送的统计数据，其报送时间以网上直报系统记载的时间为准。

**第十六条** 市政府统计机构、区、县政府统计机构、乡（镇、街道）统计机构及有关主管部门和统计人员依法保守国家秘密和统计调查对象的商业秘密。对违反者，依法依纪追究其法律责任和纪律责任。

**第十七条** 本办法由市统计局负责解释。

本办法自印发之日起施行。

上海市统计局

二〇〇九年九月八日

# 统计违法违纪案件移送制度

（2010 年 5 月 13 日　市统计局、市监察局和
国家统计局上海调查总队联合制定并印发）

**第一条**　为依法查处统计违法违纪行为，规范统计违法违纪案件移送，保障法律法规的贯彻实施，根据《中华人民共和国行政监察法》、《中华人民共和国统计法》、《统计违法违纪行为处分规定》和《关于监察机关和人民政府统计机构在查处统计违法违纪案件中加强协作配合的通知》等有关规定，制定本制度。

**第二条**　本制度所称的统计违法违纪案件是指各单位的领导人员、直接责任人员以及个人违反《中华人民共和国统计法》和《统计违法违纪行为处分规定》等有关法律法规的规定，应当承担纪律责任，依法需要给予处分或者行政处罚的案件。

**第三条**　监察机关和人民政府统计机构应当分别依照《中华人民共和国行政监察法》、《中华人民共和国统计法》的规定履行职责，认真做好统计违法违纪案件的受理和查处工作，并依照法律、法规规定的管辖权限，以及本制度规定的程序做好案件移送工作。

**第四条**　监察机关和人民政府统计机构移送案件应当符合法律、法规的规定，做到事实清楚、证据齐全、程序合法、手续完备。

**第五条**　人民政府统计机构查处统计违法违纪案件，认为应当给予监察对象处分且依职责无权处理的，应当提出给予处分的建议，根据干部管理权限，及时将有关案件材料移送有管辖权的监察机关或者任免机关处理。

**第六条**　监察机关查处统计违法违纪案件，认为应当由人民政府统计机构给予行政处罚的，应当依照《中华人民共和国行政监察法》的有关规定提出监察建议，及时将有关案件材料移送人民政府统计机构。

**第七条**　移送统计违法违纪案件时，应当向接受移送的机关提交《案件移送通知书》，并附有下列材料：

（一）本单位有关领导或者主管单位同意移送的意见；

（二）案件的来源及立案材料；

（三）案件检查报告或者调查报告；

（四）有关证据材料；

（五）其他需要移送的材料。

**第八条**　案件移送时，移送机关应当将《案件移送通知书》与案件有关材料一并送达接受移送的机关。接受移送的机关在送达证上签名、盖章，并注明日期。

**第九条**　接受移送的机关在案件送达之日起三十日内对案件材料进行审查，并作出是否受理的决定。决定予以立案的，应当书面告知移送案件的机关；决定不予立案的，应当说明理由并书面告知移送案件的机关，退回案件材料。

**第十条**　人民政府统计机构对决定立案的案件，应当依法查处，并在三个月内依法作出处理决定，予以结案。并将处理结果书面告知监察机关。因特殊原因需要延长办案期限的，可以适当延

长，但最长不得超过六个月。

**第十一条**　监察机关对决定立案的案件，应当依法查处，并在六个月内依法作出处理决定，予以结案。并将处理结果书面告知人民政府统计机构。因特殊原因需要延长办案期限的，可以适当延长，但最长不得超过一年。

**第十二条**　人民政府统计机构在查处统计违法行为中发现涉嫌违反行政纪律的案件，不得以已给予行政处罚为由而不移送监察机关。监察机关在查处案件中，发现涉嫌违反统计法的行为，需要给予行政处罚的，不得以已给予行政处分为由而不移送人民政府统计机构。

监察机关和人民政府统计机构对互相移送的案件，无正当理由不得拒绝接受。

**第十三条**　监察机关和人民政府统计机构及其工作人员在案件移送工作中，应当移送而不移送或者违反规定移送的，视情节轻重追究有关领导干部和直接责任人员的党纪政纪责任或者给予组织处理。

**第十四条**　移送案件结案后，移送机关和接受移送的机关应当分别建立案件移送登记制度，做好案件材料的归档工作。

**第十五条**　本制度由上海市监察局、上海市统计局、国家统计局上海调查总队负责解释。

**第十六条**　本制度自发布之日起施行。

## 附件 1

### 案件移送通知书(样式)

案 件 移 送 通 知 书（存根）

沪（）案移[　]第 号

接受移送机关：

被调查、检查单位或者个人：

移送机关：

移送机关负责人签字：　　　　　　　　签发日期：

---

案 件 移 送 通 知 书

沪（）案移[　]第 号

（接受移送机关名称）：

根据上海市监察局、上海市统计局、国家统计局上海调查总队《统计违法违纪案件移送制度》的规定，本机关决定向你单位移送_____

_____________________（写明案件名称）。

附件：1.

2.

请你单位于案件送达之日起三十日内作出是否受理的决定。决定予以立案的，请书面告知我单位；决定不予立案的，请说明理由并书面告知我单位，同时退回案件材料。

联系人：　　　　　　　　联系电话：

（移送机关印章）

××年××月××日

**附件 2**

送达证(样式)

送 达 证

| 送达文书 | （写明送达文书的名称和文号） |
|---|---|
| 送达机关及送达时间 | （写明移送机关名称，加盖<br>移送机关的印章）<br>××年××月××日 |
| 送达人 | （送达人签名） |
| 接受送达机关 | （写明接受移送机关名称） |
| 收件人及收件时间 | （收件人签名或者盖章）<br>××年××月××日 |
| 备　注 | |

# 统计行政执法相对人权益

上海市统计局　国家统计局上海调查总队

（2010年1月）

为保障统计调查对象的合法权益，规范和监督统计机关行政执法行为，提高统计机关依法行政能力和水平，根据《中华人民共和国行政处罚法》、《中华人民共和国行政诉讼法》、《中华人民共和国行政复议法》、《中华人民共和国行政复议法实施条例》、《中华人民共和国行政许可法》、《中华人民共和国国家赔偿法》、《中华人民共和国统计法》和《涉外调查管理办法》等法律、法规的有关规定，特将统计行政执法相对人权益告知如下：

1. 统计调查表未标明表号、制定机关、批准或者备案文号、有效期限等标志，或者统计调查表超过有效期限的，统计调查对象有权拒绝填报。

2. 统计人员进行统计调查时，应当出示县级以上人民政府统计机构或者有关部门颁发的工作证件；未出示的，统计调查对象有权拒绝调查。

3. 县级以上人民政府统计机构进行监督检查时，监督检查人员不得少于二人，并应当出示执法证件；未出示的，有关单位和个人有权拒绝检查。

4. 涉外调查许可证的有效期为三年。涉外调查机构需要延续涉外调查许可证有效期的，应当在有效期届满三十日前向原颁发机关提出申请。逾期未提出的，将不再延续涉外调查许可证的有效期。

5. 公民、法人或者其他组织对行政机关实施行政许可，享有陈述权、申辩权；有权依法申请行政复议或者提起行政诉讼；其合法权益因行政机关违法实施行政许可受到损害的，有权依法要求赔偿。

6. 公民、法人或者其他组织依法取得的行政许可受法律保护，行政机关不得擅自改变已经生效的行政许可。

7. 公民、法人或者其他组织可以向行政许可的设定机关和实施机关就行政许可的设定和实施提出意见和建议。

8. 行政机关应当将法律、法规、规章规定的有关行政许可的事项、依据、条件、数量、程序、期限以及需要提交的全部材料的目录和申请书示范文本等在办公场所公示。申请人要求行政机关对公示内容予以说明、解释的，行政机关应当说明、解释，提供准确、可靠的信息。

9. 公民、法人或者其他组织对行政机关所给予的行政处罚，享有陈述权、申辩权；对行政处罚不服的，有权依法申请行政复议或者提起行政诉讼。公民、法人或者其他组织因行政机关违法给予行政处罚受到损害的，有权依法提出赔偿要求。

10. 行政机关在作出行政处罚决定之前，应当告知当事人作出行政处罚决定的事实、理由及依据，并告知当事人依法享有的权利。当事人有权进行陈述和申辩。

11. 行政机关作出责令停产停业、吊销许可证或者执照、较大数额罚款等行政处罚决定之前，应当告知当事人有要求举行听证的权利。当事人可以亲自参加听证，也可以委托一至二人代理。

12. 当事人认为行政机关执法人员，或者听证主持人与案件有直接利害关系的，有权申请回避。

13. 公民、法人或者其他组织对行政机关作出的行政处罚，有权申诉或者检举。行政机关应当认真审查，发现行政处罚有错误的，应当主动改正。

14. 当事人确有经济困难，需要延期或者分期缴纳罚款的，经当事人申请和行政机关批准，可以暂缓或者分期缴纳。

15. 公民、法人或者其他组织对行政机关作出的警告、罚款、没收违法所得、没收非法财物、责令停产停业、暂扣或者吊销许可证、暂扣或者吊销执照、行政拘留等行政处罚决定不服的，可以依法申请行政复议。

16. 公民、法人或者其他组织对行政机关作出的有关许可证、执照、资质证、资格证等证书变更、中止、撤销的决定不服的，可以依法申请行政复议。

17. 公民、法人或者其他组织认为符合法定条件，申请行政机关颁发许可证、执照、资质证、资格证等证书，或者申请行政机关审批、登记有关事项，行政机关没有依法办理的，可以依法申请行政复议。

18. 公民、法人或者其他组织认为具体行政行为侵犯其合法权益的，可以自知道该具体行政行为之日起六十日内提出行政复议申请；但是法律规定的申请期限超过六十日的除外。

19. 公民、法人或者其他组织对行政复议决定不服的，可以依照行政诉讼法的规定向人民法院提起行政诉讼，但是法律规定行政复议决定为最终裁决的除外。

20. 依照行政复议法和行政复议法实施条例规定，申请行政复议的公民、法人或者其他组织为申请人，作出具体行政行为的行政机关为被申请人。申请人申请行政复议，可以书面申请，也可以口头申请。申请人书面申请行政复议的，可以采取当面递交、邮寄或者传真等方式提出行政复议申请。

21. 申请人、第三人可以委托 1 至 2 名代理人参加行政复议。申请人、第三人委托代理人的，应当向行政复议机构提交授权委托书。

22. 对县级以上地方各级人民政府工作部门的具体行政行为不服的，由申请人选择，可以向该部门的本级人民政府申请行政复议，也可以向上一级主管部门申请行政复议。

23. 行政复议申请人、第三人可以查阅被申请人提出的书面答复、作出具体行政行为的证据、依据和其他有关材料，除涉及国家秘密、商业秘密或者个人隐私外，行政复议机关不得拒绝。

24. 行政复议决定作出前，申请人要求撤回行政复议申请的，经说明理由，可以撤回；撤回行政复议申请的，行政复议终止。

25. 行政复议申请人不服复议决定的，可以在收到复议决定书之日起十五日内向人民法院提起诉讼。复议机关逾期不作决定的，申请人可以在复议期满之日起十五日内向人民法院提起诉讼。法律另有规定的除外。

26. 公民、法人或者其他组织认为行政机关和行政机关工作人员的具体行政行为侵犯其合法权益，有权依法向人民法院提起诉讼。

27. 对属于人民法院受案范围的行政案件，公民、法人或者其他组织可以先向上一级行政机关或者法律、法规规定的行政机关申请复议，对复议不服的，再向人民法院提起诉讼；也可以直接向人民法院提起诉讼。

28. 公民、法人或者其他组织直接向人民法院提起诉讼的，应当在知道作出具体行政行为之日起三个月内提出。法律另有规定的除外。

29. 当事人不服人民法院第一审判决的,有权在判决书送达之日起十五日内向上一级人民法院提起上诉。当事人不服人民法院第一审裁定的,有权在裁定书送达之日起十日内向上一级人民法院提起上诉。逾期不提起上诉的,人民法院的第一审判决或者裁定发生法律效力。

30. 当事人对已经发生法律效力的判决、裁定,认为确有错误的,可以向原审人民法院或者上一级人民法院提出申诉,但判决、裁定不停止执行。

31. 公民、法人或者其他组织的合法权益受到行政机关或者行政机关工作人员作出的具体行政行为侵犯造成损害的,有权请求赔偿。

32. 法律、法规规定的其他权利。

凡上述引用的现行法律法规相关条款内容有所调整或者修改的,应当以调整或者修改后的内容为准。

当事人对统计机关作出的具体行政行为不服的,可以依法申请行政复议或者提起行政诉讼;对统计机关及其行政执法人员的违法失职行为或者在统计执法过程中违反工作纪律的行为,有权向统计机关监察部门检举。

检举电话:53857345

检举地址:上海市威海路48号1708室　邮编:200003

## Rights and Interests of the Counterpart of Administrative Law Enforcement of the Statistics Organs

Shanghai Municipal Statistics Bureau

Survey Office of the National Bureau of Statistics in Shanghai

(January 2010)

With a view to safeguarding the counterpart's legitimate rights and interests, normalizing and supervising administrative law enforcement acts, raising the capability and level of administration-by-law, and on the basis of the "Administrative Punishment Law of the People's Republic of China", the "Administrative Procedure Law of the People's Republic of China", the "Administrative Reconsideration Law of the People's Republic of China", the "Implementation Rules of the 'Administrative Reconsideration Law of the People's Republic of China'", the "Administrative Permit Law of the People's Republic of China", the "State Compensation Law of the People's Republic of China", the "Statistics Law of the People's Republic of China", and the "Procedures on the Administration on Foreign-related Investigation", the rights and interests of the counterpart of administrative law enforcement are hereby announced as follows:

1. Where a statistical questionnaire has no serial number, formulating organ, approval document or file number, term of validity or other marks indicated, or exceeds the term of validity, the person to whom the questionnaire is directed has the right to refuse to fill in the questionnaire.

2. A statistician conducting statistical survey shall produce his or her ID card issued by the statistics organ or relevant department of the people's government at or above the county level; in

the case of no production thereof, the counterpart of the statistical survey has the right to refuse the survey.

3. When a statistics organ of the people's government at or above the county level is carrying out supervision and inspection, supervisors or inspectors shall be not less than two in number and shall produce the law-enforcement certificate; in the case of no production thereof, the related unit or person has the right to refuse the inspection.

4. The term of validity of a permit for foreign-related investigation is three years. The foreign-related investigation organ, if needing to extend the term of validity of the permit therefor, shall make an application to the original issuing organ 30 days before the expiration. If no application is made within the time limit, the term of validity of the permit therefor shall not be extended.

5. With regard to an administrative organ's administering an administrative permit, every citizen, legal person or other organization has the right to make presentation and defense, to apply for administrative reconsideration or to file an administrative lawsuit in accordance with law; and has the right to claim compensation according to law if its legitimate rights and interests are impaired because of an administrative organ's unlawful implementation of the administrative permit.

6. The administrative permit obtained by a citizen, a legal person, or other organization in accordance with law shall be protected by law. No administrative organ shall arbitrarily change an administrative permit that has come into effect.

7. Every citizen, legal person, or other organization may put forward opinions and suggestions to the organ setting up and executing the administrative permit about the setting-up and execution thereof.

8. An administrative organ shall display the matters, bases, conditions, quantity, procedures and time limit in relation to the administrative permit provided by laws, rules and regulations, as well as the catalogue of all materials to be submitted and the sample application text at its office place. Where an applicant asks the administrative organ to give explanations or interpretation about the displayed contents, the administrative organ shall do so and provide accurate and reliable information.

9. With regard to an administrative punishment imposed by an administrative organ, every citizen, legal person, or other organization has the right to make presentation and defense; any party aggrieved by the administrative punishment has the right to apply for administrative reconsideration or file an administrative lawsuit in accordance with law. Any citizen, legal person, or other organization has the right to claim compensation according to law for damage caused by an administrative organ's illegal imposition of administrative punishment.

10. Before deciding to impose an administrative punishment, an administrative organ shall notify the party of the facts, reasons, and bases on which the administrative punishment is to be decided, and shall notify the party of the rights that they enjoy in accordance with law. The party has the right to make presentation and defense.

11. Before making an administrative punishment decision involving order for suspension of production or business, rescission of business license, or imposition of a comparatively large amount of fine, an administrative organ shall notify the party of the right to request a hearing. The party may participate in the hearing in person or entrust one or two attorneys.

12. The party has the right to apply for the withdrawal of any law-enforcer of an administrative organ or the person presiding over the hearing who, in the opinion of the party, has direct interests with the case.

13. Every citizen, legal person, or other organization has the right to make an appeal or accusation against an administrative punishment imposed by an administrative organ. The administrative organ shall conscientiously examine the appeal or accusation, and take the initiative to make correction on finding any incorrect administrative punishment.

14. Where a party truly has financial difficulties, demanding delayed or installment payments of a fine, payment may be postponed or divided upon application by the party and approval by the administrative organ.

15. Any citizen, legal person, or other organization aggrieved by an administrative punishment decision made by an administrative organ such as warning, fine, confiscation of illegal gains or illegal property, order for suspension of production or business, suspension or revocation of permit or license, administrative detention may apply for administrative reconsideration according to law.

16. Any citizen, legal person, or other organization aggrieved by a decision made by an administrative organ concerning the alteration, suspension, or cancellation of a permit, license, or qualification certificate may apply for administrative reconsideration according to law.

17. Any citizen, legal person, or other organization being of the opinion that an administrative organ fails to issue a permit, license, or qualification certificate despite compliance with legal conditions or fails to handle according to law examination, approval, or registration of relevant matters it applied for may apply for administrative reconsideration according to law.

18. Any citizen, legal person, or other organization being of the opinion that a specific administrative act has infringed on its legitimate rights and interests may apply for administrative reconsideration within 60 days from the date of such specific administrative act coming into its knowledge, except that the time limit provided by law for application exceeds 60 days.

19. Any citizen, legal person, or other organization aggrieved by an administrative reconsideration may, in accordance with the provisions of the"Administrative Procedure Law", file an administrative lawsuit in the people's court, except that the administrative decision is, as provided by law, the final decision.

20. According to the provisions of the "Administrative Reconsideration Law" and the "Implementation Rules of the Administrative Reconsideration Law", a citizen, legal person, or other organization applying for administrative reconsideration is a claimant and an administrative organ that made a specific administrative act is a respondent. The claimant may apply for administrative reconsideration orally or in writing. The claimant making a written application for

administrative reconsideration may adopt the modes of submission in person or by mail or fax.

21. A claimant or a third party may entrust one or two attorneys to participate in the administrative reconsideration. The claimant or third party, if entrusting an attorney, shall submit the power of attorney to the administrative reconsideration organ.

22. A claimant aggrieved by a specific administrative act made by a department under local people's government at or above the county level may, at discretion, apply for administrative reconsideration to the people's government at the corresponding level to which the department belongs, or to the competent administrative department at a higher level.

23. A claimant or a third party for administrative reconsideration may consult the written reply and the evidence, bases as well as other relevant materials on which a specific administrative act was made put forward by the respondent, and the administrative reconsideration organ shall not refuse the consultation unless State secrets, business secrets, or privacy is involved.

24. If the claimant requests the withdrawal of an application for administrative reconsideration before the making of an administrative reconsideration decision, the withdrawal thereof is allowed upon explanation of reasons; the administrative reconsideration shall be terminated where the application is withdrawn.

25. The claimant for administrative reconsideration aggrieved by the reconsideration decision may file an administrative lawsuit in the people's court within 15 days from the date of receiving the reconsideration decision paper. Where the administrative reconsideration organ fails to make a decision within the prescribed time limit, the claimant may, within 15 days from the expiration date of the reconsideration, file a lawsuit in the people's court, unless laws provide otherwise.

26. Any citizen, legal person, or other organization being of the opinion that a specific administrative act of an administrative organ or its personnel infringes on its legitimate rights and interests has the right to file a lawsuit in the people's court.

27. With respect to an administrative case that belongs in the case-undertaking scope of the people's court, a citizen, legal person, or other organization may first apply to the upper-level administrative organ or the administrative organ for reconsideration provided by laws and regulations, and then file a lawsuit in the people's court in case of dissatisfaction with the reconsideration decision; or may file a lawsuit directly in the people's court.

28. A citizen, legal person, or other organization that directly files a lawsuit in the people's court shall do so within three months from the date of a specific administrative act coming into its knowledge, unless otherwise provided by the law.

29. A party that refuses to accept a judgment of first instance made by the people's court has the right to appeal to the higher-level people's court within 15 days from the date of service of the judgment. The party that refuses to accept the ruling of first instance made by the people's court has the right to appeal to the higher-level people's court within 10 days from the date of service of the ruling. If the party does not appeal within the prescribed time limit, the judgment or ruling of first instance made by the people's court comes into legal effect.

30. The party considering the judgment or ruling that has come into legal effect really wrong

may lodge a complaint to the original people's court handling the case or the higher-level people's court, but the execution of judgment or ruling shall not be stopped.

31. A citizen, legal person, or other organization having its legitimate rights and interests infringed on and harmed by a specific administrative act made by an administrative organ or its personnel has the right to claim compensation.

32. Other rights as may be provided by laws and regulations.

If there are any adjustments or amendments in the contents of relevant clauses of current laws and regulations as quoted above, the changed or amended contents prevail.

A party aggrieved by a specific administrative act made by the statistics organ may apply for administrative reconsideration or file an administrative lawsuit in accordance with law; in respect to any illegal act or neglect of duty of the statistics organ and its administrative law-enforcers, or with regard to any act in violation of work disciplines in the process of statistical law enforcement, the party has the right to report to the supervisory department of the statistics organ.

Telephone Number for Tip-offs: 53857345

Address for Tip-offs: Rm. 1708, No. 48 Weihai Rd., Shanghai

Post Code: 200003

Remark: In case the English translation differs in meaning from the Chinese original, the Chinese original shall be taken as the standard.

# 索　　引

说明：

1. 本索引为主题索引。正文中完整的主要信息单元均可检索。

2. 主题索引按主题词汉语拼音字母顺序排列。

3. 索引标目后的阿拉伯数字表示该标目所在页码。同标目在书中多次出现的，在标目后用不同的页码标引出处。


**B**

“八五”时期　9,60,61,64,65,318

宝山调查队　44,311,312

报纸出版数量　54,56

播种面积　129,130,136—139,367

博物馆　12,254,281,289,464

补助　254,268,279

**C**

财产性收入　237,238,241,245,246,250

财政收入　50,52,55,57,60,61,71,74,75,394,397

财政支出　50,52,55,60,61,71,74,76,394

采购经理指数　43,47,360,362,457

参保人数　266,275

产业结构　9,12,50,57,65,82,83,100,128,148,171,184—186,255,344,384,392,396—398,420,421,423,432,458,459

常住人口　50—52,54,55,88,90,328,329,372—375,377,393,431,432,464

城市基础设施投资　9,12,52,55,200—202

城市居民家庭人均可支配收入　51,53,55,59,236,237,241,394

城市居民家庭人均消费支出　51,53,55,59,236,238,243

城市绿化覆盖率　53

崇明调查队　43,312

抽样调查　6,8,10,18,20,21,23—25,29—32,34,36,38,40—44,100,128,156,218,236,249,254,304—306,310,314,315,318,326,335—339,341,342,346,347,354—358,360,361,363,367,368,370,371,374—377,385,407,410—412,418,419,424,430—436,466—468

出口额　52,55,170,354

出栏　130,142

从业人员　8,11,52,55,57,88,94—96,102,125,129,132,157,275,281,323,329—332,335,338,344,348,355—358,361—363,372,373,386,394,401,403,470,499

存款余额　52,53,55,56,71,72,77,78,148,394

存栏　141

**D**

贷款余额　52,55,71,72,79,148,394

登记失业率　52,95

第二产业　6,9,50,52,55,57,60—62,64—69,83,87,88,94,96,128,129,132,133,148,171,175—177,186,190,329—332,462

第三产业　5,6,8,9,11,12,50—52,55,57,60—62,64—69,83,87,88,94,96,128,129,132,133,148,171,175—177,186,190,320,329—332,335,344,392,397,421,424—427,433,459,460,462

第三产业普查　7,8,11,30,31,37,39,326,327,329,335,336,392,408,468

第一产业　6,9,50,52,55,57,60—62,64—69,83,87,88,94,96,129,132,133,148,175—177,186,190,332,462
电耗　85
电力　83—86,172,188,189,200—202,205,343,344,358,398,464
电视节目制作时间　54,56,281
电视台　31,37,45,254,281,287,348,443,448,451,452,460,467,469,470,472
电影　188,254,281,283,288,348,354
“电子统计”工程　40,401,406,408—410,412,413
对外承包工程　171,172,178,352,353

**E**

二手房　231,232

**F**

房地产投资　52,55,192,457,463
房地产业　39,184,186,188,189,192,231,308,326,338,341,354,355,358,363,379,403,433
房屋销售价格　230—232
房屋租赁价格　231,233,432,435
非公有制经济　44,57,391,394,433,460
废气排放总量　210,213
废水排放总量　210,212,213
奉贤调查队　43,311,312
福利机构　254,267,277,278
抚恤　254,268,279

**G**

港口货物吞吐量　54,56,116,122,343,395
高架道路　201,208
耕地　129,130,135,143,145,332
工业产品产量　105,338
工业品出厂价格　53,218,223—227,366
工业普查　5,8,11,20,21,23,100,326,327,329,333—335,338,365,407,408,411,414,466,468
工业企业经济效益　9,110
工业销售产值　111,148,151
工业总产值　22,53,56,58,60,61,101—104,111,148,151,334,335,338—340,360,361,394,396
工资性收入　236,237,241,245,246,250,374
工资总额　27,53,56,168,169,353,356,357,449
公共图书馆　51,281,289
公用设施　200,202
公用事业　18,202,203,308,462
公有制经济　57
固定电话用户　54,56
固定资产投资　6,8,9,12,24,28,29,31,51,52,55,57,60,61,128,148,152,184—188,190,191,195,218,230,232,305,308,310,326,332,338,340,341,394,401,418,431—433,435,445,449,457,462,463,475,476,499
故事影片产量　54,56
广播电台　281,286,348,460,469,470
规模以下工业企业　348,360,361
规模以下商业企业　360,361
轨道交通　100,116,117,186,208,378
国际标准集装箱吞吐量　54,56
国民经济核算体系　4,6—9,30,38,306,308,346,384,391,392,397,402,412,418,430—432,442,463,470
国有经济　32,57,101,104,153,157,160,391,392,394,395,421,433,463,467

**H**

户籍人口　51,52,55,88,90,91,129,266
户数　3,59,90,125,129,132,201,206,207,236,239,242,248,327,328,332,368,370
化肥和农药　146
环境保护投资　53,212
环境空气质量　53,210
货物运输量　54,56,116,118,342
货物周转量　119,342,395

**J**

基本单位普查　8,11,33,34,36,37,326,327,329,336,337,355,468
基础设施投资　186,210,219
集体经济　57,101,104,153,157,160
技术合同　54,294,301,347
家庭经营纯收入　245,246,250,374
家庭设备、用品及服务　58,238,243,251,374
嘉定调查队　43,311,312

建筑业　11,30,39,52,55,66—69,188,189,308,310,318,326,329,332,336—338,340,343,344,348,358,363,379,395,401,403,430,432,433,462—464,475,499
交通和通信　58,221,222,238,246,247,364,374
交通运输、仓储和邮政业　189,348,358
教育文化娱乐服务　58,238,243
结婚登记　52,55
金融市场　12,72,79,392,463
金融业　50,188,189,348,355,358,392,393,395,403,433,458
金山调查队　46,312
进口额　52,55,170,354
经济普查　9,11,38—40,44,45,94,166,326,327,329—331,340—342,344,346,355,361,393,411,414,421,427,453,454,464,466,468
经营净收入　237,241
景气　9,224,310,326,339,360,379,380,391,394,403,431,432
"九五"时期　9,60,61,64,65
就业　10,11,50,59,71,76,88,95,179,239,307,309,320,328,332,356,357,367,369,371,372,375,376,382,398,430,432,459,462
居民消费价格　11,13,53,218—222,310,326,363—365,394,457,460
居住　58,59,148,157,193,220—222,230,231,233,236,238,243,247,249,251,327—329,332,364,368,370,372—378,398

**K**

科技成果　54,56,294,298,347,396,426
科技活动人员　293—295
口岸进出口总额　52,55

**L**

垃圾产生量　210,214
劳务合作　171,172,178,352,353,462
利润　110,113,131,148,151,168,169,208,334,338,343,347,354,361,395,398
林业　129,130,133,134,140
"六五"时期　60,61,64,65
旅客发送量　54,56,116,121,342
旅客周转量　120
旅游入境人数　53,55,179,180
旅游外汇收入　53,55,179,181
绿地面积　59,130,211,215,216

**M**

煤气　9,53,56,188,201,206,444
闵行调查队　311,312
牧业　58,128—130,133,134

**N**

能耗　11,50,82,83,85,333,343—345,396,398,432
能源消费总量　11,82,87,345
能源终端消费量　83,87
年末资产　102,112
农村居民家庭人均可支配收入　51,53,56,59,236,245,250,252,374
农村居民家庭人均生活消费支出　51,53,56,59,246,251,252,374
农田水利　147
农业非农业人口结构　57
农业机械　130,143,144
农业普查　8,9,11,32—34,40—44,128,132,135,140—142,307,326,327,331,332,411,414,453,466,468
农业总产值　5,53,56,58,129,133,134,338

**P**

批发和零售业　153,156,157,189,308,326,345—347,358,361,379,400,401,403,463
批发零售贸易　156,161,166,336,337,346,361,395,430
平均工资　38,53,56,59,89,97,356,357,471
平均期望寿命　91,397
浦东调查队　10,48,311,312
普通高等学校　51,54,56,254,255,257,259—261
普通中学　56,255,257—260,263

**Q**

"七五"时期　60,61,64,65
期刊出版数量　54,56
青浦调查队　46,311,312

轻工业　53,56,58,101,103,223,225—227,444

**R**

人均居住面积　53,55,59,193,195,247
人均生产总值　50,52,54,55,59,62,63,70,397,464
人口普查　5,8,9,11,18—20,23,26—29,31,34—36,46—48,305,326—329,374,376,407,408,410—414,466,468
人口迁移　92,374

**S**

"三废"综合利用　212
森林覆盖率　53
商品房　148,152,192—194,197,198,232,249,338,341,432
商品零售价格　53,218,364
上海调查总队　10,11,40—48,218,304,310,311,358,359,365,366,371,372,379—381,388,389,394,398,403,406,424,426,428,432,435,436,446,450,453,454,456,465,466,469—473,502,503,506
《上海概览》　469
上海市国民经济和社会发展统计公报　23,27,28,30,448,462,463
上海市生产总值　6,9,12,50—52,55,57,60—63,66—70,297,335,349,393,435,464
《上海统计》　4,19,20,23,25,35,38,305,306,321,416,437,438,452,453
《上海统计年鉴》　21,25,448,463,464
"上海统计网"　36,388,472,473
社会保险　266,275,276,357,375,463
社会消费品零售总额　12,51,54,56,58,60,61,148,153,157,159—161,345,347,394
生产投资价格　326,365
"十五"时期　60,61,64,65,465,466
"十一五"时期　60,61,64,65,469
食品　11,38,58,129,131,159,220—222,225—227,238,243,247,251,344,364,369,373,374,381
市统计局　3—11,13,17—48,100,128,156,184,218,254,304—309,313—315,317—321,327—332,335—339,341—345,347—352,354—358,361,365,366,369,371,376,377,384—398,401—403,406—414,416,419,421—429,431—446,448—480,483—493,495—499,501—503,506
市统计科学应用研究所　6,21—25,305,306,319,407,416,419,423,426,437—439
市统计学会　4,18,19,22—25,38,317—321,323,416,421—423,434,437,438,443
市政建设　179,202,203
税金　113,168,169,335,338,374
松江调查队　44,311,312
所得税　57,71,357
所有制结构　57,330,394,430

**T**

特殊教育学校　257—260,265
天然气　83,84,201,207
统计报表制度　3,8,11,26,31,32,100,156,254,306,338,343,345—347,349,354—356,358—360,364,386,388,393,401,403,411,413,414,431,476
《统计科学与实践》　416,437,439
统计违法行为　7,10,32,34,308,311,449—451,454—456,486—488,490—496,503
《统计应用研究》　416,437—439
统计指标体系　9,100,306,307,318,320,343,391,393—398,402,416,420,422,424,425,429—433,435,436,466
统计专业技术资格考试　323,445,474,476,477,480
图书出版数量　54,56
土地交易价格　231,233

**W**

外贸进出口总额　51,52,55,170,173
外商直接投资合同金额　6,51,148,151,171,176,394
外商直接投资合同项目　6,51,148,151,175
外商直接投资实际到位金额　53,55,177
网上直报　10,11,43,46,362,363,401,402,406,412,414,450,499—501
卫生机构　59,266,269—271
卫生、社会保障和社会福利业　189,348
文化馆　281,289
文化事业　283
文化、体育和娱乐业　189,348
"五五"时期　60,61,64,65

## X

小学　54,56,59,254—260,264,275,332,344
新建房　231,232
信息服务业　125,348,355,384,421,430,464
信息化基础设施　125,464

## Y

研究与试验发展经费　51,54,56,58,293,297
液化石油气　201,207,343
一套表　8,22,31,339,400,402,403,409,414,421,422,430,432
衣着　58,159,221,222,225—227,238,243,247,251,364,374
医生　54,56,59,266,270,272
医院　12,54,56,59,266,267,269,271—273,278,344,348
艺术表演　281,283—285
营业税　57,71,168,395
用电量　53,56,145,205
邮电通信　123,182,188,200,202,326,342,348,395,462
邮政业务　100,117,124,343
有价证券　52,55,80
渔业　58,128—130,133,134,188,189,308,348
原保险保费收入　52,55,72,73,81
原保险赔付支出　52,55,72,73,81
原材料、燃料、动力购进价格　53,218,223,224,228,229,338,366
越江大桥　201,208
越江隧道　184,208
运动员　254,282,292
运营公交车辆　53,56

## Z

在地统计　10,37—39,313—315,320,342,344,346,354,355,384—387,408,450
在校学生数　54,56,259
增值税　57,71,339
职工　4,5,8,9,17,18,21,30,38,52,53,55,56,59,89,97,184,218,236,254,266—268,275,276,279,280,304,326,333,334,338,346,355—357,360,363,367,368,372,402,430,441,444,445,471
中等学校　54,257—260
中等专业学校　255,256—260,474
种植业　58,128,129,133,134
重点发展工业行业　102,114,115,348
重工业　53,56,58,100,101,103,223,225—227
主营业务收入　11,112,168,169,339,344,361,401,499
住宿和餐饮业　156,157,189,308,326,345—347,358,361,379,400,401,403,499
住宅　10,18,39,184,190,192,193—199,202,232,233,236,333,342,368—371,375,378,392,422,462
专利　59,294,299,300,347,396
专业统计　4,10,19,308,394,402,413,432,443—445,462,465,466,475,478
专业证书　4,24,441,444
转移性收入　237,238,241,245,246,250
自来水　53,56,203,204,247
最低保障　276

# 编 后 记

《上海市志·国民经济社会发展图表(1978—2010)》是继《上海统计志》之后的第二部反映上海统计改革重要历程的志书,是研究上海统计发展历史的一项重要成果。

2011年11月,上海市统计局上报《上海市志·国民经济社会发展图表(1978—2010)》编纂实施方案,同时成立了编纂委员会和编纂办公室,志书编纂工作正式启动。编纂委员会领导《上海市志·国民经济社会发展图表(1978—2010)》的编纂工作,统筹规划,组织协调志书的编纂工作,研究解决编纂和出版工作中的重大事项。编纂办公室负责起草志书编纂方案、志书篇目。组织培训修志人员,提高其政治素质,掌握基本的方志知识和编纂要求;根据篇目组织编纂力量落实分工;协调有关处室进行资料征集、初稿编写,督促进度;组织志稿的内部评审;等等。

按照志书编纂的时间节点,2011年底前,《上海市志·国民经济社会发展图表(1978—2010)》编纂实施方案、拟定资料征集篇目、编纂任务分解表,均陆续完成并报备市地方志编纂委员会。以后,经过资料征集,各节初稿编写和专篇专章编纂,资料长编的补充、评审和修改,到2014年底,基本形成初稿。2015—2018年,又对志书资料不断进行补充、修改。到2019年6月,完成志书的分纂、总纂。2019年10月,进入内评内审阶段。11月,结合专家审核意见,集中力量对志书进行修改。12月,将评议稿提交市地方志办公室。2020年5月28日,市地方志办公室召开评议会,通过评议。2020年9月14日,市地方志办公室召开审定会,通过审定。2021年1月4日,市地方志办公室召开验收会,决定通过验收。每次会议之后,编纂办公室均组织编纂人员根据专家提出的修改意见逐条进行修改,确保志书质量。

《上海市志·国民经济社会发展图表(1978—2010)》以改革开放以来不同时间阶段的重要统计事件和统计数据为背景,全面、客观地记述了上海国民经济社会发展变化的状况,真实地记载了该时间段上海统计改革的光辉历程、统计事业发展取得的丰硕成果和各个历史阶段的重要事件。

《上海市志·国民经济社会发展图表(1978—2010)》纵记上海统计30余年发展历程,横记上海统计各主要方面工作的史实要点,其中,反映上海地区社会经济发展变化的数据图表占有较大篇幅。全志分14篇43章,共计86万余字。

《上海市志·国民经济社会发展图表(1978—2010)》的编纂完成,得益于上海市地方志办公室、上海市统计局和国家统计局上海调查总队领导的高度重视和正确指导,得益于各参编同仁的大力支持,得益于编写组成员严谨认真的工作态度。在此,我们向一切为本志书编纂提供支持帮助的单位和个人表示衷心的谢意。

参加本志编纂的有上海市统计局和国家统计局上海调查总队各业务部门以及有关方面的专家学者,他们数易其稿,精益求精,为志书成稿做出了不懈努力。编写志书,对我们来说,是一项全新的事业。由于经验不足,水平受限,再加上工作量大,《上海市志·国民经济社会发展图表(1978—2010)》中不足和错讹之处在所难免,诚请各位领导、专家和读者指正。

《上海市志·国民经济社会发展图表(1978—2010)》编纂办公室
2021年9月

**图书在版编目(CIP)数据**

上海市志. 国民经济社会发展图表：1978—2010 /
上海市地方志编纂委员会编. —上海：上海人民出版社，
2021
ISBN 978 - 7 - 208 - 17087 - 2

Ⅰ.①上… Ⅱ.①上… Ⅲ.①上海—地方志②国民经
济发展—上海— 1978 - 2010 —图表③社会发展—上海—
1978 - 2010 —图表 Ⅳ.①K295.1②F127.51 - 64
③D675.1 - 64

中国版本图书馆 CIP 数据核字(2021)第 084213 号

**责任编辑** 李 远
**封面设计** 严克勤

**上海市志·国民经济社会发展图表(1978—2010)**
上海市地方志编纂委员会 编

| | |
|---|---|
| **出　版** | 上海人民出版社<br>(200001 上海福建中路 193 号) |
| **发　行** | 上海人民出版社发行中心 |
| **印　刷** | 上海中华商务联合印刷有限公司 |
| **开　本** | 889×1194 1/16 |
| **印　张** | 34.75 |
| **插　页** | 23 |
| **字　数** | 869,000 |
| **版　次** | 2021 年 9 月第 1 版 |
| **印　次** | 2021 年 9 月第 1 次印刷 |

ISBN 978-7-208-17087-2/K·3081

**定　价** 228.00 元